国家社科基金后期资助项目
出版说明

后期资助项目是国家社科基金设立的一类重要项目，旨在鼓励广大社科研究者潜心治学，支持基础研究多出优秀成果。它是经过严格评审，从接近完成的科研成果中遴选立项的。为扩大后期资助项目的影响，更好地推动学术发展，促进成果转化，全国哲学社会科学工作办公室按照“统一设计、统一标识、统一版式、形成系列”的总体要求，组织出版国家社科基金后期资助项目成果。

全国哲学社会科学工作办公室

国家社科基金
GUOJIA SHEKE JIJIN HOUQI ZIZHU XIANGMU
后期资助项目

不真正不作为犯基本问题研究

Study on the Basic Issues of the Impure Crime of Omission

温登平　著

法律出版社
LAW PRESS·CHINA
——北 京——

图书在版编目(CIP)数据

不真正不作为犯基本问题研究 / 温登平著. -- 北京：法律出版社，2024
ISBN 978-7-5197-8869-8

Ⅰ. ①不… Ⅱ. ①温… Ⅲ. ①犯罪学-研究 Ⅳ. ①D917

中国国家版本馆 CIP 数据核字(2024)第037810号

不真正不作为犯基本问题研究
BUZHENZHENG BUZUOWEIFAN JIBEN WENTI YANJIU

温登平 著

责任编辑 陈 慧
装帧设计 李 瞻

出版发行 法律出版社
编辑统筹 法律教育出版分社
责任校对 王晓萍
责任印制 刘晓伟
经　　销 新华书店

开本 710毫米×1000毫米 1/16
印张 35.25　字数 610千
版本 2024年5月第1版
印次 2024年5月第1次印刷
印刷 北京建宏印刷有限公司

地址：北京市丰台区莲花池西里7号(100073)
网址：www.lawpress.com.cn
投稿邮箱：info@lawpress.com.cn
举报盗版邮箱：jbwq@lawpress.com.cn
销售电话：010-83938349
客服电话：010-83938350
咨询电话：010-63939796

书号：ISBN 978-7-5197-8869-8　定价：138.00元
凡购买本社图书，如有印装错误，我社负责退换。电话：010-83938349

基金项目
国家社会科学基金后期资助项目，项目批准号：18FFX026

目录 Contents

导　言

刑法规范主要是禁止性规范,此外还规定了部分命令性规范。通常认为,与禁止性规范相对应的是作为犯,与命令性规范相对应的则是不作为犯。不作为犯可以进一步分为真正不作为犯和不真正不作为犯。其中,不真正不作为犯是以不作为的方式实施刑法以作为形式规定的犯罪。由于行为人不积极救助法益或者不阻止犯罪的行为,导致他人重伤甚至死亡的,具有严重的危害性,因此各国在司法实务中均将不作为犯纳入刑法调整范围。但是,与德国不同,包括我国在内的大多数国家并未在刑法总则中明文设置处罚不真正不作为犯的条款。因此,如何合理限定不真正不作为犯的处罚范围,成为重要课题。

本书是围绕不真正不作为犯展开系统的教义学研究的产物。"教义学被期待之实践功能在于,为法律规范适用于个案时不可避免的评价性判断余地给出智识上可检验、公开和合理的操作标准。"①这种研究具有以下几个特点:第一,刑法教义学研究以本国和其他国家刑法规定为核心。第二,刑法教义学研究坚持刑法理论与司法实践的结合。毕竟,与司法裁判的立场"存在逻辑上具有亲缘性的法教义学理论,才可能被司法实务所认可与接收,与它的运作逻辑相矛盾的力量,则自始就不会纳入考虑的范围"②。第三,从方法论上看,刑法教义学主要采取解释方法等研究方法,此外也注意引入社会学、伦理学、经济学等研究方法。

第一节　不真正不作为犯的概念

一、不作为犯的概念

(一)界定不作为的概念的方法

关于不作为犯的概念,学者主要从违反规范的类型与是否违反某种义务两个角度进行界定。

---

① [德]乌伟·迪特里希森:《法教义学的导论》,雷磊译,载舒国滢主编:《法理:法哲学、法学方法论与人工智能》(第4卷),商务印书馆2018年版,第168页。

② 劳东燕:《正当防卫的异化与刑法系统的功能》,载《法学家》2018年第5期。

1. 从违反规范的类型角度进行界定。例如，耶赛克指出，“不作为犯均是违反命令规范的行为”。[①] 斯特法尼等认为，不作为是指不完成法律为整体利益规定的应当完成的行为。[②] 何秉松教授等主张，刑法上的不作为是指“当为而不为，即行为人在意志支配下，违反命令规范，消极地不为法律所要求或期待的行为”[③]。

众所周知，不作为犯可以分为真正不作为犯和不真正不作为犯。其中，真正不作为犯是刑法明文规定了作为义务，将不作为规定为构成要件要素的犯罪，其违反的法律规范属于命令规范。但是，对不真正不作为犯，刑法并未明文规定作为义务，并未将不作为规定为构成要件要素，行为人以不作为实施了通常由作为实施的构成要件，其违反的是禁止规范。所以，有学者主张真正不作为犯违反的是命令规范，而不真正不作为犯违反的是禁止规范。例如，大谷实认为：作为犯，在不遵守禁令就构成犯罪的意义上，是违反作为禁止规范的行为规范的犯罪。相反的，真正不作为犯是违反作为命令规范的行为规范的犯罪。不真正不作为犯在违反“禁止杀人”之类的禁止规范的同时，也违反了“防止杀人结果的出现”的命令规范，因而构成犯罪。[④]

2. 从是否违反某种义务的角度进行界定。我国学者大多采取这种概念界定方法。例如，高铭暄教授等认为，刑法上的不作为是指“行为人负有实施某种行为的特定法律义务，能够履行而不履行的危害行为”[⑤]。张明楷教授认为，不作为是指“行为人应当履行且能够履行却没有履行作为义务”[⑥]。

(二) 本书的观点

不作为是指行为人负有履行实施某种积极行为的特定义务，在能够履行自己应尽义务的情况下，没有履行该种义务，即“当为而不为之”“能为而不为之”，以致发生某种危害结果或者造成某种危险状态。对于不作为，可以从多个角度进行界定。

---

① [德]汉斯·海因里希·耶赛克、[德]托马斯·魏根特：《德国刑法教科书》(下)，徐久生译，中国法制出版社 2017 年版，第 809 页。

② 参见[法]卡斯东·斯特法尼等：《法国刑法总论精义》，罗结珍译，中国政法大学出版社 1998 年版，第 215 页。

③ 何秉松主编：《刑法教科书》(第 6 版)(上卷)，中国法制出版社 2000 年版，第 347 页。

④ 参见[日]大谷实：《刑法讲义总论》(新版第 2 版)，黎宏译，中国人民大学出版社 2008 年版，第 126 – 127 页。

⑤ 高铭暄、马克昌主编：《刑法学》(第 10 版)，北京大学出版社、高等教育出版社 2022 年版，第 63 页。

⑥ 张明楷：《刑法学》(第 6 版)(上)，法律出版社 2021 年版，第 191 页。

1. 从表现形式上看,不作为是消极的身体动作。当然,消极的动作或者身体的静止是不作为,并不等于说不作为就一定以身体的静止表现出来。在很多情况下,不作为的行为人可能并非处于身体的静止状态,而是处于积极活动状态,甚至为了不履行自身的作为义务可能会积极地逃避或者采取其他积极措施。这种情况从其违反的规范角度,仍然属于不作为而非作为。因此,尽管大多数情况下可以根据行为人的行为处于静止还是其他状态认定是作为还是不作为,但这并非作为与不作为的本质区别。

2. 从违反规范的属性上看,不作为不仅违反了刑法上的禁止性规范,而且有可能同时违反了某种命令性规范。例如,遗弃罪的不提供扶助的义务,表现为没有扶养不具有独立生活能力的人,这种行为不仅违反我国《刑法》第261条确立的禁止性规范,而且直接违反《民法典》第1042条第3款有关"禁止家庭成员间的虐待和遗弃"的规定。

不作为可能表现为不实施所要求的行为这样一个事实,但是,在大多数情况下,不作为可能是一个犯罪行为体系。①

二、不真正不作为犯的概念及其与真正不作为犯的区分

该当构成要件的不作为,只是有义务进行必要的作为(作为义务)来阻止该当构成要件结果发生的人没有作为。原则上,根据刑法是否明文规定了不作为的作为义务来源,将不作为(犯)分为真正不作为(犯)与不真正不作为(犯)。

(一)区分真正不作为犯与不真正不作为犯的主要观点

关于如何界分真正不作为犯与不真正不作为犯,主要存在以下三种观点:

1. 主张从实际实施犯罪的形态角度进行概括,认为不真正不作为犯是结果犯。这是德国刑法理论的通说。例如,耶赛克指出:"不纯正的不作为犯的'不纯正性'在于,行为人不限于纯粹的不服从,而是以不作为实现通常由积极的作为才能实现的结果。"②帕多瓦尼认为,真正不作为犯是以不作为方式实施的纯粹的行为犯,不真正不作为犯则是由不作为方式构成的

---

① 参见[俄]Н. ф. 库兹涅佐娃、[俄]И. М. 佳日科娃主编:《俄罗斯刑法教程(总论)》(上卷·犯罪论),黄道秀译,中国法制出版社2002年版,第225页。

② [德]汉斯·海因里希·耶赛克、[德]托马斯·魏根特:《德国刑法教科书》(下),徐久生译,中国法制出版社2017年版,第814页。

结果犯。[①]

对于该说，主要有下列批判：第一，根据该说，只有结果犯才能成立不真正不作为犯，而行为犯不能成立不真正不作为犯。但是通常认为，诸如《日本刑法典》(1907 年制定，2010 年修订)第 130 条规定的侵入住宅等罪，这种行为犯也可以成立不真正不作为犯。在父母不尽监护义务，放任自己的小孩侵入他人住宅而不加制止的场合，父母可以构成侵入住宅等罪的不真正不作为犯。[②] 第二，真正不作为犯的性质应当根据构成要件进行确定，并非绝对不存在结果犯的形态。例如，陈朴生认为，不真正不作为犯"以不作为实现规定形式为作为之作为犯构成要件。作为犯，有属于结果犯者，有属于举动犯者，故不纯正不作为犯亦有具结果犯的性格者，具有举动犯的性格者"[③]。通常认为不退去罪是刑事犯，不以发生一定的结果为要件，从而不存在既遂与未遂的区分问题。但是，我国台湾地区"刑法"第 294 条第 1 项规定的"不保护罪"以对个人的生命、身体存在危险为要件，属于实质犯，而实质犯属于结果犯的范畴。[④] 第三，该说将不真正不作为犯限定于已经发生了结果的场合，认为只有发生结果才成立犯罪，导致不真正不作为犯不存在未遂形式，这与刑法理论的通说不相符合。[⑤]

2. 主张根据刑法有无作出明确规定进行界定，认为以不作为方式实现刑法以作为方式规定的犯罪构成要件的是不真正不作为犯。日本刑法理论的通说认为，真正不作为犯是刑法将不作为规定为构成要件要素的犯罪；相反，不真正不作为犯是刑法并未将不作为规定为构成要件要素的犯罪。[⑥] 例如，大塚仁主张，真正不作为犯是规范的犯罪形态，不真正不作为犯是事实的犯罪形态。其中，真正不作为犯是规范的犯罪形态，在刑法分则条文中有专门的犯罪构成要件和法定刑，因此在定罪和量刑时一般不会

---

① 参见[意]杜里奥·帕多瓦尼：《意大利刑法学原理》，陈忠林译，法律出版社 1998 年版，第 114 页。

② 参见[日]日高义博：《不作为犯的理论》，王树平译，中国人民公安大学出版社 1992 年版，第 83 页。

③ 陈朴生：《刑法专题研究》，1988 年自版发行，第 130 页。

④ 我国台湾地区"刑法"第 294 条第 1 项规定："对于无自救能力之人，依法令或契约应扶助、养育或保护，而遗弃之，或不为其生存所必要之扶助、养育或保护者，处六个月以上五年以下有期徒刑。"

⑤ 参见熊选国：《刑法中行为论》，人民法院出版社 1992 年版，第 152 页。

⑥ 参见[日]团藤重光：《刑法纲要总论》(第 3 版)，创文社 1990 年版，第 143－144 页；[日]大谷实：《刑法讲义总论》(新版第 2 版)，黎宏译，中国人民大学出版社 2008 年版，第 129 页；[日]山口厚：《刑法总论》(第 2 版)，付立庆译，中国人民大学出版社 2011 年版，第 74 页；[韩]金日秀、[韩]徐辅鹤：《韩国刑法总论》(第 11 版)，郑军男译，武汉大学出版社 2008 年版，第 466 页。

发生问题。相对而言,不真正不作为犯是事实的犯罪形态,由于在刑法分则中缺乏明确的构成要件,在司法实践中如何界定其处罚范围则成为问题。[①]

我国刑法理论的通说认为,不真正不作为犯是指行为人以不作为实施刑法规定的,既可以由作为构成又可以由不作为构成,行为人实际上以不作为实现的犯罪。[②] 我国《刑法》(1997 年)分则明文规定的真正不作为犯,主要有丢失枪支不报罪(第 129 条),不报、谎报安全事故罪(第 139 条之一),拒不支付劳动报酬罪(第 276 条之一),拒绝提供间谍犯罪、恐怖主义犯罪、极端主义犯罪证据罪(第 311 条),拒不执行判决、裁定罪(第 313 条),巨额财产来源不明罪(第 395 条第 1 款),不解救被拐卖、绑架妇女、儿童罪(第 416 条)以及拒不救援友邻部队罪(第 429 条)等军事犯罪。

根据刑法是否明文规定不作为犯的作为义务,区分真正不作为犯与不真正不作为犯,标准比较明确。[③] 同时,由于刑法并未明文规定不真正不作为犯的主体范围和构成要件,能够凸显如何界定不真正不作为犯的处罚界限这一核心问题。

3. 主张将上述两种观点结合起来进行界定。例如,张明楷教授指出,不真正不作为犯是指"刑法分则没有明文规定保证人与不作为内容,但行为人以不作为实施了通常由作为实施的构成要件的犯罪"[④]。

(二)本书的观点

本书坚持以下观点:第一,不能认为不真正不作为犯仅仅存在于结果犯之中。无论是行为犯还是结果犯,都有可能存在不真正不作为犯这种形态。第二,前已述及,真正不作为犯是刑法以禁止规范的形式加以规定,只能以作为方式实施的犯罪。真正不作为犯概念的意义在于限制不真正不作为犯的成立范围,防止司法实践中不真正不作为犯处罚范围的不当扩大化。如果一种犯罪被认为是真正不作为犯,即便行为人的不作为客观上造成了一定的危害,也不能再寻求以该罪的不真正不作为犯处罚。[⑤] 例如,在我国刑法中,除了《刑法》第 311 条规定的拒绝提供间谍犯罪、恐怖主义犯

---

① 参见[日]大塚仁:《刑法概说(总论)》(第 3 版),冯军译,中国人民大学出版社 2003 年版,第 135 页。

② 参见高铭暄、马克昌主编:《刑法学》(第 10 版),北京大学出版社、高等教育出版社 2022 年版,第 66 页。

③ 参见[日]日高义博:《不作为犯的理论》,王树平译,中国人民公安大学出版社 1992 年版,第 88 页。

④ 张明楷:《刑法学》(第 6 版)(上),法律出版社 2021 年版,第 194 页。

⑤ 参见刘士心:《不纯正不作为犯研究》,人民出版社 2008 年版,第 8－9 页。

罪、极端主义犯罪证据罪外,[①]一般不处罚"知情不举"行为。对于证人单纯拒绝作证的行为,即便对司法机关的司法活动造成了障碍,也只能以无罪处理,而不能论之以伪证罪的不真正不作为犯。[②]

综上,不真正不作为犯是指刑法分则没有明文规定保证人的范围与不作为内容,但实践中行为人以不作为实施了通常由作为实施的构成要件的犯罪。具体来说:第一,从(有无)刑法规定看,虽然行为人事实上具有保证人地位或者其他相应的地位,但是,刑法分则并未明文规定保证人的范围与作为义务的内容;第二,从行为方式看,行为人以消极不作为方式达到通常以积极作为方式才能实现的构成要件;第三,从规范评价看,行为人消极不作为的效果与积极作为的效果具有相当性或者等价性。

第二节　处罚不真正不作为犯的根据

与遵守禁止性规范、不以作为方式侵害法益相比,行为人往往要付出更大的努力才能履行命令性规范涵摄的行为。[③] 为此,奠基于自由主义的当代刑法理论认为,要成立不真正不作为犯,以行为人对于回避法益侵害结果具有保证人地位为前提。但是,关于保证人地位的建构,刑法学说与司法实务并未提出明确的标准。对于"一个人为什么必须对他人的危难伸出援手,并承担不救援的刑事责任"这一问题,学说与实务还没有深具说服力的回答。[④]

一、有关作为义务与不真正不作为犯的关系的学说

一般认为,作为义务是要求主体对于不实施某些行为并进一步防止发生一定的结果的责任,这是构成不作为犯的前提条件。关于作为义务在真正不作为犯中的地位,现在理论上几乎没有争议。但是,不真正不作为犯在构成要件上没有明确规定法律上的作为义务,因此,其与明确性原则的关系就成为问题。[⑤]

---

① 我国《刑法》第311条规定:"明知他人有间谍犯罪或者恐怖主义、极端主义犯罪行为,在司法机关向其调查有关情况、收集有关证据时,拒绝提供,情节严重的,处三年以下有期徒刑、拘役或者管制。"

② 参见刘士心:《不纯正不作为犯研究》,人民出版社2008年版,第9页。

③ Vgl. Schlee, Zumutbarkeit bei Vorsatz, Fahrlässigkeits und Unterlassungsdelikten, 2009, S. 286 f.

④ 参见林东茂:《刑法综览》(修订5版),中国人民大学出版社2009年版,第122－123页。

⑤ 参见[日]大谷实:《刑法讲义总论》(新版第2版),黎宏译,中国人民大学出版社2008年版,第129页。

在什么样的场合下,能够说该种不履行义务的不作为可以成立刑法中的以作为形式所规定的犯罪的实行行为呢?在刑法理论上,主要存在以下三种观点的对立:

1. 因果关系说。该说认为,不作为与结果之间原本不存在(物理意义上或者存在意义上的)因果关系,只是因为有作为义务存在,才使不作为者具有防止结果发生的义务,从而使不作为与结果之间成立刑法上的准因果关系(拟制的因果关系、假定的因果关系)。如果行为人没有作为义务,则不作为对于结果没有原因力。因此,作为义务只是认定不作为与结果之间有无因果关系的一个媒介。

2. 违法性说。该说认为,作为义务并不是判断有无因果关系的根据,而是认定不作为者的行为是否具有违法性的根据。换句话说,因果关系的判断是一个事实问题,而违法性的判断属于法律评价问题,二者的判断标准是不同的。即便行为人没有作为义务,其不作为对于结果仍有原因力;而如果行为人没有作为义务,则其不作为缺乏违法性。该说为李斯特所倡导,并得到贝林、迈尔和牧野英一等人的支持。

3. 构成要件相当性说。该说认为,作为义务不是违法性问题,而是构成不作为犯的要件,因此属于构成要件该当性研究的范围。该说是以那格拉的保证人说为理论依据的。按照那格拉的观点,法律对人规定了一定的作为义务,使人成为居于保护法益不受侵害地位的保证人,唯有如此才能使不作为与作为在实现构成要件的事实上具有等价值性。所以作为义务属于构成要件该当性,而不是违法性的问题。韦尔策尔甚至把不真正不作为犯视为需要具有保证人身份的真正身份犯。此说是当前德国刑法学界的通说,并为判例所支持。在日本持此说的也不乏其人,如小野清一郎、福田平、大塚仁等。①

二、如何限定不真正不作为犯的范围?

为了限定不真正不作为犯的成立范围,部分国家在刑法总则中对处罚不真正不作为犯作出明文规定。例如,《意大利刑法典》(1930 年制定,2006 年修订)第 40 条第 2 款规定:“负有法定阻止义务而不阻止结果发生的,等同于造成结果。”《德国刑法典》(1998 年制定,2017 年修订)第 13 条第 1 款规定:“依法有义务防止结果发生而不防止其发生,且

① 参见[日]大塚仁:《刑法概说(总论)》(第 3 版),冯军译,中国人民大学出版社 2003 年版,第 136 – 137 页。

其不作为与因作为而实现犯罪构成相当者,依本法处罚。"《韩国刑法典》(1953年制定,1988年修订)第18条规定:"负有防止危险发生的义务或者因自己的行为引起危险,而未防止危险之结果发生的,依危险所致的结果处罚。"

在刑法总则并未明文规定处罚不真正不作为犯的国家,如何限定不真正不作为犯的处罚范围呢?以日本为例,[①]主要有以下两种做法。

(一)通过行为人的主观方面的情况判定作为和不作为是否等价

这种观点主要见于日本的判例。例如,认为成立不作为的放火罪,仅有相当于放火罪故意的认识是不够的,还必须同时具有"积极利用已经发生的火灾"的目的。在这方面有三个典型判例,分别是:[②]第一,行为人因为吵架而杀害了他的岳父,在其将岳父投过来的正在燃烧的树枝挪往旁边时,突然想到如果就让它这么烧的话,就会毁灭现场、掩盖罪迹,于是就放手不管,引起了火灾。[③] 第二,行为人在点燃神案上的蜡烛后,发现蜡烛向一边倾斜,有引起火灾的危险,但是突然想到一旦引起火灾,就可以因祸得福获得一笔保险金,于是转身而去,结果导致发生火灾。[④] 第三,在公司加班的职员,短时间休息之后醒来,发现取暖炉内的火苗已经引燃了桌子上的文件,由于担心被别人发现而追究责任,于是转身而去,结果引起了火灾。[⑤]

在上述三个判例中,法院都以行为人主观上具有"利用已经发生的火灾的意思"而认定上述判例中行为人的行为构成不作为的放火罪。但是,在判断客观的构成要件要素即行为人的不作为是否与作为具有等价刑时,强调"利用已经发生的火灾"之类的主观事实,这种认定方法是有问题的。原因在于,完全可能会出现这样的情况,即行为人的不作为在客观上不可能被看作作为,但是因为其主观动机恶劣而被作为犯罪处理。这样,就存在不当地扩大不真正不作为犯成立范围的嫌疑。

(二)通过对作为义务的内容进行实质性限定的方法进行判断

这种见解的基本出发点是,从非刑法法规、合同、先前行为等形式的作为义务根据中,不能马上推断出行为人的行为是否构成犯罪,而只能从行

① 《日本改正刑法草案》(1974年)第12条规定:"负有义务防止犯罪事实发生的人,虽然能够防止其发生但特意不防止该事实发生的,与因作为而导致的犯罪事实相同。"

② 参见黎宏:《不作为犯研究》,武汉大学出版社1997年版,第112-113页。

③ [日]大审院1918年12月18日判决,载《大审院刑事判决录》第24辑。

④ [日]大审院1938年3月11日判决,载《大审院刑事判决录》第17辑。

⑤ [日]最高裁判所1958年9月9日判决,载《最高裁判所刑事判决录》第12卷,第13号。

为时存在的各种具体情况出发，综合判断该行为是否和作为一样，对刑法中的某种犯罪所保护的法益造成现实侵害或者危险，由此而认定该种不作为是否可以看作某种犯罪中所预定的作为。

具体来说，主要包括如下几种观点。第一，先前行为说。该说认为，只有在行为人不阻止自己事先所引起的法益侵害的因果流程的发展趋势时，该行为才可以看作作为。[①] 第二，事实承担说。该说重视不作为人和处于危险状态下的法益之间的密切关系，认为只有在不作为的行为人和某种受保护的法益之间存在具体的依赖关系时，行为人的不作为才可以被视为作为。[②] 第三，因果关系支配说。该说认为，在不作为人事实上支配了导致结果发生的因果关系时，其不作为可以视为作为。[③] 第四，综合限定说。该说认为，只有在同时具备下列条件时，才可以说不作为和作为具有等价性：(1)行为人处于能够控制已经发生的危险的地位；(2)具有发生结果的重大危险；(3)容易防止该结果的发生；(4)案发当时不存在其他可以防止结果发生的人；(5)行为人确切地认识到结果的发生；(6)行为人和被害人之间存在根据法令或者合同所确定的关系。[④]

按照上述第一种观点的见解，在具有故意或者过失的先前行为的场合，就一定成立不作为犯，这将导致不作为犯的成立范围过于广泛。就第二种观点而言，存在忽视没有事实上的承担关系，但由于具有特殊的法律关系而要求必须救助的场合。事实上，有时候即便不存在事实上的承担关系，也能说行为人具有作为义务。例如，分娩之后的母亲，在没有人照看孩子的情况下，即便是刚刚生产不久，也具有保护孩子的刑法义务。就第三种观点而言，即便是暂时或者偶然处于事故现场的人，也可能会被视为具有作为义务的人，按照这种观点，最终会扩大不作为犯的成立范围。相对而言，第四种观点不仅与客观主义犯罪论的研究方法是一致的，而且也能比较妥当地说明日本法院有关不作为犯的认定情况。

---

① 参见[日]日高义博：《不真正不作为犯》，庆应通信株式会社 1979 年版，第 107 页以下。

② 参见[日]堀内捷三：《不作为犯论》，青林书院新社 1978 年版，第 279 页以下。

③ 参见[日]西田典之：《不作为犯》，载[日]芝原邦尔等编：《刑法理论的现代展开——总论Ⅰ》，日本评论社 1988 年版，第 89 页以下。

④ 参见[日]前田雅英：《刑法总论讲义》(第 6 版)，曾文科译，北京大学出版社 2017 年版，第 85 页。

第三节 不真正不作为犯的认定顺序和研究重点的发展变迁

一、不真正不作为犯的认定顺序

(一)认定不真正不作为犯的顺序

关于不真正不作为犯的认定顺序,多数学者认为应当先判断作为义务的有无,再判断作为可能性,然后判断结果回避可能性。例如,耶赛克指出:"如果行为人通过客观的构成要件该当的积极作为,故意地或者过失地引起结果……当行为欠缺违法性或责任时,还必须进一步斟酌,行为人是否没有为能够避免结果的可期待的行为。"①

本书认为,在"构成要件符合性—违法性—有责性"三阶层犯罪论体系中,对于不真正不作为犯的判断,大体上按照下列顺序进行:

1. 构成要件符合性的判断。主要包括:第一,不作为的特定化;第二,被期待的作为的特定化;第三,是否存在保证人地位和作为义务;第四,在该案中是否存在作为可能性;第五,义务违反与何种法益相关联,其危险达到何种程度;第六,是否发生法益侵害或者具有侵害法益的危险;第七,是否具有因果关系,以及从事后考察是否具有结果回避可能性。

2. 违法性的判断。关键在于认定是否存在正当防卫、紧急避险等违法阻却事由。

3. 责任的判断。关键在于认定是否存在某些责任要素,如是否具有责任能力、故意或者过失、违法性认识(可能性)以及期待可能性等。

(二)认定不真正不作为犯的注意事项

在认定不真正不作为犯时,注意下列几点:

第一,必须区分作为可能性与结果回避可能性,并注意二者的判断顺序。其中,作为可能性是判断行为人是否违反作为义务的前提条件,是在确定作为义务之后,判断具体的作为义务时应当考虑的,属于事前判断;结果回避可能性是义务违反行为与法益侵害结果之间的因果关系或者客观归责问题,属于事后判断。

第二,关于故意、过失等要素的判断,与采取何种违法性论有关。如果采取主观的违法性论,则在构成要件符合性阶段,将故意、过失等作为主观

① [德]汉斯·海因里希·耶赛克、[德]托马斯·魏根特:《德国刑法教科书》(下),徐久生译,中国法制出版社2017年版,第811页。

的构成要件要素,在客观的构成要件要素之后进行讨论。相反,如果采取客观的违法性论,在构成要件符合性阶段只讨论客观的构成要件要素,在有责性阶段讨论故意、过失等主观要素。

第三,不真正不作为犯都是结果犯,在发生了法益侵害结果的场合,司法实践中对具体犯罪构成要件符合性的判断是从法益侵害结果开始的。

二、不真正不作为犯研究重点的发展变迁

(一)从不作为的因果关系到作为义务

关于不真正不作为犯的研究,最初将不作为的因果关系问题视为不作为犯的中心问题。但是随着研究的深入,如何确定并合理限制不真正不作为犯的成立范围成为中心问题。围绕作为义务这一问题,还出现了从形式的作为义务论到实质的作为义务论的变迁。在作为义务的研究中,关于先前行为的研究是其中的重点。刑法理论最初完全否定这一义务来源,后来普遍承认这一义务来源,现在则是在实质作为义务中讨论先前行为。具体来说,在实质的作为义务中,有的观点主张扩大先前行为的存在范围,将危险的前行为作为构成行为人作为义务的唯一根据;有的观点则彻底否定危险前行为这一实质理由,代之以支配理论、开放与闭锁的关系说等;还有观点将先前行为纳入自己的理论体系,作为实质理由项下的具体项目,如功能说、信赖关系说等。

(二)不作为犯的独立性与附属性

在当代,面临后工业社会的刑事犯罪治理问题,各国刑法理论和实务对于不作为犯持有不同的价值观,导致出现截然不同的局面。例如,德国刑法理论承认不作为犯的独立性,将不作为犯理解为刑罚扩张处罚形态,不仅在刑法总则中对不作为犯作出明文规定,而且在司法实践中大量认定不作为犯。不作为犯在德国刑事治理中发挥了重要作用。相反,由于日本刑法理论坚持不作为犯的附属性,未能将不作为犯写入刑法,为了解决社会治理中的难题,便面向作为犯和过失犯寻求解决问题的方案。①

从司法实践看,"并非在所有的犯罪中不真正不作为犯都成为问题",通常限于杀人罪、(保护责任者)遗弃罪、放火罪、诈骗罪等特定犯

① 参见姚诗:《不真正不作为犯 德日的差异演进及中国的后发式研究》,载《中外法学》2021 年第 3 期。

罪类型。① 我国刑法大量规定了渎职类犯罪,所以还涉及滥用职权罪与故意杀人罪的区分、玩忽职守罪与不作为的过失致人死亡罪的区分等问题。

第四节　本书研究的问题和章节安排

一、本书研究的问题

研究不真正不作为犯,应当以探讨保证人地位的法理根据及其基本类型为重心。许玉秀教授指出,不真正不作为犯的根本问题在于:"特定侵害法益之结果,消极的未予以防止,是否以及在何种前提下,与以积极作为导致该等结果发生之情形,应受相同之非价,从而对未为防止结果发生之不作为人,视为积极之作为人加以处罚。"②

本书主要研究以下问题:第一,区分作为与不作为有何实益,以及如何区分? 第二,处罚不真正不作为犯是否违反罪刑法定原则? 第三,如何认定不真正不作为犯的因果关系? 第四,作为义务在不真正不作为犯中处于何种体系性位置? 作为义务与保证人地位是什么关系? 第五,不真正不作为犯的作为义务有哪些类型? 形式的作为义务主要存在哪些缺陷? 实质的作为义务有哪些类型? 先前行为是否包括合法行为、违法行为、过失犯罪行为甚至故意犯罪行为? 第六,共同体关系能否产生作为义务? 共同体成员之间是否相互承担法益保护义务与危险源监督义务? 第七,生产商、销售商对于缺陷产品是否要承担危险源监督义务? 第八,以不作为方式参与作为犯罪的,如何处理? 第九,是否存在不作为的诈骗,如何认定?

二、本书的章节安排和研究结论

(一)本书的章节安排

本书分为十二个部分,分别是:"导言";第一章"区分作为与不作为的实益与方法";第二章"处罚不真正不作为犯与罪刑法定原则的关系";第三章"不真正不作为犯的归因与客观归责";第四章"刑法上作为义务的体系性地位";第五章"实质的作为义务论及其展开";第六章"特定情形下合

---

① 参见[日]山口厚:《刑法总论》(第3版),付立庆译,中国人民大学出版社2018年版,第81页;[日]桥爪隆:《不作为犯的成立要件》,王昭武译,载《苏州大学学报(法学版)》2017年第4期。在我国,不真正不作为犯的成立范围主要集中在故意杀人罪和故意伤害罪。参见姚诗:《不真正不作为犯的边界》,载《法学研究》2018年第4期。

② 许玉秀:《论西德刑法上保证人地位之实质化运动》,载许玉秀:《当代刑法思潮》,中国民主法制出版社2005年版,第620页。

法行为产生作为义务的根据”;第七章“故意不法先前行为人的作为义务”;第八章“共同体关系及其产生作为义务的根据”;第九章“缺陷产品供应商的安全义务与刑事责任的认定”;第十章“以不作为参与他人的法益侵害行为的性质”;第十一章“不作为的诈骗”。

(二)本书的研究结论

对于上述问题和章节,本书初步的研究结论如下:

“导言”。主要观点是:不真正不作为犯是刑法分则没有规定保证人与不作为内容,但行为人以不作为实施了通常由作为实施的构成要件的犯罪。刑法并未明文规定不真正不作为犯,或者即便规定了也无法完全涵盖处罚范围,因此,处罚不真正不作为犯,既可能违反罪刑法定原则的明确性原则和确定性原则,还有可能导致处罚界限的扩大化。不真正不作为犯通常是结果犯,处罚不真正不作为犯的目的是保护法益。因此,对于不真正不作为犯的处罚,需要在保护法益与保障人权之间寻求平衡,合理限制处罚范围。

第一章“区分作为与不作为的实益与方法”。主要观点是:区分作为与不作为两种行为方式,特别是在所谓行为人以积极的身体活动中止救助行为的场合,关系到行为人是否成立犯罪,成立故意杀人罪还是遗弃罪,以及成立共犯中正犯(主犯)还是帮助犯(从犯)等问题,具有重要意义。通常情况下,可以直接根据物理的、身体的动静来区分作为与不作为,但是,在判定某刑法上的结果是由积极行为造成还是因为不予制止才发生时,个别情况下会遇到困难。关于作为与不作为的区分,主要有两种立场:第一种立场是着眼于物理的、身体的动静来区分作为与不作为;第二种立场是侧重于从规范的、价值判断的立场来区分作为与不作为。刑法上之所以较少规定奠基于积极作为义务的不作为犯,主要是尊重个体的自由选择,每个人是自己利益的最有效保护者,只有侵害他人的法益的行为才能构成犯罪(法益保护原则或者侵害原则)。但是,为避免人类社会陷入“丛林状态”,人与人之间沦为“万人战争”之境,也应当对他人负有最低限度的救助义务,为此需要规定一部分奠基于消极作为义务的不作为犯。作为与不作为的区分具有相对性,存在观察角度的差异,应当注意从规范的角度区分作为与不作为。区分作为与不作为,并不否认在作为与不作为之间可能存在竞合关系,以及在某些罪名和案件中存在作为与不作为的结合。

第二章“处罚不真正不作为犯与罪刑法定原则的关系”。主要观点是:刑法分则绝大多数的条文都是在处罚行为人制造法益侵害的风险的行为,而不处罚行为人的消极行为。在不真正不作为犯的场合,由于刑法分则没有规定保证人与不作为内容,欠缺作为义务的主体与内容的具体基准,容易导致处罚范围不明确。因此,处罚不真正不作为犯是否违反罪刑法定原则,始终是当代刑法理论的重要问题。刑法规范是行为规范与裁判规范的复合体。处罚不真正不作为犯既不违反禁止类推原则,也不违反明确性原则。但是,在司法实践中应当将不真正不作为犯的成立范围限定为严重侵害个人法益的犯罪。

第三章“不真正不作为犯的归因与客观归责”。主要观点是:不作为与作为在存在结构上是不同的,由于刑法分则具体犯罪的构成要件通常以作为为标准,怎样才能说不作为特别是不真正不作为的行为与作为同样符合构成要件,成为一个难以逾越的问题。由于不真正不作为犯在构成要件中没有明确规定作为义务的来源和内容,与罪刑法定原则的明确性原则的关系就成为问题。在不真正不作为犯中,如何明确作为构成要件要素的作为义务的内容、范围,便成为最大的课题。为此,刑法理论上提出了等价性理论、危险增加理论等观点。不真正不作为犯是结果犯,行为人应当履行结果回避义务,结果的发生属于构成要件要素。因此,要成立不真正不作为犯,仅仅具有不作为还是远远不够的,必须同时具有由于行为人的不作为导致发生符合构成要件的结果。关于不作为与构成要件结果之间是否需要具有因果关系,理论上主要存在肯定说与否定说的对立。其中,肯定说又可以分为他行行为说、先前行为说、干涉说、作为义务违反说、防止可能性说等。应当区分不真正不作为犯的归因与客观归责,逐层判断。

第四章“刑法上作为义务的体系性地位”。主要观点是:由于刑法未明文规定不真正不作为犯的作为义务,从而引发了处罚不真正不作为犯是否违反罪刑法定原则的争论。再者,关于如何看待对保证人地位和作为义务的认识错误,也存在不同观点。这就涉及作为义务在不作为犯中的体系性地位问题。关于这个问题,理论上主要存在因果关系说、违法要素说和保证人说的对立。在保证人说内部,又存在保证人地位与保证人义务一体说与对立说的争论。因果关系说、违法要素说和保证人地位与保证人义务一体说均不妥当,应当坚持保证人地位与保证人义务区别说。

第五章“实质的作为义务论及其展开”。主要观点是:不真正不作为犯的作为义务来源,大致经历了一个从形式的作为义务理论到实质的作为义务理论,再到形式作为义务与实质作为义务相结合的作为义务理论的发展过程。作为义务的判断之所以出现实质化的趋势,刑法的自觉是直接动因,实质的违法概念和整体的考察方法则是深层理论背景。德国刑法理论上的实质作为义务论主要有平面的社会群体关系说、社会功能关系说、信赖关系说、结果原因支配说、中心人物说和组织管辖说。日本的实质作为义务论主要有先前行为的原因设定说、事实承担说、因果过程支配说和社会功能关系说。我国的实质作为义务论主要有社会功能关系说、具体依存说(事实上的承担说、事实上的接受行为)、因果过程支配说和自愿的支配行为说(需要注意的是,我国台湾地区的实质作为义务论主要有社会功能关系、危险前行为说以及开放和闭锁的关系说)。在上述诸说中,结果原因支配说具有妥当性。

第六章"特定情形下合法行为产生作为义务的根据"。主要观点是:先前行为是指由于行为人自己的原因导致法益处于危险状态,能够排除危险但不排除,导致出现法益侵害的情形。先前行为是不作为犯的作为义务的重要来源之一,得到了刑事立法、刑法理论和司法实践的认可。关于先前行为性质,存在合法行为(正当行为)与违法行为的对立。多数学者主张先前行为包括合法行为,但也有部分学者持否定说。对于紧急避险和正当防卫等合法行为(正当行为),也存在不同的观点。一般认为,对于作为违法性阻却事由的紧急避险,行为人具有排除危险、救助无辜的第三人的作为义务,但是正当防卫能否成为作为义务的来源,则存在争议。应当认为,在具备一定条件下,合法行为人可以成为保证人,具有作为义务。就正当防卫而言,防卫人对于可能过当的危险具有保证人地位;防卫人不实施救助行为,导致不法侵害人死亡的,属于防卫过当。

第七章"故意不法先前行为人的作为义务"。主要观点是:关于故意不法先前行为人有无作为义务,理论上存在肯定说与否定说的对立。主要争点在于承认故意不法行为的先前行为地位,是否属于在结果加重犯外另起炉灶,有无可能违反"禁止重复评价"原则、导致中止犯的消亡,以及违反期待可能性原理等。问题的关键在于正确认定犯罪的个数,并贯彻"充分且不重复评价"原则,妥善处理先前行为的结果加重犯与不作为犯的关系。应当认为故意实施不法先前行为的人具有作为义务。如果刑法就先前行为引起的加重结果规定了结果加重犯,或者刑法特别规定的某种罪名,则成立该结果加重犯或者数罪;如果不存在前述情形,则应根据犯罪行为和侵害法益的个数,讨论是否在作为犯之外另行成立新的不作为犯,并实行数罪并罚。

第八章"共同体关系及其产生作为义务的根据"。主要观点是:刑法上广义的共同体关系包括密切共同体关系和危险共同体关系。共同体关系产生作为义务的思想基础包括社会契约思想、社会连带思想、功利主义思想,以及认知心理学中的同情心、同理心等。共同体关系产生作为义务的刑法根据是，具有社会连带关系的共同体成员对于其他成员的法益具有排他性支配。原则上，从基于血亲、姻亲关系形成的狭义的密切共同体关系，到同居关系形成的广义的密切共同体关系，再到事实共同体关系、危险共同体关系等，产生作为义务的种类、范围和强度逐级递减。共同体成员之间的义务包括法益保护义务和危险源监督义务。相对而言，共同体成员之间负担的法益保护义务的范围要大于危险源监督义务，而危险源监督义务的成立门槛高于法益保护义务。以法益保护义务为例，共同体成员之间提供救助的义务，应当以行为人具有救助能力和满足其他救助条件为限。如果能够救助而不救助，根据具体情况分别成立不作为的故意杀人罪或者遗弃罪。危险共同体关系及其作为义务的成立范围等，具有一定的特殊之处。

第九章“缺陷产品供应商的安全义务与刑事责任的认定”。主要观点是：缺陷产品生产商、销售商等供应商应当对缺陷产品承担安全义务。故意、过失不履行或者不及时、全面履行产品召回义务、警示义务等安全义务，导致发生人员伤亡或者财产损害后果的，应当追究刑事责任。判断是否承担安全义务的法理根据在于前述机构的决策者对缺陷产品存在的危险有无事实支配或者规范意义上的支配。缺陷产品供应商对于生产、销售缺陷产品以及不履行召回义务等，通常表现为不法集体决策。在司法实践中，需要判断行为人在不法集体决策过程中扮演的角色和是否具有支配作用。如果缺陷产品供应商不履行安全义务行为与产品致害存在因果关系，可以将结果客观归责于缺陷产品供应商；如果缺陷产品供应商主观上至少有过失，可以追究缺陷产品供应商的刑事责任。可能成立的罪名和追责范围，则需要根据产品缺陷的具体类型、不履行产品安全义务的行为方式和造成的危害结果等加以认定。

第十章“以不作为参与他人的法益侵害行为的性质”。主要观点是：行为人以不作为参与他人的法益侵害行为，是否成立共同犯罪？如果前一问题的结论是肯定的，是成立不作为的共同正犯还是不作为的帮助犯，均存在争议。在有关学说中，重要作用理论和因果过程支配理论具有妥当性。关于行为人以不作为参与他人的作为犯的性质，主要涉及在什么范围内承认犯罪阻止义务？在负有犯罪阻止义务者能够履行阻止义务而不履行时，是成立共同正犯、同时正犯还是帮助犯？本书认为，在不作为者与作为者存在共谋的场合，可以成立共同正犯；在行为人之间不存在共谋的场合，如果否认义务犯理论，应当根据是否存在事实支配关系或者行为人对法益侵害结果的发生的作用力的大小，分别成立不作为的共同正犯和帮助犯。在实行过限的场合,同案犯实施的过限行为具有导致法益遭受侵害的危险,行为人对此具有认识或认识可能性且能够加以阻止的情况下,不履行义务,未能避免发生法益侵害结果的,原则上应当成立不作为的共犯。另外,在行为人以不作为参与他人的不作为犯的场合,应当根据具体情况分别认定为不作为的共同正犯或者同时正犯。

第十一章“不作为的诈骗”。主要观点是:不作为的诈骗是指行为人明知对方将要陷入认识错误或者已经陷入错误,明知自己负有告知真相的义务,却不告知事实以阻止和消除错误,致使被害人基于错误处分财物的行为。关于不作为能否构成诈骗罪,不是指诈骗罪本身能否由不作为构成,而是指诈骗罪中的欺骗行为能否表现为不作为。不作为能否成立诈骗罪,关键在于行为人是否具有保证人地位,行为人是否对法益负有保证人义务。在被害人虽然尽到一般谨慎注意义务但仍然陷入或者将要陷入认识错误的场合,如果在行为人与被害人之间形成特殊关系,对被害人形成处分财产的意思和实施处分财产的行为具有支配权,则行为人有义务阻止或想方设法去消除被害人的错误认识;在行为人不履行该义务,致使被害人基于错误认识处分财产并造成财产损失的场合,可以成立不作为的诈骗。至于“无钱食宿”“找钱诈骗”等是否构成不作为的诈骗,则需要根据前述标准进行具体认定。

第一章　区分作为与不作为的实益与方法

第一节　问题的提出

一、区分作为与不作为在理论上的困惑与实务中的困难

（一）作为与不作为存在显著差异

德国刑法理论通常认为："就实现构成要件的某一特定的行为方式而言，作为和不作为是互相排除对方的。"①英国学者强调："通常认为，与作为相比，不作为具有更少的可责罚性。我们也趋向于区别对待杀手和'不救助的人'。"②我国也有学者形象地指出："作为相当于进攻，不作为相当于不防守。进攻有天然的恶害性，而不防守的道德恶性小得多；作为是一种罪恶，不作为只是一种过错。"③

（二）区分作为与不作为的价值和方法

接下来的问题是，区分作为与不作为有没有必要、有无价值？如果关于这一问题的结论是肯定的，怎样才能准确区分作为与不作为？④

1. 区分作为与不作为有没有必要、有无价值？从司法实践的角度看，区分作为与不作为是有价值的。⑤ 传统上主要涉及以积极的身体活动中止救助行为案件、医疗事故案件、缺陷产品责任案件、责任事故案件、赃物案件等。随着信息网络的发展，"区分网络服务提供者之作为与不作为，以及不作为的义务来源和边界"，成为网络服务提供者刑事责任

① ［德］乌尔斯·金德霍伊泽尔：《刑法总论教科书》（第6版），蔡桂生译，北京大学出版社2015年版，第358页。

② 实际情况是，阿什沃斯认为与作为相比，不作为的可责罚性并不低。参见［英］安德鲁·阿什沃斯：《刑法的积极义务》，姜敏译，中国法制出版社2018年版，第43页。

③ 高艳东：《不纯正不作为犯的中国命运：从快播案说起》，载《中外法学》2017年第1期。

④ 如果采取支配犯理论，有必要区分作为与不作为，需要考虑行为人的行为是作为还是不作为，因为有一个不作为与作为的等价性问题。相反，如果采取义务犯理论，则根本不需要区分作为与不作为。

⑤ 但是，义务犯理论认为，区分作为与不作为没有实质意义，重要的在于违反积极义务还是消极义务。违反消极义务的，属于支配犯，根据犯罪事实的支配区分正犯与共犯；违反积极义务的，根据义务违反的原理，永远是正犯。

认定中最为核心的问题。[1] 帕夫利克认为，虽然从体系性的角度来说，区分作为和不作为的价值不大。但是，从案例分析的角度看，区分作为和不作为是有价值的。主要理由是："在大多数案件当中，判断行为人是否以积极作为的方式侵犯了他人的法权空间，比认定行为人是否违反了某种危险消除义务要容易。"[2]通常情况下，可以直接根据物理的、身体的动静来区分作为与不作为，但是，也要看到，"在判定某一刑法上的结果是由积极行为造成还是因为不予制止才发生时，个别情况下会碰到很大困难"[3]。

2. 区分作为与不作为的方法。关于作为与不作为的区分，关系到作为犯、不真正不作为犯与真正不作为犯的关系问题。黄荣坚教授指出："从对于一定法益侵害结果的发生而言，不论是作为或不作为，都有其支配可能性。作为犯的情况是，因为作为而发生结果，而不作为就不会发生结果。不作为犯的情况是，因为不作为而发生结果，而如果作为就不会发生结果。两相对照之下，我们就可以知道，不管是作为或不作为，总之到头来都是：行为人对于其行为的选择（选择作为或选择不作为）对于结果的发生与否有其支配力。"[4]另外，与作为犯相比，不真正不作为犯的行为方式是不作为；与真正不作为犯相比，不真正不作为犯的作为义务缺乏刑法明文规定。因此，如何区分作为与不作为，成为讨论不真正不作为犯的重要问题之一。

二、区分作为与不作为的价值

如前所述，区分作为与不作为具有重要价值。简要来说，区分作为与不作为两种行为方式，特别是在行为人以积极的身体活动中止救助行为的场合，关系到行为人是否成立犯罪，成立故意杀人罪还是遗弃罪，以及成立正犯（主犯）还是帮助犯（从犯）等问题，具有重要意义。

关于区分作为与不作为的必要性或者价值，可以从下列几个方面进行

---

① Vgl. Sieber, Strafrecht Verantwortlichkeit fürden Datenverkehr in internationalen Computernetzen, JuristenZeitung, 10/1996, 499. ff. 转引自王华伟：《网络服务提供者的刑法责任比较研究》，载《环球法律评论》2016 年第 4 期。

② ［德］米夏埃尔·帕夫利克：《刑法科学的理论》，陈璇译，载《交大法学》2021 年第 2 期。

③ ［德］冈特·施特拉腾韦特、［德］洛塔尔·库伦：《刑法总论 I——犯罪论》（第 5 版），杨萌译，法律出版社 2006 年版，第 357 页。

④ 黄荣坚：《刑罚的极限》，台北，元照出版公司 1999 年版，第 33－34 页。

说明。[①]

（一）处罚不作为犯特别是不真正不作为犯可能违反罪刑法定原则

尽管刑法理论的通说认为处罚不真正不作为犯具有正当性，没有违反罪刑法定原则，但是，也有学者诸如考夫曼认为处罚不作为犯属于类推（解释），违反罪刑法定原则。下面试举几例加以说明。

1. 非法侵入住宅罪与拒不退出罪之争。国外刑法通常将"非法侵入他人住宅"和"经要求退出而拒不退出"作为侵入住宅罪的构成要件，或者并列规定侵入住宅罪和拒不退出罪。比如《德国刑法典》第 123 条（非法侵入他人住宅罪）第 1 款规定："非法侵入他人住宅、经营场所或土地，或用于公共事务或交通的封闭的场所，或未经允许在该处停留，经主人要求仍不离去的，处 1 年以下自由刑或罚金刑。"此外，《日本刑法典》第 130 条（侵入住宅等罪）、《意大利刑法典》第 614 条（侵入住宅罪）以及《瑞士刑法典》（2003 年修订）第 186 条（非法侵入他人住宅罪）等，均有类似的规定。我国《刑法》第 245 条也规定了非法侵入住宅罪，但表述为"非法侵入他人住宅"。在司法实践中，关于能否将合法进入他人住宅后经要求退出而不退出的行为认定为"非法侵入他人住宅"，进而以非法侵入住宅罪论处，存在争议。[②]

2. 是否存在不作为的脱逃罪？对于"受到监狱（包括劳改农场等监管机构）奖励，节假日经批准回家探亲的罪犯，故意不在规定时间返回监狱，采取逃往外地等方式逃避入狱的"，能否以我国《刑法》第 316 条第 1 款规定脱逃罪论处，存在争议。有的学者如周光权教授持肯定说，认为"按照看守者的要求自行转移、暂时逃避灾难，在危急情形消除以后，或者在看守者约定的时间内，没有出现，拒不向看守者报到的，是以不作为的方式构成本罪"[③]。这一观点将消极的逾期不归行为等同于通常所说的以积极的方式实施脱逃行为。但是，消极的逾期不归行为无论是违法性还是可谴责性、处罚必要性等，均显著低于积极的脱逃行为。如果无视这些差别将其

---

① 姚诗教授认为，日本不如德国那样重视作为与不作为的区分，只要能够认定为作为，就按照作为犯处理。加上在过失犯问题上主要采取新过失论，将过失犯的实行行为解读为"没有履行结果回避义务"，消弭了作为和不作为的区别。因此，司法实践中完全没有作为而只有不作为的情况比较少见，司法实务中对不真正不作为犯的认定也很少。参见姚诗：《不真正不作为犯的边界》，载《法学研究》2018 年第 4 期。

② 参见周长军、温登平：《非法侵入住宅罪的构成及追诉探析》，载《人民检察》2005 年第 20 期；郝如建：《非法侵入住宅罪构成要件探析》，载《扬州大学学报（人文社会科学版）》2007 年第 1 期；潘智源：《我国非法侵入住宅罪中存在的类推解释》，载《湖南科技学院学报》2019 年第 12 期。

③ 周光权：《刑法各论》（第 4 版），中国人民大学出版社 2021 年版，第 467 页。

认定为脱逃行为，可能会不当扩大刑法的处罚范围。

众所周知，刑法“以处罚作为犯为原则，以处罚不作为犯为例外”。正因为如此，虽然国外刑法理论认为不作为可能符合所有由作为所实现的构成要件，但如前文所述，不真正不作为犯的成立范围事实上仅限于故意杀人罪、放火罪、诈骗罪等有限的几个罪名。① 这些罪名之所以能够以不真正不作为犯的面貌出现，很大程度上是因为这些犯罪的法益侵害重大、发案率较高或者一般预防必要性较大。②

（二）刑法处罚不作为犯主要是为了更好地保护法益

与不作为导致结果发生相比，以作为导致结果的发生具有较高的应罚性。相对来说，不作为犯特别是真正不作为犯的成立门槛较高，要成立不作为犯，需要具备保证人地位、作为义务，同时不作为与作为应具有等价性。此外，在发生危害结果的场合，认定因果关系也存在很多困难。

与此相对应的是，认定为作为犯的制度门槛则比较低。例如，我国《刑法》第 276 条之一规定的拒不支付劳动报酬罪，成立本罪要求行为人不支付劳动者的劳动报酬，数额较大，而且经政府有关部门责令支付而不支付。不过也需要其他前提条件，如行为人“以转移财产、逃匿等方法逃避支付劳动者的劳动报酬”或者“有能力支付而不支付劳动者的劳动报酬”。又如，在“快播案”中，如果认为涉案人员传播淫秽物品的行为属于作为，就要证明行为人提供有关传播的技术支持，证明行为人散播的是淫秽物品及其有关信息。相反，如果认为其属于不作为犯，则需要证明行为人具有阻止淫秽物品传播的作为义务和作为可能性等。

在无法认定为作为犯的场合，如果能够进一步认定行为人负有作为义务，有能力履行但不履行该义务，则有可能构成不作为犯。这反过来会推动行为人主动履行作为义务。诚如乔尔·范伯格所言：“刑法不仅通过强加义务、给予自由来规范自由，同时也授予对抗他人的权利以保护权利的行使。”③不真正不作为犯这种制度设计的主要目的是保护法益。行为人

---

① 参见［日］前田雅英：《刑法总论讲义》（第 5 版），曾文科译，北京大学出版社 2017 年版，第 80 页。

② 参见陈洪兵：《作为犯与不作为犯的区分——以交通肇事逃逸为例》，载《法治研究》2017 年第 1 期。不过，江溯教授进行的实证研究表明，我国司法实践中对不作为的故意杀人罪的认定采取了非常审慎的态度，不仅大量判处轻刑，很少判处重刑，甚至还有半数以上的案件判处缓刑。参见江溯：《不作为的故意杀人罪司法认定实证研究》，载《国家检察官学院学报》2020 年第 4 期。

③ ［美］乔尔·范伯格：《刑法的道德界限》（第 1 卷　对他人的损害），方泉译，商务印书馆 2013 年版，第 7 页。

由于与侵害法益的危险之间具有密切关联而承担作为义务,为了不至于身陷囹圄,只能竭尽全力去阻止法益侵害结果的出现。不过,如果任由司法机关扩大不真正不作为犯的认定范围,必然会不当地扩大限制公民权利和自由的范围,导致刑法上法益保护和人权保障两大机能的失衡。

"自由应当作为默认值,强制则永远需要其正当理由。"[①]因此,关于作为犯与不真正不作为犯的认定顺序,应当优先认定为作为犯;在难以认定为作为犯的场合,再考虑将通过赋予行为人一定的作为义务完全可以更好地保护法益的情形认定为不真正不作为犯。这些例外情况包括:第一,结果并非由于过失行为所致,而是在行为人实施过失行为之后,因为不作为而导致;第二,行为人的作为是合法、无责任的行为,但是因为不作为而导致发生构成要件结果。

以不阻止他人犯罪为例,黎宏教授指出,即便某一案件在整体上呈现不履行特定义务的不作为的特点,只要不会导致量刑上的偏差,原则上可以以作为犯处理。至于其他案件,"对不能以作为共犯解决的不阻止行为,可以不作为参与的形式,按照不作为犯的共犯处理"[②]。不过,也有学者批评说:"首先假设作为犯罪,只有当不构成作为犯罪才讨论构成不作为犯罪的说法,可能混淆了犯罪构成问题与竞合问题的层次。"[③]

(三)认定为作为或者不作为对具体犯罪的法益认定以及着手和既遂时点的判断均会产生影响

实行行为在本质上具有法益侵害的紧迫或者现实危险性,[④]但是作为与不作为在着手时间的认定上往往不一致,如果将具体犯罪的实行行为认定为不作为,不仅对具体犯罪保护法益的认定形成误导,而且可能导致实行行为的着手和既遂时点的推迟。例如,德国刑法理论上讨论的"自行车车灯案",行为人在晚上骑着没有车灯的自行车外出时与他人相撞,导致他人受伤害,这种情况到底是积极的作为(无灯开车),还是消极的不作为(不装车灯)呢?[⑤] 多数学者认为应当构成过失的作为犯,因为行为人积极的作为(无灯开车)才造成了具有刑法评价意义的结果。

犯罪的本质是法益侵害,限定犯罪的范围与限定法益保护的范围是一

① [美]乔尔·范伯格:《刑法的道德界限》(第1卷 对他人的损害),方泉译,商务印书馆2013年版,第8页。

② 黎宏:《不阻止他人犯罪的刑事责任》,载《中国法学》2020年第4期。

③ 黄荣坚:《基础刑法学》(第3版)(下),中国人民大学出版社2009年版,第447页。

④ 参见黎宏:《刑法学总论》(第2版),法律出版社2016年版,第94页。

⑤ 参见[德]约翰内斯·韦塞尔斯:《德国刑法总论》,李昌珂译,法律出版社2008年版,第37页。

个问题的两个方面。从立法技术角度看，对作为犯和不作为犯的处罚范围的限定，存在显著不同。井田良指出："从结果犯来看，如果是作为犯，只要通过故意、过失限定因果关系，就可以大致确定应该归属结果的人的范围，也可以确定成立犯罪的界限。与此相反，关于不作为犯，只有这些并不能完全限定处罚范围。——为了与作为的情形一样的结果归属，只用故意、过失确定因果关系，绝对是不充分的。"①

下面以巨额财产来源不明罪为例进行说明。就我国刑法规定而言，《刑法》第395条第1款规定的巨额财产来源不明罪的实行行为应当是"拒不说明真实来源"，包括不作说明和作虚假说明两种情况。② 但是，如果认为本罪的实行行为是"在财产或者支出明显超过合法收入时，不能说明来源"的不作为，③在具体案件中，行为人由于各种客观原因导致无法说明来源时，由于缺乏作为可能性而以无罪处理，会导致处罚范围的不当缩小。所以，只有在国家工作人员能够说明来源而不作出说明或者作虚假说明时，才能认定为巨额财产来源不明罪。反之，在国家工作人员确实无法说明来源时，就不能认定为本罪。④ 例如，国家工作人员由于时间长、记忆力差等原因没有能力说明来源的，就不能以本罪论处。

显然，尽管通常情况下不必优先考虑某一犯罪是作为犯还是不作为犯，但是在作为犯的场合，除了身份犯之外，对主体身份没有特别要求，无论是谁实施犯罪都能够满足构成要件。相反，对于真正不作为犯来说，由于是身份犯，只有特定身份者的不作为才能符合构成要件；对于不真正不作为犯来说，只有负有作为义务者的不作为才能符合构成要件。所以，在具体案件中，应当首先讨论是否属于基本类型的作为犯，如果得出的结论是否定的，再探讨是否构成不作为犯。

（四）认定为作为或者不作为对共犯和共犯人的认定均会产生影响

不仅普通人如此，多数刑法学人也可能有这样一种感觉："不作为犯承担的刑事责任，比作为犯承担的刑事责任要少得多。"究其原因，主要在于二者违反的义务类型和原因力不同。具体来说，作为犯违反的是消极义务，而不作为犯违反的是积极义务；处罚作为犯只是要求行为人消极地不对外界造成伤害，不侵害法益，而处罚不作为犯其实是要求一个人积极地付出力量去消除既有的风险。总体来说，与违反消极义务的作为犯相比，

---

① ［日］井田良：《刑法总论的理论构造》，秦一禾译，中国政法大学出版社2021年版，第28页。
② 参见王作富主编：《刑法分则实务研究》（第5版）（下），中国方正出版社2013年版，第1717页。
③ 参见周光权：《刑法各论》（第4版），中国人民大学出版社2021年版，第548页。
④ 参见张明楷：《论巨额财产来源不明罪的实行行为》，载《人民检察》2016年第7期。

违反积极义务的不作为犯在不法和责任两个方面更轻一些。①

从司法实践看,在行为人对正犯行为提供帮助的场合,如果认定为不作为,可能成立帮助犯;相反,如果认定为作为,有可能更容易得出成立正犯的结论。对此,罗克辛指出,在不作为犯中无法确定与作为犯具有同样意义的犯罪支配,所以什么都没做的人不可能支配事件经过。认定犯罪支配,以行为人通过积极行为对事件经过形成控制性驾驭为前提,而不作为犯恰好欠缺这一点。因此,需要通过义务犯的概念将不作为犯认定为正犯。②

在我国,在行为人以不作为参与他人的作为和以不作为参与他人的不作为的场合,涉及成立不作为的正犯还是作为的帮助犯的问题。例如,就抗税罪而言,陈兴良教授指出,如果认定为作为犯,则只要参与实施了暴力、威胁方法拒不缴纳税款的行为,就是正犯;相反,如果认定为不作为犯,则只有纳税义务人实施该行为才是正犯,其他实施该行为的人是共犯。③

(五)认定为作为或者不作为对量刑轻重具有不同影响

如果认为行为人不构成作为的帮助犯,而构成不作为的正犯,则还涉及量刑轻重(主犯与从犯)的问题。第一,有的国家如《德国刑法典》第13条第1款和第49条第1款规定,在某些情况下对不作为犯应当减轻处罚。主要理由是,相对于作为犯而言,不作为犯的期待可能性较低。④ 第二,有的国家虽然未在刑法中对不作为犯从宽处罚作出明文规定,但在司法实践中对不作为犯予以了从宽处罚。例如,我国刑法并未明文规定对不作为犯从宽处罚,但是从对"宋某祥故意杀人案"等案件的处理看,虽然法院认定被告人构成故意杀人罪,但同时认为被告人情节较轻,仅判处有期徒刑4年。⑤ 第三,在多数情况下,刑法对真正不作为犯规定的法定刑要低于作为犯。在司法实践中,对于刑法中例外予以处罚但没有明文规定的不真正不作为犯,如果直接按照作为犯的条款进行处罚,处罚将重于真正不作为犯,存在侵犯人权的隐忧。⑥

上述刑法理论上的争议,或多或少都属于司法实务问题在刑法理论上

---

① 参见黎宏、常康爽:《缺陷产品不召回的刑事责任》,载《上海政法学院学报(法治论丛)》2018年第5期。

② Vgl. Roxin, hatcrschaft and hathcrrschaft, 8. Aufl. 2006, S.463.

③ 参见陈兴良:《不作为的共犯:规则与教义》,载《法学》2022年第6期。

④ 参见[韩]金日秀、[韩]徐辅鹤:《韩国刑法总论》(第11版),郑军男译,武汉大学出版社2008年版,第489页。

⑤ 河南省南阳市中级人民法院二审裁定书,(1995)南刑终字第002号。

⑥ 参见黎宏:《不阻止他人犯罪的刑事责任》,载《中国法学》2020年第4期。

的投影。显而易见,研究如何区分作为与不作为,并合理限制不作为犯特别是不真正不作为犯的成立范围,具有重要意义。

本书尝试就区分作为与不作为的标准进行探讨,主要讨论下列问题:第一,关于区分作为与不作为的学说,各自有哪些优点,以及如果存在缺点,这个缺点能否以及如何克服。第二,如何认定以积极的身体活动中止救助行为的性质。第三,如何看待作为与不作为的竞合,以及作为与不作为的结合。

第二节　关于区分作为与不作为的学说

关于作为与不作为的区分,德国、日本等国刑法学说上主要有两种方法:①第一种方法重视行为人与法益侵害结果之间的存在关系,着眼于物理的、身体的动静来区分作为与不作为。这种方法从事实出发,侧重于描述作为与不作为在自然意义或者物理结构上的不同之处。第二种方法则重视行为人与被害人之间的规范关系,侧重于从规范的、价值判断的立场来区分作为与不作为。这种方法认为刑法是一种规范体系,作为与不作为的区分标准不是基于物本逻辑的行为形态,而是取决于某种规范性的评价。

就第二种方法而言,又可以分为三类:第一类是从规范论的角度加以分析,在违反禁止规范时成立作为犯,在违反命令规范时则成立不作为犯。第二类是从法益论的角度加以分析,导致法益状态恶化的是作为犯,而没有使正在恶化的法益得到保护的则是不作为犯。第三类是从因果关系的角度加以分析。

一、物理的、身体的动静说

(一)物理的、身体的动静说的主要观点

早期是采用物理的、身体的动静的方法,认为出于意思决定而表现为

---

① 关于不作为特别是不真正不作为与作为的区分,主要有规范说、能量说、因果关系基准说、社会意义说、价值说、最终原因说、义务内容说、介入说、非难重点说和作为优越说等观点。参见张明楷:《外国刑法纲要》(第3版),法律出版社2020年版,第78－79页。至于在英美法系,关于区分作为与不作为的标准,一般认为有以下几种观点:第一,主体存在标准,如果不存在行为人,仍然会发生危害结果,就是不作为;反之,就是作为。第二,免责标准或者辩护事由标准,根据免责事由区分作为与不作为。作为可以基于正当理由或者可原谅行为进行辩护,而不作为的刑事责任只能基于法定义务进行辩护。第三,刑事责任标准,以行为人追究刑事责任的基础作为区分作为与不作为的标准,在追究不作为的刑事责任时,必须要证明具有法定的作为义务。第四,可罚性标准,以行为人的行为是否具有可罚性作为标准。参见张旭主编:《英美刑法论要》,清华大学出版社2006年版,第23页。

身体运动的是作为，出于意思决定而表现为身体静止的是不作为。这种观点可以追溯到19世纪末20世纪初贝林与李斯特所代表的“自然主义的因果行为概念”。例如，贝林将行为定义为“意愿的举止或者意志动作”，包括作为与不作为。其中，“不作为是对运动神经的抑制；意志在此支配着神经，正如身体运动时一样：它致力于神经控制和肌肉收缩”①。

该说也得到了我国和日本部分学者的支持。例如，泉二新熊认为，行为可以分为作为与不作为，作为是身体的任意运动，而不作为则是身体的静止。② 韩忠谟主张，行为“有积极与消极两种形式。前者系出于意思决定而表现之身体举动，刑法上称之为‘作为’。后者乃出于意思决定而表现之身体静止，刑法上称之为‘不作为’”③。

（二）对物理的、身体的动静说的评析

从物理上观察，尽管不作为通常表现为身体静止，但“不作为不意味着什么也不做，而是没有做所期待的行为”④。王作富教授等指出，不能将作为和不作为理解为“运动”和“静止”，“这并不是二者的实质区别。例如，偷税行为本质上是不履行纳税义务的行为，即不作为，但是，并非为此而什么事也没有做，相反的，行为人往往为此要进行伪造账目等活动。……作为与不作为的特有含义，是指犯罪行为的基本形式，不能把任何一种积极的动作，就叫做作为”⑤。物理的、身体的动静说将刑法中的行为等同于日常生活中的自然行为，完全忽视了犯罪行为的社会性质和法规范意义，因而是不妥当的。

不过，这种标准仍然存在一定的适用空间。德国学者认为，从法的安定性角度考虑，公众需要有一个可感知的明确的标准来界定作为与不作为，就此而言从行为的外部表现来区分作为与不作为是更为妥当的。⑥ 胡萨克也指出：“它很简单，而且似乎满足了中性价值的迫切需要。尽管这一标准已受到猛烈抨击，但尚未出现任何令人满意的选择方案将它取而代之。”⑦

---

① Beling, Die Lehre vom Verbrechen, 1906, S. 9, 15.

② 参见[日]泉二新熊：《日本刑法论》，有斐阁1927年版，第291页。

③ 韩忠谟：《刑法原理》，中国政法大学出版社2002年版，第71页。

④ [日]山口厚：《刑法总论》（第2版），付立庆译，中国人民大学出版社2011年版，第76页。

⑤ 王作富：《中国刑法研究》，中国人民大学出版社1988年版，第113页。

⑥ Vgl. Zieschang, Strafrecht AT, 3. Aufl. 2012, S. 26.

⑦ [美]道格拉斯·N. 胡萨克：《刑法哲学》（第2版），谢望原等译，中国人民公安大学出版社2004年版，第273页。

二、能量说（能量投入说）

（一）能量说的主要观点

该说认为，行为人通过在特定方向上“使用能量”造成了这样的结果的是作为，没有积极干预他人造成的事件的是不作为。

1. 德国、日本学者的观点。该说最早由卡尔·恩吉施所倡导。他认为，作为是“在特定方向上使用能量”，不作为是“在特定方向上不使用能量”。[①] 他还指出，这里所说的“能量”，“并不是指物理意义上的，而是日常意义上的任意人类力量投入，也就是人们经常说的‘成效’、‘努力’”[②]。

德国、日本均有学者赞同此说。例如，罗克辛指出：“在一个主动的能量投入对于结果具有原因性，或者在行为人的故意应当有原因性时，一个案件就应当在实行型犯罪的角度下进行讨论。”[③]山中敬一则认为，对于结果犯而言，只要行为与结果之间存在因果关系就是作为，不存在就是不作为，即作为是引起指向结果的危险的因果力，或介入并利用其因果关系，导致结果发生的行为。与此相对，不作为是在发生引起结果的具体危险时，对之不予以干预而引起的结果发生的行为。[④]

2. 我国学者的观点。我国学者黎宏、聂立泽、[⑤]林东茂[⑥]等主张此说。例如，黎宏教授认为，在有关作为和不作为的区分上，使法益状况恶化的场合，就是作为；没有使法益状况恶化的场合，就是不作为。[⑦] 例如，行为人向落水者递去救生用的木板，在即将到达落水者手中的时候，行为人快速移开木板，致使被害人死亡的，行为人使被害人的状况恶化，是作为；相反，为了救助落水者而递去木板，在行为人抱住木板后行为人后悔，放弃救助，导致被害人死亡的，由于行为人没有使被害人的状况更加恶化，所以属于不作为。[⑧]

根据能量说的观点，只要行为人针对特定对象积极实施某种行为，且该行为与损害结果之间具有因果关系，那么该行为就属于作为犯；反之，则

---

① Vgl. Engisch, Tun und Unterlassen, FS－Gallas, 1973, S. 170.

② Vgl. Engisch, Tun und Unterlassen, FS－Gallas, 1973, S. 171.

③ ［德］克劳斯·罗克辛：《德国刑法学总论：犯罪行为的特别表现形式》（第2卷），王世洲等译，法律出版社2013年版，第492页。

④ 参见［日］山中敬一：《刑法总论》（第2版），成文堂2008年版，第220页。

⑤ 参见聂立泽、肖鹏：《法益状态说——作为犯与不作为犯的区别标准新探》，载《学术研究》2003年第10期。

⑥ 参见林东茂：《刑法综览》（第6版），台北，一品文化出版社2009年版，第1－177页。

⑦ 参见黎宏：《日本刑法精义》（第2版），法律出版社2008年版，第83页。

⑧ 参见黎宏：《日本刑法精义》（第2版），法律出版社2008年版，第89页。

可能属于不作为犯。因此,所谓“能量投入”本质上就是因果关系或者因果力。罗克辛指出:“实行的因果性(即作为的因果性),除了行为人的举止行为与结果之间的合法性关系之外,还以一种主动‘积极的’能量投入作为条件,而不作为的因果性就仅仅限制在不作为和结果之间的合法关系上了。”①

下面通过具体事例说明能量说的观点和思路。例如,一位单身母亲在外出时将自己只有三岁大的孩子留在家中,却未采取任何所要求的保护措施,结果这个孩子点燃了家里的电磁炉,并引发火灾,窒息而死。对于这一案例,罗克辛指出:“这里存在着一个通过不作为的过失杀人,这个母亲承担着一个保证人地位,并且这些(保护)措施本来也十拿九稳地会阻止这个结果。”②“这个母亲的走开,对于结果来说,根本不具有原因性——一个不作为的保证人不进行组织结果的行为而进行的活动,不能使一个不作为犯罪变成一个实行型犯罪——即使通过一个重点的转移也不可能。”③

(二)对能量说的评析

能量说认为,使法益状态恶化的行为是作为,没有使法益状态好转的则是不作为。首先,此说立足于行为时法益是处于正常状态还是危险状态区分作为犯与不作为犯,具有一定的合理性。其次,能量说在本质上以行为人是否通过其行为引起因果理论意义下的结果来区分作为与不作为,并不妥当。④ 最后,能量说存在将行为与动作混为一谈的问题。在司法实践中,不是所有注入能量的状态都可以评价为作为。例如,黎宏教授指出:“如母亲设计一定骗局将幼儿带至水边,让其不慎掉入水中淹死。这其中,母亲在追求幼儿掉入水中淹死的方向上,应当说是注入了活力的,但是,这样的情况,现实中一般是作为不作为犯处理的,而非作为犯。可见,以是否向一定的方向注入活力作为判断作为和不作为的标准的方法,并不可靠。”⑤

对于能量说等基于存在论的学说,周漾沂教授认为,这些学说基于自

① [德]克劳斯·罗克辛:《德国刑法学总论》(第2卷 犯罪行为的特别表现形式),王世洲等译,法律出版社2013年版,第483页。

② [德]克劳斯·罗克辛:《德国刑法学总论》(第2卷 犯罪行为的特别表现形式),王世洲等译,法律出版社2013年版,第494页。

③ [德]克劳斯·罗克辛:《德国刑法学总论》(第2卷 犯罪行为的特别表现形式),王世洲等译,法律出版社2013年版,第495页。此处罗克辛教材的原文就是如此,翻译得比较晦涩。本书引注中多处有类似情形,均保留翻译原文。——笔者注

④ 参见蔡圣伟:《不作为犯:第一讲 论故意之不纯正不作为犯(一)》,载《月旦法学教室》第51期(2007年)。

⑤ 黎宏:《不作为犯研究》,武汉大学出版社1997年版,第21页。

然主义的方法论传统，至少在与刑法和刑法理论强调规范评价这一点上不相契合。“我们的思维为什么要受到一种自然主义式的行止形式理解限制，以至于必须在刑法中当作无可置疑的存在论预设，并以此为基础展开刑法规范体系？”①

三、法益侵害状态说（法益状态说）、风险关系说

（一）法益侵害状态说的主要观点

法益侵害状态说以法益概念为核心，强调被侵害法益在法秩序上的归属。此说认为，制造风险、提高既存风险的是作为，不消除风险、放任既有风险的则是不作为。法律禁止制造风险或者加速既有的风险，行为人却制造一个原本不存在的风险或者加速原有的风险的，是作为；法律期待行为人消除既有风险，但行为人并未消除该风险，反而放任该风险继续向实害发展的，是不作为。

1. 德国学者的观点。德国学者施特拉腾韦特主张该说。他认为，在区分作为与不作为时，应当以“行为人是‘积极投入能量’造成了这样的结果，还是因为没有积极干预他人而造成的事件”为标准。如果行为人以自己的行为制造或者增加了结果发生的危险，是作为；反之，行为人没有去积极制止危险，则应当认定为不作为。② 如果行为人最初创造了救助的机会，然后又排除了这种可能，则其行为与阻碍他人采取救助措施一样，是对“救助的因果过程”的人为干预，应当认定为作为。当然，只有行为人此前一直都阻止结果发生的危险，才可能这样认定。如果行为人只是中断救助的努力，还是应当认定为不作为。③

2. 日本学者的观点。在日本，松原芳博、野村稔赞同该说。某一行为“是作为还是不作为，均取决于与外界所发生的法益侵害或危险之间的关系。也就是，照此发展，原本不会发展至法益侵害之时，改变事态进程，使其指向侵害的，就是作为；已经指向法益侵害之时，不改变事态进程的，就是不作为”④。例如，医生以外的第三人潜入医院病房，拔掉危重病人的氧

---

① 周漾沂：《刑法上作为与不作为之区分》，载东吴法学基金会编：《不作为犯的现况与难题》，台北，元照出版公司2015年版，第59页。

② 参见［德］冈特·施特拉腾韦特、［德］洛塔尔·库伦：《刑法总论Ⅰ——犯罪论》（第5版），杨萌译，法律出版社2006年版，第358页。

③ 参见［德］冈特·施特拉腾韦特、［德］洛塔尔·库伦：《刑法总论Ⅰ——犯罪论》（第5版），杨萌译，法律出版社2006年版，第358页。

④ ［日］松原芳博：《刑法总论重要问题》，王昭武译，中国政法大学出版社2014年版，第69页。

气或者关闭人工心肺装置，致使病人死亡的，应构成作为的故意杀人罪。[①]

3. 我国学者的观点。在我国，黄荣坚、蔡圣伟、[②]黎宏、[③]李立众、[④]周啸天[⑤]等坚持此说。例如，黄荣坚教授认为："作为犯是法律禁止制造新风险，但是行为人却制造新风险，而不作为犯是法律期待行为人削减既有风险，但是行为人却未削减既有风险。"[⑥]关于某一行为是作为还是不作为，应该以行为的风险关系作为判断标准。"制造风险的行为是作为，放任既有风险的行为是不作为。——对于制造风险的行为，法律势必期待行为人的不作为，而违背不作为义务的行为是作为。相对地，对于既存的风险，法律势必期待行为人的作为(消灭风险)，而违背作为义务的行为是不作为。"[⑦]

(二)对法益侵害状态说的评析

根据法益侵害状态说的观点，如果行为人导致法益的风险状况进一步恶化，则其行为当按照作为犯加以考察；若行为人并未提升法益面临的风险状况，而仅仅是未能阻止已经被其他因素开启的风险，则应当被评价为不作为。相对于其他学说，法益侵害状态说将法益保护作为刑法目的，同时将法规范与法益联系起来，避免了其他学说存在的缺陷。[⑧]

但是，要判断法益面临的风险状况是否被人为地提升了，就必须假定存在某种尚未遭受行为人侵袭的原初法益，作为风险评价的逻辑基准。然后判断行为人的活动是否在原初法益的基础上，另行增添了新的危险。如果行为人的相关举止确实为原初法益带来了更多的危险，则可以认为行为人的确"创造了侵害法益之风险"，进而按照法益侵害状态说的逻辑将其评价成作为。问题是，原初法益究竟包括什么，不包括什么？法益原初状态的评价应当考虑哪些事实条件？对于这些问题，法益侵害状态说却有些语焉不详。[⑨]

---

① 参见[日]野村稔：《刑法总论》，全理其、何力译，法律出版社2001年版，第146页。

② 参见蔡圣伟：《不作为犯：第一讲　论故意之不纯正不作为犯(一)》，载《月旦法学教室》第51期(2007年)。

③ 参见黎宏：《刑法学总论》(第2版)，法律出版社2016年版，第80页；黎宏：《不阻止他人犯罪的刑事责任》，载《中国法学》2020年第4期。

④ 参见李立众：《作为与不作为的区别》，载东吴法学基金会主编：《不作为犯的现况与难题》，台北，元照出版公司2015年版，第34页。

⑤ 参见周啸天：《保证人地位事实论的重构与应用》，载《中外法学》2021年第2期。

⑥ 黄荣坚：《刑法问题与利益思考》，中国人民大学出版社2009年版，第79页。

⑦ 黄荣坚：《基础刑法学》(第3版)(下)，中国人民大学出版社2009年版，第447页。

⑧ 参见张明楷：《法益初论》，中国政法大学出版社2003年版，第248页。

⑨ 参见徐成：《论作为与不作为的区分》，载陈兴良主编：《刑事法评论》(第39卷)，北京大学出版社2016年版，第467页。

四、规范违反类型说与规范评价重点说

尽管物理的、身体的动静对于区分作为与不作为具有一定的意义，但是，作为与不作为的区分主要是一个评价的问题，[①]更应当从规范的、价值判断的立场进行区分。对此，西原春夫指出，作为与不作为是彻头彻尾的"行为的样态"，是在没有构成要件符合性、违法性、有责性等刑法评价的情况下就可以进行判断的存在论的概念。与此相对，作为犯与不作为犯这两个概念具有构成要件符合性。特别是在后者的场合，必须进行违反作为义务这一违法性判断，如果没有法律评价将无法确定其是否存在。[②]

侧重于规范的、价值判断的立场来区分作为与不作为的观点，主要有规范违反类型说和规范评价重点说两种观点。

（一）规范违反类型说

此说认为，应该根据行为违反的规范的类型来区分作为与不作为。其中，违反禁止性规范的是作为犯，而违反命令性规范的则是不作为犯。

1. 德国和日本学者的观点。该说是德国刑法理论上的有力说，耶赛克等支持此说。[③] 该说也得到了部分日本学者的支持。例如，中森喜彦认为："区分作为和不作为，不应在法律评价之前的事实方面即行为论中进行评价，而应当以存在作为和不作为为事实前提，对其中哪一个符合构成要件，具有实行行为性进行法的评价。首先要确定刑法禁止什么，按照刑法的解释，如果禁止规范和命令规范都很明确，则只要讨论是否存在违反这些规范的作为和不作为就够了。"[④]

2. 我国学者的观点。该说是我国刑法理论的通说。例如，高铭暄教授等指出，作为犯违反的是禁止性规范，行为人积极实行不应实施的侵害行为，而不作为犯违反的是命令性规范，行为人有义务实行某种积极行为而不实行。[⑤] 陈兴良教授强调，作为与不作为的区别主要在于违反的义务规范的性质。其中，作为违反的是禁止性规范，而不作为违反的是命令性规范。因此，凡是违反命令性规范，应为而不为的，就是不作为。[⑥] 不真正不

---

① Küpper, Grenzen der normativierenden Straferchtsdogmatik, 1990, S. 74.

② 参见［日］西原春夫：《犯罪实行行为论》，戴波、江溯译，北京大学出版社 2006 年版，第 90 页。

③ 参见［德］汉斯·海因里希·耶赛克、［德］托马斯·魏根特：《德国刑法教科书》（下），徐久生译，中国法制出版社 2017 年版，第 808－809 页。

④ ［日］《平场安治还历祝贺·现代的刑事法学》（上卷），有斐阁 1977 年版，第 129 页。转引自黎宏：《不作为犯研究》，武汉大学出版社 1997 年版，第 19 页。

⑤ 参见高铭暄主编：《刑法学原理》（第 1 卷），中国人民大学出版社 1993 年版，第 535 页。

⑥ 参见陈兴良：《犯罪不作为研究》，载《法制与社会发展》1999 年第 5 期。

作为犯违反的也是禁止性规范。[①]

3. 对规范违反类型说的评析。不容否认，刑法中的某一规范，完全有可能既属于禁止规范，也属于命令规范。例如，西田典之指出："(《日本刑法典》)第199条的'杀人者'这一构成要件的根本在于，必须尊重他人的生命这一行为规范，该规范不仅包括不得杀人这一禁止规范，还可以包括必须救助他人的生命这一规范。"[②]但是，也应当注意以下两点：第一，禁止规范与命令规范这两种规范的内容是不同的。故意杀人罪的禁止规范表现为"禁止杀人"，命令规范表现为"救助他人的生命"。第二，对于违反"禁止杀人"的禁止规范，在意志自由的情况下以作为方式实施了杀人行为的，通常能够比较容易地认定为故意杀人罪。但是，如果无条件地将所有单纯没有"救助他人的生命"的行为一概认定为故意杀人罪，就很有可能导致故意杀人罪的处罚范围不当扩大化。

具体来说，规范违反类型说主要存在以下问题：

第一，规范说将违反的规范属于禁止性规范还是命令性规范作为区分作为犯与不作为犯的标准，单纯根据规范的性质和内容判断行为的属性，而不考虑行为的存在形态，有以评价标准取代评价对象的嫌疑。[③]

第二，犯罪的本质是法益侵害，规范违反类型说忽视了危害行为对法益的侵害，有时无法确定行为人所违反的是命令性规范还是禁止性规范。例如，在关闭、撤走病人的生命维持装置致使病人死亡的案件中，如果主治医生实施该行为就构成不作为杀人罪，如果是第三人实施该行为就构成作为的杀人罪。[④]

第三，规范违反类型说认为作为犯违反了禁止性规范，不作为犯违反了命令性规范，但是对介乎作为犯与不作为犯之间的不真正不作为犯，却没有作出说明。禁止性规范通常是以不作为加以侵害(不真正不作为犯)，而命令性规范通常以作为加以侵害(不真正作为犯)。实际上，有些不作为犯不仅违反了禁止性规范，而且违反了某些命令性规范。例如，拒不救援友邻部队罪是不作为犯，其中的"能救援而不救援"不仅违反了我国《刑法》第429条的禁止性规范，而且直接违反了相关法律、法规中的命令性规范。当然，为了进一步限定处罚范围，成立本罪，应以"致使友邻部

---

① 参见陈兴良：《教义刑法学》，中国人民大学出版社2014年版，第231页。

② [日]西田典之：《日本刑法总论》(第2版)，王昭武、刘明祥译，法律出版社2013年版，第98页。

③ 参见刘士心：《不纯正不作为犯研究》，人民出版社2008年版，第21页。

④ 参见[日]野村稔：《刑法总论》，全理其、何力译，法律出版社2001年版，第146页。

队遭受重大损失”为前提。

第四，禁止性规范与命令性规范具有语义上的任意转换性。对此，有学者指出：禁止和命令概念至少在语言上是可以任意转换的。禁止和命令并不是不同的规范类型，而是不同的规范表达形式。禁令概念可以在命令概念的帮助下被定义，命令概念在禁令概念的帮助下也是如此。因此逻辑地看，将一个命令作为禁令来表述是完全可能的，反之亦然。① 因此，不能采取规范论的立场。

（二）规范评价重点说

该说认为，区分作为与不作为，应当以刑法规范对于社会事实评价的重点作为判断标准。换言之，即根据行为所具有的社会意义在刑法上判断的重点进行判断。麦茨格最先提出本说。他认为，不能根据具体案件的外部形态来区分作为与不作为，只能根据法律上的谴责针对的究竟是什么进行确定。作为与不作为的区分不是一个事实问题，而是一个评价问题。②

1. 大陆法系学者的观点。目前该说是德国刑法理论和判例的通说。③ 例如，韦塞尔斯认为，作为犯和不作为犯的区分，是一个价值评价问题（Wertungsfrage），而不是经验问题，不能只依据“能量投入”这样一个外部标准加以解决。要注意从规范的角度观察和考虑行为的社会影响，要考察刑法上重要举动的评价重点是什么。那些中断自己的救助努力的，原则上属于不作为，但是，仅限于中断行为是在救助行为到达面临危险的对象之前，还未让他看到可以实现的救助可能性。相反，如果是在这个时间点之后，对可以到达的和非常有可能的救助结果的挫败，则属于作为犯。④

此外，意大利学者帕多瓦尼，日本学者山口厚、⑤井田良，⑥韩国学者金日秀⑦、李在祥也坚持此说。例如，帕多瓦尼认为：“不作为是一种具有法

① Sánchez - Vera, Pflichtdelikt und Beteiligung, 1999, S. 90. 转引自何庆仁：《义务犯研究》，中国人民大学出版社 2010 年版，第 86 页。

② 参见［德］克劳斯·罗克辛：《德国刑法学总论》（第 2 卷　犯罪行为的特别表现形式），王世洲等译，法律出版社 2013 年版，第 491 页。

③ 参见［德］克劳斯·罗克辛：《德国刑法学总论》（第 2 卷　犯罪行为的特别表现形式），王世洲等译，法律出版社 2013 年版，第 491 页；吕翰岳：《作为与不作为之区分的目的理性思考——以德国判例与学说为借镜》，载《环球法律评论》2017 年第 4 期。

④ 参见［德］约翰内斯·韦塞尔斯：《德国刑法总论》，李昌珂译，法律出版社 2008 年版，第 425－426 页。

⑤ 参见［日］山口厚：《刑法总论》（第 2 版），付立庆译，中国人民大学出版社 2011 年版，第 77 页。

⑥ 参见［日］井田良：《刑法总论的理论构造》，成文堂 2005 年版，第 29 页。

⑦ 参见［韩］金日秀、［韩］徐辅鹤：《韩国刑法总论》（第 11 版），郑军男译，武汉大学出版社 2008 年版，第 461 页。

律性质的规范性因素(因为法律,特别是刑法,对伦理、宗教与社会义务并无多大兴趣),规定主体有作为义务的法律规范就是判断不作为成立的标准。"[①]

2. 英美法系学者的观点。以往学界大多认为英美法系学者对刑法学基础问题缺乏系统的理论研究,这实际上是一种误解。以作为与不作为的区分为例,美国学者乔治·弗莱彻、胡萨克[②]等均有深入的研究。例如,弗莱彻认为,积极的杀人行为与消极地放任他人死亡的区别在于,前者是制造、承担风险,后者是忍受风险。"杀死和任其死去的区别不仅在于禁止根据,而且在于罪责评价——确定谁应为杀人或任其死去负责。如果将所有导致特定死亡的人都作为潜在的候选责任人,那么,可以通过确定他们在原因上的贡献来缩小可以适当归责的人的范围。但如果有许多人都对他人的死亡袖手旁观,那么,或者有太多的候选责任人,或者根本没有责任人。"[③]

3. 我国学者的观点。在我国台湾地区,蔡墩铭、[④]林山田、林东茂、[⑤]林钰雄、[⑥]张丽卿、[⑦]黄惠婷[⑧]等多数学者主张规范评价重点说。例如,林山田教授指出:"行为人虽已从事救助他人的行为,可是却又中断救助行为的,在这样的情形下,究应成立作为抑或不作为,则应视被救助者是否已因救助者的行为,丧失被救助的机会,而使危难状况恶化而定。""对他人急需救助的情形,行为人不但不予救助,反而以作为提高对他人法益的危险性。这时刑法评价的重点,当然应在作为而非在不作为。"[⑨]

在我国大陆,也有学者赞同规范评价重点说。例如,姚诗教授认为:"凡是刑法条文中包含不作为、条文谴责的重点在不作为的,都属于刑法明文规定的不作为犯。"[⑩]例如,扰乱国家机关工作秩序罪中,处罚的是扰乱

---

① [意]杜里奥·帕多瓦尼:《意大利刑法学原理》,陈忠林译,法律出版社1998年版,第113页。

② 参见[美]道格拉斯·N. 胡萨克:《刑法哲学》(第2版),谢望原等译,中国人民公安大学出版社2004年版,第271-272页。

③ [美]乔治·弗莱彻:《反思刑法》,邓子滨译,华夏出版社2008年版,第441页。

④ 参见蔡墩铭:《刑法总论》,台北,三民书局1995年版,第100页。

⑤ 参见林东茂:《一个知识论上的刑法学思考》(第2版),台北,五南图书出版股份有限公司2001年版,第75页。

⑥ 参见林钰雄:《新刑法总则》,中国人民大学出版社2009年版,第399-400页。

⑦ 参见张丽卿:《刑法总则理论与运用》,台北,一品文化有限责任公司2005年版,第388页以下。

⑧ 参见黄惠婷:《作为与不作为之区别》,载《台湾本土法学杂志》第57期(2004年)。

⑨ 林山田:《刑法通论》(增订10版)(下册),北京大学出版社2012年版,第151页。

⑩ 姚诗:《真正不作为犯:义务困境与解释出路》,载《政治与法律》2019年第6期。

国家机关工作秩序的作为，并非处罚“行政机关通知改正后‘拒不执行’”的行为，后者只是一个限制处罚范围的客观处罚条件，而非引起法益侵害的行为。①

4. 对规范评价重点说的评析。规范评价重点说认为作为与不作为的区分问题是一个规范、评价问题，这是正确的。但是，对于规范评价重点说，存在以下批评：

第一，德国有学者认为，以规范的评价重点来区分作为与不作为，实际上是循环论证。例如，罗克辛认为，规范评价重点说存在循环论证的问题。在实行性犯罪中，这种谴责重点自然是作为，而在不作为犯罪中，谴责的重点自然是不作为。②

第二，规范评价重点说的标准不够明确。例如，李在祥教授认为：“法律责难的重点在何处只能根据法律审理的结果得出，因而一开始就要求它只能成为不合理的感情判断。”在难以区分作为与不作为时，合理的方法是：“首先探讨行为是否属于构成要件，且是否违法、有责任，仅将作为当作刑法评价的对象，而只有在否定的情况下，再探讨不作为的问题。——在这个意义上，我们可以认为不作为是作为的补充。”③

正因为如此，需要进一步引入其他标准。例如，周漾沂教授认为，要想判断何为规范评价的重点，就必须引入刑法之外的价值判断标准，将此规范问题的决定委之于评价者个人选取的评价标准，这将导致外部价值对于刑法规范的侵越。④

第三，所谓规范评价的重点与非重点，不仅存在模糊不清的问题，而且有“纯属多余”的嫌疑。例如，黄荣坚教授认为，对“整体”行为进行规范评价的说法是存在问题的。作为与不作为都是实行行为，都应当是与结果发生的危险有关联的行为。“整体”中与结果发生无太大关系的人的动作不应该纳入考虑范围，否则将妨碍对真正实行行为的判断。⑤

第四，作为与不作为的区分与判断，并非一个非此即彼的问题，而是判断上的先后顺序问题。与不作为导致结果发生相比，以作为导致结果的发生具有较高的应罚性。因此，原则上应当优先判断为作为，只是在例外的

---

① 参见姚诗：《真正不作为犯：义务困境与解释出路》，载《政治与法律》2019年第6期。

② 参见［德］克劳斯·罗克辛：《德国刑法学总论》（第2卷　犯罪行为的特别表现形式），王世洲等译，法律出版社2013年版，第493页。

③ ［韩］李在祥：《韩国刑法总论》，［韩］韩相敦译，中国人民大学出版社2005年版，第104页。

④ 参见周漾沂：《刑法上作为与不作为之区分》，载东吴法学基金会编：《不作为犯的现况与难题》，台北，元照出版公司2015年版，第53页。

⑤ 参见黄荣坚：《基础刑法学》（第3版）（下），中国人民大学出版社2009年版，第449页。

情况下才能优先就不作为进行评价。再者,所谓"作为犯优先"或者说先判断是否成立作为犯,主要是一个判断的先后顺序问题,并未提出一个明确的区分作为与不作为的标准。

五、因果关系基准说

(一)因果关系基准说的内容

此说认为,区分作为与不作为的关键是有无因果关系。在作为与结果之间存在因果关系。但是,不作为是"无","无"不能产生"有",因此在不作为与结果之间不存在因果关系。①

1. 考夫曼的观点。该说由考夫曼提出。他认为,不能将不作为视为缺乏原因性的特定能量投入标识。"在不作为中原因性的仅仅是不作为要素:不行为以及不改变现实。对于行为的缺失,不作为者的存在并非条件;对于不作为的因果性,不作为者并非原因。"②显然,考夫曼不是一概否定不作为与结果的因果关系,而是否定不作为者与不作为本身具有因果性。

2. 日本学者的观点。日本学者西原春夫、③日高义博、④西田典之、松原芳博⑤等主张此说。例如,西田典之指出,作为是对指向结果的因果进程的设定,而不作为是对因果进程的放任。在此基础上,西田典之提出了排他性支配理论:"不作为要与作为具有构成要件性等价值,不作为者就必须将正在发生的因果进程控制在自己掌中,即基于自己的意思而获得排他性支配。"⑥

3. 我国学者的观点。我国学者郑逸哲、黎宏等主张此说。例如,郑逸哲教授指出,作为犯的因果关系是"事实上存在因果关系"与经过评价之后的"评价上存在因果关系"的统一;而不作为的因果关系则仅仅是"评价

---

① 参见[日]西原春夫:《犯罪实行行为论》,戴波、江溯译,北京大学出版社 2006 年版,第 83 页。

② Armin Kaufmann, Die Dogmatik der Unterlassungsdelikte, 1959, S. 60, 62. 转引自吕翰岳:《作为与不作为之区分的目的理性思考——以德国判例与学说为借镜》,载《环球法律评论》2017 年第 4 期。

③ 参见[日]西原春夫:《犯罪实行行为论》,戴波、江溯译,北京大学出版社 2006 年版,第 85 页。

④ 参见[日]日高义博:《不作为犯的理论》,王树平译,中国人民公安大学出版社 1992 年版,第 93 页。

⑤ 参见[日]松原芳博:《刑法总论重要问题》,王昭武译,中国政法大学出版社 2014 年版,第 69 页。

⑥ [日]西田典之:《日本刑法总论》(第 2 版),王昭武、刘明祥译,法律出版社 2013 年版,第 106 页。

上存在因果关系”，换言之，不作为犯的因果关系只是拟制的因果关系。[1]黎宏教授认为，区分作为和不作为，应当根据其行为构造即行为自身对外界的影响来进行判断。其中，作为是以积极的身体动作对外界产生影响，不作为是放任外界发生某种变动。作为对结果具有因果性或者原因力，而不作为则不具有这种因果性。作为是使现实生活中平稳的法益状态恶化，而不作为是不阻止正在危险状态中的法益状态进一步恶化。[2]

（二）对因果关系基准说的评析

此说根据行为的社会意义是引起结果发生还是不阻止结果来区分作为与不作为。

该说主要存在下列问题：第一，如果认为在不作为与法益侵害结果之间没有因果关系，不作为犯将不存在既遂犯形态，或者说只能将不作为的结果犯以未遂犯论处，这显然是不合理的。第二，众所周知，结果犯中行为与结果之间具有一定的间隔，所以需要认定因果关系。在行为犯的场合，行为与结果的发生具有同时性，不需要或者难以讨论因果关系。这样一来，因果关系基准说难以适用于行为犯。

第三节　刑法处罚不作为犯的根据与区分作为和不作为的标准

关于作为与不作为的区分，应当注意以下几点：第一，在分析不作为犯罪时，应当将视野限定在危害结果发生前的“在任何情况下，都不可能在不考量与危害结果相关的整体行为过程的情况下评价因果关系”[3]。第二，应当进行实质判断，而不是停留在形式观察层面。要着眼于具体行为类型与法益的关系，考察其是否有效保护了法益或者有效阻止了侵害法益的行为，而不是仅仅着眼于行为人有无外在的举动。第三，应当综合身体动静、规范评价、法益状态等标准，采取从形式到实质、从外在到内在的分层次递进式思考进路。首先运用身体动静说作为判断标准，当这种判断难以得出妥当的结论时，就需要运用规范评价说的标准。在确定规范评价的基点时，应当考虑行为人是否具有法律期待或要求其所履行的义务。行为人的

① 参见郑逸哲：《不纯正不作为构成要件的因果关系判断标准与其操作难题》，载《法令月刊》第2期（2011年）。
② 参见黎宏：《刑法学各论》（第2版），法律出版社2016年版，第80页。
③ ［美］亚瑟·利文斯：《因果关系视角下的不作为犯罪》，高娜、李立丰译，载赵秉志主编：《刑法论丛》（第37卷），法律出版社2014年版，第271页。

义务是确定规范基点的前提所在，可分为危险源监督义务和法益保护义务。当作为与不作为发生竞合时，行为人主动设定因果流程，使法益状态恶化的，规范的基点在于“禁止规范”，行为人不应为而为的，可能构成作为犯；相反，行为人放任已经存在的因果流程，没有使法益状态好转时，规范的基点则在于“命令规范”，行为人应为而不为的，成立不作为犯。①

一、刑法“以处罚作为为原则，以处罚不作为为例外”等观点及其理解

(一)刑法“以处罚作为为原则，以处罚不作为为例外”的观点是否妥当?

有的学者认为，处罚不作为犯具有例外性。② 例如，张明楷教授认为，刑法“以处罚作为犯为原则，以处罚不作为犯为例外”。所以，追究作为犯刑事责任的可能性要大于不作为犯，这在一定程度上决定了行为人的行为能否构成犯罪。③

刑法之所以在例外的情况下才处罚不作为，主要有以下几个原因：

第一，从违法义务的类型看，作为违反的是消极义务，不作为违反的是积极义务。对比这两类违反义务行为的预防、证明和制裁，对不作为犯的处罚造成国家对公民自由较多的干预。例如，英美法系学者有这样的担心：“在完全相同的设定情形下(‘你要尽你所能救助所有需要救助的人’)，积极义务将导致无法解决的协调性问题。”④“对公民施加某些重要的消极义务通常以简单而非正式的方式进行，其间无需挑起困难协作和动机问题。……另一方面，原则上我们必须和其他公民商议一个适当的规则，哪怕是道德规则，来指引我们所承担的积极救助义务，因为向所有需要者施救的个体义务无法得到完全的履行。”⑤

第二，从义务的承担主体看，每一个人都是消极义务的承担者。就积极义务而言，让每个人都承担义务是不可取的，积极义务的承担主体应当是特定的、有限的，原则上仅由被害人本人、被害人的监护人、具有特定身

① 参见赵金伟：《论作为与不作为的区分》，载《华北电力大学学报(社会科学版)》2017 年第 1 期。

② 参见李立众：《作为与不作为的区别》，载东吴法学基金会主编：《不作为犯的现况与难题》，台北，元照出版公司 2015 年版，第 34 页。

③ 参见张明楷：《刑法学》(第 6 版)(上)，法律出版社 2021 年版，第 191 - 192 页。

④ [美]乔尔·范伯格：《刑法的道德界限》(第 1 卷　对他人的损害)，方泉译，商务印书馆 2013 年版，第 188 页。

⑤ [美]乔尔·范伯格：《刑法的道德界限》(第 1 卷　对他人的损害)，方泉译，商务印书馆 2013 年版，第 189 页。

份和义务的人以及政府来承担。对此,乔尔·范伯格认为:“实际的救助工作应当由政府当局指定的义务人或有特别关系的当事人完成。他们是社会整体付诸行动的执行者,我们所有人都(在理论上)同等贡献了自己的份额。”①

第三,从保护法益的效率看,对于作为犯而言,只要行为人消极地不作为,就不会侵害法益。对于真正不作为犯而言,由于是刑法事先明文规定的,通过事先进行作为义务和责任的分配,以及通过事后追责来明确承担作为义务和责任的主体及其范围,也能够更有效地保护法益。但是,对于不真正不作为犯而言,即便在司法实践中大范围地加以认定,也不见得能够实现其保护法益的初衷。

第四,从对法益的侵害看,尽管并非一概如此,但通常情况下作为造成法益侵害的危险更大,侵害法益的效率更高,而不作为只在“独立于行为人的侵犯法益的因果流程凑巧已经启动时”,才能侵害法益。② 所以,相对来说,作为犯是刑法惩罚的重点。

(二)刑法上“对作为犯的判断优先于对不作为犯的判断”的观点是否妥当?

与上述说法相关的是,“在判断是作为或者不作为遇有困难时,优先认定为作为犯”。例如,林山田教授认为,以作为方式导致结果发生的,与不作为相比,具有较高的应刑罚性,所以原则上应优先判断为作为,成立作为犯。不作为只有在具有与作为相当的非价值性的场合,才能认定为不作为犯。③ 前已述及,张明楷教授也倡导先判断是否成立作为,在行为不符合作为犯成立条件时,再判断是否成立不作为。④

众所周知,区分作为犯与不作为犯,对于审查重点与判断顺序具有重要影响。在不作为犯中,审查的重点是行为人是否具有保证人地位、是否承担作为义务以及承担作为义务的内容;而作为犯中则不需要进行保证人地位的判断,只需要重点审查行为是否符合某一犯罪的构成要件即可。⑤ 当然,主张“作为造成法益侵害的危险更大,侵害法益的效率更高”的观点是有点似是而非的。

---

① [美]乔尔·范伯格:《刑法的道德界限》(第1卷 对他人的损害),方泉译,商务印书馆2013年版,第190页。

② 李立众:《作为与不作为的区别》,载东吴法学基金会主编:《不作为犯的现况与难题》,台北,元照出版公司2015年版,第34-35页。

③ 参见林山田:《刑法通论》(增订10版)(下),北京大学出版社2012年版,第148页。

④ 参见张明楷:《刑法学》(第6版)(上),法律出版社2021年版,第192页。

⑤ 参见张明楷:《刑法学》(第6版)(上),法律出版社2021年版,第192页。

二、作为当代刑法根基的自由主义与社会连带主义

刑法之所以原则上仅规定作为犯，较少规定不作为犯，主要是尊重个体的自由选择。每个人是自己利益的最有效保护者，公民原则上只需要履行不侵害他人的消极义务（不作为义务），只有侵害他人的法益的行为才能构成犯罪（法益保护原则或者侵害原则）。

（一）自由主义与社会连带思想

从哲学上看，康德、约翰·密尔等都对个人自由的正当性以及何种情形下可以对他人的自由进行干预等进行了系统的论述。例如，康德指出："每个人都可以是自由的，尽管他的自由对我的自由完全无关紧要，甚至尽管我心中还想去侵犯他的自由，但我并没有以我的外在行为去违犯他的自由。"[①]密尔认为："人类之所以有理有权可以各别地或者集体地对其中任何分子的行动自由进行干涉，唯一的目的只是自我防卫。这就是说，对于文明群体中的任一成员，所以能够使用一种权力以反其意志而不失为正当，唯一的目的只是要防止对他人的危害。"[②]

但是，为避免人类社会陷入"丛林状态"，人与人之间沦为"万人战争"之境，在一定条件下可以对个人的自由进行干涉，使公民例外地承担积极义务（作为义务）。例如，密尔认为，要使法律的干预具有正当性，"就必须是要对他加以吓阻的那宗行为将会对他人产生祸害。任何人的行为，只有涉及他人的那部分才须对社会负责"[③]。涂尔干指出："我们设想一下，如果一大群人没有预先就有的能够把他们维系在一起的纽带，那么我们有什么理由让他们相互作出牺牲、和平相处呢？"[④]"人们要想相互承认和保证对方的权利，首先就必须相亲相爱，这样他们才会有理由相互接近，成为组建单一社会的各个部分。"[⑤]

（二）刑法上的消极义务与积极义务

就刑法而言，原则上公民仅承担不侵害他人法益的消极义务。但是，"预防对行为人以外（个人的或公共的）各方造成损害或损害风险，永远都是法律强制的适当理由"[⑥]。在紧急情况下，对于他人的生命和身体健康

---

① ［德］康德：《法的形而上学原理——权利的科学》，沈叔平译，商务印书馆1991年版，第40页。

② ［英］约翰·密尔：《论自由》，许宝骙译，商务印书馆2010年版，第10页。

③ ［英］约翰·密尔：《论自由》，许宝骙译，商务印书馆2010年版，第11页。

④ ［法］埃米尔·涂尔干：《社会分工论》，渠东译，生活·读书·新知三联书店2000年版，第82页。

⑤ ［法］埃米尔·涂尔干：《社会分工论》，渠东译，生活·读书·新知三联书店2000年版，第83页。

⑥ ［美］乔尔·范伯格：《刑法的道德界限》（第1卷　对他人的损害），方泉译，商务印书馆2013年版，第11页。

以及公共安全等重大法益面临的危险,完全可以要求公民负有最低限度的救助义务和其他作为义务。为此,需要规定一部分奠基于积极义务(作为义务)的不作为犯。对此,费尔巴哈指出:"只要一个人对我们的行为的现实的表现有权利,就存在着不作为犯。但是市民的原初义务只是不作为:那么不作为犯就总是以一个特别的法律基础为前提。这个前提决定了作为的义务,没有它,人们就不可能成立不作为犯罪人。"①耶赛克则强调说:"要求法共同体的成员通过个人投入来救助受到危险的法益,原则上不是刑法制裁的任务。"②

上述理念得到了各国刑法学者的普遍认同。例如,西田典之认为,刑法上之所以处罚不作为犯,是为了更好地保护法益。"如要保护法益,则不仅仅是作为犯,对于不作为犯,亦即,对正在发生的指向结果的因果进程放任不管、不予介入的态度也予以处罚,这样无疑更有利于保护法益。"③当然,为了实现刑法对法益保护和人权保障两大机能的平衡,不作为犯的处罚范围要受到一定的节制。"……如果刑罚处罚到如此程度,市民日常生活将极不安定,也会丧失预测可能性。因此,对于须加以处罚的不作为犯,法律是例外地以真正不作为犯的形式加以规定。"④

(三)义务犯视野中的不真正不作为犯的处罚范围

不真正不作为犯被认为极大扩张了犯罪的成立范围。虽然社会连带思想为不作为犯特别是不真正不作为犯的处罚提供了一定的理论根据,但如何划定刑法打击不作为犯的范围,涉及如何处理其与自由主义和人权保障思想的关系。雅各布斯⑤将义务分为积极义务与消极义务,他认为:第一,积极义务是专属于某些主体的义务,如有特定的近亲属关系的主体、有特定的共同体关系的主体、自愿承担保护义务者、负有保护义务的特殊公职或者法人机构成员等,而消极义务则是所有人都要承担的义务。第二,积极义务的内容是"和他人建设一个共同世界",而消极义务则是不得干涉他人自由的义务,其内容是"不得伤害他人"。第三,积极义务与制度管辖(institutionelle Zuständigkeit)具有对应关系,制度管辖又与义务犯是对

① [德]安塞尔姆·里特尔·冯·费尔巴哈:《德国刑法教科书》,徐久生译,中国方正出版社2010年版,第36页。

② [德]汉斯·海因里希·耶赛克、[德]托马斯·魏根特:《德国刑法教科书》,徐久生译,中国法制出版社2001年版,第722页。

③ [日]西田典之:《日本刑法总论》(第2版),王昭武、刘明祥译,法律出版社2013年版,第97页。

④ [日]西田典之:《日本刑法总论》(第2版),王昭武、刘明祥译,法律出版社2013年版,第97页。

⑤ 国内对Jakobs有雅各布斯、雅科布斯等多种译法,本书正文中统一采用雅各布斯的译法。特此说明。

应关系,义务犯的处罚根据是违反义务;消极义务与组织管辖是对应关系,对应的是支配犯,区分正犯与共犯的根据是支配原理。①

根据义务犯理论,"特定的积极义务(特别义务犯)完全不是以普遍的形式出现的,而是通过立法和解释得到了充分的个别化的义务。刑法总是将某个特别的'和他人建设一个共同的世界'的义务落实到某个具体承担相应角色的人身上,如军人、警察、父母等"②。相反,如果刑法在打击已有作为犯的基础上,过度扩张不作为犯的成立范围,必然对公民的意志自由造成潜在压制,并进一步侵蚀公民的行动空间,造成国民自由的萎缩或者所谓的"寒蝉效应",最终结局必然是严重侵害人权。所以说,准确界定某一行为是作为还是不作为,有助于立法人员和司法人员厘清犯罪化的根据和处罚上的界限。

(四)在妥当处理法益保护与人权保障关系视野下合理限制不作为犯的成立范围

刑法以犯罪化的方式来实现其预防犯罪的目的,但这一目的实现以限制自由为不可避免的代价。为此,法益保护与人权保障成为刑事立法、刑事司法和刑法理论研究中的基本矛盾。要使这对矛盾不至于陷入不可调和的境地,"在考虑公共责罚和惩罚的内容和结果时,特别是在限制基本权利甚至剥夺基本权利的情况下,就应把犯罪化限制在犯罪化公共不法行为的范畴内,且该公共不法行为还必须具有一定的严重程度"③。

本书探讨的区分作为与不作为这一课题,显然也必须是在坚持刑法的补充性、谦抑性等前提下,为了平衡法益保护与人权保障的紧张关系,合理限制刑法的处罚范围,将那些貌似作为的不作为排除在刑法处罚范围之外。

第四节　以逐层判断的方法区分作为与不作为

一、区分作为与不作为的标准及其面临的困难

前已述及,关于作为与不作为的区分,主要有两种立场:第一种立场是着眼于物理的、身体的动静来区分作为与不作为。通常情况下,可以直接根据物理的、身体的动静来区分作为与不作为。第二种立场是侧重于规范的、价值判断的角度来区分作为与不作为。当然,作为与不作为的区分具有相对性,存在观察角度的差异,总体来说应当注意从规范的角度区分作

① 参见何庆仁:《德国刑法学中的义务犯理论》,载陈兴良主编:《刑事法评论》(第24卷),北京大学出版社2009年版,第252-258页。

② 何庆仁:《义务犯研究》,中国人民大学出版社2010年版,第316页。

③ [英]安德鲁·阿什沃斯:《刑法的积极义务》,姜敏译,中国法制出版社2018年版,第47页。

为与不作为。

众所周知,要形成一种"放之四海而皆准"的判断方法,是非常困难的。司法实践中发生的案件形态非常复杂,在判定某一刑法上的结果是由积极行为造成还是因为不予制止才发生时,个别情况下会碰到很大困难。例如,"对于一个具有多重意义的行为而言,应当将其中的哪一部分作为对刑法评价具有决定性意义的根据,是否行为的外部表现必然决定了其作为作为犯或者不作为犯的法律性质"。①

二、通过逐层判断的方法区分作为与不作为

本书认为,在区分作为与不作为的众多学说中选择其中之一作为区分标准,不具有可操作性,应当采取综合标准,通过逐层判断的方法区分作为与不作为。

(一)根据行为的存在形态以及是否"投入能量"区分作为与不作为

作为表现为基于意识与意志的支配的身体动作,身体静止不能构成作为。不作为表现为基于意识与意志的支配的身体静止或者身体动作,不作为通常表现为身体静止,不过有时候也可能渗透着身体动作。如果行为人未"投入能量",保持消极的静止,不可能认定为作为。

(二)考察行为是否以及如何导致法益遭受侵害

没有法益侵害就没有犯罪,无论是作为还是不作为,都要考察是否侵害了法益或者有侵害法益的危险。当然,二者侵害法益的形态存在差异,作为是积极侵害法益,而不作为是不阻止侵害法益。如果行为人"投入能量",但是与法益侵害结果不存在因果关系,不能认定为作为或者不作为;如果行为人"投入能量"的方向与法益侵害的方向不一致,也不可能认定为作为。对于介入他人救助的情形,可以根据是否增加法益侵害的危险进行判断。如果救生设备未到达被害人,而且他人处于未知状态,则不认为是犯罪或者以不作为论处。如果他人已经知道或者救生设备已经到达他人,则一般以作为犯论处。②

(三)考察行为人支配因果流程的行为形态

众所周知,因果流程实际上是法益侵害危险的现实化过程。如果认为作为是指向结果的因果设定,不作为便属于因果流程的放任。为此,不作为要与作为具有构成要件等价值性,不作为者就必须将正在发生的因果流

---

① 江溯主编:《德国判例刑法(总则)》,北京大学出版社 2021 年版,第 411 页。

② 参见[德]冈特·施特拉腾韦特、[德]洛塔尔·库伦:《刑法总论 Ⅰ——犯罪论》(第 5 版),杨萌译,法律出版社 2006 年版,第 112 页。

程控制在自己的手中,亦即对因果流程获得基于意思的支配。与此相反,有些情况下,并非基于自己的意思获得支配。这种尽管客观上存在支配但对支配状态的取得并非基于自己意思的场合,可以称为"支配领域性"。在"支配领域性"的场合,由于缺少"基于意思"这一部分,如果存在父子(母子)关系以及建筑物的管理人员、安保人员等社会持续性保护关系,从规范评价的角度看,也可以认为具有前述成立不作为犯所需要的支配。①

(四)考察刑法规范对行为的评价

如果行为人通过符合具体犯罪构成要件的积极作为,故意或过失地引起法益侵害结果,该行为首先是对于刑法而言具有重要意义的连接点(因果标准)。在行为欠缺违法性或者责任时,还必须进一步考察,能否期待行为人采取某些措施避免发生法益侵害结果。②

作为表现为对刑法规范所规定的禁止性规范的违反,即"不应为而为之"。行为人负有消极行为的法律义务,在能够履行此等义务的场合,却违反这种义务。不作为表现为对于刑法规范所规定的命令性规范的违反,即"应为而不为"。行为人负有积极行为的法律义务,在能够履行此等义务的场合,却不履行义务。

当然,区分作为与不作为,并不意味着否定作为与不作为可能存在竞合关系(所谓"作为与不作为的竞合"),也不意味着否定在某些罪名和案件中存在作为与不作为的结合(所谓"作为与不作为的结合")。关于这些问题,后文将进一步加以探讨。

第五节　以积极的身体活动中止救助行为的性质界定

在行为人以作为方式参与他人实行的犯罪的场合,综合考虑行为对象、行为的时间和地点、行为时的客观环境以及行为人在犯罪活动中的地位或者作用等因素,能够形成较为一致的处理方案,但也不是说毫无争议。

一、中止自己实施的救助行为的性质

在行为人以积极的身体活动中止救助行为的场合,存在性质认定模糊

---

① 参见[日]西田典之:《日本刑法总论》(第2版),王昭武、刘明祥译,法律出版社2013年版,第106页。

② 参见[德]汉斯·海因里希·耶赛克、[德]托马斯·魏根特:《德国刑法教科书》(下),徐久生译,中国法制出版社2017年版,第811页。

的情形。所谓以积极的身体活动中止救助行为,是指在法益处于危难之际,行为人已经开始实施救助行为,但后来又以积极的身体动作中断了救助行为,或者中断救助性因果流程,[①]或者妨碍、阻止来自他人的救助行为。这里仅讨论行为人中止自己的救助行为的情形。

(一)德国、日本学者关于中止救助行为性质的观点

行为人中止了自己的救助行为,又称为"通过作为的不作为"。例如,"救生圈案":负有救助义务的A将救生圈扔给落水者B,但是在B即将抓到救生圈时,A发现被救助者B是自己的仇人,于是将救生圈撤回,B因此溺水身亡。又如,"呼吸机案":被害人D的病情恶化,只能依靠人工呼吸机维持生命,主治医师C擅自关闭了被害人D的人工呼吸机,导致被害人D死亡。再如,"肇事不救助案":与交通事故无关的行人E发现被害人F被肇事车辆撞倒在地,身受重伤,就将F抱到自己的车上,准备送往医院,但是途中发现F伤得太重,担心自己做好事可能被冤枉为肇事者,于是中途将F放在路边,F因为得不到及时救助而死亡。

对于前述"救生圈案",存在不同观点。第一种观点认为A属于作为犯。[②] 例如,松原芳博认为,在其他人扔下救生圈的场合,行为人拿走救生圈的行为属于"救助的因果进程的切断",被害人原本不至于溺亡,但行为人拿走救生圈的行为提高了被害人死亡的危险,属于作为形式的故意杀人行为。在行为人自己扔下救生圈的场合,当被害人伸手准备抓住救生圈时,行为人拿走救生圈的,属于事态已经脱离行为人的控制而正在指向避免法益侵害之时的收回,可以认定为作为形式的故意杀人行为。[③] 根据这种观点,行为人放弃已经开始的救援努力的,都应当评价为作为。第二种观点则认为,只有当已经开始的救援努力进入完成阶段时,才能评价为作为,否则属于不作为犯。该说是德国刑法理论的通说。[④] 例如,金德霍伊泽尔认为,如果行为人在救助陷入危险境地的被害人之前中断了自己的救助行为,成立不作为犯;相反,如果行为人已经开始救助处于危险境地的被害

① 所谓中断救助性因果流程,"是指本来存在某种条件,这种条件极有可能阻止结果的发生,而这时有人消除了这种条件,于是结果发生了"。参见[德]乌尔斯·金德霍伊泽尔:《刑法总论教科书》(第6版),蔡桂生译,北京大学出版社2015年版,第188页。

② 参见林山田:《刑法通论》(增订10版)(下册),北京大学出版社2012年版,第151页。

③ 参见[日]松原芳博:《刑法总论重要问题》,王昭武译,中国政法大学出版社2014年版,第70页。

④ 参见[德]冈特·施特拉腾韦特、[德]洛塔尔·库伦:《刑法总论Ⅰ——犯罪论》(第5版),杨萌译,法律出版社2006年版,第358-359页。

人,却又消除了这种救助可能性,则属于作为犯。[①]

德国刑法理论的通说认为,如果行为人在救助行为到达被害人的支配领域前就中断救助,等同于一开始就没有采取救助行为,属于不作为。但是,在救助手段已经到达被害人的支配领域,法益状态向好的方向转变时,行为人中断救助或者第三人阻止他人实施救助的,则属于作为。[②]

在"肯普滕安乐死案"(Kemptener Sterbehilfefall)的判决中,[③]德国联邦法院确认医生终止器械加护治疗属于对继续抢救努力的不作为,即使关闭维持生命体征的医疗器械需要一个积极的身体动作以及能量投入。该判决认为,当医生凭借其专业判断认定抢救不再具有医疗上的意义时,其与患者间的合同关系便终止了,由于医生不再具有保证人地位,其不作为不构成犯罪。但是,在2010年6月25日的"普茨案"(Fall Putz)中,[④]德国联邦法院作出与前述判决意旨相反的判决,将关闭生命维持设备的行为认定为作为,不过又基于"病人的同意发挥正当化作用",免除了被告人的刑事责任。

德国理论的通说之所以认为救助手段到达被害人支配领域后又中断救助的属于作为,可能与《德国刑法典》第323c条第1款规定了针对一般人的见危不救罪有关。由于我国刑法并未规定一般性的救助义务,中断救助的行为原则上应认定为不作为。当然,如果行为人不具有保证人地位,则不成立犯罪。[⑤]

(二)停止对病患的抢救措施和人工呼吸机等医疗设施(技术性中断治疗)行为的性质

一般认为,中断治疗与中断救助是两种不同的行为类型,但是也有观点认为"中断治疗只不过是中断救助中人们更倾向得出无罪结论的特殊情况"[⑥]。关于医生或者一般人关闭重症患者的救护设施行为的性质,存在不同观点。

---

① 参见[德]乌尔斯·金德霍伊泽尔:《刑法总论教科书》(第6版),蔡桂生译,北京大学出版社2015年版,第361页。

② 参见[德]冈特·施特拉腾韦特、[德]洛塔尔·库伦:《刑法总论Ⅰ——犯罪论》(第5版),杨萌译,法律出版社2006年版,第358-359页;林山田:《刑法通论》(增订10版)(下册),北京大学出版社2012年版,第150-151页。

③ Vgl. BGHSt40, 257.

④ Vgl. BGHSt55, 191. 对该判例的深入评析,参见王刚:《德国刑法中的安乐死:围绕联邦最高法院第二刑事审判庭2010年判决的展开》,载《比较法研究》2015年第5期。

⑤ 参见陈洪兵:《作为犯与不作为犯的区分——以交通肇事逃逸为例》,载《法治研究》2017年第1期。

⑥ 吕翰岳:《作为与不作为之区分的目的理性思考——以德国判例与学说为借镜》,载《环球法律评论》2017年第4期。

1. 作为说。该说认为，应当将停止治疗措施认定为作为。例如，黎宏教授指出："如果将其定性为积极的断绝生命的作为，该行为就符合故意杀人罪的构成要件，难以否定其成立犯罪。相反地，若将其看作'终止持续进行的治疗行为的撤手行为'，就可以将这种终止治疗的行为视为不作为。"刘士心教授也认为，虽然受害法益处于危险之中，但受到他人的救助行为的保护，此时行为人通过积极的身体活动中止他人的救助行为，提高了法益侵害的危险，应当构成作为犯。①

2. 不作为说。该说认为，中断治疗行为"虽然从外部看来是一个作为，但是在规范上却应当根据不作为的规定来处理，并且，在缺少行为的义务时，就是无刑事可罚性的"②。例如，黄荣坚教授指出，由于医疗行为非常繁杂，如果从作为犯的角度定罪处罚，可能导致医疗行为的刑事责任风险过高。此外，中止医疗行为的性质是作为还是不作为，与该行为是否应当承担刑事责任是两个不同的问题。而且，还需要思考医生的医疗权限和启用、关闭人工呼吸机等生命维持系统的意义。对于没有意义的医疗行为而言，不仅与维持生命无关，而且可能进一步增加患者的痛苦，造成社会资源的浪费，即便医生关闭人工呼吸机等生命维持系统，也与通常所说的侵害他人生命不具有相当性。③

3. 根据行为人身份判断说。该说认为，关于切断重病患者使用的人工呼吸机等维持生命的装置，致其死亡的，医生无论是停止用药，还是主动关闭呼吸机等维持生命的装置，均属于不履行救助义务，应当认定为不作为；如果病人的病情在医学上已经没有继续治疗的必要，或者是经病人本人或其家属要求而终止治疗，因为缺乏作为义务（治疗义务）而不成立任何犯罪，否则可能成立不作为犯罪；如果是他人，如病人的子女为了尽快继承遗产而违背病人意愿关闭生命维持装置，则成立作为犯。当然，他人在具有保证人地位（如儿子）时也成立不作为犯，只是因为不作为犯属于作为犯的补充形态，能认定成立作为犯罪，就没有必要再认定为不作为犯。④

---

① 参见刘士心：《不纯正不作为犯研究》，人民出版社2008年版，第37页。

② ［德］克劳斯·罗克辛：《德国刑法学总论》（第2卷　犯罪行为的特别表现形式），王世洲等译，法律出版社2013年版，第500页。

③ 参见黄荣坚：《基础刑法学》（第3版）（下册），中国人民大学出版社2009年版，第448－449页。

④ 参见［德］约翰内斯·韦塞尔斯：《德国刑法总论》，李昌珂译，法律出版社2008年版，第428页；［日］井田良：《讲义刑法学（总论）》，有斐阁2008年版，第139－140页；［日］野村稔：《刑法总论》，全理其、何力译，法律出版社2001年版，第146页；［韩］金日秀、［韩］徐辅鹤：《韩国刑法总论》（第11版），郑军男译，武汉大学出版社2008年版，第464页；林钰雄：《新刑法总则》，中国人民大学出版社2009年版，第400页。

例如,韦塞尔斯认为,对于毫无救助可能的病患者,在医生中断心脏复苏措施或者医疗设施的场合,如果由负责治疗的医生或者按照他的指示由其他医护人员关闭了人工呼吸机,从行为的社会影响上看也只是对抢救和恢复生命的继续尝试的不作为。即便认为这里的"关闭"行为从形式上看具有"行为"和"能量投入",但是从规范评价上看具有决定性的是,行为人不再延续此前的抢救行为。当然,由于病人已经缺乏救助的价值,继续进行抢救是没有意义的,所以不能认定为犯罪。但是,如果关闭抢救仪器的是一个没有医师资格的第三人,则构成作为形式的故意杀人罪。主要原因在于:第一,该第三人对于继续救助还是停止救助无法作出专业判断;第二,该第三人的行为是积极作为,而不是对受害人消极地不救助。①

4. 法益侵害方式说。该说主张根据行为对法益的侵害方式判断是作为还是不作为。例如,林山田教授认为,可以分为三种类型进行判断:第一种类型,行为人以积极的作为阻止他人实施救助行为,造成他人的不作为,并以他人的不作为达到其犯罪目的的,属于作为,而非不作为。第二种类型,行为人已经实施救助他人的行为,但中途停止救助行为的,究竟是成立作为还是不作为,应当根据被救助者是否已经因为救助者的行为而丧失被救助的机会,而使危难状况恶化作出判断。第三种类型,对于他人急需救助的情形,行为人不但未提供救助,反而以作为提高对他人法益的危险性的,属于作为。②

5. 本书的观点。本书认为,如果不对中断治疗进行严格的限定,中断治疗很有可能并非纯粹的不作为,而是包含了积极的作为和不作为的混合体。在判断"中断治疗"的法律性质时,除了考虑行为要素,还要结合行为人的主观目的,同时从医学和法学多个角度综合进行判断。病人虽然没有死亡但身患绝症、"注定"要死亡的,提供、使用生命维持系统已经没有实质意义,医生也没有义务继续提供该系统。在这种情况下,医生基于专业知识作出的判断,关闭生命维持系统的中断治疗行为,不成立犯罪。主要理由是:第一,从病人的死亡原因看,病人是死于所患绝症,而不是死于医生关闭生命维持系统。第二,医生之所以关闭生命维持系统,是因为根据专业判断,对病人的救治已经失去意义。第三,即便这个医生不关闭生命维持系统,其他医生也会实施关闭行为,即总要有一位医生实施关闭行为;即便不是现在关闭,或早或晚也要关闭,在病人的救治失去意义的情况下,

---

① 参见[德]约翰内斯·韦塞尔斯:《德国刑法总论》,李昌珂译,法律出版社 2008 年版,第 428 页。

② 参见林山田:《刑法通论》(增订 10 版)(下册),北京大学出版社 2012 年版,第 150－151 页。

早一点关闭更有利于将有限的医疗资源提供给其他需要救治的病人。第四,如果病人的意识是清醒的,在意志自由的情况下表达了停止治疗的意思,医生中断治疗的,属于尊重病人自己决定权的体现。根据自我决定权的原理,病人有权拒绝接受任何进一步的治疗,即便该治疗对于维持病人的生命是必要的。[①] 医生也没有法律义务不惜一切代价维持一个濒临死亡的患者的生命。[②] 第五,如果病人丧失意识,医生根据其监护人停止救治的意思,并结合医学对有无进一步治疗或者护理的必要性进行判断,最终中断治疗的,也不宜认定为犯罪。不过,对于普通人擅自关闭病人的生命维持系统的,本书认为应当认定为故意杀人罪(未遂犯)或者过失致人死亡罪。

(三)交通肇事者积极移置被害人行为,致其重伤或者死亡案件的性质

关于交通肇事者积极移置被害人,致其重伤或者死亡案件的性质,存在不同的观点。

第一种观点认为,在他人需要救助的时候,行为人不但未提供救助,反而以作为提高法益的危险性,这时候刑法评价的重点应当是作为,而非不作为。例如,驾驶人某甲在凌晨无照驾驶,不慎撞倒某乙,某乙倒地之后不省人事,某甲立刻停车将被害人某乙搬上车后,为了逃避法律追究,驾车开往郊外偏僻之处,将某乙弃置于草丛中。对此,林山田教授认为,在该案中,某甲在撞伤某乙之后,未将其送往医院救助,未降低法益侵害的危险性,属于不作为;积极地以其行为改变某乙所处的场所的状态,提高法益侵害的危险性,则是作为。就某甲的行为所具有的社会意义看,某甲将某乙置之荒郊野外的行为,导致某乙获得他人救助的可能性明显降低,生命面临危险的程度明显提高,所以刑法评价的重点在于将某乙弃置的作为,而不是未将某乙送往医院救治的不作为。所以,某甲的弃置行为应认定为作为。[③] 许玉秀教授也持此观点。[④]

第二种观点则认为,这里的故意杀人行为不是作为,而是不作为。理由是,将被害人从现场转移到荒郊野外,看起来似乎是一连串的作为,其实不是这样的。区分作为与不作为的标准不是行为人外在的动作,而是其行为方式违反法律规范的期待方式。在上述案件中,某甲用汽车将某乙带到

---

① 参见江溯主编:《德国判例刑法(总则)》,北京大学出版社 2021 年版,第 409 页。

② 参见[德]克劳斯·罗克辛:《德国最高法院判例:刑法总论》,何庆仁、蔡桂生译,中国人民大学出版社 2012 年版,第 237 页。

③ 参见林山田:《刑法通论》(增订 10 版)(下册),北京大学出版社 2012 年版,第 151 页。

④ 参见许玉秀:《“最高法院”1989 年台上字第 3693 号判决的再检讨——前行为的保证人地位与客观归责理论初探》,载许玉秀:《主观与客观之间——主观理论与客观归责》,法律出版社 2008 年版,第 212 页。

偏僻之处,并未制造某乙死亡或者加速死亡的危险。如果某乙在此过程中逐渐失血而渐趋死亡,也是先前被某甲撞伤所产生的既存的风险状态,而不是新制造的风险。如果要追究某甲故意杀人罪的责任,只可能是因为其实施了不作为,而不是作为。[①]

本书持以下观点:第一,如前所述,作为与不作为的区分具有相对性,存在观察角度的差异。对于交通肇事后积极移置的评价,应当着眼于交通肇事逃逸致人死亡整个过程,不应孤立地考察逃逸行为本身是作为还是不作为。[②] 第二,应当从规范评价的角度区分作为与不作为。评价的重心在于行为人肇事后应当履行积极救助的作为义务。在交通肇事逃逸案件中,被害人死亡的根本原因在于没有得到行为人应当给予的及时救助,而转移被害人行为只是排除了其他人实施救助的时机与条件,致使死亡未能避免。因此,对于不作为的故意杀人罪这一构成要件类型而言,这种移置逃逸应当属于不作为。[③] 当然,如果行为人在肇事后积极移置,将被害人藏匿在更为荒僻之处,使被害人更难以获得救助,则不是不作为,而是作为。如果具有致人死亡的高度危险,甚至因此导致被害人死亡,则有可能进一步构成作为形式的故意杀人罪。

二、阻止他人实施救助行为的性质

在司法实践中,行为人中止或者阻止了他人实施的救助行为的,该如何处理?例如,"木板案":C 向落水者 B 递去一块大木板,在快要达到落水者 B 手中的时候,岸边的人 A 发现 B 是自己的仇人,于是用木棍将该木板移走,致使落水者 B 溺水而亡。在上述场合,C 的行为是作为还是不作为,[④]是真正不作为还是不真正不作为,关系到行为人是否成立犯罪。如果成立犯罪,是成立故意杀人罪还是遗弃罪?如果成立共同犯罪,是成立正犯(主犯)还是帮助犯(从犯)?

对于阻止他人实施救助,有的国家在刑法中作出了明文规定。例如,《德国刑法典》第 323c 条第 2 款规定:"在第 1 款(第 323c 条第 1 款规定的是见危不救罪或者怠于救助罪——引者注)所述情形下,阻碍他人救助第三人的,处与第 1 款相同的刑罚。"《瑞士刑法典》第 128 条(见危不救罪)

---

① 参见黄荣坚:《刑法问题与利益思考》,中国人民大学出版社 2009 年版,第 79 页。

② 参见许成磊:《不纯正不作为犯理论》,人民出版社 2009 年版,第 374 页。

③ 参见高铭暄主编:《刑法专论(下编)》,高等教育出版社 2002 年版,第 666 页。

④ 张明楷教授认为这种情形属于作为犯。参见张明楷编著:《刑法的私塾》(之二)(上),北京大学出版社 2017 年版,第 25 页。

规定:"在有可能救助受伤或者濒临直接的生命危险的人时未救助的,以及妨害或者阻止他人的紧急救助行为的,处监禁刑或者罚金刑。"《西班牙刑法典》(1995年制定,2015年修订)第195条第1款规定:"未履行保护义务而造成应被保护人情况严重危险,且对保护人予以援助时对自己或第三者并无危险的,处三个月至十二个月罚金。"第2款规定:"阻止他人提供援助,或要求他人不提供紧急援助的,处相同刑罚。"

(一)判断阻止他人实施救助行为性质需要考虑的因素

认定行为人采用某种方法使他人(施救者)中止实施救助行为的性质,需要考虑下列问题。第一,从被害人陷入危险的原因看,可能是他人的故意伤害行为,他人的过失伤害行为,或者自陷风险行为。第二,从施救者与被害人的关系看,是否存在诸如救生员与学员、父亲与子女等关系。第三,从行为人与施救者之间的关系看,若存在上述关系,其实施的教唆行为对施救者能否产生影响力,能够产生何种影响力?第四,从救助行为对法益的作用看,施救者如果积极施救,被害人的法益状况是否根本性地好转?如果不去积极施救,被害人法益状况是否严重恶化?如果有恶化,原因是什么?第五,从阻止他人救助被害人的方式看,可以分为两类:阻止加害人救助被害人,致其死亡;或者阻止无关的第三人救助被害人,致其死亡。第六,从阻止的行为方法看,可以分为通过言辞说教,使行为人下决心不去施救,或者通过对行为人采取物理的有形力,阻止其施救。在他人采取言辞说教的场合,一种情况是行为人原本就有不实施救助的想法,他人的说教起到了强化犯意的效果;另一种情况是行为人原本想实施救助,禁不住他人的说教,产生了不救助的想法并贯彻到底,放弃救助。此外,有无其他因素。例如,行为人伤害他人后,准备将其送往医院,这时候有人劝说其不要施救,包括两种情形:一种情形是,由于无人及时施救,被害人最终因得不到救助而死亡;另一种情形是,由于第三人及时出手施救,被害人得以生还。

(二)第三人教唆、指使加害人不救助被害人,致使被害人因得不到及时救助而死亡的情形

故意伤害他人后,加害人原本打算救助被害人,但第三人教唆、指使加害人不救助被害人,致使被害人因得不到及时救助而死亡的,可以分为两种情形:

1.加害者是否要承担救助被害人的义务,以及在被害人因得不到及时救助而死亡的场合,该如何处理?这涉及故意犯罪能否成为不作为犯的作为义务来源问题。传统观点认为,故意伤害行为人没有救助被害人的义

务,但要对伤害致死的结果承担过失责任。这属于结果加重犯的范畴。但是,有的观点认为,加害人只对被害人承担故意伤害致人死亡的责任。主要理由是,在刑法就某种故意犯罪行为规定了结果加重犯(或因发生严重结果而成立重罪)时,可以将加重结果评价在相应的结果加重犯或者另外的重罪中。但是,如果连故意伤害行为人都不为此承担作为义务,那么过失伤害行为等就更难以要求其承担作为义务。本书认为,关键是看行为人实施伤害行为后,被害人的法益状况在伤害的基础上是否可能进一步恶化。如果伤害行为可能导致出现轻伤恶化为重伤或者重伤进一步发展具有死亡危险,则行为人具有法益保护义务。

2. 故意伤害行为人有救助被害人的作为义务,由于无辜第三人阻止加害人救助被害人,导致被害人抢救不及时而死亡的,该如何处理?本书认为,如果介入第三人的行为,导致行为人无法救助被害人,即便行为人有救助义务,但不具备实施救助的条件,那么行为人仅对伤害结果承担故意伤害罪的刑事责任,对死亡结果不承担责任。

(三)他人的过失伤害行为致被害人陷入困境的情形

这里以交通肇事后教唆、阻止他人救助伤者行为为例展开论述。对于这类案件,有关司法解释主张成立交通肇事罪的共犯。例如,根据最高人民法院 2000 年 11 月 15 日公布的《关于审理交通肇事刑事案件具体应用法律若干问题的解释》(法释〔2000〕33 号,自 2000 年 11 月 21 日起施行)第 5 条第 2 款的规定,交通肇事后,单位主管人员等"指使肇事人逃逸,致使被害人因得不到救助而死亡的",构成交通肇事罪的共犯。

该解释存在下列几个问题:第一,根据我国《刑法》第 25 条第 1 款关于共同犯罪的规定,共同犯罪是指故意犯罪的共犯,既不包括过失犯的共犯,也不包括故意与过失结合的共犯。上述司法解释与前述《刑法》规定存在冲突。第二,仅就"单位主管人员、机动车辆所有人、承包人或者乘车人指使肇事人逃逸"作出列举式规定,没有采取堵截式立法体例,更没有规定一般人教唆肇事者逃逸的情形,难免挂一漏万。第三,将交通肇事后指使他人逃逸行为作简单化处理,没有体系性地考察交通肇事罪与窝藏罪、遗弃罪、故意杀人罪等的关系。

本书认为,对于上述指使肇事人逃逸行为,应当区分情况进行处理:第一,首先需要考察逃逸行为是故意犯罪还是过失犯罪,然后再进一步认定指使者与肇事人之间是间接正犯关系、教唆犯与正犯关系还是帮助犯与正犯关系。第二,如果指使者对肇事人具有权力等方面的支配地位,指使者与肇事人构成间接正犯关系,指使者就交通肇事逃逸承担责任,而肇事人仅就交通肇事承担责任。第三，如果指使者只是教唆肇事人逃逸，肇事人也接受了该教唆，并实施逃逸，指使者是教唆犯，与肇事人构成交通肇事后逃逸的共犯。由于我国《刑法》明文规定共同犯罪仅限于故意犯罪，不包括过失犯罪，如果采取行为共同说，可以将指使者认定为窝藏罪，对于肇事人则根据《刑法》第133条关于交通肇事后逃逸的规定处理。第四，如果指使者仅仅是对肇事人提出逃逸的建议，肇事人也接受了该建议，指使者是帮助犯，可以比照前述第二种情形进行处理。第五，在被害人"因得不到救助而死亡"的情况下，关于指使者与肇事人构成故意杀人罪、过失致人死亡罪还是遗弃罪等，还值得进一步研究。

第六节　作为与不作为的竞合

一般认为，作为与不作为是否属于互斥概念，有无可能存在作为与不作为的竞合呢？

一、是否要承认作为与不作为的竞合

关于是否要承认作为与不作为的竞合，刑法理论上主要有肯定说与否定说的对立。

（一）肯定说

该说认为，在同一案件中，作为与不作为不仅可以结合起来发挥作用，而且可以发生竞合。所谓作为与不作为的竞合，是指一个犯罪行为从一个角度看是作为，从另外一个角度看则是不作为。① 例如，黎宏教授认为，作为与不作为只是观察问题的角度不同，二者完全可以并存。换言之，一个人的身体现象可以既是作为，也是不作为。②

我国学者大多认为，《刑法》第202条规定的抗税罪是不作为（犯）与作为（犯）的竞合，只不过"作为的形式已经超越了不作为"，所以通常将其认定为作为犯。③ 又如，在汽车司机闯红灯，导致行人死亡的场合，从不应当向前行驶而向前行驶（不应为而为）来看，属于作为；从应当刹车而不刹车（应为而不为）的角度来看，则属于不作为。④

---

① 参见张明楷：《刑法学》（第6版）（上），法律出版社2021年版，第192页。

② 参见黎宏：《不阻止他人犯罪的刑事责任》，载《中国法学》2020年第4期。

③ 参见张明楷：《刑法学》（第6版）（上），法律出版社2021年版，第192页；陈兴良：《不作为的共犯：规则与教义》，载《法学》2022年第6期。

④ 参见张明楷：《刑法学》（第6版）（上），法律出版社2021年版，第192页。

另外，对于行为人故意实施不法先前行为（作为）之后所形成的作为义务（不作为），前面的作为与后面的不作为也存在竞合关系。在这种情况下，大多认为成立法条竞合中的补充关系，如果能够认定成立作为犯，就不必考察该行为是否符合不作为犯的成立条件，即不必认定为不作为犯。也有观点主张应该成立共罚的事后行为。但是，上述以法条竞合的补充关系处理的方法不具有普适性。在后续的不作为犯的不法或者责任高于先前行为的场合，尽管存在竞合关系，也只能以不作为犯论处。

（二）否定说

也有学者反对“作为与不作为的竞合”的说法。例如，蔡圣伟教授认为，无论是能量说还是规范评价重点说，都将作为与不作为视为二选一的互斥概念，一个行为只能是作为或者不作为，不能同时被评价为作为与不作为，将犯罪构成问题与竞合问题混为一谈。“成立犯罪的时点本来就有无数的可能性。只要行为人于某个时点所谓的某个动作能够实现所有犯罪成立的要素，那么此一动作在刑法上就可以（也应该）被评价为犯罪行为。依此，则作为与不作为自然也会有竞合的可能。”①

（三）本书的观点

从类型学的角度看，作为与不作为之间并非非此即彼、泾渭分明，而是存在模糊地带，完全有可能是亦此亦彼。作为与不作为完全可以发生竞合，即一个行为从一个角度来看是作为，从另外一个角度来看则是不作为。当然，成立不作为犯特别是不真正不作为犯，需要具备保证人地位和作为义务。

二、作为与不作为竞合情形下的行为性质

（一）作为与不作为竞合情形下是作为还是不作为？

对于既可以是作为也可以是不作为的所谓“双重行为”，如何判断其性质，存在不同观点。林山田教授指出，“双重行为”究竟是作为还是不作为，“不能单纯自行为的外形，而应自行为的实质内涵，加以区分，这种区分系规范的价值判断，而非事实判断问题；且判断的关键点应在刑法评价的重点所在。易言之，即应以行为所具有的社会意义在刑法判断上的重点，究竟在何处，而作决定”②。

① 蔡圣伟：《不作为犯：第一讲 论故意之不纯正不作为犯（一）》，载《月旦法学教室》第51期（2007年）。

② 林山田：《刑法通论》（增订10版）（下册），北京大学出版社2012年版，第149页。

(二)作为犯优先说及其根据

有的学者认为,在区分作为与不作为存在疑问的场合,由于作为比不作为具有更高的处罚性,应当优先判断为作为。例如,山口厚主张优先认定为作为犯,在审查是否成立作为犯之后再探讨是否成立不真正不作为犯。[①]

作为犯优先说的理由是什么?第一,王军仁教授认为,在某一行为属于作为与不作为的竞合,也就是既可以视为作为行为也可以视为不作为行为时,无论是认定有罪无罪,还是行为数量与犯罪数量的判断,都应当尽可能地视为作为,成立作为犯。只有在不符合作为犯的成立条件时,才判断是否构成不作为(犯)。[②] 第二,陈兴良教授在论述抗税罪是作为(犯)还是不作为(犯)时,认为抗税罪是"不作为犯与作为犯的竞合,但作为的形式已经超越了不作为"。[③] 同时指出,在多人参与实施抗税罪的场合,成立作为(犯)与不作为(犯)的条件和正犯、共犯的形式也存在差异:"如果界定为作为犯,则只要参与实施了暴力、威胁方法拒不缴纳税款的行为,就是正犯;而如果界定为不作为犯,则只有纳税义务人实施该行为才是正犯,其他实施该行为的人则是共犯。"[④]根据这一论述,可以认为陈兴良教授是从义务犯的角度区分作为与不作为,以及正犯与共犯。

本书认为,作为与不作为完全有可能发生竞合,即一个行为从一个角度来看是作为,从另外一个角度来看是不作为。在作为与不作为发生竞合的场合,对作为的评价应当优先于对不作为的评价。如果作为与不作为分别实现不同的构成要件,则根据行为样态和非难的重点是什么,来决定作为还是不作为的评价具有优先性:如果作为所实现的不法构成要件较重,则应当以作为犯论处;反之,如果不作为所实现的不法构成要件较重,则应当以不作为犯论处。

(三)作为与不作为竞合的罪数形态

在日本,一般不承认作为与不作为可以构成想象竞合犯中的一个行为。但是,在德国,对于行为人最初教唆他人作不需要宣誓的伪证,然后在能够阻止该证人作宣誓的伪证时未加以阻止的案件中,法院判决行为人的前行为成立伪证罪的作为形式的教唆行为,后行为成立伪证罪的不作为形

---

① 参见[日]山口厚:《刑法总论》(第2版),付立庆译,中国人民大学出版社2011年版,第77页。

② 参见王军仁:《刑法中的"多次"与不作为探析》,载《社会科学辑刊》2012年第1期。

③ 参见陈兴良:《不作为的共犯:规则与教义》,载《法学》2022年第6期。

④ 陈兴良:《不作为的共犯:规则与教义》,载《法学》2022年第6期。

式的帮助行为,[①]前后两次行为构成想象竞合犯。但是,通说认为,应当将性质上较重的行为作为主要犯罪行为,将较轻的行为作为共罚的事前行为或者共罚的事后行为进行处理(包括的一罪)。

三、作为犯与不作为犯的分类

(一)区分真正不作为犯与不真正不作为犯的方法

区分真正不作为犯与不真正不作为犯,主要有两种方法:第一,实质的区分方法。根据是否以造成法益侵害结果为成立条件,认为真正不作为犯属于行为犯,而不真正不作为犯属于结果犯。第二,形式的区分方法。根据刑法条文是否作出明文规定加以区分,[②]认为凡是刑法明文规定了作为义务的是真正不作为犯,反之则是不真正不作为犯。

德国刑法和刑法理论采用第一种分类方法。其中,真正不作为犯是指没有履行法律所要求的义务的犯罪行为,亦即立法者并没有将避免结果规定为不作为者的义务,也没有将特定结果的发生规定为构成要件要素。因此,真正不作为犯属于行为犯。不真正不作为犯则要求保证人(具有作为义务的行为主体)履行结果回避义务,结果的发生属于构成要件要素。因此,不真正不作为犯属于结果犯。按照德国刑法理论的观点,不真正不作为犯可以分为两类:第一类是刑法明文规定了行为主体与不作为内容的犯罪,第二类是刑法没有明文规定行为主体与不作为内容的犯罪。这种分类方法存在的问题是,当刑法没有明文规定保证人时,无法确定保证人。

我国、日本和韩国刑法理论则采用上述第二种分类方法,也就是形式的区分方法。[③] 对于刑法明文将不作为规定为构成要件要素的犯罪,是真正不作为犯;对于刑法没有明文将不作为规定为构成要件要素,行为人以不作为实施了通常由作为实施的构成要件的,是不真正不作为犯。[④] 按照形式的区分方法,凡是刑法分则明文规定了不作为的行为主体与不作为内容的就是真正不作为犯,不需要确定行为主体(保证人);刑法分则没有作

---

① 参见[德]克劳斯·罗克辛:《德国最高法院判例:刑法总论》,何庆仁、蔡桂生译,中国人民大学出版社2012年版,第241-242页。

② 参见许玉秀:《保证人地位的法理依据——危险前行为是构成保证人地位的惟一理由》,载许玉秀:《当代刑法思潮》,中国民主法制出版社2005年版,第748-749页。

③ 参见高铭暄、马克昌主编:《刑法学》(第10版),北京大学出版社、高等教育出版社2022年版,第66页;陈兴良:《规范刑法学》(第2版)(上册),中国人民大学出版社2008年版,第124页;曲新久:《刑法学》(第4版),中国政法大学出版社2017年版,第93页;等等。

④ 参见[日]团藤重光:《刑法纲要总论》(第3版),创文社1990年版,第143-144页;[日]西田典之:《日本刑法总论》(第2版),王昭武、刘明祥译,法律出版社2013年版,第97页。

出这种规定,行为人以不作为实现通常由作为实现的构成要件时则是不真正不作为犯,刑法理论和司法实践必须确定哪些人可以成为行为主体(保证人)。前者是一种事实判断,后者是一种规范判断。① 但是,即便刑法分则的某些条文明确规定了行为主体与不作为的内容(真正不作为犯),在司法实践中仍然需要规范地判断哪些人可以成为不作为犯的行为主体。例如,《日本刑法典》第 218 条规定的保护责任者遗弃罪等,我国《刑法》第 261 条规定的遗弃罪,第 139 条之一前段规定的不报、谎报安全事故罪,等等。

(二)本书的观点

本书认为,真正不作为犯是指《刑法》分则条文明文规定了保证人与不作为内容的犯罪。真正不作为犯包括两类:第一类是只需要对保证人进行事实判断的真正不作为犯,可以称为典型的真正不作为犯;第二类是需要对保证人进行规范判断的真正不作为犯,可以称为非典型的真正不作为犯。不真正不作为犯是指刑法分则没有规定保证人与不作为内容,但行为人以不作为实施了通常由作为实施的构成要件的犯罪。②

下面分情况进行具体讨论。第一,典型的真正不作为犯。例如,我国《刑法》第 311 条规定的拒绝提供间谍犯罪、恐怖主义犯罪、极端主义犯罪证据罪。由于《刑法》分则条文明文规定了这类犯罪的保证人与不作为内容,只需要对保证人进行事实判断就可以了。认定典型的真正不作为犯,不存在确定保证人的困难,也完全符合罪刑法定原则。第二,非典型的真正不作为犯。例如,我国《刑法》第 261 条规定的遗弃罪。《刑法》分则条文明文规定了这类犯罪的保证人与不作为内容,但是需要对保证人进行规范判断。认定非典型的真正不作为犯,虽然在确定保证人时存在困难,但同样不存在违反罪刑法定原则的问题。第三,不真正不作为犯。虽然刑法分则没有明文规定保证人与不作为内容,但行为人以不作为方式实现了通常由作为实现的构成要件。认定不真正不作为犯时,既要研究是否违反罪刑法定原则,也需要确定如何划定保证人的范围。③

上述不真正不作为犯与非典型的真正不作为犯的共同点是:二者都需要法官采用规范方法确定保证人的范围。不同之处在于:第一,前者总是面临是否违反罪刑法定原则的诘问,后者则不存在这一问题。第二,前者对保证人的确定,不会直接受到刑法分则用语的限制,但是后者在确定保

① 参见张明楷:《不作为犯中的先前行为》,载《法学研究》2011 年第 6 期。

② 参见张明楷:《刑法学》(第 6 版)(上),法律出版社 2021 年版,第 194 页。

③ 参见张明楷:《不作为犯中的先前行为》,载《法学研究》2011 年第 6 期。

证人时直接受到刑法分则用语的限制。①

第七节　作为与不作为的结合

一、问题的提出

以抗税罪、偷税罪、组织他人违章冒险作业罪等为例,其实行行为是由作为与不作为结合而成的,被称为多行为犯或者复行为犯。多行为犯是指一个独立的犯罪构成要件中含有数个行为的犯罪。抢劫罪是其典型,至少包含两个自然意义的行为,其中一个行为是暴力或者胁迫行为,另一个行为是取得财物的行为。这两个行为在法律上被类型化为抢劫罪的构成要件行为,形成一个构成要件的行为单数。②

作为行为单数的多行为犯包括两种情况:一种是作为与作为的结合,另一种是作为与不作为的结合。其中,作为与不作为的结合,是指一个符合构成要件的结果同时由同一行为人的作为与不作为构成。③ 例如,《日本刑法典》第 192 条规定了密葬非正常死亡者罪,行为人不经死亡检查("验尸")而埋葬非正常死亡者的,构成本罪。该罪由作为(埋葬非正常死亡者)和不作为(不经死亡检查)结合而成。

通常情况下,某一犯罪行为属于作为还是不作为,是比较容易判断的。但是,在少数情况下,犯罪行为既不是单纯的作为,也不是单纯的不作为,而是同时兼有作为与不作为。这就给界定犯罪行为到底属于作为(犯)还是不作为(犯)带来很多困难。

二、是否要承认作为与不作为的结合?

关于作为与不作为的结合,主要涉及下列几个问题:第一,是否要承认作为与不作为的结合?第二,如果承认作为与不作为的结合,在作为与不作为结合的场合,究竟是认定为作为犯还是不作为犯,或者其他犯罪形态?下面结合我国《刑法》第 202 条规定的抗税罪进行分析。

(一)否定作为与不作为结合的观点及其评析

有学者否认作为与不作为的结合。例如,陈兴良教授认为,作为与不作为违反的法规的性质不同,作为是违反禁止性义务法规,不作为是违反

---

① 参见张明楷:《不作为犯中的先前行为》,载《法学研究》2011 年第 6 期。

② 参见陈志辉:《牵连犯与连续犯废除后之犯罪竞合问题》,载《月旦法学杂志》第 122 期(2005 年)。

③ 参见林山田:《刑法通论》(增订 10 版)(下册),北京大学出版社 2012 年版,第 147 页。

命令性义务法规。凡是“不应为而为之”的,就是作为;凡是“应为而不为之”的,就是不作为。所以,作为与不作为是一种对立关系,一个犯罪行为不可能同时包含作为与不作为。[①]“对于双重行为的情况,只能认定为作为或者不作为,而不可能既是作为又是不作为。”[②]陈兴良教授主张将抗税罪中的“拒不缴纳税款”界定为结果,进而认为抗税罪是作为犯。[③]

(二)肯定作为与不作为结合的观点

有的学者主张承认作为与不作为的结合。例如,张明楷教授认为,作为与不作为可能结合为一个犯罪行为。具体来说,抗税是逃避纳税义务的行为,抗税行为包括了不作为。但是,抗税罪并非单纯不履行纳税义务,还要求行为人实施了抗税即抗拒缴纳税款的行为。根据《刑法》第 202 条的规定,抗税是以暴力、胁迫方法拒不缴纳税款。上述手段行为只能表现为作为,所以说抗税行为同时包含了作为与不作为。[④]

作为通常表现为违反禁止性规范,而不作为表现为违反命令性规范,如果违法行为仅仅表现为违反禁止性规范与命令性规范,则作为与不作为之间是对立关系。但是,这容易导致下列问题:第一,这种对立关系只是就一般意义而言,绝不意味着在一个犯罪中只能是作为或者不作为。某一犯罪的构成要件完全可能要求行为人以违反禁止性规范的行为方式(作为)实现不履行义务的效果(不作为)。第二,上述对立关系事实上是就单一行为而言的,但是许多犯罪包括复数行为(在法律上仍然是一个犯罪行为),而复数行为中完全可能同时包含作为与不作为。第三,如果将抗税罪视为单纯的不作为,容易导致司法机关忽视对“暴力、胁迫方法”的认定,从而扩大处罚范围。[⑤] 所以,即便刑法没有明文规定,某些犯罪也完全有可能出现作为与不作为的结合。例如,值班医生不仅拒绝抢救患者,而且撤除患者身上原有的生命维持装置。可以认为,拒绝抢救患者(不作为)与撤除生命维持装置(作为)两个行为都与死亡结果之间具有因果关系。[⑥]

(三)本书的观点

本书主张肯定说。主要理由是:第一,从刑法理论看,“刑法上重要的举止,大都是由一连串的物理上的单个动作组成,这些单个动作是一个事

---

① 参见陈兴良:《本体刑法学》,商务印书馆 2001 年版,第 259 页以下。
② 陈兴良:《教义刑法学》,中国人民大学出版社 2010 年版,第 235 页。
③ 参见陈兴良:《教义刑法学》,中国人民大学出版社 2010 年版,第 237 页。
④ 参见张明楷:《刑法学》(第 6 版)(上),法律出版社 2021 年版,第 192 页。
⑤ 参见张明楷:《刑法学》(第 6 版)(上),法律出版社 2021 年版,第 192 页。
⑥ 参见张明楷:《刑法学》(第 6 版)(上),法律出版社 2021 年版,第 193 页。

件的一定的社会影响性层面上的意义单元。这个法律—社会影响性上的意义关联,决定着一个行为发生的哪些外部上可以分割的单个动作,可以被视为是行为单数或者行为复数"①。第二,从刑法规定看,类似于抗税罪这样的罪名,其构成要件行为实际上包含了复数行为,其中既有作为也有不作为。在刑法已经明文规定了作为与不作为的结合的罪名的情况下,试图加以否认是没有意义的。

三、作为与不作为的结合的类型

作为与不作为的结合可以分为两类:一类是作为与不作为同时发生,另一类是作为与不作为先后发生。

(一)作为与不作为同时发生

这种情形是指行为并不是单纯的作为或者不作为,而是作为与不作为同时存在,具体来说,行为人的行为包含积极的作为和消极的不作为,其结果由同一行为人同时的不作为和作为造成。

例如,"毒蘑菇案"。本案案情是,在饭店打工的生物学系大学生 A 发现客人点的菜是有毒的蘑菇,但想到自己的工作就是让客人点菜以及端盘子,于是将有毒的蘑菇菜端给客人,导致客人中毒而亡。在本案中,需要讨论刑法评价的重点是大学生 A 的端菜行为(作为),还是未告知厨师或者顾客(不作为)。如果认为 A 对顾客的生命安全没有保证人义务,则对 A 只能根据《德国刑法典》第 323c 条第 1 款的规定处以见危不救罪的刑事责任。相反,如果认为本案中刑法评价的重点是 A 不告知厨师和客人的行为,由于 A 将有毒的蘑菇端给客人,导致客人中毒而亡,A 的行为可能构成《德国刑法典》第 212 条规定的故意杀人罪。《德国刑法典》第 323c 条第 1 款见危不救罪的法定刑是"1 年以下自由刑或者罚金刑",而第 212 条规定的故意杀人罪的基本法定刑是"5 年以上自由刑",加重法定刑是"终身自由刑"。如果本案发生在没有规定见危不救罪的其他国家,将导致罪与非罪的界分。显然,认定本案中行为人属于作为或者不作为具有重要的现实意义。

又如,我国《刑法》第 134 条第 2 款规定的组织他人违章冒险作业罪。根据《刑法》第 134 条第 2 款的规定,"明知存在重大事故隐患而不排除,仍冒险组织作业,因而发生重大伤亡事故或者造成其他严重后果的",构成组织他人违章冒险作业罪。在本罪中,"明知存在重大事故隐患",意味着行

① [德]约翰内斯·韦塞尔斯:《德国刑法总论》,李昌珂译,法律出版社 2008 年版,第 462 页。

为人负有履行排除事故隐患的义务，所以“明知存在重大事故隐患而不排除”属于真正不作为犯。但是，仅仅是这种不作为，还不能构成本罪。只有行为人明知存在重大事故隐患，在没有排除该隐患的前提下，冒险组织作业，才可能构成本罪。显然，成立本罪，要求同时具备作为与不作为，对其中的不作为还要求以具有一定的明知为前提。[①] 但是，不要求行为人在此之外还有一个独立的“不排除重大事故隐患的行为”。[②]

关于这种行为是作为犯还是不作为犯，张丽卿教授主张以行为的方式所赋予的实质内涵作为标准，或者说以刑法规范评价的重点作为判断标准，只要引起危害结果的行为是作为，就以作为犯论处。[③] 就上述组织他人违章冒险作业罪而言，应当认为“明知存在重大事故隐患而不排除”是本罪的次要行为，而“组织违章冒险作业”是本罪的主要行为。如果一定要采取这种“作为犯—不作为犯”的分类标准，则组织他人违章冒险作业罪属于作为犯。

（二）作为与不作为先后发生

这种情形是指诸如“阻止救援”等阻止他人或者自己中止一个正在进行的救援活动。例如，“自行车灯案”，按照国外有关法律的规定，行为人在骑自行车时必须开车灯，不开车灯的行为属于不作为；之后继续行驶，直到与他人相撞（作为），致人伤害。又如，“闯红灯案”，汽车驾驶员在遇到红灯时闯红灯行驶，导致行人死亡。在闯红灯时，行为人不踩刹车属于不作为，闯红灯继续行驶则属于作为。

判断上述行为形态是作为（犯）还是不作为（犯），可以“法律规范所责难的重点”和“有无保证人地位”为判断标准。[④] 具体来说：第一，救生员拒绝将救生圈扔给溺水的被害人，导致被害人死亡的，救生员应当救助而不救助，属于不作为；因为救生员有保证人地位和作为义务，其不救助行为属于不真正不作为的杀人罪。第二，被害人溺水将死，救生员将救生圈扔给被害人，但在拉近时因发现是情敌而松手不管，导致被害人死亡的，在救生员拉近被害人时，被害人已经有生还的可能，松手不管是自己中止一个正

---

① 参见陈兴良：《公共安全犯罪的立法思路嬗变：以〈刑法修正案（十一）〉为视角》，载《法学》2021年第1期。

② 参见黎宏：《安全生产的刑法保障——对〈刑法修正案（十一）〉相关规定的解读》，载《中国刑事法杂志》2021年第2期。

③ 参见张丽卿：《刑法总则理论与运用》（增订版），台北，五南图书出版股份有限公司2011年版，第422页。

④ 参见张丽卿：《刑法总则理论与运用》（增订版），台北，五南图书出版股份有限公司2011年版，第423－424页。

在进行中的救援活动，是作为，而不是不作为，应当成立作为的杀人罪。第三，医生认为被害人难以治愈，于是关闭呼吸机，导致被害人死亡的，医生对被害人具有保证人地位和救治义务，规范的评价重点在于“中止继续救治的医疗行为”，属于不作为犯。但是，如果是没有保证人地位的第三人关闭呼吸机，则关闭呼吸机的行为是刑法规范评价责难的重点，属于作为犯。

（三）作为是实现不作为的方式之一

例如，我国《刑法》第276条之一规定了拒不支付劳动报酬罪。本罪在客观上表现为以转移财产、逃匿等方法逃避支付劳动者的劳动报酬，或者有能力支付而不支付劳动者的劳动报酬，数额较大，经政府有关部门责令支付仍然不支付。本罪的行为方式是拒不支付劳动报酬，具体分为两类：第一类是以转移财产、逃匿等方法逃避支付劳动者的劳动报酬。这是以作为的方式不支付劳动报酬。第二类是有能力支付而不支付劳动者的劳动报酬。这是以不作为的方式不支付劳动报酬。

一般认为，逃避支付劳动报酬罪是不作为犯，本质上是行为人不履行支付劳动者报酬的义务。第一，虽然《刑法》第276条之一规定了两类行为，但是第二类行为“有能力支付而不支付劳动者的劳动报酬”是对该罪的实行行为的实质性概括，完全可以涵盖第一类行为。第二，成立不作为犯罪以行为人有能力履行作为义务为前提。行为人在丧失支付能力后逃匿的，不可能构成本罪。[①]

四、作为与不作为结合的性质与处罚

（一）作为与不作为结合案件的性质

这里以“快播案”为例进行说明。北京市海淀区人民法院“快播案”一审判决书对于被告人的入罪，分别从不作为和作为两个方面进行论证：

1. 从不作为犯角度的观察。从不作为的角度进行论证，具体包括以下环节。第一，“快播案”相关责任人员的作为义务。“快播案”判决书指出：“快播公司作为快播网络系统的建立者、管理者、经营者，应当依法承担网络安全管理义务……快播公司应当积极承担的社会责任”。第二，“快播案”相关责任人员的作为可能性。“快播案”判决书指出，尽管网络视频服务企业通常难以做到屏蔽所有非法视频，“但证据表明，快播公司连行业内普遍能够实施的关键词屏蔽、截图审查等最基本的措施都没有认真落实”。

① 参见温登平：《拒不支付劳动报酬罪的保护法益和实行行为研究》，载赵秉志主编：《刑法论丛》（第67卷），法律出版社2022年版，第91页。

第三,结果避免可能性。结果避免可能性对故意犯罪和过失犯罪都是进行客观归责的重要条件,对于没有结果避免可能性的行为,不能进行客观归责。车浩教授指出:“只有在遵守义务能够避免结果时,才能归责给违反义务的行为人;当遵守义务也不能避免结果时,义务违反与结果之间欠缺内在关联,应排除归责……”①“快播案”判决书指出:“快播公司对于信息网络安全管理义务不是没有履行的现实能力,而是没有切实履行的意愿。”

2. 从作为犯角度的思考。从作为的角度进行论证,主要证明行为人提供技术支持的内容:“快播公司搭建了以缓存调度服务器为核心的平台,通过自有或与运营商合作的方式,在全国各地不同运营商处设置缓存服务器1000余台。在视频文件点播次数达到一定标准后,缓存调度服务器即指令处于适当位置的缓存服务器抓取、存储该视频文件。”

显然,在“快播案”中,就存在作为与不作为的结合。“快播公司负有网络视频信息服务提供者应当承担的网络安全管理义务,并且具备管理的可能性但没有履行网络安全管理义务……据此,快播公司同时存在作为与不作为。”②

(二)作为与不作为结合案件的处罚

从导致作为与不作为结合的原因看,有些纯粹是因为刑法规定而出现作为与不作为的结合,有些则是刑法规定与行为人实行犯罪的具体行为方式导致出现作为与不作为的结合。

1. 刑法分则性规定导致作为与不作为的结合。对于分则性条文将作为方式与不作为方式结合在一起而形成的复合性实行行为,应当根据违反规范的性质,在“充分且不重复评价”原则的指导下,从整体上进行判断。对于以不作为为目的的,应当从整体上将作为与不作为相结合的行为形态视为不作为犯。例如,行为人以隐匿、销毁会计凭证、会计账簿的方式偷逃税款的,既违反禁止性规范,构成隐匿、故意销毁会计凭证、会计账簿罪,又违反了履行纳税义务的命令性规范,构成逃税罪的,属于法条竞合。由于逃税是目的行为,且刑罚处罚重,应当以逃税罪论处。③

2. 刑法分则性规定与行为人实施的犯罪行为方式导致作为与不作为的结合。

第一,从刑法分则具体规定看,各种玩忽职守犯罪、滥用职权犯罪以及责任事故犯罪的实行行为既可以表现为作为,也可以表现为不作为,还可

---

① 车浩:《假定因果关系、结果避免可能性与客观归责》,载《法学研究》2009年第5期。

② 张明楷:《快播案定罪量刑的简要分析》,载《人民法院报》2016年9月14日,第3版。

③ 参见曲新久:《刑法学》(第4版),中国政法大学出版社2017年版,第94页。

以是作为与不作为的结合。在司法实践中,根据行为人实施犯罪的具体方式确定其属于作为(犯)还是不作为(犯)。某一个犯罪是作为(犯)还是不作为(犯),均是就已经实现的、现实的(已然的)犯罪而言的。行为人实际上以作为形式实现的犯罪称为作为犯,以不作为形式实现的犯罪称为不作为犯。对于那些既可以由作为形式构成,又可以由不作为形式构成的犯罪来说,只能从行为人实际实现犯罪的形式来判断。① 当然,行为人既有作为也有不作为的,属于作为与不作为的结合。但是,无论如何,都不能超越一罪的范畴。

第二,从司法实践看,对于行为人实施的某一行为,同时满足作为犯和不作为犯构成条件的,如果该作为犯与不作为犯存在法条竞合或者想象竞合关系,则认定为一罪,从一重罪处罚;相反,如果构成数罪,则实行数罪并罚。例如,行为人以暴力方法抗税,致人重伤的,既符合抗税罪的成立条件,也符合故意伤害罪的成立条件,应当数罪并罚。②

---

① 参见高铭暄、马克昌主编:《刑法学》(第 10 版),北京大学出版社、高等教育出版社 2022 年版,第 66 页。

② 参见曲新久:《刑法学》(第 4 版),中国政法大学出版社 2017 年版,第 94 - 95 页。

第二章 处罚不真正不作为犯与罪刑法定原则的关系

第一节 问题的提出

从刑法规定看，真正不作为犯是刑法明文规定由不作为构成的犯罪，其行为表现方式是不作为。凡是分则性条文有“拒不”“拒绝”“不履行”等表述的犯罪都属于真正不作为犯，如拒不履行信息网络安全管理义务罪，不报、谎报安全事故罪，拒绝提供间谍犯罪、恐怖主义犯罪、极端主义犯罪证据罪等。但是，如果分则性条文有“严重不负责任”“失职”“放纵”“背信”等表述形式的犯罪，则需要进行辨析。

就不真正不作为犯而言，只有《德国刑法典》第13条、《奥地利刑法典》(1974年颁布，2002年修订)第2条、《西班牙刑法典》第11条等总则性条文对不真正不作为犯作出明文规定，[①]使其成为具备自身构成要件的与作为犯的构成要件相区隔的独立的犯罪类型，能够有效回应所谓“处罚不真正不作为犯违反禁止类推原则”的诘难。同时，《德国刑法典》第13条第2款规定“可以依据第49条第1款减轻处罚”，换言之，对不作为犯予以减轻处罚，也能够在一定程度上缓解理论和司法实践难以准确区分不作为的正犯与共犯带来的各种困难。除此之外，其他多数国家《刑

---

① 《德国刑法典》第13条规定：“(1)未防止属于法定构成要件之结果，依本法处罚，但以依法保证结果不发生，且其不作为与以作为实现法定构成要件的情形相当为限。(2)可以依据第49条第1款减轻处罚。”对此，班德·许乃曼提出了以下质疑和批判：第一，“依法有义务防止构成要件结果的发生而不防止其发生”是指刑法只能对负有刑法上的义务的人追究其不作为的刑事责任，存在循环论证的嫌疑。第二，“当其不作为与因作为而使法定构成要件的实现相当”是指不作为必须与作为具有等价性或者相当性，否则不能对其进行处罚。但具体什么是“等价性”“相当性”，并不明确。参见[德]班德·许乃曼：《不纯正不作为犯及以不作为实施犯罪之形式》，王莹译，载梁根林主编：《当代刑法思潮论坛》(第1卷 刑法体系与犯罪构造)，北京大学出版社2016年版，第233页。

法》并无总则性规定,[①]《刑法》分则也没有规定保证人与不作为内容,由于欠缺关于作为义务的主体与内容的具体基准,容易导致处罚范围的不明确。因此,关于不真正不作为犯的处罚根据和处罚范围,必须诉诸司法判例和刑法理论。

从各国司法实践和理论研究看,首先表现为处罚不真正不作为犯是否违反罪刑法定原则。对此,张明楷教授明确指出,在刑法没有明文规定作为义务的主体和内容的情况下,"如何限定不真正不作为犯的处罚范围,是不真正不作为犯的问题所在"。[②] 白建军教授也认为,不真正不作为犯"游走在罪刑法定原则的灰色地带"。[③]

不真正不作为犯本来是作为犯,只是在存在意义上是通过不作为的形式来实现的,亦即不作为犯并非由刑法规定的构成要件。基于这样的认识,有的学者对处罚不真正不作为犯的做法提出了"违反罪刑法定原则,侵害人权"的批评。[④] 相反,也有学者认为,处罚不真正不作为犯不是类推适用,并不违反罪刑法定原则。

第二节 关于处罚不真正不作为犯是否违反罪刑法定原则的论争

一、克伦斯与迈尔的观点

在 19 世纪末,德国学者克伦斯提出,法的作为义务(保证义务)并未写在作为犯的构成要件中,以作为犯的条款处罚不真正不作为犯属于类推适用。在"二战"之后,迈尔指出,按照保证人说的观点,只有处于保护法益不受侵害地位的人即保证人的不作为才构成不真正不作为犯,由于作为犯的条款中并未规定保证人地位,处罚不真正不作为犯存在违反罪刑法定原则的问题。[⑤]

---

① 此外,《日本改正刑法草案》(1974 年)第 12 条规定:"负有义务防止犯罪事实发生的人,虽然能够防止其发生但特意不防止该事实发生的,与因作为而导致的犯罪事实相同。"《奥地利刑法典》第 2 条规定:"法律规定对造成一行为结果予以处罚的,如果行为人依法有义务避免结果发生,以维护法秩序,而未避免其发生,不避免结果发生与通过作为而实现法定构成要件相当的,亦处罚。"英美法系部分国家刑法也对不作为犯作出明文规定。例如,美国《模范刑法典》第 2.01(3)规定,除存在下列情形外,不作为不构成犯罪的责任根据:(1)规定该罪的法律特别规定不作为足以构成犯罪;(2)法律对于该未予履行的行为施加了作为义务。

② 参见张明楷:《刑法学》(第 6 版)(上),法律出版社 2021 年版,第 195 页。

③ 参见白建军:《论不作为犯的法定性与相似性》,载《中国法学》2012 年第 2 期。

④ 参见高艳东:《不纯正不作为犯的中国命运:从快播案说起》,载《中外法学》2017 年第 1 期。

⑤ Vgl. Hellmuth Mayer, Strafrecht, A. T. 1953, S. 118ff.

但是，迈尔提出这个问题，并非否定不真正不作为犯的可罚性，而是从罪刑法定原则出发，反对将保证义务作为不真正不作为犯和作为犯等置的基础。迈尔主张通过不作为人的犯罪意图解决处罚不真正不作为犯与罪刑法定原则相冲突的问题。[①]

二、考夫曼与韦尔策尔的观点

考夫曼和韦尔策尔基于目的行为论的观点提出了新的不作为犯的理论。他们通过分析不作为犯的行为构造，否定不作为具有原因力，主张不真正不作为犯是以不作为的形式实现的违反命令规范的犯罪。所以，不真正不作为犯实际上是不作为犯的真正形态，因此，反对将作为犯的有关理论应用于不真正不作为犯，主张以不作为犯论来构筑不真正不作为犯理论。

例如，考夫曼虽然赞同“作为违反禁止规范，不作为违反命令规范”的说法，[②]但认为不作为没有必要向作为靠拢，它属于“本来的不作为”。主要理由是，如果构成要件中的“禁止规范包含命令规范”，作为和不作为在适用刑法规范上没有区别，就没有必要强调保证人地位；反之，如果承认存在非明文规定的保证人地位，则禁止规范就不可能包含命令规范。[③] 据此，以作为的构成要件处理不作为犯罪属于类推适用，应当针对刑法分则的每一个作为犯规定相对应的不作为犯。但是，在没有立法的情况下，由于不处罚不作为并不妥当，于是考夫曼提出了所谓的“等价”观点，即当违反命令规范的不作为在不法和责任内容上与违反作为构成要件的作为几乎相等时两者即可等置，进而对不作为犯进行处罚。[④]

韦尔策尔在 1960 年出版的《德国刑法》（第 6 版）也采用了考夫曼的观点。

三、金泽文雄和斯特法尼等的观点

基于同样的理由，金泽文雄质疑说，就某行为构成犯罪违反的规范看，作为犯是违反了“不得实施某行为”的禁止规范。不真正不作为犯是违反

---

① 参见黎宏：《论不真正不作为犯的处罚范围》，载赵秉志主编：《刑法论丛》（第 12 卷），法律出版社 2007 年版，第 55 页。

② Vgl. Armin Kaufmann, Die Dogmatik der Unterlassungsdelikte, Schwartz, 1959, S. 3ff.

③ Vgl. Jürgen Welp, Vorangegangens Tun als Grundlage einer Handlungsäquivalenz der Unterlassung, Berlin: Duncker&Humblot, 1968, S. 73. 转引自姚诗：《不真正不作为犯　德日的差异演进及中国的后发式研究》，载《中外法学》2021 年第 3 期。

④ 本部分内容，参见姚诗：《不真正不作为犯　德日的差异演进及中国的后发式研究》，载《中外法学》2021 年第 3 期。

了命令规范，但是，适用禁止规范加以处罚，这属于对刑法规范的类推适用，违反罪刑法定原则。[①] 当然，金泽文雄后来改持价值论的见解，有限地肯定了不真正不作为犯的可罚性。[②]

斯特法尼也认为，不作为与作为存在本质差异。不能将“放弃不为”等同于“实行而为”，对此作出另外的决定就属于类推适用，这是为刑法所禁止的。根据罪刑法定原则，只有在刑法作出明文规定的情况下，不作为才具有“实行”的价值，从而对犯罪人定罪判刑。[③]

四、我国部分学者的观点

我国学者欧锦雄教授认为，不真正不作为犯罪与其相对应的作为犯罪在犯罪构成结构和规范结构上是不同的。由于在刑法总则和分则中均未规定不真正不作为犯罪，如果直接以其相对应的作为犯罪的罪状、罪名、法定刑定罪判刑，属于运用类推解释定罪处刑。[④]

许玉秀教授则认为，由于作为是积极地操控法益受害的因果流程，而不作为则是消极地不介入法益受害流程，所以法律对二者的评价不同。[⑤] 处罚不作为犯是因为其违反刑法上的作为义务侵害了法益，具有独立的构成要件，不需要借助于作为犯的构成要件才能被处罚。之所以借用作为犯的构成要件，属于“立法政策的权宜之计”。[⑥]

五、本书的观点

本书认为作为犯与不作为犯在结构上存在差异。但是能否据此就认为不真正不作为犯不属于刑法调整的范围，在论证上还存在欠缺。从刑法规定看，诸如我国《刑法》第 232 条关于故意杀人罪等所采用的“杀人”这一表述，能否认为该规定只是设置了“禁止杀人”的禁止性规范，只存在作为方式的杀人，从而认定为作为犯，而没有设置“保护他人生命”的命令性

---

① 参见[日]金泽文雄:《不真正不作为犯的问题性》，载[日]佐伯千仞:《犯罪与刑罚》(上)，有斐阁 1968 年版，第 235 页。

② 参见[日]金泽文雄:《再论不真正不作为犯的问题性》，载《广岛大学法经论丛》第 25 卷第 5、6 合并号，第 296 页。

③ 参见[法]卡斯东 · 斯特法尼等:《法国刑法总论精义》，罗结珍译，中国政法大学出版社 1998 年版，第 217 页。

④ 参见欧锦雄:《刑法的辩护与批判》，中国检察出版社 2008 年版，第 130 页。

⑤ 参见许玉秀:《保证人地位的法理依据——危险前行为是构成保证人地位的惟一理由》，载许玉秀:《当代刑法思潮》，中国民主法制出版社 2005 年版，第 733 页。

⑥ 参见许玉秀:《保证人地位的法理依据——危险前行为是构成保证人地位的惟一理由》，载许玉秀:《当代刑法思潮》，中国民主法制出版社 2005 年版，第 747 - 749 页。

规范，从而否认本罪同样存在不真正不作为犯，也存在疑问。例如，日本学者盐见淳就认为，杀人罪中的“杀”可以包含由不作为引起死亡的情况，作出这种解释并未超过词语可能的语义范围。①

退一步说，主张通过刑事立法明确不作为犯的范围的做法，也无法一劳永逸地解决问题。第一，罪刑法定原则是为了保障国家刑罚权的发动具有预测可能性，如果刑法条文没有相当明确地规定何种范围的不作为能够成为处罚对象，还是不符合罪刑法定原则的要求。② 第二，立法在一定程度上是各种理论争论和利益团体相互妥协的产物，不能指望通过立法一劳永逸地结束所有理论争议和利益纷争。日高义博曾经指出，不真正不作为犯可罚性的根据及其处罚范围随着时代思潮的发展而不断发展变化，迄今为止没有取得一致的意见，“这与不真正不作为犯具有开放的构成要件以及作为其成立要件所考虑的作为义务是一个相对的概念有很大关系”③。第三，由于不真正不作为犯的构成要件具有开放性，关于不真正不作为犯的立法存在技术上的难题。许玉秀教授也强调，从经济分析的角度看，不真正不作为犯的立法会耗费太多立法资源，立法的成本收益太低。“为个别的不纯正不作为犯设计独立的犯罪构成要件，固然较符合罪刑法定原则的表示，但是立法投资太大，而且立法技术的困难也不易克服。”④如果非要在刑法上逐一作出明确规定，有关规定必然是叠床架屋，令人不堪重负。

为了填补不作为犯的刑事立法存在的不足，刑法理论上提出了等价性理论、危险增加理论等观点。只不过，正如罗克辛所言，不真正不作为犯罪的等置问题，在今天仍然是“刑法学总论中最有争议和最不清晰的一章”。⑤

第三节　处罚不真正不作为犯是否违反罪刑法定原则？

关于处罚不真正不作为犯与罪刑法定原则的关系，主要包括三个问

---

① 参见［日］盐见淳：《不作为论》，载［日］西田典之、［日］山口厚：《刑法的争点》（第3版），有斐阁2000年版，第18页。

② 参见［日］井田良：《刑法总论的理论构造》，成文堂2005年版，第34页。

③ ［日］日高义博：《不作为犯的理论》，王树平译，中国人民公安大学出版社1992年版，前言。

④ 许玉秀：《保证人地位的法理依据——危险前行为是构成保证人地位的惟一理由》，载许玉秀：《当代刑法思潮》，中国民主法制出版社2005年版，第734页。

⑤ 参见［德］克劳斯·罗克辛：《德国刑法学总论》（第2卷　犯罪行为的特别表现形式），王世洲等译，法律出版社2013年版，第535页。

题:第一,处罚不真正不作为犯,是否违反法律主义原则?在刑法规定作为犯的条款中,是否包含有处罚不作为犯的内容?第二,处罚不真正不作为犯,是否违反禁止类推原则?第三,处罚不真正不作为犯,是否违反明确性原则?

一、主张处罚不真正不作为犯违反罪刑法定原则的见解

在大陆法系框架下,法律主义原则是指,规定犯罪及其后果的法律必须是成文的法律;法官只能根据成文法律定罪量刑。那么,处罚不真正不作为犯是否违反法律主义原则呢?对此,有的观点认为,承认不真正不作为犯,就意味着允许类推解释,就违反了犯罪行为必须事先通过法律明确规定的法律主义原则。主要理由是,不能根据禁止"为"这种作为的构成要件,处罚"不为"这种形式的不作为行为。从规范论的角度考虑这一问题,作为作为犯的故意杀人罪的构成要件,是为了处罚违反"禁止杀人"这种禁止规范的行为而设立的。但是,不救助落水的孩子的父亲的行为违反的是"应当救人"这种命令规范。因此,以故意杀人罪处罚孩子的父亲,就是将故意杀人罪中所未包含的违反命令规范的行为即不作为,根据作为禁止规范的故意杀人罪的条款进行处罚,属于类推适用,违反罪刑法定原则。①

从形式上看,上述见解有一定的道理。正如考夫曼所言,某一法律规范到底是禁止规范还是命令规范,并不在于法律用语上的区别,而是源于规范对象而产生的区别,即命令规范是命令行为人实施一定行为的规范,而禁止规范则是禁止行为人实施一定行为的规范。因此,应当实施一定行为的作为义务是由命令规范产生的,而不是产生于禁止规范。从存在论的观点看,不真正不作为犯是不作为犯,其作为义务与真正不作为犯的作为义务没有什么不同,所以,不真正不作为犯是违反命令规范的犯罪。但是,如果认为不真正不作为犯是不作为犯,接下来的问题是,能否将作为犯的条款用于评价或者说认定不真正不作为犯?这也是上述认为处罚不真正不作为犯违反罪刑法定原则的关键之处。②

---

① 参见[日]金泽文雄:《不真正不作为犯的问题性》,载[日]佐伯千仞:《佐伯千仞博士还历祝贺:犯罪与刑罚》(上),有斐阁 1968 年版,第 229 - 235 页。

② 参见黎宏:《论不真正不作为犯的处罚范围》,载赵秉志主编:《刑法论丛》(第 12 卷),法律出版社 2007 年版,第 58 页。

二、不真正不作为犯的规范构造

探讨处罚不真正不作为犯是否违反罪刑法定原则,有必要对法律规范的结构进行考察。关于不作为所违反的法律规范的性质,存在争议。其中,有的学者认为,作为的本质在于违反禁止性规范,而不作为的本质在于违反命令性规范。[①] 有的学者主张,作为毫无疑问违反的是禁止性规范,但是不作为不仅违反了禁止性规范,而且违反了命令性规范。[②]

(一)违反禁止规范说

德、日刑法学传统观点认为,作为犯违反的是禁止规范,真正不作为犯违反的是命令规范,而不真正不作为犯是以不作为的形式实现了符合禁止规范的作为犯的构成要件,因此在本质上违反的是禁止规范。例如,林山田教授认为,不真正不作为犯在实质上是以不作为违反法规范的作为犯,违反的是禁止规范,不能根据不作为的外在形式认定其违反的是命令规范。[③] 林东茂教授主张:"由于不作为的犯罪能量较低,社会大众对于不作为的手段也有较低的非价领悟,所以(不纯正)不作为犯的处罚,应当轻于作为犯。例如,以不作为的手段杀人,处罚应当轻于以积极手段杀人。"[④]

违反禁止规范说认为,刑法"以处罚作为犯为原则,以处罚不作为犯为例外",处罚不真正不作为犯则属于"例外中的例外"。由于作为犯与不真正不作为犯在本质上都属于违反禁止规范的行为,因而可以适用刑法关于作为犯的规定,从而处罚不真正不作为犯并不违反罪刑法定原则。

(二)违反命令规范说

德国学者考夫曼通过分析刑法规范,在坚持"作为犯是对禁止规范的违反,而真正不作为犯是对命令规范的违反"这一基本立场的同时,认为不真正不作为犯违反的是命令规范,而不是符合规定了禁止规范的作为犯的构成要件。考夫曼认为,真正不作为犯与不真正不作为犯的区别仅在于前者是被法规类型化的不作为犯,而后者则是没有被类型化的不作为犯。关于前者的规定见于法律之中,就后者而言则是根据判例、学说创制的。

这一观点得到了韦尔策尔的支持,在日本也得到了金泽文雄、饭田忠雄等的赞同。例如,金泽文雄认为,虽然以存在构成上与真正不作为犯没

---

① 高仰止:《刑法总则之理论与实用》,台北,五南图书出版公司1986年版,第180页。
② 参见高铭暄、马克昌主编:《刑法学》(第10版),北京大学出版社、高等教育出版社2022年版,第63页。
③ 参见林山田:《刑法通论》(增订10版)(下册),北京大学出版社2012年版,第147页。
④ 林东茂:《刑法综览》(修订5版),中国人民大学出版社2009年版,第112页。

有区别的不作为为内容，但是属于其本质要素的作为义务是从处于刑法之外的其他法领域的命令规范中推导出来的，并不包含在刑法的作为犯所规定的禁止规范中。①

但是，基于这种观点，不仅考夫曼等人认为处罚不真正不作为犯违反了罪刑法定原则，反对者也认为违反了罪刑法定原则。理由是，根据这种观点，要处罚不真正不作为犯，需要通过对作为犯的类推解释来实现，而这与罪刑法定原则明显相悖。既然要尊重罪刑法定原则，就不能处罚不真正不作为犯。但是，考夫曼并未得出不真正不作为犯不具有可罚性的结论。

（三）双重违反说

该说认为，不真正不作为犯既违反了命令规范，也违反了禁止规范。这是日本刑法理论的通说，我国也有部分学者主张此说。该说又有两种不同的见解：

第一种见解认为，从不同的角度分析，行为人既违反了命令规范，也违反了禁止规范。具体来说，从法的义务角度看，行为人违反了命令规范；从造成危害结果的角度看，则触犯了禁止规范。换言之，行为人首先违反了命令规范，同时以作为义务为媒介间接地违反了禁止规范。例如，在母亲不哺乳导致婴儿死亡的案件中，母亲负有哺乳义务但并未实施法规范所要求的哺乳行为，违反了命令规范；由于不实施哺乳行为的结果，导致孩子死亡，这一结果间接违反了故意杀人罪所蕴含的“禁止杀人”这一禁止规范。日高义博指出，刑法属于复合规范，既是行为规范，也是裁判规范，而行为规范又包括禁止规范和命令规范，不真正不作为犯违反的是命令性的行为规范，而实现的则是以裁判规范规定的作为犯的构成要件。处罚不真正不作为犯，不是类推适用作为犯的构成要件，而恰好是因为其符合作为犯的构成要件而被处罚。②

陈兴良教授也认为，不真正不作为犯不仅违反命令规范，而且违反禁止规范。在命令规范与禁止规范双重结构中，这两种规范不是等量齐观的，是通过违反命令规范而构成对禁止规范的违反。其中，违反禁止规范是一切犯罪所共同的刑事违法性，而违反命令规范则是不作为犯所特有的义务违反性。③“违反命令规范是不纯正不作为的构成要件规范要素。但

① 参见[日]金泽文雄：《不作为的构造》，载《广岛大学政经论丛》第15卷第1号，第43页以下。

② 参见[日]日高义博：《不作为犯的理论》，王树平译，中国人民公安大学出版社1992年版，第91－92页。

③ 参见陈兴良：《论不作为犯罪之作为义务》，载陈兴良主编：《刑事法评论》（第3卷），中国政法大学出版社1999年版，第204页。

就不纯正不作为而言,仅有对于命令规范的违反尚不足以成立,还要看其是否具有与作为犯的等价值性,因而违反刑法的禁止规范从而构成犯罪。"①

第二种见解认为,在禁止规范中同时包括命令规范,如在"禁止杀人"这一禁止规范中还可能包含着"在特定场合下要做一定行为"的命令规范。提出保证人说的那格拉就是借助于"禁止规范包含命令规范"来进行解释的。

日本学者平野龙一、大塚仁、②西田典之、松原芳博、③野村稔④等赞同此说。例如,平野龙一认为,在"禁止杀人"的禁止规范中,也应包含"在特定场合必须实施一定的作为"的命令规范。⑤ 西田典之指出,作为故意杀人罪的构成要件基础的规范内容是"尊重人的生命",这一规范既可以由作为也可以由不作为来违反。因此,故意杀人罪的构成要件同时包含了违反禁止规范的作为与违反命令规范的不作为,只不过二者具有等价性而已。⑥

我国也有部分学者赞同此说。例如,黎宏教授认为,不真正不作为犯是以不作为方式违反禁止规范,该禁止规范又因为行为人存在特定的法律义务而转化为命令规范,即禁止规范在行为人负有特定法律义务、能履行而不履行的情况下又派生了命令规范。⑦ 换言之,不真正不作为犯违反的是作为命令规范的行为规范,实现的却是以裁判规范形式规定的作为犯的构成要件。处罚不作为人不是类推适用作为犯的构成要件,而是因为符合作为犯的构成要件,在规范结构上与罪刑法定原则没有冲突。⑧

上述见解或多或少存在一定的不足之处。具体来说,第一种见解将不真正不作为犯的行为分为不作为行为和危害结果两个部分,分别进行法规范的评价,割裂了二者的有机联系,实际上是对一个行为的两次法律评价,并不妥当。第二种见解存在逻辑上的矛盾,既然认为禁止规范和命令规范是相对立的概念,就同一刑法规范而言,不可能既是禁止规范又是命令规

---

① 陈兴良:《教义刑法学》,中国人民大学出版社 2010 年版,第 229 页。

② 参见[日]大塚仁:《刑法概说(总论)》(第 4 版),有斐阁 2008 年版,第 150 页。

③ 参见[日]松原芳博:《刑法总论重要问题》,王昭武译,中国政法大学出版社 2014 年版,第 71 页。

④ 参见[日]野村稔:《刑法总论》,全理其、何力译,法律出版社 2001 年版,第 146 页。

⑤ 参见[日]平野龙一:《刑法总论 Ⅰ》,有斐阁 1972 年版,第 149 页。

⑥ 参见[日]西田典之:《不作为犯论》,载[日]芝原邦尔等编:《刑法理论的现代的展开——总论 Ⅰ》,日本评论社 1988 年版,第 71 页。

⑦ 参见黎宏:《不作为犯研究》,武汉大学出版社 1997 年版,第 96 - 98 页;黎宏:《论不真正不作为犯的处罚范围》,载赵秉志主编:《刑法论丛》(第 12 卷),法律出版社 2007 年版,第 58 页。

⑧ 参见黎宏:《不作为犯研究》,武汉大学出版社 1997 年版,第 97 页。

范,或者说禁止规范中包含命令规范。

三、刑法规范的性质与不作为犯的构造

(一)刑法规范是行为规范还是裁判规范

从规范论上来看,如果认为故意杀人等罪的构成要件只是违反禁止规范,那么,有关“处罚不真正不作为犯违反罪刑法定原则”的批评是有道理的。但是,刑法多数罪名为了实现对法益的充分保护,并未严格将符合构成要件的行为方式限定为作为或者不作为,而是二者兼具。“刑法规定在形式上被认为是作为的表述中,完全可能包含不作为,‘禁止为……’的禁止规范中,也包含在‘特定场合必须实施一定的行为’的命令规范。”①

例如,对于母亲不给幼儿喂奶致其饿死这种案件,如果不认定为故意杀人罪或者遗弃(致死伤)罪,显然是不合适的。那么,对此该如何解释呢?应当认为,刑法分则关于故意杀人罪中的“(故意)杀人”这一构成要件的规范保护目的在于“必须尊重他人的生命”这一行为规范,该规范不仅包括“禁止杀人”这一禁止规范,还包括“救助他人的生命”这一命令规范。按照这种解释,即便故意杀人罪的构成要件不是真正不作为(犯),在理论上仍可包括不作为(犯)。②

(二)刑法规范是行为规范与裁判规范的复合体

1. 刑法规范是行为规范与裁判规范的复合体。行为规范是指不为一定的有害行为或者为一定的有益行为的法规范。其中,前者是命令规范,后者是禁止规范。如果人们没有遵守作为行为规范的命令规范或者禁止规范,将被施加一定的制裁,这就是裁判规范。从刑法规定看,所有的裁判规范都包含着行为规范或者以行为规范为前提,换言之,二者同时存在于一个刑法规定之中。二者的区别仅仅在于,前者约束的对象是司法工作人员,而后者约束的对象是一般人。③

例如,我国《刑法》第 232 条表述为“故意杀人的,处……;情节较轻的,处……”。这一规定既是约束司法工作人员的裁判规范,也是命令一般人禁止杀人的行为规范。不作为在本质上表现为对刑法规范所蕴含的命令规范的违反。《刑法》第 232 条不仅对作为作出了规定,还在一定限度内

---

① [日]藤木英雄:《刑法讲义总论》,弘文堂 1975 年版,第 132 页。

② 参见[日]西田典之:《日本刑法总论》(第 2 版),王昭武、刘明祥译,法律出版社 2013 年版,第 96 页。

③ 参见黎宏:《论不真正不作为犯的处罚范围》,载赵秉志主编:《刑法论丛》(第 12 卷),法律出版社 2007 年版,第 58 页。

对不作为作出了规定。在这个限度内，不能认为处罚不真正不作为犯超越了刑法规定。

2. 刑法上的行为规范的法律渊源。在现实生活中，所有的刑法规定都是裁判规范（第二次法），即对违反行为规范（第一次法）所包含的命令规范或者禁止规范而构成的违法行为所施加的制裁。但是，在刑法条文（裁判规范或者第二次法）中，作为裁判规范前提的行为规范到底是什么，并非显而易见。对此，第一种观点认为，行为规范源于刑法规范之外，是不成文法规范、整体法精神或者文化规范。例如，宾丁认为，这种行为规范应当从刑法分则的各个条文背后所隐藏的不成文法中去寻找。故意杀人、盗窃、放火等符合构成要件行为的行为中都蕴含着“不得为”或者“得为”这样的禁止规范或者命令规范，一旦违反，就会导致裁判规范（第二次法）的启动。因此，宾丁认为，可以从不成文法中找到作为第一次法的行为规范，也可以从刑法规范的构成要件的规定当中推知行为规范。第二种观点则认为，行为规范蕴含于刑法规范本身。弗兰克等认为，立法者在制定刑法时，之所以考虑某种行为符合构成要件应当受到某种刑罚处罚，是为了向国民表达这样一种意向：用刑罚禁止为这样的行为或者用刑罚的威慑力来要求国民必须这样作为。“处罚”实际上是“禁止如此行为”的表现，因此，行为规范（第一次法）包含在成文法当中。对于普通国民来说，刑法就是行为规范。换言之，弗兰克强调从刑法条文自身当中来寻求行为规范。

（三）刑法中行为规范的建构

以何种标准建构行为规范，是很重要的问题。从刑法在现代社会生活中所起的规制作用看，应该认为行为规范蕴含在刑法条文中。[①] 宾丁认为，行为规范的根据是不成文法，可以从刑法规范的构成要件中推知出来，也表明行为规范蕴含于刑法条文之中。不仅如此，刑法一经公布，对于普通国民来说，就是“一旦实施符合构成要件的行为，就得处以某种刑罚”的表现，其中也包含着国家禁止人们实施某种行为的强烈愿望。因此，刑法在规定“实施某种行为，就处以某种刑罚”时，从“处以某种刑罚”的规定看，就是裁判规范；而在“实施某种行为”的构成要件中，就包含“不得实施某种行为”的行为规范。因此，可以说刑法规范是行为规范与裁判规范的有机统一。[②]

---

① 参见黎宏：《论不真正不作为犯的处罚范围》，载赵秉志主编：《刑法论丛》（第 12 卷），法律出版社 2007 年版，第 59 页。

② 参见黎宏：《论不真正不作为犯的处罚范围》，载赵秉志主编：《刑法论丛》（第 12 卷），法律出版社 2007 年版，第 60 页。

四、处罚不真正不作为犯不违反禁止类推原则

（一）刑法规范作为命令规范与禁止规范的二重性

关于不作为违反的法律规范的属性，德国学者与日本学者的观点有所不同。其中，德国学者认为不作为违反命令规范，而日本学者则认为不作为违反的是包含在禁止规范之内的命令规范。正因为如此，德国学者认为不真正不作为犯的合法性无法通过解释来证成，不作为和作为无法通过等价性实现等置，日本学者则持相反观点。①

等价性是指“为了不作为能够成为实行行为，需要其被评价为与符合相关构成要件的作为在法律上是同价值的”。② 从形式上看，要求不作为与作为具有等价性，只是意味着不作为必须符合刑法规定的构成要件。但是，犯罪的本质是法益侵害，等价性要求“不作为所具有的侵害法益的危险性，必须和作为犯的构成要件所本来预定的侵害法益的危险性具有同等程度”。③ 张明楷教授指出：“等价性并不是具体的要求，而是不真正不作为犯的构成要件的解释原理，尤其是为实质意义的作为义务的发生根据提供基础、限制作为义务发生都根据的指导原理。”④

既然刑法规范是行为规范与裁判规范的有机统一，可以认为不真正不作为犯是通过违反命令规范，符合刑法以作为形式规定的作为犯的构成要件。处罚不真正不作为犯，并不是类推适用作为犯的构成要件，而是因为该行为符合了作为犯的构成要件。换言之，处罚不真正不作为犯不是类推适用，并不违反罪刑法定原则。主要理由是，从身体的动静角度来看，如果认为刑罚法规所规定的故意杀人、放火行为只限于作为，那么，若处罚不作为的故意杀人与放火，将违反罪刑法定原则。但是，刑法分则条文预设的构成要件的行为，像“（故意）杀人”“放火”一样，只是被抽象地规定下来，并没有明确将“（故意）杀人”“放火”限定为作为。因此，除了在性质上应当排除不作为的情形外，其他所有的构成要件都包括不作为。⑤ 例如，母亲

---

① 参见姚诗：《不真正不作为犯 德日的差异演进及中国的后发式研究》，载《中外法学》2021 年第 3 期。

② 参见［日］大塚仁：《刑法概说（总论）》（第 3 版），冯军译，中国人民大学出版社 2003 年版，第 140 页。

③ 参见［日］大谷实：《刑法讲义总论》（新版第 2 版），黎宏译，中国人民大学出版社 2008 年版，第 131 页。

④ 张明楷：《刑法学（总论）》（第 6 版），法律出版社 2021 年版，第 207 页。

⑤ 参见［日］大谷实：《刑法讲义总论》（新版第 2 版），黎宏译，中国人民大学出版社 2008 年版，第 130 页。

不给婴儿喂奶致其死亡的，当然包含在“（故意）杀人”这一构成要件中，这只不过是对刑法分则具体犯罪构成要件的解释问题。[①] 日本多数学者也认为，不作为之所以能够与作为等置，是“以不作为的方式实现了构成要件，由此该当了处罚通过行为（作为或者不作为）而实现构成要件的罚则”，[②] 而不是以不作为实现了法律规定的要求出于作为所实现的构成要件。

（二）法益保护机能与人权保障机能的动态平衡

“刑法就其本质而言，是以禁止规范为主要表现形式的——要求公民阻止法益损害的发生原则上不可能是刑法的任务。”[③]处罚不真正不作为犯的根底是法益保护的思想。[④] 诸如故意杀人罪、放火罪等的保护法益，一方面，可能受到积极的侵害行为（作为）的侵犯；另一方面，当这些法益处于危险状态时，不及时提供救助的不作为，也会使之受到侵犯。例如，不及时救助落水儿童等便是如此。因此，从法益保护的观点来看，不作为也是刑法所关心的对象。

处罚不真正不作为犯，其正当性根据不仅在于保护法益，而且也在于其与处罚作为犯和真正不作为犯一样，具有道德上的正当性。范伯格指出：“禁止人们损害（造成损害）他人，或者让他们以合理的努力防止他人受到损害都是必要的，永远都是支持刑事立法的最好理由——损害与未阻止损害之间并无重大道德意义上的区别，特别是坏撒玛利亚人法律所指向的情形。”[⑤]

但是，以日本为例，迄今为止判例也只是认为在故意杀人罪、遗弃罪、放火罪以及诈骗罪等场合存在不真正不作为犯。[⑥] 主要原因在于以下两个方面。第一，如果赋予普通公民以各种积极义务，把所有的不作为都当作处罚对象，便会驱使所有的人都去救助法益，法益看起来好像可以受到保护，但人们的意志自由将不复存在，日常生活也将陷入无限的不安与混乱。[⑦] 林东茂教授强调：“防止别人的不幸，不是所有人的法律责任。刑法责备不伸援手的人，必因这人有特殊的法理由而被期待。”[⑧]第二，如果大

---

① 参见［日］藤木英雄：《刑法讲义总论》，弘文堂1975年版，第132页。

② 参见［日］山口厚：《刑法总论》（第2版），付立庆译，中国人民大学出版社2011年版，第76页。

③ 李海东：《刑法原理入门（犯罪论基础）》，法律出版社1998年版，第156页。

④ 参见［日］西田典之：《日本刑法总论》（第2版），王昭武、刘明祥译，法律出版社2013年版，第97页；张明楷：《刑法学》（第6版）（上），法律出版社2021年版，第195页。

⑤ ［美］乔尔·范伯格：《刑法的道德界限》（第1卷　对他人的损害），方泉译，商务印书馆2013年版，第208－209页。

⑥ 参见［日］前田雅英：《刑法总论讲义》（第6版），曾文科译，北京大学出版社2017年版，第80页。

⑦ 参见张明楷：《刑法学》（第6版）（上），法律出版社2021年版，第195页。

⑧ 林东茂：《刑法综览》（修订5版），中国人民大学出版社2009年版，第115页。

量承认不真正不作为犯,可能会导致刑法的过度适用。黎宏教授一针见血地指出:“不真正不作为犯的处罚范围问题,究其实质,是刑法通过对侵害法益的行为严加处罚的保护法益机能和罪刑法定原则所体现的保障人权机能之间的冲突问题。”①

因此,犯罪在原则上应限于作为犯,不作为犯只是在依据“特别的法的根据(法律或者契约)”存在作为义务的场合,才例外地予以承认。特别是,在不真正不作为犯的场合,由于欠缺作为义务的主体与内容的具体基准,容易导致处罚范围的不明确,②就更应当合理限制其成立范围。

第四节 处罚不真正不作为犯是否违反罪刑法定原则中的明确性原则

一、处罚不真正不作为犯并不违反明确性原则

(一)刑法总则明文规定处罚不真正不作为犯难以解决处罚范围的明确性问题

通常认为,即便允许处罚不真正不作为犯,但由于缺乏作为义务的主体和内容的具体标准,也会导致处罚范围的不明确。为此,《德国刑法典》第 13 条第 1 款规定:“未防止属于法定构成要件之结果,依本法处罚,但以依法保证结果不发生,且其不作为与以作为实现法定构成要件的情形相当为限。”尽管该规定消除了类推解释的疑虑,但并未满足明确性的要求。诚如许乃曼所言:“不纯正不作为犯完全等同于积极的作为,对不作为直接适用的构成要件,是按照一般的日常语言,以积极的作为导致法益侵害后果的构成要件。”③

(二)刑事立法采取不真正不作为犯的立法方式的原因

既然存在法律确定性的要求,立法者为何仍然还要使用不真正不作为犯这种立法方法呢?这在很大程度上与犯罪现象复杂多样、立法要完成的法益保护任务过于艰巨而立法者的涵摄能力不足等密切相关。金日秀指出:“在不作为的领域中生活现象过于多样,所以无法基于与作为犯相同的水准来完全记述可罚行为样态的要件。在作为犯中始终存在能够进行记

① 黎宏:《论不真正不作为犯的处罚范围》,载赵秉志主编:《刑法论丛》(第 12 卷),法律出版社 2007 年版,第 54 页。

② 参见张明楷:《刑法学》(第 6 版)(上),法律出版社 2021 年版,第 195 页。

③ [德]班德·许乃曼:《不纯正不作为犯及以不作为实施犯罪之形式》,王莹译,载梁根林主编:《当代刑法思潮论坛:刑法体系与犯罪构造》(第 1 卷),北京大学出版社 2016 年版,第 223 页。

述的作为行为样态(例如杀人、盗窃、强盗等)。然而,在不真正不作为犯中并不存在能够以此方式进行记述的生活现象,所以只能通过刑法总则上的一般条款和对此的学说或判例上的具体化操作来满足法律确定性的要求。"①

事实上,即便某一国家在刑法总则中就不真正不作为作出一般性的规定,也没有必要给予过高的评价。关于理论研究与刑事立法的相互关系,许乃曼指出:"学者在理论上必须对一般的归责问题进行详细的探讨,形成相关的理论,然后立法者才能根据相关的理论进行相应的立法,也就是说,立法规定永远都是滞后的,永远都是在相关的理论发展起来以后才能进行规定的。……刑法总则往往都是只规定这种一般性的问题,往往刑法总则的规定只是提出问题本身,把问题描述了一遍,具体问题的解答是由学者通过教义学的推理做到的。总则永远只是给出一个供学者进行理论演绎的框架。"②许乃曼认为,即使是《德国刑法典》第13条关于不作为犯的规定,也只是描述了不作为犯问题或者说提及了问题,无法对不作为犯问题的解决方案给出具体的标准。③ 显然,重要的不是刑法有没有对不真正不作为犯作出一般性的规定,而在于一国刑法学界是否就不真正不作为犯的处罚根据这一问题形成了较为系统、完备的教义学理论体系。

综上,本书认为,处罚不真正不作为犯并不违反罪刑法定原则的明确性原则。

二、通过刑法规定与合理解释刑法限定不真正不作为犯的成立范围

(一)能否通过明确真正不作为犯的处罚根据来限制不真正不作为犯的成立范围?

从形式上看,真正不作为犯与不真正不作为犯的差异在于,前者是刑法明文规定的不作为犯,而后者缺乏刑法的明文规定。少数国家在刑法总则就不真正不作为犯作出一般性规定,从而使不真正不作为犯与作为犯的等值具有规范基础。如前述《德国刑法典》第13条第1款对不真正不作为犯的保证人地位作出明文规定,第221条第1款(遗弃罪)将一般主体的作

① [韩]金日秀、[韩]徐辅鹤:《韩国刑法总论》(第11版),郑军男译,武汉大学出版社2008年版,第465页。

② [德]班德·许乃曼:《不纯正不作为犯及以不作为实施犯罪之形式》,王莹译,载梁根林主编:《当代刑法思潮论坛:刑法体系与犯罪构造》(第1卷),北京大学出版社2016年版,第232页。

③ 参见[德]班德·许乃曼:《不纯正不作为犯及以不作为实施犯罪之形式》,王莹译,载梁根林主编:《当代刑法思潮论坛:刑法体系与犯罪构造》(第1卷),北京大学出版社2016年版,第233页。

为与保护责任者的不作为并列规定在一个条款中。因为不真正不作为犯违反的仍然是以作为犯为原则而制定的禁止规范,所以属于“被伪装的作为犯”。①

除此之外,多数国家刑事立法未就不作为犯作出一般性规定,往往求之于其他路径。第一,可以从刑法理论上研讨处罚不作为犯特别是不真正不作为犯的条件。例如,阿什沃斯提出了追究不作为犯刑事责任的三个原则,即紧急性原则、生命优先原则以及机会能力原则。② 第二,可以反其道而行之,通过探究不真正不作为犯的特点,限制不真正不作为犯的成立范围。例如,姚诗教授认为,可以总结刑法中规定的真正不作为犯的共性,明确真正不作为犯的特点,从另外一个角度探究不真正不作为犯的存在范围。③

(二)能否将不真正不作为犯的成立范围限定为严重侵害个人法益的犯罪?

由于刑法规定的真正不作为犯基本上属于特定主体侵犯超个人法益的、刑罚较轻的犯罪,高艳东教授提出“重罪只能成立作为犯”的观点,认为不真正不作为犯和真正不作为犯一样,仅限于成立轻罪,重罪没有不真正不作为犯的成立空间。④ 不过,一般来说真正不作为犯要比与作为等价的不真正不作为犯的处罚更轻。如果二者针对的是同一对象,则前者相对于后者而言只是补充性的。⑤

姚诗教授也认为原则上应当将不真正不作为犯限定于侵犯个人法益的犯罪,以及形式上侵害了超个人法益,但本质上侵害个人法益的犯罪。本书赞同这种观点,对于以个人重要的人身、财产法益为侵害目标的犯罪,以及虽然规定在超个人法益犯罪章节,但根据犯罪性质会损害重要个人法益的犯罪,可以成立不真正不作为犯。相反,对于以超个人法益为侵害目标的犯罪,不宜成立不真正不作为犯。⑥

(三)刑法条文的立法模式、表述方式与不真正不作为犯的成立范围

1. 刑法条文的立法模式与不真正不作为犯的成立范围。根据《刑法》第2条的规定,我国刑法的任务是保护法益,但为了更好地贯彻罪刑法定

---

① 参见[日]松宫孝明:《关于保障人说》,载《刑法杂志》1996年36卷1号。

② 参见[英]安德鲁·阿什沃斯:《刑法的积极义务》,姜敏译,中国法制出版社2018年版,第57页。

③ 参见姚诗:《不真正不作为犯的边界》,载《法学研究》2018年第4期。

④ 参见高艳东:《不纯正不作为犯的中国命运:从快播案说起》,载《中外法学》2017年第1期。

⑤ 参见[德]乌尔斯·金德霍伊泽尔:《刑法总论教科书》(第6版),蔡桂生译,北京大学出版社2015年版,第386页。

⑥ 参见姚诗:《不真正不作为犯的边界》,载《法学研究》2018年第4期。

原则，立法者根据实行行为的方式规定了不同的罪名。其中比较典型的是财产犯罪，财产犯罪可以分为取得型财产犯罪、使用型财产犯罪和拒付型财产犯罪。尽管取得型财产犯罪侵害的法益是财产所有权和占有权，但立法者仍然根据取得方式存在的差异分别规定了盗窃罪、诈骗罪、抢夺罪等多个罪名。

对于作为犯来说，可以通过明确规定犯罪的行为方式来区分罪与非罪、此罪与彼罪；对于真正不作为犯来说，也可以通过规定主体的身份来区分罪与非罪。但是，前述立法方式对于不真正不作为犯缺乏普适性。原因在于，不真正不作为犯是不作为犯，而不是作为犯；是结果犯、实害犯，而不是行为犯、危险犯。

为此，恐怕只能通过下列方式划定不真正不作为犯罪的成立范围：首先，在指导理念上，原则上将不真正不作为犯限定为侵害重要法益的犯罪和严重侵害法益的犯罪。其次，加强司法判例和刑法理论研究，为司法人员提供认定不真正不作为犯的裁判规则。

2. 刑法条文的表述方式与不真正不作为犯的成立范围。以故意杀人罪为例，如果刑法分则条文表述为“引起他人死亡”“使人死亡”“造成他人死亡”“致人死亡”，而不是表述为“（故意）杀人”，在认定不作为的杀人罪时，难度或许会有所降低。例如，《加拿大刑事法典》（1892 年制定）第 222 条规定：以任何方式直接或间接使人死亡的，是杀人。《俄罗斯刑法典》（1996 年制定，2007 年修订）第 105 条规定：杀人，即故意造成他人死亡的，处 6 年以上 15 年以下的剥夺自由。

很多国家在规定侵入住宅等罪时，同时规定“不退去罪”。例如，《德国刑法典》第 123 条（非法侵入他人住宅罪）规定，“非法侵入他人住宅、经营场所或土地，或用于公共事务或交通的封闭的场所，或未经允许在该处停留，经主人要求仍不离去的”，构成“非法侵入住宅罪”。《瑞典刑法典》（1962 年制定，1999 年修订）第 4 章（对自由和安宁的犯罪）第 6 条第 1 款规定：“非法侵入或者停留于他人的生活寓所的，无论是房间、房屋、院子或者船舶，构成侵犯住宅安宁罪，科处罚金。”第 2 款规定：“未经授权侵入或者停留于办公室、工厂、其他建筑或者船舶、储藏区或者其他类似场所的，构成非法侵入罪，科处罚金。”《日本刑法典》第 130 条（侵入住宅等罪）也有类似规定。

第五节　本书的观点

处罚不真正不作为犯并不违反罪刑法定原则，不真正不作为犯并不是以不作为形式实施了刑法规定的作为犯罪，而是在作为与不作为都可以成立犯罪的情况下，行为人以不作为方式实施的犯罪。[①] 但是，诚如德雷斯勒所指出的："在这个以保障个人自由、限制政府权力为根基的社会里，刑法应旨在阻止行为人对他人造成绝对损害，而非强迫其为他人带来好处。换言之，刑法……应当受到仅可惩罚最严重之不道德行为，而非不作为的限制。"[②]正因为不真正不作为犯的处罚范围具有不明确性，可能导致不当限制甚至侵害公民的自由和权利，所以需要通过限制行为人的主体身份、作为义务的范围等方法加以确定。

即便行为人具有某种作为义务，但因为作为义务的类型、强弱等存在差异，也可能构成不同性质的犯罪。相对而言，作为义务强的不作为的违法性程度更高，能够成立重罪；作为义务弱的不作为的违法性程度相对较轻，只能成立轻罪。[③] 因此，如果要在一国刑法中增设关于不作为犯的一般性规定，也要注意统筹各方面因素，慎重对待。阿什沃斯曾经提醒说："将不作为犯罪化的任何决定，都不是简单的是与非的问题：行为的性质，犯罪化的强度、等级，法定最高刑的合理安排，是否应当对不作为本身定罪（不考虑后果），以及对因没有履行义务而造成的后果的犯罪化，都是需要讨论的问题。"[④]

---

① 参见张明楷：《论不作为的杀人罪——兼论遗弃罪的本质》，载陈兴良主编：《刑事法评论》（第3卷），中国政法大学出版社1999年版，第276页。

② ［美］约书亚·德雷斯勒：《美国刑法纲要》，姜敏译，中国法制出版社2016年版，第130页。

③ 参见张明楷：《论不作为的杀人罪——兼论遗弃罪的本质》，载陈兴良主编：《刑事法评论》（第3卷），中国政法大学出版社1999年版，第276－277页。

④ ［英］安德鲁·阿什沃斯：《刑法的积极义务》，姜敏译，中国法制出版社2018年版，第99页。

第三章　不真正不作为犯的归因与客观归责

第一节　问题的提出

在不作为犯的场合，行为人有义务也有能力防止发生法益侵害结果，但却不履行这种义务，导致危害结果的发生。那种认为不作为一概不成立犯罪的观点，导致法益保护不力，显然是不妥当的。相反，认为不作为应当一概受到处罚的观点，存在扩大处罚范围之虞，也是不正确的。剩下的问题是：第一，如何划分、厘清行为人与被害人的责任范围，合理地界定不作为犯的成立范围，或者说如何区分可罚的不作为与不可罚的不作为。第二，在犯罪人属于二人以上的复数的场合，还涉及如何划定各个共犯人（参与者）的责任范围的问题。①

一、因果关系是认定不真正不作为犯的基础性问题

从判断犯罪的顺序看，对外部事实、客观事实的查明总是比对主观内心活动的探究更为容易和明确，所以对犯罪的判断应当坚持“客观优先”原则，遵循“从外到内”“先客观后主观”的顺序。② 犯罪的外部事实或者客观要素，主要包括实行行为、危害结果和因果关系等要素。其中，“因果关系是刑事责任的最基本要求之一——对许多具体说明结果证据的犯罪，无论是否源于自愿行为，因果关系的要求都是一个核心问题”③。当然，在大多数情况下，刑法学者和司法人员探讨的是在行为人的行为与危害结果之间有无最低限度的因果关系、因果关系的具体内容，以及在“多因一果”、出现介入因素等情况下确定由哪一个或者哪几个因果关系的发起者承担刑事责任。

众所周知，真正不作为犯是指没有履行刑法明文规定的作为义务的犯

---

① 参见［德］乌尔斯·金德霍伊泽尔：《风险升高与风险降低》，陈璇译，载《法律科学（西北政法大学学报）》2013 年第 4 期。

② 参见陈璇：《论过失犯中注意义务的规范保护目的》，载《清华法学》2014 年第 1 期。

③ ［英］杰瑞米·侯德：《阿什沃斯刑法原理》（第 8 版），时延安、史蔚译，中国法制出版社 2019 年版，第 131 页。

罪行为。由于立法者没有将特定结果的发生规定为构成要件要素,只要行为人未实施刑法明文规定的行为,就符合构成要件,没有必要再进行结果归责,所以真正不作为犯是行为犯的对应物。但是,不真正不作为犯是结果犯,①要求行为人履行结果回避义务,结果的发生属于构成要件要素。因此,要成立不真正不作为犯,仅仅具有不作为是远远不够的,必须同时具有由于行为人的不作为导致发生符合构成要件的结果。例如,黄荣坚教授明确指出,因果关系概念的目的在于"确立行为人的行为对于结果发生的避免(控制)可能性",以此为处罚犯罪确立正当化根据。②

英美学者也提出从因果关系的角度限制不作为犯的成立范围。例如,亚瑟·利文斯意识到:"认定不作为犯罪的核心观点,应该在于认定导致刑法禁止危害结果与不作为之间的因果关系。而这也是引发不作为刑事责任的核心所在。"③侯德提出了两项规则:第一项规则是,"任何人都不应对其没有和不能指示的身体动作承担责任";第二项规则是,"任何人不应对其未引起的行为或后果承担责任"。④

二、不真正不作为犯的因果流程与作为犯存在一定的差异

我国传统刑法理论认为,不作为的原因力是"应该阻止而没有阻止事物向危险方向发展,以至于引起了危害结果的发生"。与作为犯的因果关系相比,不作为犯的因果关系的特殊性仅仅在于,"以行为人负有特定的义务为前提"。⑤ 该观点承认不作为犯也存在因果关系。不过,实际情况是,不作为犯特别是不真正不作为犯的因果流程与作为犯有很大的不同。关于这一问题,可以从两个角度进行说明。

(一)作为与不作为在主动启动还是利用因果流程方面存在差异

在作为犯的场合,行为人有意识地投入原因力把握因果流程实现犯罪构成;在不作为犯的场合,行为人通常并未主动引起,但是利用了已然存在

---

① 例如,蔡圣伟教授认为,无论是作为还是不作为,都只是实现犯罪构成要件的方式,至于所实现的犯罪构成要件究竟是行为犯还是结果犯,则仅取决于所涉及的构成要件本身的设计,与所违反的行为模式(作为或者不作为)无关。参见蔡圣伟:《不作为犯:第一讲 论故意之不纯正不作为犯(一)》,载《月旦法学教室》第51期(2007年)。

② 参见黄荣坚:《基础刑法学》(第4版)(下),台北,元照出版公司2012年版,第696页。

③ [美]亚瑟·利文斯:《因果关系视角下的不作为犯罪》,高娜、李立丰译,载赵秉志主编:《刑法论丛》(第37卷),法律出版社2014年版,第255页。

④ 参见[英]杰瑞米·侯德:《阿什沃斯刑法原理》(第8版),时延安、史蔚译,中国法制出版社2019年版,第131页。

⑤ 参见高铭暄、马克昌主编:《刑法学》(第10版),北京大学出版社、高等教育出版社2022年版,第77页。

的因果流程去实现犯罪构成。例如,许玉秀教授指出:“作为犯所造成的法益受害流程是可以在物理上加以检验的,而不作为犯对法益受害的因果作用,却是‘假设’出来的……而作为犯造成的法益受害流程,所发挥的因果作用却是现实上存在的。”[①]显然,许玉秀教授认为不作为犯的因果关系属于观念意义上的、假定的因果关系。

桥爪隆强调说,在作为犯的场合,只要实行行为的危险现实化,发生了危害结果,就可以认定存在因果关系。但是,“不作为本身并未创造出引起结果的危险……不作为的危险,就在于行为人没有避免原本可以避免的危险,因此,应该避免的危险未能避免,反而实现于结果的场合,就能认定存在‘危险实现的关系’”[②]。显然,桥爪隆以创设危险、实现危险作为判断因果关系的标准,认为由于不作为犯并未创设引起结果的危险,所谓不作为犯的因果关系不是现实的因果关系,而是属于假定的或者拟制的因果关系。

因此,在归责问题上,对于作为犯适用的是风险制造或者风险升高原理,即行为人制造了一个原本不存在的侵害法益的危险或者升高法益侵害的危险,在此基础上存在作为犯的因果关系。但是,对于不作为犯则适用风险降低原理,即事先存在侵害法益的危险,行为人有义务也有能力消灭、降低该危险,但却没有履行这种义务,以致发生法益侵害结果。显而易见,在这个意义上,不作为犯的因果关系与作为犯存在差异。对此,许玉秀教授明确指出,研究不真正不作为犯的关键在于,对于不真正不作为犯这样一种“特定侵害法益之结果,消极地未予以防止”犯罪形态,“是否以及在何种前提下,与以积极作为导致该等结果发生之情形,应受相同之非价,从而对未为防止结果发生之不作为人,视为积极之作为人加以处罚”[③]。

(二)认定不作为犯因果关系需要注意的事项

不作为犯的因果关系与作为犯存在差异,甚至可以说更为复杂。为此,需要注意以下几点:

1. 因果关系是“引起与被引起”的关系,其前后两端分别是实行行为和危害结果。在认定不作为犯的因果关系时,首先,要以是否存在侵害法益的紧迫危险为标准,认定是否存在实行行为。“没有行为,就没有犯罪。”如果没有实行行为,就没有不作为犯罪,更谈不上不作为犯的因果关

---

① 许玉秀:《保证人地位的法理依据——危险前行为是构成保证人地位的惟一理由》,载许玉秀:《当代刑法思潮》,中国民主法制出版社 2005 年版,第 733 页。

② [日]桥爪隆:《不作为犯的成立要件》,王昭武译,载《苏州大学学报(法学版)》2017 年第 4 期。

③ 许玉秀:《论西德刑法上保证人地位之实质化运动》,载许玉秀:《当代刑法思潮》,中国民主法制出版社 2005 年版,第 620 页。

系。其次,要将危害结果理解为具体结果而非抽象结果,不仅要考虑是否发生了危害结果,而且还需要进一步考察发生危害结果的具体时间、地点,以及行为人与被害人是否存在某种人身关系或者事实接受关系,行为人对发生危害结果的场所或者空间有无管理权限。

2. 因果关系首先是实行行为与危害结果之间的一种"引起与被引起"的关系。从判断标准来看,对不作为犯不能直接套用"but – for"公式。例如,威尔逊指出,在判断作为犯的因果关系时,通常采取"如果没有"(but – for)的检测标准,判断特定行为与危害结果之间是否存在因果关系。但是,由于不作为犯具有特殊的构造,仅仅用"如果没有"(but – for)的检测标准不能识别出谁应该对特定危害结果负责。换言之,"如果没有"(but – for)的检测标准过于简单,不能有效解决不作为犯的因果关系和归责问题。① 所以,不作为犯的因果关系考察的不是行为是否积极导致了结果的发生,而是从其消极的方面或者反面,在"阻止结果发生"的意义上考察,即如果不作为人实施了所期待的行为,是否就可能或者必然不会发生结果。② 如后文所述,在择一因果关系、累积因果关系以及涉及缺陷产品责任的不法集体决策等具体场合,更是无法简单地套用"but – for"公式。

3. 根据犯罪事实支配理论,作为"不仅通过创设危险的方式支配了发生结果的原因,而且通过危险现实化的盖然性支配整个因果流程"。③ 但是,与作为有所不同,关于不作为与危害结果之间是否具有"引起与被引起"关系,不作为的排他性或者唯一性不是认定成立不作为犯的必要条件。例如,阿什沃斯强调,不作为是没有阻止犯罪,"未能阻止某一行为的发生,或许并不等同于新介入行为——新介入行为会打破先行行为造成的因果关系链条,并且可以非常容易地排除超越合理怀疑证明:不作为只是事件的一个原因,而非事件的特定原因"④。

现在国内外均有学者在不作为因果关系问题上主张不作为是发生危害结果的排他性原因(根据)或者唯一原因(根据),使得成立不作为犯的"门槛"过高,导致不作为犯的成立范围非常狭窄,不利于法益保护,而且难以妥当说明不作为的共犯的问题。与此相反,国外司法实践注意通过降

① 参见[英]威廉姆·威尔逊:《刑法理论的核心问题》,谢望原、罗灿、王波译,中国人民大学出版社2015年版,第199页。

② 参见江溯主编:《德国判例刑法(总则)》,北京大学出版社2021年版,第419页。

③ 参见邓毅丞:《不真正不作为犯的排他性要件:理论勘误与功能重塑》,载《政治与法律》2022年第7期。

④ [英]安德鲁·阿什沃斯:《刑法的积极义务》,姜敏译,中国法制出版社2018年版,第45页。

低证明标准来规避这一问题。例如,德国判例采取的是“接近确定的必然性”标准。“在不作为犯中,只有当结果无法被排除则不能想象没有实施的行为存在时,才能够将没能阻止结果发生归责于行为人。”①

4.(法益侵害或者危险)结果避免可能性既是故意犯与过失犯的成立条件,也是作为犯和不作为犯共通的成立条件,尽管在不作为犯的场合证明难度可能更大一些。例如,弗莱彻认为,就不作为犯而言,判断危害行为和应为其承担责任的危害(或者违法行为)之间是否存在因果关系,是一个难题。如果即使介入也无法挽救被害人的生命,那么,未能介入并拯救危难者,也不应为其所引起的死亡承担责任。② 显然,弗莱彻是从消极的一面论述不作为犯也存在结果避免可能性问题。

5.由于强调不作为犯与作为犯的等价值性,以作为义务为核心构筑不作为犯的核心理论体系,不作为犯与作为犯在存在论上的差异日益淡化甚至被无视。例如,山口厚承认作为犯与不作为犯的因果关系构造存在差异,但同时认为“既然不真正不作为犯也是和作为犯用同样的条文处罚(而且这也被认为是正当的),那么过分强调不作为犯和作为犯在‘因果关系’上的差异想来就是不妥当的”③。

许玉秀教授也强调不作为犯的处罚根据具有独立性。主要理由有两点:其一,不作为不可能也不应该与作为等价,因为不作为(犯)侵害法益的强度远远低于作为(犯)。其二,不作为是因为违反刑法上的作为义务导致法益受到侵害而被处罚,不需要依附于作为才被处罚。借用作为犯的构成要件处罚不作为犯,只不过是“立法政策上的权宜之计”。④ 不过,在本书看来,作为犯的构成要件理论除了被借以论述不作为犯的处罚根据外,似乎别无他用。

三、本书要探讨的问题

既然认识到借用作为犯的构成要件理论属于不得已而为之,无论是学者还是司法人员在认定不作为犯的因果关系时,都要牢记不作为犯与作为犯在结构上存在差异这个基本事实。诚如耶赛克等所指出的:“由于在不作为犯与积极的作为犯之间存在根本差异,因此不能将对作为犯所发展的

① 江溯主编:《德国判例刑法》(总则),北京大学出版社2021年版,第419页。

② 参见[美]乔治·弗莱彻:《反思刑法》,邓子滨译,华夏出版社2008年版,第425-426页。

③ [日]山口厚:《刑法总论》(第2版),付立庆译,中国人民大学出版社2011年版,第77页。

④ 参见许玉秀:《保证人地位的法理依据——危险前行为是构成保证人地位的惟一理由》,载许玉秀:《当代刑法思潮》,中国民主法制出版社2005年版,第747-748页。

法概念、法准则直接借用到不作为犯。所以,作为犯的解释论,必须适合不作为犯的特殊性。”[①]在借用作为犯的概念和理论工具时要注意,有些可能由于存在冲突而不能借用,有些则需要作变通处理。

当然,关于不真正不作为犯的因果关系与客观归责问题,[②]在具体问题上仍然存在许多争议,难以达成共识。例如,因果关系是否为不真正不作为犯的成立条件?如果结论是肯定的,不真正不作为犯的因果关系与作为犯和真正不作为犯有无差异?是否只要具备因果关系就可以将法益侵害结果归责于行为人?在认定不真正不作为犯的因果关系时,采取什么标准进行认定?存在介入因素的场合,将结果归责于行为人还是介入因素?等等,这些问题都有待深入研究。

第二节　关于不作为犯的因果关系的主要观点

关于不作为的因果关系,理论上主要存在事实因果关系肯定说与事实因果关系否定说的对立。其中,事实因果关系肯定说还可以进一步分为他行为说、先前行为说、干涉说、作为义务违反说、防止可能性说等;[③]事实因果关系否定说则包括(狭义的)事实因果关系否定说和拟制的因果关系说两种学说。

一、事实因果关系肯定说

此说认为,与作为犯、真正不作为犯一样,要成立不真正不作为犯,也需要符合刑法分则规定的具体犯罪的构成要件。主要理由在于:第一,不能过度夸大不真正不作为犯与作为犯、真正不作为犯在因果关系问题上的差异,毕竟在处理案件时,无论认定为何种犯罪形态,适用的是相同的刑法规定。第二,如果在因果关系问题上持否定说,可能会由此得出处罚不真

① [德]汉斯·海因里希·耶赛克、[德]托马斯·魏根特:《德国刑法教科书》(下),徐久生译,中国法制出版社 2017 年版,第 806 页。

② 张明楷教授指出,大致可以就因果关系与客观归责的关系得出如下结论:第一,如果使用狭义的因果关系概念与狭义的客观归责概念,那么,客观归责理论并不是因果关系理论,而是在因果关系确定后的规范评价理论。第二,如果使用广义的因果关系概念与广义的客观归责概念,那么,二者就不是对立的,而是都包括了事实的因果关系与规范评价。第三,如果使用狭义的因果关系概念与广义的客观归责概念,则客观归责理论包含了因果关系理论。第四,如果使用广义的因果关系概念与狭义的客观归责概念,则因果关系理论包含了客观归责理论。参见张明楷:《也谈客观归责理论　兼与周光权、刘艳红教授商榷》,载《中外法学》2013 年第 2 期。

③ 参见黎宏:《不作为犯研究》,武汉大学出版社 1997 年版,第 73 – 77 页;韩忠谟:《刑法原理》,中国政法大学出版社 2002 年版,第 92 – 96 页。

正不作为犯违反罪刑法定原则的结论。①

至于不作为犯的因果关系是何种形态,与作为犯的因果关系有没有差异,以及如果这一问题的结论是肯定的,二者存在哪些差异等问题,存在不同观点。

(一)他行为说

该说又称为同时作为原因说、同时共同原因说,认为不作为是与作为相对的概念,行为人在实行不作为时必然同时进行其他作为,这种作为行为导致行为人未能履行作为义务,这一其他作为与该不作为相结合,造成一定的危害结果,而与危害结果具有因果关系。② 该说的核心观点是,只有作为才能导致法益侵害结果,认为行为人在不作为时进行的其他作为是导致结果的原因。德国学者鲁登首倡此说。

该说的缺陷在于,既然不作为自身没有原因力,则不作为不可能引起结果的发生,所以,不作为并非刑法的评价对象。但是,为了能够使不作为成为刑法的评价对象,该说又将行为人在不作为之外实施的其他行为纳入评价范围。显而易见,该说的论证和理由都是非常牵强的。

(二)先前行为说

该说又称为先行作为原因说、先行共同原因说,认为虽然不作为本身不能发生危害结果,但在不作为之前,已经存在积极的作为,这个先于不作为的作为即先前行为,对危害结果具有原因力。所以,作为不作为因果关系的起点,应该追溯到导致避果义务的先前行为。德国学者克鲁格、格拉斯等主张此说。

该说的优点在于,通过事实判断,首先认定是否存在先前行为,在这个前提下再探讨是否成立不真正不作为犯,能够比较明确地划定不真正不作为犯的处罚范围。③ 对该说的批判主要在于:第一,该说主张在故意或者过失的先前行为已经独立构成犯罪的情况下,再认定构成不真正不作为犯,实行数罪并罚,属于对先前行为的重复评价。第二,司法实践中产生不真正不作为犯的作为义务的根据是多元的,在先前行为之外的因素产生作为义务的场合,严格贯彻先前行为说将导致不真正不作为犯的成立范围过于狭窄。当然,不排除在有些情况下也会导致处罚范围过于宽泛。

① 参见[日]山口厚:《刑法总论》(第2版),付立庆译,中国人民大学出版社2011年版,第77页。

② 参见洪福增:《刑法理论之基础》,刑事法杂志社1977年版,第36页。

③ 参见[日]西田典之:《不作为犯论》,载[日]芝原邦尔等编:《刑法理论的现代展开——总论Ⅰ》,日本评论社1988年版,第87页。

（三）他因利用说

该说认为，引起外界事物变动的因果联系很多，其中有的基于人的意思而实现，有的则出于自然事实产生因果联系。就人的意思来说，如果其对于因果进程的进行具有支配力，则可以将发生的危害结果归责于该行为人。因此，如果能够防止危害结果的发生而不防止，并任意加以利用，则该不防止危害结果发生的不作为与自己使其发生是相同的。

（四）干涉说

该说又称为心理原因说、排除防果条件说，认为对于一个事件的发生，可以分为起果条件和防果条件。作为之所以具有原因力，是因为对结果赋予了起果条件；与此不同，不作为之所以有原因力，是因为排除了防果条件。当然，干涉说并不认为任何未实施防果行为的人均与该结果的发生具有因果关系，而是仅限于具有作为义务但不作为的情况。① 德国学者布莱、奥尔特曼、宾丁等采取此说。

该说主要有以下几个缺陷：第一，在行为人基于过失而不作为的场合，由于缺乏压制作为的心理过程，也就不存在不作为的原因力。第二，即便在行为人基于故意而不作为的场合，也可能出现过早认定着手实行的时点，导致处罚范围不当扩大化的问题。

（五）因果关系支配说

该说又称为作为可能性说、防止可能性说，主张对作为义务与不作为的因果关系分别进行研究，后者所探讨的作为可能性与作为义务无关。在能够防止其他原因而行为人不防止的场合，该不作为具有原因力，存在因果关系；反之，如果没有防止可能，即便行为人负有防止义务，该不作为也不具有原因力，不存在因果关系。

二、期待的因果关系说

（一）事实因果关系否定说

有的学者认为，不作为犯特别是不真正不作为犯没有实施存在论意义上的行为，因此不具有存在论意义上的因果关系。这种存在论意义上的因果关系，显然是指事实因果关系。例如，耶赛克等指出，作为存在范畴的因果关系，要求一个能够带来力量消耗的事实上的能量源，但在不作为的情

---

① 参见［德］克劳斯·罗克辛：《德国刑法学总论》（第2卷　犯罪行为的特别表现形式），王世洲等译，法律出版社2013年版，第482页。

况下缺少这一点。[①] 孙运梁教授也认为，在不作为与法益侵害结果之间，不存在存在论意义或者经验事实层面的因果力。[②]

事实因果关系否定说论者实际上是基于狭义的因果概念来否定不作为的因果关系。不过否定论者也不否认不作为具有刑事可罚性，认为在行为人没有阻止结果发生的场合，应当将结果归责于该行为人。[③] 对此，韩忠谟明确指出，不作为因果关系否定说的不足之处在于，"拘泥于自然因果论之论旨，而忽视刑法上行为之社会意义，遂致否定不作为之原因力"[④]。陈子平教授则强调说，刑法上的因果关系"是一个价值判断的问题"，与自然科学因果关系概念有异。不具有自然科学意义的因果关系，并不影响具有不作为犯的因果关系。[⑤]

（二）期待的因果关系说

在事实因果关系说之外，有学者从其他角度论证不作为犯的因果关系。其中，有的学者认为不作为是行为人不为期待的行为，在这种不为期待的行为与危害结果之间存在因果关系。这种学说被称为期待的因果关系说。显而易见，该说是在否定事实因果关系的基础上，就如何理解不作为因果关系的具体内容提出的学说。

德国学者韦塞尔斯，英国学者塔德洛斯、[⑥]威尔逊等采取此说。例如，韦塞尔斯认为，不作为犯中不存在物理学意义上的因果性。"对于刑法上的依照规范的观察方式而言，具有不实施所要求的行为和结果之间是成立条件上的关联就可以，并不是根据自然科学上的因果概念。"[⑦]威尔逊认为，之所以能够对行为人的不作为追究刑事责任，是因为行为人违反了按照特定行为方式行事的期待。"谴责不作为行为人，不只是因为他没有防止危害结果的发生，而且是他没有能够满足我们的期待。"[⑧]

---

① 参见［德］汉斯·海因里希·耶赛克、［德］托马斯·魏根特：《德国刑法教科书》（下），徐久生译，中国法制出版社 2017 年版，第 830 页。

② 参见孙运梁：《以客观归责理论限定不作为犯的先行行为》，载《中外法学》2017 年第 5 期。

③ Vgl. Roxin, Strafrecht, Allgemeiner Teil, Bd. Ⅱ, Besondere Erscheinungsformen der Straftat, 2003, §31, Rn. 41.

④ 韩忠谟：《刑法原理》，中国政法大学出版社 2002 年版，第 112 页。

⑤ 参见陈子平：《刑法总论》，中国人民大学出版社 2009 年版，第 172 页。

⑥ ［英］维克托·塔德洛斯：《刑事责任论》，谭淦译，中国人民大学出版社 2009 年版，第 187－188 页。

⑦ ［德］约翰内斯·韦塞尔斯：《德国刑法总论》，李昌珂译，法律出版社 2008 年版，第 430 页。

⑧ ［英］威廉姆·威尔逊：《刑法理论的核心问题》，谢望原、罗灿、王波译，中国人民大学出版社 2015 年版，第 108 页。

我国学者林山田教授、①林东茂教授等也赞同该说。例如,林东茂教授认为,与作为犯不同的是,不作为犯是不实施被期待的行为,不存在一种客观存在的因果关系,没有一个经验上的条件作为客观归责的基础。② 不作为犯的因果关系实际上是假设的因果关系,是一种期待的因果关系。“以几近确定的可能性而认定,法所期待的行为如被实施,构成要件结果就不至于发生,那么,不作为与结果有评价上的关系。”③

三、假定的因果关系说

(一)假定的因果关系说的基本观点

德国学者许乃曼、施特拉腾韦特,美国学者罗宾逊等赞同该说。例如,施特拉腾韦特认为,在不作为的场合,“制止结果发生的可能性是这里的决定性的要求,并只涉及假定的而非真实的原因,而不用考虑这里所讲的是不作为的因果关系,还是如流行的提法那样,是不作为的‘准因果关系’”④。

我国学者郑逸哲教授、陈子平教授、林钰雄教授、张丽卿教授等也认为,不作为犯的因果关系是一种假设的因果关系或者准因果关系。⑤ 例如,郑逸哲教授认为,作为犯的因果关系是“事实上存在因果关系”与经过评价之后的“评价上存在因果关系”的统一,而不作为的因果关系则是“评价上存在因果关系”,因此,不作为犯的因果关系只是拟制的因果关系。⑥

(二)对假定的因果关系说的评析

该说认为,作为犯的因果关系是事实因果关系,而不作为犯的因果关系是假定的因果关系,或者评价上的因果关系、拟制的因果关系。与作为犯采取“如果没有前者,就没有后者”的因果关系公式不同,不作为犯的因果关系表现为:“如果行为人没有为所应为的行为,按照相应的因果法则,便可以肯定地预测到结果不会具体地发生,那么,便可以将该不作

---

① 参见林山田:《刑法通论》(增订10版)(下册),北京大学出版社2012年版,第155页。

② 参见林东茂:《刑法综览》(第6版),台北,一品文化出版社2009年版,第1-180页。

③ 林东茂:《一个知识论上的刑法学思考》(第2版),台北,五南图书出版股份有限公司2001年版,第76页;林东茂:《刑法综览》(第6版),台北,一品文化出版社2009年版,第1-180页。

④ [德]冈特·施特拉腾韦特、[德]洛塔尔·库伦:《刑法总论Ⅰ——犯罪论》(第5版),杨萌译,法律出版社2006年版,第375-376页。

⑤ 参见陈子平:《刑法总论》,中国人民大学出版社2009年版,第113页;林钰雄:《新刑法总则》,中国人民大学出版社2009年版,第408页;张丽卿:《刑法总则理论与运用》,台北,一品文化出版社2005年版,第397页。

⑥ 参见郑逸哲:《不纯正不作为构成要件的因果关系判断标准与其操作难题》,载《法令月刊》第2期(2011年)。

为认定为结果的(假设)原因。”不过,与作为犯一样,在不作为犯的场合,是否有“后备原因”意义上的假设因果流程,不会对不作为犯的成立产生影响。①

四、本书的观点

(一)不作为的因果关系不是事实层面、存在论意义上的因果关系,而是规范评价意义上的因果关系

关于法律因果关系与事实因果关系的关系,帕多瓦尼指出:“刑法中研究因果关系并不是出于认识论的需要,而是出于规范的要求,即指导社会成员行为的需要。为了实现这个目的,就必须以能否作为刑事法律上归罪的根据,来限制刑法中的因果关系范围。”②换言之,与探究事实因果关系的目的不同,事物发展的逻辑过程只是探究法律因果关系的第一层次的目的,而不是根本目的。探究法律因果关系的根本目的是,为能否将危害结果归责于行为人以及归责于哪些人提供依据。

不仅如此,(事实)因果关系是实际存在的行为和实际存在的结果之间的关系,是实际存在的情形,因此只能就实际存在的事实判断有无因果关系。③ 作为犯的因果关系通常是事实上的引起和被引起的关系,属于存在论的范畴。只要符合“如果没有前者,就没有后者”或者“没有前行为,就没有后果”的条件关系公式,原则上就可以认为存在因果关系。但是,不作为犯的因果关系与此不同。作为是行为人主动引起某种侵害法益的因果关系,而不作为则是行为人不阻止先前已经存在的某种侵害法益的因果流程,二者在引起结果原因上存在明显的差别。④ 倘若着眼于存在论意义上的因果关系概念,将难以承认不作为犯的因果关系,结局必然是严重削弱刑法的法益保护机能。

因此,要认定不作为犯的因果关系,必须对因果关系的概念进行法律的、社会的理解。根据不作为犯的内在逻辑,可以将不作为的因果关系理解为“假定的”“被规范期待的”行为与危害结果之间“没有前者,就没有后者”的关系。或者说,“如果有前者,结局就会有所不同”,如果行为人实施

---

① 参见[德]乌尔斯·金德霍伊泽尔:《刑法总论教科书》(第6版),蔡桂生译,北京大学出版社2015年版,第367页。

② [意]杜里奥·帕多瓦尼:《意大利刑法学原理》,陈忠林译,法律出版社1998年版,第129页。

③ 参见[日]大谷实:《刑法讲义总论》(新版第2版),黎宏译,中国人民大学出版社2008年版,第200页。

④ 参见黎宏:《论不真正不作为犯的处罚范围》,载赵秉志主编:《刑法论丛》(第12卷),法律出版社2007年版,第56页。

了前行为,很大程度上甚至几乎可以确定就不会有后结果;正因为没有实施前行为,才导致出现后结果。正如行为人故意用匕首等凶器伤及被害人的要害部位,造成被害人失血过多或者重要器官功能严重受损,被害人难以依靠自身机体功能维持生命,就是以作为方式实施的故意杀人罪。与此不同,企业负责安全生产的负责人看到员工违规操作设备,存在重大事故隐患,却视而不见、听之任之,最终发生重大生产安全事故,导致多人死亡、重伤或者造成重大财产损失的,虽然在其不作为与发生重大事故之间还有员工的违规操作行为,但不能否认在不作为与发生重大事故之间存在因果关系,所以行为人至少成立重大责任事故罪。因此,不作为犯的因果关系是假定的因果关系。这是一种规范评价意义上的因果关系,①而不是存在论意义上的因果关系。

(二)不作为犯的因果关系判断具有二重性

前已述及,在不作为犯因果关系的判断上,我国刑法学通说采取了"如果实施被期待的行为,就能够防止结果的发生"的假定因果判断,这使不作为犯因果关系的判断具有二重性。其中,第一层次是对期待行为的判断,认定作为假定因果关系公式适用前提的"如果实施所期待的行为"中的"期待行为"是否具有作为程度的实行行为性,以有无结果回避可能性为中心。第二层次是对被期待行为和现实发生的危害结果之间的"引起和被引起"关系的判断,需要认定是否存在介入因素、介入因素对危害结果的发生有无影响以及有多大影响。②

由于不作为犯的因果关系具有上述二重性的特点,在不作为的因果关系被否定的场合,不能直接得出不构成任何犯罪的结论。此外,还应当注意考察不作为是否具有实行行为性,即是否具有侵害法益的现实的、紧迫的危险性。只有前述问题得出的结论是否定的,而且作为行为与侵害结果之间也不存在因果关系,才能宣告该行为不构成犯罪。③

(三)不作为犯与作为犯的因果关系的差异

尽管有学者认为"在不作为方面进行通常的因果分析没有比在作为方面进行同样的分析造成更多的麻烦"④,但还是要注意到不作为犯的因果

---

① 参见[德]汉斯·海因里希·耶赛克、[德]托马斯·魏根特:《德国刑法教科书》,徐久生译,中国法制出版社 2001 年版,第 743 页;[德]约翰内斯·韦塞尔斯:《德国刑法总论》,李昌珂译,法律出版社 2008 年版,第 430 页。

② 参见黎宏:《不阻止他人犯罪的刑事责任》,载《中国法学》2020 年第 4 期。

③ 参见黎宏:《不阻止他人犯罪的刑事责任》,载《中国法学》2020 年第 4 期。

④ [英]杰瑞米·侯德:《阿什沃斯刑法原理》(第 8 版),时延安、史蔚译,中国法制出版社 2019 年版,第 144 页。

关系与作为犯存在不同之处。例如，松原芳博指出，在作为的从犯的场合，不需要存在“没有帮助行为就理应不会发生结果”这种条件关系，只要存在促进关系即可。在不作为的从犯的场合，也无须存在“如果实施了作为，理应能够阻止了犯罪行为”这种条件关系，只要提升了终止犯罪的盖然性即可。[①]

众所周知，由于帮助犯是结果犯而非危险犯，目前刑法理论有关帮助犯因果关系的通说是正犯结果促进说，即认定帮助犯的既遂，不但要求帮助犯的行为对于正犯的行为具有促进作用，而且要求对于正犯的结果发挥促进作用。[②] 松原芳博在这个问题上也是采取正犯结果促进说。不过，如上所述，在“促进关系”的程度这一问题上作了宽缓处理，认为只要“因帮助行为而提升了结果发生的盖然性，在被提升的盖然性的背景之下，引起了结果的发生”[③]，就可以认定存在帮助犯的因果关系。

此外，也有学者在确定性程度上采取了“几乎可以确定的程度”“几近确定的可能性”等标准。如前所述，许乃曼主张：“只有当行为人若实施救助行为，避免法益侵害的可能性达到几乎可以确定的程度时，才能要求行为人对法益侵害负责。这就是所谓不作为的准因果关系性。”[④]林东茂教授也认为，如果以“几近确定的可能性”认定，只要行为人实施法所期待的行为，就不会发生构成要件结果，在不作为与结果之间就具有刑法上的因果关系。[⑤]

本书认为，上列学者的论述并未抓住问题的关键。这里试举两个例子进行说明。

事例 1：“冻饿致死案”。父亲 A 在离家外出时，将 3 岁的小孩 B 独自锁在家中，由于无人照料，数日后小孩 B 因冻饿而死。在该案中，B 死亡的直接原因是缺少饮食，因冻饿而死。这与以作为的方式杀人是不同的，在父亲 A 的不扶养这一不作为与 B 的死亡之间，存在“缺少饮食”这一因素，

---

① 参见［日］松原芳博：《刑法总论重要问题》，王昭武译，中国政法大学出版社 2014 年版，第 365 页。

② 参见［日］西田典之：《日本刑法总论》（第 2 版），王昭武、刘明祥译，法律出版社 2013 年版，第 307 页。

③ 参见［日］松原芳博：《刑法总论重要问题》，王昭武译，中国政法大学出版社 2014 年版，第 315－316 页。

④ ［德］班德·许乃曼：《不纯正不作为犯及以不作为实施犯罪之形式》，王莹译，载梁根林主编：《当代刑法思潮论坛：刑法体系与犯罪构造》（第 1 卷），北京大学出版社 2016 年版，第 223 页。

⑤ 参见林东茂：《一个知识论上的刑法学思考》（第 2 版），台北，五南图书出版股份有限公司 2001 年版，第 76 页；林东茂：《刑法综览》（第 6 版），台北，一品文化出版社 2009 年版，第 1－180 页。

这个因素与B的死亡之间具有因果关系。之所以讨论A的行为与B的死亡之间的因果关系，一方面是发生了B的死亡这一严重危害结果，另一方面则在于A与B之间是父子关系，A对B负有扶养义务。

事例2："责任事故案"。企业负责人C明知员工D违反安全生产作业操作规程，却不予制止，最终发生重大生产安全责任事故。在该案中，发生事故的直接原因是"员工D违反安全生产作业操作规程"。之所以探讨C的行为与危害结果之间有无因果关系，首先是因为发生了重大生产安全事故，其次是因为C是企业负责人，根据有关安全生产法律法规的规定，是企业的"安全生产第一责任人"。

从上述两个事例可以看出，在作为犯中完全有可能只有一个因果进程，而且这个因果进程的起因是行为人的行为。但是，在不作为犯中至少存在两个因果进程，其中一个因果进程与危害结果的发生具有直接性，另一个则具有间接性。与危害结果的发生具有直接性的因素，既可以是第三人的行为(如事例2的场合)，也可以是其他因素(如事例1的场合)。在第三人的行为导致危害结果发生的场合，第三人对于危害结果的发生既可能承担故意犯罪的责任，也可能承担过失犯罪的责任，当然还有可能不承担刑事责任。但是，基于法律法规、合同约定、先前行为等，行为人负有法益保护义务或者危险源监督义务，有义务保护法益不受侵害或者阻止危害结果的发生。在行为人没有积极有所作为，法益遭受侵害的场合，同时主观上有故意或者过失，则有可能成立不作为犯。

(四)不作为的正犯与共犯因果关系的差异

这里以不作为的正犯和不作为的帮助犯的因果关系为例进行说明。首先，根据犯罪事实支配理论，直接正犯是行为人通过对行为的支配从而支配整个犯罪事实；间接正犯是行为人通过意思的支配进而支配整个犯罪事实；共同正犯是行为人通过功能性支配支配整个犯罪事实。其次，根据正犯结果说，帮助犯是通过为正犯提供方便，与最终发生的法益侵害结果具有引起与被引起的关系。

在以作为方式提供帮助的场合，尽管行为人直至实现构成要件结果之际都以自己的行为支配、控制整个犯罪过程，但无论是刑法理论还是司法实践均不要求帮助行为与正犯结果之间达到"没有帮助行为，就没有正犯的法益侵害结果"的程度，原则上只要具有"帮助行为扩大了正犯结果，或者提前了正犯结果发生的时间"、"帮助行为提升了正犯结果的盖然性"或者"没有帮助行为，正犯难以顺利实行犯罪"程度的正犯促进关系即可。同样，在以不作为方式提供帮助的场合，也不要求达到"如果行为人履行作为义务，一定能够避免法益侵害结果的发生”的程度。但是，由于不作为属于“行为人通过持续性的流程逐步降低了法益受到保护的机会、持续提升了对法益的危险，最终导致构成要件的实现”，①所以至少要求“如果行为人履行作为义务，正犯结果没有那么容易发生”，至多也不过要求达到“若行为人实施救助行为，几乎可以确定避免发生法益侵害”的程度。② 正犯与帮助犯对于犯罪事实或者因果流程的支配程度是存在差异的，在不作为犯的场合也不例外。如果行为人履行特定作为义务，基本上能够避免发生法益侵害结果，可以认为该行为人对整个犯罪事实具有支配，成立不作为的正犯；相反，如果行为人履行特定作为义务，只是导致法益侵害结果的发生存在障碍，就只能认定为不作为的帮助犯。③

以无形的、精神的帮助为例，如果行为人为正犯出谋划策、加油助威，从心理上强化了正犯的犯罪意图，最终促进了正犯法益侵害的出现，行为人就构成相关犯罪的作为方式的帮助犯；如果负有作为义务的行为人履行作为义务，对正犯进行严厉斥责能够动摇正犯的犯罪意图，正犯的法益侵害将存在很大障碍或者说难以顺利实现，而由于行为人未履行作为义务，正犯的法益侵害较为顺利地实现，可以认为行为人构成相关犯罪的不作为的帮助犯。

第三节　成立不真正不作为犯是否以违反法律义务为前提

刑法上的因果关系是实行行为与法益侵害结果之间的引起与被引起的关系。因果关系仅仅是指这种“引起与被引起的关系”，而不包括前端的实行行为和后端的法益侵害结果。但是，对实行行为作出准确界定是探讨因果关系的前提。在不真正不作为犯的场合，由于刑法并未对其实行行为作出明文规定，甚至连作为义务的范围也没有作出规定，这就导致在探讨不真正不作为犯的因果关系时，往往流于形式的认识和理解，有意或者无意地对作为因果关系前端的实行行为作出不恰当的扩大或者缩小理解。关于成立不真正不作为犯是否以先前行为违反法律义务为前提，是其典型。

① 参见王钢：《论正当防卫中不作为的不法侵害》，载《法学》2020 年第 2 期。

② 参见［德］班德·许乃曼：《不纯正不作为犯及以不作为实施犯罪之形式》，王莹译，载梁根林主编：《当代刑法思潮论坛：刑法体系与犯罪构造》（第 1 卷），北京大学出版社 2016 年版，第 223 页。

③ 参见黎宏：《不阻止他人犯罪的刑事责任》，载《中国法学》2020 年第 4 期。

一、义务违反说与因果关系说之争

研究不真正不作为犯的因果关系与客观归责,目的在于合理限定不真正不作为犯的处罚范围。众所周知,处罚不真正不作为犯的目的在于保护法益,[①]但是,刑法并未对不真正不作为犯的成立范围作出明文规定。如何合理限定不真正不作为犯的成立范围,以实现刑法的法益保护机能与人权保障机能的协调,就成为非常重要的课题。

我国传统刑法理论采取形式的作为义务理论中的三分说或者四分说。[②] 这些基于形式判断的学说没有从本质上说明不真正不作为犯的处罚根据,容易导致处罚范围的过度扩张或者限缩,为本书所不取。实质的作为义务说是目前刑法理论上的通说,其中,先前行为理论是有关不真正不作为犯作为义务来源的重要理论。关于如何界定先前行为的范围,存在义务违反说与因果关系说之争。

(一)因果关系说的基本观点

德国传统刑法理论采取义务违反说,将先前行为限定为违反义务的行为。[③] 但是,从目前关于先前行为的讨论看,越来越多的学者主张不能将先前行为局限于违反义务的行为,如果一个行为根据因果流程造成了发生结果的具体的、现实的、急迫的危险,则行为人有义务保证不发生结果。任何人实施行为包括合法行为时都有某种责任感,即对违反其意愿的行为影响承担责任,据此,设立法律上的义务时不能忽视该责任感,也不能以行为违反义务为前提。[④]

因果关系说认为,保护功能的自愿接管或者对危险源的实际控制也能引出基于先前行为产生的保证人地位,因此不能以是否违反义务限制先前行为的范围。例如,恶犬对他人具有攻击性,对他人的生命、健康存在巨大危险。如果行为人购买了一条恶犬,就对恶犬这一危险源具有实际控制。先前的购买行为要求行为人承担看护恶犬以免伤及他人的义务,同时也要

---

① 参见[日]西田典之:《日本刑法总论》(第2版),王昭武、刘明祥译,法律出版社2013年版,第97页;张明楷:《刑法学》(第6版)(上),法律出版社2021年版,第195页。

② 参见高铭暄、马克昌主编:《刑法学》(第10版),北京大学出版社、高等教育出版社2022年版,第64-65页。

③ Vgl. BGHSt34, 82; 37,106; 43,381 (397); Stree/Bosch, in: Schönke/Schröder, 28. Aufl., 2010, vor § 13, Rdn. 34ff.

④ Vgl. Maurach/Gössel/ Zipf, Strafrecht, AllgemeinerTeil, Teilband2: Erscheinungsformendes Verbrechens und RechtsfolgenderTat, 7. Aufl., 1989, §46, Rdn. 98ff. 转引自孙运梁:《以客观归责理论限定不作为犯的先行行为》,载《中外法学》2017年第5期。

求其基于对危险源的实际控制承担该义务。[①] 该说得到了阿茨特、迈瓦尔德、雅各布斯等多数学者的支持。[②]

我国也有学者主张因果关系说。例如,王作富教授等认为,先前行为产生作为义务的根据,并不在于法律对此有无明文规定,而是在于该先前行为使受国家法律保护的权益客体处于有遭受严重损害的紧迫的危险。[③] 本书赞同此说。

(二)义务违反说的基本观点及其对因果关系说的批判

义务违反说认为,创设一定程度的危险的行为,只有在这一创设行为是违反义务的或者是违法的场合,才会产生先前行为类型的保证人地位和作为义务;否则,则不会产生作为义务。德国的司法实务和刑法理论采取该说。我国也有部分学者采取该说。[④]

义务违反说对因果关系说的观点作出如下批判:第一,不同的人会有不同程度的责任感,而一般人的责任感只存在于日常生活中,用其解释刑法领域的教义学问题是不合适的。第二,按照因果关系说的观点,先前行为的范围过于宽泛,而且不存在那种同时产生先前行为和其他情形的保证人地位。例如,虽然可以说行为人在购买恶犬后具有对危险源的控制地位,但这是对危险的接管行为产生了保证人地位,而不是购买行为作为先前行为产生了保证人地位。[⑤]

例如,姚诗教授采取义务违反说的立场,认为先前行为原则上是违法行为,并且对因果关系说提出了批判。第一,如果一个行为得到法律的认可,同时又要求行为人履行由该行为所产生并伴随刑罚后果的作为义务,是违反法律逻辑的;相反,义务违反说更合理。第二,虽然义务违反的内容有待进一步确定,但其已经对先前行为作出类型化的限缩,更接近先前行为的本质。尽管义务违反说需要提供更为精细的适用标准,但是因果关系

① Vgl. Hillenkamp, 32 Problemeaus dem Strafrecht, Allgemeiner Teil, 8. Aufl., 1996, S. 228.

② Vgl. Arzt, ZurGarantenstellung beim unechten Unterlassungsdelikt, JA (1980), 712 (715). Maiwald, Grundlagenprobleme der Unterlassungsdelikte, JuS (1981), 473 (482). Jakobs, Strafrecht, Allgemeiner Teil, 2. Aufl., 1991, §29, Rdn. 29ff. 转引自孙运梁:《以客观归责理论限定不作为犯的先行行为》,载《中外法学》2017 年第 5 期。

③ 参见高铭暄主编:《刑法专论》(下编),高等教育出版社 2002 年版,第 663 页。

④ 我国部分学者主张先行行为必须具有违反义务性。参见周光权:《刑法总论》(第 4 版),中国人民大学出版社 2021 年版,第 114 页;王莹:《先行行为作为义务之理论谱系归整及其界定》,载《中外法学》2013 年第 2 期;姚诗:《先前行为保证人地位的理论根据》,载《清华法学》2014 年第 5 期。

⑤ Vgl. Hillenkamp, 32 Problemeaus dem Strafrecht, Allgemeiner Teil, 8. Aufl., 1996, S. 230. 转引自孙运梁:《以客观归责理论限定不作为犯的先行行为》,载《中外法学》2017 年第 5 期。

说也有必要提出限定先前行为的具体标准。第三,除了在紧急避险的场合能够产生作为义务外,其他大多数合法行为(包括违法阻却事由在内)都不能产生作为义务。①

（三）因果关系说对义务违反说的反驳和自我限定

义务违反说主要存在以下不足:第一,先前行为只是作为义务的来源,而不是不作为犯的处罚根据,将先前行为限定为违反义务行为没有充分的理由。有些合法行为(包括违法阻却事由)诸如正当防卫、紧急避险,也会产生作为义务。第二,义务违反说判断是否违反义务的标准并不明确,即便是德国刑法学界也没有找到明确的答案。第三,义务违反说认为,由于正当防卫是违法阻却事由,所以不会引起作为义务。实际上,在实施正当防卫但具有防卫过当的危险时,也会引起作为义务。第四,根据有关法律法规的规定,即便行为人的先前行为并未违反法律规定,也具有作为义务。例如,《道路交通安全法》第70条第1款明确规定了交通事故肇事者应当履行的义务,肇事者不按该规定履行有关义务,致使被害人因为得不到及时救助而死亡,或者发生二次事故的,完全有可能因此而承担刑事责任。

不过,因果关系说并未摆脱过度扩大先前行为范围的宿命。为此,主张该说的学者尝试提出其他标准,以合理限定先前行为的成立范围。例如,雅各布斯认为,应当以特殊风险的概念限定先前行为的范围。他认为,先前行为引起作为义务的前提条件是创设与侵害法益结果相关联的、迫近的、足够的危险,但是具备这一条件的不限于违法行为。可见违法这一标准并非总是有效的,先前行为的本质要素更可能是特殊风险。如果某一行为包括合法行为比必要的日常行为创设了更高的危险,也会产生作为义务。②

前述雅各布斯的观点,实际上是将不作为的因果关系中的危险限定为"双重危险"。其中,第一重危险是传统的因果关系说所主张的,要求"行为人的行为根据因果流程造成了发生结果的具体的、现实的、急迫的危险";第二重危险是对先前行为进行的限定,要求先前行为是具有较高法益侵害危险的行为。相对于因果关系说而言,经由"双重危险"的筛选和过滤,认定为不作为犯的范围显然更为狭窄。

---

① 参见姚诗:《先前行为与实行过限下知情共犯人的刑事责任》,载《法学研究》2013年第5期。

② Vgl. Jakobs, Vorangegangenes Verhalten als Grundeines Unterlassungsdelikts – Das Problem der Ingeren zim Strafrecht, Akademie – Journal 2 (2002), 8ff. 转引自孙运梁:《以客观归责理论限定不作为犯的先行行为》,载《中外法学》2017年第5期。

二、不作为犯的因果关系与作为义务的关系

(一)不作为犯的因果关系与作为义务的关系

在此,主要有两个问题:第一个问题是,作为义务是否为认定因果关系的前提?对此,有的观点认为,只要行为人采取措施就能够防止结果的发生,但未采取措施的,就与法益侵害结果之间具有因果关系。但是,也有观点认为,没有作为义务就没有因果关系。例如,许成磊博士认为,确认不作为因果关系的原因力以及具体判断不作为的因果关系,都需要以行为人具有特定的作为义务为前提。主要理由是,如果不考虑作为义务,则不具有作为义务的人的不作为也会具备作为犯的构成要件,将使构成要件丧失违法性推定机能,不当扩大不作为犯的处罚范围。①

第二个问题是,作为义务与因果关系的认定是否为同一过程?我国传统刑法理论认为,不作为的原因与不作为义务是不能分开的。在认定不作为的因果关系时,行为人必须具有应当作为的法定义务。如果一个人依法负有作为义务,且经过履行特定的作为义务,能够保证不发生危害结果而不作为的,该不作为就是危害结果发生的原因。②

(二)本书的观点

对于上述问题,本书坚持下列观点:

1. 不真正不作为犯不是“以不作为方式构成的作为犯”,即不是以不作为的方式实现那些规定由作为实现的构成要件。应当理解为,在规定有处罚依据行为(包括作为和不作为)实现构成要件的刑法规范时,不真正不作为犯是依据不作为实现了构成要件,从而该当于刑法规范。③ 尽管不作为犯与作为犯的因果关系在形态上略有差异,但在适用条件说或者相当说意义上的因果关系理论时没有差别。④

关于“如果保证人履行作为义务,是否一定能够避免法益受到侵害”的问题,涉及不作为犯发生的具体专业领域,刑法难以给出明确答案,只能将达到一定概率的情况认定为不作为犯。前已述及,“只有当行为人若实施救助行为,避免法益侵害的可能性达到几乎可以确定的程度时”⑤,以及

---

① 参见许成磊:《不纯正不作为犯理论》,人民出版社 2009 年版,第 222 - 223 页。

② 参见高铭暄、马克昌主编:《刑法学》(第 10 版),北京大学出版社、高等教育出版社 2022 年版,第 77 页。

③ 参见[日]山口厚:《刑法总论》(第 2 版),付立庆译,中国人民大学出版社 2011 年版,第 76 页。

④ 参见黄荣坚:《刑罚的极限》,台北,元照出版公司 1999 年版,第 34 页。

⑤ [德]班德·许乃曼:《不纯正不作为犯及以不作为实施犯罪之形式》,王莹译,载梁根林主编:《当代刑法思潮论坛:刑法体系与犯罪构造》(第 1 卷),北京大学出版社 2016 年版,第 223 页。

在“以几近确定的可能性而认定，法所期待的行为如被实施，构成要件结果就不至于发生”[①]的场合，才认为存在因果关系，并进一步要求行为人对法益侵害负责。

此外，为了平衡刑法保护法益和保障人权两项机能，对证明标准也需要进行一定的限制。根据“存疑有利于被告人”的原则，这种作为能够对结果的回避必须达到“排除合理怀疑的程度”。[②] 这个“概率”不可能是一个固定的数值，而应当根据不同案件的具体情况加以确定，但标准也不能太低。例如，周光权教授认为，不作为犯的因果关系带有规范上的假定关系，如果行为人履行特定义务，结果十之八九会发生的，可以肯定不作为的因果关系。[③] 许成磊博士认为，对一般人来说，“行为人如果采取积极措施能够避免结果发生的几率”达到60%以上，而行为人没有采取积极的救助措施，以致发生法益侵害结果，就可以肯定存在不作为的因果关系。[④]

2. 就不真正不作为犯而言，仅仅存在不作为与构成要件结果之间的因果关系，还不能肯定构成要件符合性，也无法认定该不作为和作为具有等价性，进而按照作为犯的条款加以处罚。例如，大谷实认为：“实行行为——在实质上也必须是具有该构成要件中所预定的法益侵害的现实危险的行为——只有和作为犯的实行行为能够同等看待程度的侵害法益的不行为，才能视为实行行为。”[⑤]从实质上看，不作为与作为的等价值性，实际上就是要求二者具有相同或者相当的侵害法益的危险性，即不作为犯“必须和作为犯的构成要件所本来预定的侵害法益的危险性具有同等程度”。[⑥]

至于在具体案件中，还需要进一步探讨行为人以不作为实施的犯罪行为，与具体犯罪的构成要件规定的实行行为是否具有等价性。例如，在发生了被害人死亡的结果，需要判断行为人到底是不作为的杀人还是不作为的遗弃的场合，大塚仁强调说：“……相对于杀人行为的不作为，必须具有与绞杀、刺杀被害人同样的犯罪性。即与作为一样，不作为也需要包含着

---

① 林东茂：《一个知识论上的刑法学思考》（第2版），台北，五南图书出版股份有限公司2001年版，第76页；林东茂：《刑法综览》（第6版），台北，一品文化出版社2009年版，第1－180页。

② 参见［日］松宫孝明：《刑法总论讲义》（第4版补正版），钱叶六译，中国人民大学出版社2013年版，第53页。

③ 参见周光权：《刑法总论》（第4版），中国人民大学出版社2021年版，第127页。

④ 参见许成磊：《不纯正不作为犯理论》，人民出版社2009年版，第234页。

⑤ ［日］大谷实：《刑法讲义总论》（新版第2版），黎宏译，中国人民大学出版社2008年版，第131页。

⑥ 参见［日］大谷实：《刑法讲义总论》（新版第2版），黎宏译，中国人民大学出版社2008年版，第131页。

能够实现犯罪的现实危险性。”①

但是,也有学者认为没有必要引入等价值性判断。例如,黎宏教授指出:“作为义务只是说明行为人不履行特定义务行为的实行行为性,即该行为是不是具有侵害法益危险的一个事实要素。……在考虑不作为是不是与作为等价之前,先得考虑该不作为是不是属于具有侵害或者威胁法益之虞的实行行为,而这一判断的关键,就在于该行为的主体及行为人是不是具有作为义务。……在作为义务的考虑当中,没有必要加入等价性的考虑。”②事实上,就判断“该不作为是不是属于具有侵害或者威胁法益之虞的实行行为”而言,其与判断“不作为是不是与作为等价”具有异曲同工的效果。

3. 因果关系与作为义务的任务有所不同,因果关系是认定行为与结果之间是否存在引起与被引起的关系,目的是解决客观归责问题,而作为义务在很大程度上是为了解决主观归责问题。在判断不真正不作为犯的因果关系时,同时判断或者先判断有无作为义务然后再判断有无因果关系,可能会导致因果关系判断的主观化。所以,应当分别判断有无因果关系和作为义务,而且原则上先进行因果关系的判断,再进行作为义务的判断。

第四节 等价性理论、条件说及其他相关学说的相对不足与客观归责理论的相对优势

接下来的问题是,行为人以不作为直接实施或者以不作为参与他人实施的犯罪,该不作为与法益侵害结果需要具备何种程度的引起与被引起的关系,才能将法益侵害结果归因或者归责于该不作为。

一、等价性理论的特点、判断依据与不足之处

(一)等价性理论的特点

由于形式的作为义务论不足以为不作为犯的成立奠定基础,同时导致处罚犯罪的扩大化,等价性理论从不作为的实行行为性的角度,主张在违反作为义务之外,如果不能得出该不作为与作为犯具有“等价性”的结论,则该不作为就不能成立不作为犯。

提出“等价性”这一独立要件,目的就在于限制处罚范围。例如,韦塞

① [日]大塚仁:《刑法概说(总论)》(第3版),冯军译,中国人民大学出版社2003年版,第141页。
② 黎宏:《不阻止他人犯罪的刑事责任》,载《中国法学》2020年第4期。

尔斯认为,不真正不作为犯的行为人是一个保证人,承担着阻止结果发生的义务,他的不作为从价值判断的角度看相当于以作为的形式实现了法定构成要件。① "只有精确地在原因性和客观上可归责性之间加以区分,符合实际要求和方法上无可挑剔的问题解决才有可能。"②

显而易见,等价性理论主要是为了解决不作为的实行行为性,而因果关系是实行行为与法益侵害结果之间的引起与被引起的关系,二者要着力解决的问题和切入点都是不同的。

(二)等价性的判断依据

等价性实际上不是不作为犯的成立条件,而是认定不作为犯的指导原理。关于如何判断处罚不作为与作为是否具有等价性,实质的作为义务理论往往将其理解为不作为犯的实质的处罚根据。例如,西田典之指出:"不作为要与作为具有构成要件等价值性,不作为者就必须将正在发生的因果进程控制在自己掌中,即基于自己的意思而获得排他性支配。"③

(三)等价性理论的不足之处

等价性理论主要存在以下不足之处:④第一,等价性是针对行为人态度的概括性、整体性评价,因此,不适于作为判断是否成立犯罪的"要件事由"。第二,脱离作为义务的等价性,考虑的是"法益侵害的现实危险"和"积极的利用意思"。但是,将"积极的利用意思"作为等价性的内容之一,属于"以恶的动机来弥补客观方面的当罚性的不足",不符合行为主义的要求。第三,要求构成不作为犯必须与作为犯具有等价性,不仅导致成立作为犯与不作为犯具有非对称性,而且也无法打消处罚不作为犯是否属于对构成要件的类推适用的质疑。

二、条件说以及其他奠基于条件说的因果关系学说的不足之处

(一)不作为犯因果关系的特点

作为因果关系理论基础和前提的条件说,不但可以适用于作为犯,而且完全可以适用于不作为犯。例如,德国刑法理论的通说坚持合法则条件说,认为不作为的原因性在于行为人不履行其他应为的特定行为,合乎法

① 参见[德]约翰内斯·韦塞尔斯:《德国刑法总论》,李昌珂译,法律出版社2008年版,第422页。

② [德]约翰内斯·韦塞尔斯:《德国刑法总论》,李昌珂译,法律出版社2008年版,第431页。

③ [日]西田典之:《日本刑法总论》(第2版),王昭武、刘明祥译,法律出版社2013年版,第106页。

④ 参见[日]松原芳博:《刑法总论重要问题》,王昭武译,中国政法大学出版社2014年版,第73页。

则地导致具体结果的发生。

刑法上的因果关系是一种筛选机制,借此将刑法归责和刑事制裁限制在一个合理的范围内。相对于作为犯而言,不作为犯的因果关系具有以下几个特点:

1. 不作为犯的因果关系是一种假定的因果关系或者准因果关系。在审查不作为犯有无因果关系时,不能再想象行为人的行为不存在,而是必须反过来想象假如行为人的作为是存在的。换言之,就是要确认"假如行为人从事了被期待的特定行为,(在某种程度上)结果就不会发生"。因此,不作为犯的因果关系是一种假定的因果关系或者准因果关系。[①]

例如,救生圈案。被害人B落水后有发生溺亡的危险,只要在岸边的唯一旁观者A将救生圈抛给B,B就不会死亡,A知道这一点但没有这样做,最后B溺水而亡。在这个案件中,即便A不在场,由于B不会游泳、河水很深等因素(造成B死亡的积极因素),B也会溺亡,所以A没有将救生圈抛给B,看起来并未增加B死亡的危险。但是,本案中A恰好在场,而且有能力阻止B发生死亡结果。如果A实施救助,前述B自己不会游泳、河水很深等因素根本就不足以导致B死亡。所以说,A能够救助、应该救助而没有救助(消极因素),与B不会游泳、河水很深等因素(造成B死亡的积极因素)共同导致B死亡。"当某人有能力通过某种方式影响事件发展时,事件最终所受到的那种影响正是其能力以该种方式发挥作用的结果。"[②]从这个角度看,A的不作为是导致B死亡的原因之一,也是刑法上可以进行客观归责的原因。

2. 认定不作为犯的因果关系时,要求达到很高的发生概率。德国刑法理论的通说认为,若要对不作为人进行归责,则要求其不作为与危害结果的关系达到"几乎确定的高度可能性";反之,则不存在因果关系。例如,许乃曼主张:"只有当行为人若实施救助行为,避免法益侵害的可能性达到几乎可以确定的程度时,才能要求行为人对法益侵害负责。这就是所谓不作为的准因果关系性。"[③]

在日本,在暴力团成员给同行的13岁少女注射兴奋剂致其面临生命

---

① 参见蔡圣伟:《不作为犯:第一讲 论故意之不纯正不作为犯(一)》,载《月旦法学教室》第51期(2007年)。

② [美]乔尔·范伯格:《刑法的道德界限》(第1卷 对他人的损害),方泉译,商务印书馆2013年版,第194页。

③ [德]班德·许乃曼:《不纯正不作为犯及以不作为实施犯罪之形式》,王莹译,载梁根林主编:《当代刑法思潮论坛:刑法体系与犯罪构造》(第1卷),北京大学出版社2016年版,第223页。

危险,却不积极施救致其因急性心率不全而死亡的案件中,二审法院和最高法院认为,如果被告人立即进行急救治疗,因为该少女比较年轻,生命力旺盛,也没有特别的疾病,“十有八九能够救活”,认为救助该少女的生命具有超过合理怀疑程度的确定性,从而认定行为人不提供救助与被害人的死亡之间具有相当的因果关系,判处被告人保护责任者遗弃致死罪。[①]

(二)合义务的择一举动与因果关系的判断

无论是作为还是不作为,要存在因果关系,都要求具有结果回避可能性,不存在结果避免可能性的场合,就无法认定存在不作为的因果关系。当然,对此也存在不同的观点。例如,在合义务的择一举动的场合,即便行为人履行作为义务也会发生损害结果,那是否存在条件说层面的因果关系呢?

这里结合德国的货车交通肇事案[②](Lastwagen - Fall)进行讨论。本案的基本案情是:《德国道路交通法》要求货车在超车时,应当与自行车等非机动车保持1—1.5米的间距。但是货车司机在超车时与自行车仅相距0.75米,此时由于醉酒的骑行者突然将自行车向左拐,结果被汽车碾压致死。事后查明,即便货车司机保持1.5米的间距,醉酒的骑行者也很可能有不当反应而发生死亡结果。这里探讨的问题是,货车司机的超车行为与骑行者的死亡之间是否存在条件意义上的因果关系?对于本案,德国法院认为,虽然货车司机没有履行作为义务的行为属于不作为,但即便其履行法定的作为义务保持法定距离,结果仍然会发生,因此不存在条件意义上的因果关系。

我国也有学者持肯定说。例如,周光权教授认为,不能比照不作为处理合义务的择一举动情形的因果关系。因为不作为的因果关系是一种假定的因果关系——“如果实施某一行为,是否会发生某种危害结果”——不可避免要进行假定判断。在合义务的择一举动的情况下,由于现实的因果关系可以直观地确定,所以不必再从事假定判断,以假定判断否定现实因果关系没有合理性。违反注意义务的行为实际引起了损害结果,这是一种现实的联系,以条件说的通行公式检验就足够了,之后再进行若遵守注意义务结果是否发生的假定判断是多余的。为此,周光权教授提出,在合

① 参见《日本最高裁判所刑事判例集》,第43卷第13号,第879页。

② 德国联邦最高法院刑四庭1957年9月25日判决(总第354号)。转引自[德]克劳斯·罗克辛:《德国最高法院判例:刑法总论》,何庆仁、蔡桂生译,中国人民大学出版社2012年版,第11页。

义务的择一举动的场合，存在条件说层面的因果关系。①

本书认为，在上述这种场合，从客观事实或者存在论意义上看，被害人是被汽车碾压致死，所以司机的行为与被害人的死亡之间具有因果关系。但是，从规范评价的角度看，被害人的死亡具有不可避免性，即便行为人履行作为义务也会发生损害结果，不能将被害人的死亡这种法益侵害结果归责于汽车司机，行为的不作为与危害结果之间不存在不作为的因果关系。

（三）对条件说的评析

1. 条件说本质上是归责理论。研究刑法因果关系，目的主要在于确认构成要件的结果是由谁实施的符合构成要件的实行行为引起的，以便提供成立该种犯罪的刑事责任的客观依据。严格来说，条件说实质上是归责理论，而不是因果理论。或者说，是“以求因果之名，行归责之实”。②

2. 条件说并未直接运用因果联系，而是逻辑地以因果联系为前提。具体来说，就是在人们说“没有这一原因，该结果也就不会发生”时，是以其知道在原因和结果之间存在因果关系为前提的；相反，如果客观上不存在这一前提或者人们没有掌握这一前提，也就无法运用条件说。“正确的方法不应该是去看没有这一行为会不会出现这一结果，行为对于结果的条件质量应当只取决于一个行为的性质本身，即根据我们认识的自然法则是否会在这种具体情况下导致这一结果的发生。”③

3. 不作为犯的因果关系与作为犯的因果关系本身和判断方法均存在差异。在作为犯中，通过假定行为人未实施某一行为，是否会发生法益侵害结果，以此判断是否存在因果关系；在不作为犯中，则是通过假定如果行为人实施某一行为，是否会发生法益侵害结果，以此判断是否存在因果关系。显而易见，与作为犯不同，不作为和结果之间的因果关系“不是力学意义上的因果关系，而只是取决于，不作为人的可能的行为是否能够避免结果的发生。因此，如果实施被要求的行为能够避免结果发生，不作为与已经发生的结果之间存在法律上的联系，这种联系在积极的作为情况下形成因果关系”④。所以，在作为犯的场合，除了行为人的行为与结果之间的因果关系必须具有合法则性之外，还要求行为人以一种积极的、主动的能量

---

① 参见周光权：《结果假定发生与过失犯——履行注意义务损害仍可能发生时的归责》，载《法学研究》2005 年第 2 期。

② 参见许永安：《客观归责理论研究》，中国人民公安大学出版社 2008 年版，第 119 页。

③ 李海东：《刑法原理入门（犯罪论基础）》，法律出版社 1998 年版，第 51 页。

④ ［德］汉斯·海因里希·耶赛克、［德］托马斯·魏根特：《德国刑法教科书》（下），徐久生译，中国法制出版社 2017 年版，第 831 页。

投入为条件。但是,在不作为犯的场合,“不作为的因果性就仅仅限制在不作为与结果之间的合法则性关系上”。①

4. 由于不作为犯的因果关系属于假定的因果关系,所得出的结论不是绝对确定的,而是具有一定的或然性。“在积极的作为情况下,对因果关系是完全确信的,在不作为的情况下被要求对因果关系有完全的确信,因为检测不是以实际上的因果过程,而是以绝对不可能预见的可能的因果过程为基础的。”②如果同时考虑因果联系的普遍性,无法对各种可能的诱因逐一进行验证,所以学者在谈及不作为的因果关系时,并未采取“存在”“确定”“一定”“必然”等毅然决然的表述,而是采取具有或然性或者弹性空间的“高度盖然性”或者“几乎确定的高度可能性”等表述。

5. 对于不作为犯因果关系的判断,要注意以科学法则和经验为依据。由于不真正不作为犯是行为“应为而不为”,导致发生法益侵害结果,能够阻止出现法益侵害结果的作为的方法具有多元性,采取这些方法需要满足各种主客观条件。因此,关于不作为的因果关系的判断,特别是那些发生在医疗、科学实验、企业安全生产、渎职犯罪等领域的案件,要以科学法则和经验为依据,判断是否存在有效的阻止出现法益侵害结果的方法和路径,以及行为人在当时有没有能力和条件采取前述方法和路径,而不能仅仅进行形式逻辑的推导。那种“空对空”的抽象论证可能是于事无补的。对此,帕多瓦尼就强调说,不作为的因果关系“这种假设仍有利于以最好的科学法则和经验为依据,判断应为的行为是否可能改变自然的因果进程,阻止危害结果的发生”③。

三、以客观归责理论限制不真正不作为犯成立范围的相对优势

(一)客观归责理论的本质

客观归责理论是一种通过将没有刑法规范意义的因果流程从结果答责的范围中排除出去,④以限制犯罪成立范围的理论。客观归责理论的出发点是比例原则,目的在于通过限制、过滤客观构成要件中所包含的不法,具体通过风险概念及其规则体系限定行为人由于其行为而招致的外部责

---

① 参见[德]汉斯·海因里希·耶赛克、[德]托马斯·魏根特:《德国刑法教科书》(下),徐久生译,中国法制出版社2017年版,第831页。

② [德]汉斯·海因里希·耶赛克、[德]托马斯·魏根特:《德国刑法教科书》(下),徐久生译,中国法制出版社2017年版,第832页。

③ [意]杜里奥·帕多瓦尼:《意大利刑法学原理》,陈忠林译,法律出版社1998年版,第133页。

④ 参见[德]乌尔斯·金德霍伊泽尔:《刑法总论教科书》(第6版),蔡桂生译,北京大学出版社2015年版,第2页。

任负担。[①] 客观归责理论通过设置多种检验标准和下位规则实现上述目标,主要有未制造风险、降低风险、风险升高、法所容许的风险、义务违反关联、规范保护目的、参与自我危险行为、经同意的他人危险行为、第三人负责范围等。

德国刑法理论的通说认为,无论是作为还是不作为,都需要运用客观归责原理判定能否进行结果归责。具体来说,在作为犯的场合,采取风险制造或者风险升高理论,如果行为人制造或者升高了发生法益侵害结果的风险,就可以将该结果归责于行为人。相反,在不作为犯的场合,适用的则是风险降低理论,即如果从事前观察来看具有降低风险的可能性,或者从事后判断存在某种降低风险的可能性,[②]由于行为人没有实施作为而发生了结果的,就可以将法益侵害结果归责于行为人。[③] 只不过,在真正不作为犯的场合,由于刑法已经通过规定保证人身份和作为义务的方式对行为人应当实施的作为作出明确规定,只要行为人没有实施该行为,就具备客观构成要件,没有必要再进行结果归责的考察。

（二）以客观归责理论限制不作为犯的成立范围的相对优势

1. 罗克辛的见解。作为客观归责理论的集大成者,罗克辛主张将客观归责理论用于不作为犯的判断,以合理限定先前行为的成立范围。[④] 具体来说:第一,先前行为必须制造或者增加不被允许的危险。正因为如此,在先前行为启动了面向法益侵害的因果流程时,行为人负有通过切断因果流程以阻止法益侵害结果发生的义务。第二,在先前行为与法益侵害结果之间必须具有规范保护目的的关联性,即先前行为产生的危险正好在构成要件该当结果中实现(规范保护目的和危险的现实化)。第三,如果先前行为创设的危险处于被害人或者第三人的答责范围,则行为人不成立不作

---

① 参见[德]乌尔斯·金德霍伊泽尔:《风险升高与风险降低》,陈璇译,载《法律科学(西北政法大学学报)》2013 年第 4 期。

② Vgl. Roxin, Strafrecht, Allgemeiner Teil, Bd. Ⅱ, Besondere Erscheinungsformen der Straftat, 2003, §31, Rn. 54. 弗里希认为,从事前观察,能够进行客观归责的前提是,如果行为人实施作为能够十拿九稳地降低风险;从事后判断,能够进行客观归责的前提是,如果不能确定行为人实施法所期待的作为能够降低风险从而阻止结果的发生,则应当排除对结果的客观归责。参见[德]沃尔夫冈·弗里希:《客观之结果归责——结果归责理论的发展、基本路线与未决之问题》,蔡圣伟译,载陈兴良主编:《刑事法评论》(第 30 卷),北京大学出版社 2012 年版,第 248 页。王莹教授也持这种观点。参见王莹:《先行行为作为义务之理论谱系归整及其界定》,载《中外法学》2013 年第 2 期。

③ 参见孙运梁:《不作为犯中客观归责理论的适用》,载《清华法学》2016 年第 4 期。

④ Vgl. Roxin, Strafrecht, Allgemeiner Teil, Bd. Ⅱ, Besondere Erscheinungsformen der Straftat, 2003, §32, Rdn. 155ff.

为犯。[①]

2. 我国学者的观点。我国台湾地区刑法学者在讨论不作为犯的因果关系问题时，也采用客观归责理论这一理论工具。[②] 近些年来，我国大陆越来越多的刑法学者表现出对客观归责理论的认同。但是，在探讨不作为犯时，有的学者将客观归责理论用于对实质的作为义务的判断，有的则用于对因果关系的判断。例如，栾莉博士认为，从表面上看，先前行为成立作为义务的场合，自然的因果力直接产生损害法益的结果，但是归责的基础正是在于不作为人对于自然因果流程的态度，即不作为人利用已存的自然力放任结果的发生，不作为升高了法益侵害的风险，从而具备了可归责性。先前行为创造了法不容许的风险，而不作为促进了危险的实现，产生了构成要件结果。据此，不作为包括先前行为具备了可归责性。[③]

（三）不能将客观归责理论作为判断能否对不真正不作为犯进行归责的唯一理论工具

迄今为止，客观归责理论在世界各地落地生根，受到德国和德国之外的各国刑法理论与司法实践的推崇，陈兴良教授甚至作出“因果关系理论的发展就是一个客观归责理论得到认可的过程”的论断。[④] 但是，也有学者对此提出质疑，认为该理论除了“将众多已经存在但散落各处的具体学说汇集成了一个整体，一个统一体”，将零散学说集中于一个富有魅力的标题之下，大大促进了理论的简明化，[⑤]实际上并没有其他新意。不仅如此，客观归责理论“实际上讨论了构成要件的实行行为、结果与因果关系要素”，[⑥]甚至“超出了传统的因果关系的范畴，其射程广泛，包含了过失犯论、正犯论与共犯论、刑法分则的解释等内容”。[⑦]

1. 客观归责理论与相当因果关系说相比，在归因问题上没有本质上的差别。在判断是否可以将结果归属于行为人时，如果存在介入因素，关于

---

① 参见孙运梁：《以客观归责理论限定不作为犯的先行行为》，载《中外法学》2017 年第 5 期。

② 参见黄荣坚：《刑法问题与利益思考》，中国人民大学出版社 2009 年版，第 87 页以下。

③ 参见栾莉：《刑法作为义务论》，中国人民公安大学出版社 2007 年版，第 132 页以下。

④ 参见陈兴良：《刑法因果关系：从哲学回归刑法学——一个学说史的考察》，载《法学》2009 年第 7 期。

⑤ 参见［德］沃尔夫冈·弗里施：《客观归责理论的成就史及批判——兼论对犯罪论体系进行修正的必要性》，陈璇译，载《国家检察官学院学报》2020 年第 1 期。在国内，张明楷教授对客观归责理论也有类似的评析。参见张明楷：《也谈客观归责理论　兼与周光权、刘艳红教授商榷》，载《中外法学》2013 年第 2 期。

⑥ 参见张明楷：《也谈客观归责理论　兼与周光权、刘艳红教授商榷》，载《中外法学》2013 年第 2 期。

⑦ 参见［日］佐伯仁志：《因果关系（2）》，载《法学教室》2004 年 8 月号（第 287 号）。

介入状况的预见可能性的判断,是以对行为人的行为与介入状况之间的关联性的评价为基础的。由于这种做法有可能混入直觉判断的概念,不如直接对与结果相关联的行为人的行为和介入状况之间的关联进行评价。这被称为"危险的现实化"。

"危险的现实化"是指行为的危险性向结果现实的转化。关于不作为的因果关系,日本已经有判例主张必须要有"危险的现实化"。例如,就缺陷产品致人死伤案件来说,"只有在与对被告人等施加召回义务的注意规范产生关联的危险在结果中得以现实化时,被告人等的行为与结果之间才会存在因果关系"①。

当然,相当因果关系说也并非没有任何瑕疵。霍尼希就对相当因果关系说提出了下列批判:其一,会导致行为人需要为根本没有发生的事情负责;其二,会忽视行为人认识的事实,并且与法益保护的目标相背离。

2. 客观归责理论将实行行为的认定从一个独立和前置于因果关系理论的范畴,降格为客观归责理论的下位范畴。"许多被客观归责理论解释成结果归责的问题,实际上并非涉及结果归责,而是涉及'是否存有构成要件该当、受禁止的行为'这个问题。……如果行为人根本没有从事构成要件该当行为,那么所发生的结果(当然)也就不能归责到他身上,但不能归责的原因是欠缺构成要件该当的行为。"②诚如弗里施所言:"如果我们想要建构起一个妥当的体系,那就必须保证该体系的各个范畴都能做到哪里出现了特定的具体问题就在哪里探讨这些问题。因此,我们不能仅仅在具体举动已经引起了结果发生的场合,才将不法举动视为一个实质性的要件。"③

在没有全盘接受客观归责理论的国家,刑法理论和司法实践并非无所作为。众所周知,日本刑法理论的通说采取的是相当因果关系说。为了进一步限制归责的范围,理论上重视从因果关系的前段、中段将一些不宜归责的情形排除出去。例如,对刑法上的行为进行实质意义上的理解,将因果关系的起点限定为实行行为,西田典之就强调说:"行为这一概念本身并无太大意义,但实行行为这一概念则非常重要。"④

---

① [日]安达光治:《日本刑法中客观归属论的意义》,孙文译,载《国家检察官学院学报》2017年第1期。

② [德]沃尔夫冈·弗里希:《客观之结果归责——结果归责理论的发展、基本路线与未决之问题》,蔡圣伟译,载陈兴良主编:《刑事法评论》(第30卷),北京大学出版社2012年版,第253页。

③ [德]沃尔夫冈·弗里施:《客观归责理论的成就史及批判——兼论对犯罪论体系进行修正的必要性》,陈璇译,载《国家检察官学院学报》2020年第1期。

④ [日]西田典之:《日本刑法总论》(第2版),王昭武、刘明祥译,法律出版社2013年版,第68页。

上述观点和做法，也得到了我国部分学者的认同，认为"刑法分则所规定的构成要件行为是实行行为"，"因果关系是实行行为与结果之间的引起与被引起的关系"。① 反对全盘接受客观归责理论，但也不是一概加以否定。"在构成要件部分维持实行行为、行为对象、结果、因果关系的基本框架下，应当充分借鉴客观归责理论的具体内容……'因果关系'部分，应当借鉴危险实现的基本内容，将现行的因果关系分为事实的因果关系与结果归属两部分，分别进行事实判断与规范判断。"②

不过，也有学者提出异议，如劳东燕教授主张区分造成型因果、引起型因果、义务型因果和概率型因果案件，指出："在引起型因果的案件中，出现介入因素时，考察中心不应放在介入行为是否自愿、是否可预见或异常，或者因果流程是否重大偏离上，而应放在前行为之于结果的贡献力是否终结上。"③

本书主张区分不法的判断与归责的判断。判断某一行为是否不法，与判断该行为是否符合构成要件，以及该行为产生的结果的归责等的标准是不同的。"某一（应当获得消极或者积极评价的）举动是否可归责，这取决于该举动对于人或者具体的个人而言究竟是可支配的（或曰可避免的）还是不可抗拒的，该举动是否体现了人或者具体个人的意志。然而，某一举动是否合法、是否属于不法举动，这却并不取决于上述或者其他的什么归责标准，而是首先取决于法权的内容。"④

3. 客观归责理论在区分"客观—主观"的理论框架下无法合理说明特殊认知（Sonderwissen）这样一个主观归责问题。特殊认知是指行为人的认知能力高于一般人，以至于认识到了一般人所不能认识的事实。⑤ 关于受非难的创设风险，不可能像客观归责理论所宣称的那样，单独在客观的基础上决定。对此，弗里施指出，能否将行为人的行为认定为一个创设了被禁止的危险的行为，并非仅仅取决于客观的事实情况。如果行为人具有特别认知，而且这些认知是他正确安排自身举动必须加以考虑的，该认知也会对风险创设的判断产生影响。⑥

---

① 参见张明楷：《刑法学》（第6版）（上），法律出版社2021年版，第188页。

② 张明楷：《也谈客观归责理论　兼与周光权、刘艳红教授商榷》，载《中外法学》2013年第2期。

③ 劳东燕：《事实因果与刑法中的结果归责》，载《中国法学》2015年第2期。

④ [德]沃尔夫冈·弗里施：《客观归责理论的成就史及批判——兼论对犯罪论体系进行修正的必要性》，陈璇译，载《国家检察官学院学报》2020年第1期。

⑤ 参见欧阳本祺：《论特别认知的刑法意义》，载《法律科学（西北政法大学学报）》2016年第6期。

⑥ 参见[德]沃尔夫冈·弗里施：《客观归责理论的成就史及批判——兼论对犯罪论体系进行修正的必要性》，陈璇译，载《国家检察官学院学报》2020年第1期。

探讨特殊认知的价值在于,在行为人对于行为的危险性具有特殊认知的情况下,放任发生危害结果的,能否将危害结果归责于行为人?众所周知,实行行为“是能够认定为具有引起构成要件结果的客观危险性的行为”,①特殊认知所认知的内容是实行行为本身是否具有危险性这种客观事实,只不过对这种事实的认识,要求行为人具有高于一般人的认识能力。如果就实行行为的概念不采取“裸”的行为论,而是认为实行行为同时包括有形性、有意性和有害性等元素,可以认为特别认知是实行行为的组成部分,对于实行行为性的判断产生影响。如果同时能够认定行为人主观上具有故意或者过失,可以追究行为人故意或者过失犯罪的刑事责任。

四、不作为犯因果关系的确定性程度

(一)关于不作为犯因果关系的确定性程度的争议

在结果回避可能性存在疑问的场合,不作为犯的因果关系是否需要达到“百分之百”或者“十有八九”的程度呢?对此,大体上有几近确定的可能性说与相当程度说的争论。

1. 几近确定的可能性说。对于因果关系的认定,传统刑法理论采取较高的标准,主张达到“几近确定的可能性”。例如,德国联邦最高法院采取以下标准:“在没有想到这个不作为的行为就不能取消这个已经出现的结果时,这个结果的出现就应当归责于这个行为人。对此必须存在着一种十拿九稳的把握,从而使这个结果在这个未实施行为的实施中,本来不会或会大大推延或会以大大减小的规模出现。”②

又如,日本的兴奋剂案。本案基本案情是,被告人对被害少女注射了兴奋剂,被害人由此陷入昏迷状态,被告人将被害人扔在宾馆房间里自行离开,导致被害人死亡。对此,日本最高裁判所认为,如果被告人立即请求急救治疗,该少女十有八九有可能得救,因此,“该女被害人的得救是切实的,达到了超过合理怀疑的程度”,判定本案被告人的不救助行为与女被害人的死亡结果之间“认定存在刑法上的因果关系是适当的”。③

但是,“十拿九稳”“十有八九”“几近确定的可能性”“可以避免结果发生”等标准过于严苛,即便作为犯的场合也很难彻底贯彻这一标准。倘若

① [日]山口厚:《刑法总论》(第2版),付立庆译,中国人民大学出版社2011年版,第49页。

② [德]克劳斯·罗克辛:《德国刑法学总论》(第2卷 犯罪行为的特别表现形式),王世洲等译,法律出版社2013年版,第483页。

③ 参见[日]最高裁判所1989年12月15日判决,载《最高裁判所刑事判例集》第43卷,第13号。

采取这样的标准，将导致成立不真正不作为犯的范围过于狭窄，与设置不真正不作为犯是为了保护法益的初衷背道而驰。

2. 相当程度说。有的学者意识到了这一点，认为只要达到相当的程度即可，不需要达到“百分之百”或者“十拿九稳”的程度。例如，帕多瓦尼指出，不作为的因果关系属于“如果行为人已经按要求履行作为义务，结果就不会发生”这种假定的因果关系，“这种做法实际上是在假设，如果主体已实际履行义务，结果就应被阻止的情况。既然是假设，得出的结论显然就只能具有或然的性质”①。

对于前述日本最高裁判所关于兴奋剂案所说的“十有八九有可能得救”，桥爪隆认为只是一种习惯表述，并不意味着“80%或者90%以上的概率”，而是“切实性达到了超过合理怀疑的程度”。或者说，如果行为人当时履行了作为义务，被害人“原本是有可能得救的”。②

我国也有学者赞同这种观点。例如，许成磊博士认为，不作为犯的因果关系只要达到“相当的程度”即可，在一些专业领域这个标准甚至还可以进一步降低。③ 陈璇教授也认为，只要“结果避免可能性达到了占据优势的程度”，就足以认定存在不作为犯的因果关系。④

（二）不作为的因果关系的发生概率不能采取“几近确定的可能性”标准

毫无疑问，不排除有些不作为犯罪案件可以采取诸如“百分之百”“十拿九稳”这种高概率标准。但是，这并不意味着应对所有的不作为犯案件一概采取这种高标准。不真正不作为犯的结果归责不应当取决于行为是否具有几近确定的可能性得以避免危害结果的发生，而应当取决于行为人的不作为对于结果的发生是否有贡献，即如果实施有关行为能否显著降低发生结果的危险。例如，劳东燕教授明确指出，对于刑法中的结果归责而言，支配力（或支配可能性）和归责的有效性是两个基本要素。⑤ 两个要素必须同时具备，但不要求均达到很高的程度。“如果支配力因素极强，则在归责有效性相对较弱的情况下也可以考虑归责；反之，如果支配力极弱，则

---

① ［意］杜里奥·帕多瓦尼：《意大利刑法学原理》，陈忠林译，法律出版社1998年版，第133页。

② 参见［日］桥爪隆：《不作为犯的成立要件》，王昭武译，载《苏州大学学报（法学版）》2017年第4期。

③ 参见许成磊：《不纯正不作为犯理论》，人民出版社2009年版，第228－229页。

④ 参见陈璇：《论过失犯的注意义务违反与结果之间的规范关联》，载《中外法学》2012年第4期。

⑤ 参见劳东燕：《风险社会中的刑法：社会转型与刑法理论的变迁》，北京大学出版社2015年版，第149页。

只有在归责有效性极强之场合才应允许归责。”[1]

本书之所以主张上述观点，主要理由如下：

第一，从司法实践看，有些案件的因果关系属于“一因一果”，但也有很多案件属于“多因一果”，要逐一认定各种因素的因果关系，并且达到“几近可以确定”的程度，难度是很大的。特别是，随着不作为犯适用领域的扩大化，延伸到诸如尖端医疗、矿难、交通事故、工业设备爆炸等各个专业领域，要证明某个不作为与结果之间达到“几近可以确定”的程度，是相当困难的。[2] 如果将“几近确定的防止危害结果的可能性”这一标准贯彻到底，根据“罪疑惟轻”“疑罪从无”等原理，不仅导致不作为的未遂犯不具有可罚性，而且能否处罚不作为犯都将成为问题。当然，这并不意味着要走向另外一个极端，误认为可以将因果关系的标准降到很低的程度。

第二，条件关系公式是判断因果关系的基础性标准。虽然是否存在因果关系是一个客观性的问题，但因果关系的判断标准和判断过程是一个主观和客观兼而有之的问题。条件关系公式“只能适用于已经实际存在的因果法则，而不能借此发现因果法则。也就是说，虽是因果法则的适用公式，但并不是因果法则的发现公式”[3]。

第三，不作为犯的因果关系是对不作为进行归责的重要前提，必然要考虑风险分配的法理。与作为犯不同的是，不作为犯的因果关系属于假定的因果关系，是否发生结果具有一定的不确定性或者盖然性，属于一个概率问题，不可能像作为犯那样证明到“有无”的程度。如果行为人履行义务后能够较大概率或者在相当程度上不发生法益侵害结果，履行作为义务就是具有实质意义的。这时要求不履行作为义务的行为人承担相应的不利后果，就具有正当性。[4]

（三）不作为的因果关系的发生概率的具体认定

如何确定不作为因果关系的发生概率，还值得进一步研究。例如，姚诗教授主张根据保护法益的重要性等因素对客观归责的标准进行调整。在技术极端复杂，因果关系的确定概率较低（通常难以达到50%），关涉重

① 劳东燕：《风险社会中的刑法：社会转型与刑法理论的变迁》，北京大学出版社2015年版，第150－151页。

② 参见姚诗：《不真正不作为犯　德日的差异演进及中国的后发式研究》，载《中外法学》2021年第3期。

③ ［日］西田典之：《日本刑法总论》（第2版），王昭武、刘明祥译，法律出版社2013年版，第78－79页。

④ 参见姚诗：《不真正不作为犯　德日的差异演进及中国的后发式研究》，载《中外法学》2021年第3期。

要的人身法益、公共安全的领域如环境、医疗领域……只要履行义务就能够降低风险,不履行义务与结果之间就存在因果关系。[①] 这种思路具有一定的道理。但是,就司法实践中认定的不作为犯特别是不真正不作为犯案件而言,大多数涉及人的生命、身体健康等重要法益,采取上述标准能在多大程度上解决问题,还存在疑问。

关于行为人怎样履行作为义务以及履行作为义务的内容、程度,难以提出一般性的标准,通常情况下需要考虑下列因素:第一,针对被害人的法益侵害的程度与危险;第二,伴随于救助行为的危险性的内容;第三,结果避免可能性;第四,是否存在替代手段;第五,作为义务的强弱程度等。并且要个别地进行判断。[②] 例如,被告人C带着自己的小孩B与A同居在一起,在加害人A殴打被害人B之时,被告人C放任不管,并未加以制止,最终B被A殴打致死。对此,日本札幌高等裁判所判决被告人C成立伤害致死罪的不作为方式的帮助犯。主要理由是,在这种场合下,被告人C可以采取的措施有三种:第一,接近A与B,为了让A不再对B实施暴力而进行监视;第二,用语言制止A的暴力;第三,挺身而出制止A的暴力。显而易见,这三种行为所具有的避免结果的盖然性程度是不同的,有些行为特别是第三种行为可能导致被告人C遭受A的侵害。[③] 在判断行为人有可能采取哪些措施以履行作为义务时,可以对各种可能采取的做法进行分析,以得出合理的处理结论。

第五节 对不真正不作为犯的归责的具体展开

关于不作为犯的归责,可以从不同的时点和视角进行考察:第一,从事前的视角判断,如果行为人履行作为义务能够比较有把握地降低风险,就可以进行归责;第二,从事后的视角考察,如果不能期待行为人实施法所期待的作为,就能够降低风险从而阻止法益侵害结果的发生,则应当排除结果的归责。[④]

---

① 参见姚诗:《不真正不作为犯 德日的差异演进及中国的后发式研究》,载《中外法学》2021年第3期。

② 参见[日]桥爪隆:《不作为犯的成立要件》,王昭武译,载《苏州大学学报(法学版)》2017年第4期。

③ 参见[日]札幌高等裁判所2000年3月16日判决,载《判例时报》1711号。

④ 参见[德]沃尔夫冈·弗里希:《客观之结果归责——结果归责理论的发展、基本路线与未决之问题》,蔡圣伟译,载陈兴良主编:《刑事法评论》(第30卷),北京大学出版社2012年版,第248页。

一、先前行为制造、增加不被容许的危险的属性与不真正不作为犯的归责

众所周知,并非所有的不作为都可以成为刑法评价的对象。有些不作为无法导致危害结果的发生,有些不作为则可以导致危害结果的发生,因此,需要区分可能导致危害结果的不作为与无法导致危害结果的不作为。其标准就是,考察该不作为中是否具有导致危险现实化的因素。

(一)关于先前行为的基本观点

1. 先前行为的本质是制造或者增加不被容许的法益侵害危险。从先前行为的基本属性看,先前行为是制造或者增加不被容许的侵害法益危险的行为。例如,罗克辛认为,先前行为属于违法行为,并将其限定为不被容许的危险行为。刑法之所以赋予先前行为人以结果避免义务,正是立足于对先前行为的谴责。先前行为制造或者增加了先前行为人的结果避免义务,是立足于对先前行为的谴责。如果先前行为与危害结果之间只有条件关系,而没有归责关系,将无法进行谴责所要求的结果无价值与行为无价值。①

客观归责理论认为,刑法上归责的根据是行为制造了法律所不容许的风险,但是,如果某种行为不是最初制造了这种危险,而是进一步提高了这种风险,仍然可以将这种结果归属于行为人。"归责于客观行为构成是以实现一种在行为构成范围内部的、由行为人创设的而不是由允许性风险所容忍的危险为条件的。"②在以不作为参与他人以作为方式实施的侵害法益行为的场合,如果该不作为提高了侵害法益的风险,则可以将结果归属于该不作为。根据危险增加理论,在作为犯的场合,只要行为人增加了发生结果的危险,就可以将结果归责于行为人;同样,对于不作为犯而言,只要行为人履行应当履行的义务就可以阻止结果的发生,但并未履行作为义务,如果发生了法益侵害结果,就可以将结果归责于不作为的行为人。例如,孙运梁教授也认为,作为与不作为适用的具体归责标准存在差异,针对作为适用的是制造或者增加危险理论,即如果行为人制造或者增加了结果发生危险,就可以将结果归责于行为人;针对不作为适用的是降低危险理论,即行为人实施被期待的作为,发生结果的危险将会显著降低,但没有实

---

① Vgl. Roxin, Strafrecht, AllgemeinerTeil, Bd. Ⅱ, Besondere Erscheinungsformen der Straftat, 2003, § 32, Rdn. 764ff.

② [德]克劳斯·罗克辛:《德国刑法学总论》(第1卷 犯罪原理的基础构造),王世洲译,法律出版社2005年版,第246页。

施该作为而发生了法益侵害结果的，则归责于行为人。换言之，作为犯是制造一个原本不存在的危险或者升高危险，而不作为犯是本来就存在危险，但没有去制止、降低该危险。①

实际上，在客观归责理论看来，无论是制造或者增加危险，还是降低危险，作为与不作为在本质上都是从"风险"或者"危险"这个角度进行的归责判断，只不过表现形态存在差异而已。

2. 注意区分先前行为与不作为的实行行为。在具体认定以先前行为为作为义务来源的不作为犯的场合，应当注意区分先前行为与不作为的实行行为，并进一步厘清先前行为的危险、不作为的危险与客观归责理论危险规则之间的关系，而不能将先前行为等同于构成要件行为（实行行为）。②

对此，陈兴良教授指出，制造风险原理是对构成要件行为的实质判断，在不作为犯的场合构成要件行为是指不作为本身，而不是先前行为；先前行为不是作为本身，而是产生作为义务的根据。不能将客观归责理论的制造风险原理用于认定先前行为。③ 陈逸群博士也强调，在判断是否成立不作为犯时，法律规范评价的重点不是先前行为是否制造了法律所不容许的风险，而是行为人是否存在未消除、降低风险的不作为。如果过度侧重于对先前行为的评判，甚至将先前行为误认为是不作为犯的实行行为，将会混淆不作为犯的行为性。④

（二）关于先前行为能否产生作为义务的学说争论及其分析

1. 否定说。该说认为，如果行为人实施了制造危险的先前行为，可以将一定危害结果的发生直接归责于该先前行为，而不需要针对后来的不作为追究刑事责任。⑤ 而且，基于危险的先前行为而形成保证人地位，无异于将刑事责任完全建立在因果关系上，这违背了个人责任原则。⑥ 德国刑法学理论的通说和判例反对此说。但是，耶赛克、罗克辛、许乃曼、普珀、施特拉腾韦特等坚持此说。

① 参见孙运梁：《以客观归责理论限定不作为犯的先行行为》，载《中外法学》2017 年第 5 期。

② 参见孙运梁：《不作为犯中客观归责理论的适用》，载《清华法学》2016 年第 4 期。

③ 参见陈兴良：《不作为犯论的生成》，载《中外法学》2012 年第 4 期。

④ 参见陈逸群：《对不纯正不作为犯的客观归责》，载陈兴良主编：《刑事法评论：规范论的犯罪论》，北京大学出版社 2015 年版，第 141 - 142 页。

⑤ Vgl. Lampe ZStW 72, 93. 转引自黄荣坚：《刑罚的极限》，台北，元照出版公司 1999 年版，第 36 页。

⑥ Vgl. Roxin ZStW 83 (1971), 403; Schunemann GA 1974, 231ff. 转引自黄荣坚：《刑罚的极限》，台北，元照出版公司 1999 年版，第 36 页。

例如,耶赛克等认为:“在不作为情况下不要求对因果关系有完全的确信,因为检测不是以实际上的因果过程,而是以绝对不可能预见的可能的因果过程为基础的(假定的因果关系)。”①许乃曼认为,只有在作为犯而非在不作为犯中,才能将风险增加理论作为基础。原因在于,这里的情况与作为犯是不同的,因果关系的要求不是被补充,而是被替代了。例如,在山羊毛笔案中,根据危险增加理论,关键在于“如果行为人实施了符合作为义务要求的行为,受害人幸存的可能性是否更大一些”。如果能证明这一点,行为人就应当对危害结果承担责任,而不管是因为提供(未经消毒的)山羊毛而造成了不允许的危险,还是因为没有进行消毒而未能减少危险。只要对不知名的病原体进行消毒并非完全无效,就应当将女工的死亡结果归责于企业主。②

2. 肯定说。德国学者毛拉赫、鲁道菲等主张此说,我国学者黄荣坚也坚持此说。对于上述否定说论者的见解,肯定说论者进行了以下反驳。

第一,肯定说论者认为,通常情况下,如果行为人实施了危险的先前行为,可以将后续发生的危害结果直接归责于该先前行为。但是,在例外的情况下,还需要就后来的不作为追究刑事责任。例如,黄荣坚教授认为:“因为行为人已经有一个危险的前行为,已经制造了一个自然界原本不存在的风险,所以我们才认为行为人有义务控制风险。……制造风险的人,必须控制风险。制造风险的人,对于风险的控制,居于保证人的地位。”③但是,对于危险的先前行为所造成的损害,并不一定都可以针对先前行为本身去追究刑事责任,因为先前行为本身往往属于法律上所容许的风险行为。基于法益保护的目的,法律上一个合理的要求,也是一个合乎期待可能性的要求是:“制造风险的人,虽然法律基于相对利益的考量而容许其制造风险,但是还是有义务随时控制其风险。”④“制造风险的人有义务把风险控制在容许限度的范围内……制造风险的人,必须控制风险;破坏自然的人,必须恢复自然。”⑤行为人违背该控制风险的义务,并造成法益侵害结果的,就有可能构成不作为犯。

第二,肯定说论者认为,以危险的先前行为作为形成保证人地位、构成

---

① [德]汉斯·海因里希·耶赛克、[德]托马斯·魏根特:《德国刑法教科书》(下),徐久生译,中国法制出版社 2017 年版,第 832 页。

② 参见[德]冈特·施特拉腾韦特、[德]洛塔尔·库伦:《刑法总论 Ⅰ——犯罪论》(第 5 版),杨萌译,法律出版社 2006 年版,第 377 页。

③ 黄荣坚:《刑罚的极限》,台北,元照出版公司 1999 年版,第 35 – 36 页。

④ 黄荣坚:《刑罚的极限》,台北,元照出版公司 1999 年版,第 36 – 37 页。

⑤ 黄荣坚:《基础刑法学》(第 3 版)(下),中国人民大学出版社 2009 年版,第 477 页。

不作为犯的理由,并不违背个人责任原则。不过值得考虑的是,先前行为之所以产生作为义务,除了要求先前制造或者增加侵害法益的危险外,还要求行为人主观上对于危险具有预见可能性。"不管是违背义务的危险前行为或是因果的危险前行为理论,对于保证人地位的建立,都有进一步的条件限制。这些进一步的条件限制,都是基于归责的思想而来的。……可以形成保证人地位的危险前行为,所要求的并非果真仅止于危险前行为的因果关系。"①

除了上述限制外,要形成保证人地位的先前行为,还需要满足什么限制条件呢?对此,通说(违背义务的先前行为理论)认为,形成保证人地位的先前行为,必须是违背义务的先前行为;如果先前行为没有违背义务,就不负有保证责任。鲁道菲、韦塞尔斯等主张此说。② 少数说(因果的先前行为理论)则认为,只要是有预见可能性的先前行为,行为人就必须控制风险,因此,合法的先前行为也足以形成保证人地位。鲍曼、赫兹伯格等主张此说。③

上述两种学说存在差别。例如,甲因为正当防卫将乙打成重伤,看到乙血流不止却不及时将其送医治疗,乙因为失血过多而死。按照上述通说的观点,因为甲是正当防卫,并未违反义务,所以不承担保证人地位的保证责任,对于乙的死亡,也不构成不作为的故意杀人罪。但是,按照少数说的观点,虽然甲的正当防卫行为没有违反义务,但是,甲的先前行为制造了乙死亡的危险,而且这种死亡结果导致甲构成防卫过当,因而甲具有对乙提供救助的作为义务,对于不作为所造成的乙的死亡,甲承担故意杀人罪(也有可能构成过失致人死亡罪)的责任。④

对于违背义务的先前行为理论的批评是,该说可能导致对于保证人地位的认定过于严苛。事实上,主张违背义务的先前行为理论一般也都承认例外情形的存在。例如,在因为紧急避险而造成第三人法益危险的场合,行为人应当负保证责任。这是因为,在此种情况下,第三者的利益并不是本来当然就可以被牺牲的,而是基于利益平衡的考虑,为了保护避险者更大的利益,不得已才被牺牲的。无辜第三者的利益应当受到保护。所以,在紧急避险之后,享受利益的避险行为人应该想方设法控制牺牲者所面临

① 黄荣坚:《刑罚的极限》,台北,元照出版公司1999年版,第37页。

② SK - Rudolphi §13 RN. 39f.; Sch - Sch - Stree §13 RN. 34f.; Wessels AT S. 232.

③ Baumann - Weber AT 1985 S. 248; Herzberg Jus 1971, 74ff.; Geilen JZ 1965, 469ff.

④ 参见黄荣坚:《刑罚的极限》,台北,元照出版公司1999年版,第38页。

的法益遭受侵害的风险。①

相对而言,因果的先前行为理论则可能会导致保证人地位的认定过宽。因此,需要结合诸如容许的风险、自我答责等理论予以合理限制。"危险前行为的行为人对于风险的控制也是有限制的:在容许风险的观念下,潜在的被害人(往往就是社会上的一般人)本来也就必须承担一定的合理的风险。如果是应该由潜在的被害人承担的风险,制造风险的人就不必负责任。"②

3. 本书的观点。无论是违背义务的先前行为理论还是因果的先前行为理论,都应当进行一定的修正。实际上,两种理论也各自进行了调整。

这样的标准应当是可以被接受的:第一,刑法的目的和任务是保护法益,不作为犯的目的也是如此。所以,制造危险的人,无论其制造危险的行为是否违反某项法律规定,都有义务控制危险。"基于法益保护的需求,制造风险的人,不管有没有违背义务,都必须控制风险。不过,如果风险应由被害人自我负责,风险制造人即不负保证责任。"③第二,如果可以将危险归责于行为人,即便其并未制造危险,也有义务控制危险。"危险前行为的行为人有义务控制风险,除非,风险应该由被害人自我负责。"④所谓被害人应该自我负责,第一种情况是可以将制造风险行为归责于风险的被害人。例如,正当防卫中的不法侵害者,自己间接制造了自己的风险,所以必须自我负责。第二种情况是,风险合理的部分应当由潜在的被害人来承担。至于合理风险所占的比例,也就是应当由潜在的被害人自行承担的风险的范围,必须根据具体情况进行判断。刑法理论上通常分为特别风险和日常一般风险。就特别风险而言,应该由风险制造者承担;而就日常一般风险而言,则应该由潜在的被害人自行承担。⑤

不过,许玉秀教授提出批评说,不作为原本已经将归责基础建立在"可能性"上,现在客观归责理论将作为犯的归责基础也建立在"可能性"上,如果将作为犯的这个"可能性"归责基础套用到不作为原来的"可能性"归责结构上,在双重可能性的基础上对不作为进行归责,是存在疑问的。⑥

---

① 参见黄荣坚:《刑罚的极限》,台北,元照出版公司1999年版,第39页。

② 黄荣坚:《刑罚的极限》,台北,元照出版公司1999年版,第41页。

③ 黄荣坚:《刑罚的极限》,台北,元照出版公司1999年版,第41页。

④ 黄荣坚:《刑罚的极限》,台北,元照出版公司1999年版,第42页。

⑤ 参见黄荣坚:《刑罚的极限》,台北,元照出版公司1999年版,第41-42页。

⑥ 参见许玉秀:《"最高法院"1989年台上字第3693号判决的再检讨——前行为的保证人地位与客观归责理论初探》,载许玉秀:《主观与客观之间——主观理论与客观归责》,法律出版社2008年版,第244页。

二、特别的义务违反关联(结果回避可能性)与不真正不作为犯的归责

在有些案件中,尽管先前行为超过了被允许的风险的范围,但即便行为人履行了作为义务,实施了避免结果的措施,也没有结果回避可能性时,先前行为人是否仍然具有保证人地位,承担不作为犯的刑事责任,就成了问题。例如,行为人甲驾驶机动车超速行驶,与机动车驾驶人乙相撞,致乙死亡,在事故中乙承担全部责任。事后查明,即便甲按照限速行驶,事故的发生仍然是难以避免的。① 德国联邦法院判决认为,本案中甲对乙处于保证人地位,成立不作为犯。

(一)关于是否需要就没有回避可能性的结果进行归责的基本观点

刑法理论通常认为,对于没有回避可能性的结果,要求行为人就客观上发生了的危害结果承担责任是没有意义的,所以行为人没有回避义务,不能认定为不作为犯。例如,韦塞尔斯认为,关于不真正不作为犯的客观归责,需要具备三个方面的前提条件,即原因性关联、客观归责的一般标准以及不作为与法益侵害结果之间的违反特别义务关联。② 其中,特别义务违反关联是指法益侵害结果的发生必须是基于不作为的义务违反性。换言之,法益侵害结果必须是从保证人应当排除的危险中产生的。如果该结果不是基于违反义务的不作为,而是其他原因造成的,因为缺乏风险实现的关联,不能将该结果归责于这个不作为(缺乏风险实现关联)。③ 显然,“特别的义务违反关联”所探讨的就是结果回避可能性问题。

不真正不作为犯的客观归责与过失犯的客观归责具有相似之处,都是违反某种义务。只不过,前者违反的是作为义务,后者违反的是注意义务。林钰雄教授指出:“在归责层次,违反义务行为与结果发生之间的义务违反关联性以及相关的结果可避免性,在此也扮演了重要角色。……如果行为人为合乎义务行为,结果仍然会如此发生,或以其他方式发生者,即因欠缺义务违反的关联性、结果之可避免性,不能将结果归责给行为人。”④在判断是否可以对不作为进行归责时,“特别的义务违反关联”扮演着重要的角色。

(二)结果回避可能性与义务违反的关系

按照义务违反说的观点,对于结果回避可能性的判断,与不作为的义

---

① Vgl. BGHSt 34, S. 82.

② 参见[德]约翰内斯·韦塞尔斯:《德国刑法总论》,李昌珂译,法律出版社2008年版,第431页。

③ 参见蔡圣伟:《不作为犯:第一讲　论故意之不纯正不作为犯(一)》,载《月旦法学教室》第51期(2007年)。

④ 林钰雄:《新刑法总则》,中国人民大学出版社2009年版,第409页。

务违反性(义务违反关联)密切相关。对于不作为犯而言,在“审查违反义务关联时,要提问发生的结果是否正好是建立在不作为的违反义务性上”,审查的基本规则与思路是:如果在危险处境中从事了被期待的救助行为,可以在很大程度上肯定能够保全遭受侵害的法益,即可以阻止构成要件性结果的发生。诚如韦塞尔斯所指出的:“在具体的危险情况中假如是实施了所要求的救助行为的,则几乎就可以肯定受到危险的法益就得到了维护。”①相反,如果按照义务从事行为,但是仍然发生构成要件结果,就不存在义务违反性,从而不能将危害结果归责于不作为。

不过,对于上述观点,也存在不同看法。例如,桥爪隆就认为结果避免可能性与义务违反性不是同一个概念,应当分别进行判断。一方面,“在行为人被科以避免法益侵害之作为义务的状况之下,就有必要在那些具有避免结果之盖然性的措施之中,考虑可能给行为人造成的不利益的程度、危险性(作为可能性),明确应科以其何种作为义务”②。另一方面,“要将法益侵害结果归责于行为人,在实施了应被赋予义务的作为的场合,还要求存在能够切实避免法益侵害结果这种关系(结果避免可能性)”③。

在行为人形式上履行了法律规范的场合,不能理所当然地直接得出已经尽到了作为义务的结论。例如,对于前述德国货车交通肇事案④,德国联邦最高法院认为,只有在遵守交通规则的行为不会造成损害结果时,违反交通规则的行为才是造成损害结果的原因,据此判决货车司机无罪。对于法院的判决,理论界有不同的看法。例如,罗克辛认为可以将结果归责于货车司机,因为遵守交通规则的行为虽然不能肯定但有可能避免骑车者死亡,未保持法定车距的行为逾越了允许的风险,以在法律上有重大意义的方式增加了发生死亡事件的可能性。⑤但是,普珀则认为,对于上述汽车司机在遵守交通规则驾驶汽车的情况下仍然导致事故发生的情形,关键不在于能否将这一结果归责于司机,而在于司机完全没有创设法所不容许的危险,其行为是合乎规范的。⑥

---

① [德]约翰内斯·韦塞尔斯:《德国刑法总论》,李昌珂译,法律出版社2008年版,第431-432页。

② [日]桥爪隆:《不作为犯的成立要件》,王昭武译,载《苏州大学学报(法学版)》2017年第4期。

③ [日]桥爪隆:《不作为犯的成立要件》,王昭武译,载《苏州大学学报(法学版)》2017年第4期。

④ 德国联邦最高法院刑四庭1957年9月25日判决(总第354号)。转引自[德]克劳斯·罗克辛:《德国最高法院判例:刑法总论》,何庆仁、蔡桂生译,中国人民大学出版社2012年版,第11页。

⑤ 参见[德]克劳斯·罗克辛:《德国刑法学总论》(第1卷　犯罪原理的基础构造),王世洲译,法律出版社2005年版,第257页。

⑥ 参见[德]英格伯格·普珀:《客观归责的体系》,徐凌波、曹斐译,载陈兴良主编:《刑事法评论》(第37卷　犯罪的阶层论),北京大学出版社2016年版,第293页。

在上述案件中,刑法评价的重点在于司机未保持法定车距的不作为,而不是超车这种作为。在判断能否将结果归责于行为人时,应当着眼于如果司机保持合法车距,能否降低风险从而避免危害结果的现实化。如果保持合法车距,在很大程度上甚至能够确定避免危害结果的现实化,就可以将危害结果归责于不作为。上述案件的鉴定结论表明,即使司机保持合法车距,发生事故的可能性仍然非常大,或者说结果避免可能性极低,所以,法院作出不能归责的判决结论是正确的。

(三)结果回避可能性与客观归责的关系

关于结果回避可能性与客观归责的关系,德国山羊毛案①具有典型性。在本案中,毛笔工厂的老板将没有消毒的山羊毛交给女工加工,由于该羊毛携带炭疽杆菌,导致四名女工感染病毒身亡。按照有关规定,应当对山羊毛进行消毒处理,但事后查明,受制于当时的医学科技水平和消毒能力,即便对山羊毛进行消毒处理也无法将炭疽杆菌杀死,女工仍然会感染病毒后死亡。

对此,德国刑法学理论认为,即便行为人按照规定履行了作为义务,但从事后查明的情况看,受制于当时的科技水平也不可能防止发生死亡结果,即便企业按照有关规定进行消杀也不会降低危险,所以不能将死亡结果归责于不作为的行为人。例如,罗克辛认为,根据事前判断,山羊毛笔工厂的老板未消毒的行为制造了重大风险,但事后来判断该风险没有在结果中实现,所以不能将此归责于企业老板。②

不过,也有学者提出了不同的看法。例如,施特拉腾韦特等认为,根据风险增高理论,在处理一些争论不休的、即便行为符合义务要求也可能会产生刑法上重要结果的案件时,重点并不在于保证人是积极作为还是不作为。就德国山羊毛案而言,按照风险增高理论,最关键的是,如果行为人实施了符合义务要求的行为,受害人幸存的可能性是否更大。如果能够证明这一点,行为人就应该对结果承担责任,而不管是因为提供未经消毒的山羊毛而造成了不允许的危险,还是没有进行消毒而未能减少危险。只要对不知名的病原体进行消毒并非完全无效,就应当将死亡结果归责于企业主。③

---

① 参见德国《帝国法院刑事判例集》(RGSt),第63卷,第211页。

② 参见[德]克劳斯·罗克辛:《德国刑法学总论》(第1卷 犯罪原理的基础构造),王世洲译,法律出版社2005年版,第254页。

③ 参见[德]冈特·施特拉腾韦特、[德]洛塔尔·库伦:《刑法总论Ⅰ——犯罪论》(第5版),杨萌译,法律出版社2006年版,第377页。

本书认为，尽管当时的消毒标准无法彻底杀灭炭疽杆菌，但如果按照要求进行消毒处理能够在一定程度上降低炭疽杆菌的毒性，从而提高被害女工的生还概率或者降低伤害程度，那么仍然可以考虑追究工厂主的不作为的刑事责任。

（四）结果回避可能性与犯罪既遂的判断

在结果的发生属于不可避免，因而无法认定为不作为的结果犯的既遂的场合，能否成立诸如故意杀人罪的未遂等形态呢？

第一种观点持否定说，主要理由是，由于不能认定存在作为实行行为的不作为，因此不仅不存在故意杀人罪的既遂，也不存在故意杀人罪的未遂。西田典之坚持此说。①

第二种观点持肯定说，主要理由是，只要着手实行犯罪的实行行为存在构成要件该当事实被现实化的危险，无论是否发生既遂的结果、无论能否将结果归责于行为人的行为，都能够成立未遂犯。就不作为犯而言，如果存在能够避免结果的一定的盖然性，就应当以此为前提，被科处作为义务；行为人怠于履行作为义务的，存在成立未遂犯的余地。② 本书赞同第二种观点。

三、其他因素与不真正不作为犯的归责

（一）规范保护目的与不真正不作为犯的归责

客观归责理论认为，要将法益侵害结果归责于行为，除了要求行为人的行为制造或者升高了法益侵害的危险，还要求先前行为制造的法益侵害的风险正是先前行为所违反的规范所反对的。换言之，先前行为之后的不作为所未制止的风险实现，必须落在先前行为违反的规范保护目的范围之内。如果先前行为制造了不被允许的风险，然而该风险没有在侵害结果中实现，此时先前行为人没有义务避免该侵害结果。只有先在行为制造的风险与法益损害之间有关联，才能将该先在行为作为不作为犯中的先前行为，即要求先前行为的违反义务性在于违反某种法律规范，该规范的目的正是要保护受到威胁的法益。③

---

① 参见［日］西田典之：《不作为犯论》，载［日］芝原邦尔等编：《刑法理论的现代展开——总论Ⅰ》，日本评论社 1988 年版，第 74 页。

② 参见［日］桥爪隆：《不作为犯的成立要件》，王昭武译，载《苏州大学学报（法学版）》2017 年第 4 期。

③ Vgl. BGHSt37，106（115）.

（二）行为人对后续发生的危害结果的预见可能性与不真正不作为犯的归责

德国学者泽尔曼认为，只有行为人在行为时能够预见到法益侵害的危险，才能将该危险造成的结果归责于先前行为人。[①] 该说得到了多数德国学者的支持。[②] 我国学者孙运梁教授也赞同这一观点。“先行行为人对侵害结果没有预见可能性的场合，就不能说先行行为创设了发生该侵害结果的不容许的风险。”[③]

本书认为，是否要求行为人对后续发生的危害结果具有预见可能性，既与行为人在违法性判断上是否采取主观违法性论有关，也与是否区分不作为犯的客观归责与主观归责有关。

（三）被害人自我答责与不真正不作为犯的归责

客观归责理论认为，通常情况下，谁单独制造或者与他人共同制造了法律所不容许的风险，就应当将该风险及其实现的法益侵害结果归责于该行为人。但是，如果被害人对于先前行为创设、增加的危险独立承担责任（被害人自我答责），则优先适用自我答责原则，从而不能将法益侵害结果归责于先前行为人。针对被害人自我答责这一问题，刑法理论和司法实践主要围绕三种类型的案件展开讨论：故意造成自我危险时的共同作用、同一他人造成的危险和结果归责于他人的责任范围。

在帮助他人故意的自害行为的场合，这一问题表现得尤为突出。在这种场合，虽然先前行为人制造、创设了法益侵害的危险，但被害人在认识到危险的情况下实施某一行为导致危险现实化，这时被害人的危险行为就阻断了先前行为所制造的危险，独立对法益侵害结果承担责任，从而不能将法益侵害结果归责于先前行为人。

常见的事例是向吸毒人员提供毒品或者贩卖毒品，吸毒人员吸毒后陷入昏迷状态，提供毒品或者贩卖毒品人员没有采取救助措施，吸毒人员最终死亡的，提供毒品者原则上不构成故意杀人罪或者过失致人死亡罪。当然，如果是有偿提供毒品，可能成立贩卖毒品罪。由于我国刑法并未规定（无偿）提供毒品罪，无偿提供毒品的行为不构成犯罪；但是，行为人持有大量毒品的，可以构成非法持有毒品罪。

---

① Vgl. Seelmann, Nomos－Kommentarzum Strafgesetzbuch, Bd. Ⅰ,1. Aufl. ,1995, §13, Rdn. 112.

② 参见［德］冈特·施特拉腾韦特、［德］洛塔尔·库伦：《刑法总论Ⅰ——犯罪论》（第5版），杨萌译，法律出版社2006年版，第366页。

③ 孙运梁：《以客观归责理论限定不作为犯的先行行为》，载《中外法学》2017年第5期。

(四)介入因素与不真正不作为犯的归因与归责

在其他因素介入因果流程的场合,关于因果关系与客观归责的判断,前田雅英主张考察介入因素出现的异常性大小、介入因素因果力量的大小及其与原因行为的对比等,将(实行)行为的危险性的大小、介入因素的异常性大小、介入因素与实行行为的关联性的大小以及介入因素对结果的贡献程度作为衡量因素。①

美国学者也认为,就被害人遭受行为人枪击行为后因医生不当救治而死亡的案件而言,需要判断开枪后被害人的状态更为倾向于稳定,还是更容易受到外来介入因素的影响。换言之,需要考察医疗行为中不当行为出现的可能性。主要有两个因素:一是在这种情况下医疗不当行为的可能性;二是从开枪到后来发生医疗事故,出现事故的可能性是否正常。具体来说,如果医生操作失误仅仅是由于轻微过失,则不是足以打断既有因果关系的介入性原因。相反,如果医生的操作失误是重大过失甚至是故意,就属于独立的介入性因果关系,从而可以减轻甚至免除开枪者对于死亡结果的刑事责任。②

(五)集体决策场合下不真正不作为犯的归因与归责

在公司、企业生产、销售缺陷产品后,公司董事会召开会议研究如何应对,并通过投票方式决定是否召回缺陷产品。倘若会议的决议是不召回缺陷产品,最终导致消费者因产品缺陷而出现人身伤亡或者重大财产损失,需要追究刑事责任的,能否追究以及如何追究董事会成员的刑事责任?

德国联邦法院的判决指出:"如果这种为了阻止损害所要求的措施,是指由公司管理层作出召回缺陷产品的决定,只能通过多名参与者的共同决定才能作出,那么,每一个人,尽管具有共同作用的能力但对作出自己的贡献不作为的,就都成为所要求措施的不作为的一个原因;在这个框架内,他对由此产生的符合犯罪构成要件的结果就负有责任……在这里,他也不能这样来解除自己的责任,即他为争取作出所要求的集体决定而付出的努力本来就是无效的,因为其他参与者在争论中原本就会否定他的意见。只有在他为了争取作出那份所要求的决议,已经实施了对他来说是可能的与可以过分要求的一切行为时,才会免除他在刑法上的共同责任。"③

---

① 参见[日]前田雅英:《刑法总论讲义》(第6版),曾文科译,北京大学出版社2017年版,第122页。

② 参见[美]亚瑟·利文斯:《因果关系视角下的不作为犯罪》,高娜、李立丰译,载赵秉志主编:《刑法论丛》(第37卷),法律出版社2014年版,第262-263页。

③ 《德国联邦最高法院刑事判决汇编》(BGHSt),第37卷,第131页。

本书持以下观点:第一,在公司、企业生产、销售缺陷产品的场合,在发现产品缺陷后,公司、企业的决策机构、决策人员负有及时召回的义务。第二,在公司、企业的决策机构、决策者决定召回,而且没有致人重伤、死亡或者造成重大财产损失的场合,通常不会追究刑事责任。倘若没有召回或者没有及时召回,并发生了前述不幸的,就涉及公司、企业主管人员、直接责任人员的刑事责任认定。本书认为,公司内部采取"少数服从多数"的集体决策机制,支持、赞同召回缺陷产品的已经可能在决策过程中被否定,如果集体决策的决议是不召回缺陷产品,对于支持、赞同召回的,原则上不应当追究刑事责任(还要具体考察行为人以何种方式,以及是否全面履行召回义务)。相反,对于反对召回(投下反对票)和保持中立(投下弃权票)的,可以将危害结果归责于行为人,原则上应当追究刑事责任。后文将就这一问题展开详细论述,此处不再赘言。

第六节　本书的观点

一、不作为犯因果关系与客观归责的特点

(一)刑法上认定因果关系与客观归责的特点

因果关系所描述的是实行行为内在的原因力或者作用力的危险性的现实化过程。刑法上因果关系的认定与客观归责的判断,具有下列几个特点:

第一,刑法上的因果关系的认定与客观归责的判断,不是纯粹从科学角度对客观规律或者自然法则的探索,而是一种建立在一定事实基础上的规范评价,不能在科学判断与规范评价之间简单地画等号。通常情况下,在前行为与后结果之间存在自然科学意义上的引起与被引起的关系,是认定具有刑法上因果关系的必要条件,但还不能直接得出存在刑法上因果关系的结论。正如耶赛克所指出的:"因果关系的自然科学范畴,只能提供外部的框架,而不能提供结论性答案,完全可能出现某人对结果的发生不负责任,尽管其行为与结果的产生之间存在因果关系。"①在例外情况下,虽然在前行为与后结果之间不存在自然科学意义上的引起与被引起的关系,但也完全有可能认为前者与后者之间具有刑法上的因果关系,可以将后者归责于前者。

第二,因果关系与客观归责的判断不可避免存在主观选择问题。例

---

① [德]汉斯·海因里希·耶赛克、[德]托马斯·魏根特:《德国刑法教科书》,徐久生译,中国法制出版社2017年版,第376页。

如,有美国学者认为,关于近因(proximate cause)问题的分析不完全是客观的,“相反,对于行为与结果之间关系的选择,很大程度上是一种主观的选择与评价问题”①。

(二)不作为犯因果关系和客观归责的特点

与作为犯相比,不作为犯因果关系和客观归责具有以下几个特点:

第一,作为的原因力在于积极地制造法益侵害的危险,并进一步现实化;不作为的原因力在于它应该阻止而没有阻止事物向危险方向发展(没有阻止实行行为的法益侵害危险的现实化),从而引起危害结果的发生。

第二,不真正不作为犯的因果关系的认定,与实行行为的认定密不可分。原则上,以作为义务来确定不真正不作为犯的处罚范围,也就是不作为的实行行为的范围,不作为的实行行为的认定包括结果防止(回避)可能性与作为义务两个方面。②

第三,不作为犯与作为犯在因果关系的判断上存在差异。作为犯的因果关系是“事实上存在因果关系”与经过评价之后的“评价上存在因果关系”的统一。就不作为犯而言,从自然科学的角度看不存在因果关系,但是从法律的角度看,“如果行为人实施所期待的某种行为,就不会发生法益侵害结果”,“评价上存在因果关系”,所以不作为犯的因果关系属于假定的因果关系或者拟制的因果关系。③

二、认定不作为犯因果关系的方法

认定不作为犯的因果关系,可以借鉴风险增高理论、④盖然性法则等研究成果。以盖然性法则为例,盖然性法则(或者统计法则)是指,在A出现时,则有P%的可能性会出现B,换言之,存在P%的可能性若A则B。⑤ 所以,行为人实施了期待的行为,从经验上判断具有高度盖然性、“十有八九”或者极有可能不会发生法益侵害结果的,能够认为不作为与法益侵害

① [美]亚瑟·利文斯:《因果关系视角下的不作为犯罪》,高娜、李立丰译,载赵秉志主编:《刑法论丛》(第37卷),法律出版社2014年版,第257-258页。

② 参见[日]前田雅英:《刑法总论讲义》(第6版),曾文科译,北京大学出版社2017年版,第82页。

③ 参见[日]神山敏雄:《不作为共犯论》,成文堂1994年版,第12页。

④ 在不作为犯的场合,罗克辛将风险升高理论调整为风险降低理论。参见[德]克劳斯·罗克辛:《德国刑法学总论》(第2卷　犯罪行为的特别表现形式),王世洲等译,法律出版社2013年版,第485-487页。

⑤ 参见[德]埃里克·希尔根多夫:《德国刑法学:从传统到现代》,江溯等译,北京大学出版社2015年版,第284页。

结果之间具有因果关系。①

不过,不真正不作为犯的结果归责并不取决于行为是否具有几近确定的可能性得以避免危害结果的发生,而应当取决于行为人的不作为对于结果的发生是否有贡献,即如果实施有关行为能否显著降低发生结果的危险。

① 参见[德]冈特·施特拉腾韦特、[德]洛塔尔·库伦:《刑法总论Ⅰ——犯罪论》(第5版),杨萌译,法律出版社2006年版,第375页;[日]西田典之:《日本刑法总论》(第2版),王昭武、刘明祥译,法律出版社2013年版,第198页。

第四章　刑法上作为义务的体系性地位

第一节　问题的提出

众所周知，刑法明文规定了真正不作为犯的保证人身份和作为义务来源，对其进行处罚不存在违反罪刑法定原则的问题。相反，由于刑法未规定不真正不作为犯的保证人身份和作为义务来源，处罚不真正不作为犯是否违反罪刑法定原则，存在争论。考虑到处罚不真正不作为犯的目的是保护法益，上述争议归根结底在于如何界定处罚不真正不作为犯的边界。对此，英国学者威尔逊的解读具有代表性："在积极作为的场合，不需要此类判断，因为刺伤、溺死、枪杀等情况下，积极作为行为本身就清楚地说明了自己所体现的犯罪性。比较而言，不作为的责任通过要求不作为人具有防止相关结果发生的法律义务来进行筛选。"①

在不真正不作为犯的作为义务判断中，除了作为义务的来源或者产生根据之外，作为义务到底处于什么位置，扮演着什么样的角色，也是一个绕不开的问题。"核心问题在于：不作为犯罪要求行为人履行何种义务？在多数情况下，是只要求行为人采取合理措施，还是要求其尽最大努力履行义务？"②在我国传统的四要件说的犯罪构成理论中，由于各要件之间缺乏位阶性，不存在作为义务的体系性地位问题，一般都是在危害行为的行为方式中加以讨论，并与作为相对应。③ 因此，所谓作为义务的体系性地位，很大程度上是奠基于阶层犯罪论体系的。

关于作为义务在不作为犯的犯罪构成中的体系性地位，理论上主要存在因果关系说、违法要素说和保证人说的对立。④ 下面将对这些学说逐一展开论述，并就其可能存在的不足之处提出本书的看法。

---

① ［英］威廉姆·威尔逊：《刑法理论的核心问题》，谢望原、罗灿、王波译，中国人民大学出版社2015年版，第103页。

② ［英］安德鲁·阿什沃斯：《刑法的积极义务》，姜敏译，中国法制出版社2018年版，第109页。

③ 参见高铭暄、马克昌主编：《刑法学》（第10版），北京大学出版社、高等教育出版社2022年版，第63－65页。

④ 参见［日］福田平、［日］大塚仁编：《日本刑法总论讲义》，李乔、文石、周世铮译，辽宁人民出版社1986年版，第61页。日高义博主张区分为因果关系说、违法性说和构成要件相当性说。参见［日］日高义博：《不作为犯的理论》，王树平译，中国人民公安大学出版社1992年版，第11－12页。

第二节 因果关系说及其评析

因果关系说主张在因果关系领域考察作为义务，对不作为的原因力进行论证。在19世纪，由于盛行自然主义与实证主义，当时的因果行为论采用存在论的行为概念，注重行为的实体性存在。问题在于，从实体性存在上看，不作为是“无”，何以变成法律上的“有”呢？这首先是一个不作为是否具有行为性，以及不作为是否具有原因力的问题。关于不作为的原因力，在刑法理论上存在肯定说、否定说与拟制说的对立。

一、因果关系肯定说

该说认为不作为具有行为性，同时也肯定不作为具有原因力，在不作为与结果之间存在因果关系。该说具体又可以分为他行为说、先前行为说、干涉说、作为义务违反说和防止可能性说等。①

（一）他行为说

该说由德国学者鲁登所提倡。该说认为，不作为行为人在应当避免结果产生的时刻，实施其他行为，就是犯罪结果的唯一的原因。②

但是，在现实生活中，行为人不作为的背后并不一定总是伴随着实行某种作为样态的行为，而且，即便有其他行为存在，与不作为也并不具有理论上的关系。因此，用他行为来说明不作为的原因力，在逻辑上是不妥当的。③

（二）先前行为说

该说由德国学者克鲁格、格拉斯、默克尔等主张。该说一反前述他行为说的立场，认为不是同时发生的行为，而是先前发生的行为是不作为犯的原因，并且主张承认“事后的故意”。④

该说主要存在以下几个问题：第一，在没有先前行为的场合，如在无意识状态下分娩的母亲不给婴儿哺乳导致新生儿饿死的，该说无法进行准

---

① 陈兴良教授认为，他行为说、先前行为说和干涉说是从存在论角度探讨不作为的原因力，往往从其他行为中寻找不作为的原因力，可以说是变相的因果关系否定说。参见陈兴良：《作为义务：从形式的义务论到实质的义务论》，载《国家检察官学院学报》2010年第3期。

② 参见[德]汉斯·海因里希·耶赛克、[德]托马斯·魏根特：《德国刑法教科书》（下），徐久生译，中国法制出版社2017年版，第829页。

③ 参见黎宏：《不作为犯研究》，武汉大学出版社1997年版，第73页。

④ 参见[德]汉斯·海因里希·耶赛克、[德]托马斯·魏根特：《德国刑法教科书》（下），徐久生译，中国法制出版社2017年版，第829页。

确、透彻的说明。[①] 现在的先前行为理论大多对“先前行为”进行规范的理解，即便是否认先前行为理论的观点，也主张在前述场合下由于行为人与被害人之间具有父母、子女关系等社会持续性保护关系，对被害人具有“支配领域性”，足以对被害人的死亡从客观方面进行归责。[②] 第二，关于如何理解“事后的故意”，理论上也存在不同的见解，不能提供恰当的解决方案。因此，先前行为说是不妥当的。

（三）干涉说

该说由德国学者布莱、宾丁、赫尔施纳、奥尔特曼等倡导。该说认为，因不作为而造成客观事物的变化是行为人基于其内心决意，通过积极破坏原因条件与防止条件的均衡，导致危害结果的发生，所以这种不作为具有原因力。例如，杀人行为是引起死亡结果的原因条件，医生对受害人采取的抢救行为则是防止条件。如果医生基于内心决意而不实施抢救行为，就是对防止条件的破坏，则该不作为是受害人死亡的原因。[③]

该说主要存在以下几个问题：首先，该说试图从不作为者的心理活动中寻求不作为的原因力，存在将因果关系与行为人的主观罪过混为一谈的问题。其次，该说所讲的内心决意仅限于故意，无法说明过失犯的因果关系，[④]尽管是否要处罚以及如何限制处罚过失不作为犯的范围都存在很多难题。最后，在不作为犯的场合，关注的重点不应当是行为人在当时当地实行了何种积极的作为，而是消极地不实行作为行为，所以难以认定存在“积极破坏原因条件与防止条件的均衡”等情形。因此，干涉说是不妥当的。

（四）作为义务违反说

该说认为，不作为犯罪结果的出现，是由于行为人违反了法律规定的作为义务。如果行为人不违反法律所期待的义务，就不会发生危害结果，以犯罪论处。所以，行为人违反义务的行为是引起犯罪结果的原因。例如，在母亲不履行按时给婴儿喂奶的作为义务，导致婴儿死亡的场合，母亲违反作为义务的不作为是孩子死亡的原因。[⑤]

我国传统刑法理论在论及不作为犯的因果关系问题时，指出：“不作为

① 参见黎宏：《不作为犯研究》，武汉大学出版社1997年版，第73页。

② 参见［日］西田典之：《日本刑法总论》（第2版），王昭武、刘明祥译，法律出版社2013年版，第106页。

③ 参见黎宏：《不作为犯研究》，武汉大学出版社1997年版，第74页。

④ 参见黎宏：《不作为犯研究》，武汉大学出版社1997年版，第74页。

⑤ 参见黎宏：《不作为犯研究》，武汉大学出版社1997年版，第74页。

行为与危害结果之间的因果关系是客观存在的,……不作为的原因力,就在于它应该阻止而没有阻止事物向危险方向发展,以至于引起了危害结果的发生。不作为犯罪因果关系的特殊性只在于,它要以行为人负有特定的义务为前提,除此以外,它的因果关系应与作为犯罪一样解决。”①这显然是坚持作为义务违反说。

该说从作为义务的角度诠释不作为的原因力,而不是仅仅从存在论、物理意义等角度看待不作为犯的因果关系,这是其进步之处。但是,它将因果关系简单地与作为义务划等号,并未真正揭示不作为犯罪的真正原因,很难说具有多少说服力。

(五)防止可能性说

该说由日本学者牧野英一倡导。该说认为,在不作为犯罪中,当出现可能危害结果而行为人不防止时,他的不作为对于社会具有危险性,所以行为人的不作为与危害结果之间存在刑法上的因果关系。不过,即使行为人具有防止结果发生的义务,但是他不可能去防止时,他的不作为对社会也没有危险性,与危害结果之间不存在因果关系。②

因果关系是指存在引起与被引起的关系这样一个具有客观性的问题,该说将因果关系作为客观联系,无疑是正确的。但是,该说存在以下几个问题:首先,该说片面地强调能防止而不防止,无论是什么人,无论有无特定的防止义务,只要具有作为的可能性就存在因果关系,这无论在逻辑上还是情理上都是说不通的。其次,该说在强调因果关系的客观性的同时,又认为只有在“能防止而不防止”的情况下才存在因果关系,实际上将因果关系作为依附于主观意志的东西,在某种程度上变相否定了因果关系的客观性,所以是不妥当的。③

二、因果关系否定说

(一)因果关系否定说的主要观点

该说完全否认不作为具有行为性及原因力,认为从物理上看,不作为是“无”,不能“无中生有”;从人体运动上看,不作为是身体的静止,对外界事物不起任何影响。所以,不作为没有引起结果的原因力。德国学者韦尔策尔等坚持此说。

---

① 高铭暄、马克昌主编:《刑法学》(第10版),北京大学出版社、高等教育出版社2022年版,第77页。

② 参见[日]牧野英一:《日本刑法》(重订版)(上卷),有斐阁1937年版,第282-283页。

③ 参见黎宏:《不作为犯研究》,武汉大学出版社1997年版,第75页。

(二)对因果关系否定说的评析

本书认为,因果关系否定说主要存在下列不妥当之处:

第一,该说用物理学的观点来解释不作为,否定不作为的行为性,将不作为与“无”混为一谈。但是,刑法上的不作为并不是什么也不做,而是不实施法律所要求、期待的作为,即不履行应当履行的作为义务。所以,因果关系否定说在逻辑上是说不通的。

第二,因果关系是对行为人进行客观归责的前提,不真正不作为犯是只有发生一定结果才能成立的结果犯,①如果认为不作为和结果之间不存在因果关系,处罚不真正不作为犯将违反罪刑法定原则。②

第三,关于因果关系的判断,应当说不作为犯与作为犯存在差异。但是,在不真正不作为犯的场合,完全可以通过“只要履行了一定作为的义务,该结果就不会发生”“如果实施了被期待的行为,就能够避免结果发生”等方法进行判断。亦即,“在即便是实施了所期待的行为恐怕也不能回避结果这样的场合,就能理解为是否定了不作为与结果之间的因果关系”③。

三、拟制说(不作为准因果关系说)

(一)拟制说的主要观点

该说认为,从物理意义上说不作为没有原因力,就此而言不作为不存在因果关系,而之所以又承认不作为的因果关系,完全是法律拟制的结果。④ 德国学者李斯特、科勒、巴尔、特雷格等,日本学者冈田朝太郎、泉二新熊等坚持此说。

(二)对拟制说的评析

本书认为,该说主要存在以下不足:第一,该说将不作为理解为自然意义上的“无”,其理论前提是错误的。第二,该说将原本客观存在的不作为的因果关系理解为法律拟制的结果,导致因果关系失去了其客观性,也是不妥当的。⑤

---

① 参见[日]曾根威彦:《刑法学基础》,黎宏译,法律出版社2005年版,第122页;[日]浅田和茂:《刑法总论》(补正版),成文堂2007年版,第153页。

② 参见[日]山口厚:《刑法总论》(第2版),付立庆译,中国人民大学出版社2011年版,第77页。

③ [日]山口厚:《刑法总论》(第2版),付立庆译,中国人民大学出版社2011年版,第78页。

④ 参见黎宏:《不作为犯研究》,武汉大学出版社1997年版,第76页。

⑤ 参见黎宏:《不作为犯研究》,武汉大学出版社1997年版,第77页。

四、对因果关系说的评析

(一)既应当肯定不作为犯的因果关系,也应当认识到其与作为犯存在的差异

本书认为,不作为犯的因果关系与作为犯的因果关系主要存在如下差异:

1. 与作为犯不同,不作为犯的因果关系不是存在意义或者物理意义上的因果关系,而是规范评价意义上的因果关系。耶赛克等指出,不作为的因果关系“不是力学意义上的因果关系,而只是取决于,不作为人的可能的行为是否能够避免结果的发生。因此,如果实施被要求的行为能够避免结果发生,不作为与已经发生的结果之间,存在法律上的联系,这种联系在积极的作为情况下形成因果关系”①。

2. 对不作为犯的因果关系的判断也与作为犯存在差异。关于作为犯因果关系的判断,通常是从正面确认“作为”是否创造了一个既存的因果流程,并且最终导致与行为相关联的犯罪结果的出现。而在不作为犯的因果关系的场合,则是要证明行为人本来是否可通过自身的行为有效介入既存的因果流程,从而起到阻断、遮断因果流程的作用。在行为人即便实施作为也不可能阻断、遮断因果流程的场合,只能将结果归因于招致危险状况的其他行为或者事件,在不作为与结果之间不存在因果联系。②

3. 在作为犯的场合不允许考虑假设的因果关系,但是在不作为犯的场合则可以借助合义务替代行为来判断有无结果回避可能性。这主要是因为,在作为犯的场合,行为人通过创设一个具体的因果关系,使行为与结果之间连接得如此紧密以至于不存在可以假设的空间;相反,在不作为犯的场合,能否实现规范所要达到的目的,则不得不考虑面对既有因果流程时行为人与其他因素相对抗的能力。③

(二)因果关系说存在扩大不真正不作为犯的处罚范围的弊端

就不真正不作为犯而言,并不是只要在不作为与构成要件的结果之间具有因果关系,就能得出该不作为符合某一犯罪构成要件的结论。例如,

---

① [德]汉斯·海因里希·耶赛克、[德]托马斯·魏根特:《德国刑法教科书》(下),徐久生译,中国法制出版社2017年版,第831页。

② 参见曾文科:《不作为犯的归因与归责》,载陈兴良主编:《刑事法评论》(第28卷),北京大学出版社2011年版,第393页。

③ 参见曾文科:《不作为犯的归因与归责》,载陈兴良主编:《刑事法评论》(第28卷),北京大学出版社2011年版,第393页。

在没有救助溺水儿童的场合，从因果关系的角度看，在一般意义上说，凡是在场的人员，其不作为都与儿童的死亡之间具有因果关系，而不是说只有其父母的不作为与儿童的死亡之间具有因果关系。

但是，如果认为所有可能救助溺水儿童的人的不救助行为都是不作为，都符合故意杀人罪的构成要件，容易导致处罚范围的不当扩大化。所以，在进行刑事归责时，除了判断有无因果关系之外，还需要进一步考虑能否进行客观归责以及主观归责等问题。

（三）因果关系并非不作为犯的决定性问题

众所周知，因果关系不是构成要件故意的认识内容，无论是作为犯还是不作为犯，因果关系的错误都不影响故意的存否。即使不作为人对因果关系、构成要件的等价性等要素没有认识或者存在认识错误，只要对构成要件事实具有认识，就足以形成反对动机。①

但是，保证人地位与作为义务，还要求行为人对其具有认识，即不但要求行为人对自己的行为的内容和社会意义、行为本身存在的危险性以及可能发生的危害结果具有认识，而且要求其对具有保证人地位和作为义务也具有认识。相反，如果行为人没有认识到其保证人地位与作为义务，却要使其承担故意犯罪的责任，将违反责任主义原则。正如耶赛克等所言："因果关系不是不作为犯的决定性问题。'不作为的应受处罚性是与认定因果关系完全无关的。'起决定性作用的更多的是规范的观点，即某人通过对期待的行为的不作为，侵害对他的帮助给予信任的利益，且由于缺乏其他的保安措施而得不到保护。"②所以，围绕不作为犯因果关系的争论，可以说是迄今为止所进行的最没有成效的争论之一。

第三节　违法要素说及其评析

一、违法要素说的基本观点

违法要素说主张分别考察不作为犯的因果关系与作为义务，认为不作为的因果关系是不依赖于作为义务而存在的，无论行为人有无作为义务，不作为与危害结果的发生之间都有因果关系。作为义务不是一个因果关系问题，而是一个违法要素问题，应当在违法性中加以考察。例如，日高义

① 参见［日］日高义博：《不作为犯的理论》，王树平译，中国人民公安大学出版社1992年版，第149页。

② ［德］汉斯·海因里希·耶赛克、［德］托马斯·魏根特：《德国刑法教科书》（下），徐久生译，中国法制出版社2017年版，第808页。

博指出，违法要素说将作为义务从因果关系的要件中分离出来成为违法要素，在理论上进一步探讨了法定作为义务的根据，并进而发展到事务管理及情理（或公序良俗）。[①]

德国学者贝林、迈尔、鲍曼等将作为义务理解为不作为的违法要素。日本学者牧野英一、野村稔等也提倡该说。例如，鲍曼认为，如果行为人的不作为是产生构成要件结果的原因，那么，无论其是否具有防止结果的特别义务，都符合犯罪构成要件，但只有在行为人具有防止结果的义务时，其不作为才是违法的。[②] 野村稔也认为，只有在行为人具有作为义务的根据和作为可能的情况下才产生具体的作为义务，“这是在实质的违法性的层面上应当论及的层面”。[③]

根据该说，有无作为义务属于违法性判断的范畴，所以，诸如路人不救助落水儿童的行为符合故意杀人罪的构成要件，只是在违法性阶段再根据有无作为义务判断其是否阻却违法。[④]

二、对违法要素说的评析

本书认为，违法要素说主要存在以下问题。

（一）无法合理限制不真正不作为犯的处罚范围

之所以讨论作为义务的体系性地位，是为了限定不真正不作为犯的主体范围。[⑤] 但是，违法要素说认为，只要不作为引起危害结果的发生就符合犯罪构成要件，导致很难限定犯罪主体的范围。例如，对倒在路边即将死去的被害人，如果某个行人希望该被害人死去而置之不理，那么这个行人的不作为也符合故意杀人罪的成立要件。[⑥]

众所周知，现实生活中不防止结果发生的情况是广泛存在的，但并非不防止结果发生的情形都构成刑法上的不作为，只有具有作为义务的人不防止结果发生才构成不作为。如果将作为义务从构成要件符合性中分离出来，由于缺少作为义务的限定，防止结果的主体范围将变得漫无边际，不

① 参见［日］日高义博：《不作为犯的理论》，王树平译，中国人民公安大学出版社 1992 年版，第 18 页。

② 参见［日］日高义博：《不作为犯的理论》，王树平译，中国人民公安大学出版社 1992 年版，第 23 页。

③ 参见［日］野村稔：《刑法总论》，全理其、何力译，法律出版社 2001 年版，第 190 页。

④ 参见［日］立石二六编著：《刑法总论 30 讲》，成文堂 2007 年版，第 46 页。

⑤ 参见［日］川端博：《刑法总论讲义》（第 2 版），成文堂 2006 年版，第 221 页。

⑥ 参见［日］日高义博：《不作为犯的理论》，王树平译，中国人民公安大学出版社 1992 年版，第 20 页。

作为的实行行为性问题将难以得到妥当解决。[①]

(二)颠倒构成要件符合性与违法性的判断顺序

只要坚持阶层犯罪论体系,并认为构成要件是违法类型,构成要件就具有违法性推定机能。判断各个成立条件的顺序,应该是先进行构成要件符合性的判断,再进行违法性的判断。但是,根据违法要素说,对于不真正不作为犯而言,只有违法的不作为才符合构成要件,这样将会颠倒构成要件符合性与违法性的判断顺序。[②] 例如,陈子平教授指出,如果依照违法要素说的观点,"惹起构成要件结果之一切不作为,包括作为义务者以外之不作为,均具构成要件该当性,其中因作为义务者之不作为具有作为义务而具有违法性,其余之不作为则因不具有作为义务而不具有违法性;依此推论,不纯正不作为犯之构成要件,完全不具'违法推定功能'"[③],作为犯的场合所适用的"违法推定原理"将无法适用于不作为犯。

(三)容易混淆违法性认识错误与事实认识错误

根据违法要素说,行为人具有作为义务却误认为自己没有该义务,因而不实施作为的,属于违法性认识错误。但是,这种错误实际上是关于作为义务发生与否的基础性前提事实的错误,属于事实认识错误,而不是违法性认识错误。例如,误认为落水的自家的孩子是别人家的孩子,因而不实施救助行为的,首先产生了事实认识错误,接下来才是对自己不作为的法律评价的认识错误。[④] 违法要素说显然存在容易混淆违法性认识错误与事实认识错误的问题。

第四节　保证人说及其评析

一、保证人说的提出

为了克服违法要素说的缺陷,德国学者纳格勒在 1938 年撰写了题为《由不作为实现的作为的问题性》的论文,将作为义务视为不作为的构成要件符合性,首次提出保证人说。[⑤] 保证人说认为,保证人是居于保证人地

---

① 参见陈兴良:《作为义务:从形式的义务论到实质的义务论》,载《国家检察官学院学报》2010 年第 3 期;刘士心:《不纯正不作为犯研究》,人民出版社 2008 年版,第 69－70 页。

② 参见[日]浅田和茂:《刑法总论》(补正版),成文堂 2007 年版,第 153 页。

③ 陈子平:《刑法总论》(2008 年增修版),中国人民大学出版社 2009 年版,第 114 页。

④ 参见[日]曽根威彦:《刑法的重要问题(总论)》(第 2 版),成文堂 2005 年版,第 242 页。

⑤ Vgl. Johanners Nagler, Die Problematik der Begehung durch Unterlassung, Gerichtssaal, Bd. 111 (1938), S. 1ff.

位(Garantenstellung,Garantenposition),具有防止结果发生义务的人;只有负有防止结果发生的法律上的作为义务的人,即处于保证人地位的人的不作为才有可能符合构成要件。因此,保证人地位不是违法性问题,而是构成要件符合性问题,[①]也是实行行为问题。韦尔策尔进一步将保证人地位视为限定不作为人范围的构成要件要素,认为不真正不作为犯是需要具有保证人身份的真正身份犯。保证人说根据不真正不作为是否构成要件行为,是否具备作为所必要的构成要件符合性,以决定不作为与作为是否具有等价性,从而具有相同的可罚性,也可以称为构成要件说。[②]

保证人说是德国刑法理论的通说。一般认为,在不真正不作为犯的场合,保证人被赋予了避免发生法益侵害结果的义务。法益侵害结果的发生属于构成要件,违反避免法益侵害结果发生义务的保证人应当就该结果承担刑事责任。例如,韦塞尔斯指出,保证人"是以对他所承担的阻止结果发生的义务的违反形式,实现了在法律上是作为作为犯来规定的,主要是以一个禁止规范为其规定基础的犯罪行为构成要件"[③]。施特拉腾韦特强调,只有当行为人具有特定的法益保护义务或者制止某种法益侵害结果发生的义务,才能将不制止结果发生的作为与制造结果的积极行为同等看待。反之,如果只是涉及一般的、不以行为人保护法益的加重责任为前提的救助义务,则不属于刑法上的作为义务。[④]

保证人说在1960年由中谷瑾子介绍到日本,现在是日本刑法理论的通说。例如,大谷实指出,之所以说不作为和作为之间具有同等的社会危害性,主要是因为行为人与被害人或者被害法益之间具有某种特别关系。这种关系意味着,对某种法益的保护,在社会生活上具体地依存于该行为人,行为人对于发生构成要件结果处于支配地位。在存在发生犯罪结果的现实危险的场合,只要行为人不实施防止结果发生的作为,就会发生结果。刑法以这种社会生活上的依存关系或者支配关系为依据,要求行为人实施

---

① 陈兴良教授认为,尽管因果关系说与构成要件说都在构成要件中讨论作为义务,但两者有所不同。前者仅仅从原因力的角度探讨作为义务,后者则将作为义务当作一个独立的构成要件要素,特别是保证人说,将作为义务看作不作为的构成要件该当性的主体要素。参见陈兴良:《作为义务:从形式的义务论到实质的义务论》,载《国家检察官学院学报》2010年第3期。

② 参见许玉秀:《论西德刑法上保证人地位之实质化运动》,载许玉秀:《当代刑法思潮》,中国民主法制出版社2005年版,第622-623页。

③ [德]约翰内斯·韦塞尔斯:《德国刑法总论》,李昌珂译,法律出版社2008年版,第423页。

④ 参见[德]冈特·施特拉腾韦特、[德]洛塔尔·库伦:《刑法总论Ⅰ——犯罪论》(第5版),杨萌译,法律出版社2006年版,第360页。

回避结果的作为义务。①

二、保证人说的类型

围绕保证人地位与保证人义务的关系处理,可以将保证人说分为保证人地位与保证人义务一体说(以下简称一体说)和保证人地位与保证人义务区别说(以下简称区别说)。② 一体说论者与区别说论者展开了激烈的论争。

(一)一体说的主要观点及其评析

一体说认为,法律上产生的作为义务的基础性事项(保证人地位)与由此产生的防止结果发生的作为义务是一体的,可以将其统称为保证义务。这种保证义务属于构成要件要素。该说的价值在于,主张保证人地位(导致作为义务发生的基础性事项)属于构成要件要素,并且承认构成要件中的作为与不作为必须具有等价性。

1. 日本学者关于一体说的观点。日本学者大谷实、前田雅英、山中敬一、松原芳博、立石二六、高桥则夫等主张一体说。③ 例如,大谷实指出,保证人义务是构成要件要素,在行为人原本有作为义务而行为人误认为没有作为义务的场合,属于事实错误,排除故意。再者,区分保证人地位与作为义务没有什么实质意义。只要行为人认识到自己的保证人地位,就必然对作为义务具有认识。司法实践中也很难区分保证人地位的认识错误与作为义务的认识错误。④ 松原芳博认为,保证人地位是作为义务的前提事实,在通常的文脉语境下,这两个概念是可以互换的。⑤

2. 我国学者关于一体说的观点。我国学者张明楷、陈兴良等也主张一体说。例如,张明楷教授认为,具有作为义务的人就是保证人,反之,保证人就是作为义务人。“保证人地位与作为义务均属于不成文的规范的构成要件要素,只要行为人对作为义务具有外行人的认识,就不阻却故意;如果

---

① 参见[日]大谷实:《刑法讲义总论》(新版第2版),黎宏译,中国人民大学出版社2008年版,第132页。

② 在理论上,有的学者将区别说作为与因果关系说、违法性说和保证人说相并列的学说。

③ 参见[日]山中敬一:《刑法总论》(第2版),成文堂2008年版,第238页;[日]立石二六:《刑法总论》(第2版),成文堂2006年版,第130页;[日]前田雅英:《刑法总论讲义》(第5版),东京大学出版会2011年版,第135-136页;[日]高桥则夫:《刑法总论》,李世阳译,中国政法大学出版社2020年版,第145页。

④ 参见[日]大谷实:《刑法讲义总论》(新版第2版),黎宏译,中国人民大学出版社2008年版,第132-133页。

⑤ 参见[日]松原芳博:《刑法总论重要问题》,王昭武译,中国政法大学出版社2014年版,第72页。

缺乏外行人的认识，则阻却故意。”[①]

对于区别说，陈兴良教授批判说：该说除了从作为义务中分离出保证人地位以外，在作为义务的体系性地位问题上又回到了违法性说，不仅无法发挥不真正不作为犯的构成要件的违法性推定机能，而且将作为义务从保证人地位中剥离出去，导致内容过于抽象，也不符合社会观念。[②]

3. 对一体说的批评意见和反驳。对于一体说的批评是，只要行为人深信没有作为义务，就无法作为故意犯加以处罚，这样将导致对于法律持有特殊见解而否定具有作为义务的人员可以免予处罚，而拥有健全的法律知识的人却必须不断接受处罚的现象。

为此，一体说进行了修正，将作为义务解释为规范的构成要件要素，主张根据“一般外行人领域的平行评价”标准判断行为人有无认识。即便行为人因为持有特殊的法律见解而误认为不存在作为义务，但依照社会一般人的看法认为具有作为义务时，能认定行为人具有故意，并承担相应的罪责。不过，这样一来，由于作为义务是规范的构成要件要素，关于作为义务的认识错误及其判断标准实际上就不再是事实认识错误，而是违法性认识错误或者禁止错误。[③]

（二）区别说的主要观点及其评析

区别说主张将保证人地位与作为义务加以分离，认为前者是构成要件要素，后者是违法性要素。[④] 例如，在父亲不救助落水的未成年子女导致其死亡的场合，父亲这一地位是产生救助义务的基础性事项，是保证人地位；救助义务是基于父亲这一保证人地位而产生的作为义务。关于保证人地位的错误属于事实错误，而关于作为义务的错误则属于违法性的错误。

1. 德国刑法理论与司法实务关于区别说的观点。区别说由考夫曼和韦尔策尔等所倡导，现在是德国刑法理论和判例的通说，耶赛克、施特拉腾韦特、韦塞尔斯、[⑤]罗克辛等倡导该说。例如，耶赛克等认为，保证人地位是不真正不作为犯的构成要件要素，但作为义务不是不真正不作为犯的构成要件要素，而是违法性的要素。[⑥] 罗克辛认为，应当区分属于构成要件的、

---

① 张明楷：《刑法学》（第6版）（上），法律出版社2021年版，第196页。

② 参见陈兴良：《作为义务：从形式的义务论到实质的义务论》，载《国家检察官学院学报》2010年第3期。

③ 参见［日］川端博：《刑法总论》，余振华译，台北，元照出版公司2008年版，第46页。

④ 参见［日］川端博：《刑法总论二十五讲》，余振华译，中国政法大学出版社2003年版，第23页。

⑤ 参见［德］约翰内斯·韦塞尔斯：《德国刑法总论》，李昌珂译，法律出版社2008年版，第433页。

⑥ 参见［德］汉斯·海因里希·耶赛克、［德］托马斯·魏根特：《德国刑法教科书》（下），徐久生译，中国法制出版社2017年版，第852页。

描述性的和规范性的结果避免义务的各种前提和从这些前提中得出的义务；对前者的认识属于故意，缺乏对后者的认识则只成立禁止错误（命令错误）。[①] 例如，如果行为人未认识到落水的是自己的儿子（这属于保证人地位的事实认识错误），就不具备不作为的故意杀人罪的故意。同样，如果行为人没有想起来自己携带了手机，可以呼叫救援，或者误认为救助病人后可能会感染危及生命的疾病（这属于作为义务的事实认识错误），也没有杀人故意。相反，如果是归属错误，如行为人误认为只在特定范围内对子女负有责任，或者误认为报警的费用或者轻微感染的危险是不能承受的，因而对自己保证人地位以及应该作为的作为义务作出了错误判断，则不能排除故意的成立。[②]

区别说也是德国司法实务的通说。例如，在“强奸案”（Verwaltigungs - Fall）中，德国联邦最高法院的判决指出，作为义务之所以不能作为规范的构成要件要素，是因为它不能与保证人地位相提并论。保证人地位不是一个具体的、共同决定构成要件的要素，而是对构成要件的整体评价。行为人对积极避免结果的法律义务（保证人义务）的认识，不是处罚故意的不真正不作为犯的前提。这种错误是禁止错误。[③]

2. 日本学者关于区别说的观点。在日本，区别说也是理论上的有力说，内藤谦、内田文昭、福田平、大塚仁、川端博、曾根威彦、林干人、松宫孝明等支持该说。[④] 例如，川端博认为，保证人说是围绕如何使不真正不作为犯的构成要件该当性明确化展开的，就此而言是基本妥当的。其中，区分作为义务与作为义务的事实根据的保证人地位的区别说具有妥当性。因为构成要件是违法行为类型，构成要件该当性是对类型化的事实的价值关系的判断，因此，保证人地位是构成要件要素，而作为义务是违法要素。[⑤]

① 参见［德］克劳斯·罗克辛：《德国最高法院判例：刑法总论》，何庆仁、蔡桂生译，中国人民大学出版社 2012 年版，第 263 页。

② 参见［德］冈特·施特拉腾韦特、［德］洛塔尔·库伦：《刑法总论Ⅰ——犯罪论》（第 5 版），杨萌译，法律出版社 2006 年版，第 383 页。

③ 参见［德］克劳斯·罗克辛：《德国最高法院判例：刑法总论》，何庆仁、蔡桂生译，中国人民大学出版社 2012 年版，第 261 - 262 页。

④ 参见［日］内田文昭：《刑法概要》（上卷），青林书院 1995 年版，第 194 - 196 页；［日］福田平、大塚仁：《日本刑法总论讲义》，李乔、文石、周世铮译，辽宁人民出版社 1986 年版，第 60 - 61 页；［日］川端博：《刑法总论讲义》（第 2 版），成文堂 2006 年版，第 222 页；［日］曾根威彦：《刑法总论》（第 4 版），弘文堂 2008 年版，第 205 页以下；［日］林干人：《刑法总论》（第 2 版），东京大学出版社 2008 年版，第 152 页；［日］松宫孝明：《刑法总论讲义》（第 4 版补正版），钱叶六译，中国人民大学出版社 2013 年版，第 70 页。

⑤ 参见［日］川端博：《刑法总论讲义》（第 2 版），成文堂 2006 年版，第 222 页。

尽管松原芳博认为保证人地位与作为义务两个概念没有本质差异，但是他仍然认为对保证人地位的错误与对作为义务的错误在性质上是不同的。“构成犯罪的事实才是故意的对象——保障人地位的错误就属于事实的错误，阻却故意；反之，作为义务的错误则属于违法性的错误，不阻却故意。”①

3. 我国学者关于区别说的观点。我国学者林山田、陈子平、林钰雄、张丽卿等主张区别说。② 例如，林山田教授认为，作为义务属于违法性要素，应当在违法性判断中探讨行为人是否违反作为义务。行为人对保证人地位的认识错误属于构成要件错误，阻却故意；行为人虽然认识到保证人地位，但因为认识错误而未认识到其具有作为义务而不作为，或者误认为不履行作为义务具有正当化理由的，则属于违法性认识错误。③

4. 对区别说的批评。对于区别说，主要有以下批评：

第一，根据区别说的观点，违反作为义务是违法性问题，如果具有不作为，当然该不作为成为判断构成要件符合性的前提。所以，在不真正不作为犯的场合，构成要件符合性判断不具有违法性推定机能。按照这种逻辑，违反作为义务的人其不作为原则上不违法，在例外的情形下才是违法的。但是，刑法理论一般认为，不作为是符合某一犯罪构成要件，从而是违法的。这将得出尽管行为人的不作为符合构成要件但是不具有违法性的悖论。不仅如此，在构成要件符合性的判断中，如果对于行为完全不加以限定，将所有的不作为都包含在构成要件之中，会导致构成要件丧失限定机能。

第二，区别说将作为义务从保证人地位中剥离出去，其内容过于抽象。④ 实际上，通常将保证人地位和作为义务进行一体化的理解。在司法实践中，要区分作为义务与保证人地位也比较困难。

第三，理论上之所以提出保证人说，主要是通过将不作为的作为义务理解为构成要件要素，为不作为犯的构成要件符合性提供判断标准。但是，区别说将作为义务还原到违法性之中，无法在构成要件层面区分应当

---

① ［日］松原芳博：《刑法总论重要问题》，王昭武译，中国政法大学出版社 2014 年版，第 72 页。

② 参见林钰雄：《新刑法总则》，中国人民大学出版社 2009 年版，第 410－413 页；陈子平：《刑法总论》（2008 年增修版），中国人民大学出版社 2009 年版，第 114 页；张丽卿：《刑法总则理论与运用》，台北，一品文化出版社 2005 年版，第 404－405 页。

③ 参见林山田：《刑法通论》（增订 10 版）（下册），北京大学出版社 2012 年版，第 172 页。

④ 参见［日］大塚仁：《刑法概说（总论）》（第 3 版），冯军译，中国人民大学出版社 2003 年版，第 157 页。

成为犯罪的不作为和不能成为犯罪的不作为。[①]

三、对保证人说的评析

(一)保证人说的优点与不足

关于保证人地位的判断,可以说是"刑法总则的解释学上最有争议、最为灰暗的一角"。[②] 以作为义务为内容的保证人说,是从《德国刑法典》第13条关于不作为犯罪的规定中引申出来的,该条第1款规定:"未防止属于法定构成要件之结果,依本法处罚,但以依法保证结果不发生,且其不作为与以作为实现法定构成要件的情形相当为限。"这里的"依法保证结果不发生"的义务就是作为义务。保证人说的积极意义在于,对于不真正不作为犯的犯罪构造及其可罚性的说明,突破了因果关系说和违法要素说之争,同时维持并肯定了传统犯罪理论的理论架构。[③] 但是,保证人说也只是将论争的场所由违法性转换到构成要件该当性,并未提出实质的标准,其作为义务仍然是形式的作为义务,无法严格限定作为义务的范围。[④]

(二)一体说与区别说的差异

在保证人说内部,上述一体说与区别说的差别,主要集中在对错误问题的处理上。依照区别说的观点,作为义务不是构成要件要素,因此不是故意的认识内容;但是,为作为义务提供根据的事实的、法律的事项(保证人地位)属于构成要件要素,是故意的认识内容。所以,关于作为义务本身的错误,属于违法性认识错误;关于为作为义务提供事实的、法律的事项的错误,属于事实认识错误。相反,根据一体说的主张,无论是保证人地位还是作为义务,都属于构成要件要素,而且在不真正不作为犯的场合都属于不成文的规范的构成要件要素。[⑤] 只要行为人对作为义务具有行为人所属的社会一般人的认识,就不阻却故意;相反,如果缺乏这种意义上的认识,则阻却故意。[⑥]

这里通过两个事例进行说明。事例1:父亲甲将落入水中的自家的孩

---

① 参见[日]大塚仁:《犯罪论的基本问题》,冯军译,中国政法大学出版社1993年版,第217－218页。

② 参见林东茂:《刑法综览》(修订5版),中国人民大学出版社2009年版,第116页。

③ 参见许玉秀:《论西德刑法上保证人地位之实质化运动》,载许玉秀:《当代刑法思潮》,中国民主法制出版社2005年版,第622页。

④ 参见[日]西田典之:《日本刑法总论》(第2版),王昭武、刘明祥译,法律出版社2013年版,第100页。

⑤ 参见[日]立石二六:《刑法总论》(第2版),成文堂2006年版,第131页。

⑥ 参见张明楷:《刑法学》(第6版)(上),法律出版社2021年版,第196页。

子乙误认为是别人家的孩子,而未实施救助,导致乙溺水死亡;事例2:父亲甲明知落入水中的是自家的孩子乙,但误认为自己没有义务救助从而没有救助,导致乙溺水死亡。根据一体说,上述事例1和事例2都是关于构成要件要素的错误,由于行为人缺乏认识,阻却故意或者说无法追究故意犯罪的责任,甲只能成立过失致人死亡罪。但是,根据区别说,在事例1的场合,因为甲是关于保证人地位的错误,属于构成要件要素错误,阻却故意,成立过失致人死亡罪;在事例2的场合,甲是关于作为义务的错误,属于违法性认识错误,根据责任说,如果这种错误具有避免可能性,就不能阻却故意,甲应当成立故意杀人罪。①

(三)对于一体说与区别说的取舍

主张一体说的学者认为:首先,区别说主张区分保证人地位与作为义务,但是,具有保证人的地位必然会产生保证人的义务意识,因此,区分二者实际上是非常困难的。② 其次,如果仅仅认为保证人地位是构成要件要素,其内容就过于抽象,也无法充分发挥构成要件的违法性推定机能。所以,要将保证人地位和作为义务都认定为不成文的规范的构成要件要素。③最后,保证人的作为义务是构成要件要素,在行为人有义务但误认为没有义务时,属于事实错误,区分保证人地位和作为义务没有多大意义。④

但是,主张区别说的学者则认为:首先,从发展轨迹看,保证人说正在由一体说转向区别说。例如,曾根威彦指出,关于作为义务的错误,如果行为人认识到自己的保证人地位,但由于良心或者法感情的迟钝而没有意识到自己的作为义务时,区别说主张应当将其作为故意犯加以处罚,这显示了正确的方向。⑤ 其次,能否区分保证人地位与作为义务与这种区分是否存在困难,是两个不同的问题。⑥ 例如,神山敏雄强调:"刑法上的保证人义务的本质在于,无论是从哪种关系来推导保证人义务,最终都会指向结果的发生这一点。"⑦尽管区分保证人地位与作为义务存在困难,但也并非完全不可能。

---

① 参见[日]立石二六编著:《刑法总论30讲》,成文堂2007年版,第47页。

② 参见[日]大谷实:《刑法讲义总论》(新版第2版),黎宏译,中国人民大学出版社2008年版,第132－133页。

③ 参见[日]立石二六:《刑法总论》(第2版),成文堂2006年版,第131页。

④ 参见[日]山中敬一:《刑法总论》(第2版),成文堂2008年版,第237－238页;[日]前田雅英:《刑法总论讲义》(第5版),东京大学出版会2011年版,第136页。

⑤ 参见[日]曾根威彦:《刑法的重要问题(总论)》(第2版),成文堂2005年版,第244页。

⑥ 参见[日]福田平:《不真正不作为犯中保证人的义务的错误》,载《团藤重光博士古稀祝贺论文集》(第1卷),有斐阁1983年版,第145页以下。

⑦ [日]神山敏雄:《关于不作为的共犯论》,成文堂1994年版,第177页。

第五节 本书的观点

关于刑法上作为义务的体系性地位，本书主张区分保证人地位与作为义务的区别说。前者是规范的构成要件要素，后者是违法性要素。对保证人地位的认识错误属于事实错误，阻却故意责任；对作为义务的认识错误属于违法性认识错误，根据行为人有无过失或者避免错误认识的可能性，分别成立故意犯罪、过失犯罪或者无罪。主要理由是：

第一，关于保证人地位与作为义务的关系，应当认为作为义务是保证人地位的前提。从作为义务判断标准的发展看，无论是得到普遍认同的考夫曼的功能说，还是西田典之的排他性支配说（现实的排他的支配因果流程），均以作为义务为前提。没有作为义务就没有保证人地位，在行为人具有作为义务的场合，才能进一步探讨保证人地位问题。

第二，从错误论的角度看，区分保证人地位与作为义务的意义在于解决行为人的"应为"问题。保证人地位的判断是实质的、事实的判断，对保证人地位的错误认识属于事实认识错误。作为义务的判断通常是形式的、法规范的判断，对作为义务的错误认识通常导致法律认识错误的效果。只有实质地区分保证人地位与作为义务，才能解决行为人的"当为"问题。

第三，保证人地位与作为义务都是不成文的规范的构成要件要素。在行为人对作为义务具有行为人所属的社会一般人的认识的场合，不阻却故意；相反，如果缺乏这种认识，则有可能阻却故意。不真正不作为犯是只有发生一定结果才能成立的结果犯，不真正不作为犯中的作为义务在与特定构成要件之间的关系上，必须是防止该结果发生的作为义务。就结果犯而言，结果的发生既可以是由于作为而引起的，也可以是由于不作为而引起的。所以，不真正不作为犯中的作为义务，必须是能够使违反该作为义务的不作为和作为而引起结果的场合受到同等评价的东西。① 倘若不区分保证人地位与作为义务，在讨论实质的作为义务时，就需要同时讨论前述两者，可能导致将二者混为一谈。

尽管本书主张区别说，但就司法实践而言，行为人认识到自己处于保证人地位却误认为自己没有作为义务的情况是极为罕见的。一般来说，如

① 参见［日］曾根威彦：《刑法学基础》，黎宏译，法律出版社2005年版，第122页。

果行为人认识到自己处于保证人的地位,就能够意识到自己负有作为义务。因此,尽管一体说与区别说在理论上存在前述不同之处,但在司法实践中通常不会出现太大差异。

第五章 实质的作为义务论及其展开

第一节 问题的提出

为了合理限制不作为犯的成立范围,使行为人对其不作为承担刑事责任,要求行为人具有保证人地位,形成刑法上的作为义务。“不作为是一种令人失望的期待,在别人需要被援助的时候,不伸出温暖的手。不过,防止别人的不幸,不是所有人的法律责任。法秩序责备不伸援手的人,必因为此人有‘特殊的法理由’被期待。”①保证人地位是不作为犯的行为主体的特定资格要求,只有处于保证人地位或者具有保证人资格的人,才能成为不作为犯的行为主体。保证人说认为,不真正不作为犯的本质在于违反了保证人所承担的特定作为义务,该作为义务是不真正不作为犯的不成文的构成要件要素。②

众所周知,刑法仅仅明文规定了真正不作为犯的作为义务,但没有明文规定不真正不作为犯的作为义务。确定不真正不作为犯的作为义务的工作,实际上是由司法人员通过司法裁判和法学家通过理论研究完成的。传统上,刑法学理论和司法实务采取形式的作为义务说。但是,形式的作为义务的来源非常广泛,而且缺乏内在统一的标准。能否仅仅凭借形式的作为义务认定行为人具有刑法上的作为义务,进而为不履行形式的作为义务者贴上犯罪的标签,存在疑问。许乃曼曾经指出:“……一般来说民法上的义务属于功能不同的另外一个法律部门,从中推导出作为与不作为等价性在体系上就是错位的,因为刑法上的义务只能来自刑法的归责规定,而

---

① 林东茂:《当爱已成往事——评台北地院八十七年第一五六五号不纯正不作为犯判决》,载《月旦法学杂志》第63期(2000年);林东茂:《一个知识论上的刑法学思考》(第2版),台北,五南图书出版股份有限公司2001年版,第79页;林东茂:《刑法综览》(第6版),台北,一品文化出版社2009年版,第1-181页。

② 就不作为犯而言,英美学者也有较为深入的研究。例如,约书亚·德雷斯勒认为,不作为犯的作为义务包括身份义务(基于依赖和相互依赖关系形成的身份关系)、合同义务、自愿承担的义务和冒险行为的义务四种(参见[美]约书亚·德雷斯勒:《美国刑法纲要》,姜敏译,中国法制出版社2016年版,第131页)。在Jones v. United States中,确立了四种义务来源,分别是法律规定、特定关系、合同义务和基于自愿承担照顾他人的义务。其中既有形式的作为义务,也有实质的作为义务。

不能从刑法外部的规范中推导出来。”①

正因为形式的保证人说没有进一步解释为什么违反特定的作为义务就会产生与作为犯相同的可罚性，学说上出现了保证人地位的实质化倾向。实质的作为义务说是针对先前行为等形式的作为义务说的缺陷而提出的，其根本目的在于限制作为义务的范围。与形式的作为义务说侧重于人与人的相互关系不同，实质的作为义务说侧重于行为人与所保护的法益之间的事实关系。② 周光权教授指出，作为义务来源的实质说是在形式说基础上附加其他条件，借以判断不作为是否能够成立。“对作为义务的内容进行实质性限定的基本出发点是，在很多情况下，从法律……等形式的作为义务根据中，并不能立即得出行为人构成犯罪、构成此罪而不构成彼罪的结论。而必须从行为当时业已客观存在的各种复杂情况出发，综合判断应当施加救助的人和被害人之间是否存在特殊关系，根据这种关系，该不救助行为是否实质上和作为一样，对刑法所保护的特定法益造成了损害或者威胁，从而判断作为义务是否存在……”③

从各国关于作为义务来源的学说发展史来看，不作为犯的作为义务来源，经历了一个“从形式的作为义务说到实质的作为义务说，再到形式与实质相结合的作为义务来源”的发展过程。总的发展趋势是，在维持不作为犯的本质是违反作为义务的基本理论的同时，又积极避开传统的列举作为义务的发生根据的方法，而试图对作为义务的发生根据作某种客观上的限定。具体来说，在维持作为义务违反说的本质前提下，将形式的作为义务内容形式化、空虚化，而从该不作为中寻找对于结果具有某种直接关系的要素，并以此为根据对作为义务进行限定。④

本书首先介绍有关不真正不作为犯的实质义务理论，其次再对涉及的核心观点进行分析，最后提出本书的观点，期望能够对不真正不作为犯的实质作为义务问题有些许贡献。

---

① ［德］班德·许乃曼：《不纯正不作为犯及以不作为实施犯罪之形式》，王莹译，载梁根林主编：《当代刑法思潮论坛：刑法体系与犯罪构造》（第1卷），北京大学出版社2016年版，第225页。

② 参见黎宏：《不阻止他人犯罪的刑事责任》，载《中国法学》2020年第4期。

③ 周光权：《论实质的作为义务》，载《中外法学》2005年第2期。

④ 参见黎宏：《“见死不救”行为定性分析——兼论不真正不作为犯的作为义务的判断》，载《国家检察官学院学报》2011年第4期。

第二节　实质作为义务理论的法哲学背景与理论现状

一、有关实质作为义务的学说概况

因为形式的保证人说仅仅阐述了违反该保证人义务的不作为犯的可罚性,没有进一步解释为什么违反特定的作为义务就会产生与作为犯相同的可罚性,理论上出现了有关保证人学说的实质化倾向。

自20世纪60年代以来,德国刑法学者便避开作为和不作为在行为构成上的差别,从不作为者与危害结果或者不作为者与被害者之间的特殊关系出发确认不作为犯的作为义务的实质根据。例如,考夫曼、亨克尔提倡同价值的作为义务说,安德鲁拉基斯(Androulakis)提倡社会保护关系说,沃尔夫提倡本来的依存关系说,威尔普提倡特殊的依存说,贝尔汶科提倡社会的作用说,鲁道菲提倡统括者说,等等。这些学说抛开作为与不作为在行为结构上的差异,从不作为者所起的社会作用和所处的社会环境来研究作为义务的实质内容,被称为社会的不作为犯论。其共同特点是,对传统的义务违反说中规范的、形式的方法进行反省,并且向存在论的实质性的研究方法过渡。①

在日本,有的学者以是否存在先前行为作为判断是否成立不真正不作为犯的根据。② 有的学者从人与人之间的密切关系中寻找保证人类型,即以对法益的保护功能来确定保证人地位。③ 还有的学者从因果流程这一事实性要素出发,以行为人是否站在因果流程的起点,现实地控制了因果流

---

① 参见黎宏:《不作为犯研究》,武汉大学出版社1997年版,第127页。

② 例如,日高义博认为,成立不真正不作为犯,主要基于三种原因:一是自然现象;二是被害人的故意或者过失;三是不作为者的故意或者过失行为。例如,司机肇事后逃逸致人死亡的,就是因为不作为者的过失行为所致,在不作为者缺乏先前行为的场合,不作为欠缺与作为犯的等价性,不能成立不真正不作为犯。参见[日]日高义博:《不作为犯的理论》,王树平译,中国人民公安大学出版社1992年版,第113-114页。但是,先前行为不过是不作为犯的义务来源之一,完全否认或者主张只有先前行为能够成为不作为犯的义务来源是不正确的。参见张明楷:《不作为犯中的先前行为》,载《法学研究》2011年第5期。

③ 例如,大谷实认为,之所以说一定的不作为和作为之间具有同等的社会危害性,主要是因为被害人或者被害法益之间具有特别的关系,在社会生活上,对某种法益的保护,具体地依存于该行为人,行为人对发生构成要件结果处于一种能够支配的地位。参见[日]大谷实:《刑法讲义总论》(新版第2版),黎宏译,中国人民大学出版社2008年版,第132页。

程作为判断是否成立不作为的根据。① 相对而言,对作为义务的实质解释能够较为合理地解决不真正不作为犯的可罚性问题。

二、作为义务实质化的法哲学背景

作为义务之所以出现实质化的趋势,其法哲学背景主要有两个方面:第一,"刑法的自觉"是作为义务实质化的直接动因。例如,许玉秀教授指出,刑法理论界"之所以要寻求保证人的实质法理基础,原动力在于刑法的自觉,在于刑法应该有自己独有的不法标准"②。第二,实质的违法概念和整体的考察方法是作为义务实质化的深层理论背景。其中,法益论(存在论)的研究方法认为,产生保护法益义务的根据是基于和法益之间的事实上的关系,承认不作为与作为之间在事实构造上存在差异。③ 规范论的研究方法则认为,产生保护法益的义务的根据是基于和被害人之间所具有的人身关系,从价值衡量的角度考虑不真正不作为犯的作为义务发生根据。④

之所以会产生上述对立,主要是因为作为义务观取决于各位学者所采取的违法观。重视结果无价值的学者认为,作为义务的实质根据依存于行为人和法益之间的事实关系(排他的支配关系);重视行为无价值的学者认为,作为义务的实质根据依赖于行为人和法益之间的规范关系(身份关系)。显而易见,作为义务的实质根据问题最终可以归结为违法性的本质问题。⑤

(一)"刑法的独立化"或者"刑法的自觉"

"刑法的独立化"或者"刑法的自觉",是推动作为义务由形式作为义务迈向实质作为义务的重要动因。许玉秀教授指出:"之所以要寻求保证人地位的实质法理基础,原动力在于刑法的自觉,在于刑法应该有自己独

---

① 例如,西田典之指出,如果认为作为是指向结果的因果设定,不作为便是因果过程的放任。为此,不作为要与作为具有构成要件等价性,不作为者就必须将正在发生的因果流程控制在自己手中,即基于自己的意思而获得排他性支配。参见[日]西田典之:《日本刑法总论》(第2版),王昭武、刘明祥译,法律出版社2013年版,第106页。

② 许玉秀:《保证人地位的法理依据——危险前行为是构成保证人地位的惟一理由》,载许玉秀:《当代刑法思潮》,中国民主法制出版社2005年版,第719-720页。

③ 参见[日]堀内捷三:《不作为犯论——作为义务论的再构成》,青林书院新社1978年版,第251页。

④ 参见[日]川端博:《刑法总论讲义》(第2版),成文堂2006年版,第217-219页。

⑤ 参见黎宏:《论不真正不作为犯的处罚范围》,载赵秉志主编:《刑法论丛》(第12卷),法律出版社2007年版,第72页。

有的不法标准。"①"刑法必须自己决定不法的不法界限,是实质化最直接的动机。"②

"刑法的独立化"首先由基尔学派的沙夫斯坦因提出。在沙夫斯坦因看来,当时刑法理论与司法实务盛行的形式的作为义务论主张作为义务主要来源于民法,这属于"刑法的民事化",存在严重缺陷。他认为,由于不作为犯的作为义务取决于民法,导致刑事违法性的概念产生双重标准:就作为犯而言,刑法有其独立的违法性概念;就不作为犯而言,刑法的违法性概念则依附于民法。为此,沙夫斯坦因倡导"刑法的独立化"。

沙夫斯坦因认为,将违法且可罚的不作为解释为违反义务,原本是正确的,却导致法律义务被错误地限定于实定法的义务,将实定法和国民的风俗规范区分开来,必然导致道德义务与法律义务界分错误。既然法律义务的概念是规范的、实定的,在应用时必然会产生流于形式以及将民法概念和思考形式不当地运用于刑法的问题。"刑法的独立化"的实质内容是,将刑法的违法性判断从民法中解放出来,抛开民法实定规范的限制,根据社会基础对刑法的作为义务进行独立的判断。

(二)实质的违法观

骚尔和基辛所主张的实质违法观,旨在以一般的公平正义原则弥补实定法的漏洞,以矫正法定构成要件的不足。他们认为,行为符合构成要件仅仅表征形式的违法性;实质的违法行为违反了一般的公平正义原则,应当依据该原则的实质内涵,即根据"国家及其成员利大于弊"的原则进行判断。具体来说,是否存在某种防止不法结果发生的作为义务,要看履行该作为义务阻止特定不法侵害结果,对国家及其成员是利大于弊还是弊大于利。

根据上述实质的违法观,骚尔和基辛将作为义务分为两类:第一类是基于不作为者自己的危险行为引起的发生一定不法结果的危险时,不作为者防止结果发生的作为义务。例如,不作为者先行的危险行为已经具有实质违法性,如果不作为者放任危险的发展,必然发生对国家及其成员弊大于利的结果。第二类是不作为者基于其法律上的社会地位而负担的作为义务。例如,有教育权的人、医生以及消防员等,在整体法秩序中都具有相应的地位。不过由于合同义务不具有强制性,无法在整体法秩序中建立任

① 许玉秀:《保证人地位的法理依据——危险前行为是构成保证人地位的惟一理由》,载许玉秀:《当代刑法思潮》,中国民主法制出版社2005年版,第720页。

② 许玉秀:《保证人地位的法理依据——危险前行为是构成保证人地位的惟一理由》,载许玉秀:《当代刑法思潮》,中国民主法制出版社2005年版,第721页。

何作为义务。①

对于骚尔和基辛的实质违法观,存在以下批评:第一,就上述两种作为义务而言,其基于不作为者的先前行为而产生的作为义务,骚尔和基辛认为其违法性在于先前行为本身已经具备实质的违法性,则违法性显然存在于先前的作为而非后来的不作为,对于违反作为义务的不作为加以处罚,所处罚者应当不是后来的违反作为义务的不作为,而是作为。根据"构成要件该当性仅仅征表形式违法性"的见解,如果先前的作为还没有实质的违法性,将出现虽然有先前行为提供或导致结果发生的危险但是却没有作为义务的情形。第二,凡是未阻止一定的法益侵害结果,导致结果发生的情形,基于"对国家及其成员利大于弊"的原则,都属于弊大于利,这样将无法限定不作为的成立范围。因此,骚尔和基辛所提出的"对国家及其成员利大于弊"的原则,对于解释和判断不作为犯的作为义务来说,由于没有具体的操作标准,只不过是一种空洞的理论观念。

(三)整体的考察方法

整体考察法是一种与以拉德布鲁赫为首的西南德意志学派所倡导的"方法二元论"相对立的观点。所谓"方法二元论",是指价值体系与存在体系属于两个各自独立并且互不牵涉的体系,一个价值体系只能从另一个价值体系中演绎出来,不可能由存在体系归纳而成。基尔学派认为,法律素材并非毫无章法、毫无定型的集合体,而是包含着可以提炼出各种规则、法规的生活规范,各种形成法律的前提事实本身即具有目的的、伦理的以及社会的规则性和价值,并非完全价值中立。基尔学派的这种观点,导致其舍弃形式的法概念而从法律素材中寻求实质的法律概念,提倡本质而具体的考察方法。这被称为整体考察法,目的在于寻找其他的实质违法根据,来取代"利大于弊"这一空泛的标准。基尔学派最终找到的实质标准是"健全的国民情感"。②

根据"健全的国民情感"标准,在社会内部具体秩序下,基尔学派据以确立作为义务的社会团体关系主要有共同生活团体关系、血缘团体关系、特别职业关系、公务关系,甚至同学关系、同党关系等。丹姆将合同关系解释为信赖和忠诚关系。私法上的法律地位,如企业或者事业所有人,都属于为了履行国民任务而存在。至于先前行为,无论有责与否、合法还是非

---

① 参见许玉秀:《论西德刑法上保证人地位之实质化运动》,载许玉秀:《当代刑法思潮》,中国民主法制出版社 2005 年版,第 634 - 635 页。

② 参见许玉秀:《论西德刑法上保证人地位之实质化运动》,载许玉秀:《当代刑法思潮》,中国民主法制出版社 2005 年版,第 636 - 637 页。

法，均可因国民的情感成为作为义务的法理根据。因此，“健全的国民情感”是基尔学派赖以决定不真正不作为犯是否具有实质违法性的具体标准之一。①

但是，“健全的国民情感”也是一个内容相当空泛的概念，如何根据这一标准寻求处罚不真正不作为犯的实质根据，整体考察方法并未给予合理、充分的说明。② 因此，整体考察法对不作为犯的作为义务理论没有产生太大的影响力。

（四）全体刑法、政治刑法的影响

作为义务的实质化，在特定历史时期还受到纳粹主义的影响。

1. 沙夫斯坦因和丹姆的观点。基尔学派的沙夫斯坦因和丹姆认为，刑法最根本、最重要的价值是作为保存和捍卫国家权力的手段。沙夫斯坦因认为，由于纳粹刑法是基于义务违反的方式，因此必须更加注意行为人在共同体中的地位，必须从一种一般而抽象的行为人概念过渡到具体的行为人概念，如此既不牺牲法益侵害思想的核心，也不必辛苦地用一种抽象的构成要件标准来使行为人概念具体化。“在新国家中，法律义务和道德义务的同一性是不言自明的。”在其犯罪论建构中，“违法性”“抗命性”“悖德性”是同义词，犯罪的概念被转化为违反空白构成要件所规定的义务的不道德行为。法律上的犯罪行为与不道德行为由此完全混为一谈。

2. 亨克尔的观点。亨克尔认为，刑法秩序是民族和国家利益的大宪章，一种致力于实现民族法的刑法秩序与罪刑法定原则是不相容的，不是为了形式的安定性而遵循法定主义，而是为了确保基于民族整体的法确信缩影处罚的行为一定受到处罚；不拘泥于文义来适用法律，而是依据其精神和立法意旨来适用法律。刑法不是一种绝对封闭的、仿佛以不能透视的法定构成要件的围墙筑成的秩序，而是一种由不成文的道德规范、宗教规范、风俗规范等构筑的整体生活法则。

3. 沃尔夫的观点。沃尔夫明确提出，刑法的唯一任务是保护民族，“未来所要免予犯罪和犯罪人侵害者，只有始终视为整体的民族共同体，即使是以刑罚来保护其国家制度和个别成员时，亦然”。早在“魏玛共和国”时期，沃尔夫就提出规范的行为人概念，主张以行为人的符合性取代构成要件的符合性。

---

① 参见许玉秀：《论西德刑法上保证人地位之实质化运动》，载许玉秀：《当代刑法思潮》，中国民主法制出版社 2005 年版，第 637 页。

② 参见许玉秀：《论西德刑法上保证人地位之实质化运动》，载许玉秀：《当代刑法思潮》，中国民主法制出版社 2005 年版，第 637 页。

三、德国、日本和我国刑法理论中的实质作为义务理论

实质的作为义务“以作为与不作为之间的结构性差别为由,以作为与不作为之间的等价性为理念,意图以作为义务为手段,限定不真正不作为犯的处罚范围”①。

(一)德国的实质作为义务理论

在德国刑法理论中,探究保证人地位的实质根据的观点,主要有以下5种类型:②

1. 从人与人之间密切关系当中寻找保证人类型,如家庭关系、血缘关系、共同生活关系等。

2. 将人与人之间的具体关系抽象为功能地位,以对法益的保护功能决定保证人地位。阿明·考夫曼的功能说是其典型,他将保证人地位分为保护法益的保证人地位和监督危险来源的保证人地位。其中,前者是从行为人和该保护法益之间的关系出发所认可的“保护一定法益的义务”,后者是从行为人和侵害法益的危险源之间的关系出发所认可的“监督不要从一定的危险源中产生侵害法益的义务”。然后,在上述分类之下,确认各种各样的作为义务。按照该观点,根据前者所产生的作为义务的发生事由主要有:家族共同体、事实上的生活共同体、危险共同体(登山队、探险队)、自愿承担事实等。作为后者而产生的作为义务的发生事由主要有:基于先前行为、建筑物等设施的管理者的地位而产生的防止结果义务,基于监督者的地位而产生的防止结果发生的义务等。③

3. 从被害人对行为人的弱势关系解释保证人地位的形成理由。具体又可以分为两类:第一类是被害人对行为人有依赖关系(依存关系)说,沃尔夫、威尔普等坚持此说;第二类是被害人对行为人具有信赖关系说,布莱坚持此说。

4. 从行为人和因果流程的关系进行探讨,以行为人是否站在因果流程的起点、是否操控因果流程,决定行为人是否具有保证人地位。即便控制着被害人的无助状况,也被解释为属于对造成结果的原因有支配而居于保证人地位。许乃曼坚持此说。

---

① 黎宏:《不阻止他人犯罪的刑事责任》,载《中国法学》2020年第4期。

② 参见许玉秀:《保证人地位的法理依据——危险前行为是构成保证人地位的惟一理由》,载许玉秀:《当代刑法思潮》,中国民主法制出版社2005年版,第721-722页。

③ 参见[德]冈特·施特拉腾韦特、[德]洛塔尔·库伦:《刑法总论Ⅰ——犯罪论》(第5版),杨萌译,法律出版社2006年版,第361页。

5. 从规范的角度，将保证人地位简化为依据规范的要求，避免法益受侵害的义务，简化为在自己的管辖领域，有责任保护法益。雅各布斯、弗洛伊德坚持此说。

（二）日本的实质作为义务理论

在日本，关于作为义务的实质化问题，最早起始于牧野英一，他将作为义务放在违法性层面进行讨论，进而以实质性违法观为基础将作为义务实质化。木村龟二、江家义男也赞同此说。从小野清一郎开始，主张将作为义务放在构成要件层面进行讨论，这一观点被他的弟子团藤重光所接受。

在"二战"之后，《日本宪法》（1946 年）第 31 条规定了正当程序原则，反映在刑法和刑法理论上，则致力于作为义务的明确化。在这个背景下，中谷瑾子将那格拉创立的保证人说介绍到日本，并为木村龟二等所接受，迅速获得多数学者的支持。到 20 世纪 80 年代，先后出现了以藤木英雄为代表的主观的限定说、[①]以日高义博为代表的先前行为说、[②]以堀内捷三和浅田和茂为代表的事实承担说。[③]

20 世纪 80 年代后期，西田典之主张排他性支配说（事实支配关系说），认为不作为要与作为具有构成要件等价性，就必须将正在发生的因果进程控制在自己手中，即基于自己的意思而获得排他性支配。对于某些尽管客观上存在排他性支配，但这种排他性支配并未基于自己的意思的场合，必须存在诸如父子（母子）关系，建筑物的管理人员、安保人员等社会持续性保护关系。[④] 此外，山口厚主张因果原因支配说，[⑤]阿部纯二、山中敬一等主张社会功能关系说（机能的二分说）。

（三）我国的实质作为义务理论

简要来说，我国刑法学者关于实质作为义务理论，主要有下列几种观点：第一，我国刑法理论的通说基本上主张排他支配说。第二，张明楷教授

① 藤木英雄主张主观的限定说，主张通过行为人的主观方面的情况来判定不作为是否和作为等价。

② 日高义博主张先行行为的原因设定说，认为作为义务的实质来源是不作为者先前的原因设定行为。

③ 堀内捷三主张事实承担说，认为不作为者同法益之间的依存关系，意味着法益（结果）具体地并且事实上地依存于不作为者，并由于不作为者的事实上的承担行为而发生。参见［日］堀内捷三：《不作为犯论——作为义务的再构成》，青林书院新社 1978 年版，第 254 页。此外，浅田和茂也坚持事实承担说。参见［日］浅田和茂：《刑法总论》（补正版），成文堂 2007 年版，第 159 页。

④ 参见［日］西田典之：《日本刑法总论》（第 2 版），王昭武、刘明祥译，法律出版社 2013 年版，第 106 页。

⑤ 参见［日］山口厚：《刑法总论》（第 2 版），付立庆译，中国人民大学出版社 2011 年版，第 89 页。

主张社会功能关系说。第三，黎宏教授曾经主张具体依存说（事实上的承担说、事实上的接受行为），现在主张因果过程支配说。第四，冯军教授等主张支配行为说。第五，周光权教授和陈子平教授等主张因果过程支配说。第六，还有部分学者主张先前行为说。

在我国台湾地区，社会功能关系说是刑法理论的通说。此外，黄荣坚教授和林东茂教授主张危险前行为说，许玉秀教授主张开放和闭锁的关系说。

第三节　平面的社会群体关系说

平面的社会群体关系学说试图在社会内部人与人之间的基础社会关系中探讨保证人地位的实质法理依据。在该说内部，具有代表性的观点主要有佛格特的较密切的社会秩序（关系）说、安德鲁拉基斯的事先存在的密切关系说以及贝尔汶科的公共福祉和社会角色说。

一、佛格特的较密切的社会秩序（关系）说

（一）较密切的社会秩序（关系）说的主要观点

佛格特发现在关系人之间存在较密切的社会秩序（关系），而这种社会秩序（关系）实际上是整体社会生活命脉的依托，这种特别秩序中的成员不但不能实施有损团体生活秩序的行为，而且应当适应并积极排除各种威胁团体生活秩序和平发展的危险因素，这就是违反作为义务的不作为与积极的作为具有等价性的原因所在。[①] 佛格特的理论实际上将作为义务的实质根据归结为具有密切社会关系的成员之间的社会连带责任。

佛格特将形成“较密切的社会秩序（关系）”的连带关系分为持久的连带关系和暂时的连带关系。前者包括家庭、婚姻、家属共居关系或者特别职业身份；后者包括危险共同体（临时组成之登山、划水等冒险团体）或者依据法律行为建立的关系。其中，在暂时的连带关系中，危险共同体是借着彼此间的互相信赖而形成的较为密切的社会关系；依据法律行为建立的关系，则是以事实关系（tatsächliche Beziehung），如承诺照顾小孩、动物或者房屋而形成较为密切的社会关系。依据法律行为建立的关系，不必过问法律行为在民法上的效力如何，因为刑事责任不是基于法律当事人的意

---

① 参见许玉秀：《论西德刑法上保证人地位之实质化运动》，载许玉秀：《当代刑法思潮》，中国民主法制出版社2005年版，第642页。

思,而是基于双方当事人意思所造成的纠结状态(Verflechtung)。[①]

关于先前行为或者危险前行为,佛格特认为,因自己的行为使他人陷入危险状态或者提高危险,致其与身陷危险的他人发生密切联系的,形成一个特别的、唯一的以防止危险为目的的社会关系。[②]

(二)对较密切的社会秩序(关系)说的评析

本书认为,较密切的社会秩序(关系)说主要存在以下问题:

第一,较密切的社会秩序(关系)说仅仅说明了家庭、婚姻、共居关系足以产生作为义务,但未进一步阐述作为义务的内容。当代刑法理论认为,家庭成员之间、夫妻之间彼此负有法益保护义务。但是,除了监护人对于未成年被监护人承担危险源监督义务外,上述人员之间原则上不承担危险源监督义务,特别是不承担犯罪阻止义务。

第二,较密切的社会秩序(关系)说将形成"较密切的社会秩序(关系)"的连带关系分为持久的连带关系与暂时的连带关系,但并未提供一个具体的判断标准,可能导致"较密切的社会秩序(关系)"的范围过于宽泛,不利于人权保障。

第三,与上述第二点相反,如果将作为义务的范围限定于"较密切的社会秩序(关系)",也可能导致不作为犯的成立范围过于狭窄,不利于保护法益。

二、安德鲁拉基斯的事先存在的密切关系说

(一)事先存在的密切关系说的主要观点

根据整体的考察方法,安德鲁拉基斯将代表社会连带关系最小、最基本的元素概括为"事先存在的密切关系"。他认为,事先存在的密切关系是内在的、社会的、人与人之间的亲近状态。其中,婚姻和家庭关系是最典型的"事先存在的密切关系"。但是,他反对佛格特提出的将"公共生活团体"视为"事先存在的密切关系"的观点。[③]

关于如何认定"事先存在的密切关系",安德鲁拉基斯认为,根据社会伦理秩序进行的判断仅仅是表面的,应当以存在于社会生活事实状态中的

---

① 参见许玉秀:《论西德刑法上保证人地位之实质化运动》,载许玉秀:《当代刑法思潮》,中国民主法制出版社2005年版,第643-644页。

② 参见许玉秀:《论西德刑法上保证人地位之实质化运动》,载许玉秀:《当代刑法思潮》,中国民主法制出版社2005年版,第644页。

③ 参见许玉秀:《论西德刑法上保证人地位之实质化运动》,载许玉秀:《当代刑法思潮》,中国民主法制出版社2005年版,第644页。

秩序内涵为标准,即应着眼于实际社会生活中价值中立的事实的秩序状态。“事先存在的密切关系”是指这种密切关系存在于不作为之前,而不是存在于发生危险前。所以,因为先前行为陷他人于危险境地的人,相比其他人与被害人处于更加密切的亲近状态,因而具有不作为的等价要素。

安德鲁拉基斯主张区分“有密切关系”与“有关系”,二者的区分标准在于有无“密切关系的可确定性”。例如,表兄弟姊妹关系、邻里关系以及上下级关系等,因为与危险源、危险、受害法益、被害人等没有可以确定的密切关系,所以不属于“有密切关系”。此外,不是所有“事先存在的密切关系”都是不真正不作为犯的成立要件。只有具有某种客观评价要素的“事先存在的密切关系”才是不真正不作为犯的要素。这些客观要素包括血亲之亲等,在不作为者支配领域内被害人的处境,以及行为人防止结果发生的垄断或者支配地位等。这些客观的评价要素并非一成不变,应当根据具体的社会状况进行个别的判断。

安德鲁拉基斯将“事先存在的密切关系”分为三类,分别是存在于不作为者与被害人之间、不作为者与危险源附着物之间,以及不作为者与加害人之间的关系。其中,存在于不作为者与被害人之间的完全绝对的密切关系包括亲子关系、婚姻关系、监护关系等。商业关系和其他利益往来关系属于受空间限制的、相对的“事先存在的密切关系”。在间接的“事先存在的密切关系”中,不作为者应当是具有一定职业身份的人,如停车场的值班人员。存在于不作为者与危险源附着物之间的“事先存在的密切关系”,包括酒店主人与有精神障碍的顾客之间,轨道和灯塔的值班人员与轨道、灯塔之间的关系等。存在于不作为者与加害人之间的“事先存在的密切关系”,旨在解决犯罪防止义务。

(二)事先存在的密切关系说与较密切的社会秩序(关系)说的关系

安德鲁拉基斯的事先存在的密切关系说与佛格特的较密切的社会秩序(关系)说具有相似之处。不过,安德鲁拉基斯认为,较密切的社会秩序(关系)说不具有规范的、价值判断的社会伦理关系的意义,应着眼于实际社会生活中价值中立的“事实的状态秩序”。基于这种对“事实上的社会生活秩序”的现象本体观,安德鲁拉基斯主张以“事先存在的密切关系”取代“较密切的社会秩序(关系)”。在安德鲁拉基斯看来,“事先存在的密切关系”是一种个人之间实际的互相归属,如父子之间、医生与病人之间就具有这种互相归属关系。“事先已存在”是指密切关系存在于不作为之前,而不是存在于危险发生前,这就是为什么实施先前行为使他人陷于险境的人,相比其他人与被害人处于更密切、直接的亲近状态,从而具有不作为的等价要素。①

（三）对事先存在的密切关系说的评析

本书认为，事先存在的密切关系说主要存在以下问题：

第一，无论是安德鲁拉基斯的“事先存在的密切关系”，还是佛格特的“较密切的社会秩序（关系）”，都过于抽象，无法根据这些概念判断何种关系属于“密切关系”。

第二，既然已经区分“密切关系”和“有关系”，又对“事先存在的密切关系”附加一个“客观评价要素”，不但叠床架屋，更混淆了“事先存在的密切关系”的意义。其所称的客观评价要素诸如血亲之亲等、被害人在不作为者支配下的状况以及行为人防止结果发生的垄断地位，应当被包含于“事先存在的密切关系”内，“而为确定该概念之要素，无由于概念确定之后，复被用以限制概念之理”②。

第三，如果将作为义务的范围限定于“事先存在的密切关系”，可能导致不作为犯的成立范围过于狭窄，不利于保护法益。

三、贝尔汶科的公共福祉和社会角色说

（一）公共福祉和社会角色说的主要观点

基于严格界分法律义务与道德义务的立场，贝尔汶科认为，涉及多数人整体的“公共福祉”既是法的本质，也划定法律义务与道德义务的界限。③

贝尔汶科认为，“公共福祉”包含三项基本要素：法益、社会角色和客观的评价要素。其中，对于实现“公共福祉”的最高法价值而言，法益具有手段价值。社会角色是个体在团体中扮演的角色，有赖于其他角色的充分配合，否则人类的共同生活秩序必然受到干扰，这就是为什么法律命令各种社会角色必须根据其角色实施所应为的行为，也是判断不真正不作为犯的保证关系是否存在的决定性要素。客观的评价要素旨在从客观上将保证人地位限定在对维护公共福祉具有紧迫性和必要性的情形，贝尔汶科所列举的客观的评价要素有法益的重要性、危险状况的具体程度、社会角色

---

① 参见许玉秀：《论西德刑法上保证人地位之实质化运动》，载许玉秀：《当代刑法思潮》，中国民主法制出版社2005年版，第644－647页。

② 许玉秀：《论西德刑法上保证人地位之实质化运动》，载许玉秀：《当代刑法思潮》，中国民主法制出版社2005年版，第649页。

③ 参见许玉秀：《论西德刑法上保证人地位之实质化运动》，载许玉秀：《当代刑法思潮》，中国民主法制出版社2005年版，第649页。

的垄断地位等。①

(二)对公共福祉和社会角色说的评析

本书认为,贝尔汶科将法益作为确定保证人地位的第一个要素,是正确的。因为刑法的目的是保护法益,不真正不作为犯是结果犯,②探讨不真正不作为犯的作为义务来源,自然应当以法益为出发点。但是,"公共福祉"这一概念过于一般化、抽象化。这种概念只能作为政治学或者刑事政策的依据,而无法作为不真正不作为犯的处罚依据。③

第四节　先前行为说

一、先前行为在不作为犯中的体系性地位

不作为理论中有关先前行为的讨论,主要涉及两个问题:第一,能否将先前行为作为实质的作为义务来源之一?第二,能否将先前行为作为不作为的实质根据?

(一)能否将先前行为作为实质的作为义务来源之一?

多数学者认为,制造了先前行为的人,有义务负责监督并且消除该危险;否则,就有可能成立不作为犯。例如,罗克辛指出:"有责的或者无责的通过自己的行为制造或者共同制造了某一损害之危险的人,就在法律上负有尽力避免该损害的义务。"④

上述观点认为,作为是行为人主动引起法益侵害,而不作为是利用或者放任已经存在的能够侵害法益的客观事实,能够弥补二者之间的结构性差异的是行为人在不作为之前的先前行为,因此,先前行为是认定实质义务的关键。

(二)能否将先前行为作为所有不作为的实质的根据?

我国台湾地区学者黄荣坚、林东茂、林钰雄等持肯定说。但是,对于这个问题,旧先前行为说与新先前行为说存在一定的差异。

① 参见许玉秀:《论西德刑法上保证人地位之实质化运动》,载许玉秀:《当代刑法思潮》,中国民主法制出版社2005年版,第649-654页。

② 蔡圣伟教授认为,无论是作为还是不作为,都只是实现犯罪构成要件的方式;至于所实现的犯罪构成要件究竟是行为犯还是结果犯,则仅取决于所涉及的构成要件本身的设计,与所谓反的行为模式(作为或者不作为)无关。参见蔡圣伟:《不作为犯:第一讲　论故意之不纯正不作为犯(一)》,载《月旦法学教室》第51期(2007年)。

③ 参见谢绍华:《作为义务来源的实质化》,载《政法论坛》2008年第2期。

④ [德]克劳斯·罗克辛:《德国最高法院判例:刑法总论》,何庆仁、蔡桂生译,中国人民大学出版社2012年版,第243页。

1. 旧先前行为说。该说认为,只有行为人自己故意或者过失的先前行为导致法益面临危险的不作为,才能作为判断等价性的前提。这种观点源于日本刑法理论中的实质原因设定理论。例如,日高义博认为,为了克服作为和不作为在存在结构上的差异,必须有“不作为者的原因设定行为”,即不作为者在该成立不作为前,必须自己设定倾向法益侵害的因果关系,它是具有实质性意义的等价性的判断标准。这种原因设定行为,实际上是先前行为的最初渊源。

本书认为,该说主要存在以下问题:第一,根据该说,凡是故意或者过失伤害他人的,只要未向后续发生死亡结果的被害人提供救助,根据先前行为理论都可以认定为不作为的故意杀人罪。例如,交通肇事后单纯的肇事逃逸行为,在被害人发生死亡结果的情况下,也有可能直接构成不作为的故意杀人罪。该说将轻罪的故意犯、过失犯认定为重罪的不真正不作为犯,[①]导致处罚过于严苛。第二,该说要求先前行为人主观上至少出于过失。根据这种理解,如果行为人“在行为时不能预见到结果发生的危险,但行为后知道了此危险的情况下,就得否定作为义务”,这是不妥当的。[②]

2. 新先前行为说。该说认为,使刑法保护的具体法益面临紧迫的危险,是先前行为成为作为义务来源的实质根据。例如,张明楷教授持此观点。具体来说,包括三个方面:第一,先前行为对刑法所保护的具体法益造成了危险。第二,危险明显增大,如果不采取积极措施,危险就会立即现实化为实害。第三,行为人对危险向实害发生的原因具有支配。[③]

旧先前行为说与新先前行为说的主要差异在于:行为人对于先前行为所引起的潜在危险,是否具有排他性支配。新先前行为说不仅要求先前行为对刑法所保护的具体法益造成危险,而且还要求其对该危险向实害结果的发生具有支配,而旧先前行为说则没有这一要求。[④]

二、日高义博的先前行为说及其评析

(一)日高义博的先前行为说的内容

该说认为,作为犯与不作为犯在行为构造上的差异是,作为具有原因

---

① 参见[日]西田典之:《日本刑法总论》(第2版),王昭武、刘明祥译,法律出版社2013年版,第104页。

② 参见[日]佐伯仁志:《刑法总论的思之道·乐之道》,于佳佳译,中国政法大学出版社2017年版,第76页。

③ 参见张明楷:《不作为犯中的先前行为》,载《法学研究》2011年第6期。

④ 参见黎宏:《排他支配设定:不真正不作为犯论的困境与出路》,载《中外法学》2014年第6期。

力,而不作为不具有自然意义上的原因力,只不过是利用既存的因果关系(因果流程)。因此,不作为要与作为具有等价性,不作为人必须在实施不作为之前,亲自设定朝向侵害法益的因果关系。换言之,只有在行为人不阻止自己事先所引起的侵害法益的因果关系的发展趋势时,该不作为才可以被视为作为。因此,该说又被称为"实质的原因设定理论"。日高义博等主张此说。

日高义博认为,作为义务的来源是不作为者的原因设定行为,即先前行为。作为具有引起结果的原因力,能够引起结果发生方向发展的因果关系。从自然现象上看,不作为没有原因力,只是利用已经存在的因果流程而已。所以,要填补不真正不作为犯在结构上的差异,使其与作为犯在构成要件上具有等价性,就必须考虑不作为者的先前行为,即不作为者在实施该不作为之前,必须存在自己设定的向侵害法益方向发展的因果关系。①

根据日高义博的观点,这个判断标准就是构成要件的等价性,主要从以下三个方面进行判断:第一,犯罪构成要件的特别行为要素;第二,该行为事实;第三,不作为人的原因设定行为(先前行为)。日高义博认为,在上述标准中,前两个标准是考虑刑法条文的犯罪构成要件的特殊性,后一个标准起着填补不真正不作为犯存在结构上的空隙的媒介作用。换言之,在解决等价性问题时,前两个判断标准起着这样的作用:抽出作为犯罪构成要件中不可能由不作为来实现的犯罪,这可以说是判断构成要件等价性的第一步,以限定等价性判断的对象。后一个判断标准起着这样的作用:决定由不作为实施的犯罪与由作为实施的犯罪在同一犯罪构成要件下是否足以被等置的价值。②

日高义博认为,在不作为人故意或者过失设定向侵害法益方向发展的因果关系时,由该不作为实施的犯罪和由作为实施的犯罪在构成要件上具有等价性。例如,母亲故意不给婴儿喂奶致其饿死的,就是不作为人故意设定向着侵害法益方向发展的因果关系。又如,汽车驾驶人拖拽被害人逃逸致其死亡的,就是由于不作为人的过失设定原因。在不作为人没有设定原因的情形中,因为该不作为缺乏构成要件等价性,不成立不真正不作为犯。也就是说,由于自然现象、被害人故意或者过失,以及第三人的故意或

① 参见[日]日高义博:《不作为犯的理论》,王树平译,中国人民公安大学出版社 1992 年版,第 109-110 页。

② 参见[日]日高义博:《不作为犯的理论》,王树平译,中国人民公安大学出版社 1992 年版,第 112 页。

者过失等产生的形态,不成立不真正不作为犯。[①]

（二）对日高义博的先前行为说的分析

先前行为说重视先前行为和法益侵害之间的因果关联,意图通过事实判断来明确不真正不作为犯的处罚范围。与许乃曼的支配理论相比,先前行为说的核心在于"先前行为的原因设定",而支配理论的核心在于"对结果来源的支配"。作为犯的因果关系是现实的存在,具有明显的结果支配性,为了寻求不作为与作为的等价,在不作为犯中也要具有这种对结果的支配。所以,二者的出发点基本是相同的。

许乃曼基于支配理论完全否定了先前行为类型,而日高义博的先前行为说则肯定了先前行为类型,甚至与对作为义务来源进行实质化思考而提出的"危险前行为类型说"具有异曲同工之处。究其原因在于,日高义博对各种"原因设定"的情形进行了非常宽泛的理解,使不作为犯的成立范围远远大于形式的作为义务理论中的先前行为类型的判断范围,而许乃曼则严格地限定"对结果来源的支配"。[②]

先前行为说通过事实判断,明确了不真正不作为犯的成立范围。但是,本书认为该说存在以下问题:

第一,该说在理论体系上存在前后冲突。先前行为说认为不作为不具有原因力,按照这种理解,应当否定不作为的因果性。但是,先前行为说又从价值论的角度肯定了不作为犯的因果性。该说在构成要件符合性的判断上,再次提出有无自然的原因力的问题,并且认为只有不作为者事先的原因设定行为即先前行为才是判断等价性的基础。显然,得出这种结论在逻辑上并非具有必然性。

第二,该说导致不真正不作为犯的成立范围过于宽泛,同时还可能限制得过于狭窄。[③] 根据先前行为说,凡是因为故意、过失而伤害他人的,只要被害人因未能得到行为人的及时救助而死亡,就很容易认定成立不作为的故意杀人罪。这就使大量的故意犯、过失犯转化为不真正不作为犯。[④]

---

① 参见[日]日高义博:《不作为犯的理论》,王树平译,中国人民公安大学出版社1992年版,第113-114页。

② 参见许成磊:《不纯正不作为犯理论》,人民出版社2009年版,第319-320页。

③ 参见山中敬一:《刑法总论》(第2版),成文堂2008年版,第232页;[日]山口厚:《刑法总论》(第2版),付立庆译,中国人民大学出版社2011年版,第87页;李晓龙:《论不纯正不作为犯作为义务之来源》,载高铭暄、赵秉志主编:《刑法论丛》(第5卷),法律出版社2002年版,第97页。中森喜彦、西田典之等也持该观点。

④ 参见[日]西田典之:《日本刑法总论》(第2版),王昭武、刘明祥译,法律出版社2013年版,第104页。

在过失犯或者结果加重犯的场合，只要行为人对于加重结果的发生具有认识，就成立故意的不作为犯；而且，还会导致将教唆犯、帮助犯以不作为的故意正犯论处，这显然扩大了不真正不作为犯的处罚范围。

相反，如果说没有先前行为就不成立不作为犯，会使不作为犯的处罚范围过于狭窄。在司法实践中存在大量行为人没有先前行为但依然具有刑法上的作为义务的情况。例如，妻子不慎将蜡烛打翻导致起火，丈夫明知火势可能蔓延到他人的住宅但置之不理的情况。又如，根据收养合同收养养子的人，故意饿死养子的，尽管没有基于故意、过失的先前行为，但仍然应当追究其不作为的故意杀人罪的罪责。①

第三，该说导致对先前行为进行双重评价，即具有故意或过失的先前行为已经成为刑罚处罚的对象，然而又以此为理由认定成立不真正不作为犯。例如，按照该说，行为人在交通肇事致被害人重伤后逃逸，除了成立业务上过失致死伤罪之外，还成立不作为的故意杀人罪或者（保护责任者）遗弃罪。这种重复评价显然是不妥当的。②

第四，此说将是否存在先前行为作为判断是否成立不真正不作为犯的根据。但是，先前行为只不过是不作为犯的义务来源之一，完全否认或者主张只有先前行为能够成为不作为犯的义务来源是不正确的。

三、黄荣坚的先前行为说及其评析

（一）黄荣坚教授等先前行为说的主要观点

1. 黄荣坚教授的观点。黄荣坚教授认为，刑事不法的实质在于不被容许的法益侵害，通过衡量被害法益的价值与行为所能实现的法益的价值进行判断。从这个角度看，作为犯与不作为犯的实质不法标准没有差别。“正是因为行为人已经有一个危险的前行为，已经制造了一个自然界原本不存在的风险，所以我们才认为行为人有义务控制风险。质言之：制造风险的人，必须控制风险。制造风险的人，对于风险的控制，居于保证人地位。”③

黄教授认为，以危险前行为或者先前行为作为保证人地位的实质基础的充要条件，包括充分条件和必要条件两个部分。关于充分条件，首先，以危险前行为使作为和不作为构成相同犯罪的法理基础是，基于法益保护目的，法律上一个合理的要求也是一个合乎期待可能性的要求是：制造风险

① 参见［日］浅田和茂：《刑法总论》（补正版），成文堂2007年版，第156页。
② 参见［日］曾根威彦、［日］松原芳博编：《重点课题·刑法总论》，成文堂2008年版，第44页。
③ 黄荣坚：《刑罚的极限》，台北，元照出版公司1999年版，第35页。

的人,虽然法律基于相对利益的考量而容许其制造风险,但其仍然有义务随时控制风险。其次,以危险前行为作为实质的作为义务来源,不是单纯从因果关系的角度确定保证人地位,除了制造风险之外,主观上至少必须对其风险有预见可能性。最后,以危险前行为作为保证人地位的法理基础,不管这种危险前行为是否违背义务,行为人都必须控制风险。倘若风险应当由被害人自我负责,则制造风险的人不承担保证人义务。具体包括两种情形:其一,风险的制造可以归责于被害人,典型的例子是正当防卫中的不法侵害者,自己间接制造风险的,必须自我负责;其二,合理风险的部分应当由潜在的被害人吸收,具体判断标准是根据利益衡平原则所形成的社会分工模式。

从衡平观点出发,黄教授还分析了其他几种作为义务来源的情形,认为法令或合同、最近亲属、危险共同体、义务的承担以及为他人的行为负责等,本身不能直接作为形成保证人地位的理由,这些因素只是作为参考的事实状况,而不是法律上的标准。例如,如果不是制造危险的行为,即使是最近亲属关系,也不足以形成保证人地位;义务的承担本身是一个危险的前行为,但只不过是属于危险前行为的一个可能形态而已。总之,除了用危险前行为作为保证人地位的基础外,其他标准都流于形式,并且存在因此而来的判断上的误差。

2. 林东茂教授的观点。林东茂教授也支持危险前行为说。林教授提出这样的诘问:"一个人为什么必须对他人的危难伸出援手,并承担不救援的刑罚后果?"①林教授认为,应当将危险前行为作为保证人地位的实质基础,"谁制造了危险的前行为,必须负责监控并扑灭这个危险;如果没有制造他人的危难,对于这危难不伸援手,刑法就不能过问。为自己负责,似乎是保证人地位最清楚的范围"②。

(二)对黄荣坚教授的先前行为说的评析

以黄荣坚教授主张的先前行为说为例,本书认为该说主要存在下列问题:

1. 先前行为的界限不够明确。尽管对危险前行为的成立范围进行了一定限制,但危险前行为的界限仍然不够明确。首先,在诸如防卫过当等风险的制造只能部分归责于行为人的场合,行为人是否对这种风险负责,并未予以说明。其次,关于应由潜在的被害人吸收合理风险的具体情形,在判断标准上也不明确。最后,将行为人对风险具有预见可能性作为对因

① 林东茂:《刑法综览》(修订 5 版),中国人民大学出版社 2009 年版,第 122 - 123 页。

② 林东茂:《刑法综览》(修订 5 版),中国人民大学出版社 2009 年版,第 123 页。

果的前行为概念的限制，但行为人对哪些情形具有预见可能性，也不明确。

2. 信赖关系与危险关系存在循环论证。尽管黄教授反对将信赖关系作为保证人地位的根据，但他又不断提到信赖关系是危险关系，是制造危险的行为，认为行为人在制造信赖关系的同时，也制造了危险关系。这样一来，信赖关系又成了危险前行为保证人地位的理由。这是自相矛盾的。

3. 无法获得我国台湾地区"刑法"规定的支持。我国台湾地区"刑法"第15条就不真正不作为作了一般总则性规定，其第1款规定了"法律"上的保证人地位，第2款规定了先前行为类型的保证人地位。按照黄教授的理解，第1款首先把不作为与作为等价的要件建立在"法律"上的防止义务上，第2款进一步说明这种"法律"上的防止义务，也就是先前行为或者危险前行为。①

但是，我国台湾地区刑法学界通常认为，相关内容只有通过明文规定才能解决。例如，苏俊雄教授认为："德国刑法对失行行为的不作为义务不另设规定，系基于习惯法，并已在判例中确认此项义务为法律规范的一部分，所以在理论和实用上均无问题，但我国台湾地区'刑法'的规范体系，尚无类似习惯法之判例，若将之删除，仅赖于该条第1项之扩大解释，不免窒碍，且有侵及罪刑决定主义之虞。因此，'刑法'对失行行为的防止义务作出规定，可视为一种'法律'上义务概念的具体补充。"②这样看来，黄教授的解释是极为勉强的。

四、对先前行为说的评析

（一）先前行为说的功能与价值

关于为什么先前行为能够成为不作为犯的作为义务来源，阿什沃斯指出，是因为先前行为人基于自己的因果责任创设了危险，所以即使这种因果关系是纯粹的意外事件，也足以创设一定程度的责任。③ 我国传统刑法理论认为，行为人的先前行为使法益处于危险状态，行为人有义务消除该危险状态但却没有消除，引起法益侵害结果，所以要将其不履行消除危险的作为义务的不作为以犯罪论处。

但是，根据上述先前行为说，先前行为人之所以成立不作为犯，不仅仅是因为行为人没有履行消除危险的义务，关键在于行为人"故意或者过失的先前行为导致法益面临的危险"或者"先前行为对刑法所保护的具体法

① 参见黄荣坚：《论保证人地位》，载《法令月刊》第2期（1995年）。

② 苏俊雄：《刑法总论Ⅱ》，1998年自版发行，第564页。

③ 参见［英］安德鲁·阿什沃斯：《刑法的积极义务》，姜敏译，中国法制出版社2018年版，第77页。

益造成的危险”变成了现实。换言之，上述先前行为说并不是基于习惯或者说一般的约定俗成，主张先前行为人具有作为义务，而是从因果关联的角度出发，认为先前行为自身具有导致结果发生的原因力，其可以补足不作为自身没有原因力的缺陷，从而实现不作为与作为之间的等价性。①

（二）先前行为说存在的不足

先前行为说并非无可争议。例如，许乃曼就批评说：“危险前行为保证人地位是一个介于因果一元论和事后故意、保护承担和往来义务之间含糊不清的混合产物，在理论史上扮演着顽强和可疑的角色。”②

本书认为，先前行为说主要有以下不足之处：

1. 先前行为说貌似是实质的作为义务理论，但本质上仍然是形式的作为义务理论。例如，陈兴良教授指出：“就先行行为之作为义务是从法感情中推论出来而非从法规范中引申出来而言，是一种明显的实质论。但把法律、合约、先行行为确定为不作为的作为义务来源，采取了一种列举的方式，只要具备刑法理论所列举的作为义务来源之一，就认为具备不作为之作为义务，这又是一种典型的形式判断。”③

2. 先前行为说的理论逻辑存在相互矛盾之处。例如，许玉秀教授认为，风险之所以被容许，是因为它是能够被控制的风险，是不会造成不能被容忍的损害的风险。一个被认为有排除风险或者控制风险义务的人，必定是一个不作为的人，不作为的人不可能是制造风险的人，对不作为的人无法得出“制造风险的人随时控制风险的义务”这样的结论。这种制造风险的人有控制风险的义务的原理，是对作为犯而言的；如果制造风险的人没有控制风险，则应当根据具体情形分别成立故意犯或者过失犯。④

3. 先前行为说与各国刑法关于结果加重犯的规定不相契合。例如，许玉秀教授指出：“结果加重犯的规定也明白显示，立法者根本就没有想到有前行为保证人类型。造成行为人原始的故意所没有涵盖到的加重结果，在分则轻伤致重伤，伤害致死规定中已有处罚规定，而完全没有考虑到前行

---

① 参见黎宏：《排他支配设定：不真正不作为犯论的困境与出路》，载《中外法学》2014年第6期。

② ［德］贝恩德·许乃曼：《德国不作为犯法理的现况》，陈志辉译，载许玉秀、陈志辉合编：《不移不惑献身法与正义——许乃曼教授刑事法论文选辑》，台北，新学林出版股份公司2006年版，第41页。

③ 陈兴良：《作为义务：从形式的义务论到实质的义务论》，载《国家检察官学院学报》2010年第3期。

④ 参见许玉秀：《保证人地位的法理依据——危险前行为是构成保证人地位的惟一理由》，载许玉秀：《当代刑法思潮》，中国民主法制出版社2005年版，第738页。

为保证人类型的情况。"[①]许乃曼也认为,先前行为保证人地位说背离了《德国刑法典》的有关规定。[②]

4. 先前行为说所主张的原因设定行为,无法合理限定不真正不作为犯的处罚范围,在有些场合导致不真正不作为犯的成立范围过于宽泛,有些场合又限制得过窄。[③] 按照先前行为说的观点,凡是由于故意或过失行为而设定结果原因者,都负有作为义务。因此,在过失犯或结果加重犯的场合,只要行为人对结果防止的可能性和结果发生具有认识,马上就转化为故意的不作为犯;在教唆犯和帮助犯的场合,也转化为不作为犯的正犯。[④] 这必然导致不作为犯的成立范围过于宽泛、处罚也过于严厉。例如,德国自20世纪80年代以来出现扩大先前行为范围的观点,非但不需要是违反义务的先前行为,即便是对结果的发生的紧密、相当而直接的危险也不需要了。这种做法必然导致不作为犯成立范围的不当扩大化。

为此,新先前行为说提出"行为人对危险向实害发生的原因具有支配"的限定条件,认为甲在高速公路上撞伤他人时,交通警察恰好就在旁边,这时候应该由警察将伤者送往医院抢救。但即便如此,前述问题依然没有解决。再者,行为人中途介入并支配面向法益侵害结果的因果进程的场合,先前行为说也难以作出合理的说明。[⑤]

第五节　社会功能关系说

一、社会功能关系说的基本内容

(一)德国学者的社会功能关系说与中心人物说

1. 社会功能关系说的主要观点。社会功能关系学说又称为机能二元说,根据保护内容的不同,将作为义务分为对特定法益的保护义务(Beschutzergarantenstellung)和对危险源的监督义务(Uberwachungsgaranten-

---

① 许玉秀:《保证人地位的法理依据——危险前行为是构成保证人地位的惟一理由》,载许玉秀:《当代刑法思潮》,中国民主法制出版社2005年版,第746－747页。

② 参见[德]贝恩德·许乃曼:《德国不作为犯法理的现况》,陈志辉译,载许玉秀、陈志辉合编:《不移不惑献身法与正义——许乃曼教授刑事法论文选辑》,台北,新学林出版股份公司2006年版,第642页。

③ 参见[日]山中敬一:《刑法总论》(第3版),成文堂2015年版,第241页。

④ 参见[日]曾根威彦、[日]松原芳博编:《重点课题刑法总论》,成文堂2008年版,第44页;[日]佐伯仁志:《刑法总论的思之道·乐之道》,于佳佳译,中国政法大学出版社2017年版,第72页。

⑤ 参见黎宏:《排他支配设定:不真正不作为犯论的困境与出路》,载《中外法学》2014年第6期。

stellung)。此说最先由考夫曼于1959年提出,[①]是德国刑法学理论的通说。耶赛克、韦塞尔斯、施特拉腾韦特、金德霍伊泽尔、鲁道菲等均坚持此说。[②]

第一,对特定法益的保护义务,是指行为人对于被保护者所承担的实施一定作为而保护其法益不受侵害的义务。这种作为义务是一种全面的保护义务,即有义务防止一切可能损害被保护者法益的危险。例如,父母对于未成年子女以及夫妻之间的作为义务、来自生活共同体或危险共同体的义务、自愿承担的保护义务(事实上自愿接管或承担他人的保护义务,如行为人本无保护保证人义务,但因自愿承担对婴儿的照看、对病人的护理等而获得的义务)。

第二,对危险源的监督义务,是指行为人对于特定的危险源具有监管该危险源不对他人造成侵害的义务。这种保证人仅对其所监管的危险源所造成的损害负有防止义务,其作为义务是一种特殊的作为义务,紧紧围绕危险源对法益造成的危险指向。例如,危险设备运营人对其运营的危险设备、饲主对其饲养的动物负有监管而防止其伤害第三人的义务,对属于自己监管职责范围内的被监管人对第三人造成损害的阻止义务,以及来自先前行为的义务,即防止其在先行为的危险致人损害的义务。[③]

简言之,法益保护义务站在保护特定法益的立场,使其免受侵害,无论危险来源于何处;危险源监督义务基于监督危险源的立场,使之不至于对他人造成侵害,而无论受害者可能是谁。[④]

2. 中心人物说的主要观点。中心人物说认为,在不真正不作为犯罪中,保证人是在社会生活中发挥防止法益侵害危险这一保护功能的人,是引起法益侵害事件的中心人物。这种保护功能可分为两大类:第一类是原发(primaer)的保护,直接来自为维持共同体生活所必需的危险防止地位;第二类是继发(sekundaer)的保护,即因特定的干扰社会秩序的行为而产生的危险防止地位,其中可分为承担的保证人与先前行为保证人。[⑤] 中心

① Kaufmann, Die Dogmatik der Unterlassungsdelikte, Goettingen, 1959, S. 283f。

② 参见[德]汉斯·海因里希·耶赛克、[德]托马斯·魏根特:《德国刑法教科书》(下),徐久生译,中国法制出版社2017年版,第835页以下;[德]约翰内斯·韦塞尔斯:《德国刑法总论》,李昌珂译,法律出版社2008年版,第433页以下;[德]冈特·施特拉腾韦特、[德]洛塔尔·库伦:《刑法总论Ⅰ——犯罪论》(第5版),杨萌译,法律出版社2006年版,第362页以下。

③ 参见[德]克劳斯·罗克辛:《德国刑法学总论》(第2卷　犯罪行为的特别表现形式),王世洲等译,法律出版社2013年版,第536页。

④ 参见黄荣坚:《刑罚的极限》,台北,元照出版公司1999年版,第25页。

⑤ Vgl. Rudolphi, Die Gleichstellungs problematic der unechten Unterlassungsdelikte und der Gedankeder Ingerenz, Goettingen 1966, S. 160f.

人物说认为，只有基于保护任务对构成要件不法结果的发生有最后决定权的人，才可能支配引起构成要件不法结果的现象，而只有这种支配才可能和作为犯对相同现象的支配相比。亦即只有对能发生构成要件不法结果的现象有支配力的中心人物，才可能成为保证构成要件不法结果不发生的保证人。①

鲁道菲主张的中心人物说与前述考夫曼提出的社会功能关系说具有很大程度的相似性：原发的保证人大致相当于保护保证人，而继发的保证人也与监管保证人具有很大程度的重合。只是在承担的保证人地位分类上，二者存在区别。② 鲁道菲认为，在因特定的扰乱社会秩序的行为而形成的作为必要性这一所谓继发的保证人地位之中，只有可为行为人意志控制并且违反义务的前行为（vortat），才可成为先前行为。③ 由于他将义务违反理解为"指向法益的违法性"，以与合法行为进行区别，故而其先前行为判断标准被称为"违法性标准"。

（二）日本学者对社会功能二分说的继受和展开

在日本，主张此说的有阿部纯二、中义胜、山中敬一、高桥则夫等。例如，阿部纯二将不作为犯的作为义务分为直接保护法益的义务和犯罪阻止义务；中义胜主张区分为直接的结果回避义务和直接的结果回避义务以前的义务。其中，直接的结果回避义务以前的义务包括监护义务者违反监护义务不阻止被监护者犯罪，以及安全管理义务者违反安全管理义务不阻止第三者利用危险的被管理物，如武器、有毒物品等。

下面重点介绍山中敬一和高桥则夫的观点。

1. 山中敬一的观点。山中敬一系统地接受了考夫曼的社会功能关系说。他认为，不作为犯的作为义务可以分为法益保护义务和危险源监督义务。其中，第一，法益保护义务是指出于保护该法益的关系而产生的作为义务，包括基于规范的根据而产生的义务、基于制度的或任意的保护关系而产生的作为义务、基于机能的保护关系而产生的作为义务。第二，危险源监督义务是指具有管理、监督危险源的义务而产生的作为义务，包括基于对危险物或设备的管理义务而产生的作为义务、基于对人的行为的监督

① 参见许玉秀：《前行为保证人类型的生存权？——与结果加重犯的比较》，载许玉秀：《当代刑法思潮》，中国民主法制出版社 2005 年版，第 685 - 686 页。

② 参见王莹：《先行行为作为义务之理论谱系归整及其界定》，载《中外法学》2013 年第 2 期。

③ Vgl. Rudolphi, Die Gleichstellungs problematik der unechten Unterlassungsdelikte und der Gedankeder Ingerenz, Goettingen 1966, S. 153ff., 163ff.

义务而产生的作为义务、基于不可罚的先行制造危险行为而产生的作为义务。[①] 显然,这种分类与考夫曼对作为义务的分类没有本质上的差异。

2. 高桥则夫的观点。高桥则夫也主张将作为义务分为法益保护义务与危险源监督义务,同时认为这两种义务是"根据是否能够社会性地期待行为人直接或间接地保护该法益这一标准来决定的。而社会性期待是由行为人的社会角色来决定的,该判断资料是由法令等形式性要素以及排他性、支配性等实质性要素组成的。事实性要素以及规范性要素归根结底是作为义务这一规范的构成要件要素的认定事实"[②]。从高桥则夫强调"社会性的期待"这一要素的决定性作用来看,显示了其规范论的立场。同时,其主张综合考察形式要素与实质要素、事实性要素与规范性要素以作出判断,说明其归根结底采取的是综合判断的方法。

社会功能关系说论者认为,根据所违反的作为义务的不同,行为人成立的犯罪形态存在差异。例如,松原芳博认为:"母亲没有阻止第三者袭击自己的子女的,就成立(单独)正犯;反之,母亲没有阻止自己的子女袭击第三者的,则属于从犯。"[③]

(三)我国台湾地区刑法学者对社会功能关系说的继受

社会功能关系说是我国台湾地区刑法理论的通说。[④] 例如,林钰雄教授认为,保证人义务可以分为对特定法益的保护义务和对特定危险源的监督义务。[⑤] 其中,对特定法益的保护义务涉及特定近亲关系、特定共同体关系、自愿承担保护义务者、结合保护义务的特殊公职或法人机构成员,对特定危险源的监督义务则涉及危险源的监督者、管护他人者、危险前行为和商品制造人责任。[⑥]

1. 危险共同体产生作为义务的根据。在危险(冒险)共同体的场合,林教授认为需要注意因果关系与客观归责的判断,尤其是(被害人)自我负责原则的运用,可能在结论上还是解除了居于保证人地位者对被害人的过失致死伤的结果归责。[⑦]

2. 缺陷产品制造商产生作为义务的根据。关于缺陷产品制造商的刑

---

① 参见[日]山中敬一:《刑法总论》(第2版),成文堂2008年版,第234－237页。

② [日]高桥则夫:《刑法总论》(第2版),李世阳译,中国政法大学出版社2020年版,第140页。

③ [日]松原芳博:《刑法总论重要问题》,王昭武译,中国政法大学出版社2014年版,第363页。

④ 参见苏俊雄:《刑法总论Ⅱ》,1998年自版发行,第565页以下;林山田:《刑法通论》(增订10版)(下册),北京大学出版社2012年版,第157页。

⑤ 参见林钰雄:《新刑法总则》,中国人民大学出版社2009年版,第402页。

⑥ 参见林钰雄:《新刑法总则》,中国人民大学出版社2009年版,第402－407页。

⑦ 参见林钰雄:《新刑法总则》,中国人民大学出版社2009年版,第402－403页。

事责任，如果制造或上市时，制造商遵循了当时所有相关的客观注意义务要求，由于其并未制造法所不容许的风险，不成立犯罪。但是，如果最新研究发现了某种先前并未发现、可能造成法益侵害风险的设计缺陷，则产品制造商基于保证人地位负有召回义务，以免危害继续使用商品的消费者，产品制造商未履行召回义务导致损害他人法益的，可能构成不真正不作为犯。①

二、对法益的保护义务

在某种行为客观上侵害了法益但行为人的身份存在差异时，刑法通常规定仅处罚有身份者，或者规定有身份者成立重罪，而无身份者成立轻罪。究其原因，主要在于："有身份者同无身份者相比，有身份者同某种被侵害的法益之间，具有更加亲密的关系。"②

本书认为，法益保护义务可以分为下列三种情形。

（一）建立在法律纽带上的自然联系（密切关系）

能够产生作为义务的最强有力同时也是最明确的法律根据，是建立在法律纽带上的自然联系（密切关系）。对于特定的人和物，为免除法益侵害及其危险，法律规定特定的人负有保护义务，主要涉及亲子关系、夫妻关系、血族关系等。例如，耶赛克认为："关系密切的家庭成员之间通常互相承担消除危及对方身体和生命的危险义务，而爱情关系、朋友关系和邻居关系则不行。"③但是，许玉秀教授批评说："所谓密切关系只是描述行为人和被害人之间的关系，并没有说明为何这种关系能够成为保证人地位的形成基础，亦即看不出来为何行为人因为与被害人具有密切关系，即必须保证被害人不受侵害。"④

（二）密切的共同体关系（信任关系、依赖关系）

这是指不作为者与被害人之间通过共识形成的接受保护机能的关系，企业、组织中也有这种保护机能。例如，缔结保姆合同并履行合同的场合、游泳教练与学员的关系。耶赛克指出，在这种关系中，起决定性作用的同样是基于相互之间信任而产生的依赖关系，承担增加了的危险或者中断其

---

① 参见林钰雄：《新刑法总则》，中国人民大学出版社 2009 年版，第 407 页。

② 黎宏：《刑法总论问题思考》，中国人民大学出版社 2007 年版，第 147 页。

③ ［德］汉斯·海因里希·耶赛克、［德］托马斯·魏根特：《德国刑法教科书》（下），徐久生译，中国法制出版社 2017 年版，第 836 页。

④ 许玉秀：《保证人地位的法理依据——危险前行为是构成保证人地位的惟一理由》，载许玉秀：《当代刑法思潮》，中国民主法制出版社 2005 年版，第 723 页。

他形式的保护措施(危险共同体、与婚姻相似的共同生活、扶养关系)。[①] 施特拉腾韦特认为:“在登山旅游或者考察旅行这些自愿建立的危险共同体里,成员之间也负有相互救助的义务。”“如果某人的行为让他人相信,在危难情况下会得到他的救助,否则就不会接受这样的危险,那么他就必须尽可能地制止这种危险。”[②]

我国学者也接受了这一观点。[③] 例如,周光权教授认为:“危险共同体关系所引起的义务,是指虽然不属于法律明文规定的范围,但是在当事人之间基于一定事实形成了社会上通常认为的对危险应当予以共同承担、相互照顾的关系,因而在当事人之一发生危险时,应当负有排除危险的义务。”“危险共同体所引起的义务原因在于其共同的生活、危险承担关系。”[④]

(三)自愿接受有利于被害人的对被害人或第三人的保护(自愿承担保护或者帮助义务)

这是指被害人的法益是通过不作为者的先前行为获得保护,如果没有这种保护,法益很有可能遭受侵害。例如,医生的治疗、医疗护理的工作,负责照看婴幼儿、登山向导、游泳池救护等工作。耶赛克指出,这取决于“他人基于对保证人的援助的信任,经受住较大的危险,或者放弃其他方式的保护”[⑤]。“对保证人义务起决定性作用的不是订立契约的法有效性,它更多的是因事实上的接受而构成。”[⑥]林山田教授认为,只要在事实上自愿承担保证结果不发生的法义务者即具有保证人地位,承担义务的事实不以当事人之间的契约关系有效或无瑕疵为条件。[⑦]

三、危险源监督义务

危险源对被害人的法益具有现实的威胁,是产生作为义务的前提。产生危险源监督义务的来源主要包括先前行为、监督范围和监督责任。

① 参见[德]汉斯·海因里希·耶赛克、[德]托马斯·魏根特:《德国刑法教科书》(下),徐久生译,中国法制出版社2017年版,第837页。

② [德]冈特·施特拉腾韦特、[德]洛塔尔·库伦:《刑法总论Ⅰ——犯罪论》(第5版),杨萌译,法律出版社2006年版,第372页。

③ 参见林东茂:《刑法综览》(修订5版),中国人民大学出版社2009年版,第120页。

④ 周光权:《刑法总论》(第4版),中国人民大学出版社2021年版,第109页。

⑤ [德]汉斯·海因里希·耶赛克、[德]托马斯·魏根特:《德国刑法教科书》(下),徐久生译,中国法制出版社2017年版,第838页。

⑥ [德]汉斯·海因里希·耶赛克、[德]托马斯·魏根特:《德国刑法教科书》(下),徐久生译,中国法制出版社2017年版,第839页。

⑦ 参见林山田:《刑法通论》(增订10版)(下册),北京大学出版社2012年版,第158页。

(一)因先前行为具有侵害他人法益危险的,保证人负有消除危险的作为义务

先前行为引起的作为义务建立在禁止侵害他人法益的基础之上。例如,韦塞尔斯指出:“以客观上违反义务的作为或者不作为对第三者法益造成了产生损失的即将危险的每个人,皆有义务采取相应措施,阻止结果的产生。”①林东茂教授认为,关于保证人地位的实质基础,应当采取危险前行为说。谁制造了危险的前行为,就必须负责监控并消除这个危险;如果没有制造他人的危难,则没有保证人地位,即便对于这个危难不伸出援手,刑法也不能过问。②

但是,对于密切生活共同体关系的场合、公务人员不履行职责的场合等,该说不能作出合理说明。③ 主人卖力地劝说客人饮酒至酩酊状态的,对于开车离开的客人负有保证人地位,应当设法防止发生交通事故。不防止而发生伤亡的,主人成立不作为的伤害罪或者杀人罪。至于故意还是过失,另外进行判断。④

先前行为要产生危险源监督义务,需要满足三个条件:第一,先前行为必须造成了发生法益侵害结果的现实的、紧迫的危险;第二,先前行为在客观上具有违法性;第三,这里的违法性体现为对旨在保护这一具体法益的法律规范的违反。

(二)行为人对于存在于自己的社会领域的危险源负有保证人义务(监督范围)

之所以承认监督危险源的保证人义务,是因为这些场所的性质或者位置而成为特别的危险源。管理危险物或者设备的人,因为其不履行义务而使被害人面临现实的危险状态的,负有作为义务。例如,耶赛克等指出:“谁对特定的领域或特定的空间行使属于他人的或可能对他人有影响的决定权(处分权),那么,就必须控制可能因危险的状况或情势、动物、在领域内的设备或设施而产生的危险。”⑤韦塞尔斯认为:“在他人的控制范围内,外人不允许对危险源施加作用,由此必须依赖在自己的控制范围内有处置权和对此承担责任的那个人,控制住从中产生的危险和采取有效的措施保

① [德]约翰内斯·韦塞尔斯:《德国刑法总论》,李昌珂译,法律出版社2008年版,第439页。

② 参加林东茂:《刑法综览》(修订5版),中国人民大学出版社2009年版,第122页。

③ 参见林东茂:《刑法综览》(第6版),台北,一品文化出版社2009年版,第1-192页。

④ 参见林东茂:《刑法综览》(第6版),台北,一品文化出版社2009年版,第1-190页。

⑤ [德]汉斯·海因里希·耶赛克、[德]托马斯·魏根特:《德国刑法教科书》(下),徐久生译,中国法制出版社2017年版,第845页。

护他人不受损害。"①

（三）保证人对于受其监督者的行为进行监督的义务，即对第三人行为负有保证人义务（监督责任）

1. 承认对第三人行为的保证人义务的根据。之所以承认对第三人行为的保证人义务，耶赛克等认为："鉴于既存的权威地位和监督地位，公众相信，义务人能够控制由监督人自己所生之危险。"②不阻止第三者由于故意或者过失而实施当前违法犯罪行为的人，在对第三者负有监督的情况下，因不作为成为该犯罪行为的正犯或共犯。但是，对于作为任意且有合理的判断能力的成年第三者，在判断有无监督义务时，必须慎重判断其作为共犯是否存在危险创出行为。

2. 夫妻之间是否存在阻止对方犯罪的义务？关于夫妻之间是否存在阻止对方犯罪的义务，德国多数学者诸如耶赛克、罗克辛、韦塞尔斯、施特拉腾韦特、鲁道菲等均坚持否定说。③ 例如，在妻子发现丈夫正在制订抢劫银行的犯罪计划，或者妻子发现情人企图杀死其丈夫的场合，罗克辛指出："婚姻的保护范围或者控制范围也扩展不到阻止伴侣的犯罪行为上去。婚姻配偶的控制性控制是为相互保护服务的，而不是为保护公众服务的。这个婚姻伴侣对于另一个来说是一个帮助人，但不是他的监护人。"④韦塞尔斯认为，婚姻上的生活共同体之间不能产生阻止夫妻的另一方实施犯罪行为的义务，成年人原则上对他的作为和不作为实行自我答责。⑤

我国学者林东茂、林钰雄、张明楷教授等也持否定说。⑥ 例如，林东茂教授指出："夫妻相互保护，但不彼此监督。如果先生看见太太在菜市场捉狂，持刀砍人而不阻拦，由于先生不是太太的监护人，并无保证人地位，所以不成立不作为的伤害帮助犯。"⑦张明楷教授也强调说："夫妻之间没有阻止对方犯罪的义务，或者说，夫妻之间基本上只有保护法益，没有监督

---

① ［德］约翰内斯·韦塞尔斯：《德国刑法总论》，李昌珂译，法律出版社2008年版，第438页。

② ［德］汉斯·海因里希·耶赛克、［德］托马斯·魏根特：《德国刑法教科书》（下），徐久生译，中国法制出版社2017年版，第848页。

③ 参见［德］汉斯·海因里希·耶赛克、［德］托马斯·魏根特：《德国刑法教科书》（下），徐久生译，中国法制出版社2017年版，第827页；［德］冈特·施特拉腾韦特、［德］洛塔尔·库伦：《刑法总论Ⅰ——犯罪论》（第5版），杨萌译，法律出版社2006年版，第372页。

④ ［德］克劳斯·罗克辛：《德国刑法学总论》（第2卷 犯罪行为的特别表现形式），王世洲等译，法律出版社2013年版，第547页。

⑤ 参见［德］约翰内斯·韦塞尔斯：《德国刑法总论》，李昌珂译，法律出版社2008年版，第439页。

⑥ 参见林钰雄：《新刑法总则》，中国人民大学出版社2009年版，第404－405页。

⑦ 林东茂：《刑法综览》（修订5版），中国人民大学出版社2009年版，第120页。

义务。”①

四、对社会功能关系说的评析

(一)社会功能关系说的优点和特点

本书认为,与以往的学说相比,社会功能关系说主要有以下两个优点和特点:

1. 社会功能关系说提供了社会功能关系和法益两个观察重点。其中,法益保护义务主要体现法益这个重点,监督危险源义务主要体现社会功能关系这个重点。当然,从社会功能关系看,法益保护义务也是建立在社会功能关系基础上的。

社会功能关系可以分为两类,第一类属于延续人类生命这种自然事实而生的身份关系;第二类属于为了维护社会秩序,因规范的目的而建构起来的功能关系。② 雅各布斯将保证人地位分为因组织管辖而生的义务与因体制管辖而生的义务,也是从社会功能关系着眼的分类方法。③ 因此,社会功能关系说的基本思路是值得赞赏的,正如耶赛克所指出的:“在不同义务的社会内容基础上来解决保证人问题,但同时不能忘记其产生的根据是什么,否则就存在保证人义务被无限扩大的危险。因此,应当谋求形式的考察方法与实质的考察方法的结合。”④

2. 社会功能关系说不迷恋于对作为义务来源进行一体化的实质描述与论证,而是根据作为义务功能与内容上的区别,将作为义务进行类型上的基本区分,并在此基础上进一步划分不同的作为义务亚类型,对作为义务的整理与归类可谓逻辑清晰、结构明确。这种功能主义的路径综合了形式说与实质说的优点,它避免了对作为义务进行统一实质论证所带来的过于抽象与不周延的风险,也在某种程度上弥补了形式说的言之无物。

更为关键的是,功能说在实践适用上具有较大的优势:由于各种作为义务具有根据各自不同的特性形成的判断规则,而且相互之间层次与边界清晰,根据这种类型化的层级机构可以对保证人地位进行更加有效率与针

---

① 张明楷编著:《刑法的私塾》(之二)(上),北京大学出版社 2017 年版,第 14 页。

② 参见许玉秀:《保证人地位的法理依据——危险前行为是构成保证人地位的惟一理由》,载许玉秀:《当代刑法思潮》,中国民主法制出版社 2005 年版,第 750 页。

③ 参见许玉秀:《保证人地位的法理依据——危险前行为是构成保证人地位的惟一理由》,载许玉秀:《当代刑法思潮》,中国民主法制出版社 2005 年版,第 750 页。

④ [德]汉斯·海因里希·耶赛克、[德]托马斯·魏根特:《德国刑法教科书》(下),徐久生译,中国法制出版社 2017 年版,第 835 页。

对性的检验。[①] 对此，许乃曼指出，功能说区分监督类型的保证人地位和保护类型的保证人地位，“是两种存在论上可能支配形式的直接结论，不论是对于危险来源有支配，或者对法益的无助状态有支配。甚至于雅各布斯也无法摆脱保证人地位二分法的存在论上的必然性”[②]。

（二）社会功能关系说的不足及对该说的批评

如其他学说一样，社会功能关系说并非完美无缺。总体而言，对于社会功能关系说，主要存在以下批评：

1. 社会功能关系说只对保证人提出分类，并没有说明保证人地位的形成依据。究竟为什么某些人具有排除某些危险来源的义务，社会功能关系说只字未提，只是提出一个形式上看起来很便捷的分类方法而已。[③] “机能的二分说具有明显的形式的法义务论的痕迹（表现为将各种形式的法义务来源进行了归类）。”[④]例如，耶赛克、雅各布斯等批评说，社会功能关系说并未对保证人的法理依据提出更进一步的说明，但是应该先有一定的法理依据，才能进而从事分类。[⑤] 桥爪隆认为，社会功能关系说只不过是事实上的类型化，并没有表明作为义务的产生根据。[⑥]

2. 社会功能关系说的形式作为义务色彩较为浓厚。在社会功能关系说中，法益保护型的义务类型还可以从刑法的保护机能推导出来，但是，该说具有明显的形式的作为义务理论的痕迹。例如，危险源管理、监督型义务类型的根据何在，则难以解释。而且，规范的根据、合意的根据、机能的根据等这些分类方法的基础及相互关系也不够明确。[⑦] 社会功能关系说只是对作为义务进行了形式化的分类，该说归根结底不过是“有义务者承担作为义务”这样的同义反复而已。[⑧] 在认定作为义务的本质和作为义务的范围问题上，只切入社会功能关系是不够的，必须进一步回答为什么只有

---

① 参见王莹：《先行行为作为义务之理论谱系归整及其界定》，载《中外法学》2013 年第 2 期。

② ［德］贝恩德·许乃曼：《德国不作为犯法理的现况》，陈志辉译，载许玉秀、陈志辉合编：《不移不惑献身法与正义——许乃曼教授刑事法论文选辑》，台北，新学林出版股份公司 2006 年版，第 658 页。

③ 参见许玉秀：《当代刑法思潮》，中国民主法制出版社 2005 年版，第 724 页；［日］佐伯仁志：《刑法总论的思之道·乐之道》，于佳佳译，中国政法大学出版社 2017 年版，第 72 页。

④ 张明楷：《不作为犯中的先前行为》，载《法学研究》2011 年第 6 期。

⑤ 参见许玉秀：《前行为保证人类型的生存权？——与结果加重犯的比较》，载许玉秀：《当代刑法思潮》，中国民主法制出版社 2005 年版，第 682 页。

⑥ 参见［日］桥爪隆：《不作为犯的成立要件》，王昭武译，载《苏州大学学报（法学版）》2017 年第 4 期。

⑦ 参见［日］浅田和茂：《刑法总论》（补正版），成文堂 2007 年版，第 153 页。

⑧ 参见［日］关哲夫：《讲义刑法总论》，成文堂 2015 年版，第 123 页。

某种社会功能关系才有某种义务，如为什么具有最近亲属关系就具有保证人地位？为什么保龄球馆老板有保护顾客公共安全的义务？要回答这些问题，就必须回到法益这个立足点。①

3. 部分案件中难以区分或者没有必要区分法益保护义务与危险源监督义务。从作为义务的发生根据与法益的关系看，可以将法益分为应当直接性保护的情形和应当间接性保护的情形。就此而言，将作为义务区分为应当保护处于危险中的法益的义务（法益保护义务）与应当管理威胁法益的危险源的义务（危险源管理义务）是有价值的。②

不过，社会功能关系说"人为地导致同一构成要件划分为分别适用于保护者保证人和监督者保证人的构成要件"，③然而有时候难以区分法益保护义务与危险源监督义务。例如，自愿承担夜间巡视病房的义务，对于病人来说是承担了保护法益的义务，但对于夜间可能出现的危险，则是承担了监督危险源的义务。又如，对于游泳者来说，海水浴场的救生员既负有保护法益的义务，也负有监督溺水危险的义务。④

尽管可以将作为义务分为法益保护义务与危险源监督义务，但诚如佐伯仁志所指出的："两者有时有可能重合，危险源监督义务也是为了防止法益遭到危险源侵害而科处的义务，因此，也可以说两种义务最终都可以还原为法益保护义务。"⑤松原芳博也认为，如果认为处罚不作为犯的目的在于保护法益，则对危险源负监督、管理职责产生的监督义务最终也应当还原为具体状况下的法益保护义务，那么从形式上区分法益保护义务与危险源监督义务是没有道理可言的。⑥

① 参见许玉秀：《保证人地位的法理依据——危险前行为是构成保证人地位的惟一理由》，载许玉秀：《当代刑法思潮》，中国民主法制出版社2005年版，第750－751页。

② 参见［日］高桥则夫：《刑法总论》，李世阳译，中国政法大学出版社2020年版，第140页；黎宏：《不阻止他人犯罪的刑事责任》，载《中国法学》2020年第4期。

③ 参见何龙：《不阻止他人故意犯罪的行为性质认定》，载《中外法学》2017年第6期。

④ 参见李晓龙：《论不纯正不作为犯作为义务之来源》，载高铭暄、赵秉志主编：《刑法论丛》（第5卷），法律出版社2002年版，第195页。

⑤ ［日］佐伯仁志：《刑法总论的思之道·乐之道》，于佳佳译，中国政法大学出版社2017年版，第72页。

⑥ 参见［日］松原芳博：《刑法总论重要问题》，王昭武译，中国政法大学出版社2014年版，第363－364页。

第六节 信赖关系说与事实承担说、事实支配说以及支配行为说

一、信赖关系说

(一)信赖关系说的内容

信赖关系说,又称依赖关系说,以信赖原则(Vertrauen)、依赖关系(Abhangigkeitsverhaltnis)阐释保证人地位的法理依据(主要是自愿承担义务的作为义务)。

1. 德国学者和判例的观点。德国学者布莱、沃尔夫和威尔普主张该说。例如,沃尔夫认为,在以自由为基础的法秩序中,每个人都是独立于他人的,基于这种独立性,人们必须自我保护,没有在他人陷入危难的时候提供帮助的义务。但是,在不真正不作为犯的行为人和被害人之间,却存在一种特殊的相互关系,被害人对行为人的行为具有某种依赖性,行为人的行为可能会导致被害人的状况恶化。例如,未成年子女需要父母的照顾,父母满足这种需要并非一种优待,而是未成年子女在日常生活中本来就应该享有的。①

对信赖关系的破坏是沃尔夫刑事不法概念中的核心观点。其所指称的信赖,基本上只连接到侵害禁止,因为没有人可以随时随地都在准备防卫所有的外部攻击,所以社会上的每个人都被允许信赖不会受到他人的侵害。但是,也有例外的情况,可以信赖他人会给自己提供帮助,如通过合同使他人对自己承担义务,也会让自己因为信赖而进入依赖他人的情境。②

在"贼窝案"(Räuberhöhle - Fall)中,德国联邦最高法院的判决认为,房东将客人邀请到自己房屋的行为创设了一种信赖,当客人在房屋内面临重大法益侵害时,房东对客人负有保证人地位。"谁基于房东的邀请而进入他的房屋,谁就允许信赖,在发生严重危险时,房东会在其'支配领域'内帮助自己。"③

2. 英美法系学者的观点。美国学者德雷斯勒、英国学者阿什沃斯等也坚持此说。例如,德雷斯勒主张:"一方自愿承担招呼另一方的责任时,若与其不承担任何照看义务相比,其后续不作为会将受害人置于更糟糕处境

① Vgl. E. A. Wolff, Kausalitaet von Tun und Unterlassen, Heidelberg, 1965, S. 37.
② Vgl. E. A. Wolff, Kausalitaet von Tun und Unterlassen, Heidelberg, 1965, S. 40 - 42.
③ [德]克劳斯·罗克辛:《德国最高法院判例:刑法总论》,何庆仁、蔡桂生译,中国人民大学出版社2012年版,第260页。

的话，行为人就必须坚守该照看义务。”[①]阿什沃斯强调，在判断家庭成员之间对于处于弱势的家庭成员是否承担积极的救助义务时，关键在于是否存在下列两种关系：“家庭内部成员之间的互相依赖性，以及孩童与弱势成年人的依赖性（易损性）。”[②]

（二）信赖概念的意义与问题

信赖关系至多具有描述性的意义，不能从信赖的事实推导出信赖者的权利与被信赖者的义务。周漾沂教授认为，信赖原则对保证人地位的解释能力是有限的。原因在于，由于事实性信赖可能是恣意的、非理性的甚至是虚妄的，包括保证人义务在内的所有法义务不会来自事实性信赖，信赖的对象不能由信赖者任意创造。即便行为人与被害人之间有长久的、连续的照护或协助被害人的事实，使被害人信赖这种照护和协助会一直持续下去，并依照他人会继续供给的想象而调整被害人的生活计划，以至于他人抽离供给会造成被害人生活崩溃，也不会因此赋予被害人对他人的请求权。如果行为人有权利停止这种扶助行为，那么在被害人建构信赖时，必须将他人有权利停止扶助的事实考虑进去，所以不应建构很高的信赖，否则，盲目信赖他人会向被害人提供扶助，但最终落空的，只能由被害人自己承担不利后果。[③]

信赖关系说可以分为两类：第一种观点认为，人与人之间的信赖关系表现为社会内部的和平。尽管社会内部和平的期待要求人与人之间相互信赖，但是，论者却不知如何从互相信赖的关系引申出保证人义务。第二种观点认为，可以通过继受某个义务、先前行为、执行某种业务以及担任某种职位等方式产生信赖地位，进而形成保证人地位。[④]

沃尔夫的信赖关系说认为作为义务来源的根据是被害人陷入脆弱的状况，必须依赖行为人的救助。在法益保护类型如近亲之间、共同生活伴侣之间、承担照护义务者和被照护者之间是这样，在危险源监督类型如先前行为伤害他人时行为人与被害人之间也是如此。[⑤] 李晓龙认为，有信赖

---

① ［美］约书亚·德雷斯勒：《美国刑法纲要》，姜敏译，中国法制出版社 2016 年版，第 131 页。

② ［英］安德鲁·阿什沃斯：《刑法的积极义务》，姜敏译，中国法制出版社 2018 年版，第 67 页。

③ 参见周漾沂：《重新建构刑法上保证人地位的法理基础》，载《台大法学论丛》第 1 期（2014 年）。

④ 参见许玉秀：《前行为保证人类型的生存权？——与结果加重犯的比较》，载许玉秀：《当代刑法思潮》，中国民主法制出版社 2005 年版，第 686 页。

⑤ E. A. Wolff, Kausalitaet von Tun und Unterlassen, Heidelberg, 1965, S. 350；许玉秀：《保证人地位的法理依据——危险前行为是构成保证人地位的惟一理由》，载许玉秀：《当代刑法思潮》，中国民主法制出版社 2005 年版，第 725 页。

关系只是说明被害人对行为人的弱势关系，即被害人陷于必然信赖行为人救助的无助地位，这种被害人的无助状况只能是行为人履行义务的起点，而不是行为人履行义务的根据。例如，子女对父母具有依靠其抚养的信赖关系，但这种信赖关系只是一种可能的信赖关系，不能产生作为义务。换言之，不是因为具有信赖关系就负有作为义务，而是当法益受到侵害时才产生确实的信赖关系，从而产生作为义务。①

（三）对信赖关系说的评价

信赖关系说揭示了不真正不作为犯中行为人与被害人之间现实存在的强弱关系，在一定程度上说明了作为义务的必要性在于被害人对作为义务者的信赖关系。②

但是，本书认为该说也存在诸多不足：

1. 信赖关系说的判断标准不够明确。是否存在作为义务，必须根据一个恒常的规范标准进行判断。这种作为行为主体的身份，不可能决定于被害人是否陷于无助状况，被害人的无助只能是行为人履行义务的始点，而不是行为人履行义务的根据。③

2. 信赖关系说的论证逻辑存在缺陷。如果信赖关系说中的信赖是指对应于规范所预设的状态的规范性信赖，所涉及的就是允许公民去信赖什么。信赖不是保证人地位的理由，而是负有保证人义务的结果。信赖关系说可能存在倒果为因的问题。许玉秀教授提出质疑说："必定法律先赋予个人以某种作为或不作为的义务，并赋予违反义务的效果，人与人之间的信赖关系才会成立，……如果没有法律保障，君子协定所产生的信赖关系，只能产生道德上的拘束力，不可能产生法律上的义务。"④周漾沂教授指出："保证人地位，所涉及的是在什么样的关系之下，一个人对另一个人有作为义务的问题，……必须要先做出有关规范内容的决定之后，才能说是否允许公民信赖在某种情境下他人有作为义务，或者说既有关于他人作为义务的事实性信赖应否以刑法加以支撑。……信赖关系或依赖关系，其实是表征保证人地位之规范性关系的反射结果，而不是决定理由。"⑤

---

① 参见李晓龙：《论不纯正不作为犯作为义务来源》，载高铭暄、赵秉志主编：《刑法论丛》（第5卷），法律出版社2002年版，第95页。

② 参见谢绍华：《作为义务来源的实质化》，载《政法论坛》2008年第2期。

③ 参见许玉秀：《保证人地位的法理依据——危险前行为是构成保证人地位的惟一理由》，载许玉秀：《当代刑法思潮》，中国民主法制出版社2005年版，第725页。

④ 许玉秀：《保证人地位的法理依据——危险前行为是构成保证人地位的惟一理由》，载许玉秀：《当代刑法思潮》，中国民主法制出版社2005年版，第726页。

⑤ 周漾沂：《重新建构刑法上保证人地位的法理基础》，载《台大法学论丛》第1期（2014年）。

3. 信赖关系说可能导致处罚范围过于宽泛。如果信赖关系说是在具有某种作为义务的情况下作为限定不作为犯的成立的限定理论，则有其可取之处。相反，如果信赖关系说完全不考虑行为人主体的身份，不对信赖关系这种实质基础进行必要的限定，认为只要被害人有对行为人的信赖关系，行为人就具有保证义务，则可能导致作为义务的范围过于宽泛，是不妥当的。[①]

二、堀内捷三的事实承担说（具体依存说）与事实支配说

事实承担说着眼于危险状态下不作为者和法益之间的密切关系，认为当不作为的行为人和某种受保护的法益之间存在具体的依赖关系时，才可以将行为人的不作为视为作为。例如，一个人将另一个需要护理的人（无论是否有合同、是否存在亲属关系）接到家里照顾，他就是保证人，就接管了保证安全的责任。[②] 日本学者堀内捷三、野村稔、浅田和茂、[③]西原春夫等主张此说。

（一）事实承担说的基本观点

堀内捷三是该说的首倡者。该说在日本和我国得到了多位学者的认同。[④]

1. 堀内捷三的观点。堀内捷三认为，如果法益的维持具体依存于某人，不作为就与结果之间存在依存关系。“根据对于不作为人的法益依附性来构建作为义务的实体路径是妥当的……对于不作为人的法益依附性，意味着刑法上被禁止的法益侵害结果的不发生依存于不作为人。”[⑤]换言之，事实上维持法益的人，存在作为义务。

堀内捷三认为可以从三个方面判断是否属于事实上的承担行为：第一，具有意图维持、继续法益的行为，也就是开始实施防止结果发生的条件行为（结果条件行为的开始与存在）；第二，不作为人反复、继续实施这种事实上的承担行为（行为的反复性与继续性）；第三，在保护法益方面，行为人具有排他性，将因果关系的发展进程控制在自己手中（法益保护的排他性）。[⑥] 具体来说，第一个要件为依存性判断提供了契机，是认定“事实

---

① 参见许成磊：《不纯正不作为犯理论》，人民出版社 2009 年版，第 312 页。

② 参见［德］克劳斯·罗克辛：《德国刑法学总论》（第 2 卷　犯罪行为的特别表现形式），王世洲等译，法律出版社 2013 年版，第 549 页。

③ 参见［日］浅田和茂：《刑法总论》（补正版），成文堂 2007 年版，第 159 页。

④ 参见［日］野村稔：《刑法总论》，全理其、何力译，法律出版社 2001 年版，第 192 页。

⑤ ［日］堀内捷三：《不作为犯论——作为义务的再构成》，青林书院新社 1978 年版，第 253 页。

⑥ 参见［日］堀内捷三：《不作为犯论——作为义务的再构成》，青林书院新社 1978 年版，第 249 页以下。

上的承担行为”的必要条件，如果缺乏这个要件，即便符合其他的刑法评价也不成立不真正不作为犯。与此相对，第二个要件和第三个要件具有重叠关系，通过反复或者继续实施该行为而成立排他性关系；反之，在具有强烈的排他性关系的场合，也比较容易认定具有反复性或者继续性。①

2. 大谷实的观点。大谷实强调，之所以说一定的不作为和作为之间具有同等的社会危害性，主要是因为行为人与被害人或者被害法益具有特别的关系，在社会生活上，对某种法益的保护，具体地依存于该行为人，行为人对发生构成要件结果处于支配地位。②

3. 黎宏的观点。黎宏教授曾经坚持事实承担说。“在被害人的合法权益面临迫切的现实的危险，被害人与行为人之间存在具体的依赖关系，行为人具有消除上述现实危险的义务而不履行其义务，结果造成他人死亡的后果的时候，行为人的不履行义务的不作为和作为之间具有等价性。”③“即便是在被害人对不作为人具有依存关系的场合，这种依存关系仍是建立在消除对被害人的利益侵害及其危险性，维持和发展这种利益的基础之上的。”④不过，黎宏教授后来转向了具体的事实支配说或者排他支配设定说。⑤

（二）对事实承担说的评析

1. 事实承担说的特点和优点。堀内捷三等试图从客观的事实层面说明作为义务的本体，进而限制作为义务的范围，这是值得肯定的。其主张的对法益的排他性支配等观点，之后也为其他学者如西田典之的排他性支配说所采纳。

总的来说，事实承担说（具体依存说）具有下列优势：

第一，该说立足于不真正不作为犯的本质是违反作为义务的观点，同时又避开了传统理论将作为义务的发生根据诉诸法规、契约、先前行为等形式的、规范的要素，试图从行为人与法益之间的具体的依存关系以及承担行为等事实要素出发，对作为义务的发生根据加以说明，这在方法论上值得肯定。

---

① 参见［日］堀内捷三：《不作为犯论——作为义务的再构成》，青林书院新社1978年版，第260—261页。

② 参见［日］大谷实：《刑法讲义总论》（新版第2版），黎宏译，中国人民大学出版社2008年版，第132页。

③ 黎宏：《“见死不救”行为定性的法律分析》，载《法商研究》2002年第6期。

④ 黎宏：《刑法总论问题思考》，中国人民大学出版社2007年版，第145页。

⑤ 参见黎宏：《“见死不救”行为定性分析——兼论不真正不作为犯的作为义务的判断》，载《国家检察官学院学报》2011年第4期；黎宏：《刑法学总论》（第2版），法律出版社2016年版，第85页。

第二,该说重视"如果行为人不予以保护,就无法维持、存续法益"这种依存关系,就这一点而言,该说为此后的排他性支配说所承继。

第三,事实承担行为既属于保护法益行为,也属于创造针对法益的(潜在的法益)危险的行为。这是因为,其他人原本对被害人具有实施救助的可能性,但行为人通过将被害人安置在自己家中,从事实上排除了自己之外的其他人提供救助、保护的可能性。①

第四,在处罚范围上,由于先前行为欠缺反复继续进行的特点,从而不可罚,能够较好地克服日高义博的观点存在的缺陷。

2. 事实承担说存在的不足。尽管事实承担说存在上述优点,但该说也并非没有任何问题。总体来说,主要有以下不足:

第一,该说主张仅仅在存在事实上的承担的场合才肯定保证人地位,其妥当性存在疑问。根据事实承担说,如果不作为人最初没有实施事实上的承担行为,就不存在成立不作为犯的可能性;一旦开始实施法益保护行为,即便中途放弃,也成立不作为犯。这显然是不妥当的。② 例如,根据此说,将小孩带到池边散步的父亲,在小孩落水之后不予救助的,该父亲没有意图救助法益的行为,而且,即便想救助,如果他人在场也无法确保排他性,因此不成立不作为犯。这是不合理的。又如,在交通事故中,肇事者并非基于救助的意思将被害人搬进车内的,认为行为人没有作为义务,这也是不合理的。③ 即便肇事者最初具有遗弃的故意,将被害人搬到车上,但在途中产生杀人故意的,由于没有意图维持法益的行为,也没有反复继续性,也无法认定为不作为的故意杀人罪,这显然也是不合理的。④

第二,为什么"事实上的排他性的承担法益保护之类的关系"或者"处于能够支配结果发生的危险性的地位"能够成为作为义务的发生根据,其理论根据何在?对此,事实承担说未能给出充分的说明。

第三,事实承担说判断行为有无反复性或者继续性的标准既不明确也不科学。实际上,即便是一时实施的法益保护行为,也有可能产生作为义务。对此,阿什沃斯提出这样的质疑:"仅具有善意的单一行为,就成了应继续履行义务的根据,这不仅造成当事人的负担过重,而且对于具有利他

---

① 参见[日]桥爪隆:《不作为犯的成立要件》,王昭武译,载《苏州大学学报(法学版)》2017年第4期。

② 参见[日]佐伯仁志:《刑法总论的思之道·乐之道》,于佳佳译,中国政法大学出版社2017年版,第73页。

③ 参见[日]松原芳博:《刑法总论重要问题》,王昭武译,中国政法大学出版社2014年版,第73-74页。

④ 参见[日]山中敬一:《刑法总论》(第2版),成文堂2008年版,第233页。

动机的人而言,也是不公正的。"①

第四,根据事实承担说,如果不作为人一开始就不打算救助被害人,就不可能承担作为义务。但是,如果该不作为人与被害人的法益之间具有紧密联系,或者在法律上存在救助关系,排除行为人的作为义务是不妥当的。②

三、冯军的支配行为说

(一)支配行为说的基本观点

1. 支配行为说的基本观点。此说认为,确定不真正不作为犯的作为义务的来源的实质根据是,行为人为防止结果的发生自愿地实施了具有支配力的行为。冯军教授坚持此说。"应该从不纯正不作为的作为义务同与其对应的作为犯的不作为义务具有等价值性的原则出发,用更实质的标准来确定不纯正不作为犯的作为义务的来源。这个更实质的标准,我认为是:行为人为防止结果的发生自愿地实施了具有支配力的行为。"③

判断行为人是否为防止结果的发生自愿地实施了具有支配力的行为,主要有三个条件:第一,行为人实施了一个自愿行为;第二,行为人对自愿实施的行为具有防止结果发生的目的性;第三,行为人对自愿实施的行为具有支配力,即控制了结果发生的进程。④ 例如,在驾驶者撞伤行人后逃逸案件中,只有在驾驶者为防止受伤的行人死亡而采取了抢救措施后,又中途停止能够继续进行的抢救,并且控制了致受伤的行人死亡的进程时才成立不作为的杀人罪。相反,对于驾驶者撞伤行人后径直逃走的,因为并没有实施一个具有支配力的行为,只成立交通肇事罪和遗弃罪。⑤

2. 有关司法解释对支配行为说的认同。我国有关司法解释采取了支配行为说或者事实承担说。根据最高人民法院 2000 年 11 月 15 日《关于

---

① [英]安德鲁·阿什沃斯:《刑法的积极义务》,姜敏译,中国法制出版社 2018 年版,第 73 页。

② 参见李世阳:《实质的作为义务论——立足于德日学说史的考察》,载《北大法律评论》2012 年第 2 期。

③ 冯军:《刑事责任论》,法律出版社 1996 年版,第 47 页。江溯教授也将冯军教授的观点概括为支配行为说,参见江溯:《不作为的故意杀人罪司法认定实证研究》,载《国家检察官学院学报》2020 年第 4 期。

④ 参见冯军:《刑事责任论》,法律出版社 1996 年版,第 47 - 48 页。

⑤ 参见冯军:《刑事责任论》,法律出版社 1996 年版,第 48 页。也有学者认为交通肇事后弃置逃逸属于作为形式的杀人罪,主张《交通肇事案件解释》第 6 条的规定属于作为形式的故意杀人罪(或伤害罪),而非不真正不作为犯的故意杀人罪。在定罪时不能套用不作为犯罪的要件,也即无须考虑行为人是否负有作为义务。参见李金明:《不真正不作为犯研究》,中国人民公安大学出版社 2008 年版,第 180 - 181 页。

审理交通肇事刑事案件具体应用法律若干问题的解释》(法释〔2000〕33号,自2000年11月21日起施行)第6条的规定,行为人在交通肇事后为逃避法律追究,将被害人带离事故现场后隐藏或者遗弃,致使被害人无法得到救助而死亡或者严重残疾的,应当分别以故意杀人罪或者故意伤害罪定罪处罚。按照该规定,行为人在交通肇事后单纯逃逸的,属于交通肇事罪的情节加重犯;因为逃逸致人死亡的,属于交通肇事罪的结果加重犯;行为人实施弃置行为的,构成不作为的故意伤害罪或者不作为的故意杀人罪。在实施弃置行为后逃逸的,行为人对被害人的死亡存在支配行为,因而构成不真正不作为犯。

(二)对支配行为说的评析

1. 支配行为说的特点。本书认为,支配行为说主要有以下几个特点:

第一,该说强调有一个事实承担行为、形成对被害法益的支配关系以及维护法益的目的,与前述堀内捷三所主张的事实承担说具有相似之处。事实承担说认为,在判断是否存在作为义务时,应当重视不作为者和结果的关系,即"面临危险的法益和不作为者之间的密切关系这种事实要素(事实上的承担行为)"。[①] 有所不同的是,冯军教授的观点不要求该事实承担行为具有反复性、持续性。

第二,该说强调不作为者与保护法益之间的密切关系,以"行为人自愿实施了防止结果发生的支配行为,之后又放弃"来认定是否成立不真正不作为犯,而不是以法令、合同、先前行为等规范要素作为根据。

第三,该说认为,要成立不真正不作为犯,行为人是否存在法定或者合同约定的义务以及是否具有先前行为并不重要。重要的是,其是否"为防止结果的发生而自愿实施了具有支配力的行为"。因此,在交通肇事者自始至终没有开始救人,反而是肇事逃逸,最终导致被害人死亡的场合,即便说其具有先前行为的作为义务,也不会因此成立不作为的故意杀人罪。同样道理,在民法上具有抚养孩子义务的亲生母亲,在孩子出生后就从未进行喂奶等照顾行为的,只要没有开始喂奶等抚养孩子的行为,也不成立不作为的杀人罪。[②]

2. 支配行为说存在的不足。本书认为,支配行为说至少存在以下不足之处:

第一,该说最大的缺陷在于,在不真正不作为犯的实行行为的判断上,

① [日]堀内捷三:《不作为犯论》,青林书院新社1978年版,第249页以下。

② 参见冯军:《刑事责任论》,法律出版社1996年版,第45-48页。

加入了行为人的主观目的，导致行为判断上的任意性，对同样的行为作出不同的评价。①

第二，该说认为只有当法益受到侵害时，行为人的自愿支配行为才产生作为义务。如果仅仅面临被侵害的危险，则不会产生作为义务。②

第三，该说对作为义务来源进行抽象的价值判断，如果缺乏形式的限制，会不当扩大不真正不作为犯的处罚范围。③

第四，该说还有可能不当地缩小了不作为犯的成立范围。这种观点强调自愿行为的目的性，即"具有防止结果发生的目的"，但"我们看不出交通事故中的肇事者基于救助的意思而将被害人搬进车中之后又产生杀意将其弃置在人迹罕至的场合，与肇事者非基于救助意思而是直接基于逃避追究之意图将被害人搬进车内另移至他处，在结论上应当有所不同"④。

第七节　排他性支配说

本书探讨的排他性支配说包括因果过程支配说、排他性事实支配说。

一、排他性支配说的基本观点

（一）排他性支配说的基本主张

此说认为，不作为要与作为等价值，不作为者应当掌握朝向结果的因果关系，亦即，需要具体的、现实的支配因果过程，或者说行为人是否实施保护直接左右着法益的维持、存续（排他性支配）。其中，因果过程支配说认为，要成立不作为犯，需要不作为人将指向结果的因果流程控制在自己手中，即具体地、排他地支配引起法益侵害结果的因果流程。根据此说，将婴幼儿和神志不清、行动不便的老人遗弃在车站、政府机关的门口等容易被他人发现的地方的，以遗弃罪论处；将上述被害人遗弃在荒郊野外或者冰天雪地等被害人难以获得他人救助的场所的，则应以故意杀人罪论处。

该说与许乃曼、罗克辛等主张的结果原因支配说（实际支配说、控制性控制说）具有相似之处。在日本，西田典之、佐伯仁志、前田雅英、松原芳博

---

① 参见黎宏：《"见死不救"行为定性分析——兼论不真正不作为犯的作为义务的判断》，载《国家检察官学院学报》2011 年第 4 期。

② 参见李晓龙：《论不纯正不作为犯作为义务之来源》，载高铭暄、赵秉志主编：《刑法论丛》（第 5 卷），法律出版社 2002 年版，第 99 页。

③ 参见李晓龙：《论不纯正不作为犯作为义务之来源》，载高铭暄、赵秉志主编：《刑法论丛》（第 5 卷），法律出版社 2002 年版，第 99 页。

④ 许成磊：《不纯正不作为犯理论》，人民出版社 2009 年版，第 336 页。

等主张此说。① 在我国,陈兴良、黎宏、周光权、冯军②、林维、许成磊等主张此说。

(二)日本的判例和学说关于排他性支配说的基本观点

日本的判例重视的是是否具有"排他性支配"或"支配领域性",亦即,重视的是并无他人可以实施救火、救助行为。例如,平野龙一认为:"只是单纯的因为汽车轧人使其重伤而逃走的'先前行为'还不足以认定为不作为的杀人。只有过失伤害的先前行为,与打算送往医院的'接受'以及放入车中处于他人不能干涉的'管理下'的状况等竞合在一起,才能够认定为不作为的杀人。"③

关于排他性支配的根据或者理由,也存在不同理解。第一种观点从行为人与被害人的关系角度出发,认为在行为人对被害人具有排他性支配的场合,不作为人支配导致结果发生的事态,与以作为的方式导致发生法益侵害结果具有等价性。西田典之等坚持此观点。④ 第二种观点从行为人的行为与法益侵害结果的关系角度出发,认为在存在排他性支配的场合,其他人的行为都不可能避免危害结果的发生,只有行为人的行为能够阻止法益侵害结果的出现,因此行为人具有作为义务。山口厚等坚持此观点。⑤

二、黎宏的具体的事实支配说与排他支配设定说

在我国,黎宏教授较早地关注到了实质的作为义务论。在《不作为犯研究》一书中,黎教授对不作为犯进行了系统研究,指出当时我国作为义务论存在形式化的倾向。⑥ 之后,黎教授围绕不真正不作为犯进行了进一步研究。总体来看,黎教授所主张的实质的作为义务理论,经历了一个从具体的事实支配说到排他支配设定说的发展过程。

(一)具体的事实支配说及其评析

1.具体的事实支配说的基本观点。黎教授认为,认定不真正不作为犯

---

① 参见[日]西田典之:《日本刑法总论》(第2版),王昭武、刘明祥译,法律出版社2013年版,第106页;[日]松原芳博:《刑法总论》,日本评论社2013年版,第91页。此外,大谷实认为,要成立不真正不作为犯,要求行为人在事实上处于能够支配因果关系的立场。参见[日]大谷实:《刑法讲义总论》(新版第2版),黎宏译,中国人民大学出版社2008年版,第134页。

② 参见冯军:《刑事责任论》,法律出版社1996年版,第45-48页。

③ [日]平野龙一:《刑法总论Ⅰ》,有斐阁1972年版,第157-158页。

④ 参见[日]西田典之:《日本刑法总论》(第2版),王昭武、刘明祥译,法律出版社2013年版,第106页。

⑤ 参见[日]山口厚:《刑法总论》(第2版),付立庆译,中国人民大学出版社2011年版,第89-90页。

⑥ 参见黎宏:《不作为犯研究》,武汉大学出版社1997年版,第155-156页。

的作为义务,主要涉及两方面的因素:第一,事实性的因素,即行为人对危害结果发生的因果关系能够现实性地具体支配;第二,规范性的因素,即法令、法律行为、职业或者业务上的职责等通常意义上的作为义务发生根据。①

黎教授认为,认定作为义务时必须有结果支配行为的排他性。"这种排他性是指行为人在着手进行对结果的排他性支配之后,其他人便无法干预,从而使行为人对某种社会关系的保护处于一种独一无二的排他性地位。"②在判断不真正不作为犯的作为义务时,不能仅考虑被害人与行为人之间所具有的法律规定等规范要素,也要考虑行为人与危害结果之间是否存在现实的支配关系或者排他的支配关系。只有在行为人现实地、具体地支配了侵害法益的因果流向的场合,能够防止结果发生而不防止,导致发生危害结果的,行为人具有成立不真正不作为犯的义务,其不防止结果的不作为和故意引起结果发生的作为之间具有等价性,成立不真正不作为犯。③

在我国司法实践中,夫妻或者恋人在家里吵架之后,一方上吊自杀,而另一方漠然置之、放任不管,导致上吊者死亡的,司法机关常常以夫妻或者恋人之间具有相互救助的义务为由,认为在能够履行而不履行该救助义务的场合,已经达到了不作为的杀人的程度,以不作为的故意杀人罪论处。这种判决是值得商榷的。"遗弃婴幼儿、老年人、残疾人等脆弱法益的行为,虽说在形式上属于不履行作为义务的真正不作为,但由于其设定并具体支配了面向法益侵害的因果进程,促进了被害人生命法益的恶化,因此,属于不真正不作为,对其应适用作为犯条款,以故意杀人罪论处。"④

黎教授认为,在行为人将已经发生的危险实际控制在自己手中的时候,可以说行为人实际支配或者控制了引起结果的原因,其不作为应当构成故意杀人罪。⑤ 所谓"行为人将已经发生的危险实际控制在自己手中",包含两方面的内容:第一,行为人处于实际支配侵害法益结果发生的地位。

---

① 参见黎宏:《不作为犯研究》,武汉大学出版社 1997 年版,第 166 - 168 页。

② 黎宏:《不作为犯研究》,武汉大学出版社 1997 年版,第 169 页。

③ 参见黎宏:《刑法总论问题思考》,中国人民大学出版社 2007 年版,第 144 页以下;黎宏:《论不真正不作为犯的处罚范围》,载赵秉志主编:《刑法论丛》(第 12 卷),法律出版社 2007 年版,第 89 - 90 页;黎宏:《"见死不救"行为定性分析——兼论不真正不作为犯的作为义务的判断》,载《国家检察官学院学报》2011 年第 4 期。

④ 黎宏:《刑法学总论》(第 2 版),法律出版社 2016 年版,第 90 页。

⑤ 参见黎宏:《"见死不救"行为定性分析——兼论不真正不作为犯的作为义务的判断》,载《国家检察官学院学报》2011 年第 4 期。

这种地位是通过行为人有意、反复、连续实施支配结果的行为而形成的，是形成实际支配因果关系的基础。同时，这种对结果的实际支配，还必须具有排他性。所谓排他性，是指行为人在对结果进行控制之后，其他人便无法干预，因而形成对结果的独一无二的控制地位。[①] 对因果进程的支配，不要求行为人物理地支配着危险实现的每一个环节，只要能够在重要环节上左右危险的发展方向即可。[②] 第二，对于结果的发生而言，行为人事实上处于控制危险源的地位。这种对危险源的控制地位，是由于行为人的身份或者社会地位等规范要素的要求而形成的。该种场合下的作为义务的认定，以该危险源正现实地对被害人造成某种危险为前提，而不是以存在某种抽象的规范要素为前提。能够制止他人故意或者过失地实施违法行为的人，在对他人负有监督义务的场合，能够以不作为的方式成为他人的正犯或者共犯。在不可罚的先前行为的场合，即行为人由于自己不可罚的先前行为而使他人处于危险状态，行为人具有消除该种危险的义务，能够履行该种义务而故意不履行，以致引起严重后果的，成立不真正不作为犯。[③]

排他性支配说认为，为了确保不作为与作为具有等价性，不作为者不仅要掌握导致结果发生的因果流程，还必须具体地、排他地支配引起法益侵害结果的因果关系的发展方向。按照该说的观点，遗弃婴儿和神志不清、行动困难的老人是构成遗弃罪还是故意杀人罪，需要具体分析。将上述被害人遗弃在车站、政府机关的门口等容易被人发现的地方，被害人能够及时获得救助的，应当以遗弃罪论处。但是，将上述被害人遗弃在荒郊野外、人迹罕至的地方，被害人难以及时获救的，则应当以故意杀人罪论处。

2. 对具体的事实支配说的评析。在遗弃他人致其死亡类案件中，排他性支配说意图从遗弃行为、被害人有无自救能力、遗弃行为发生的场所等事实因素出发，限定不履行作为义务行为成立不真正不作为犯的标准。此外还强调行为人与保护法益之间的紧密关系，要求行为人对导致结果发生的因果流程的控制达到排他性程度。但是，将婴幼儿和神志不清、行动困难的老人遗弃在荒郊野外、人迹罕至的地方，使其难以及时获救的，究竟是认定为积极主动引起他人死亡的作为，还是认定为利用或者放任死亡结果

---

① 参见黎宏：《"见死不救"行为定性分析——兼论不真正不作为犯的作为义务的判断》，载《国家检察官学院学报》2011 年第 4 期。

② 参见黎宏、常康爽：《缺陷产品不召回的刑事责任》，载《上海政法学院学报（法治论丛）》2018 年第 5 期。

③ 参见黎宏：《"见死不救"行为定性分析——兼论不真正不作为犯的作为义务的判断》，载《国家检察官学院学报》2011 年第 4 期。

的不作为,并非毫无疑问。[①]

(二)排他支配设定说及其评析

1. 排他支配设定说的基本观点。近来,黎教授又提出排他支配设定说,主张从作为犯的角度对不真正不作为犯展开研究。“应当……回归其作为犯的实质特征,重视其因果关系,从行为人主动设定了对法益的排他性支配的事实角度,而不是从具有作为义务的规范角度来探讨不真正不作为犯的成立条件和处罚范围。”[②]主要理由是,在作为的场合,行为人设定或者引起了面向结果的因果流向,作为是引起法益侵害结果的原因。相对而言,在不作为的场合,由于已经存在面向侵害法益结果的因果流向,不作为人不是该因果流向的最初引起者或者设定者,但是行为人完全可以通过中途介入进而控制因果关系的发展进程、左右因果流向的发展方向,从而取得与作为犯相同的效果。[③]

黎教授认为,排他支配设定行为包括两种情况:第一种情况是,行为人通过中途介入面向结果的因果进程,以实现对法益的排他支配;第二种情况是,行为人制造并支配面向结果的潜在危险,以实现对法益的排他支配。[④]

黎教授认为:“医生因害怕染上传染病而拒绝出诊,造成病人死亡的,只可能成立玩忽职守罪;但是,医生在治疗病人的过程中,因某种情况而故意放弃救治,致使病人死亡的,则可能构成故意杀人罪。”[⑤]具体来说,其一,在医生单纯不救助病人致其死亡的场合,导致病人死亡的主要原因是疾病而不是医生的不作为,因此医生可以构成渎职罪,但不能构成故意杀人罪。其二,在医生已经开始救助病人的场合,意味着排除了其他人救助病人的可能性,医生对病人的生命具有支配。如果医生中止或者放弃医疗行为,在排除了病人获得他人救助可能性的场合,比单纯的不救助行为的危害更大,足以被认定为故意杀人罪。[⑥]

2. 对排他支配设定说的评析。对于黎宏教授的观点,主要存在下列批评意见:

第一,黎教授认为作为义务本质上是事实性因素,即行为人对发生危

① 参见黎宏:《排他支配设定:不真正不作为犯论的困境与出路》,载《中外法学》2014年第6期。

② 黎宏:《排他支配设定:不真正不作为犯论的困境与出路》,载《中外法学》2014年第6期。

③ 参见黎宏:《排他支配设定:不真正不作为犯论的困境与出路》,载《中外法学》2014年第6期。

④ 参见黎宏:《排他支配设定:不真正不作为犯论的困境与出路》,载《中外法学》2014年第6期。

⑤ 黎宏:《论不真正不作为犯的处罚范围》,载赵秉志主编:《刑法论丛》(第12卷),法律出版社2007年版,第79页。

⑥ 参见黎宏:《排他支配设定:不真正不作为犯论的困境与出路》,载《中外法学》2014年第6期。

害结果的因果关系能否现实、具体地支配,而能否现实地支配,是指这种支配行为已经现实存在,并且支配行为具有排他性。这种观点并未摆脱德国刑法理论上的支配说的窠臼。①

第二,以先前行为是否可罚作为划分是否具有保证人地位的根据,没有说服力。姚诗教授认为,无论是可罚还是不可罚,先前行为既没有通过有意反复实施支配结果的行为对结果产生排他性支配,也没有基于行为人的身份或者社会地位等规范要素而形成"控制危险源的地位"。也就是说,先前行为不能产生作为义务,先前行为可罚与否对此没有任何影响。②

第三,黎教授主张,成立不真正不作为犯,行为人对于因果流程必须具有支配,而且要求达到排他性的程度。刑法理论的通说认为,成立作为犯不要求其因果关系具有排他性。黎教授主张将不真正不作为犯理解为作为犯,同时又主张行为人对因果关系具有排他性支配,这显然是自相矛盾的。此外,在共同犯罪的场合,如何认定行为人"形成对结果的独一无二的控制地位",③也存在疑问。

第四,黎教授提出,在医生单纯不救助病人致其死亡的场合,病人死亡的主要原因是疾病;而在医生已经开始救助病人的场合,中途停止施救的,却认为病人死亡的原因是"排除了病人获得他人救助的可能性",其忽略了疾病这一因素在导致被害人死亡中的作用。无论是上述哪一种场合,身染重疾这一致命因素都是存在的。只要医生的不救援行为没有制造或者升高患者死亡的风险,导致患者最终死亡的主要原因是疾病,就不宜对医生认定为故意杀人罪。

三、周光权的因果过程排他性支配说

周光权教授最初主张因果过程排他性支配说,现在主张先行行为说,但从周教授对先行行为的界定看,其实际上还是属于因果过程排他性支配说。

(一)因果过程排他性支配说及其评析

周光权教授认为,实质的作为义务说在判断有无作为义务时,主要考

---

① 参见李晓龙:《论不纯正不作为犯作为义务之来源》,载高铭暄、赵秉志主编:《刑法论丛》(第5卷),法律出版社2002年版,第100页。

② 参见姚诗:《先前行为保证人地位的理论根据》,载《清华法学》2014年第5期。

③ 参见黎宏:《"见死不救"行为定性分析——兼论不真正不作为犯的作为义务的判断》,载《国家检察官学院学报》2011年第4期。

虑不作为者对他人的生命、身体、财产有无排他的、实质的支配。[①] 在决定警察不阻止他人的杀人行为、消防队员不救火、医生不出诊救治病人、肇事司机自行逃逸致使被害人死亡等不作为的情形,能否以相关重罪追究各有关人员的责任时,必须考虑是否具有同价值性。“对同价值性的判断……更要进一步考虑的是:行为人是否具有避免结果发生的可能性(基于其义务,行为人对于结果惹起进行了现实性的具体支配、控制,并进而导致了危害结果)。换言之,是否在行为人实施危险前行为,着手进行对结果的支配后,按照社会一般观念,其他人便无法干预,从而使行为人对某种社会关系的保护处于排他的保证地位,被害人由此处于无人救助的地位。”[②]

第一,在警察不救助的场合,周教授认为:“警察的不救助行为原则上成立玩忽职守罪。但是,在特殊情况下,其拒不履行保护、救助义务的不作为行为,也可能与作为的故意杀人行为具有等价值性。此时,应当主要考虑现场的情况和警察的犯罪心态:如果其系现场唯一能够保护、救助被害人的人,其履行保护、救助义务也比较容易,但是其希望或者放任被害人死亡的故意心态极其明显,则对该警察的行为可以考虑定故意杀人罪。”[③]

第二,在消防队员不履行灭火义务的场合,周教授认为:“消防队员拒不履行救火义务的行为,属于玩忽职守的行为,乃是纯正的不作为行为,未援助的结果即使是财物被完全烧毁,也不直接发生不作为放火的作为义务。”[④]主要理由是:其一,真正不作为犯的作为义务,不能直接成为不真正不作为犯的作为义务。其二,“在火灾发生之际,火灾的消除既取决于消防队员的努力,但是更受制于先前火势的大小,消防队员前往现场,并不能绝对扑灭火焰,其明确拒绝救火的行为,很难说对结果有实质的、排他的支配”[⑤]。

第三,在医生拒绝救助病人的场合,周教授认为:“医生单纯拒绝救助病人的行为,原则上也不能评价为不作为的故意杀人。”[⑥]主要理由是,医生对危重病人所承担的救助义务与防范他人死亡的义务有所不同。即便医生拒不救助患者致其死亡,也只是构成对相关医疗法律法规的违反,而不能认为其不作为与故意杀人罪的积极杀人行为具有同价值性。[⑦]

---

① 参见周光权:《论实质的作为义务》,载《中外法学》2005 年第 2 期。
② 周光权:《刑法总论》(第 3 版),中国人民大学出版社 2016 年版,第 115－116 页。
③ 周光权:《刑法总论》(第 3 版),中国人民大学出版社 2016 年版,第 116 页。
④ 周光权:《刑法总论》(第 3 版),中国人民大学出版社 2016 年版,第 116 页。
⑤ 周光权:《刑法总论》(第 3 版),中国人民大学出版社 2016 年版,第 116 页。
⑥ 周光权:《刑法总论》(第 3 版),中国人民大学出版社 2016 年版,第 116 页。
⑦ 参见周光权:《刑法总论》(第 3 版),中国人民大学出版社 2016 年版,第 116 页。

第四,在交通肇事后逃逸,不救助被害人,致使被害人死亡的场合,周教授认为要考虑下列两个方面:其一,不作为与作为是否具有等价值性。“交通肇事后,积极移置被害人至其他场所,使其他人对被害人的救助显著困难,行为人对被害人的生命负有结果回避义务,有排他性支配,不作为行为才可能和作为的故意杀人具有同价值性。”[①]其二,要考虑被害人独立生还的几率有多大。“在交通肇事导致被害人重伤的场合,肇事者只有弃而不管的行为,原则上被害人得到第三者救助的可能性很大,肇事者的不作为对法益侵害结果的排他性支配并不存在。”但是,在例外情况下,“被害人受伤后流血不止,若不立即送往医院救治很快就会死亡;被害人受伤后躺在人迹罕至的山路上;交通肇事发生在深夜,或者在寒冷的冬季……肇事者对被害人放置不管的行为,本身就包含着对被害人生命的现实危险性”[②]。

但是,“交通肇事后,积极移置被害人至其他场所,使其他人对被害人的救助显著困难”“将被害人移往他人难于发现的场所,或者将其带离现场后抛弃,或者将被害人抱上自己的汽车后拒不送到医院,在大街上驾车兜圈子导致被害人死在车中”等情形,[③]显然是作为,而非不作为。周教授将其认定为不真正不作为的故意杀人罪,显然是不妥当的。

(二)先行行为说及其评析

周光权教授将先行行为界定为“由行为人所掌控的、指向结果的因果进程的行为”。这种行为既包括“由行为人先前所实际实施的行为(事实论、存在论意义上的先行行为)”,也包括“从规范的角度所理解的由行为人‘无形的手’所持续实施的行为(规范论、实质论意义上的先行行为)”。[④]

周教授倡导的先行行为说“重视行为人对于指向结果的因果进程的事实或规范操控性,只有具备这种操控性的行为才是危险前行为。行为人如果基于其先行行为能够持续控制、支配某一领域,法益的危险如果发生在该领域时,行为人就负有实质的法义务”[⑤]。由于先行行为说主张不作为的处罚根据在于“对造成结果的因果进程设定排他性支配”,[⑥]“是否掌控着能够指向结果、足以造成法益危险的先行行为(危险前行为)是判断的

① 周光权:《刑法总论》(第3版),中国人民大学出版社2016年版,第116页。
② 周光权:《刑法总论》(第3版),中国人民大学出版社2016年版,第116页。
③ 参见周光权:《刑法总论》(第3版),中国人民大学出版社2016年版,第116页。
④ 参见周光权:《刑法总论》(第4版),中国人民大学出版社2021年版,第111-112页。
⑤ 周光权:《刑法总论》(第4版),中国人民大学出版社2021年版,第112页。
⑥ 参见周光权:《刑法总论》(第4版),中国人民大学出版社2021年版,第112页。

关键”,[①]所以仍然可以将该说划入因果过程排他性支配说的范畴。

四、陈兴良、林维等的因果过程排他性支配说

(一)原因设定说及其评析

陈兴良教授认为,成立不作为犯的关键在于不作为人的原因设定,即不作为人在实施不作为之前,是否已经设定了向侵害法益方向发展的因果关系。如果得出的结论是肯定的,则具有等价性。[②] 本书称之为原因设定说。

1. 根据是否设定法益侵害的原因来认定行为人是否构成不作为犯。以宋某祥杀人案为例,陈教授认为,不能以作为义务程度的高低作为判断宋某祥是否构成不作为的故意杀人罪的根据,关键要看其妻子自杀死亡的原因是否为宋某祥故意或者过失设定的。夫妻吵架不足以成为自杀死亡的原因,自杀死亡是李某本人行为的结果,因此宋某祥的不救助与故意杀人罪之间不具有等价性,不成立不作为的杀人罪。[③] 关于区分遗弃形式的不作为故意杀人罪与单纯遗弃罪的标准,关键在于不作为人是否存在侵害法益的原因设定。如果存在这种原因设定,成立不作为的故意杀人罪;如果没有这种原因设定,则成立单纯的遗弃罪。[④]

2. 形式的作为义务与实质的作为义务的位阶关系。陈教授还认为,形式的作为义务是存在论意义上的作为义务,实质的作为义务则是价值论意义上的作为义务。在实质的作为义务论与形式的作为义务论之间存在一种逻辑上的位阶关系,形式的作为义务论是对作为义务的形式判断,实质的作为义务论是对作为义务的实质判断。只有在对作为义务进行形式判断,确认形式的作为义务存在的基础上,才能进一步对作为义务进行实质判断。[⑤]

(二)现实支配说及其评析

林维教授认为,应当具体考察不作为对法益侵害的现实支配关系。本书称之为现实支配说。该说主要有以下观点:

1. 负有作为义务的不作为者对原有危险(不管是否由其先前行为产

---

① 参见周光权:《刑法总论》(第4版),中国人民大学出版社2021年版,第111页。

② 参见陈兴良:《犯罪不作为研究》,载《法制与社会发展》1999年第5期。

③ 参见陈兴良:《论不作为犯罪之作为义务》,载陈兴良主编:《刑事法评论》(第3卷),中国政法大学出版社1999年版,第220页。

④ 参见陈兴良:《犯罪不作为研究》,载《法制与社会发展》1999年第5期。

⑤ 参见陈兴良:《作为义务:从形式的义务论到实质的义务论》,载《国家检察官学院学报》2010年第3期。

生)不仅仅是单纯因果利用,根据具体情况,这种因果利用对于法益的侵害还是决定性的。它意味着不作为对于结果的发生是独断的,在当时并不存在其他能够挽救法益的现实可能。这是一种消极的控制,依赖于对当时环境、被害人的具体因素等各种情节所进行的判断,以考察具体法益对不作为者是否形成了一种独断的依赖。

2. 不作为者实施了一定的行为,对法益侵害的结果进行了排他性的支配,使他人的支配不具可能性。以交通肇事为例,即便行为人可能具有单纯的对死亡后果的间接故意甚至直接故意,但单纯的逃逸不一定构成故意杀人罪,而只有在实施了将被害人带离事故现场后隐藏或者遗弃等行为,致使被害人无法得到救助而死亡时,才构成故意杀人罪。①

五、对排他性支配说的评析

无论是日本学者西田典之、佐伯仁志,还是我国学者陈兴良、黎宏、周光权等,均主张将“指向结果发生的排他性支配”作为承担作为义务的前提,本书也是以此将上述论者的观点统一归类为排他性支配说。但是,关于是否要在事实支配或者排他性支配的基础上附加其他条件,以及附加什么条件,在学说内部出现了对立。

(一)排他性支配说的价值

排他性支配说在下列几个方面具有价值:

1. 从理论渊源上看,因果过程支配说与排他性支配说属于同一个研究方向的两个不同见解。前已述及,排他性支配说将“事实上的排他性的承担法益保护之类的关系”或者“处于能够支配结果发生的危险性的地位”作为发生作为义务的根据,但是对于其理论根据未能给出有力的说明。因果过程支配说基于结果无价值论的立场,从不作为所具有的侵害法益的危险和作为犯的构成要件所本来预定的侵害法益的危险之间必须具有同等价值的立场出发,主张成立不真正不作为犯,必须和作为犯的行为人根据自己的意思设定面向侵害法益的因果过程一样,不作为人必须具体地、现实地支配、控制面向结果的因果过程。换句话说,因果过程支配说是对事实承担说的进一步深化。②

2. 因果过程支配说通过实质地判断行为人是否对危害结果发生的因

---

① 参见林维:《不真正不作为犯的量刑问题研究——以交通肇事中的故意杀人罪为切入点》,载《法商研究》2005 年第 3 期。

② 参见黎宏:《论不真正不作为犯的处罚范围》,载赵秉志主编:《刑法论丛》(第 12 卷),法律出版社 2007 年版,第 77 页。

果关系具有具体的事实支配,来认定行为人是否具有作为义务。当该法益面临紧迫危险时,刑法可以基于保护法益的考虑,要求行为人履行作为的保护法益义务或监督义务。该观点避开了传统学说形式地看待作为义务的不足,完全从实质的立场来判断作为义务的发生根据,是值得肯定的。例如,在事实承担的场合,之所以要求行为人承担刑事责任,是因为在行为人事实上承担了对被害人的救助后,其救助行为客观上导致被害人处于行为人的控制之下,剥夺了被害人获得行为人之外的第三人提供救助的机会。[①]

(二)排他性支配说存在的不足

排他性支配说主要存在以下不足之处:

1. 在因果过程支配说中,结果因果过程支配的概念本身不够明确。[②]例如,在交通事故之后,将受害人搬进自己的车中,致其死亡的,这种情形可以说在事实上的排他性支配范围内。但是,将基于身份关系、社会地位而负有在社会生活上的保护、管理义务即具有支配领域性的场合也理解为存在因果经过支配,则存在问题。例如,房子的主人看见一个病人倒在自己的院子里即将死去,却没有报告,在这种场合,能够说因为主人是房子的所有权人,从而就支配了杀人的因果进程吗?[③] 结论显然是否定的。

2. 因果过程支配说并未如同其所宣称的那样排除规范要素,存在自相矛盾之处。由于因果过程支配说将对于危害结果的现实的、具体的支配作为义务的发生根据,所以,只能将作为义务的发生根据还原为纯粹的物理因素,而不能混入规范因素。但是,在支配领域性的场合,作为支配意思的替代,西田典之主张只有该不作为者才应该是实施作为的规范要素。[④] 这与其所主张的排除规范要素的见解是相互矛盾的。特别是在支配性领域中,哪怕只是部分地考虑持续性保护管理义务等规范性要素,都会导致法与伦理之间的混同,违反自由主义的要求。例如,母亲不给新生婴儿喂奶致其死亡的行为,仅构成(保护责任者)遗弃罪,而不是杀人罪。[⑤]

3. 因果过程支配说关于等价性的根据存在不确定之处。根据西田典之的观点,只要行为人排他地支配直到结果发生的因果进程,就能够认定与作

---

① 参见[英]安德鲁·阿什沃斯:《刑法的积极义务》,姜敏译,中国法制出版社 2018 年版,第73-74 页。

② 参见[日]山中敬一:《刑法总论》(第 2 版),成文堂 2008 年版,第 234 页。

③ 参见[日]山中敬一:《刑法总论》(第 2 版),成文堂 2008 年版,第 234 页。

④ 参见[日]西田典之:《不作为犯论》,载[日]芝原邦尔等编:《刑法理论的现代展开——总论Ⅰ》,日本评论社 1988 年版,第 89 页。

⑤ 参见[日]佐伯仁志:《关于保证人地位的发生根据》,载[日]内藤谦等编:《香川达夫博士古稀祝贺:刑事法学的课题与展望》,成文堂 1996 年版,第 95 页。

为犯具有等价性。但是,他又另外提出必须具备"基于自己意思的设定这种附加条件"。这充分说明,仅凭借排他性支配,不足以为等价性提供根据。[①]

(三)如何理解和认定"排他的支配"

1. 关于成立不作为犯,是否要将支配限定为排他性支配的争议。如前所述,西田典之主张要构成不作为犯,必须具有排他性支配。[②] 但是,如果要求行为人必须具有排他性支配,会导致作为义务的成立范围受到过于严格的限制。特别是在不作为的共犯、过失的不作为犯(监督过失)等场合,如果要求行为人必须具有"排除他人"这种"排他性支配",可能导致无法认定为犯罪,不利于法益保护。例如,在 B 不幸落水、有溺水危险之际,岸边有 A、C 等人,但他们均未将救生圈抛给 B,最后 B 溺水而亡。如果要求行为人对 B 溺亡的整个过程不仅具有支配,并且要达到排他性的程度,否则不认定为犯罪,则不利于保护 B 的生命。

面对各种质疑,黎宏教授强调,必须从社会一般观念来判断有无排他性支配。在上述场合,"社会一般观念排除了父亲以外的人对孩子的支配"。但是,在父母、老师带着小孩到有救生员的游泳池游泳,小孩被行为人过失推入水中的场合,即便根据社会一般观念,上述任一主体也不具有对整个因果流程的排他性支配,但我们不能因此否认任一主体都具有结果回避义务。[③]

对排他性支配持否定说的观点。山口厚、松宫孝明、桥爪隆和岛田聪一郎等均认为这一要件纯属多余。例如,松宫孝明指出:"在先行行为以外的作为义务发生根据时,排他的支配是不必要的。排他性的要求,充其量只限于违反因先行行为而产生的救助义务而成立不真正不作为犯的场合,才变得必要。"[④]在这里,排他性要件成为有关不作为的故意杀人罪的成立范围的限制处罚条件。桥爪隆认为:"在直至结果发生的因果系列之中,存在几个有可能左右结果发生或者不发生的要因。对于有关不作为犯的支配性,我们应该这样理解:在这些有可能发展至结果发生的要因之中,只要

① 参见[日]桥爪隆:《不作为犯的成立要件》,王昭武译,载《苏州大学学报(法学版)》2017 年第 4 期。

② 黎宏教授等也主张必须具有排他性支配。参见黎宏:《刑法学总论》(第 2 版),法律出版社 2016 年版,第 85 页。

③ 参见黎宏:《"见死不救"行为定性分析——兼论不真正不作为犯的作为义务的判断》,载《国家检察官学院学报》2011 年第 4 期。

④ [日]松宫孝明:《刑法总论讲义》(第 4 版补正版),钱叶六译,中国人民大学出版社 2013 年版,第 69 页。

达到能够实质性地支配其中的某一个要因的程度即可。”[①]在过失的不作为犯特别是监督过失等过失犯重叠竞合的场合，为了更好地保护法益，避免发生法益侵害结果，那些地位、状况不尽相同的数个参与者，与各自的地位相适应，重叠性地负有作为义务，[②]也不能以不存在所谓排他性支配为由，免除其作为义务。姚诗教授也认为，不真正不作为犯与作为犯的共通点在于结果原因支配，从而否定排他性要件的必要性。[③]

2. 山口厚的观点及其评析。山口厚主张只要行为人有“对结果原因的支配”即可，不要求具有“排他的支配”。“在判断保障人地位时，排他性并不是必需的要件，能够肯定不作为者对结果原因的支配，换言之，能够肯定不作为者对于不发生结果是有责任的、有依存关系的就可以了。”[④]

第一，因果过程支配理论将行为人是否控制、掌握指向结果的因果过程作为判断是否具有保证人地位的标准是正确的。但是，即便在作为犯中，也只要求行为人起到设定因果流程的作用即可，没有要求达到因果进程的排他性支配的程度。所以在不作为犯中，同样不应当要求义务人对整个因果流程具有支配。例如，在A地的甲向在B地的乙邮寄有毒的咖啡，乙食用后死亡的，甲仅仅实施了寄出行为，即制造危险的行为，当然能够成立故意杀人罪，但是危险增大、实现的过程并非由甲支配。[⑤]

第二，在不作为的共犯的场合，因果经过支配说对于排他性的要求也不合理。例如，在父亲带儿子到公园散步的场合，因为公园里还有其他人，父亲对儿子缺乏排他性支配，根据该理论，会得出父亲没有救助义务的错误结论。[⑥] 这是因为，在过失犯的场合通常是承认同时犯的，在过失犯的场合不能肯定个别的行为对于结果的排他的支配（即便是故意犯，也不能排除成立同时犯）。也就是说，承认同时犯与认可排他性是存在矛盾的，所以

---

① [日]桥爪隆：《不作为犯的成立要件》，王昭武译，载《苏州大学学报（法学版）》2017年第4期。

② 参见[日]桥爪隆：《不作为犯的成立要件》，王昭武译，载《苏州大学学报（法学版）》2017年第4期。

③ 参见姚诗：《不真正不作为犯的边界》，载《法学研究》2018年第4期。

④ [日]山口厚：《刑法总论》（第2版），付立庆译，中国人民大学出版社2011年版，第89页。

⑤ 参见[日]山口厚：《出于不作为的杀人罪》，付立庆译，载陈兴良主编：《刑事法判解》（第10卷），北京大学出版社2009年版，第394页。山口厚认为行为人对法益侵害结果的支配不需要具有排他性，只要能够肯定不作为人对于不发生结果是有责任的，有依存关系的就可以了。参见[日]山口厚：《刑法总论》（第3版），付立庆译，中国人民大学出版社2018年版，第89页；[日]山口厚：《从新判例看刑法》（第3版），有斐阁2015年版，第40页以下。

⑥ 参见[日]山口厚：《出于不作为的杀人罪》，付立庆译，载陈兴良主编：《刑事法判解》（第10卷），北京大学出版社2009年版，第394页。

不能将排他的支配当作作为犯和不作为犯所共通的要件。①

第三，在利用有故意无目的的他人的间接正犯的场合，也不能说间接正犯对整个因果过程存在排他的支配。②

3. 岛田聪一郎的观点及其评析。岛田聪一郎将不作为与作为的等价性理解为“作为的单独正犯与不作为的单独正犯的成立要件必须一致”。其中，作为犯的单独正犯性在于没有介入自律性决定者而引起结果，将该标准适用于不作为犯，从不作为人可能履行作为义务的最后时间看（或者与此同时），如果存在自律性决定者，不作为人就不是单独正犯。③ 岛田聪一郎认为，排他性支配不是不作为犯的固有要件，而是作为犯、不作为犯的共通要件。支配着发展至结果发生的因果进程的这种支配关系，是作为犯与不作为犯共通的单独正犯的成立要件。因此，排他性支配能判断是否为单独正犯的问题，不能用于判断不作为犯的可罚性。

对于排他性支配理论，岛田聪一郎提出了以下批评意见：其一，在只有不作为人能够阻止作为正犯的场合（排他性支配），尽管从保护法益的观点出发，刑法具有介入的必要性，但刑法并没有为处罚该不作为人的不救助行为提供正当性基础。④ 其二，在不作为的共同正犯的场合，如与孩子共同居住的父母二人共谋对溺水的孩子不提供救助的，因为二人均没有排他性支配，所以对二人不能以不作为的共同正犯论处。⑤ 其三，排他性支配理论无法为不作为的共犯的作为义务提供根据。⑥

基于对排他性支配说的批判，岛田聪一郎提出了自己的作为义务学说。他认为：第一，因为不作为犯的处罚更加强烈地干涉国民的行动自由，所以，与作为相比，不作为的处罚需要特别的要件，需要从保证人地位的角度限制处罚范围。第二，在自由社会中，人们有权利事先自由选择何种社会地位，因此只有在行为人自愿接受的场合才能产生保证人地位。⑦ 以此为基础，岛田聪一郎认为，只要满足下列条件之一就具有适用于正犯与共犯的保证人地位：其一，物理性的创制危险行为；其二，自愿接受法益或者

---

① 参见［日］山口厚：《刑法总论》（第3版），付立庆译，中国人民大学出版社2018年版，第89页；［日］山口厚：《从新判例看刑法》（第3版），有斐阁2015年版，第40页。

② 参见［日］山口厚：《出于不作为的杀人罪》，付立庆译，载陈兴良主编：《刑事法判解》（第10卷），北京大学出版社2009年版，第392页；［日］山口厚：《从新判例看刑法》（第3版），有斐阁2015年版，第40页以下。

③ 参见［日］岛田聪一郎：《不作为的共犯》（二·完），载《立教法学》2004年第65号。

④ 参见［日］岛田聪一郎：《不作为犯》，载《法学教室》2002年第8号（总第263号）。

⑤ 参见［日］岛田聪一郎：《不作为犯》，载《法学教室》2002年第8号（总第263号）。

⑥ 参见［日］岛田聪一郎：《不作为的共犯》（二·完），载《立教法学》2004年第65号。

⑦ 参见［日］岛田聪一郎：《不作为犯》，载《法学教室》2002年第8号（总第263号）。

危险源。[①] 在自由的社会中,一个人基于自己的意志选择了对脆弱性法益的保护的,就应当肯定其保证人地位。[②]

西田典之反驳说,岛田聪一郎的观点与佐伯仁志相同,认为处罚不作为犯是自由主义的例外,行为人通过先前行为制造危险是成立不作为犯的必要条件。但是,这样会导致处罚范围过于狭窄。因此,西田典之主张社会的分工和行为人自愿承担也可以成为作为义务的根据。基于这几个标准,直接制造危险的行为、具有保护法益的义务的行为以及对危险源的自愿承受,都能够为正犯或共犯提供作为义务根据。[③]

西田典之认为,第一个批判有些部分是正确的,直接制造危险行为无疑是正犯和共犯的作为义务根据,应当认为某些案件中先前行为人具有犯罪阻止义务。[④] 对于第二个批判而言,林干人曾经指出,自己对法益设定排他性支配是单独犯的作为义务的根据,不作为的共犯的作为义务应当与单独犯的作为义务根据相同。[⑤] 判例也显示,设定排他性支配是共犯的作为义务的基础。但是,西田典之认为,有关不作为的共犯的多数事例,是在具有作为正犯的前提下,偶然地获得支配领域性的场合是否存在共谋。认定不作为的共犯的作为义务,不能只采用排他的支配设定一个标准。[⑥] 关于岛田聪一郎主张社会分工论的观点,西田典之认为,排他的支配与支配领域性属于单独正犯性问题的事实的制约,而社会的分工则属于对不作为的共犯的作为义务的规范的判断,二者并不冲突。[⑦]

第八节　结果原因支配说

本书探讨的结果原因支配说包括实际支配说、控制性控制说。

---

① 参见[日]岛田聪一郎:《不作为犯》,载《法学教室》2002 年第 8 号(总第 263 号)。

② 参见[日]岛田聪一郎:《不作为犯》,载《法学教室》2002 年第 8 号(总第 263 号)。

③ 参见[日]西田典之:《不作为的共犯》,载[日]西田典之:《共犯理论的展开》,成文堂 2010 年版,第 139 页。

④ 参见[日]西田典之:《不作为的共犯》,载[日]西田典之:《共犯理论的展开》,成文堂 2010 年版,第 140 页。

⑤ 参见[日]林干人:《刑法总论》(第 2 版),东京大学出版社 2008 年版,第 438 页。

⑥ 参见[日]西田典之:《不作为的共犯》,载[日]西田典之:《共犯理论的展开》,成文堂 2010 年版,第 141 页。

⑦ 参见[日]西田典之:《不作为的共犯》,载[日]西田典之:《共犯理论的展开》,成文堂 2010 年版,第 141 页。

一、许乃曼和罗克辛的结果原因支配说

(一)结果原因支配说的基本内容

1. 许乃曼的观点。该说由德国学者许乃曼于1971年提出。[①] 许乃曼主张以支配原则(Herrschaftsprinzip)作为建构保证人地位的实质法理基础。许乃曼认为:“积极作为之行为人透过其身体举动支配侵害事件,而且透过支配身体而享有支配(在故意犯的情况下以显著的犯罪支配形式出现的),所以与作为对等的不作为前提要件是,对于侵害法益的重要条件(造成结果的原因)具有与此种支配在强度上可相比较的意志力,也就是对于事件有实际的控制。”[②]由于这种学说在强调不作为是对造成结果的原因或者根据的支配,是“对造成结果的原因有支配”,本书称之为结果原因支配说。

许乃曼的支配理论的主要内容是:第一,作为与不作为的归责基础都是行为人与结果之间存在某种特定的关系,即行为人对结果发生的原因或根据具有现实的支配力。因而,对结果发生的原因进程具有现实支配力,是作为与不作为等价性的物本逻辑基础。[③] 其中,“支配”这个概念是一个方法论上的构造,是一个规范的准则;“支配力”也是一个方法论上的构造,不是一个抽象的规范概念,而是一个指涉实证的规范概念,直指现实世界的物本逻辑构造。“支配说在一定的社会现实的范畴上发生,是指保证人的意志力,他对一定的社会现实的直接控制力,是他意志上对社会现实的控制和支配……。”[④]第二,只有当不作为人针对造成法益受侵害之事实的法律地位与作为行为人的法律地位可加比较时,以作为犯的构成要件处罚不作为才是适当的。而与作为对等的不作为的前提要件是,对于侵害法益的重要条件(造成结果的原因)具有与此种支配在强度上可相比较的意

① 参见[德]贝恩德·许乃曼:《德国不作为犯法理的现况》,陈志辉译,载许玉秀、陈志辉合编:《不移不惑献身法与正义——许乃曼教授刑事法论文选辑》,台北,新学林出版股份有限公司2006年版,第629页。

② [德]贝恩德·许乃曼:《德国不作为犯法理的现况》,陈志辉译,载许玉秀、陈志辉合编:《不移不惑献身法与正义——许乃曼教授刑事法论文选辑》,台北,新学林出版股份有限公司2006年版,第656页。

③ 参见[德]贝恩德·许乃曼:《德国不作为犯法理的现况》,陈志辉译,载许玉秀、陈志辉合编:《不移不惑献身法与正义——许乃曼教授刑事法论文选辑》,台北,新学林出版股份有限公司2006年版,第656页。

④ [德]班德·许乃曼:《不纯正不作为犯及以不作为实施犯罪之形式》,王莹译,载梁根林主编:《当代刑法思潮论坛:刑法体系与犯罪构造》(第1卷),北京大学出版社2016年版,第239页。

志力,也就是对于事件有实际的控制。①

许乃曼认为,对事件的控制形式有两种:其一是在发生侵害结果之前,对于重要的结果原因具有支配;其二是对结果具有决定性地位的法益无助状态具有支配。② 对结果来源的实际支配(控制性控制)是一种实际的、事实的支配,可以进一步区分为保护性支配(保护性控制)与安全的支配(安全的控制、监护性控制)。③ 其中,前者是对陷入困境的法益的支配,主要包括生活共同体、危险共同体以及承担保护陷入困境的法益的保证人地位;后者是对关键的结果原因的支配,属于负有监管义务的保证人地位,主要是指控制危险的物体、人员或设备形成的保证人地位。④

许乃曼认为,不作为犯是"对造成结果的原因有支配",但是,仅仅"对于被害人无助状态有支配"不能成立不作为犯。支配概念和无助状态是格格不入的,所以不能把这种特别的无助状态称为"造成结果的原因"。⑤ 许乃曼采用与作为犯进行类比的方法为不真正不作为犯提供处罚根据,并将这一法理根据称为"对造成结果的原因有支配"。许乃曼指出:"仅有当不作为人针对造成法益受侵害之事实的法律地位,与作为行为人的法律地位可加以比较时,以作为犯的构成要件处罚不作为才属适当。"⑥许乃曼认为,作为犯的归责基础在于行为人在具有认识、意志以及可操控情况下做出足以侵害法益的身体动作,行为人才有犯罪支配,并因此可将法益侵害结果归责于行为人。如果对作为犯的处罚没有疑问,要如同处罚作为犯那样处罚不真正不作为犯,就必须找出一个足以类比上述作为犯归责基础的

① 参见[德]贝恩德·许乃曼:《德国不作为犯法理的现况》,陈志辉译,载许玉秀、陈志辉合编:《不移不惑献身法与正义——许乃曼教授刑事法论文选辑》,台北,新学林出版股份有限公司2006年版,第656页。

② 参见[德]贝恩德·许乃曼:《德国不作为犯法理的现况》,陈志辉译,载许玉秀、陈志辉合编:《不移不惑献身法与正义——许乃曼教授刑事法论文选辑》,台北,新学林出版股份有限公司2006年版,第657页。

③ 参见[德]克劳斯·罗克辛:《德国刑法学总论》(第2卷 犯罪行为的特别表现形式),王世洲等译,法律出版社2013年版,第540页。

④ 参见[德]班德·许乃曼:《不纯正不作为犯及以不作为实施犯罪之形式》,王莹译,载梁根林主编:《当代刑法思潮论坛:刑法体系与犯罪构造》(第1卷),北京大学出版社2016年版,第229页。

⑤ 参见[德]贝恩德·许乃曼:《德国不作为犯法理的现况》,陈志辉译,载许玉秀、陈志辉合编:《不移不惑献身法与正义——许乃曼教授刑事法论文选辑》,台北,新学林出版股份有限公司2006年版,第665页。

⑥ [德]贝恩德·许乃曼:《德国不作为犯法理的现况》,陈志辉译,载许玉秀、陈志辉合编:《不移不惑献身法与正义——许乃曼教授刑事法论文选辑》,台北,新学林出版股份有限公司2006年版,第656页。

关系。[①] 尽管不真正不作为犯在不作为时缺乏通过积极的操控因果流程所展现的现实的犯罪支配，但是在不作为前已经存在所谓的"控制支配"（Kontrollherrschaft），如对应于法益保护型保证人地位的保护支配（Obbutscherrschaft）和对应于危险源监督型保证人地位的监督支配（Uberwachungsherrschaft）。

在许乃曼看来，无论是作为还是不作为，都必须对造成结果的原因具有支配（控制），正是这种对原因的支配关系使作为与不作为具有等价性。"对造成结果的原因的支配是一般的正犯结构，这个结构在作为犯，存在于狭义的行为支配之中，而在不纯正不作为犯和保证人身份犯，则存在于保证人支配中。"[②]换言之，"在作为犯中，依行为人在犯罪当时是否拥有犯罪支配来决定是否成立正犯，在不纯正不作为犯和保证人身份犯中，则是在犯罪发生前，行为人是否控制某一社会领域（危险源或无助的法益客体）来决定是否成立正犯"[③]。"作为犯行为人的身体动作只有在具有行为支配力时才能被视为引起结果的原因，而在不作为犯中，不作为犯行为人的保证人地位必须对整个事件进程的关键性部分具有现实的支配力，才能认定不作为与结果之间具有与作为犯所类似的联系。"[④]

2.罗克辛的观点。罗克辛赞同许乃曼所提出的结果原因支配说，主张将保证人地位分为两类：第一类是对于法益无助状态的支配性（保护或照顾的保证人地位），第二类是对于危险源的支配性（监控或保全的保证人地位）。前者包括家庭性或者类似于家庭性的保护关系、对其他保护功能的接管、基于组织地位与职责义务的保护地位；后者包括在自己控制领域内对危险物品加以监护的义务、保障公众免受第三人违法构成行为侵害的义务、基于在先作为的防止结果出现的义务（先前行为）。[⑤]

（二）许乃曼的结果原因支配说与罗克辛的犯罪支配理论的关系

结果原因支配说将"结果原因支配"作为解释作为犯与不作为犯的正犯性的共通原理。根据这一原理，作为犯可以分为直接正犯的行为支配、

---

① 参见［德］贝恩德·许乃曼：《德国不作为犯法理的现况》，陈志辉译，载许玉秀、陈志辉合编：《不移不惑献身法与正义——许乃曼教授刑事法论文选辑》，台北，新学林出版股份有限公司2006年版，第656页。

② ［德］贝恩德·许乃曼：《问题研讨》，载《政大法学评论》第50期。

③ 陈志辉：《身份犯之正犯认定——德国义务犯理论为中心》，载《政大法学评论》2012年第130期。

④ ［德］班德·许乃曼：《不纯正不作为犯及以不作为实施犯罪之形式》，王莹译，载梁根林主编：《当代刑法思潮论坛：刑法体系与犯罪构造》（第1卷），北京大学出版社2016年版，第229页。

⑤ 参见［德］克劳斯·罗克辛：《德国刑法学总论》（第2卷 犯罪行为的特别表现形式），王世洲等译，法律出版社2013年版，第540－583页。

间接正犯的意思支配和共同正犯的功能性支配三种情况;就不作为犯而言,则分为对法益无助状态的保护支配和对危险源的监督支配两种类型。其中,对法益无助状态的保护支配包括基于生活共同体的支配、基于危险共同体的支配和对无助法益的照顾承担所产生的保证人支配;对危险源的监督支配包括对危险物的支配、对危险人的支配以及对危险工作的支配。①

1. 许乃曼的结果原因支配说的基本观点。在不作为犯的场合,许乃曼倡导“对造成结果的原因有支配”的观点。

许乃曼倡导的是对“造成结果的原因”的“支配”,具体来说:第一,支配是指“一种实际的、社会上产生作用的意志力(Wilensmacht)”。② 判断有无支配,不在于行为人有无积极的作为,而在于行为人对于“造成结果的原因”有无支配。“并不是积极的作为才促成事件的支配,而是此种支配可以说先前就确定了,因为侵害事件的来源或客体先前早已经受到控制,而且因为在由不作为行为人所控制、完全被理解为具体的社会领域之中(正如同所有在这个领域中所反映出来的),受唾弃的事件必须被当成其意志的杰作。”③第二,行为人对于结果的原因的支配或者控制,有两种形式,“或者是在侵害发生之前,对于重要的结果原因已经有支配,或者是对结果具有决定性地位的法益无助状态有支配”④。

2. 如何理解许乃曼主张结果原因支配说?为什么存在支配关系就有保证人义务,或者说,为什么可以从支配关系推导出保证人义务?对此,可以从以下几个方面进行分析:

第一,众所周知,许乃曼的支配理论是从罗克辛的犯罪支配理论发展而来的,⑤因此,必须根据罗克辛的犯罪支配理论进行理解。罗克辛认为,承认先前行为的保证人地位与结果原因支配说并不矛盾,关键在于如何理

① 参见[德]贝恩德·许内曼:《论不真正作为犯的保证人地位》,陈晰译,载《刑法与刑事司法》(2013年第1卷),法律出版社2013年版,第69页。

② 参见[德]贝恩德·许乃曼:《德国不作为犯法理的现况》,陈志辉译,载许玉秀、陈志辉合编:《不移不惑献身法与正义——许乃曼教授刑事法论文选辑》,台北,新学林出版股份有限公司2006年版,第661页。

③ [德]贝恩德·许乃曼:《德国不作为犯法理的现况》,陈志辉译,载许玉秀、陈志辉合编:《不移不惑献身法与正义——许乃曼教授刑事法论文选辑》,台北,新学林出版股份有限公司2006年版,第656-657页。

④ [德]贝恩德·许乃曼:《德国不作为犯法理的现况》,陈志辉译,载许玉秀、陈志辉合编:《不移不惑献身法与正义——许乃曼教授刑事法论文选辑》,台北,新学林出版股份有限公司2006年版,第657页。

⑤ 例如,廖北海博士将许乃曼关于不作为犯的结果原因支配说称为“规范的犯罪事实支配理论”,以示与罗克辛有关作为犯的犯罪事实支配理论有所不同。参见廖北海:《德国刑法学中的犯罪事实支配理论研究》,中国人民公安大学出版社2011年版,第147页。

解"支配"。在罗克辛看来,这种支配不应该仅仅是一种实然的现实支配,而应该是一种规范的支配概念——从规范的角度来说,先前行为所引起危险的继续发展仍然属于先前行为人的支配领域。如果承认人们应当避免给他人法益带来危险这一原则,也应当承认引起该风险者具有避免该风险继续发展成为构成要件结果的义务。否则就会产生一个价值评判的矛盾,即一方面要求法规范对象避免给他人法益带来危险,另一方面却允许该危险继续发展造成实际的法益侵害。① 实际上,张明楷教授也主要从严密法益保护的角度论证先前行为存在的必要性,认为使刑法保护的具体法益面临紧迫的危险,是先前行为成为作为义务来源的实质根据。②

第二,为什么许乃曼主张"对造成结果的原因有支配"就具有保证人地位,而不是"对因果过程有支配""对因果过程有排他性支配"等才具有此等地位?这在一定程度上是因为,多数国家并未在刑法中就不真正不作为犯作出明文规定。当然也有例外,如《德国刑法典》第 13 条对不作为犯及其处罚作出了明文规定。显然,由于对不作为犯的处罚具有明确的法律依据,加上《德国刑法典》第 13 条第 2 款规定不作为犯"可以依据第 49 条第 1 款减轻处罚",或者说不作为犯的需罚性低于作为犯,在诸如保证人地位、作为义务的认定上可以采取更为宽松的标准。③

第三,从方法论来看,许乃曼在界定不作为的概念时,总体上坚持存在论的立场,并借助了类型学的方法。这是"一种介于依照自然主义模式或目的主义模式纯粹存在论化的行动和在雅各布斯与其信徒们意义下的纯粹规范注意之间,尝试取得一个平衡,根据经验上可得掌握的实际状况(事物本质),将构成寻法基点的立法者决定加以具体化,而且寻求符合立法价值判断的'存在论结构'"④。许乃曼貌似无意识采取的"类型学思维"(typologische Denken),"就是透过发展和具体化以案例为基础的类似性规则,所得出的,逐步地将含有复合层次要素的法律概念去除规范性"⑤。

---

① 参见[德]克劳斯·罗克辛:《德国刑法学总论》(第 2 卷 犯罪行为的特别表现形式),王世洲等译,法律出版社 2013 年版,第 572 页。

② 参见张明楷:《不作为犯中的先前行为》,载《法学研究》2011 年第 6 期。

③ 参见[德]克劳斯·罗克辛:《德国刑法学总论》(第 2 卷 犯罪行为的特别表现形式),王世洲等译,法律出版社 2013 年版,第 528 页。

④ [德]贝恩德·许乃曼:《德国不作为犯法理的现况》,陈志辉译,载许玉秀、陈志辉合编:《不移不惑献身法与正义——许乃曼教授刑事法论文选辑》,台北,新学林出版股份有限公司 2006 年版,第 659 页。

⑤ [德]贝恩德·许乃曼:《德国不作为犯法理的现况》,陈志辉译,载许玉秀、陈志辉合编:《不移不惑献身法与正义——许乃曼教授刑事法论文选辑》,台北,新学林出版股份有限公司 2006 年版,第 659 - 660 页。

第四,从表述方式看,许乃曼之所以采取"对造成结果的原因有支配"这一表述方式,是借用了维特根斯坦的"亲属类似性"(Familienähnlichkeit)原理,从不作为犯的本质特征中抽象出来的。① 与这一表述方式相比,"所有规范性质的用语,从一开始的形式法律义务理论一直到体制管辖,在经验上可加确认的具作为对等性的不作为之共同性的意义上,欠缺对描述性的犯罪事实加以说明"②。

二、山口厚的事实支配说

(一)事实支配说的主要观点

山口厚支持许乃曼的结果原因支配说。该说认为,只有当行为人支配了结果发生的原因时,行为人才具有作为义务。对结果发生原因的支配,可以分为对法益脆弱性的支配和对危险源的支配。③ 山口厚认为,只有行为人处于阻止危险的地位,应当阻止危险但未排除危险或者控制既存的危险时,才可能与作为相当,从而符合作为犯的构成要件。④

山口厚认为,不作为的法益侵害过程可以分为两种情况:第一种情况是,由于不适当的措施导致潜在的危险源产生或者增加了侵害法益的危险,并且该危险向结果现实地转化;第二种情况是,容易受侵害的法益的脆弱性表面化,增大侵害法益的危险,该危险现实化为结果。所谓对结果原因的支配,意味着支配了这样有可能导致结果的危险的原因。关于法益侵害的有无,应该根据法益侵害的危险程度以及相对的法益方的防御程度来作出判断。按照这种思路,可以将对结果原因的支配分为对危险源的支配与对法益脆弱性的支配。⑤

(二)事实支配说与排他性支配说的差异

与主张将"排他性支配"作为不真正不作为犯的限定要素的排他性支配说相比,事实支配说不要求这种支配达到排他性的程度。"能够肯定不

① 参见[德]贝恩德·许乃曼:《德国不作为犯法理的现况》,陈志辉译,载许玉秀、陈志辉合编:《不移不惑献身法与正义——许乃曼教授刑事法论文选辑》,台北,新学林出版股份有限公司2006年版,第658页。

② [德]贝恩德·许乃曼:《德国不作为犯法理的现况》,陈志辉译,载许玉秀、陈志辉合编:《不移不惑献身法与正义——许乃曼教授刑事法论文选辑》,台北,新学林出版股份有限公司2006年版,第658页。

③ 参见[日]山口厚:《刑法总论》(第2版),付立庆译,中国人民大学出版社2011年版,第89-90页。

④ 参见[日]山口厚:《刑法总论》(第2版),付立庆译,中国人民大学出版社2011年版,第83-85页。

⑤ 参见[日]山口厚:《刑法总论》(第2版),付立庆译,中国人民大学出版社2011年版,第89页。

作为者对结果原因的支配，……能够肯定不作为者对于不发生结果是有责任的、有依存关系的就可以了。”①主要理由是：“承认同时犯和认可排他性质已是矛盾的，不能将排他的支配当作作为犯和不作为犯所共通的要件。”②

三、对结果原因支配说的评析

（一）结果原因支配说的核心观点

结果原因支配说的核心观点是“支配”或者“行为支配”。一般认为，结果原因支配说中的“支配”是在不作为之前或者通过不作为启动的因果流程之前的支配，而非不作为过程中的支配。具体可以分为三种情形：行为支配（直接正犯）、意思支配（间接正犯）与功能支配（共同支配）。现在也有观点认为，意思支配和功能支配也应当以行为作为支配的考察基础，因而可以归类为行为支配。③

（二）结果原因支配说的不足之处

本书认为，结果原因支配说主要存在以下不足：

1. 在作为犯的场合可以将“支配因果流程”作为归责的基础，但是在不作为犯的场合则不具有可行性。例如，许玉秀教授认为不作为犯中不存在实际的支配，只有拟制的支配：“在不作为犯，真正操纵因果流程的人是第三人或是被害人自己，不作为人充其量只是可能干扰因果流程的人，但是没有发生的事如果发生了会如何，没有人知道。不作为犯正是没有行为的人，即使他可能干扰因果流程，在他未采取任何行动的情况下，是否他一旦介入，因果流程即会受到干扰，无法作物理上的认定，因此不作为犯不可能对因果流程有现实操纵，只是有规范意义上的操纵（支配）可能性，而这不能作为解释保证人地位存在的理由。”④何庆仁教授也主张：“根据存在论的视角，犯罪支配是行为人切切实实的支配着自己的身体去作为，而保护性支配只是一种假设性，行为人其实可能什么都没有支配。”⑤

2. 该说利用支配概念解释义务，在逻辑上是说不通的。支配表明其主体具有如何行使权力、是否行使权力的自由；从权力本身只能引申出自由、

---

① ［日］山口厚：《刑法总论》（第2版），付立庆译，中国人民大学出版社2011年版，第89页。

② ［日］山口厚：《刑法总论》（第3版），付立庆译，中国人民大学出版社2018年版，第89页。

③ 参见［日］松原芳博：《刑法总论重要问题》，王昭武译，中国政法大学出版社2014年版，第283－284页。

④ 许玉秀：《保证人地位的法理依据——危险前行为是构成保证人地位的惟一理由》，载许玉秀：《当代刑法思潮》，中国民主法制出版社2005年版，第727页。

⑤ 何庆仁：《义务犯研究》，中国人民大学出版社2010年版，第67页。

引申出可能性,而不能引申出不自由、引申出必然性。因此,权力与义务是相对立的,利用支配概念解释义务,在逻辑上是说不通的。①

3. 该说将支配理解为事实支配,不包括规范支配,失之偏颇。许乃曼和罗克辛的结果原因支配说中的"支配"属于存在论意义上的事实支配,不是规范支配,也不包括规范支配。但是,"不能单纯从客观事实上考察行为人事先是否支配了危险源或者脆弱的法益,还必须根据社会分工的原理,规范地考察行为人是否支配了危险源或者脆弱的法益"②。

此外,许乃曼的结果原因支配说将支配概念进行了绝对化理解。③ 为此,鲁登主张以社会性的支配取代许乃曼的绝对的、现实的支配,认为物的支配不是空间的、实物的支配。

第九节　综合支配说

本书之所以将西田典之、张明楷和佐伯仁志等的观点概括为综合支配说,主要是考虑到,这些学者关于不作为犯的理论不仅强调行为人对于因果过程的排他性支配,而且主张行为人对于案件发生或者场所的排他性支配(支配领域性),同时还强调行为人的先前行为创设了法益侵害的危险。与前述关于实质的作为义务的理论相比,具有综合性的特点。为此,有必要分门别类地进行较为系统的、类型化的研究。

一、西田典之的综合支配说:因果过程排他性支配说

(一)因果过程排他性支配说的基本观点

1. 西田典之的观点。西田典之认为,作为和不作为的构造是不同的,作为犯的特征是"行为人基于自己的意思,设定了指向法益侵害的结果的因果流程",而不作为的特征是"不介入已经发生的指向结果的因果流程,不防止结果这样的消极态度"。为了实现作为与不作为的等价性,"不作为者就必须将正在发生的因果流程控制在自己掌中,即基于自己的意思而

① 参见许玉秀:《保证人地位的法理依据——危险前行为是构成保证人地位的惟一理由》,载许玉秀:《当代刑法思潮》,中国民主法制出版社2005年版,第728页。

② 张明楷:《不作为犯中的先前行为》,载《法学研究》2011年第6期。不过,许玉秀教授认为,许乃曼的支配概念"半是存在的,半是规范的"。参见许玉秀:《当代刑法思潮》,中国民主法制出版社2005年版,第594页。

③ 参见许成磊:《不纯正不作为犯理论》,人民出版社2009年版,第317页。

获得排他性支配"[①]。所谓支配是指不作为者可以达到左右法益侵害的进程;排他性是指法益的存续依存于不作为者这一特定的人。由于这种学说不但强调在不作为过程中存在支配,支配的对象是"正在发生的、导向结果的因果流程",而且要求这种支配必须达到排他性的程度,所以本书称之为因果过程排他性支配说。

2. 许成磊的观点。许成磊博士赞同西田典之的观点,认为在实质限定作为义务时,行为人对受害法益是否具有排他性支配地位是核心要素。"在对作为义务进行实质限定过程中,居于中心地位或者说作为限定标准的核心要素在于,行为人对受害法益的排他性支配地位。"[②]

具体来说,可以从下列几个方面确定不真正不作为犯的作为义务:第一,被害人的重大法益(如生命、身体)面临现实的、具体的、迫切的危险;第二,不作为人具有排除这种作为危险的法律上的义务,既包括法律规定的作为义务的情形,也包括基于特定身份、地位和特定事实所引起的行为人与被害人之间的特殊关系的情形;第三,被害人的法益处于不作为行为人的排他性支配关系之中。[③]

(二)因果过程排他性支配说中"排他性支配"的具体认定

1."排他性支配"的具体情形。在什么场合可以说行为人支配了面向结果的因果经过呢?西田典之认为,这种排他性支配包括三种情形:

第一种情形是事实上的排他性支配,在不作为者基于自己的意思,具有排他的支配或设定排他的支配的情况下,就具有作为义务。"如果认为作为是指向结果的因果设定,不作为便属于对因果过程的放任。为此,不作为要与作为具有构成要件等价值性,不作为者就必须将正在发生的因果流程控制在自己的手中,即基于自己的意思而获得排他性支配。"[④]在西田典之看来,不仅不要求维持法益行为的反复性、继续性,甚至也不要求具有基于保护、维持法益的目的性。

第二种情形是支配领域性,在存在支配领域性的场合,虽然不是基于支配的意思,但事实上支配指向结果的因果过程。虽然排他性支配状况不是自己有意创造的,但偶然处于这种状况之下,在这种情况下,则应重视是否存在社会持续性保护关系。"在'支配领域性'的场合,由于缺少'基于

---

① [日]西田典之:《共犯理论的展开》,成文堂2010年版,第178页;[日]西田典之:《日本刑法总论》(第2版),王昭武、刘明祥译,法律出版社2013年版,第106页。

② 许成磊:《不纯正不作为犯理论》,人民出版社2009年版,第343页。

③ 参见许成磊:《不纯正不作为犯理论》,人民出版社2009年版,第354页以下。

④ [日]西田典之:《日本刑法总论》(第2版),王昭武、刘明祥译,法律出版社2013年版,第106页。

意思'这一部分,作为这一部分的替代,就必须存在父子(母子)关系,建筑物的管理人员、安保人员等社会继续性保护关系。只有在此限度之内,才应考虑规范性要素。"①按照西田典之的观点,在交通肇事逃逸的场合,不仅移置逃逸的情形存在排他的支配关系,而且单纯逃逸的情形也应考虑成立不作为的杀人罪的可能。

第三种情形是规范性支配,通过不作为人处于应该有所作为的地位这种规范性要素的场合,不作为人对于结果具有排他性支配。

2. 西田典之主张先前行为不是不真正不作为犯的作为义务来源。需要注意的是,西田典之等认为先前行为不是不真正不作为犯的作为义务来源。主要理由是:第一,多数情况下先前行为都被作为过失犯或者结果加重犯处罚,如果再以此为根据追究更严重的责任,可能导致重复评价。② 第二,是否存在排他性支配,要根据具体情况进行认定。因此,一时地、偶然地处于这种状况的不作为人的立场缺乏稳定性,如果将其先前行为视为作为义务的来源,有损于法的安定性。③

(三)因果过程排他性支配说的特点与存在的问题

西田典之的因果过程排他性支配说是在堀内捷三的事实承担说的基础上提出来的,该说属于从事实的视角合理限定不真正不作为犯的成立范围的观点,得到了之后的其他学说的广泛接受。④

在本书看来,该说主要存在以下问题:

1. 在因果过程支配理论中,结果因果过程支配的概念本身不够明确。例如,在发生交通事故后,行为人将被害人搬进自己的车中,致其死亡的,这种情形可以说处于事实上的排他性支配范围内。但是,将基于身份关系、社会地位而负有在社会生活上的保护、管理义务即具有支配领域性的场合也理解为存在因果经过支配,则存在问题。⑤ 例如,建筑物的所有权人看见一个流浪汉倒在自己的院子里即将死去,却没有报告的,不能仅仅根

① [日]西田典之:《日本刑法总论》(第2版),王昭武、刘明祥译,法律出版社2013年版,第106页。

② 参见[日]西田典之:《共犯理论的展开》,成文堂2010年版,第180页;[日]曾根威彦、[日]松原芳博编:《重点课题·刑法总论》,成文堂2008年版,第44页。

③ 参见[日]西田典之:《共犯理论的展开》,成文堂2010年版,第180页。

④ 参见[日]桥爪隆:《不作为犯的成立要件》,王昭武译,载《苏州大学学报(法学版)》2017年第4期。

⑤ 参见[日]山中敬一:《刑法总论》(第2版),成文堂2008年版,第234页;[日]浅田和茂:《刑法总论》(补正版),成文堂2007年版,第158页。姚诗教授指出,西田典之之所以主张"偶然的支配"的场合行为人不具有作为义务,是因为虽然行为人在外观上具有"支配"形态,能够支配,但缺乏"事先的控制支配",这也是保证人地位的规范要素的本质。参见姚诗:《先前行为问题研究》,清华大学2010年博士学位论文,第82页。

据行为人是建筑物的所有权人就主张其支配了杀人罪的因果进程，成立故意杀人罪。

2.既认为作为义务的根据仅限于事实要素，又引入规范要素，存在自相矛盾之处。西田典之认为，在下列几种情形下，可以认定行为人存在作为义务：第一种情形是，在不作为者基于自己的意思设定了排他性的场合，存在作为义务；第二种情形是，那些非基于自己的意思而出现排他性支配的场合，基于亲子关系、建筑物的所有者或者管理者等，基于特定身份关系、社会性地位，在社会生活上持续性地负有保护义务的场合，也存在作为义务。① 西田典之将第一种情形称为事实上的排他性支配，将第二种情形称为支配领域性。但是，就上述第二种情形而言，引入了规范性要素，不再仅仅是进行事实性判断。

由于因果过程支配理论将对于危害结果的现实的、具体的支配作为义务的发生根据，所以，只能将作为义务的发生根据还原为纯粹的物理因素，而不能混入规范因素。但是，在支配领域性的场合，作为支配意思的替代，西田典之主张只有该不作为人才应该是实施作为的规范要素。② 支配领域性要件是为了限定处罚范围，应当允许进行规范的判断。③ 这种着眼于行为人对因果关系的支配，试图限制保证人地位和作为义务的范围的做法是值得肯定的。④

但是，也有学者认为这与其所主张的排除规范要素的见解是相互矛盾的。⑤ 特别是，在支配性领域中哪怕只是部分地考虑持续性保护管理义务等规范性要素，都会导致法与伦理之间的混同，违反自由主义的要求。例如，母亲不给新生婴儿喂奶致其死亡的行为，仅构成保护责任者遗弃罪，而不是杀人罪。⑥

---

① 参见［日］西田典之：《不作为犯论》，载［日］芝原邦尔等编：《刑法理论的现代展开——总论Ⅰ》，日本评论社1988年版，第91页。与此相对，林干人主张以自己设定了排他性支配作为产生作为义务的根据。参见［日］林干人：《刑法总论》，东京大学出版社2008年版，第156页。

② 参见［日］西田典之：《不作为犯论》，载［日］芝原邦尔等编：《刑法理论的现代展开——总论Ⅰ》，日本评论社1988年版，第89页。

③ 参见［日］西田典之：《不作为的共犯》，载［日］西田典之：《共犯理论的展开》，成文堂2010年版，第139页。

④ 参见［日］山口厚：《刑法总论》（第3版），付立庆译，中国人民大学出版社2018年版，第89页。

⑤ 参见［日］山中敬一：《刑法总论》（第2版），成文堂2008年版，第233－234页；黎宏：《不真正不作为犯》，载黎宏：《刑法总论问题思考》，中国人民大学出版社2007年版，第143页。

⑥ 参见［日］佐伯仁志：《论保证人地位的产生根据》，载［日］内藤谦等编：《香川达夫博士古稀祝贺：刑事法学的课题与展望》，成文堂1996年版，第114页。

3. 即便不作为人居于事实上排他性支配地位，但能否直接得出具有作为义务的结论，仍然存在疑问。例如，在父亲将自己的小孩遗弃在与小孩毫不相关的独自生活的行为人家中的场合，由于除了行为人之外别无他人能够保护小孩，可以说这种情况下行为人对小孩也具有排他性支配。但是，无论是刑法理论还是司法实务，通常不认为行为人对小孩承担作为义务。

在这种情况下，只要行为人给警察等打一个求助电话，小孩就能够得到保护，考虑到小孩的生命这种法益的重大性，要求行为人对小孩承担作为义务也未尝不可。但是，每一个人都有自由行动的权利，要限制其自由、赋予其一定的作为义务，必须存在某种实质性根据。仅仅偶然地针对"完全毫无关系的他人"取得了排他性支配，不足以要求其承担作为义务的根据。

对于西田典之的观点，还有其他批评意见：第一，在先前行为中，只有一小部分是以过失犯或者结果加重犯处罚的，除此之外，还有大量的事实行为或者其他具有被允许的风险的行为。第二，即便先前行为本身独立构成犯罪，但因为其属于不作为犯罪的因果链条的一个环节，不见得必然导致双重处罚。例如，佐伯仁志认为，基于先前行为处罚不作为犯不会导致双重处罚，即便有这种可能性，也可以通过因果关系论或者罪数论加以解决。①

二、张明楷的综合支配说

（一）张明楷教授的综合支配说及其评析

1. 实质的作为义务的根据。张明楷教授认为，对结果发生原因的支配地位、对结果发生进程的支配地位以及对结果发生领域的支配地位，是不真正不作为犯的实质作为义务根据。②"在作为犯的场合，作为方式的杀人是死亡的原因，行为人支配了这一原因。因此，要认定不作为成立故意杀人罪，也要求行为人支配了死亡的原因。就此而言，将实质的法义务限定为对结果原因的支配，是正当的。"③

张教授认为，尽管如山口厚所言，制造事故的人事后对已经造成的伤害本身没有支配，但如果认为危险制造者没有结果回避义务，那么在制造事故者既没有故意也没有过失，当时也没有警察在场的情况下，被害人的生命法益将得不到应有的保护。因此，有必要承认先前行为保证人地位。

① 参见［日］佐伯仁志：《刑法总论的思之道·乐之道》，于佳佳译，中国政法大学出版社 2017 年版，第 75 页。

② 参见张明楷：《刑法学》（第 6 版）（上），法律出版社 2021 年版，第 198 页。

③ 张明楷：《不作为犯中的先前行为》，载《法学研究》2011 年第 6 期。

张教授进一步论述说，不作为犯中的支配既可以是事实的支配，即一种事先的常态的支配，如父母对子女的保护义务，或者恶犬的主人对恶犬的监督义务，也可以是规范的支配，如先前行为。虽然先前行为人只是偶然地、临时地与脆弱法益或者危险源共存于同一空间，对后者没有事实支配，但在当时行为人最应当也最容易采取有效措施防止发生法益侵害结果，因此存在规范的支配。在以危险的突发性为重要特征的当代社会，不能将作为义务的来源限定为对危险源或脆弱法益的事先的常态支配。"……必须根据社会分工的原理，规范地考察行为人是否支配了危险源或者脆弱的法益。"①

张教授认为，使刑法保护的具体法益面临紧迫的危险，并对危险向实害发展的原因具有支配，是作为义务的实质根据。下列没有制造或者增加不被容许的、紧迫的法益侵害危险的情形，不能产生作为义务：第一，行为没有制造、增加危险的，不产生作为义务；第二，行为虽然制造、增加了危险，但该危险并不紧迫或者微不足道的，不产生作为义务；第三，行为制造、增加的危险属于被害人答责范围内的，行为人不具有作为义务。②

2. 实质的作为义务的类型。张教授将实质的作为义务分为三类：第一种义务是基于对危险源的支配产生的监督义务，包括对危险物的管理义务、对他人危险行为的监督义务和对自己的先前行为引起的法益侵害危险的防止义务。第二种义务是基于法益的无助（脆弱）状态的特殊关系产生的保护义务，包括基于法规范产生的保护义务、基于制度或者体制产生的保护义务和基于自愿（合同与自愿接受等）而产生的保护义务。第三种义务是基于对法益的危险发生领域的支配产生的阻止义务，包括对自己支配的建筑物、汽车等场所内的危险的阻止义务，对发生在自己身体上的危险行为的阻止义务。③

这里对上述第三种义务略作探讨。第一，就上述第三种作为义务而言，无法归入前述第一种和第二种作为义务。同时，只有上述第三种义务，即基于发生在自己支配领域的危险产生的作为义务，才需要行为人具有排他的支配地位，其他两种情形产生的作为义务则不需要排他的支配地位。④第二，上述第三种作为义务与西田典之的"支配领域性"有相似之处。例如，尽管建筑物等场所的所有人、管理人对于发生在建筑物内的危险没有支配意思，但基于其对该建筑物的支配，对于发生在该建筑物内的危险具

① 张明楷：《不作为犯中的先前行为》，载《法学研究》2011 年第 6 期。
② 参见张明楷：《不作为犯中的先前行为》，载《法学研究》2011 年第 6 期。
③ 参见张明楷：《刑法学》（第 6 版）（上），法律出版社 2021 年版，第 198 页。
④ 参见张明楷编著：《刑法的私塾（之二）》（上），北京大学出版社 2017 年版，第 20 页。

有阻止义务。

(二)对张明楷教授观点的评析

尽管大致可以认为张教授和姚诗教授等的观点均属于结果原因支配说,但并不妨碍学者之间在具体问题上有不同的观点。例如,姚教授就对张教授的观点提出了不同看法。姚教授认为,“以规范的支配”来建构先前行为保证人地位的实质根据,存在循环论证之嫌。根据结果原因支配说的理论逻辑,只能在肯定行为人对脆弱法益或者危险源具有支配之后,才能推导出行为人具有结果回避义务。但是,张教授在论证先前行为人是否对结果具有支配时,主张先前行为人“最应当、最容易避免结果发生”,所以具有规范的支配。“最容易避免结果发生”只不过是一种支配可能性,不能以此推导出必然具有支配。“最应当”的认定则包含了一种价值判断,即对“应否承担义务”进行预判。由此,整个论证过程是“因为有支配,所以有支配”,属于循环论证。①

三、佐伯仁志的综合支配说:排他性事实支配+创设危险说

(一)排他性事实支配+创设危险说的基本观点

以西田典之的排他性支配说为前提,在此基础上附加其他条件,其他学者提出了新的学说。例如,佐伯仁志认为堀内捷三的事实承担说和西田典之的排他性支配说基本上是妥当的,但反对一概将先前行为排除在作为义务来源之外。

佐伯仁志认为,排他性支配是指不作为人在不作为时将因果流程掌握在手中。通过事实上的接受而产生的作为,应当限于在接手之后对于法益产生了新的危险或者进一步提高已经存在的危险的场合。判断保证人地位的根据有两个:第一,从作为与不作为的等价性要求出发引出的对法益的排他性支配;第二,从刑法的自由主义原则出发引申出的通过自己的行为制造或者增加危险。②“为了承认作为和不作为的等价值性,从因果支配的观点出发,排他性支配说是必要的;从保障自由的观点出发,危险创设是必要的。”③佐伯仁志认为,需要超越作为与不作为在有无原因力这一存

① 参见姚诗:《先前行为保证人地位的理论根据》,载《清华法学》2014年第5期。

② 参见[日]佐伯仁志:《关于保证人地位的发生根据》,载[日]内藤谦等编:《香川达夫博士古稀祝贺:刑事法学的课题与展望》,成文堂1996年版,第109页以下;[日]佐伯仁志:《刑法总论的思之道·乐之道》,于佳佳译,中国政法大学出版社2017年版,第75页。

③ [日]佐伯仁志:《刑法总论的思之道·乐之道》,于佳佳译,中国政法大学出版社2017年版,第76页。

在构造上的鸿沟，要想肯定不作为犯与作为犯的同价值性，不作为者必须在不作为之前设定了指向法益侵害的因果趋势。①

关于第一个要件，佐伯仁志认为，只要存在只有行为人能够救助被害人这一状况，即便不具备空间的封闭性，在生命面临很高的危险、不存在他人救助的可能性或者救助可能性很小的场合，也能肯定存在排他性支配。关于第二个要件，佐伯仁志认为，对于排他性支配而言，行为人不需要有意识地进行保护的开始和继续，只要该先前行为在客观上具有危险性就可以了。关于这两个要件的作用及其相互之间的关系，佐伯仁志认为，排他性支配是认定保证人地位的必要但非充分条件，也是先前行为的限定要素。②

例如，行为人驾驶汽车将交通事故的被害人送往医院时，佐伯仁志认为行为人具有作为义务，主要依据是："用车载着被害人，让其处于没有可能获得他人救助的状态，让被害人生命受到的危险显著增大；并且，只有行为人能救助被害人，在这个意义上设定了排他性支配。"③相反，在交通肇事后驾驶汽车将被害人弃置到更加安全的场所的，佐伯仁志认为行为人没有作为义务，主要理由是："从被后续车辆碾死的危险性高的场所转移到更加安全的场所的，从被救助可能性低的场所转移到被救助可能性高的场所的"，降低了法益侵害的危险，而没有制造或者增加危险。④

（二）对排他性事实支配＋创设危险说的评析

佐伯仁志的作为义务理论只从事实的角度确定作为义务的范围，将规范性要素排除在作为义务的判断标准之外，与堀内捷三的观点具有相同之处。但是，与西田典之的观点相比，要求行为人"基于自己的意思设定了排他性支配"，不仅要求满足"排他性支配"这一要件，而且要求行为人"创设危险"。

不过，按照前述佐伯仁志的观点，母亲对出生不久的婴儿弃而不管致其死亡的，因为母亲没有制造额外的危险，不成立不作为的杀人罪。⑤ 显然，佐伯仁志的观点也存在不足之处。

---

① 参见［日］佐伯仁志：《关于保证人地位的发生根据》，载［日］内藤谦等编：《香川达夫博士古稀祝贺：刑事法学的课题与展望》，成文堂1996年版，第110－111页。

② 参见［日］佐伯仁志：《不作为犯论》，载《法学教室》2004年总第288号。

③ ［日］佐伯仁志：《刑法总论的思之道·乐之道》，于佳佳译，中国政法大学出版社2017年版，第74页。

④ 参见［日］佐伯仁志：《刑法总论的思之道·乐之道》，于佳佳译，中国政法大学出版社2017年版，第74页。

⑤ 参见［日］佐伯仁志：《不作为犯论》，载《法学教室》2004年总第288号。这种情况以遗弃致死伤罪处理，是否妥当？

第十节　有关实质的作为义务的其他学说

一、雅各布斯的组织·制度管辖说

(一)组织·制度管辖说的基本内容

组织·制度管辖说是一种在统一解释作为和不作为可罚性基础上探索作为义务的实质根据的学说。雅各布斯坚持此说。

1. 组织管辖与体制管辖。雅各布斯认为,组织管辖(Organisationszuständigkeit)是对特定组织领域的管辖,在自己能安排、掌握的范围内,每个人都有防止法益受侵害的义务。① 体制管辖(institutionelle Zuständigkeit)是指因为人和人的身份关系而产生相互的管辖,目的在于解决违反特别是在体制身份上所确保的团结地照顾法益的义务,而且是透过行为人的法律地位和法益之间的关系来确定体制管辖。

2. 因组织权(即对事)而生的义务和因为制度权(即对人)而生的义务。雅各布斯提出保证人的两种法理依据,即因组织权(即对事)而生的义务和因为制度权(即对人)而生的义务。其中,先前行为保证人义务即属于组织权的部分。先前行为人因先前行为而成为某个组织领域的所有人,因而对该组织领域内的法益侵害事实负有防止义务。制度权指的则是对人的塑造权。② 作为义务分为两种类型:"其一是,人们构成了世界并承担了义务,当人们在其他人允许构成的地方而构成的时候,这样产生的是对组织化的强求所承担的义务。其二是,人们生活在与他人的带有特殊标记的连接中,扮演着确定的角色,如果人们背离了自己的角色,就会引起失望。这样产生的是对职位的损伤所承担的义务。"③雅各布斯认为,不对某一损害加以救助者,只有在他的放弃具有决定性的时候,他才负有义务。④

3. 支配犯与义务犯。雅各布斯从功能主义的角度,将刑法上的行为界定为"对于规范效力的受损,自己在管辖上负有责任"(Sich – schuldhaft –

---

① 参见许玉秀:《保证人地位的法理依据——危险前行为是构成保证人地位的惟一理由》,载许玉秀:《当代刑法思潮》,中国民主法制出版社 2005 年版,第 729 页。

② 参见许玉秀:《保证人地位的法理依据——危险前行为是构成保证人地位的惟一理由》,载许玉秀:《当代刑法思潮》,中国民主法制出版社 2005 年版,第 729 页。

③ [德]格吕恩特·雅科布斯:《行为 责任 刑法——机能性描述》,冯军译,中国政法大学出版社 1997 年版,第 87 – 88 页。

④ 参见[德]格吕恩特·雅科布斯:《行为 责任 刑法——机能性描述》,冯军译,中国政法大学出版社 1997 年版,第 86 页。

zuständig – Machen füreinen Normgeltungsschaden)。[①] 其中,支配犯是以组织管辖为基础的犯罪,违反的是消极义务;义务犯是以制度管辖为基础的犯罪,违反的是积极义务。无论是支配犯还是义务犯,都包括作为犯和不作为犯。按照雅各布斯的观点,对不作为犯来说,如果因组织管辖而应使该组织领域内的法益不受侵害,则为支配犯,如监督危险来源的保证人、前行为的保证人、因承担而产生的保证地位,以及因有组织关系而应防止他人自残的保证人。因体制管辖而产生的保证人,如亲子关系、收养关系、监护关系、夫妻间的特别信赖关系,是义务犯。雅各布斯认为,违反消极义务或者组织管辖的不作为犯属于支配犯,违反积极义务或者制度管辖的不作为犯才属于义务犯;对于义务犯而言只存在正犯,但在支配犯的情况下完全有可能成立共犯。

我国学者何庆仁教授赞同上述观点:“不是作为和不作为,而是支配犯和义务犯的分类才是决定性的,不作为参加者是正犯还是参与因此没有任何特殊性,只要确定了行为人违反的是积极义务还是消极义务,然后分别适用义务违反和犯罪支配的正犯准则。”[②]

(二)对组织·制度管辖说的评析

虽然雅各布斯的组织·制度管辖理论也以支配理论为基础,但更强调纯粹的规范论,将保证人地位简化为根据规范的要求避免法益遭受侵害的义务,简化为在自己的管辖领域内有责任保护法益。

对于此说,主要存在以下批评:

第一,组织管辖与体制管辖本身并不能实质地说明保证人地位。组织·制度管辖理论认为考夫曼的机能的二分说没有说明保证人地位的实质理由,以组织管辖来解释危险源监督类型保证人的法理根据,以体制管辖来说明保护法益类型的保证人地位。但是,组织管辖与体制管辖本身并不能实质地说明保证人地位。管辖理论“只是罗列各种已被认可的身份关系,并没有真正提出法理根据。如亲子、扶养和监护关系,如果用体制管辖来说明,则只能说是因为人事关系而有管辖(权责),但为什么管辖(权责)又应该是保证人地位的产生基础?如果不是和支配原理相同,认为有权力

① 许乃曼对雅各布斯的行为概念提出了批评,具体来说:第一,认为雅各布斯的行为概念与实质犯罪概念没有什么不同;第二,从定义方法上,认为雅各布斯对行为的界定属于“透过规范违反性循环定义违反规范的行为”。参见[德]贝恩德·许乃曼:《德国不作为犯法理的现况》,陈志辉译,载许玉秀、陈志辉合编:《不移不惑献身法与正义——许乃曼教授刑事法论文选辑》,台北,新学林出版股份有限公司2006年版,第632页。

② 何庆仁:《义务犯研究》,中国人民大学出版社2010年版,第284页。

就有义务,就是认为权责直接就是有义务的意思。如果是前者,那么同样犯了从权力引申出义务的谬误;如果是后者,则无异于直接说因为有身份关系,所以有义务,同样没有提出实质的法理依据"①。

第二,组织·制度管辖理论中区分制度管辖与组织管辖的标准并不明确。例如,雅各布斯将危险共同体产生的保证人地位分为"基于承担所产生的保证人地位"和"基于特别信赖产生的保证人地位",认为前者属于组织管辖,后者属于制度管辖。但是,正如许乃曼所指出的,这两种保证人地位都是建立在对法益无助状态有支配的基础上的,②没有本质区别。

第三,作为组织·制度管辖理论核心概念的"管辖""制度管辖"等概念高度抽象,缺乏甚至完全没有内涵。例如,许乃曼尖锐地批判说:"空洞的管辖,既不是心理上、也不是规范上没有内涵,而是根本没有内涵。"③组织管辖"终究只不过是语义学上空无一物的空壳子,不考虑与作为的对等性就从这个空壳子中用魔法变出保证人地位"。④ 制度管辖也"不能提供不作为在刑法上的行为对等性标准"⑤,"完全依靠'体制上的管辖'当成不作为犯与作为的对等性之标准,是一条走不通的死路,在其中找不到具有说服力的对等理论"⑥。许乃曼强调,对于不作为的作为对等性而言,必须取决于受威胁的法益。⑦ 为了实现法益保护与人权保障的平衡,在将"管辖""制度管辖"等概念引入不作为犯理论时,必须强调对构成要件符合性

---

① 许玉秀:《保证人地位的法理依据——危险前行为是构成保证人地位的惟一理由》,载许玉秀:《当代刑法思潮》,中国民主法制出版社 2005 年版,第 729 – 730 页。

② 参见[德]贝恩德·许乃曼:《德国不作为犯法理的现况》,陈志辉译,载许玉秀、陈志辉合编:《不移不惑献身法与正义——许乃曼教授刑事法论文选辑》,台北,新学林出版股份有限公司 2006 年版,第 631 页以下。

③ [德]贝恩德·许乃曼:《刑事不法之体系:以法益概念与被害人学作为总则体系与分则体系间的桥梁》,王玉全、钟豪峰、张姿倩译,载许玉秀、陈志辉合编:《不移不惑献身法与正义——许乃曼教授刑事法论文选辑》,台北,新学林出版股份有限公司 2006 年版,第 217 页。

④ [德]贝恩德·许乃曼:《德国不作为犯法理的现况》,陈志辉译,载许玉秀、陈志辉合编:《不移不惑献身法与正义——许乃曼教授刑事法论文选辑》,台北,新学林出版股份有限公司 2006 年版,第 638 – 639 页。

⑤ [德]贝恩德·许乃曼:《德国不作为犯法理的现况》,陈志辉译,载许玉秀、陈志辉合编:《不移不惑献身法与正义——许乃曼教授刑事法论文选辑》,台北,新学林出版股份有限公司 2006 年版,第 643 页。

⑥ [德]贝恩德·许乃曼:《德国不作为犯法理的现况》,陈志辉译,载许玉秀、陈志辉合编:《不移不惑献身法与正义——许乃曼教授刑事法论文选辑》,台北,新学林出版股份有限公司 2006 年版,第 645 页。

⑦ 参见[德]贝恩德·许乃曼:《德国不作为犯法理的现况》,陈志辉译,载许玉秀、陈志辉合编:《不移不惑献身法与正义——许乃曼教授刑事法论文选辑》,台北,新学林出版股份有限公司 2006 年版,第 644 页。

的坚守。

第四,组织·制度管辖理论无视作为与不作为的区分,将这个问题与正犯与共犯的区分整合为一个问题进行探讨,“使得原本应该分为两次判断的问题通过一次判断就加以解决”,导致出错的概率提高。①

二、罗克辛和雅各布斯的义务犯理论

(一)罗克辛倡导的义务犯理论及其修正

罗克辛认为,对于有些特定资格者才能构成的犯罪,无法用犯罪支配理论说明其正犯性。对于不以犯罪支配而以有无违反义务作为判断其是否正犯的犯罪,一概认定为义务犯。因此,所有的身份犯和不作为犯都是义务犯。换言之,在作为犯的场合,罗克辛运用支配犯这一理论工具,而在不作为犯的场合,则发展了义务犯的理论。

如此一来,就导致不作为犯和作为犯中划分正犯与不作为的标准以及正犯的成立范围不一致。具体来说,在作为犯的场合,判断是否成立正犯的标准是有无犯罪支配,对犯罪有支配者属于正犯,对犯罪没有支配者则仅仅是帮助犯。在不作为犯的场合,由于罗克辛将不作为犯一概划归义务犯,而不作为犯是违反了作为义务,从而所有不作为犯都是正犯。由于《德国刑法典》第 13 条第 2 款规定对不作为犯“可以依据第 49 条第 1 款减轻处罚”,而第 27 条第 2 款规定对帮助犯“应当减轻处罚”,导致同等情况下不作为的处罚比作为的处罚还要重,这显然是不公平的。

为此,罗克辛采纳许乃曼的观点,将“对于结果的原因有支配”作为不真正不作为犯与作为犯的等置的共同正犯原理,而且认为义务犯中行为人对犯罪行为所拥有的是控制支配。但是,诚如陈志辉教授所指出的,在罗克辛采纳许乃曼的支配思想后,“以‘支配造成结果的原因’当作不纯正不作为犯的法理基础,那么罗克辛就应当放弃义务理论。隐藏在义务理论背后的是奠基于支配构想的保证人义务,因此可以说罗克辛实际上已经放弃义务犯的概念”②。

(二)雅各布斯对义务犯理论的发展

与罗克辛采取存在论的立场,主张犯罪的本质是法益侵害不同,雅各布斯基于规范论的立场,认为犯罪的本质是规范违反,刑法的目的在于通过适用刑法来维护规范的有效性。“刑法保障的是规范的适用,而不是法

① 参见欧阳本祺:《论不作为正犯与共犯的区分》,载《中外法学》2015 年第 3 期。

② 陈志辉:《身份犯的实质不法内涵》,载《台湾本土法学杂志》第 7 期(2006 年)。

益的保护。”①

雅各布斯将义务分为积极义务与消极义务，认为：第一，积极义务是专属于某些主体的义务，如特定的近亲属关系成员、特定的共同体关系成员、自愿承担保护义务者、负有保护义务的特殊公职或者法人机构成员等；消极义务是所有人都要承担的义务。第二，积极义务的内容是“和他人建设一个共同世界”；消极义务是不得干涉他人自由的义务，内容是“不得伤害他人”。第三，积极义务与制度管辖具有对应关系，制度管辖与义务犯是对应关系，义务犯的处罚根据是违反义务；消极义务与组织管辖是对应关系，对应的是支配犯，区分正犯与共犯的根据是支配原理。②

虽然形式上看雅各布斯与罗克辛一样，都主张义务犯理论，但二者显然不是一回事。例如，雅各布斯强调“制度”或者“社会上的体制”这一概念。“人们把相当稳定不变的、持续相互产生关联性的行为样本称为社会上的体制（soziale Institutionen），这些行为样本在一个社会群体中具有重要的需求，因此被认为具有合法性而且用社会的制裁加以贯彻，也就是说用一连串主题相互归属的规范，所以‘体制上的管辖’规范不外意味着从任何一种社会规范（也就是说根本还不是从法律规范）所规定的行为。”③

（三）对义务犯理论的评析

何庆仁教授指出：对于义务犯而言，违反义务的行为虽然没有表现出侵害法益的危险，但因为其可罚的基础不是法益侵害而是义务违反，所以仍然有可能是可罚的。④ 等价性理论试图在作为犯与不作为犯之间建立价值上的判断，而义务犯理论则试图在作为犯与不作为犯之间寻求共同的归属原理。⑤

但是，我国学者大多并未注意区分决定可罚性的等价性和决定正犯性的等价性。何庆仁教授强调说：“不作为的可罚性在于保证人地位与保证人之有无，具有该地位和义务就具有可罚性，与等价性毫无关系。只有在确定了不作为者具有可罚性的前提之下，才有必要进而思考该不作为是与

---

① ［德］G. 雅各布斯：《刑法保护什么：法益还是规范适用？》，王世洲译，载《比较法研究》2004年第1期。

② 参见何庆仁：《德国刑法学中的义务犯理论》，载陈兴良主编：《刑事法评论》（第24卷），北京大学出版社2009年版，第252－258页。

③ ［德］贝恩德·许乃曼：《德国不作为犯法理的现况》，陈志辉译，载许玉秀、陈志辉合编：《不移不惑献身法与正义——许乃曼教授刑事法论文选辑》，台北，新学林出版股份有限公司2006年版，第643页。

④ 参见何庆仁：《义务犯研究》，中国人民大学出版社2010年版，第200页。

⑤ 参见陈兴良：《不作为犯论的生成》，载《中外法学》2012年第4期。

作为的正犯还是参与等价,而不是必须先考虑等价性才能决定可罚性。”①

三、奥托等的行为期待理论

(一)行为期待理论的基本内容

1. 奥托与布拉姆森的观点。在法社会学的基础上,奥托与布拉姆森提出了行为期待理论。该说认为,某些关系或者情况下之所以会产生作为义务,是因为存在某种行为期待:只要一个社会存在规范来规制的行为,就必须承担某种对应其处境的社会角色,而从社会角色会产生行为期待,指示人们哪些行为是在其所处的社会角色中被他人所期待的,借此而得以创造个体之间的和谐,并建立日常生活的安全性和可信赖性,简化个体在日常生活中遭遇的复杂性。② 所谓保证人地位,是指行为人在某些情境下,被期待应有特定作为的社会角色,他人对于满足此社会角色要求的特定作为也有所期待,并且在规划自己的行为时,也会以这样的期待作为基础。③

行为期待理论认为,作为犯和不真正不作为犯具有相同的处罚根据,即使使人与人之间的相互期待行为落空。就作为犯而言,是违反了一个人被他人期待应有的特定行为,违反了在特定社会脉络下应扮演的角色。就不真正不作为犯而言,一个关联到特定作为的行为期待,必须长时间被一个社会的强烈普遍共识承认,以至于其违反会被认为具有社会损害性的时候,才具有保证人义务。这种期待必须是一个在经验上可以在社会秩序、文化秩序以及法秩序中得到证明的期待,而不能是不稳定的、局部性的或者地域性的期待。

2. 高桥则夫的观点。高桥则夫的观点与行为期待理论具有契合性。高桥则夫提出,作为义务是不作为犯中的行为规范,而行为规范的功能在于法益保护。因此,必须结合法益来理解作为义务。具体来说,法益可以分为应当直接保护的情形和应当间接保护的情形,作为义务也分为应当保护处于危险状态的法益的义务(法益保护义务)与应当管理将法益置于危险状态的危险源的义务(危险源监督义务)。这两种作为义务,“归根结底是根据是否能够社会性的期待行为人直接或者间接的保护该法益这一标

① 何庆仁:《义务犯研究》,中国人民大学出版社2010年版,第38-39页。

② Vgl. Otto/Brammsen, Die Grundlagen der straferchtlichen Haftung des Garanten wegen Unterlassens, Jura 1985, S. 536; Otto, Grundkurs Strafrecht Allgemeine Strafrechtslehre, 7. Aufl., Berlin 2004, § 9 Rn. 32.

③ Vgl. Otto/Brammsen, Die Grundlagen der straferchtlichen Haftung des Garanten wegen Unterlassens, Jura 1985, S. 537.

准来决定的。而……社会性的期待由行为人的社会角色来决定的,该判断资料是由法令等形式性要素以及排他性、支配性等实质性要素组成的。事实性要素以及规范性要素归根结底是作为义务这一规范的构成要件要素的认定事实"①。

(二)对行为期待理论的评析

奥托和布拉姆森的行为期待理论中的"期待"源于卢曼(Luhmann)的法社会学。对于"期待"这样一个社会学上的描述性概念,并不关心规范内容证立的层面。"期待概念在法规范构造中,并不是指涉到规范正当性的层次,规范效力的层次。也就是说,期待只是规范事实上有效之状态的同义词,期待落空所指的也只是规范事实上不被遵守的状态。不管是什么样的规范,只要产生、存在并持续的有实效性,就会建立某种程度的期待。就如同对信赖原则的批评一样,这种仅仅指涉效力层次的期待概念,完全放弃了规范内容的设定问题,同时也回避了保证人地位问题的实质处理,就好像一旦某种保证人地位被承认,就表示它应该被承认,并且应该持续地被承认。至于从什么理由被承认,以及这个理由是否具有合理性,则完全未曾也无法论及。"②

行为期待理论最大的问题是,分不清既存的规范性期待到底是道德期待还是法律期待。"所谓社会共识对于某种规范性期待的定位,通常是十分模糊的,而且最后已不是取决于这个社会的集体共识,而是这个社会的集体情绪;后者可以在未经理性论述活动之下,将某种应属道德领域的行为期待推移到法律领域。"③"不作为通常所涉及的,并不是恶化他人的处境,而是没有改善他人的处境。假设我们认为,法律期待大多局限于禁止恶化他人的处境,改善他人处境原则上属于道德期待,那么保证人义务的问题,就是确定在什么条件下会使改善他人的处境转换为法律期待。而这都是一个仅停留在抽象层次的期待概念无法处理的。"④

四、许玉秀的开放和闭锁关系说

(一)开放和闭锁关系说的基本内容

社会功能关系说未能实质地说明为什么行为人具有保证人地位,而且在分类界限上存在模糊之处。为此,许玉秀教授指出,只切入社会功能关

① [日]高桥则夫:《刑法总论》,李世阳译,中国政法大学出版社2020年版,第140页。
② 周漾沂:《重新建构刑法上保证人地位的法理基础》,载《台大法学论丛》第1期(2004年)。
③ 周漾沂:《重新建构刑法上保证人地位的法理基础》,载《台大法学论丛》第1期(2004年)。
④ 周漾沂:《重新建构刑法上保证人地位的法理基础》,载《台大法学论丛》第1期(2004年)。

系是不够的,必须进一步回答为什么只有某种社会功能关系即有某种义务,如为什么具有最近亲属关系就具有保证人地位?要回答这个问题,就必须回到法益这个立足点。许教授主张将防止犯罪义务分为开放关系和闭锁关系。开放与闭锁关系首先选取法益为出发点,区分针对特定人的法益与针对每个人的法益两种情形;其次,选择对法益有意义的功能关系。①

许教授认为,刑法规定防止犯罪义务的目的是保护法益,所以"究竟什么人有防止犯罪人侵害法益的义务,应视义务人和犯罪人之间的关系对法益而言是否有意义而定。所谓有意义,也就是该关系是为保护受害法益而存在,则会产生犯罪防止义务;如果该关系的存在并不在于保护受害法益,则无犯罪防止义务可言"②。"法益是决定义务的要素,以及义务只能从另一个义务引导出来。"③只要有需要保护的法益,就有防止犯罪的义务,这种"对法益开放的关系"被称为开放关系。相反,如果没有需要保护的法益,则没有防止犯罪义务,这被称为闭锁关系。④ 开放和闭锁关系存在于行为人与法益之间,或者存在于行为人与侵害法益的来源之间。⑤

根据许教授的观点,闭锁关系的目的在于保护对方,当对方的生命、身体等法益面临来自外部的侵害时,行为人有保护法益的义务;但是,当对方是犯罪人,对外部实施侵害时,由于二者之间只具有闭锁关系,则行为人不具有防止犯罪的保证人地位。只有当行为人与犯罪人之间具有开放关系时,行为人才具有防止犯罪发生的保证人地位。例如,从社会功能上看,夫妻关系是为了各自利益而缔结的关系,并非为了其他法益而建立,因此对其他法益而言是闭锁关系,不能产生相互防止犯罪的义务。如果妻子实施犯罪,丈夫并没有阻止其实施犯罪的义务;反之亦然。但是,父母与子女之间既属于闭锁关系,也属于开放关系。从闭锁关系看,父母对未成年子女的法益具有保护义务;从开放关系看,父母对子女的关系不仅是为了自身的利益,也是为社会培养良好的下一代,因此,父母具有防止未成年子女犯罪的义务。

---

① 参见许玉秀:《保证人地位的法理依据——危险前行为是构成保证人地位的惟一理由》,载许玉秀:《当代刑法思潮》,中国民主法制出版社 2005 年版,第 750 - 751 页。

② 许玉秀:《保证人地位的法理依据——危险前行为是构成保证人地位的惟一理由》,载许玉秀:《当代刑法思潮》,中国民主法制出版社 2005 年版,第 751 - 752 页。

③ 许玉秀:《保证人地位的法理依据——危险前行为是构成保证人地位的惟一理由》,载许玉秀:《当代刑法思潮》,中国民主法制出版社 2005 年版,第 751 - 752 页。

④ 参见许玉秀:《保证人地位的法理依据——危险前行为是构成保证人地位的惟一理由》,载许玉秀:《当代刑法思潮》,中国民主法制出版社 2005 年版,第 751 - 752 页。

⑤ 参见许玉秀:《保证人地位的法理依据——危险前行为是构成保证人地位的惟一理由》,载许玉秀:《当代刑法思潮》,中国民主法制出版社 2005 年版,第 754 页。

(二)对开放和闭锁关系说的评析

开放和闭锁关系说着重于法益保护和社会功能地位(关系)对保证人地位的具体情形进行分类。首先,该说之所以着眼于法益保护,主要是因为刑法设定不真正不作为犯的出发点在于法益保护,即刑法原则上不干预他人的不作为,但在法益保护不周时,刑法有必要对不作为进行干预。其次,该说之所以着眼于社会功能关系,这是对佛格特和安德鲁拉基斯倡导的从社会生活关系中抽象出上位概念来统一说明保证人地位的法理基础,从而开启从社会学研究方向上探讨保证人地位的实质化运动的延续。①

但是,是否只要存在闭锁关系就可以肯定此种关系中的不作为者因为没有履行防止对方法益受损的义务,而构成不真正不作为犯,还存在疑问。例如,父母与未成年子女之间属于紧密的生活共同体,处于闭锁关系,能否说无论什么场合,当未成年子女的生命法益面临危险时,父母的不作为都构成不真正不作为犯(不作为的杀人和不作为的过失致人死亡)呢?恐怕不能一概得出肯定结论。② 正如黄荣坚教授所言,如果不是因为有制造危险的行为,即便是最近亲属的关系,也不足以建立保证人地位。

第十一节　研究实质作为义务的角度、立场与方法

关于如何研究实质的作为义务,应当注意下列三个问题:第一,研究实质的作为义务的方法或者路径是以不作为和法益侵害结果的关系为主,还是以行为人和被害人之间的人身关系为主?第二,实质的作为义务理论的基本立场是存在论,还是规范论?第三,判断不真正不作为犯的作为义务是采取形式的方法还是实质的方法,又或者采取混合的方法?

就上述问题而言,本书主张从不作为和法益侵害结果的关系角度研究不真正不作为犯的作为义务;关于实质的作为义务理论,基本上采取存在论的立场;关于不真正不作为犯的作为义务的判断,主张采取形式考察与实质考察相结合的方法。

一、研究实质的作为义务的角度

判断有无作为义务,到底是以不作为和结果的法益侵害或者保护关系为主,还是以行为人和被害人之间的人身关系为主?这是研究实质的作为

① 参见许成磊:《不纯正不作为犯理论》,人民出版社 2009 年版,第 332 - 333 页。

② 参见许成磊:《不纯正不作为犯理论》,人民出版社 2009 年版,第 333 - 334 页。

义务的前提性、基础性问题。

(一)根据行为人与被害人的人身关系,还是行为与法益侵害结果的关系研究作为义务

关于研究作为义务的角度,是侧重于行为人与被害人的人身关系,还是侧重于行为与法益侵害结果之间的关系,存在不同的选择。

1. 许玉秀的观点。根据许玉秀教授的观点,保证人地位实质化的主张主要有四类:第一类是从人与人之间的密切关系中寻找保证人类型,如家庭关系、血缘关系、共同生活关系等。属于这一类型的学说主要有佛格特的较密切的社会秩序说,安德鲁拉基斯的事先存在的密切关系说,沃尔夫和威尔普的依赖关系和信赖关系说。第二类是将第一类的具体关系抽象化为功能地位,即以对法益的保护功能决定保证人的地位。考夫曼倡导的功能说、许玉秀的开放与闭锁关系说和贝尔汶科的公共福祉和社会角色说都属于此类。第三类是从行为人和因果流程的关系,即以行为人是否站在因果流程的起点、是否控制因果流程,决定行为人有无保证人地位。许乃曼的支配说、日高义博的先前行为说、堀内捷三的具体依存说、西田典之的具体的事实支配说、冯军的事实承担说、黄荣坚的危险前行为说等属于此类。[①] 第四类则是纯粹从规范的角度,将保证人地位简化为依据规范的要求避免法益受侵害的义务,或者简化为在自己的管辖范围内有责任保护法益。雅各布斯的组织管辖说属于此类。

2. 本书的观点。在不真正不作为犯领域,主要存在三个要素,即行为人、被害人和被害法益。本书认为,根据对前述三个要素的取舍和侧重点的设置,不真正不作为犯的作为义务的研究方法主要有两种:

第一,从行为人和被害人的人身关系探讨作为义务的内容。一般认为,在前述关于不真正不作为犯的实质义务的观点中,紧密的社会关系说、信赖关系说、平面的社会群体关系说、中心人物说、具体依存关系说(事实上的承担说、事实上的接受行为)、自愿的支配行为说等从行为人和被害人之间的人身关系的角度研究作为义务。但是,从行为人和被害人之间的人身关系的角度研究不真正不作为犯的作为义务,容易将对作为义务的判断和对社会危害性的判断混为一谈,而且存在循环论证的问题。[②] 此外,“完全站在实质的立场不顾形式要求的合理性,而从不作为人与被害人之间的

① 这些学说都以支配思想为基础,强调对结果的原因的支配。

② 参见[日]大谷实:《刑法讲义总论》(新版第2版),黎宏译,中国人民大学出版社2008年版,第132页。

社会关系中来探讨义务来源”的观点,容易不当地扩大作为义务的成立范围。①

第二,从不作为和结果的关系研究作为义务的内容。即便是在被害人对不作为人具有依存关系的场合,这种依存关系仍然是建立在消除对被害人的利益侵害及其危险性,维持和发展这种利益的基础之上的。② 在前述关于不真正不作为犯的实质义务的观点中,社会功能关系说、结果原因支配说(实际支配说)、组织管辖说、先前行为的原因设定说、事实承担说(具体依存说、保护接受说)、因果过程支配说(事实支配关系说)、危险前行为说、开放和闭锁的关系说等,属于从不作为和结果的关系角度研究作为义务。

(二)以不作为和结果的关系为主,以行为人和被害人之间的人身关系为辅研究作为义务

1. 原则上以不作为和结果的关系作为判断作为义务的标准。主要理由如下:

第一,犯罪的本质是侵害法益,刑法的功能和目的在于保护法益。判断作为义务的目的是进行客观归责,即判断能否将法益侵害结果归责于行为人的行为。“只要人们承认重要的是归属而不是自然,不作为的问题就会得到解决,人和事件的归属在不作为中也能进行……无论如何,重要的是人与结果经过的连接。”③不作为犯罪主要表现为在合法权益面临紧迫危险时不提供保护,或者不对危险源尽到监管义务,导致合法权益遭受侵害。因此,应该从不作为人与法益的关系的角度探讨作为义务的来源和根据。

第二,从不作为人和被害人之间的关系探讨作为义务的来源,不仅存在倒果为因、循环论证的逻辑缺陷,而且由于二者的关系在很大程度上是法律、法规规定的,不履行义务本身即构成违法,将构成要件符合性的判断与违法性的判断、作为义务的判断和社会危害性的判断混为一谈,是不妥当的。④

第三,从不作为人和被害人的关系来探讨作为义务的方法,目的在于维持和保护各种既定的社会关系。这种既定的关系通常是建立在社会伦

---

① 参见许成磊:《不纯正不作为犯理论》,人民出版社 2009 年版,第 340 页。

② 参见[日]大谷实:《刑法讲义总论》(新版第 2 版),黎宏译,中国人民大学出版社 2008 年版,第 132 页。

③ [德]格吕恩特·雅科布斯:《行为 责任 刑法——机能性描述》,冯军译,中国政法大学出版社 1997 年版,第 85 - 86 页。

④ 参见李晓龙、李成:《不纯正不作为犯作为义务来源研究》,载《北京市政法管理干部学院学报》1999 年第 2 期;黎宏:《论不真正不作为犯的处罚范围》,载赵秉志主编:《刑法论丛》(第 12 卷),法律出版社 2007 年版,第 80 页。

理、社会期待或者相互信赖这样一些带有评价性的一般规则之上的，因此，在这种规则上研究作为义务内容，必然要回到作为义务的发生根据是法律法规、合同约定、先前行为等形式的作为义务理论，不能解决现行不作为犯论中存在的问题。[①]

第四，在不作为犯中，之所以认为某种不作为同作为具有相同的社会危害性，是因为该不作为人同被害人或者被害利益之间具有特别关系，在一般观念上，该被害人或者被害利益的存在或者维持全部依赖于不作为人的作为。不作为人对于被害人或者被害人利益的生存或者持续的保护，体现在及时消除已经产生的被害人或者被害利益面临的危险。所以，只有从不作为人同被害人或者被害利益的关系进行分析，才能判断出不作为人的作为义务的内容。[②] 例如，医生和患者之间是治疗和被治疗的关系，即医生具有救治患者的法定义务。但是，仅仅具有这种抽象义务，还不能说患者和医生之间具有维持生命的依存关系。只有在患者已经被送入医院，医生已经着手实施抢救治疗，患者的生命安危完全依赖于医生的治疗时，才能说医生和患者的关系是一种具体的依存关系。只有这种关系才能说明作为义务的实体内容。[③]

2. 以行为人和被害人之间的人身关系作为研究作为义务的辅助标准。义务是在社会资源有限的情况下为了解决社会成员的两种或者两种以上需要的互损性或冲突性而形成的。义务设定的合理性在于义务所指向的社会共同需要得以满足的必要性和适度性。[④]“一个作为之所以是刑事不法行为，是因为创造他人法益侵害的风险违反了刑法义务，而一个不作为之所以是刑事不法行为，也是因为放任他人法益侵害的风险违反了刑法义务。这两种对应于作为和不作为的义务形态，可以称之为不侵害他人义务和协助他人义务。”[⑤]刑法上的义务可以分为消极义务和积极义务，为了保障每个人的权利和自由，刑法上的义务主要是消极义务。不仅如此，刑法上的消极义务是全面性的，并不限定行为人和被害人的资格，每一个人对于每一个人都负有不施加侵害的义务，所以不侵害他人的义务是一种一般

① 参见黎宏：《论不真正不作为犯的处罚范围》，载赵秉志主编：《刑法论丛》（第12卷），法律出版社2007年版，第80页。

② 参见黎宏：《论不真正不作为犯的处罚范围》，载赵秉志主编：《刑法论丛》（第12卷），法律出版社2007年版，第80页。

③ 参见黎宏：《论不真正不作为犯的处罚范围》，载赵秉志主编：《刑法论丛》（第12卷），法律出版社2007年版，第80页。

④ 参见张恒山：《义务先定论》，山东人民出版社1999年版，第194页。

⑤ 周漾沂：《重新建构刑法上保证人地位的法理基础》，载《台大法学论丛》第1期(2014年)。

法律义务。比如我国《刑法》第232条故意杀人罪所揭示的消极义务，是任何人不得创造针对他人生命的风险。至于协助他人的积极义务，属于例外性规定，仅仅在特定条件之下才会存在。对应于上述消极义务与积极义务的划分，可以得出风险自我管辖原则和风险连带原则。其中，风险自我管辖原则是指个人对于自己所创造的风险，必须由自己管辖，不得转嫁给他人；如果风险实现为侵害结果，则应该归责于行为人本人。风险连带原则是指个人对于自己行动所创造的风险，可以转移给他人管辖，风险实现的结果是归责给他人。①

二、研究实质的作为义务的立场：存在论还是规范论？

（一）不作为的作为义务应当采取存在论，还是规范论？

采取存在论立场的实质的作为义务理论的核心是事实要素，概念和内涵清晰明了，但缺乏延展性，而且事实化程度越高，保证人地位的成立范围就越狭窄；相反，采取规范论立场的实质的作为义务理论的核心是规范要素，弹性较大，而且规范化程度越高，保证人地位的范围就越广泛。②

关于我国刑法理论上不真正不作为犯应当采取规范论的立场还是存在论的立场，冯军教授和何庆仁教授等主张采取规范论的立场，而黎宏教授和姚诗教授等主张采取存在论的立场。关于不真正不作为犯的成立条件，将历来倚重规范价值判断的“违反作为义务”具体化为“支配行为”“排他支配行为”“先前行为”等事实因素，并在此基础上明确不真正不作为犯的成立条件和处罚范围的做法，是大势所趋。上述观点均将不履行作为义务的行为转化为“引起”或者“支配”侵害法益结果的客观事实，以消除作为是引起因果流向，而不作为只是放任因果流向的结构性差异，以实现二者之间的等价。③

具体来说：第一，就支配行为说而言，其主张成立不真正不作为犯，仅限于行为人以实际行动承担对正面临侵害危险的被害法益的保护，使之处于安定状态之后，又中止或者放弃该承担行为的场合。换言之，只有承担者放弃或者中止法益保护的场合，才能成立不真正不作为犯。第二，就排他性支配说而言，其主张只有一开始就排他地、具体地支配了引起法益侵害结果的因果关系的行为，才能构成不真正不作为犯。第三，就先前行为

① 参见周漾沂：《重新建构刑法上保证人地位的法理基础》，载《台大法学论丛》第1期（2014年）。

② 参见姚诗：《不真正不作为犯的边界》，载《法学研究》2018年第4期。

③ 参见黎宏：《排他支配设定：不真正不作为犯论的困境与出路》，载《中外法学》2014年第6期。

说而言,其实际上是意图通过将不真正不作为犯的认定中心从不履行作为义务行为,转移到先前行为上去,将不真正不作为犯的成立范围限定在行为人亲自实施了具有法益侵害危险的先前行为,并对该先前行为所引起的危险具有支配的场合。①

上述通过可视的、具体的事实因素来说明不真正不作为犯的成立条件和处罚范围的做法,尽管形式上仍然维持了不履行作为义务的外形,并维持了规范论的研究范畴,但实际上更看重不履行义务行为中所存在的引起与被引起的关系,采用的是存在论、因果论的研究方法。②

(二)事实承担说、排他性支配说与结果原因支配说的关系

在我国刑法理论中,关于不真正不作为犯的处罚根据,主要是奠基于存在论立场的事实承担说、排他性支配说与结果原因支配说之争。创设侵害法益的危险的人,当然有义务阻止危险的现实化,如果其有能力履行这种义务而不履行,导致发生法益侵害结果,追究其不作为犯的刑事责任就是正当的。问题是,除此之外,成立不真正不作为犯是否还存在其他情形,可以附加何种条件?

1. 成立不真正不作为犯,是否限于行为人对被害法益存在事实承担的场合?前述许乃曼、日高义博、堀内捷三、西原春夫等的观点有相似之处,即为了弥补不作为犯与作为犯的存在结构上的空缺,试图通过对受害法益的事实承担来实现,即只有开始实施意图保护法益并具有持续性的行为后,才进一步考虑有无作为义务的问题。冯军教授主张的自愿的支配行为说主张判断有无"事先存在救助法益的行为"。

不作为的作为义务是"受到时代思想和历史背景所影响的不断变化的相对性概念",在不同的历史时代和不同地域,其内容也有所不同。③日本学者之所以强调事实承担,往往是以日本法院的判决结果作为依据的。在解决刑法上的问题时,学者要注意仔细观察社会的实际,提出符合社会实际的解决办法,也就是说,刑法理论必须是能够给社会带来妥当结果的现实的刑法理论。

但是,西田典之倡导的事实支配理论,主张完全从事实的角度而不包含任何价值判断,以实现不作为与作为的等价。这种做法是不妥当的。对此,中森喜彦指出:"所有的不真正不作为犯仅限于事实承担的情况难道不有点勉强吗?……关于不真正不作为犯的成立与否,排除规范的判断是不

---

① 参见黎宏:《排他支配设定:不真正不作为犯论的困境与出路》,载《中外法学》2014年第6期。

② 参见黎宏:《排他支配设定:不真正不作为犯论的困境与出路》,载《中外法学》2014年第6期。

③ 参见黎宏:《不作为犯研究》,武汉大学出版社1997年版,第166页。

可能的。关于堀内教授自己举出的第三要件的法益保护的排他性地位的存否也同样无法以事实的判断就能够决定。”①

2. 成立不真正不作为犯，是否包括行为人具有支配领域性的场合？西田典之的观点增加了支配领域性。相对于事实承担说而言，事实支配关系说具有以下优点：首先，事实承担说只能说明不作为者对受害法益的保护义务，无法解释不作为者对他人的犯罪防止义务，而支配领域性可以将阻止犯罪的作为义务纳入考虑范围。② 其次，对于支配领域性，应当适当进行限制。对于被暂时、偶然地置于这种支配领域性的状况，如果一概认定成立犯罪，将有损法的安定性。所以，有必要进一步加以限定，在这种类型的规范要素中加入诸如亲子关系，建筑物所有者、管理者等因素，使其被限定在基于身份关系、社会地位，负有社会生活中继续的保护管理义务的情况。③ 黎宏教授也认为，即便行为人不是因果过程的最初设定者，但中途介入面向法益侵害结果的因果流程，并进一步掌握因果关系的发展进程的，也具有保证人地位。④

3. 成立不真正不作为犯，是否要求行为人对法益具有排他性支配？第一，肯定说。少数学者主张肯定说，认为仅仅根据不作为者处于应该作为的规范要素也能确认其对结果的支配地位。西田典之和黎宏等主张排他性支配说。例如，黎宏教授认为，排他的范围是整个因果流程，必须维持法益侵害危险变成现实的侵害结果。⑤ 第二，否定说。多数学者主张否定说。例如，蔡圣伟教授指出：“刑法之所以处罚一个人的行为，是因为行为人对行为当时所做的行为选择，对于法益侵害结果的发生与否具有影响的可能性（支配可能性）。”⑥许成磊博士也认为：“即使在支配领域性范围内，也要求不作为人对受害法益具有排他性，即不存在其他人可能救助的场合。”⑦

本书赞同否定说，并认为主张必须具备排他性的排他性支配说主要存在下列几个问题：第一，“排他”的含义，到底是存在论、事实意义上的，还是规范评价意义的，并不明确。例如，黎宏教授曾经认为，在交通肇事的场

---

① ［日］中森喜彦：《作为义务、保证人义务、保证人的地位》，载《法学 seminar》1982 年第 11 期。

② 参见许成磊：《不纯正不作为犯理论》，人民出版社 2009 年版，第 349 页。

③ 参见［日］西田典之：《不作为犯论》，载［日］芝原邦尔等编：《刑法理论的现代展开——总论 Ⅰ》，日本评论社 1988 年版，第 91 页；［日］西田典之：《日本刑法总论》（第 2 版），王昭武、刘明祥译，法律出版社 2013 年版，第 106 页。

④ 参见黎宏：《排他支配设定：不真正不作为犯论的困境与出路》，载《中外法学》2014 年第 6 期。

⑤ 参见黎宏：《排他支配设定：不真正不作为犯论的困境与出路》，载《中外法学》2014 年第 6 期。

⑥ 蔡圣伟：《不作为犯：第一讲　论故意之不纯正不作为犯》（一），载《月旦法学教室》2007 年第 51 期。

⑦ 许成磊：《不纯正不作为犯理论》，人民出版社 2009 年版，第 348 页。

合强调“将被害人抬入车内”这种事实上的支配,[①]但是,在父亲带小孩去公园的场合又主张“社会一般观念下,只有父亲对小孩有支配”这种规范意义上的排他。然而,他在新版的教科书中,对于什么是“排他支配”却避而不谈。[②] 第二,在具体场合下,要求行为具有在何种意义上的“排他”才属于“排他性支配”,也存在争议。第三,在同时犯、不作为的共犯以及管理过失、监督过失的场合,难以认定甚至无法认定“排他性”。以管理过失、监督过失的场合为例,有关理论必须对国家工作人员、企业管理人员的监督责任(监督过失)、管理责任(管理过失)作出很好的阐释。第四,无论是原因设定还是中途介入,都要求行为人“事实上介入”,这种要求不利于法益保护。首先,在行为人具有监督、管理职责但属于监督、管理,或者故意不介入的场合,刑法对法益的保护存在欠缺。例如,在行为人是国家机关工作人员的场合,通常根据行为人的职责和主观过错,认定为玩忽职守罪等渎职类犯罪;在行为人是企业管理人员的场合,通常也是根据行为人职责和主观过错,认定为重大责任事故罪等过失犯罪。上述做法在一定程度上满足了惩罚犯罪、预防犯罪的需要,但我国刑法上玩忽职守类犯罪和责任事故类犯罪的法定刑上限通常是7年有期徒刑,导致法益保护力度不足。其次,根据排他性支配说,在被害人自己造成危险时,行为人没有介入的,一律不具有保证人地位,只能根据具体情况认定为遗弃罪。但是,我国刑法理论的通说认为遗弃罪的成立范围仅限于家庭成员之间,如果行为人因为不具有保证人地位而不能认定为故意杀人罪,同样也不能认定为遗弃罪。[③] 第五,排他性支配说只能对因果流程较为单一的情形认定保证人地位,难以适应因果关系复杂的情况。第六,排他性支配说难以包含夫妻、亲子之间一方患病、自杀时另一方的救助义务。[④] 第七,排他性支配说无法包含先前行为。例如,堀内捷三、西田典之等均根据自己的学说得出了反对将先前行为纳入作为义务范围的结论。

不仅如此,在司法实践中,排他性支配说未能将“排他”这一标准贯彻到底。例如,对于失火后不救火的场合,不强调“排他”。主要理由是,在这种场合,很难认定如何“排他”。关于生命法益的保护,故意杀人罪与遗

① 参见黎宏:《刑法学》,法律出版社2012年版,第99页。

② 参见黎宏:《刑法学总论》(第2版),法律出版社2016年版,第83页以下。

③ 参见姚诗:《不真正不作为犯的边界》,载《法学研究》2018年第4期。

④ 参见冯军:《刑法问题的规范理解》,北京大学出版社2009年版,第52页;黎宏:《排他支配设定:不真正不作为犯论的困境与出路》,载《中外法学》2014年第6期;王钢:《自杀的认定及其相关行为的刑法评价》,载《法学研究》2012年第4期。

弃罪具有梯度关系,如果缺乏排他性而不能认定行为人构成故意杀人罪,还可以退一步认定为遗弃罪。但是,在放火罪的场合,由于缺乏一个法定刑低于放火罪的同类犯罪,如果认定为无罪,显然不利于法益保护,因此只能选择性地放弃排他性这一要件。①

本书认为,结果原因支配说基本上是妥当的。该说的基本观点如下:第一,不作为必须与作为具有等价性,但只要求与作为一样支配了造成结果的原因,而不要求具有排他性。第二,从支配的程度看,必须达到类似于作为犯支配自己实施犯罪的程度。第三,从支配的成因看,既来自行为人主动承担保护责任,将支配对象纳入自己的支配范围,也来自行为人与被支配对象之间存在持续的紧密的社会关联。②

三、研究实质的作为义务的方法:形式的方法、实质的方法还是混合的方法?

(一)实质的作为义务的范围界定

要求行为人承担某种作为义务,并对违反该义务的行为人予以处罚,必须具有正当化根据。从实质上看,就是刑法关于保护法益的任务。考虑到不作为特别是不真正不作为犯的特殊的行为构造,要认定行为人具有作为义务,必须满足"行为人实质性地支配着法益侵害结果的发生或者不发生"这一要求。

基于这一点,在下列情形下,可以认为行为人具有作为义务:第一种情形是,对于行为人以自己的行为创设侵害法益的危险的,因为行为人对自实施具有侵害法益危险的行为直到发生法益侵害的过程具有支配,要求其采取一定的措施避免危险的现实化就具有正当性。第二种情形是,虽然行为人没有直接创设侵害法益的危险,但行为人通过事实承担,使第三者不太容易介入该局面,或者说排除了第三者对被害人提供救助的可能性。由于行为人没有直接创设侵害法益的危险,所以不属于上述第一种情形,但也可以认为行为人支配了侵害法益的危险,具有使其承担作为义务的正当性根据。第三种情形是,在上述两类情形之外,从规范的角度看,行为人对于被害法益或者危险源具有一定的支配,通过对行为人科处作为义务能够使法益得到有效保护的,也有认定行为人具有作为义务的余地。当然,可以通过要求行为人与被害法益或者危险源之间具有一定的身份关系(如亲

① 参见姚诗:《不真正不作为犯的边界》,载《法学研究》2018 年第 4 期。
② 参见姚诗:《不真正不作为犯的边界》,载《法学研究》2018 年第 4 期。

子关系)，以及行为人的地位或者职责等社会的、法的关系，以免出现作为义务的成立范围不当扩大化的局面。[①]

当然，无论上述哪种情形，都不必要求达到“除了行为人之外，别无其他能够保护法益者”这种意义上的排他性支配的程度。

(二)混合判断方法的提倡

总体来说，对作为义务的研究和界定正在从传统的义务违反说中规范的、形式的方法转向存在论的、实质性的研究方法。[②]

1. 实质作为义务理论的优势与不足。实质作为义务理论对于作为义务发生根据的实质解读和界定，阐明了司法实务中惩罚不作为犯的实质根据，使得司法活动的结论具有相对合理性。相对于形式的作为义务而言，应当从更为实质的观点出发进行探讨。[③]

但是，实质作为义务理论也存在过于扩大处罚范围，以至于入罪范围过于宽泛的问题。耶赛克指出：“实质的考察方法指明了一条途径，即在不同义务的社会内容基础上来解决保证人问题，但同时不能忘记其产生的根据是什么，否则的话就存在保证人义务会被无限扩大的危险。”[④]张明楷教授强调：“仅从实质上判断行为人是否控制了危险源，是否支配了脆弱的法益，而不加以形式的限制，就缺乏明确性，导致有时不当扩大、有时不当缩小不作为犯的处罚范围。”[⑤]周光权教授也认为，尽管实质的作为义务理论能够为作为义务提供实质根据，但是，还必须进一步加以限缩，否则，可能混淆道德与法律的界限，导致不作为犯的成立范围过于扩大。[⑥]

2. 形式作为义务理论与实质作为义务理论的结合。关于不真正不作为犯的作为义务的判断，可以采取形式作为义务理论与实质作为义务理论、形式考察与实质考察相结合的方法。这一点已经得到学者的普遍认同。例如，耶赛克提出“应当谋求形式的考察方法与实质的考察方法的结合”。[⑦] 张明楷教授不仅将对结果发生原因的支配分为对危险源的支配与

① 参见[日]桥爪隆：《不作为犯的成立要件》，王昭武译，载《苏州大学学报(法学版)》2017年第4期。

② 参见许玉秀：《论西德刑法上保证人地位之实质化运动》，载许玉秀：《当代刑法思潮》，中国民主法制出版社2005年版，第618页。

③ 参见[日]山口厚：《刑法总论》(第2版)，付立庆译，中国人民大学出版社2011年版，第86页。

④ [德]汉斯·海因里希·耶赛克、[德]托马斯·魏根特：《德国刑法教科书》(下)，徐久生译，中国法制出版社2017年版，第835页。

⑤ 张明楷：《不作为犯中的先前行为》，载《法学研究》2011年第6期。

⑥ 参见周光权：《论实质的作为义务》，载《中外法学》2005年第2期。

⑦ 参见[德]汉斯·海因里希·耶赛克、[德]托马斯·魏根特：《德国刑法教科书》(下)，徐久生译，中国法制出版社2017年版，第835页。

对法益的脆弱性的支配，提出判断支配的标准，并且根据社会分工的原理，从形式上判断行为人是否应当承担作为义务。相对来说，“形式的法义务旨在使谁有义务明确化，从而实现法的安定性”[①]。黎宏教授认为判断作为义务应当考察事实因素与规范因素两个方面：“一是事实性的因素，即行为人对危害结果发生的因果关系能现实地具体支配。二是规范性因素，即法令、法律行为、职务或业务上的职责等通常意义上的作为义务发生根据。”[②]

但是，以先前行为理论为例，鉴于“来源于法律和合同上的法律义务皆是刑法外的义务，而所谓来自先前危险行为的法律义务作为刑法上的理论构造根本就与形式法律义务理论不相容”，[③]在采取混合判断方法时，形式作为义务理论、形式判断与实质作为义务理论、实质判断不是同等、并列关系，而是存在位阶关系。在对形式的作为义务进行判断时，要注意以实质的作为义务理论为指导。

① 张明楷：《不作为犯中的先前行为》，载《法学研究》2011年第6期。

② 黎宏：《不作为犯研究》，武汉大学出版社1997年版，第166－167页。

③ 参见[德]班德·许乃曼：《不纯正不作为犯及以不作为实施犯罪之形式》，王莹译，载梁根林主编：《当代刑法思潮论坛：刑法体系与犯罪构造》（第1卷），北京大学出版社2016年版，第226页。

第六章 特定情形下合法行为产生作为义务的根据

第一节 问题的提出

先前行为,[①]又称先行行为、危险前行为,是指由于行为人自己的原因导致法益处于危险状态,能够排除危险但不排除,导致出现法益侵害的情形。将先前行为视为作为义务的来源,一方面,是因为实施危险行为的人有义务消除自己制造的危险,如果行为人不履行这种义务,就是以不作为的形式实施危害行为;另一方面,是为了填补"尽管法律和合同都没有规定作为义务,但基于保护法益的需要而处罚不作为犯"出现的漏洞。[②]

从司法实务和理论研究看,关于先前行为的研究,主要涉及下列问题:第一,先前行为能否成为不真正不作为犯的作为义务来源?第二,是否需要以及如何限制先前行为的作为义务的范围?第三,先前行为是否限于违法行为,犯罪行为能否成为先前行为?第四,先前行为是否包括故意行为和过失行为?第五,先前行为是否包括作为?等等。

其中,关于合法行为与作为义务的关系,所讨论的问题主要是:第一,行为人实施紧急避险或者正当防卫等,致被害人重伤的,是否由此产生救助被害人的义务?如果不救助,是否成立不作为的故意杀人罪或者遗弃罪等?第二,即便某种产品的生产工艺符合有关标准,生产过程等符合操作规程,产品本身也符合当时的国家标准、地方标准或者行业标准,生产商、销售商依据当时的认知水平,不能科学、有效地预防缺陷产品,或者不能发现是缺陷产品,但后来发现是缺陷产品,具有危及消费者的生命和身体健康的危险的,是否负有告知消费者并召回缺陷产品等义务?[③]

本书首先梳理有关先前行为的刑法立法例,探讨先前行为能否成为不

---

① 关于"先前行为"或者"先行行为"的称谓,存在不同说法。国内多数学者采用"先行行为"这一表述,也有少数学者采用"先前行为"(如张明楷教授)或者"危险前行为"(如黄荣坚教授、许玉秀教授等)等称谓。除了直接引用学者论著时保留原文中的"先行行为"或者"危险前行为"等表述外,本书统一采用"先前行为"这一称谓。特此说明。

② 参见[德]冈特·施特拉腾韦特、[德]洛塔尔·库伦:《刑法总论Ⅰ——犯罪论》(第5版),杨萌译,法律出版社2006年版,第366页。

③ 参见[日]吉田敏雄:《不真正不作为犯的体系与构造》,成文堂2010年版,第85-86页。

作为犯的作为义务来源；其次讨论合法性能否成为不作为犯的作为义务来源；最后分别就正当防卫和紧急避险能否以及在何种条件下可以产生作为义务展开研究。关于缺陷产品供应商的安全义务与刑事责任的认定，在本书第九章进行讨论。

第二节　有关先前行为的刑事立法

关于先前行为能否成为不作为犯的作为义务来源，存在争议。在刑法已经就先前行为作出明文规定的场合，似乎争议不大。但是，多数国家的刑法并未规定先前行为，因此先前行为的作为义务来源问题主要是通过司法判决和理论研究解决的。例如，在日本的不作为判决中，为了谨慎认定作为义务，先前行为常常被作为其他认定根据的"添加要素""附加条件"角色而存在。①

一、各国刑事立法和司法关于先前行为的规定与认定概况

在 19 世纪初期，自由主义和权利保障的观念大行其道，作为义务的来源仅限于法律规定和合同约定。从 19 世纪末到 20 世纪初，倡导以社会生活的互相扶助为核心的团体主义、集体主义思想大行其道，立法者开始对违反特定义务而消极地不实行法所期待的行为设立命令性规范，赋予公民以积极义务，以更好地维护社会秩序。先前行为作为保证人类型之一，逐渐得到刑事立法和判例的支持。

1884 年 10 月 21 日，德国的判例首先确认先前行为与法律和合同属于作为义务的发生事由，莱比锡法院在判决书中指出："由于不作为者的先行或附随行为而产生的作为义务，或者由不作为在法律上存在的作为义务被侵害的场合中，无论是在一般理论的意义上，还是在刑法典的意义上不作为都是行为。"②1956 年《德国刑法修改草案》第 12 条和 1959 年《德国刑法修改草案》第 14 条明文规定："由于自己的行为导致具有发生结果的高度危险，以及承担保障不使迫切的结果发生的，负有防止发生该结果的义务。"

1961 年《日本刑法改正预备草案》第 11 条第 2 项也作出规定："由于自己之行为，而使发生事实之迫切的危险发生者，有防止其发生之义务。"

---

①　参见［日］西田典之：《日本刑法总论》（第 2 版），王昭武、刘明祥译，法律出版社 2013 年版，第 101－103 页。

②　参见陈朴生：《刑法专题研究》，台北，三民书局 1983 年版，第 116 页。

但是,1974年《日本改正刑法草案》删除了关于先前行为的规定,究其原因,主要在于:第一,不能因为自己的先前行为发生危险而负防止结果发生的作为义务;第二,由于自己的行为而发生迫切危险的,存在过分扩张处罚范围的危险;第三,在形成作为义务的事由中,仅仅明文规定先前行为,并不适当。①

我国刑法学界也曾有对先前行为立法的呼吁。例如,中国人民大学"刑法总则修改小组"提交的《刑法总则修改理论案(总则)》第20条规定:"因自己的行为导致合法权益遭受损害危险时,行为人有义务排除该危险。"

二、对前述刑事立法情况的分析

前述德国、日本刑法未规定先前行为,或者删除关于先前行为的规定,既有形式上的原因,也有实质上的考虑。例如,德国刑法之所以未设立先前行为的规定,主要是因为:"如仅就基于先行行为之义务设其例外规定,而未将先行行为以外之义务予以明文化,并非适宜,乃删除此项规定,仅就以防止结果之法的义务为前提,设其一般的规定。"②

(一)刑法未明文规定先前行为的形式上的原因

从形式上看,刑法未明文规定先前行为,主要有以下几个原因:③

1. 刑法理论上对先前行为的范围界定不清,导致立法上的模糊。对于刑法上关于先前行为的规定,所谓"因自己行为有发生一定结果之危险者"的范围非常广泛,根据司法实务的见解,故意下毒的违法行为或开车过失肇事的行为、拥有危险物品以及电厂设置电网的行为,都包括在内。就刑法规定的形式而言,也看不出所谓"自己的行为"应该是什么样的行为,是不是包括合法和违法的行为,是不是包括作为和不作为。

2. 即便在立法上规定先前行为,也无法满足罪刑法定原则的要求。在刑法总则中设立一般性的、抽象的处罚规定,难以满足构成要件明确性的要求。尽管在分则中为个别的不真正不作为犯设计独立的构成要件符合罪刑法定原则的要求,但是设计过程过于烦琐,立法技术的困难也难以克服。据说格伦瓦尔德"曾经尝试拟定立法建议,结果仅仅一条杀人罪就已

① 参见洪福增:《刑法理论之基础》,台北,三民书局1977年版,第229页。

② 陈朴生:《刑法专题研究》,台北,三民书局1983年版,第116页。

③ 参见谢绍华:《先行行为——保证人类型之否定》,载《中国刑事法杂志》2008年第6期。

经叠床架屋,令人退避三舍”。[①]

(二)刑法未明文规定先前行为的实质上的原因

先前行为立法受阻,除了形式上的原因外,还有着实质上的原因。这个实质上的原因就是肇始于德国并影响到日本等国家和地区的保证人地位实质化运动。[②]

众所周知,形式的保证人类型只有形式的依据,不能说明为什么这些人必须保证特定结果不发生,从而也就难以精确地划定承担作为义务的主体范围和作为义务的界限。特别是随着社会的发展和社会关系的日益复杂化,作为义务的来源日益增多,逐一列举的立法方式存在列举不全的弊端。

为了解决形式的作为义务来源说的诸多弊端,自20世纪中叶以来,德国刑法学界抛开作为与不作为存在结构上的差异,从不作为者所起的社会作用及所处的社会环境,来研究作为义务的实质内容。如前文所述,关于不真正不作为犯的研究方法,从传统的规范论的形式研究方法逐渐转向存在论的实质研究方法。

三、专门讨论先前行为的作为义务的考虑

之所以要专门讨论先前行为的作为义务,主要有两个方面的考虑。

(一)实质的作为义务论是针对先前行为等形式作为义务的缺陷而提出的

在早期的形式作为义务论中,作为义务源于规范,不包括非规范性的先前行为。此后,施求贝尔提出先前行为也是不作为的作为义务的来源,扩充了作为义务的内容。将先前行为纳入不作为的义务来源,动摇了费尔巴哈以来所提出的仅仅从法律或者合同中寻求义务来源的学说,为从超法规的立场探求作为义务发生根据的实质化理论埋下了伏笔。考夫曼的功能说将先前行为作为监督危险源的保证人类型,得到了理论和实务的普遍认可。

赫鲁施卡甚至认为先前行为是最典型的监督危险源的保证人类型,如果有义务不造成某种不被期待的现象,那么在自己违反不作为义务而造成的状态可能发生危险时,也有义务阻止任何不被期待的状态发生。这种安全义务正是源于先前行为,其他安全义务类型也是从先前行为保证人类型推导出来的。受这种理念的影响,先前行为的成立范围不断扩大,甚至涵

---

① 参见许玉秀:《保证人地位的法理依据——危险前行为是构成保证人地位的惟一理由》,载许玉秀:《当代刑法思潮》,中国民主法制出版社2005年版,第734页。

② 参见谢绍华:《先行行为——保证人类型之否定》,载《中国刑事法杂志》2008年第6期。

盖了其他同类的保证人类型，使监督危险源的保证人类型几乎等同于先前行为类型。①

先前行为遵循形式的作为义务论的思想，仍然属于形式的作为义务论的范畴，可能会不当扩张作为义务的范围。对此，西田典之指出，先前行为说的“优点在于，能使得不作为的成立范围相当明确；其不足之处在于，使更多的故意犯、过失犯得以转化为不真正不作为犯。亦即，凡因故意、过失而伤害他人者，只要未予救助，而最终使得被害人死亡，根据该先行行为，便可以很容易地认定成立不作为的杀人……基于作为的故意犯、过失犯有可能全部转化为故意的不作为犯”②。实质的作为义务论正是针对先前行为等形式作为义务的上述缺陷而提出的，目的在于合理限制作为义务的范围。

（二）先前行为的作为义务与其他形式的作为义务存在本质上的差别

虽然传统的作为义务理论的形式四分法将先前行为与法律、合同、业务要求共同视为作为义务的来源，但先前行为与其余的形式法律义务有着显著的体系上的差异。首先，先前行为的思想基础是自然主义的因果关系理论，而基于法律和合同的形式法律义务理论的力量基础是自由主义。其次，先前行为的作为义务是刑法上行为人承担刑事责任的根据，在刑法之外根本无存在空间；相反，法律和合同上的义务是刑法外的形式上的法律义务。③

具体来说，第一，与法律、合同等相比，先前行为没有固定的形式，也没有可资判断的文本依据。如何界定先前行为，从而为作为义务来源划定一个范围，成为重要的问题。④ 第二，因法律或合同等规定产生的保证人地位来自民法等刑法以外法律领域的义务。先前行为的作为义务来自刑法上的义务，是因其实施先前行为而与被害人产生了一种特定的关系，负有阻止该行为继续发展以免侵害法益的义务。这种作为义务的原因，只能从先前行为中寻找。⑤

---

① 参见许成磊：《不纯正不作为犯理论》，人民出版社2009年版，第352页。

② ［日］西田典之：《日本刑法总论》（第2版），王昭武、刘明祥译，法律出版社2013年版，第104页。

③ 参见王莹：《先行行为作为义务之理论谱系归整及其界定》，载《中外法学》2013年第2期。

④ 参见王莹：《先行行为作为义务之理论谱系归整及其界定》，载《中外法学》2013年第2期。

⑤ 参见王莹：《论犯罪行为人的先行行为保证人地位》，载《法学家》2013年第2期。

第三节　主张先前行为不能成为不作为犯义务来源的观点并不妥当

一、否定说的基本观点

否定说认为，先前行为不能成为不真正不作为犯的作为义务来源，对于违反先前行为义务的行为，不能以不作为犯处罚。

（一）外国学者的观点

在国外，考夫曼、西田典之、佐伯仁志等认为先前行为不能成为不作为犯的作为义务来源。

1. 考夫曼的观点。考夫曼认为，首先，先前行为保证人类型的法理结构误植于因果作用上，变成了一种习惯法上的法义务；其次，先前行为的义务类型可以经立法成为一种法定的而不是习惯法上的法律义务，但违背这种义务只能成立真正不作为犯，因为先前行为后的不作为不可能和作为等价，除非再加上其他能满足等价性要求的条件类型，仅仅是先前行为可能造成结果发生的危险，还不足以成为一个独立的保证人类型。①

2. 西田典之的观点。西田典之主张先前行为不是作为义务的根据。主要理由是：首先，先前行为在多数场合能够作为过失犯、结果加重犯进行处罚，如果再以此为根据追究行为人更重的罪责，就会导致双重处罚。其次，在这种情况下，成为作为义务事实前提的支配领域性，是随着具体情况而变化的，即与交通肇事后逃走、失火等现场的具体情况相应而左右犯罪的成立。因此，被偶然地置于该状况中的不作为者的立场是极不安定的，有损法的稳定性。基于这样的考虑，这种类型的规范要素应当限于身份关系、社会地位而在社会生活中持续性地负有保护义务、管理义务的场合，如亲子关系，建筑物的所有者、租用者、管理者等。②

3. 佐伯仁志的观点。佐伯仁志也认为，对于过失的先前行为创设了发生危害结果的危险，行为人有意置之不理，导致发生危害结果的，如果承认先前行为的作为义务来源，就可能将过失犯大量认定为故意的不真正不作

① 参见许玉秀：《前行为保证人类型的生存权？——与结果加重犯的比较》，载许玉秀：《当代刑法思潮》，中国民主法制出版社2005年版，第681－682页。

② 参见［日］西田典之：《日本刑法总论》（第2版），王昭武、刘明祥译，法律出版社2013年版，第106页。

为犯，[1]导致处罚范围的扩大化和处罚程度的严厉化。

（二）我国学者的观点

在我国，有的学者如张明楷、王莹等认为先前行为能够成为作为义务的来源，[2]同时就如何限定先前行为的成立范围进行了探讨。但是，也有学者如许玉秀、黎宏、姚诗等主张先前行为一概不能成为不作为犯的作为义务来源。[3]

1. 许玉秀的观点。许玉秀教授反对将先前行为义务作为不真正不作为犯罪的义务类型，认为依据先前行为保证人类型的法理所拟制出来的不作为，在归责流程中毫无意义，或者与结果加重犯相重叠，没有实用价值。如果承认先前行为可以引起作为义务，就是借用原已存在的作为和因果流程再被评价一次，是明显的双重评价，从而否定先前行为类型。[4] 具体来说，第一，先前行为是故意的作为，后行为是故意或者过失的不作为，所侵犯的法益不同的，应当按照结果加重犯处理。第二，先前行为是故意的作为，后行为是故意或者过失的不作为，所侵犯的法益相同的，应当按照先前行为的既遂犯处理。第三，先前行为是过失的作为，后行为是过失的不作为的，无论所侵犯的法益是否相同，都应当按照结果加重犯处理。第四，先前行为是过失的作为，后行为是故意的不作为的，无论所侵犯的法益是否相同，都应当通过立法途径解决。[5]

2. 黎宏的观点。黎宏教授的观点与许玉秀教授有相似之处，其认为先前行为说主要存在两个问题：第一，该说无法说明我国《刑法》第 133 条规定的“交通肇事后逃逸导致被害人死亡”，究竟是成立交通肇事罪的加重犯还是成立故意杀人罪。第二，该说导致所有故意或者过失作为犯都有可能转化为故意的不作为犯。[6]

---

① 参见[日]佐伯仁志：《刑法总论的思之道·乐之道》，于佳佳译，中国政法大学出版社 2017 年版，第 72 页。

② 参见张明楷：《不作为犯中的先前行为》，载《法学研究》2011 年第 6 期；王莹：《先行行为作为义务之理论谱系归整及其界定》，载《中外法学》2013 年第 2 期；王莹：《论犯罪行为人的先行行为保证人地位》，载《法学家》2013 年第 2 期。

③ 参见谢绍华：《先行行为——保证人类型之否定》，载《中国刑事法杂志》2008 年第 6 期。姚诗教授认为原则上先行行为不能产生不作为犯的义务来源，但例外情况下可以。参见姚诗：《不真正不作为犯的边界》，载《法学研究》2018 年第 4 期。

④ 参见许玉秀：《前行为保证人类型的生存权？——与结果加重犯的比较》，载许玉秀：《当代刑法思潮》，中国民主法制出版社 2005 年版，第 687 页。

⑤ 参见许玉秀：《前行为保证人类型的生存权？——与结果加重犯的比较》，载许玉秀：《当代刑法思潮》，中国民主法制出版社 2005 年版，第 673 页以下。

⑥ 参见黎宏：《不阻止他人犯罪的刑事责任》，载《中国法学》2020 年第 4 期。

二、对否定说的分析与批判

日本最高裁判所的判决从未仅将先前行为作为保证人地位的根据。[①]对于驾驶机动车撞人后不救助而逃逸的，必须是将被害人抬到车里以后产生了"事实上的承担"，才能连同之前的先前行为，认定行为人具有作为义务。[②] 对于单纯的交通肇事后逃逸案件，原则上仅认定为《日本道路交通法》规定的违反救护义务罪；对于较为恶劣的案件，才认定为《日本刑法典》第199条规定的故意杀人罪。与此不同，德国学者和司法实务均认为，被告人因为先前的撞人行为已经产生保证人地位，其不救助被害人的行为，如果主观上同时具有杀人的故意，就可成立故意杀人罪。[③]

（一）否定说反对先前行为作为义务来源的理由

否定说论者之所以主张先前行为不能成为不作为犯的作为义务来源，主要有以下理由：

1. 将先前行为作为不作为犯的作为义务来源，可能导致双重处罚，违反禁止重复评价原则。在先前行为引起的作为义务中，先前行为是造成最终危害结果的原因力，在实施先前行为后，行为人并未通过客观的积极力量促成危害结果的实现。如果行为人的先前行为具有侵害法益的危险，那么可以将法益侵害结果直接归责于先前行为，不需要就后来的不作为追究刑事责任。否则，如果既将先前行为认定为犯罪，又将其后的不作为认定为不真正不作为犯，就违反了禁止重复评价原则。[④]

2. 先前行为引起的犯罪可以运用结果加重犯理论加以解决，无须认定为不作为犯。如果先前行为和事后的不作为所侵害的是两个不同的法益，后者实际上是先前行为的结果加重犯，以结果加重犯处理就可以进行充分评价，不需要认定为不真正不作为犯。[⑤]

3. 将先前行为作为不作为犯的作为义务来源，违反个人责任原则。主张行为人就先前行为而形成保证人地位，将刑事责任完全奠基于因果关系

---

① 参见[日]山口厚：《从新判例看刑法》（第2版），付立庆、刘隽译，中国人民大学出版社2009年版，第33页。

② 参见[日]桥爪隆：《不作为犯的成立要件》，王昭武译，载《苏州大学学报（法学版）》2017年第4期。

③ 参见[德]克劳斯·罗克辛：《德国刑法学总论》（第2卷　犯罪行为的特别表现形式），王世洲等译，法律出版社2013年版，第594页。

④ 参见[日]浅田和茂：《刑法总论》（补正版），成文堂2007年版，第156页；黄荣坚：《刑罚的极限》，台北，元照出版公司1999年版，第36页。

⑤ 参见黄荣坚：《刑罚的极限》，台北，元照出版公司1999年版，第36页。

之上，违背了个人责任原则。[①]

此外，还有导致处罚过于轻缓、放纵犯罪，以及损害法的安定性等批判。

（二）本书的观点

本书认为否定说的观点不妥当，主要理由如下：

1. 基于先前行为形成作为义务，不会构成双重处罚。首先，肯定某种先前行为导致行为人产生作为义务，不是一个法律上的否定评价。即便认为这是对先前行为的否定评级，也不直接产生否定的法律后果。其次，即便先前行为本身成立犯罪，并认为先前行为产生了作为义务，不履行义务的行为成立另一犯罪，也不会导致双重处罚。[②]

黄荣坚教授认为，因为先前行为本身往往属于法律上所容许的风险行为，对于先前行为所造成的损害，并不一定都可以针对先前行为本身去追究刑事责任。但是先前行为在日常生活中经常制造风险，而且风险的概率也常常是随着行为后时间的经过而提高的，甚至提高到超越容许的限度。如果行为人有权放任所制造的风险，则可能造成难以控制的法益损害。所以，基于法益保护的目的，虽然法律基于相对利益的考量而容许行为人制造风险，但是制造风险的人还是有义务随时控制其风险。[③]

2. 如果仅以先前行为构成的作为犯论处，可能处罚过于轻缓，导致放纵犯罪。为此，有学者提出设立过失犯罪的中止制度，在刑法中规定"过失行为人因己意防止结果发生者，减轻或免除其刑"。[④] 但是，按照这种观点，首先，如果行为人对被害人实施救助则减轻处罚，否则就按照过失犯处理，这样将会过度放纵犯罪。其次，一般认为过失犯是结果犯，除非造成危害结果，否则不处罚过失犯。按照论者的观点，过失犯是危险犯，这与我国刑法理论和司法实践的观点相距甚远。

3. 对于有些先前行为引起的犯罪可以运用结果加重犯理论加以解决，但并不尽然如此。第一种情形是，尽管行为构造符合结果加重犯的特征，但刑法并未就造成的加重结果规定结果加重犯，这将难以实现对犯罪的充分评价。第二种情形是，尽管行为造成严重危害结果，但是行为人对先前行为既没有故意也没有过失，既不可能以过失犯罪处罚，也

---

① 参见黄荣坚：《刑罚的极限》，台北，元照出版公司1999年版，第36页。

② 参见张明楷：《不作为犯中的先前行为》，载《法学研究》2011年第6期。

③ 参见黄荣坚：《刑罚的极限》，台北，元照出版公司1999年版，第36－37页。

④ 参见许玉秀：《前行为保证人类型的生存权？——与结果加重犯的比较》，载许玉秀：《当代刑法思潮》，中国民主法制出版社2005年版，第694页。

不符合结果加重犯的行为构造的，不能以结果加重犯处罚。第三种情形是，行为人对基本行为是故意或过失，对加重结果是故意的，不符合结果加重犯的行为构造。

为此，有学者提出增设“基本犯是过失，加重结果是故意”构造的结果加重犯。[①] 但是，与承认先前行为引起作为义务相比，这种做法需要额外地改变结果加重犯的基本构造，未免有削足适履之感。再者，是否成立结果加重犯以刑法有明确规定为前提，这种观点主张以修改现行刑法规定来实现其理论设计，要知道刑法修改并非易事，不可能朝令夕改，所以这种做法是不可行的。[②]

4. 先前行为产生作为义务，不存在随意性和偶然性，不会损害法的安定性。控制风险使其不至于侵害法益，是先前行为人应当履行的义务。“基于法益保护的需求，制造风险的人，不管有没有违背义务，都必需控制风险”[③]。“如果是一个完全没有管制的风险，是没有理由被容许的……否则，一方面容许某一些人积极追求以及享受生活利益的同时，另一方面却让其他人毫无设防地完全承担其风险所带来的祸害，这样的处理并不公平。”[④]

5. 先前行为产生作为义务，与个人责任原则并不冲突。首先，不管是违背义务的先前行为理论还是因果的先前行为理论，主张先前行为形成保证人地位，除了要求行为人制造风险外，至少还要求其对风险有预见可能性。[⑤] 其次，如果风险应由被害人自我负责，风险制造人就不负保证责任。所谓被害人应该自我负责，主要包括两种情况：第一种情况是，可以将风险的制造归责于风险的被害人，如正当防卫中的不法侵害者，自己间接制造自己的风险必须自我负责。第二种情况是，合理风险的部分应由潜在的被害人来承担。[⑥]

---

① 参见许玉秀：《前行为保证人类型的生存权？——与结果加重犯的比较》，载许玉秀：《当代刑法思潮》，中国民主法制出版社 2005 年版，第 701 页。

② 参见刘士心：《不纯正不作为犯罪中先行行为引起的义务研究》，载《北方法学》2007 年第 6 期。

③ 黄荣坚：《刑罚的极限》，台北，元照出版公司 1999 年版，第 41 页。

④ 黄荣坚：《刑罚的极限》，台北，元照出版公司 1999 年版，第 40 页。

⑤ 参见黄荣坚：《刑罚的极限》，台北，元照出版公司 1999 年版，第 39 页。

⑥ 参见黄荣坚：《刑罚的极限》，台北，元照出版公司 1999 年版，第 41 页。

第四节 主张先前行为能够成为不作为犯的义务来源的观点及其评析

一、对先前行为义务来源的限制

多数学者认为,先前行为是引起作为义务的根据,如果行为人违反先前行为引起的义务,就应当以不真正不作为犯处罚。例如,赫鲁施卡认为,如果有义务不造成某种不被期待的现象,那么自己违反不作为义务而造成那种现象有发生的危险时,也有义务阻止任何不被期待的现象发生。先前行为的保证人类型是所有安全义务中最典型的类型,安全义务和其他安全义务类型都源于先前行为保证人这种类型。① 我国刑法理论的通说也认为,由于行为人先前实施的行为使某种合法权益处于遭受严重损害的危险状态,该行为人负有采取有效措施排除危险或者防止结果发生的义务。②当然,也不是说只要有先前行为就一定承担保证人地位,具有作为义务。

(一)先前行为义务来源的独立化过程

在德国,由于交通事故犯罪大量增加,交通肇事者对事故受害者不实施救助的情形时有发生,判例开始改变以往的判决路线,对不实施救助的行为人不再按照《德国刑法典》第323c条第1款规定的见危不救罪处罚,而是将交通过失行为视为先前行为,要求肇事者承担救助义务,否则有可能成立不作为的故意杀人罪。③

学者注意到这种先前行为犯罪与传统的先前行为犯罪,尤其是保有危险物或运营危险设备产生的不真正不作为犯罪之间的区别。在先前行为观念下,对于持有危险物或运营危险设备产生的不真正不作为犯罪,很难对其中的"先前行为"进行合理的论证。例如,许乃曼以房屋所有人对来自于房屋的危险,即房屋上的瓦片掉落而砸伤路人为例指出,如果房屋所有人在这个案例中因先前行为承担不作为的责任,那么这里的先前行为就必须追溯到房屋的建造行为或房屋的交易行为(在房屋所有权人发生变更

---

① 参见许玉秀:《前行为保证人类型的生存权?——与结果加重犯的比较》,载许玉秀:《当代刑法思潮》,中国民主法制出版社2005年版,第683页。

② 参见高铭暄、马克昌主编:《刑法学》(第10版),北京大学出版社、高等教育出版社2022年版,第65页;张明楷:《刑法学》(第6版)(上),法律出版社2021年版,第199页。

③ 参见[德]克劳斯·罗克辛:《德国刑法学总论》(第2卷 犯罪行为的特别表现形式),王世洲等译,法律出版社2013年版,第570页。

的情况下)。[①] 如此追溯下去,先前行为的范围就会被无尽地扩大,这显然是不妥当的。

持有危险物或运营危险设备产生的作为义务逐渐被从先前行为之中分离出去,刑法理论将保有危险物或运营危险设备产生的作为义务作为交往安全义务(Verkehrspflicht)或者交往安全保障义务(Verkehrssicherungspflicht)来对待。交往安全义务来自侵权法,主张如果某种物品根据其特征可能给他人带来危险,该物品的所有人或管理人就具有危险防止的作为义务,这种危险主要来自危险物本身或者危险的技术操作过程。[②] 根据具体危险的不同,有不同的义务内容。例如,房屋所有人对房屋的修缮义务,建筑工地管理人对建筑工地设立警示灯、进行隔离的义务,机动车所有人、运营人对车辆是否符合安全驾驶要求的检查义务以及车辆运行过程中发生危险时的刹车义务,动物的饲主对其所饲养的动物负有防止其袭击他人造成损害的义务等。[③]

(二)限定先前行为范围的方法和观点

关于如何限定先前行为的范围,德国判例与刑法学界进行了不同的尝试。鲁道菲主张,在不真正不作为犯罪之中,保证人是在社会生活中发挥防止法益侵害危险这一保护功能的人,是引起法益侵害事件中的"中心人物"。这种保护功能可分为两大类:一类是原发(primaer)的保护,直接来自为维持共同体生活所必需的防止危险地位;另一类是继发(sekundaer)的保护,即因特定的干扰社会秩序的行为而产生的防止危险地位,其中可分为承担的保证人与先前行为保证人。[④]

前已述及,这种分类与考夫曼的社会功能关系说具有很大程度的相似性。原发的保证人大致相当于保护保证人,而继发的保证人与监管保证人具有很大程度的重合。只是在承担的保证人地位分类上,二者存在区别。在因特定的扰乱社会秩序的行为而形成的作为必要性这一所谓"继发的"保证人地位中,鲁道菲认为只有可为行为人意志控制并且违反义务的前行

① Vgl. Schuenemann Grund und Grenzenderuechten Unterlassungsdelikte, zugleichein Beitragzurstrafrechtlichen Methodenlehre, Goettingen 1971, S. 284.

② Vgl. Schuenemann Grund und Grenzenderuechten Unterlassungsdelikte, zugleichein Beitragzurstrafrechtlichen Methodenlehre, Goettingen 1971, S. 281.

③ 参见[德]克劳斯·罗克辛:《德国刑法学总论》(第2卷 犯罪行为的特别表现形式),王世洲等译,法律出版社2013年版,第562页。

④ Vgl. Rudolphi, Die Gleichstellungs problematic derunechten Unterlassungsdelikteunddder Gedankeder Ingerenz, Goettingen 1966, S. 160f.

为(vortat),才可成为先前行为。[①] 由于他将义务违反理解为“指向法益的违法性”,以与合法行为进行区别,其先前行为判断标准被称为“违法性标准”。

二、义务违反说(义务违反标准说)与义务违反程度说

(一)义务违反说(义务违反标准说)

1. 义务违反说主张先前行为的规范违反性。义务违反说(义务违反标准说)认为,先前行为必须是违反义务的行为。主要理由是,该说并未区分违反义务与违法,不仅肯定违反义务行为的先前行为性,而且认为即使合法的行为包含致人损害的危险,也不能成为先前行为,实际上等于承认违反义务即违法,只是将紧急避险为先前行为引发作为义务等情形视为义务违反标准的例外。该说是德国判例、刑法理论的通说。[②]

多数德国学者认为,先前行为除了必须具备导致结果发生的迫切危险外,还需要具有违反保护他人法益的规范的义务违反性,才可以构成保证人地位。[③] 例如,耶赛克等人认为:“产生于先前实施的危险行为的保证人义务建立在禁止侵害他人的基础上。如果造成了损害他人的危险(先期行为),必须负责确保此等危险转变为构成要件该当的结果。但避免结果产生的义务,并不是产生于单纯的危险的原因,先前行为的思想必须从三个方面加以限制。首先,先前实施的行为必须造成了损害发生的紧迫的(相当的)危险。其次,先前的行为必须在客观上是违法的(即使是无责任的)。最后,违反义务性还必须存在于对恰恰是为了保护相关法益的规范的违反之中。”[④]

2. 义务违反说认定先前行为的条件和标准。历经判例的调整与补充,义务违反说发展出了以下三个界定先前行为的条件:第一,先前行为必须是违反义务的行为,适法行为不能成为先前行为产生作为义务。第二,该违反义务行为须引起了发生具体构成要件结果的紧密危险(结果发生的紧

---

① Vgl. Rudolphi, Die Gleichstellungsproblematikderunechten Unterlassungsdelikte undder Gedankeder Ingerenz, Goettingen 1966, S. 153ff., 163ff.

② 参见德国联邦最高法院刑事判例集 BGHSt 23,327;25, 218, 220ff.;34, 82, 84。众多德国刑法教科书也采此说,例如 Gropp, Strafrecht Allgemeiner Teil, 3. Aufl. Berlinu. a. 2005, §11, Rdn. 32ff; Wessels/Beulke(Fn. 13.), §16 Rdn. 725。

③ 参见[德]冈特·施特拉腾韦特、[德]洛塔尔·库伦:《刑法总论Ⅰ——犯罪论》(第5版),杨萌译,法律出版社2006年版,第366-367页。

④ [德]汉斯·海因里希·耶赛克、[德]托马斯·魏根特:《德国刑法教科书》(下),徐久生译,中国法制出版社2017年版,第842页。

密危险标准)，即要求构成要件结果的发生与先前行为之间具有紧密的关联，以防止先前行为的无限回溯。① 第三，违反义务的先前行为与不作为的损害结果之间须存在义务违反关联，即先前行为所违反的规范具有保护(损害后果中所反映的)被侵害的法益这一规范目的。②

后来，判例又提出“结果发生的紧密危险标准”，作为“义务违反标准”的补充。德国判例认为，一个行为要成为先前行为，除了违反义务以外，还需要引起发生具体构成要件结果的紧密危险，即要求构成要件结果的发生与先前行为之间具有紧密的关联，以防止先前行为的无限回溯。③

在义务违反说中，如何提供具有可操作性的“义务违反标准”，值得研究。例如，德国联邦最高法院在“皮革护理剂致人健康损害案”中曾经试图以先前行为论证缺陷产品生产商的产品召回义务，进而确定其不作为的刑事责任时，指出义务违反并非就违反谨慎义务而言，因而先前行为也不一定是过失行为。但是，该见解受到大多数学者的批判。④ 如果此处的义务违反不是指“违反谨慎义务”，那么是指何种义务的违反？如果是指“法律或者合同义务的违反”，那么先前行为与其他的形式法律义务有何区别？这些问题还值得进一步研究。

(二)义务违反程度说

义务违反程度说以先前行为作为义务的程度经验判断先前行为的保证人地位的成立与否，主张作为义务的强弱与先前行为不作为所构成之罪的重轻成正比关系。⑤

1. 义务违反程度说的基本观点。谢绍华坚持此说，认为那种一概肯定先前行为保证人地位，只要由于自己的行为使法益处于危险状态而不救助，就一定在司法中构成不真正不作为犯，或者完全否定先行行为保证人地位，在司法中将先前行为一律认定为作为犯、过失犯或者结果加重犯加以处罚的观点，都是片面的。主张以先前行为作为义务的程度判断先行行为的保证人地位的成立与否。作为义务的强弱与先前行为构成犯罪的法

---

① 参见《新刑法杂志》刊载的德国联邦最高法院判例：BGHSt 2000，414。

② 参见《新刑法杂志》刊载的德国联邦最高法院判例：BGHSt 1990，587，590。学界持相同观点的参见 Hans－Heinrich Jeseheeku. a.(Hrsg.)：Leiipzige：Kommentarzurn Strafgesetzbueh，10. Auflage，§13，Rn. 30ff。

③ 参见《新刑法杂志》刊载的德国联邦最高法院判例：BGHSt 2000，414。

④ 罗克辛指出，客观的义务违反即谨慎义务违反，二者是一回事。参见［德］克劳斯·罗克辛：《德国刑法学总论》(第2卷　犯罪行为的特别表现形式)，王世洲等译，法律出版社2013年版，第584页。

⑤ 参见谢绍华：《先行行为论》，中国人民公安大学出版社2011年版，第62页。

定刑轻重成正比关系。①

例如,在认定弃婴行为的性质时,抛弃的时间、地点等因素决定了被遗弃的婴儿获得救助或者生还的几率的高低。谢绍华认为,对于将女婴抛弃于人们容易发现的场所,如车站的候车厅或他人的家门口,可能造成遗弃罪。相反,将女婴抛弃于人迹罕至的荒郊野岭,则可能构成不作为方式的故意杀人罪。之所以产生上述差异,主要原因在于作为义务存在程度上的差异。②

该说在一定程度上受平野龙一的启发。平野龙一指出:“——在保护责任者预见死亡而置之不理的场合要对遗弃致死的情形进行处罚的话,不作为的杀人罪与不作为的遗弃致死罪的区别,不是取决于对死亡有无预见,而是取决于作为义务的程度。换言之,即使在有杀人故意,但没有成立杀人罪的足够的作为义务的情况下,也要以保护责任者遗弃罪从轻处罚。这样,在不作为的场合,从重罪逐渐到轻罪的处罚,就分别由作为义务的强弱来决定。”③

2. 对义务违反程度说的评析。以上关于作为义务程度强弱的论述,是针对法律产生的作为义务而言的,而不是指先前行为产生的作为义务,但对于理解先前行为产生的作为义务的程度仍然具有一定的参照意义。陈兴良教授指出:“作为义务的程度强弱毕竟是一个程度问题,由此引申出来的疑问是:纯正不作为犯的作为义务与不纯正不作为犯的作为义务之间的差异难道仅仅是一个程度问题而不是一个性质问题吗?……”④不过,也有学者认为这种理解是不正确的。例如,许玉秀教授认为:“违反义务的效果之所以不同,是因为实现的构成要件不同所致,而不是因为义务层级不同所致。”⑤

本书认为,无论是遗弃罪还是故意杀人罪,监护人实施上述行为的,都违背了保护女婴生命安全的义务。但是,在冰天雪地、环境恶劣的天气条件下监护人将女婴遗弃在荒郊野外,严重危及女婴生命安全的,是以作为的方式实施的杀人行为;而在天气条件尚可,监护人将女婴遗弃在容易为他人发现的场所的,虽然也对女婴的生命安全和身体健康具有危险,但相

① 参见谢绍华:《先行行为论》,中国人民公安大学出版社 2011 年版,第 62 页。

② 参见谢绍华:《先行行为论》,中国人民公安大学出版社 2011 年版,第 77 页。

③ [日]平野龙一:《刑法总论Ⅰ》,有斐阁 1972 年版,第 158-159 页。

④ 陈兴良:《不作为犯论的生成》,载《中外法学》2012 年第 4 期。

⑤ 许玉秀:《保证人地位的法理依据——危险前行为是构成保证人地位的惟一理由》,载许玉秀:《当代刑法思潮》,中国民主法制出版社 2005 年版,第 737 页。

比杀人罪而言要低得多,认定为故意杀人罪处罚过于严厉。或者说,即便认定为故意杀人罪,在量刑时也要考虑到这一点。

三、事实承担说

(一)事实承担说的主要观点

日高义博主张此说。他认为,作为与不作为在结构上存在根本性差异,前者具有引起结果发生的原因力,而后者没有,只是利用了因果进程而已;为了使不作为与作为具有构成要件上的等价性,必须使不作为也具有这种原因力。因此,不作为人在实施不作为时,必须亲自设定面向法益侵害的因果流程。这就是所谓的"设定的原因力",即故意或者过失的先前行为。①

日高义博甚至主张只有先前行为才能引起不真正不作为犯的作为义务,否认其他的义务来源。他认为,只有不作为人在其不作为之前,自己就设定了向侵害法益方向发展的因果关系,才可以与作为在法律上"等置";反之,如果不作为人没有设定向侵害法益方向发展的因果关系,就不能以作为犯的构成要件处罚不作为人。②

(二)对事实承担说的评析

该说认为,先前行为是作为形式作为义务的实质根据,只要行为人故意或者过失实施了对法益产生危险的行为,就具有作为义务,倘若不作为,必然就后行为成立不真正不作为犯。

该说主要存在以下问题或者不足:

第一,该说否定了不作为的原因力。于是,结果完全由先前行为引起,不作为犯罪本身就不存在了。换言之,不作为犯的处罚对象应当是不作为及其造成的结果,但该说却将先前行为作为处罚对象。③

第二,该说仅仅从因果关系的角度出发进行论证,并未从违法性的角度讨论不作为与作为的等价性,"只要先前行为和结果之间存在条件关系、客观上可能避免结果发生时,就成立不作为犯",这会不当地扩大不作为犯的范围。

第三,这种观点也有可能不当地缩小不作为犯的成立范围。例如,该

---

① 参见[日]日高义博:《不作为犯的理论》,王树平译,中国人民公安大学出版社 1992 年版,第 166 页。

② 参见[日]日高义博:《不作为犯的理论》,王树平译,中国人民公安大学出版社 1992 年版,第 109－112 页。

③ 参见张明楷:《不作为犯中的先前行为》,载《法学研究》2011 年第 6 期。

说将先前行为限定为行为人故意或者过失实施的行为,不当地缩小了不作为犯的处罚范围。该说否认了接受保护义务场合的不作为犯。于是,母亲不给婴儿哺乳致其死亡的,不成立杀人罪;值班医生不救助危重病人致其死亡的,也不成立不作为犯罪。[①] 这样的结论显然是不妥当的。

四、制造或者提高危险说

(一)制造或者提高危险说的主要观点

该说认为,先前行为不仅是一种形式的作为义务来源,而且应当对其加以实质判断。实行行为的实质是具有侵害法益的现实危险,而不作为是实行行为的表现形态,因此,对法益的侵害也应当具有现实的危险。先前行为构成保证人地位的根据,在于禁止侵害他人法益的一般性要求。

我国学者黄荣坚、[②]林钰雄、张明楷、王作富、刘士心、齐文远等坚持此说。[③]

1. 林钰雄的观点。林钰雄教授认为:“因为自己行为,而对他人法益造成危险者,负有再以自己行为来排除该危险以避免结果发生的义务。”[④]要成立先前行为,需要具备以下要件:第一,在先前行为与危险之间具有密接性。行为人必须因为先前行为而制造了损害发生的密接危险,即该先前行为已经制造出一个具体的危险状态。相反,在先前行为距离法益侵害比较遥远,或者先前行为是受到认可的社会通常行为,或者先前行为是由他人单独负责的危险的场合,就不能认定为先前行为。[⑤] 第二,先前行为原则上必须具有义务违反性。侵害法益的危险必须是由违反义务的先前行为所招致的。所谓违反义务,不要求必然是刑法上的不法行为(构成要件该当性+违法性)。但是,刑法上的不法行为,无论是故意行为还是过失行为,都是违反义务的行为。因自己的故意或过失,或其他违反义务的先前行

---

① 参见[日]西田典之:《共犯理论的展开》,成文堂2010年版,第175页以下;[日]山口厚:《刑法总论》(第2版),付立庆译,中国人民大学出版社2011年版,第87页;黎宏:《刑法总论问题思考》,中国人民大学出版社2007年版,第140页。

② 黄荣坚教授认为:“从衡平的观点而言,除了先前一个制造风险的作为以外,没有任何其他事由可以使得不作为和作为等价。”参见黄荣坚:《刑罚的极限》,台北,元照出版公司1999年版,第45页。

③ 参见齐文远、李晓龙:《论不作为犯中的先行行为》,载《法律科学(西北政法学院学报)》1999年第5期;高铭暄主编:《刑法专论》(下编),高等教育出版社2002年版,第663页;刘士心:《不纯正不作为犯研究》,人民出版社2008年版,第148页。

④ 林钰雄:《新刑法总则》,中国人民大学出版社2009年版,第405页。

⑤ 参见林钰雄:《新刑法总则》,中国人民大学出版社2009年版,第405页。

为,而危及他人法益的,都负有防止结果发生的保证人义务。[①]

2. 张明楷的观点。张明楷教授认为,使刑法保护的具体法益面临紧迫的危险,并对危险向实害发展的原因具有支配,是作为义务的实质根据。第一,先前行为对刑法所保护的具体法益造成了危险。但是,不受刑法保护的利益造成的危险,不能成为作为义务的来源。行为没有制造、增加危险的,也不产生作为义务。第二,危险明显增强,如果不采取积极措施,危险就会现实化为实害。行为虽然制造、增加了危险,但该危险并不紧迫或者微不足道的,不产生作为义务。第三,行为人对于危险向实害发生的原因具有支配。也就是说,在当时情况下,先前行为人是最应当防止实害结果发生的人,或者说,没有其他人更应当优先保护法益。但是,行为制造、增加的危险属于被害人答责范围内的,行为人不具有作为义务。[②]

(二)对制造或者提高危险说的评析

本书认为,该说主要存在以下问题:

第一,该说主张"先前行为制造或者提高了法益侵害的危险,必须履行阻止危险的义务,以确保行动自由正当化"。但是,这只是为先前行为保证人地位提供了一个规范性前提要件,无法提供成立不真正不作为犯所要求的不作为与作为的等价性。[③] 也就是说,要使不作为和作为具有等价性,仅仅凭借这一法理还远远不够。

第二,刑法要求行为人承担作为义务,尽管可以将其视为制造危险的人享受行动自由的前提条件,但也可以将其理解为一种消除法益侵害结果的刑法命令,与是否存在制造、提高危险行为没有必然关系。[④]

第三,有些行为即便没有增加法益侵害危险甚至减少了危险,也可能产生作为义务。例如,在交通肇事后,相对于放任受伤的被害人躺在路边来说,行为人将其移置自己车内的行为无疑降低了被害人遭受侵害的危险,但行为人不能因此而免除作为义务。[⑤]

---

① 参见林钰雄:《新刑法总则》,中国人民大学出版社 2009 年版,第 406 页。

② 参见张明楷:《不作为犯中的先前行为》,载《法学研究》2011 年第 6 期。

③ 参见[德]贝恩德·许乃曼:《德国不作为犯法理的现况》,陈志辉译,载许玉秀、陈志辉合编:《不移不惑献身法与正义——许乃曼教授刑事法论文选辑》,台北,新学林出版股份有限公司 2006 年版,第 640 页。

④ 参见姚诗:《先前行为保证人地位的理论根据》,载《清华法学》2014 年第 5 期。

⑤ 参见[日]山口厚:《出于不作为的杀人罪》,付立庆译,载陈兴良主编:《刑事法判解》(第 10 卷),北京大学出版社 2009 年版,第 393 页。

五、客观归责理论

(一)客观归责理论的主要观点

1. 罗克辛的观点。在刑法理论上,客观归责理论主要解决因果关系问题。罗克辛主张引入客观归责理论作为判断先前行为的标准。要求实施先前行为的行为人对该行为有关的后续损害负责,并不是因为先前行为对后续损害具有自然意义上的因果关系,而是因为二者之间具有刑法意义上的归责关系,因此应当以客观归责的标准审视先前行为。[①] 首先,先前行为必须具有引起损害结果的潜在风险。其次,这种潜在风险继续发展,在损害结果中实现,即在先前行为包括的潜在风险发展过程中没有其他异常的因素介入(如异常发展、介入被害人或他人的行为等)导致原来先前行为所创设的风险被替换,形成新的风险,否则对结果发生而承担责任的人就不再是原先前行为人,而是制造新风险的人。[②]

罗克辛从客观归责理论中推导的先前行为界定标准,可以概括为以下几点:

第一,先前行为必须是创设或升高侵害法益危险的行为。按照罗克辛的观点,即便先前实施的行为引起了结果发生的风险,但是如果该风险对于结果来说并非升高风险或者在可容许的范围之内,则该先前实施的行为还不能构成先前行为。[③] 例如,改变与他人去剧院看戏剧的计划而建议一同去看电影,他人在看电影的路上遭遇交通事故而不实施救助的,不承担不真正不作为的刑事责任。主要理由就是,邀约他人看电影这一行为并未创设法所不容许的风险;即便他人不是去看电影而是去看戏剧,也可能在前往剧院的路上发生交通事故。

第二,风险关联,即不作为侵害了法益,而且这种实害结果处于先前行为违反的规范保护目的范围之内。如果在先行为创设了不被容许的风险或者升高了风险,但是这种风险却未在损害结果之中实现,没有侵害法益,也不能要求实施在先行为的人对该损害后果承担防止义务。只有在先行为创设的风险与损害之间存在关联,才有理由将此在先行为视为先前行为,要求实施该行为者承担不作为责任。

---

① 参见[德]克劳斯·罗克辛:《德国刑法学总论》(第2卷 犯罪行为的特别表现形式),王世洲等译,法律出版社2013年版,第573页。

② 王莹:《论犯罪行为人的先行行为保证人地位》,载《法学家》2013年第2期。

③ 参见[德]克劳斯·罗克辛:《德国刑法学总论》(第2卷 犯罪行为的特别表现形式),王世洲等译,法律出版社2013年版,第575页。

与客观归责理论中的规范保护目的理论相联系，学者提出了界定先前行为的风险关联标准。例如，盗窃犯潜入他人家中实施盗窃惊动主人，主人察看情况时不慎滚落楼梯受伤，根据规范保护目的理论，主人受伤的损害结果超出了盗窃罪所违反的规范目的——财产法益的保护目的，所以不能将该结果归责于盗窃犯。在不作为犯的场合，如果盗窃犯看见主人受伤流血而不采取救助行为，主人因得不到救助造成重伤甚至死亡的，由于损害超出了先前的盗窃行为所违反的规范保护目的范围，行为人不承担因先前行为产生的不真正不作为的刑事责任。① 同理，如果被害人因被盗走贵重财产而悲痛欲绝，打算撞车自杀，盗窃犯也不会因其盗窃行为而产生阻止被害人自杀或自伤的义务。

第三，其他客观归责的排除规则。行为人虽然创设了风险，但是该风险的实现是他人在完全的风险认识情况下由他人行为导致的，由于在先行为包含的风险为他人的风险行为所阻断，在先行为不构成先前行为，在先行为人不具有保证人地位。这种情形通常是在先行为实施后介入被害人自我危险行为或第三人的行为，被害人创设的自我危险或第三人的行为阻断了在先行为的风险实现，由被害人自负其责或第三人承担责任，在先行为人不承担保证人义务。例如，行为人向吸毒者贩卖毒品，在吸毒者吸食毒品后陷入昏迷时不对其进行救助，如果吸毒者死亡，行为人不会因此而承担不作为的故意杀人或者过失致人死亡的刑事责任。②

2. 我国学者的观点。我国学者诸如周光权、王莹等也试图利用客观归责理论对不作为的作为义务进行实质判断。③ 但是，也有学者如曾文科认为客观归责理论的三个下位规则无法适用于不作为犯。④ 篇幅所限，此处不再赘言。

（二）对客观归责理论的评析

在以上论述中，运用了客观归责理论中的两个规则：一是制造不被允许的风险中提升侵害法益的风险；二是实现不被允许的风险。其中，制造不被允许的风险是对构成要件行为的一种实质判断。在作为犯中，这里的

① Vgl. Walt Streein Guenter Kohlmann（Hrsg.）：Ingerenzprobleme，Festschriftfuer Ulrich Klug，Koeln 1983，S. 399.

② 参见［德］克劳斯·罗克辛：《德国刑法学总论》（第2卷　犯罪行为的特别表现形式），王世洲等译，法律出版社2013年版，第579页。

③ 参见周光权：《客观归责方法论的中国实践》，载《法学家》2013年第6期；王莹：《先行行为作为义务之理论谱系归整及其界定》，载《中外法学》2013年第2期。

④ 参见曾文科：《不作为犯的归因与归责》，载陈兴良主编：《刑事法评论》（第28卷），北京大学出版社2011年版，第401－402页。

构成要件行为当然是指实行行为，其是否制造不被允许的风险成为作为犯成立的行为根据。

但是，在不作为犯中，先前行为本身并不是构成要件行为，它只是产生不作为的作为义务的根据。因此，能否将制造不被允许的风险这一规则直接适用于先前行为，存在一定疑问。在我国刑法学中，先前行为本身制造了危险，危险的含义已内在于先前行为之中。[①] 但是，不能将先前行为等同于实行行为，如于改之教授指出："刑事归责的对象是违反了刑事义务的行为，先行行为是刑事义务的来源之一，而非违反刑事义务的行为。"[②]陈兴良教授也强调："先行行为不是不作为本身，而是产生作为义务的根据。将客观归责理论的制造风险规则用于先行行为的界定存在疑义。"[③]

六、事实支配理论

事实支配理论认为，要使不作为与作为具有等价性，关键是不作为犯必须与作为犯一样支配了犯罪。根据支配对象的不同，可以分为结果原因支配说和因果经过支配说。前者以许乃曼为代表，后者以西田典之为代表。

（一）结果原因支配说

1. 许乃曼的观点。许乃曼主张结果原因支配说。他认为，认定不真正不作为犯的关键在于寻求与作为犯相当的不法内涵，这种不法内涵只能从物本逻辑结构中获得；对于作为犯而言，不法来自行为人对自身身体这一造成结果的原因的事实支配，因此不作为犯的不法也必须来自对结果原因的支配，具体表现为对脆弱法益或者危险源的事实支配。当然，这种支配是在开启法益侵害的结果流程之前就已经存在的控制支配，即事先的常态的支配。例如，恶犬的主人对于恶犬、车主对于汽车存在控制支配，不阻止恶犬伤人或者未确保汽车处于适合驾驶状态，都有可能承担不作为犯的罪责。反之，如果前行为人对于脆弱法益或者侵害来源不存在这种事先的控制支配，其对于法益侵害结果只有一种纯粹的避免可能性，则不能成立与作为相当的不作为犯。许乃曼明确指出，行为人制造危险后不阻止法益侵害结果发生，但不作为不符合《德国刑法典》第13条第1款所要求的"对等

---

① 参见谢绍华：《先行行为论》，中国人民公安大学出版社2011年版，第11页。

② 于改之：《不作为犯罪中"先行行为"的本质及其产生作为义务的条件——兼论刑法第133条"因逃逸致人死亡"的立法意蕴》，载《中国刑事法杂志》2000年第5期。

③ 陈兴良：《不作为犯论的生成》，载《中外法学》2012年第4期。

原则"的，至多以第323c条第1款规定的见危不救助罪论处。①

2. 山口厚的观点。山口厚也赞同这种观点。他认为，虽然可以说先前行为在制造危险、提高危险的操作阶段对危险源具有支配，但是在制造危险之后，"难以说支配着导致结果的原因"。例如，在驾车过程中眼看着就要撞到行人，这时候行为人对危险源存在支配，即刹车、打方向盘等，但是在发生事故之后，对于被撞倒的行人伤势逐渐恶化来说，行为人并不存在"支配"，这时行为人的地位与恰好在场的与事故无关的第三人没有差别。所以，从结论来看，将先前行为从作为义务中剔除是妥当的。②

3. 张明楷的观点。张明楷教授明确主张结果原因支配说。他认为："在作为犯的场合，作为方式的杀人是死亡的原因，行为人支配了这一原因。因此，要认定不作为成立故意杀人罪，也要求行为人支配了死亡的原因。就此而言，将实质的作为义务限定为对结果原因的支配，是正当的、可取的。"③

张明楷教授指出，不作为犯中的支配不需要与作为犯中的支配相当，既可以是事实的支配，也可以是规范的支配。第一，就事实的支配而言，这是一种常态的支配，如父母对子女的法益保护义务或者恶犬主人对于恶犬的危险源监督义务，都来源于此。第二，就规范的支配而言，先前行为是其典型。虽然先前行为人只是偶然地、临时地与脆弱法益或者危险源共存于某一空间，对后者不具有事实支配，但是在当时的情况下，行为人最应当也最容易采取有效措施防止发生法益侵害结果，因而存在规范的支配。在以危险的突发性为重要特征的现代社会，任何法益都随时可能脆弱化，将作为义务的来源限定为对脆弱法益或者危险源的事先的常态支配，不仅过于严格，也不符合社会现实。张明楷教授认为，还应当根据社会分工的原理，"规范的考察行为人是否支配了危险源或者脆弱的法益"。④

（二）因果经过支配说

西田典之主张因果经过支配说。他认为，不作为和作为在结构上存在差异，前者是对因果过程的放任，后者是对指向结果的因果设定。要使不作为与作为具有等价性，"不作为者就必须将正在发生的因果流程控制在

---

① 参见[德]贝恩德·许乃曼：《德国不作为犯法理的现况》，陈志辉译，载许玉秀、陈志辉合编：《不移不惑献身法与正义——许乃曼教授刑事法论文选辑》，台北，新学林出版股份有限公司2006年版，第640页。

② 参见[日]山口厚：《出于不作为的杀人罪》，付立庆译，载陈兴良主编：《刑事法判解》（第10卷），北京大学出版社2009年版，第395-396页。

③ 张明楷：《不作为犯中的先前行为》，载《法学研究》2011年第6期。

④ 参见张明楷：《不作为犯中的先前行为》，载《法学研究》2011年第6期。

自己的手中”。

具体来说,具备下列条件之一的,具有作为义务:

第一,具有事实上的排他性支配的场合,即不作为人根据自己的意思,具有排他性支配或者设定排他性支配的情况,如基于收养关系而产生的作为义务。“如果认为作为是指向结果的因果设定,不作为便属于对因果过程的放任。为此,不作为要与作为具有构成要件等价值性,不作为者就必须将正在发生的因果流程控制在自己的手中,即基于自己的意思而获得排他性支配。”①在西田典之看来,不仅不要求维持法益行为的反复性、继续性,甚至也不要求具有基于保护、维持法益的目的性。

第二,具有“支配领域性”的场合,行为人并非基于支配意思,而是事实上取得支配因果经过的地位,这时候应当将作为义务的主体限定为具有某种规范要素的人,如建筑物所有人等以其身份或者社会地位而在社会生活中负有继续保管、管理义务的人。② 按照西田典之的观点,在交通肇事逃逸的场合,不仅移置逃逸的情形存在排他的支配关系,而且单纯逃逸的情形也应考虑成立不作为的杀人罪的可能。

(三)对事实支配理论的评析

事实支配说主张,判断行为人是否具有保证人地位,关键是看行为人是否对因果经过或者结果的原因具有支配。但是,先前行为人和脆弱法益、危险源之间只是因为偶然的事故联系在一起,在行为人制造危险之后,对危险升高、法益恶化过程仅仅具有某种支配可能性,而不具有排他的支配。因此,事实支配说无法为先前行为人的保证人地位提供实质根据。③

七、管辖理论

(一)管辖理论的主要观点

雅各布斯主张管辖理论。该说从纯粹的规范论出发,认为社会以规范为媒介,刑法的功能在于维护规范;处罚犯罪并不是因为法益侵害,而是因为规范否认。④ 刑法上的行为是否定规范的意志表现的客观化,无论是作为还是不作为,都是对规范的违反,有意义的是行为违反的义务类型。

---

① [日]西田典之:《日本刑法总论》(第2版),王昭武、刘明祥译,法律出版社2013年版,第106页。

② 参见[日]西田典之:《日本刑法总论》(第2版),王昭武、刘明祥译,法律出版社2013年版,第106页。

③ 参见姚诗:《先前行为保证人地位的理论根据》,载《清华法学》2014年第5期。

④ 参见[德]格吕恩特·雅科布斯:《行为 责任 刑法——机能性描述》,冯军译,中国政法大学出版社1997年版,第2页。

雅各布斯认为,刑法中存在两类义务:第一种义务是因体制管辖而产生的义务,这是指为了维护社会体制的正常运行,刑法赋予特定主体的义务,通常是积极义务。例如,父母对未成年子女的保护义务,警察对市民的保护义务等。第二种义务是因组织管辖而产生的义务,在自由社会中,每个人都可以自由地实施任何行动来扩大自己的生活圈子,即组织圈,但是,法律要求人们在这一过程中不能侵害他人。

具体来说,行为人必须履行三种义务,即交往安全义务、因承担而生的义务,以及因先前行为而生的义务。[①]

第一种义务是交往安全义务,是指行为人利用自己的组织圈要素对外行为时,必须注意法律所划定的行动界限,不能因为自己的活动而侵害他人利益。“如果自己的支配领域内存在危险源(像经营危险设施、驾驶机动车或者豢养猛兽),则必须加以控制,并保证这种危险源不会向外输出伤害性的影响。”[②]例如,行为人可以利用自己的身体和自己的刀具,但如果杀了人,就违反了交往安全义务。行为人既可能以作为方式违反交往安全义务,如故意杀人、抢劫等;也可能以不作为方式违反该义务,如铁路工人不扳道以至于火车脱轨。可见,交往安全义务实际上既包含一般的作为犯,也包含功能说中的监督危险源类型的不作为犯。

第二种义务是因承担而生的义务,是指行为人因为自己的意思而将他人纳入自己的组织圈所生的义务。该义务的内容是抑制他人可能面临的危险,当抑制危险的义务没有完全履行到位,发生危险时,还必须进一步履行救助法益的义务。例如,保姆具有以自己的意思承担照料婴儿的义务,必须防止婴儿可能出现任何危险,当出现危险时,保姆必须对婴儿进行救助。

第三种义务是因先前行为而生的义务,是指诸如行为人在自己的生活圈子内实施某一行为(如开车上公路),但行为违反了安全义务而给他人造成了危险(撞伤他人),这时候行为人就不再拥有行动自由(不能继续开车离开);要想恢复行动自由,就必须消除这种危险,使社会恢复到安定状态,也就是履行救助义务。“如果行为人自己创设了一个风险,那么,对该风险的责任便使其处于基于危险的先行举止的保证人地位。如果数个共同正犯共同创设了一风险,则他们中的每个人由于先行举止都需要为防止

---

① Vgl. Gunther Jakobs, Die strafrechtliche Zurechnung von Tun und Unterlassen. Opladen: Westdeutscher, 1996, S. 19 – 23, 29 – 30.

② [德]乌尔斯·金德霍伊泽尔:《刑法总论教科书》(第6版),蔡桂生译,北京大学出版社2015年版,第376页。

结果负责。"①

(二)对管辖理论的评析

对于雅各布斯的管辖理论,许多学者提出了批评。例如,雅各布(Jacobo)认为,与支配观念一样,管辖观念也包含了"行为人对危险进行事实上的控制"。例如,行为人对于组织领域内的危险源诸如自己的恶犬或者汽车都有完全的独立的控制,其他人不可能进入自己的领域控制该危险源。但是,先前行为人所制造的危险处于其组织管辖范围之外,其对危险的恶化过程不具有控制,或者说,任何人都可以中断这种危险,而不是只有自己才可以控制该危险。② 既然如此,就不能要求先前行为人承担救助义务。

尽管雅各布斯认识到该问题,却仍然认为必须找到一个最有可能管辖的人,即距离该风险最接近的事实。这种接近是指法律上的接近,也就是风险的引起者、创设者。例如,在交通肇事的场合,除了肇事者之外,尽管路过现场的其他人都具有救助被害人的可能性,但只有肇事者才是风险的引起者、创设者,在法律上与该风险最为接近,所以应当由其管辖。③

八、本书的观点

(一)以制造、增加危险或者避免危险作为判断是否承担作为义务的标准

本书认为,应当以制造、增加危险或者避免危险作为判断是否承担作为义务的标准,原则上由制造或者增加法律风险的人、距离法律风险最近的人和最应当回避结果的人承担作为义务。主要是因为:

第一,实行行为的本质是具有侵害法益的现实危险,无论是作为还是不作为,都应当符合这个标准。所以,只有先前行为对法益制造或者增加了现实的、具体的、紧迫的危险,行为人的不作为才有可能构成不真正不作为。换言之,先前行为之所以能够成为不真正不作为犯的义务来源,是因为行为人的先前行为具有侵害法益的危险,而且先前行为与危险状态之间具有因果关系。④

第二,从成本效益分析的角度考虑,作为法律上距离风险最近的人,先

---

① [德]乌尔斯·金德霍伊泽尔:《刑法总论教科书》(第6版),蔡桂生译,北京大学出版社2015年版,第378-379页。

② Vgl. Jacobo Dopico Gomez-Aller, Criminal Omissions: A European Perspective, New Criminal Law Review, Vol. Ⅱ, Number 3, 2008, p.441.

③ 参见洪兆承:《评保证人地位法理基础之规范化》,载《东吴法研论集》2006年第2卷。

④ 参见陈兴良:《犯罪不作为研究》,载《法制与社会发展》1999年第5期。

前行为人最有可能马上补救法益。因此,原则上应当选择履行作为义务的负担相对最轻的主体,以便将侵害个人法益的程度降到最低。例如,镇目征树就认为,"只有能够最有效地采取结果避免措施的主体才处于保证人地位"。[①] 当然,根据什么标准判断谁能够采取最有效的避免危害结果的措施,并不明确。

第三,从法感情的角度考虑,先前行为人承担作为义务"在正义的感情上是理所当然的"。制造了危险的人是法益侵害的始作俑者,在道义上更应当避免结果的发生;当行为人未履行这一义务时,对其进行谴责并不违背法感情。[②] 张明楷教授从正当性、效益和可操作性等方面论证先前行为能够成为作为义务的来源,并认为先前行为人最应当、也最容易防止结果的发生。比如说,"事前放置爆炸物的人,能轻易防止爆炸事故;事前拘禁了他人的人,能轻易地释放他人"[③]。

(二)判断是否承担作为义务的根据

本书认为,当先前行为具备下列条件时,可以成为作为义务的发生根据:第一,先前行为对刑法所保护的具体法益造成了现实的、具体的危险。第二,先前行为蕴含的法益侵害危险非常紧迫,如果不采取积极措施,危险就会立即现实化为实害。第三,行为人对危险向实害的发展过程或者危险的现实化具有支配。对结果原因具有支配的人,通常也对因果过程形成支配。

成立先前行为,关键在于该行为对于法益有无现实的、具体的、紧迫的危险性,而不以是否具有义务违反性为前提。无论是不作为,还是具备违法阻却事由的行为、过失犯罪行为与故意犯罪行为,只要满足前述条件,就均有可能成为产生作为义务的先前行为。危险的先前行为不仅是不真正不作为犯的义务来源,而且也是非典型的真正不作为犯的义务来源。

第五节 有关合法行为能否成为作为义务来源的争论

前已述及,关于合法行为能否成为作为义务的来源,理论上主要存在义务违反理论与因果关系理论的争论。其中,前者认为,只有违反义务的危险前行为才能形成保证人地位和作为义务,如果危险前行为不违反义

① 参见[日]镇目征树:《刑法上有关产品责任的不作为犯理论的意义及其展开》,载《本乡法政纪要》1999 年第 8 期。

② 参见姚诗:《不真正不作为犯的边界》,载《法学研究》2018 年第 4 期。

③ 张明楷:《不作为犯中的先前行为》,载《法学研究》2011 年第 6 期。

务,就不存在保证人地位和作为义务;后者则认为,无论先前行为是否具有违法性,只要行为人对危险前行为具有预见可能性,就必须控制风险,即便是合法的危险前行为也可以形成保证人地位和作为义务。[①]

一、义务违反理论

(一)义务违反理论的基本观点

1. 义务违反理论的基本观点。该说主张只有违法行为才能成为作为义务来源,即使合法行为具有致人损害的危险,也不能成为先前行为。这里的违法只要求是违反客观注意义务的违法,不要求行为人承担责任。但是主张将紧急避险为先前行为引发作为义务等情形视为义务违反标准的例外。

义务违反理论可以分为行为义务违反理论和结果义务违反理论。[②] 前者认为,如果先前行为不违反法律义务,就没有作为义务,只有自身违反法律义务,具有客观违法性的先前行为才能引起作为义务,合法行为不能引起作为义务。后者认为,对先前行为范围的确定不应当立足于行为自身是否违法,而应当立足于先前行为是否造成法律所不允许的后果(造成的危险状态)进行判定。例如,齐文远教授等认为:"如果认为任何合法行为都产生作为的义务,那么在很多情形下会造成混乱……既然行为本身是合法的,那么在合法限度之内的结果也是为法律所许可的,因此不可能在法律许可的范围之内重新产生法律的义务。"[③]

2. 赞同义务违反理论的典型例。行为义务违反理论是目前德国刑法理论的通说。例如,耶赛克等认为,先前行为必须在客观上是违法的(即使是无责任的),而且"违反义务性还必须存在于对恰恰是为了保护相关法益的规范的违反之中",没有违反义务性要求的行为,不能评价为先前行为。[④] 韦塞尔斯认为,以违反义务的作为或者不作为危及第三者的法益的人,都有义务采取相应措施,阻止法益侵害结果的发生。[⑤]

德国的判例也坚持此种观点。例如,在"饭店老板案Ⅰ"(Gastwirt -

---

① 参见黄荣坚:《论保证人地位》,载黄荣坚:《刑罚的极限》,台北,元照出版公司1999年版,第38-40页。

② 刘士心教授将其区分为行为限制理论和结果限制理论。参见刘士心:《不纯正不作为犯罪中先行行为引起的义务研究》,载《北方法学》2007年第6期。

③ 齐文远主编:《刑法学》(第2版),北京大学出版社2011年版,第84页。

④ 参见[德]汉斯·海因里希·耶赛克、[德]托马斯·魏根特:《德国刑法教科书》(下),徐久生译,中国法制出版社2017年版,第842页。

⑤ 参见[德]约翰内斯·韦塞尔斯:《德国刑法总论》,李昌珂译,法律出版社2008年版,第439页。

Fall Ⅰ)中,德国联邦最高法院判例认为,按照德国有关规定向顾客销售酒精饮料的酒店老板,虽然明知顾客在离去时已经没有正常的驾驶控制能力,但不能因为该行为而对顾客酒后驾车发生交通事故承担不作为的责任。① 又如,在交通肇事后不救助被害人的案件中,判例也认为,如果司机的驾驶行为符合交通规则,即使伤害了其他交通参与人员,也不会产生保证人义务。如果司机因为违反了注意义务而肇事,当司机认识到受害者受伤却不予救助时,根据实际情况,分别承担故意伤害罪、故意杀人罪未遂或者既遂的责任。②

我国及韩国等也有很多学者认为,先前行为除了必须具备导致结果发生的迫切危险之外,还需要具有违反保护他人法益的规范的义务违反性,才可以构成保证人地位。③ 例如,金日秀认为:"即使对被害人存在一般的扶助义务,也不会逾越此义务而产生特殊的救助义务,所以从适法的先行行为中并不产生保证人的地位与义务。因此,在存在适法的先行行为时,并不产生保证人义务。"④周光权教授也坚定地主张义务违法理论,他认为所谓"合法行为引起作为义务是否公正、合理"的担心是多余的,所谓的"合法行为引起作为义务"的说法也是假命题。"先行行为都是客观上的利益损害行为,不可能有合法行为成为先行行为。"⑤"先行行为都是违法行为,而不可能有合法行为成为先行行为,引起作为义务的可能。"⑥

(二)对义务违反理论的评析

就义务违反理论而言,主要存在以下问题:

1. 先前行为是否具有违反义务或者具有违法性,属于对先前行为的法律评价。一个行为产生法律禁止的危险和它本身是否属于法律所禁止的危险,应当说是两回事。"刑法并不是对违反其他法律的行为直接给予刑事制裁,而是根据特定目的评价、判断对某种行为是否需要给予刑事制

① 参见[德]克劳斯·罗克辛:《德国最高法院判例:刑法总论》,何庆仁、蔡桂生译,中国人民大学出版社 2012 年版,第 243－244 页。

② 参见[德]冈特·施特拉腾韦特、[德]洛塔尔·库伦:《刑法总论 Ⅰ——犯罪论》(第 5 版),杨萌译,法律出版社 2006 年版,第 366 页。

③ 参见[韩]李在祥:《韩国刑法总论》,[韩]韩相敦译,中国人民大学出版社 2005 年版,第 115 页;蔡墩铭:《刑法总则争议问题研究》,台北,五南图书出版公司 1988 年版,第 60 页;林山田:《刑法通论》(增订 10 版)(下册),北京大学出版社 2012 年版,第 160 页。

④ [韩]金日秀、[韩]徐辅鹤:《韩国刑法总论》(第 11 版),郑军男译,武汉大学出版社 2008 年版,第 481 页。

⑤ 周光权:《论实质的作为义务》,载《中外法学》2005 年第 2 期。

⑥ 周光权:《刑法总论》(第 2 版),中国人民大学出版社 2011 年版,第 92 页。

裁。"[1]应当认为,无论先前行为是否具有义务违反性或者违法性,只要其制造或者增加法益侵害的危险,行为人就具有保护法益的作为义务。在这个前提下,行为人能够履行该作为义务而不履行,发生法益侵害结果的,就可能构成不作为犯。

2. 关于如何提供具有可操作性的"义务违反标准",值得研究。例如,就"皮革喷雾剂案"来说,德国联邦最高法院试图以先前行为论证缺陷产品生产商的产品召回义务,进而确定其不作为的刑事责任,认为义务违反并非就违反谨慎义务而言,先前行为不一定是过失行为;在销售过程中的产品具有危险性,可以作为判断制造、销售产品的先前行为是否具有义务违反性的根据。[2] 普珀也认为,可以"行为制造超出日常行为的危险状态"这种客观的制造危险要件替代"义务违反性"要件。[3]

但是,该见解遭到学者的批判。大多数赞同义务违反说的学者认为,义务违反性是一个必须坚守的最低门槛,先前行为的义务违反性限定了先前行为的保证人义务的范围,取消义务违反性要件将不当地扩大归责的范围。例如,罗克辛认为,行为是否违反义务以其是否具有不法性为前提。在该案中,如果在生产或者销售产品时没有创设不被容许的危险,并且对这种危险缺乏认识,就没有作为义务。判断有无义务违反性只能从行为时而不是从发生法益侵害结果时进行判断。"在没有'违反谨慎义务'的情况下认定一种'客观的违反义务性'是不可能的;因为二者是同一的。在联邦最高法院把违反谨慎性与罪责等同看待时,就混淆了不法与罪责。"[4]问题是,如果这里的"义务违反"不是指违反谨慎义务,而是指何种义务的违反呢?如果是指法律或者合同义务的违反,那么先前行为与其他类型的形式的作为义务有何区别呢?

3. 先前行为之所以能够成为作为义务来源,是因为行为人的先前行为侵害了法益或者具有侵害法益的危险,出于保护法益的考虑,有必要科处行为人排除危害的义务。但是,义务违反理论将先前行为局限于违法行为,不利于全面保护法益。以周光权教授的观点为例,一方面,他认为先前行为成为作为义务来源的关键在于其所产生的结果是否超出了合理范围

---

① 张明楷:《正确适用空白刑法的补充规范》,载《人民法院报》2019 年 8 月 8 日,第 5 版。

② 参见江溯主编:《德国判例刑法(总则)》,北京大学出版社 2021 年版,第 445 页。

③ Ingeborg Puppe, Anmerkung, JR 1992, S. 30. 转引自[日]平山干子:《不作为犯与正犯原理》,成文堂 2005 年版,第 58 页。

④ [德]克劳斯·罗克辛:《德国刑法学总论》(第 2 卷 犯罪行为的特别表现形式),王世洲等译,法律出版社 2013 年版,第 584 页。

而增加了行为之外的危险,因而要求行为人对其加以防止。“行为虽然合法,但其所产生的结果属于行为人必须加以防止的危险结果,该先行行为就可能成为不作为的义务来源。”①在判断是否成立先前行为问题上,采用的是制造危险或者升高危险标准。另一方面,他又认为“合法行为引起作为义务”的说法是一个伪命题。主要理由是,先前行为是行为人以一定的身体举动,使他人陷入危险境地,即将他人置于危险处境的行为,都是客观上的利益损害行为,不可能有合法行为成为先前行为,引起作为义务。② 这样就将前述判断是否成立先前行为的标准由制造危险或者升高危险,转换为行为本身合法还是违法的问题。

实际上,无论是逻辑上还是司法实践中,客观上都存在诸如“先前行为具有合法性但仍然制造或者升高了法益侵害危险”的情形。这一点也得到了权威学者的认同。例如,陈兴良教授等认为:“如果行为虽然合法,但其所产生的结果属于行为人必须加以防止的危险结果,该先行行为就可能成为不作为的义务来源。例如医生将病人胸腔打开后,当然负有对其进行继续抢救的义务,否则就可能构成不作为的犯罪。”③如果坚持将先前行为限定为不仅制造或者升高危险,而且具有违法性,必然将虽然制造或者升高危险但不具有违法性的情形排除在刑法的保护范围之外。这显然是不妥当的。

4. 在紧急避险的场合,义务违反论者大多认为避险人负有防止无辜的第三人的法益免受侵害的义务。④ 但是,在正当防卫的场合却主张防卫人没有作为义务,从理论体系上看无法保持一致。再者,即便同样是主张紧急避险的场合,所主张的成立紧急避险的条件不同,也会出现结论上的差异。例如,我国传统刑法理论认为,成立紧急避险,只能是损害较小的合法权益。⑤ 按照这种观点,侵害同等法益的情形不能阻却违法性。但是,刑法理论的有力说主张侵害同等利益的也可以成立紧急避险。“紧急避险的必

---

① 周光权:《论实质的作为义务》,载《中外法学》2005 年第 2 期。

② 参见周光权:《论实质的作为义务》,载《中外法学》2005 年第 2 期。

③ 陈兴良主编:《刑法学》(第 2 版),复旦大学出版社 2009 年版,第 65 页。

④ 参见[德]约翰内斯·韦塞尔斯:《德国刑法总论》,李昌珂译,法律出版社 2008 年版,第 441 页;[德]冈特·施特拉腾韦特、[德]洛塔尔·库伦:《刑法总论 I——犯罪论》(第 5 版),杨萌译,法律出版社 2006 年版,第 368 页;林山田:《刑法通论》(增订 10 版)(下册),北京大学出版社 2012 年版,第 161 页。实际上,因果关系论者例如张明楷教授等认为,紧急避险人对于遭受损害的无辜第三者具有作为义务。参见张明楷:《刑法学》(第 6 版)(上),法律出版社 2021 年版,第 200 页。

⑤ 参见高铭暄、马克昌主编:《刑法学》(第 10 版),北京大学出版社、高等教育出版社 2022 年版,第 135 页。

要限度，是指在所造成的损害不超过所避免的损害的前提下，足以排除危险所必需的限度。”①按照这种观点，侵害同等法益的情形也能够阻却违法。这样看来，如果坚持义务违反理论的观点，在紧急避险能否成为先前行为并产生作为义务这一问题上，也无法保持一致。

二、因果关系理论

（一）因果关系理论的基本观点

该理论认为，无论合法行为还是非法行为，只要可以使某种法益处于受到损害的危险状态，行为人就有义务消除他能够消除的危险；先前的行为是否违法并不重要。

1. 国外学者的观点。德国学者阿茨特认为买卖恶犬的行为属于能够产生作为义务的危险的先前行为；雅各布斯提出，架桥铺路、买房子或者公共设施、垄断某种市场的行为、抱走流浪动物等，都属于会制造在自己组织活动势力范围内的危险的先前行为。② 美国学者亚瑟·利文斯强调：“刑法意义上因果关系的概念分析，并不要求义务本身具有法定性。换句话说，即使无法在侵权法或者合同法中寻找到对应概念，仍然可以将某种改变了现状的不作为，视为导致刑事责任的根据。”③

2. 我国学者的观点。我国刑法理论的通说主张先前行为包括合法行为。④ 例如，高铭暄教授等认为，无论合法行为还是违法行为，既然由于它而使某种合法权益处于遭受损害的危险状态，行为人就没有理由拒绝消除他能够消除的危险。先前行为的合法性不能确保其后行为的合法性。⑤

张明楷教授指出，肯定先前行为成为作为义务来源并非将先前行为作为处罚根据，没有理由将先前行为限定为违反义务的行为；很多合法行为

---

① 张明楷：《刑法学》（第6版）（上），法律出版社2021年版，第293页。

② 参见许玉秀：《前行为保证人类型的生存权？——与结果加重犯的比较》，载许玉秀：《当代刑法思潮》，中国民主法制出版社2005年版，第670页。

③ ［美］亚瑟·利文斯：《因果关系视角下的不作为犯罪》，高娜、李立丰译，载赵秉志主编：《刑法论丛》（第37卷），法律出版社2014年版，第266页。

④ 参见高铭喧主编：《刑法学原理》（第1卷），中国人民大学出版社1993年版，第545页；李晓龙：《论不纯正不作为犯作为义务之来源》，载高铭暄、赵秉志主编：《刑法论丛》（第5卷），法律出版社2002年版，第104页；陈兴良：《刑法哲学》（修订3版），中国政法大学出版社2004年版，第245页；冯卫国：《刑法中不作为之作为义务来源再探讨》，载《法治研究》2011年第6期。但是，高铭暄教授等也指出，合法行为引起作为义务是否公正合理，还值得研究。参见高铭暄、马克昌主编：《刑法学》（第10版），北京大学出版社、高等教育出版社2022年版，第65页。

⑤ 参见高铭喧主编：《刑法学原理》（第1卷），中国人民大学出版社1993年版，第545页。

也能够产生作为义务。[①]“在不作为犯中,能够成为处罚对象的并不是先前行为,而是后来的不作为。对先前行为违法性的单纯承袭,难以为不作为犯共处罚根据。而且,产生作为义务的先前行为,并不以具有违法性为前提。”[②]在正当防卫案件中,“如果正当防卫造成了伤害(该伤害本身不过当),并具有死亡的紧迫危险(具有防卫过当的危险),发生死亡结果就会过当,那么,应当肯定正当防卫人具有救助义务。”[③]

陈兴良教授也认为,先前行为能否成为不作为的义务来源,关键不在于先前行为本身合法还是违法,而在于其所产生的结果是否超出了合理范围而增加了行为之外的危险,因而要求行为人对其加以防止。如果其所发生的结果并未超过行为性质所能包含的结果,产生不合理的危险,该先前行为就不能成为不作为的义务来源。虽然先前行为本身是合法的,但如果其所产生的结果属于行为人必须加以防止的危险结果,该先前行为还是能够成为不作为的义务来源。[④]

(二)对因果关系理论的评析

本书认为,因果关系理论基本上是妥当的,但也存在过分扩大先前行为的成立范围的嫌疑。

1. 因果关系理论与刑法关于阻却违法事由的规定存在一定的矛盾。按照因果关系理论的观点,由于合法行为也能够引起作为义务,如在正当防卫中,如果防卫人打伤不法侵害者,导致有严重伤害或者死亡的危险,无论最终的结果是否过当,防卫人都有救助的义务,否则就构成不真正不作为犯罪,这似乎与正当防卫不负刑事责任的规定相违背。

在司法实践中,一般情况下,即便防卫行为造成了发生过当结果的危险,也未必能够引起作为义务,进而对防卫者以不真正不作为犯罪处罚。比如,甲在码头散步,乙对甲实施抢劫,甲以柔道术将乙摔入海中,乙有溺水而死的危险,甲不予救助,最后乙溺水而死。即使溺水的危险超出了防卫的必要限度,对甲也不能以不真正不作为杀人罪论处,甲仅负防卫过当的责任。[⑤]

2. 因果关系理论认为合法行为也引起作为义务,在危险业务领域内还

① 参见张明楷:《不作为犯中的先前行为》,载《法学研究》2011 年第 6 期。
② 张明楷:《不作为犯中的先前行为》,载《法学研究》2011 年第 6 期。
③ 张明楷:《刑法学》(第 6 版)(上),法律出版社 2021 年版,第 201 页。
④ 参见陈兴良主编:《刑法学》(第 2 版),复旦大学出版社 2009 年版,第 65 页。
⑤ 参见黄常仁:《刑法总论——逻辑分析与体系论证》(增订 1 版),台北,汉兴出版有限公司 2001 年版,第 141 页。

可能与被允许危险的原理相冲突。一般认为,被允许的危险不是法律意义的危险,危险业务的实施者没有避免这种危险的义务,只要行为人的危险活动符合法律规定的条件,即便造成了“被允许危险”范围内的结果,行为人也不负刑事责任。但是,如果按照因果关系理论的立场,就可能得出行为人对允许范围内的危险也应当承担不作为犯罪刑事责任的结论。例如,刘士心教授指出,如果从最大限度保护法益和减少损失的政策考虑和相互协助的社会伦理出发,则应当赋予行为人救助的义务,但是这种义务最多只是一般的紧急救助义务而已,违背这种义务,在刑法分则有明文规定的情况下可以按照较轻的真正不作为犯处罚,却不能以杀人罪的不真正不作为犯处罚。①

三、折中理论

(一)折中理论的基本观点

该理论认为,义务违反理论对先前行为的认定过于严格,导致处罚范围过于狭窄;而因果关系理论所认定的先前行为的范围过于宽松,可能导致处罚范围过宽,应当认为先前行为是否限于违法行为不能一概而论,需要根据一定的标准进行限缩。②

例如,高铭暄教授等认为:“引起作为义务的先行行为并不限于违法、有责行为,也不限于作为,但合法正当行为与不作为行为能否引起作为义务,又不可一概而论,而要具体分析。”③姚诗教授认为,先前行为应当是违法行为,在合法行为中,除了紧急避险外,多数情况下都不具有作为义务。“法律已确定某个行为合法后,又因行为人实施该行为而强令其承担由刑罚威慑所保障的作为义务,前后矛盾。”④同时,因果关系理论和义务违反理论都是关于先前行为违法与否这一根本性质的讨论,在具体案件中探讨某个行为是否成立先前行为并具有作为义务时,仅凭借该行为是合法还是违法还不足以作出判断。⑤

(二)折中理论的具体学说

根据所主张的区分标准不同,存在不同的折中观点。

---

① 参见刘士心:《不纯正不作为犯罪中先行行为引起的义务研究》,载《北方法学》2007年第6期。

② 实际上,坚持因果关系理论的学者基本上认为正当防卫人没有保证人地位,而主张义务违反理论的学者也大多认为攻击型紧急避险行为人具有保证人地位。

③ 高铭暄主编:《刑法专论》(上编),高等教育出版社2002年版,第170页。

④ 姚诗:《先前行为与实行过限下知情共犯人的刑事责任》,载《法学研究》2013年第5期。

⑤ 参见姚诗:《先前行为与实行过限下知情共犯人的刑事责任》,载《法学研究》2013年第5期。

1. 根据被害人是否自我答责进行判断。例如,岩间康夫认为,只要属于被害人自我答责的范围,无论是否属于违反义务的行为,行为人都不具有作为义务;反之,如果不属于参与人自我答责的范围,则无论是否为合法行为,行为人皆可能具有作为义务。①

黄荣坚教授认为,如果风险应由被害人自我答责,风险制造人就不负保证责任。被害人自我答责主要包括两种情况:一是可以将风险的制造归责于风险的被害人,如正当防卫中的不法侵害者,自己间接制造自己的风险,所以必须自我负责。二是将风险进行细分,不合理的风险由行为人承担,合理的风险则由被害人承担。② 关于如何区分合理的风险与不合理的风险,黄荣坚教授认为:“就特别风险的部分,应该由风险制造人负责;就日常一般风险的部分,应该由潜在的被害人自行吸收……最后的判断标准应该是根据利益衡平的原则所形成的社会分工模式。”③

但是,自我答责不仅是判断成立先前行为的标准,甚至还可以说是整个刑事归责的判断标准,将之直接用于判断先前行为的义务来源,似乎并不妥当。

2. 根据信用原则和公序良俗等进行判断。例如,大塚仁认为:“关于先行行为是只限于违法行为还是也可以是合法行为……难以抽象的、一概的论定。应该按照具体的事态、根据信义诚实的原则乃至公序良俗来判定。”④但是,这种观点经由诚实信用、公序良俗等抽象的伦理标准进行判断,似乎混淆了道德与法律的区别,在司法实践中也不具有可操作性。⑤

四、结论

(一)国外限定先前行为范围的方法和路径

1. 主张限制先前行为的存在范围的观点和方法。在德国,为了合理限定不作为犯的成立范围,须对先前行为的存在范围进行限定。限定主要有

① 参见[日]岩间康夫:《基于先行行为的保证人义务的成立范围》,载《犯罪与刑罚》1988年第4号。

② 参见黄荣坚:《论保证人地位》,载黄荣坚:《刑罚的极限》,台北,元照出版公司1999年版,第41页。

③ 黄荣坚:《论保证人地位》,载黄荣坚:《刑罚的极限》,台北,元照出版公司1999年版,第41－42页。

④ [日]大塚仁:《刑法概说(总论)》(第3版),冯军译,中国人民大学出版社2003年版,第140页。

⑤ 参见齐文远、李晓龙:《论不作为犯中的先行行为》,载《法律科学(西北政法学院学报)》1999年第5期。

以下三种方法:[①]第一,要求先前行为属于违反义务的行为,如果先前行为属于适法行为,则不能产生基于先前行为的作为义务。[②] 第二,要求先前行为不但造成了构成要件结果发生的危险,而且与其之间存在紧密的关联,以避免对先前行为进行无限回溯。任何人以其作为或者不作为对他人的法益造成紧迫危险的,必须承担采取积极措施以防止结果发生的义务。[③]第三,要求先前行为与侵害结果之间具有义务违反关联,即保护被侵害法益的规范目的正是先前行为所违反的规范所包含的。[④]

2. 主张不对先前行为的存在范围进行限制的观点。与上述观点不同,也有观点认为不能将先前行为限定为违法行为,即便是出于意外造成危险的行为也能够产生作为义务。其主要理由是:"意外事件制造者在事故发生现场并有机会避免进一步危险,不仅指向其应当采取实际行动避免造成进一步危险,还表明未履行义务(在罪责要件满足的情况下),则相当于实施了实质性犯罪。意外事件制造者是主要义务承担者,其义务来源于其与意外事件的因果关系。"[⑤]

基于刑法上危害性原则的考虑,出现危害结果是刑法介入社会生活的必要前提。因此,从因果关系上看,如果行为人的行为制造或者提高了侵害法益的危险,他就有义务保证这一危险不会转变为构成要件的结果。但是,如果仅仅考虑因果关系这种客观标准,只要与危害结果具有条件说意义上的因果关系,就有可能对法益侵害结果承担刑事责任,将会导致刑法处罚范围的不当扩大化。因此,刑法不能仅仅考虑自然主义的因果关系,除了考虑前因后果这种因果原理外,还应当立足于保护法益的目的,并且充分考虑到刑法各部分之间的协调一致性。

(二)本书的观点

本书认为,先前行为既可以是合法行为,也可以是违法行为,甚至是犯罪行为。[⑥] 先前行为能够引起作为义务,根本原因不在于先前行为本身是否合法,而是行为人实施的先前行为使某种法益处于危险状态,行为人由此负有消除此种危险状态的义务。所以,无论是在先前行为既具有违法性,也制造或者提高了法益侵害的危险的场合,还是在先前行为虽然不具

① 参见孙运梁:《以客观归责理论限定不作为犯的先行行为》,载《中外法学》2017 年第 5 期。

② Vgl. BGH NStZ 2000, 414.

③ Vgl. BGH NStZ 1992, 31.

④ Vgl. BGH NStZ 1990, 587 (590); Rudolphi, Systematischer Kommentar zum Strafgesetzbuch, Bd. Ⅰ,7. Aufl. 1998, § 13 Rdn. 39b.

⑤ [英]安德鲁·阿什沃斯:《刑法的积极义务》,姜敏译,中国法制出版社 2018 年版,第 103 页。

⑥ 参见陈兴良:《口授刑法学》(第 2 版),中国人民大学出版社 2017 年版,第 156 页。

有违法性，但制造或者提高了法益侵害的危险的场合，只要先前行为具有使某种法益处于危险状态这一特点，行为人就具有积极救助法益的义务，否则有可能就事后的不作为成立不真正不作为犯。① 换言之，衡量先前行为能否成为作为义务来源的判断标准，是先前行为有无创设或者增加了法益侵害的危险，而不是先前行为是否违法。

当然，就正当防卫、紧急避险等能否成为作为义务的来源而言，由于其属于刑法明文规定的正当化事由或者违法阻却事由，能否成为作为义务的来源，还需要具体分析。主要原因在于：第一，正当防卫、紧急避险阻却违法性的根据存在差异，前者是“正对不正”，后者是“正对正”的关系。第二，关于正当防卫的成立条件（是否需要防卫认识、防卫意思等主观的正当化要素，涉及偶然防卫的性质）、防卫过当的性质等，理论上也存在争议。第三，关于紧急避险，存在攻击性的紧急避险与防御性的紧急避险的区分。攻击性的紧急避险是通过侵害第三人的合法权益来保全法益，多数学者认为避险行为人对无辜的第三人具有救助义务，②但对于防御性的紧急避险，则语焉不详。

第六节　紧急避险与作为义务的关系

一、关于紧急避险能否成为作为义务的来源的学说

根据我国《刑法》第 21 条的规定，紧急避险是指为了使国家、公共利益、本人或者他人的人身、财产和其他权利免受正在发生的危险，不得已损害另外一个较小或者同等的法益的行为。通常认为避险行为人具有排除危险、救助无辜的第三人的作为义务。③ 例如，张明楷教授主张紧急避险人“对于遭受损害的无辜第三者具有作为义务”。④ 赵秉志教授等也认为紧急避险行为人具有作为义务。例如，“丙驾车为避免与迎面而来的卡车相撞，不得已冲入人行道将行人丁撞伤，这时丙撞伤丁的行为虽不具有违法性，但丙有义务排除丁伤势的继续扩大，故丙仍应将丁送往医院进行救治，

① 参见刘士心：《不纯正不作为犯罪中先行行为引起的义务研究》，载《北方法学》2007 年第 6 期。

② 参见林山田：《刑法通论》（增订 10 版）（下册），北京大学出版社 2012 年版，第 161 页。

③ 参见张明楷：《刑法学》（第 6 版）（上），法律出版社 2021 年版，第 200 页；谢绍华：《先行行为论》，中国人民公安大学出版社 2011 年版，第 148 – 149 页；张丽卿：《刑法总则理论与运用》（增订版），台北，五南图书出版股份有限公司 2012 年版，第 428 页。

④ 参见张明楷：《刑法学》（第 6 版）（上），法律出版社 2021 年版，第 200 页。

如果丙不加救治导致丁的死亡,则对丁死亡仍要负刑事责任"①。

在我国司法实践中,有典型判决主张认为不履行因紧急避险引起的作为义务的行为可以构成不作为犯罪。例如,王某兴破坏交通设施案——不履行因紧急避险行为引起的作为义务可以构成不作为犯罪(刑事审判参考第295号案例)指出:"行为人因实施紧急避险行为造成交通设施被损坏,在紧急避险结束后,行为人有义务采取积极的救济措施消除危险,如果行为人有条件能够履行而不履行,应构成不作为的破坏交通设施罪。"

二、紧急避险成为先前行为的根据

(一)关于紧急避险能否成为先前行为的根据的争论

关于紧急避险为何能够成为先前行为,多数学者主张根据法益衡量原理进行分析。例如,雅各布斯指出,紧急避险行为会产生高于日常生活普通行为的特殊风险,尽管得到法律的特别准许,避险人也有义务防止对他人造成侵害。② 吉田敏雄认为,在紧急避险的场合,行为人使无辜的第三人卷入事故当中,使其法益遭受侵害,当然属于行为人自我答责的范围。③ 黄荣坚教授指出,之所以容许某些风险行为,是因为基于相对利益的考量。在紧急避险的情形,"第三者的利益并不是本来当然的就可以被牺牲,而是为了保护避难者更大的利益,不得已才被牺牲。因此,在衡平原则上,紧急避难之后,享受利益的避难行为人应该要设法控制被牺牲者的利益风险"④。

(二)本书的观点

本书认为,上述考虑问题的思路与紧急避险阻却违法性的根据是一致的。如果从个人主义的观点出发,就不应当将自己面临的危险转嫁给他人。或者说,站在个人主义立场上考虑,紧急避险是有害的,因此,紧急避险行为人在民法上应当承担损害赔偿的责任。但是,从社会整体的立场出发,在不得不丧失两个合法利益中的某一利益时,不管是谁的利益,保存价值更高的利益才是理想的,正是基于对整个社会利益的考虑,紧急避险在刑法上才是被允许的。⑤ 或者说,紧急避险也是在迫不得已的情况下进行

① 赵秉志、田宏杰:《交通肇事逃逸致人死亡问题研究》,载《人民检察》2000年第1期。
② Vgl. s, Vorangegangenes Verhalten als Grund eines Unterlassungsdelikts – Das Problem der ingerenzimStrafrecht, Akademie – Journal 2(2002), 8ff. 转引自孙运梁:《以客观归责理论限定不作为犯的先行行为》,载《中外法学》2017年第5期。
③ 参见[日]吉田敏雄:《不真正不作为犯的体系与构造》,成文堂2010年版,第72页。
④ 黄荣坚:《基础刑法学》(第3版)(下),中国人民大学出版社2009年版,第483页。
⑤ 参见[日]平野龙一:《刑法总论Ⅱ》,有斐阁1975年版,第229页。

“两害相权取其轻”的结果。由于第三人大多是无辜地被纳入侵害的范围，为了有效的保护被害人的法益，不至于使危害进一步扩大，要求避险行为人对被害人承担救助义务。

三、区分防御性紧急避险与攻击性紧急避险

（一）防御性紧急避险与攻击性紧急避险的区分

一般认为，可以将紧急避险分为防御性紧急避险与攻击性紧急避险。第一，防御性紧急避险是指为避免由于他人的动物或者并非行为人的他人的举动而引起的危险，而伤害该动物或者致人死伤的情形。也就是说，防御性紧急避险是指针对危险源所实施的避险行为。第二，攻击性紧急避险是指为避免危险而损害第三人的利益的情形。在攻击性的紧急避险的场合，行为人只有通过牺牲与危险源无关的第三者的利益，才能避免本身利益遭受损害。①

（二）关于防御性紧急避险与攻击性紧急避险能否成为先前行为的争论

在攻击性的紧急避险的场合，因为是通过侵害第三人的合法权益来保全法益，所以多数学者认为避险行为人对无辜的第三人具有救助义务。例如，韦塞尔斯指出：“在攻击性的紧急防卫范围里，面对的是正对正，行为者让第三者承受后果，而自己得以从现时的以其他方式不能避免的紧急状况中摆脱，这是可以想象的例外情况。”②林山田教授认为，在攻击性紧急避险的场合，“虽然法律衡量双方的利益，认为行为人所保全的利益显然优越于他人所牺牲的利益，可依阻却违法的紧急避难，而阻却违法，但由于被牺牲人所产生的救助需求乃是由避难者所导致，故避难者有义务排除被牺牲者损害的继续扩大”③。

但是，在防御性的紧急避险的场合，学者大多语焉不详。

（三）本书的观点

本书认为，尽管避险的对象是引起危险的人，但无论这种危险是故意

① 郑健才教授以紧急避难是采用“逆击行为”抑或“顺击行为”为标准，分为逆击性紧急避难和顺击性紧急避难。逆击性紧急避难是指要避免某种危难，唯有采用排除危难的方法，在这种情况下，可针对危难所在作逆势的反击。例如，遭遇猛犬袭击，而将猛犬击毙。顺击性紧急避难是指不以排除危难作为避难手段，而是在面临危难时，顺势向其他方面攻击，以达到避难的目的（危险的转移）。例如，遇到飞车而闪避，结果撞伤其他行人。参见郑健才：《刑法总论》，台北，三民书局1985年版，第178页。

② ［德］约翰内斯·韦塞尔斯：《德国刑法总论》，李昌珂译，法律出版社2008年版，第441页。

③ 林山田：《刑法通论》（增订10版）（下册），北京大学出版社2012年版，第161页。

还是过失引起的，只要避险行为人采取的避险行为损害了危险引起者的合法权益，都有义务将避险引起的危害控制在合理范围内，否则属于避险过当，可能构成过失致人重伤等罪。同时，行为人也有义务对被害人进行救助，不使被害人更为重要的法益受到侵害，否则，有可能成立不作为的故意杀人等罪。进一步说，在攻击性的紧急避险的场合，无辜的第三人为了保全自己的合法权益而对紧急避险者实施防卫行为的，具有阻却违法性的余地。至于是成立紧急避险还是正当防卫，还需要进一步研究。

第七节 正当防卫与作为义务的关系

根据我国《刑法》第20条的规定，正当防卫是指为了保护国家、公共利益、本人或者他人的人身、财产和其他权利免受正在进行的不法侵害，采取对不法侵害人造成或者可能造成损害的方法，制止不法侵害的行为。关于正当防卫能否成为作为义务的来源，争议最大的是，正当防卫人通过使用暴力致不法侵害人重伤的方法制止不法侵害后，既不报警，也不将不法侵害人送往医院抢救，致使不法侵害人因为失血过多等原因而死亡的，是否成立防卫过当？

这里援引一例进行说明。基本案情是：乙在晚上对正在码头上散步的甲实施抢劫，两人互相推搡，甲将乙推到海里，乙不识水性，大喊救命，甲是游泳好手，但不为所动，也未报警，自行回家，乙因为无人救援，溺水身亡。对于该案，有论者认为，甲将乙推入海中，所造成的伤害处于正当防卫的限度之内。但是，如果导致乙因为溺水而死，则超过正当防卫的限度。这种情形与甲最初就以超过防卫限度的手段进行防卫没有差别。因此，甲不能放任乙溺水而亡，必须积极施救。[①] 下面，本书将围绕这一问题展开论述。

一、关于正当防卫能否成为作为义务的来源的学说

（一）作为义务否定说

罗克辛、韦塞尔斯、金日秀、黄荣坚、林东茂、林钰雄等多数学者认为正当防卫不能成为作为义务的来源。例如，金日秀认为："即使对被害人存在一般的扶助义务，也不会逾越此义务而产生特殊的救助义务，所以从适法

---

① 参见黄常仁：《刑法总论——逻辑分析与体系论证》（增订1版），台北，汉兴出版有限公司2001年版，第141页。

的先行行为中并不产生保证人的地位与义务。因此，在存在适法的先行行为时，并不产生保证人义务。"①林钰雄教授强调，依法进行正当防卫行为的人，对于攻击者的生命、身体法益通常没有保证人义务。换言之，防卫行为原则上不会成立保证人地位来源的危险前行为。②

否定说论者的主要理由有如下五点。

第一，正当防卫是"正对不正"，攻击者的利益原本就不受刑法保护，所以也没有必要再考虑作为义务。③ 主张正当防卫人具有作为义务的观点，与正当防卫制度的宗旨相违背。例如，罗克辛认为："被侵害者的危害行为，即针对侵害者的防卫行为并非以其自由的决定为基础，而是由侵害者的违法行为挑起和引发的。"④"同意保证人地位将使得不法侵害者比一个自己和他人都无罪责的不幸者更强地受到保护。这违反了'正当防卫权的真义'。"⑤韦塞尔斯强调，对他人实施不法侵害行为从而遭受他人的防卫行为，并且因为他人的防卫行为使自己的利益面临危险的人，不能期待法秩序为了保护他而要求防卫人对其承担保证人义务，否则就与紧急防卫法的意旨相背离。⑥

第二，防卫行为导致不法侵害者的法益受到侵害，是成立正当防卫的必要条件之一。对于不法侵害者而言，防卫者的防卫行为给其造成法益侵害是理所当然的。实施不法侵害者应当预先估计自己会遭遇反抗，并自行承担该不利后果。⑦ 例如，林东茂教授认为："不法侵害他人权利，必须预估遭到反击的后果，并自行承担此项后果。对于陌生人，任何人都没有保证人地位，没有救助义务；如果认为防卫者对于不法侵害者有保证人地位，无异承认侵害者的法律地位高于陌生人，逾越必要限度的防卫（防卫过当），才可能有保证人地位。"⑧

---

① [韩]金日秀、[韩]徐辅鹤：《韩国刑法总论》（第 11 版），郑军男译，武汉大学出版社 2008 年版，第 481 页。

② 参见林钰雄：《新刑法总则》，中国人民大学出版社 2009 年版，第 406 - 407 页。

③ 参见姚诗：《先前行为与实行过限下知情共犯人的刑事责任》，载《法学研究》2013 年第 5 期。

④ [德]克劳斯·罗克辛：《德国最高法院判例：刑法总论》，何庆仁、蔡桂生译，中国人民大学出版社 2012 年版，第 254 页。

⑤ [德]克劳斯·罗克辛：《德国最高法院判例：刑法总论》，何庆仁、蔡桂生译，中国人民大学出版社 2012 年版，第 255 页。

⑥ 参见[德]约翰内斯·韦塞尔斯：《德国刑法总论》，李昌珂译，法律出版社 2008 年版，第 440 页。

⑦ 参见谢绍华：《先行行为论》，中国人民公安大学出版社 2011 年版，第 148 页；姚诗：《先前行为与实行过限下知情共犯人的刑事责任》，载《法学研究》2013 年第 5 期。

⑧ 林东茂：《刑法综览》（第 6 版），台北，一品文化出版社 2009 年版，第 1 - 191 页。

第三，在法律已经确定某个行为合法之后，如果又因为行为人实施该行为而强令其承担某种作为义务，是前后矛盾的。[①] 主张正当防卫人对不法侵害人具有救助义务，将导致正当防卫制度形同虚设。例如，黄荣坚教授认为，在正当防卫的行为人对于侵害者实施正当防卫之后，对于原来的侵害者没有救助义务。主要理由是："如果不是侵害者自己不法（而且有责）的侵害行为，就不会有受伤的结果以及更进一步的伤亡危险。相对的，既然正当防卫者的防卫行为在法律上的评价是属正当，应该没有理由承受比一般第三人更多的责任，否则有违公平原则……因此其不作为也不构成犯罪。"[②]

第四，只有违反义务的行为才可以成为先前行为，正当防卫行为是违法阻却事由，不具有义务违反性，因此不能成为先前行为。例如，罗克辛指出，只有制造了不被允许的危险才产生保证人地位，而正当防卫制造的是被允许的危险。[③] 周光权教授认为，先前行为必须违反义务性的要求；没有违反义务性要求的行为，不能被评价为先前行为。如果防卫者因为正当防卫致侵害者重伤，防卫者的行为没有义务违反性，不符合先前行为的成立条件，其不救助行为不成立不作为犯罪。即便在正当防卫的场合，也只存在防卫者就其过当的防卫行为（作为）承担刑事责任的问题。[④]

第五，不能因为主张正当防卫不能成为作为义务来源，就认为防卫人对被害人没有任何救助义务，防卫人对被害人仍然具有一般救助义务。例如，韦塞尔斯指出，在事关紧急防卫时对侵犯者造成了伤害，或者在尽管驾驶方式没有缺陷、符合谨慎义务，但仍然伤害了其他交通参与者的场合，依法实施或者符合交通规则的行为不构成保证人地位，而是只违反《德国刑法典》第 323c 条第 1 款确立的帮助义务，[⑤]构成见危不救罪。

（二）作为义务肯定说

尽管多数学者主张正当防卫不能成为作为义务的来源，但仍然有部分学者认为正当防卫可以成为作为义务的来源。例如，耶赛克等认为，如果行为人在正当防卫中将攻击者打倒，并放任不管，导致后者失血过多而死

---

① 参见姚诗：《先前行为与实行过限下知情共犯人的刑事责任》，载《法学研究》2013 年第 5 期。

② 黄荣坚：《基础刑法学》（第 3 版）（下），中国人民大学出版社 2009 年版，第 472 – 473 页。

③ 参见［德］克劳斯·罗克辛：《德国最高法院判例：刑法总论》，何庆仁、蔡桂生译，中国人民大学出版社 2012 年版，第 255 页。

④ 参见周光权：《论实质的作为义务》，载《中外法学》2005 年第 2 期。

⑤ 参见［德］约翰内斯·韦塞尔斯：《德国刑法总论》，李昌珂译，法律出版社 2008 年版，第 440 页。

亡,既可以考虑是积极的作为杀人,也可以考虑是违反义务的不作为杀人。[①] 张明楷教授也主张防卫人对于可能过当的危险具有保证人地位;在"先前的行为与后来的不作为共同导致了防卫过当"的场合,防卫人不实施救助行为,导致不法侵害人死亡的,属于防卫过当,可能构成刑事犯罪。[②]

肯定说论者的主要理由有以下三点。

第一,在防卫人使用防卫行为致被害人重伤的场合,尽管防卫人的防卫行为是合法的,所导致的重伤结果也是合法的,但是防卫人仍然有义务避免发生死亡结果。例如,弗莱彻认为:"——被告人在自卫中正当地施加了伤害,然后将被害人留在那里等死……即使伤害是正当的,也有独立的理由承认,自卫者有义务避免受伤的侵害人死亡……一旦侵害人丧失了侵害能力,被告人不再处于危险之中,就有了其他的义务来源,以控制或者要求被告人主动介入并挽救受伤者。"[③]

第二,在假想防卫的场合,如果行为人对产生错误认识有过失,致使被害人重伤或者死亡,则可能成立过失犯罪。但是,如果行为人对于产生错误认识连过失也没有,属于意外事件,否认行为人对被害人有作为义务,根据否定说的观点,则将导致被害人陷于极为不利的境地。这是不合理的。

第三,在实施正当防卫但有可能导致过当的场合,应当认为行为人对被害人有救助义务。例如,甲在荒山野外实施正当防卫导致不法侵害者乙身受重伤时,并没有过当。但是,在甲不救助乙导致乙死亡(过当)的场合,如果否认甲具有保证人地位,就意味着甲的防卫行为没有过当,这是不妥当的。[④]

本书认为,在正当防卫人通过使用暴力致不法侵害人重伤的方法制止不法侵害之后,防卫人既不报警也不将不法侵害人送往医院抢救,致使不法侵害人因为失血过多而死亡的场合,行为人的先前行为与后来的不作为共同导致了防卫过当,行为人具有作为义务。

---

① 参见[德]汉斯·海因里希·耶赛克、[德]托马斯·魏根特:《德国刑法教科书》(下),徐久生译,中国法制出版社2017年版,第810页。

② 参见张明楷:《刑法学》(第6版)(上),法律出版社2021年版,第201页。

③ [美]乔治·弗莱彻:《反思刑法》,邓子滨译,华夏出版社2008年版,第451页。

④ 参见张明楷:《刑法格言的展开》(第3版),北京大学出版社2013年版,第229页。张明楷教授认为,如果正当防卫造成被害人死亡也不过当,则正当防卫人没有救助义务;如果正当防卫致人伤害,并未过当,而且该伤害也不可能导致死亡,即没有过当的危险,则正当防卫人没有救助义务;如果正当防卫造成了伤害(该伤害本身并不过当),具有导致死亡结果的紧迫危险,倘若发生死亡结果就会过当,则应当肯定正当防卫人具有救助义务。参见张明楷:《不作为犯中的先前行为》,载《法学研究》2011年第6期。

二、本书的观点：正当防卫人根据具体案情可能承担作为义务

刑法规定和惩罚不作为犯的目的在于保护法益，因此，不能简单地主张肯定说或者否定说，而是要根据正当防卫造成的法益侵害结果是否可能过当，来确定正当防卫行为能否成为作为义务的来源。本书认为，正当防卫人在一定条件下就可能过当的防卫行为具有保证人地位，对被害人承担作为义务。主要理由有如下五点。

（一）正当防卫阻却违法性的根据

从正当防卫阻却违法性的根据看，防卫人可能要为自己的防卫行为对被害人造成的侵害承担作为义务。符合构成要件的行为是否具有违法性，必须从全体法秩序的角度进行衡量，经过价值判断来认定行为是否与全体法秩序存在对立、冲突。①

就正当防卫而言，关于其阻却违法性的根据，理论上存在目的理论、社会的相当性理论与法益衡量理论等的对立。在这些理论中，目的理论与社会相当性理论因为衡量标准不够明确而遭到批评。例如，曾根威彦指出，为了保证法官进行统一的判断，在排除违法性事由中，必须具体地说明法官应当对什么样的内容、做出怎样的评价进行说明。虽然目的理论和社会相当性理论提出了排除违法性的形式标准，但未提出确定正当化的实质内容的具体判断标准，因而不可取。② 法益衡量理论是现在我国和日本等国刑法理论上的通说。③

法益衡量理论包括利益阙如的原理和优越的利益的原理。其中，前者认为，由于特别的原因或者情况不存在值得保护的法益时，行为没有侵犯法益，所以不具有违法性；后者认为，对某种法益的损害是保护另一法益所必需的手段，对所保护的法益与所侵害的法益进行衡量，如果整体上认为二者相当甚至所保护的法益优于所侵害的法益，则不具有违法性。

与紧急避险等有所不同的是，从整体法秩序的角度看，正当防卫人的法益优于不法侵害人的法益，即便是在诸如通过剥夺不法侵害人的生命从而保全自己的生命等的场合，不法侵害人的法益也被认为丧失了法益性，④

---

① 参见林钰雄：《新刑法总则》，中国人民大学出版社 2009 年版，第 170 页。

② 参见［日］曾根威彦：《刑法学基础》，黎宏译，法律出版社 2005 年版，第 96 页。

③ 参见张明楷：《刑法学》（第 6 版）（上），法律出版社 2021 年版，第 252 页；黎宏：《刑法学总论》（第 2 版），法律出版社 2016 年版，第 128 页；［日］山口厚：《刑法总论》（第 2 版），付立庆译，中国人民大学出版社 2011 年版，第 106、114 页；［日］曾根威彦：《刑法学基础》，黎宏译，法律出版社 2005 年版，第 96 页。

④ 参见［日］山口厚：《刑法总论》（第 2 版），付立庆译，中国人民大学出版社 2011 年版，第 114 页。

或者对不法侵害人的法益进行缩小的评价,[1]因此正当防卫的成立条件较为缓和。从严密保护法益的角度看,在不法侵害人已经丧失加害能力的场合,应当适当限制正当防卫的成立条件,或者说增加防卫人的义务,在防卫人和不法加害人(也可以说是最终的被害人)的合法权益之间保持均衡。

(二)成立正当防卫的限度条件

从成立正当防卫的限度条件看,防卫人可能要为自己的防卫行为对被害人造成的侵害承担作为义务。在不作为犯中,先前行为只是不作为的作为义务产生的根据,而不是构成要件行为。所以,能否将制造不被允许的风险这一客观归责规则直接适用于先前行为,存在争议。[2]

如何解决公民自身防卫的权限与既存的社会秩序以及国家专属的刑罚权之间的矛盾,是一个难题。[3] 在现代法治国家,不应该允许私人使用暴力手段来阻止法益侵害行为,只能通过法定程序由国家来保护法益。由于在紧急情况下国家难以及时有效地保护法益、维护社会生活秩序,只能授权国民运用自己的力量侵害不法侵害人,从而达到保护合法权益的目的。但是,如果公民过度行使或者不当行使防卫权,就不可避免地会与国家刑罚权存在冲突。所以,各国刑法均对正当防卫的成立条件作出了限制性规定。

我国《刑法》第20条第2款规定:"正当防卫明显超过必要限度造成重大损害的,应当负刑事责任,但是应当减轻或者免除处罚。"其中,"明显超过必要限度造成重大损害"被称为正当防卫的限定条件。根据该规定,行为人所实施的防卫行为应当以制止不法侵害、保护法益的合理需要为标准。只要是制止不法侵害、保护法益所必需的,就是必要限度之内的防卫行为。

关于何为"必需"的防卫行为,需要通过全面分析案件得出结论。第一,要分析不法侵害行为的危险程度、侵害者的主观内容,以及双方的手段、强度、人员多寡与强弱、在现场所处的客观环境与形势等。第二,要权衡防卫行为所要保护的法益性质与防卫行为所造成的损害后果,使二者保持适度的均衡。"不能忽视不法侵害者在被防卫过程中实施的新的暴力侵害,不能仅将防卫行为及其造成的损害与不法侵害者先前的不法侵害进行对比,而应当将防卫行为及其造成的损害与不法侵害者原有的不法侵害、

---

① 参见[日]前田雅英:《刑法总论讲义》(第5版),东京大学出版会2011年版,第357-358页。

② 参见陈兴良:《不作为犯论的生成》,载《中外法学》2012年第4期。

③ 参见[德]汉斯·海因里希·耶赛克、[德]托马斯·魏根特:《德国刑法教科书》(下),徐久生译,中国法制出版社2017年版,第449页。

新的暴力侵害、可能继续实施的暴力侵害进行比较。”[1]造成一般损害的，原则上不会成立防卫过当，只有明显超过必要限度造成重大损害即不法侵害人重伤、死亡的，才成立防卫过当。

(三)特殊防卫权的规定

从刑法对特殊防卫权的规定看，防卫人可能要为自己的防卫行为对被害人造成的侵害承担作为义务。考虑行凶、杀人、抢劫等严重暴力凶恶犯罪对合法权益的严重侵害，部分国家在刑法中规定了特殊防卫条款。[2] 例如，我国《刑法》第 20 条第 3 款规定：“对正在进行行凶、杀人、抢劫、强奸、绑架以及其他严重危及人身安全的暴力犯罪，采取防卫行为，造成不法侵害人伤亡的，不属于防卫过当，不负刑事责任。”

特殊正当防卫与普通正当防卫有所不同，前者没有限度条件，不存在防卫过当。在特殊防卫人对不法侵害人实施防卫，致其重伤的，符合特殊正当防卫的成立条件，具有阻却违法性。但是，在防卫人制服不法侵害人后，没有继续进行正当防卫的条件，这时候防卫人是否要救助身受重伤的不法侵害人，与之前的特殊正当防卫等没有任何关系。主要理由是，特殊正当防卫之所以阻却违法性，是因为基于需要保护的利益大于或者等于不法侵害人的利益这种法益衡量的原理；而防卫人是否要救助被害人，则是着眼于刑法和其他法律对生命的绝对保护的原理。应当认为，对生命的绝对保护的原理高于法益衡量的原理。

(四)刑法有关假想防卫、假想防卫过当的规定和理论逻辑

从刑法有关假想防卫、假想防卫过当的规定和理论逻辑看，防卫人可能要为自己的防卫行为对被害人造成的侵害承担作为义务。假想防卫是指客观上并没有不法侵害，但行为人误认为存在不法侵害，因而进行所谓防卫的情形。假想防卫过当是指误以为存在紧急不法的侵害而实施了防卫行为，但即便是存在所误认的不法侵害，其所实施的防卫行为也超过了防卫所必要的限度。尽管假想防卫不是正当防卫，不是违法性阻却事由，但是如果行为人主观上没有过失，即便给被害人造成了重伤甚至死亡结果，也只能按照意外事件处理。在这种场合，应当认为假想防卫人有义务对被害人实施救助。

---

① 张明楷：《刑法学》(第 6 版)(上)，法律出版社 2021 年版，第 280 页。

② 我国学者大多主张《刑法》第 20 条第 3 款属于特别规定，认为在一般防卫权之外规定了特殊防卫权。但是，在新版教科书中，张明楷教授认为《刑法》第 20 条第 3 款不是特别规定，而是关于如何判断防卫限度的提示性规定或者注意性规定，不再区分一般防卫与特殊防卫。参见张明楷：《刑法学》(第 6 版)(上)，法律出版社 2021 年版，第 278 页。

（五）共同犯罪的解决

承认正当防卫人承担作为义务，有利于解决共同犯罪问题。例如，甲对乙进行不法侵害，乙实施防卫致甲重伤的，在乙准备对甲施救时，丙劝说乙不要施救，甲最终因为抢救不及时死亡。根据共犯从属性理论中的限制从属性理论，只有乙的行为具有违法性，才有可能将丙的行为作为犯罪处理。换言之，只有承认乙对甲具有保证人地位和救助义务，才能就丙教唆乙不进行救助的行为进行处罚。

第八节　本书的观点

一、合法行为产生作为义务的根据

关于合法行为与作为义务的关系，或者说合法行为能否产生作为义务，从因果关系上看，如果行为人的行为制造或者提高了侵害法益的危险，他就有义务保证这一危险不会转变为构成要件的结果。但是，刑法不能仅仅考虑因果关系，还要考虑规范保护目的和责任评价等因素。在确定何种危险行为能够引起作为义务时，除了考虑前因后果这种因果原理外，还应当立足于保护法益的目的，并且充分考虑到刑法各部分之间的协调一致性。尽管原则上违反法律规范的先前行为都会制造或者提高法益侵害的危险，但是并不意味着所有的合法行为都不能引起作为义务。在尽管并未违法但是也制造或者提高了法益侵害的场合，应当认为行为人也有积极救助法益的义务。

二、紧急避险行为产生作为义务的根据

就紧急避险而言，如果从个人主义的观点出发，行为人不应当将自己面临的危险转嫁给他人，那么紧急避险行为人在民法上应当承担损害赔偿的责任。但是，从社会整体利益的立场出发，在不得不丧失两个合法利益中的某一利益时，无论是谁的利益，保存价值更高的利益才是理想的选择，正是基于对整个社会利益的考虑，紧急避险在刑法上才是被允许的。由于被牺牲的第三人的利益大多是被无辜地纳入侵害的范围，为了有效地保护被害人的法益，不至于使危害进一步扩大，避险行为人要对被害人承担救助义务。

具体来说，第一，在攻击性的紧急避险的场合，因为是通过侵害第三人的合法权益来保全法益，所以避险行为人对无辜的第三人具有救助义务。第二，在防御性的紧急避险的场合，尽管避险的对象是引起危险的人，但无

论这种危险是故意还是过失引起的，只要避险行为人采取的避险行为损害了危险引起者的合法权益，就有义务将避险引起的危害控制在合理范围内，否则属于避险过当，成立过失致人重伤等罪。同时，行为人也有义务对被害人进行救助，不使其被害人更为重要的法益受到侵害，否则，有可能成立不作为的故意杀人等罪。

三、正当防卫行为产生作为义务的根据

就正当防卫而言，防卫人对于可能过当的危险具有保证人地位；防卫人不实施救助行为，导致不法侵害人死亡的，属于防卫过当。

在主张偶然防卫构成犯罪的场合，涉及犯罪行为能否成为先前行为，进而产生作为义务的问题；在主张偶然防卫合法的场合，倘若简单地以合法行为不能成为先前行为为由，则将无法产生作为义务。本书坚持偶然防卫无罪说，防卫人对于被害人具有作为义务。即便坚持偶然防卫不具有违法性的立场，在行为人实施偶然防卫致被害人重伤的场合，防卫人具有救助被害人的义务，不履行救助义务致被害人死亡的，也有可能成立不作为的故意杀人罪。

第七章　故意不法先前行为人的作为义务

第一节　问题的提出

关于故意不法先前行为是否可以成为作为义务的来源，进而引发行为人的不作为的刑事责任，历来都是理论上争议的焦点。[①] 学者在探讨不法先前行为能否成为作为义务来源时，往往区分故意犯罪与过失犯罪，多数观点主张过失不法行为可以成为先前行为，引起作为义务，但认为故意不法行为不能成为先前行为。其主要理由是，承认过失不法行为的先前行为性，能够比较容易解决由此引出的罪数问题，以过失犯罪与其后的不作为犯罪进行数罪并罚。但是，如果认为故意不法行为成为先前行为，就会导致复杂的罪数问题。[②] 通说的观点是否妥当，并非没有问题。

关于故意不法先前行为人的作为义务，主要有以下几个问题：第一，故意不法先前行为能否成为作为义务的来源，进而成立不作为犯罪？第二，在行为人的故意不法先前行为所触犯的是结果犯的场合，在行为人的实行行为终了之后，尚未出现既遂结果时，行为人放任发生危害结果的，是否另外成立不真正不作为犯？第三，此时第三人参与进来的，是作为犯还是不作为犯？是正犯还是教唆犯、帮助犯？本章仅讨论前两个问题，对第三个问题将在第十章进行研讨。

第二节　不法先前行为作为义务来源否定说的基本观点及其批驳

关于不法先前行为能否成为作为义务的来源，进而成立不作为犯罪，主要存在否定说与各种折中说的对立。其中，否定说论者主张行为人不对

---

① 参见蒋晗华：《浅析犯罪行为可否成为先行行为》，载《当代法学》2002 年第 2 期；刘士心：《不纯正不作为犯罪中先行行为引起的义务研究》，载《北方法学》2007 年第 6 期；蔡圣伟：《论故意不法前行为所建构之保证人义务》，载蔡圣伟：《刑法问题研究（一）》，台北，元照出版公司 2008 年版，第 221－255 页。

② 参见王莹：《先行行为作为义务之理论谱系归整及其界定》，载《中外法学》2013 年第 2 期。

其犯罪行为造成的损害承担防止义务，如果行为人没有防止更严重的结果发生，则承担结果加重犯的责任，但不能另外再构成一个不作为的故意或过失犯罪。[①] 德国学者罗克辛、许乃曼，日本学者西田典之，我国学者蔡墩铭、陈朴生、许玉秀、于改之、许成磊等主张该理论。

例如，许乃曼指出："积极行为与危险前行为保证人之不作为两者予以等同处遇，这在价值论的立场上来说是错误的……无论是对于结果在法律上的保证义务，还是危险前行为之保证人不作为与作为的等价性，其推论的过程，都不具备结果归责在实质上的逻辑要件，如此一来，保证人地位所根据的，明显的就只是法官的独断而已。"[②]许乃曼之所以主张先前行为不能成为作为义务来源，是因为他的支配理论对支配概念进行了绝对化理解，认为先前行为人对后续行为没有支配。

否定说论者主要从以下几个方面进行了论证：第一，主张不法行为成为作为义务来源违反"禁止重复评价"原则；第二，主张先前行为在多数场合能够作为过失犯、结果加重犯进行处罚，如果再以此为根据追究行为人更重的罪责，就可能导致重复评价、双重处罚；[③]第三，主张不法行为成为作为义务来源与中止犯的规定存在矛盾；第四，主张不法行为成为作为义务来源违反期待可能性的原理；等等。

本书认为上述观点是不能成立的，下面逐一进行分析和批驳。

一、主张不法行为成为作为义务来源是否违反"禁止重复评价"原则？

（一）否定说论者的基本观点

否定说论者认为，在先前行为引起的作为义务中，先前行为是造成最终危害结果的原因力，在实施先前行为后，行为人并未通过客观的积极力量促成危害结果的实现。如果承认先前行为可以是刑事不法行为，实际上是肯定任何作为犯或者结果加重犯都可以另外成立一个不真正不作为犯，就会导致绝大多数犯罪由一罪变为数罪，违反"禁止重复评价"原则。

蔡墩铭教授主张先前行为不应包括犯罪行为，无论是故意犯罪还是过

---

① 参见于改之：《不作为犯罪中"先行行为"的本质及其产生作为义务的条件——兼论刑法第133条"因逃逸致人死亡"的立法意蕴》，载《中国刑事法杂志》2000年第5期。

② ［德］贝恩德·许乃曼：《无法律即无刑罚？法律发现在刑法中的法理意涵以及宪法意涵》，徐育安译，载许玉秀、陈志辉合编：《不移不惑献身法与正义——许乃曼教授刑事法论文选辑》，台北，新学林出版股份有限公司2006年版，第5-6页。

③ 参见［日］西田典之：《不作为犯论》，载［日］西田典之：《共犯理论的展开》，成文堂2010年版，第180页。浅田和茂等也坚持这种观点。参见［日］浅田和茂：《刑法总论》（补正版），成文堂2007年版，第156页。

失犯罪,都不另外负担防止结果的义务。他主张行为人实施犯罪后,有义务承担刑事责任,但没有义务防止危害结果的发生,否则,就会使绝大多数犯罪从一罪变为数罪。① 许玉秀教授、齐文远教授、于改之教授等认为,如果承认先前行为可以引起作为义务,是借用原已存在的作为和同一个因果流程,再一次进行评价,那么所有犯罪都由一罪变为数罪,是明显的双重评价,违反"禁止重复评价"原则。② 为此,许玉秀教授提出的解决方案是,通过结果加重犯的规定来解决先前行为问题。③

(二)对否定说论者观点的分析与批驳

对于否定说论者提出的"主张不法行为成为作为义务来源违反'禁止重复评价'原则",以及"通过结果加重犯的规定来解决先前行为问题"的主张,本书不予认同。主要理由如下:

第一,并不是每个犯罪类型都规定了结果加重犯。正因为如此,刑法上的结果加重犯才被认为是立法者恣意规定的。而且,因为现行刑法上的结果加重犯均是"故意的基本犯罪行为 + 过失的加重结果",所以在行为人的先前行为是过失,后续又故意不作为的场合,无法通过结果加重犯的规定来解决。④ 也就是说,如果认为先前行为不能产生作为义务,将会出现评价不足的问题。

第二,如果承认在先行为可为犯罪行为,就会出现先前行为本身所构成的犯罪与其后的不作为犯罪两个罪名。如果先前行为所构成的犯罪已包含了不作为所造成的加重结果,即先前行为本身构成的犯罪为结果加重犯的情况,罪名适用可能更为错综复杂。例如,齐文远教授等认为,在行为人犯故意伤害(致人死亡)罪的场合,法律不能期待行为人对被害人进行及时的抢救,导致被害人死亡,也只能认定行为人构成故意伤害罪;对于故意伤害致人死亡的,应认定为故意伤害罪的结果加重犯,不能先认定行为

① 参见蔡墩铭:《刑法总则争议问题研究》,台北,五南图书出版公司 1988 年版,第 60 - 61 页。

② 参见许玉秀:《前行为保证人类型的生存权?——与结果加重犯的比较》,载许玉秀:《当代刑法思潮》,中国民主法制出版社 2005 年版,第 678 - 680 页;齐文远、李晓龙:《论不作为犯中的先行行为》,载《法律科学(西北政法学院学报)》1999 年第 5 期;于改之:《不作为犯罪中"先行行为"的本质及其产生作为义务的条件——兼论刑法第 133 条"因逃逸致人死亡"的立法意蕴》,载《中国刑事法杂志》2000 年第 5 期;于改之:《也论先行行为的范围》,载《湖南省政法管理干部学院学报》2001 年第 5 期。

③ 参见许玉秀:《前行为保证人类型的生存权?——与结果加重犯的比较》,载许玉秀:《当代刑法思潮》,中国民主法制出版社 2005 年版,第 700 - 701 页。

④ 正因为如此,许玉秀教授主张立法增加"过失作为 + 故意不作为"的结果加重犯类型。参见许玉秀:《前行为保证人类型的生存权?——与结果加重犯的比较》,载许玉秀:《当代刑法思潮》,中国民主法制出版社 2005 年版,第 700 - 701 页。

人构成故意伤害罪,又因行为人在故意伤害他人后应负有防止结果发生的义务而成立不作为的故意杀人罪。[①] 但是,即便承认后续的不实施救助行为另外成立不作为犯罪,其与前面的故意作为犯也属于"不真正竞合"关系,并没有双重评价或者过度评价的问题。[②]

二、主张不法行为成为作为义务来源有无可能导致结果加重犯的规定形同虚设?

(一)否定说论者的基本观点

否定说论者认为,如果先前行为和事后的不作为所侵害的法益是两个不同的法益,后者实际上是先前行为的结果加重犯,以结果加重犯处理就可以进行充分评价,不需要再以不真正不作为犯论处。例如,于改之教授认为,如果先前行为可以是犯罪行为,就会与刑法对结果加重犯的规定产生矛盾。[③] 当被害人出现行为人所预期之外的严重结果而行为人又追求或放任这种严重结果出现时,行为人实际上已经改变了原来的犯罪故意,新的且更严重的危害结果也是在新的主观故意的支配下造成的,"不能先定行为人一个故意罪,又因行为人故意侵害他人后应负有防止结果发生的作为义务而成立另一个不真正不作为的故意或过失犯罪"[④]。

一般认为,不真正不作为犯是结果犯,[⑤]没有发生危害结果的,成立未遂犯;但是,如果犯罪行为引起的是较轻的危害结果,行为人不防止危害结果的进一步扩大,那么在刑法就行为人实施基本犯罪行为引起加重结果的场合规定了加重的法定刑的,以结果加重犯处罚比较妥当。为此,许玉秀教授提出增设"基本犯是过失,加重结果是故意"构造的结果加重犯,理由是:"虽然行为人于过失之后产生对结果的故意,但整个发生结果的因果流程,还是由前过失行为所造成,事后故意的产生并不影响加重结果是前过

---

① 参见齐文远、李晓龙:《论不作为犯中的先行行为》,载《法律科学(西北政法学院学报)》1999年第5期。

② 参见蔡圣伟:《论故意不法前行为所建构之保证人义务》,载蔡圣伟:《刑法问题研究(一)》,台北,元照出版公司2008年版,第229页。

③ 参见于改之:《不作为犯罪中"先行行为"的本质及其产生作为义务的条件——兼论刑法第133条"因逃逸致人死亡"的立法意蕴》,载《中国刑事法杂志》2000年第5期。

④ 于改之:《不作为犯罪中"先行行为"的本质及其产生作为义务的条件——兼论刑法第133条"因逃逸致人死亡"的立法意蕴》,载《中国刑事法杂志》2000年第5期。

⑤ 参见[德]汉斯·海因里希·耶赛克、[德]托马斯·魏根特:《德国刑法教科书》(下),徐久生译,中国法制出版社2017年版,第815页;[日]曾根威彦:《刑法总论》(第4版),弘文堂2008年版,第204页;[日]浅田和茂:《刑法总论》(补正版),成文堂2007年版,第153页;张明楷:《刑法学》(第6版)(上),法律出版社2021年版,第193页。

失作为所造成的事实，同时，事后故意正好可以作罪责的评价基准，以结果加重犯处理，并无不妥。"①

（二）对否定说论者观点的分析与批驳

对于有些先前行为引起作为义务的犯罪，可以运用结果加重犯理论加以解决，但也并不尽然如此。

第一种情形是，尽管具体案件的行为构造符合结果加重犯的特征，但刑法并未就所造成的加重结果规定结果加重犯，难以实现对犯罪的充分评价。例如，行为人甲将他人一辆报废的厢式货车推入河中，未曾想有小孩在车厢内玩耍，在车辆被推入河中时，小孩呼喊救命，甲为了掩人耳目，不实施救助，导致小孩溺水身亡。因为刑法并未专门就"故意毁坏他人财物致人死亡"等作出规定，倘若不能以故意毁坏财物罪和不作为的故意杀人罪进行并罚，就难以对犯罪进行充分评价。

第二种情形是，尽管行为造成严重危害结果，但并不符合结果加重犯的行为构造的，也是如此。例如，行为人乙抽烟后随手丢弃烟头，引起附近的草垛燃烧。乙看到有小孩在草垛上玩耍，小孩因为惊慌失措无法逃离燃烧的草垛，乙却故意不实施救助，致使小孩被烧死。乙的先前行为是失火行为，后续行为是不灭火或者不救助小孩。众所周知，结果加重犯的基本构造是"故意的基本犯 + 过失的加重犯"，原则上不存在"基本犯是过失，重结果是故意"的结果加重犯。因此，如果既不能认定本案构成结果加重犯，也不能以失火罪和不作为的故意杀人罪进行并罚，只能以先前行为构成的失火罪论处，必将放纵犯罪。②

在上述两种情形下，由于刑法未从立法层面对先前行为的后续行为进行充分的评价，并以结果加重犯或者转化犯等论处，导致出现评价不充分或者评价不足的问题，需要考虑是否成立数罪或者成立不真正不作为犯，从而实现对犯罪的充分评价。

不仅如此，与承认先前行为引起作为义务相比，许玉秀教授提出的增设"基本犯是过失，加重结果是故意"构造的结果加重犯的做法需要额外的改变结果加重犯的基本构造，未免有削足适履之感；再者，是否成立结果加重犯以刑法有明确规定为前提，这种观点不立足于刑法既有规定，主张以修改现行刑法规定来实现其理论设计，要知道刑法修改并非易事，不可

---

① 许玉秀：《前行为保证人类型的生存权？——与结果加重犯的比较》，载许玉秀：《当代刑法思潮》，中国民主法制出版社 2005 年版，第 701 页。

② 参见刘士心：《不纯正不作为犯罪中先行行为引起的义务研究》，载《北方法学》2007 年第 6 期。

能朝令夕改，因此这种做法也不具有可行性。①

三、主张不法行为成为作为义务来源有无可能与中止犯的规定存在矛盾？

（一）否定说论者的基本观点

根据我国《刑法》第24条第1款的规定，行为人在实施不法行为后，自动有效地防止危害结果发生的，构成犯罪中止。对于犯罪中止，基于其违法性减少、责任减少或者违法性与责任的减少以及与政策说的并合说，刑法规定对其减轻或者免除处罚。

但是，否定说论者认为，将犯罪行为作为先前行为，可能与中止犯理论存在矛盾。例如，许玉秀教授认为，首先，如果承认故意的不法先前行为这种保证人类型，那么在先前行为的未遂阶段能中止而行为人未中止的，都将另外成立一个不作为犯罪。如果贯彻这一主张，则中止行为不但不应该享有减免，反而应该加重处罚那些没有利用中止机会去防止构成要件实现的行为人，这与我国台湾地区"刑法"第27条的必减免规定相抵触。其次，如果故意不法先前行为能够形成作为义务，那么故意不法先前行为人着手后的中止行为只是未实现不作为的构成要件。既然这种中止行为只是在履行法律所要求的作为义务，也就不可能是"基于己意"，也就是必须否定其中的"任意性"要件。②

具体来说，第一，在行为人中止犯罪的场合，即便行为人能够有效地避免发生危害结果，由于中止行为仅仅是履行法律赋予的作为义务，将缺乏成立中止犯所要求的中止的任意性或者自动性要件。第二，在实施先前行为到发生既遂结果之前，如果行为人能够有效中止犯罪但并未有效中止的，不仅成立先前行为的既遂犯，还将成立独立的不作为犯罪。这将会出现这样一种局面：即便行为人中止犯罪，也不减免处罚。若未有效中止犯罪，却加重处罚，这种处理结论是不公平的，与各国刑法关于中止犯的规定也是存在矛盾的。③ 第三，为了避免上述矛盾，许玉秀教授提出设立过失犯罪的中止制度，在刑法中规定"过失行为人因己意防止结果发生者，减轻或

---

① 参见刘士心：《不纯正不作为犯罪中先行行为引起的义务研究》，载《北方法学》2007年第6期。

② 参见许玉秀：《前行为保证人类型的生存权？——与结果加重犯的比较》，载许玉秀：《当代刑法思潮》，中国民主法制出版社2005年版，第746页。

③ 参见［德］贝恩德·许乃曼：《德国不作为犯法理的现况》，陈志辉译，载许玉秀、陈志辉合编：《不移不惑献身法与正义——许乃曼教授刑事法论文选辑》，台北，新学林出版股份有限公司2006年版，第642页；许玉秀：《前行为保证人类型的生存权？——与结果加重犯的比较》，载许玉秀：《主观与客观之间——主观理论与客观归责》，法律出版社2008年版，第302－303页；王莹：《论犯罪行为人的先行行为保证人地位》，载《法学家》2013年第2期。

免除其刑"。[1]

（二）对否定说论者观点的分析与批驳

本书认为，否定说的上述观点是站不住脚的。

第一，成立中止犯，必须具有中止的任意性要件或者自动性要件。基于悔悟、同情等对自己的行为持否定评价的规范意识、感情或者动机而放弃犯罪的，显然能够成立犯罪中止。但是，如果过于强调中止任意性的伦理色彩，拘泥于前述几种情形，将中止犯的自动性与伦理性相混同，必然过于限缩犯罪中止的成立范围。[2] 从刑法理论和司法实践看，已经不再将中止的自动性局限于具有伦理性的场合，而是主张只要行为人在停止犯罪当时具有选择的自由，主观上出于想减轻某种法律性责任的非难动机即可。[3]

第二，关于对中止犯的处罚，我国《刑法》第 24 条第 2 款规定："对于中止犯，没有造成损害的，应当免除处罚；造成损害的，应当减轻处罚。"该规定实际上是对中止行为给予奖励。照此理解，对于没有中止犯罪的，因为不具备中止犯的成立条件，不给予奖励即可，但不能据此认定成立新的不作为犯罪，施加更为严厉的惩罚。

第三，按照许玉秀教授的观点，如果行为人对被害人实施救助，则减轻处罚，否则就按照过失犯处理，如此将会过度放纵犯罪。另外，刑法"以处罚故意犯为原则，以处罚过失犯为例外"。一般认为对过失犯的处罚仅限于结果犯的场合，除非造成危害结果，否则不处罚过失犯。但是，按照许玉秀教授的观点，过失犯是危险犯，或者说也处罚过失的危险犯，这与我国刑法和司法实践只处罚过失的实害犯的观点和做法相距甚远。

四、主张不法行为成为作为义务来源是否违反期待可能性的原理？

（一）否定说论者的基本观点

期待可能性理论认为，如果不能期待行为人实施其他适法行为，就不能对行为人的行为进行非难，因而也就不存在刑法上的责任。否定说论者认为，刑法不能期待故意不法行为人有防止犯罪发生的义务，肯定说违反了期待可能性的原理。例如，黄荣坚教授认为："在保证人地位作为有责性下位概念的情况下，所考量的就不是应不应该的问题，而是心理现实上做

---

① 参见许玉秀：《前行为保证人类型的生存权？——与结果加重犯的比较》，载许玉秀：《当代刑法思潮》，中国民主法制出版社 2005 年版，第 694 页。

② 参见张明楷：《刑法学》（第 6 版）（下），法律出版社 2021 年版，第 470 页。

③ 参见［日］西田典之：《日本刑法总论》（第 2 版），王昭武、刘明祥译，法律出版社 2013 年版，第 287 页。

不做得到的问题。既然行为人已经着手于实现其心中(例如杀人)的目的,我们也已经难以期待行为人有防止结果发生的作为(否则行为人故意杀人是要做什么?)……这种情况下的不作为是刑法所必须接受的结果。"[①]于改之教授也强调,在先前行为是故意犯罪的情况下,危害结果是犯罪人所期待和追求的。法律不能期待行为人对被害人进行及时的抢救,期待犯罪人防止其意图实现或追求的危害结果出现是不合逻辑的。[②]

(二)对否定说论者观点的分析与批驳

本书认为否定说论者的上述观点是不能成立的。

第一,违反法规范的人实际上都是主张一个在法律上缺乏正当性根据的要求,这种要求破坏了法秩序所划定的平等关系,行为人通过不法行为得到了不应该享有的利益。"基于均衡正义的观点,为了促使行为人自行恢复被他扰乱的平等关系,法秩序绝对有正当的权限在刑法上赋予行为人作为(恢复)的义务。"[③]换言之,期待实施了故意不法行为的人阻止其法益侵害结果,并没有违反期待可能性的原理。

第二,结果原因支配理论中的"支配"不仅仅是一种实然的现实支配,还应该是一种规范的支配概念,先前行为所引起的危险的继续发展仍然属于先前行为人支配领域之内。如果承认人们应当避免给他人法益带来危险这一原则(侵害原理),那么也应当承认引起该风险的人具有避免该风险继续发展成为构成要件结果的义务。"在人们作为行为人对开始的危险负有责任时,他必须在通过这个事故而出现的危险的继续发展或者升级中,才更加对防止这个结果是有责任的。让一个人仅仅对这种开始部分承担责任,而不是让他对一种引发行为构成实现的因果过程所具有的可防止的继续发展承担责任,这就是没有意义的。"[④]

第三,无论是故意犯罪还是过失犯罪,能否成为先前行为,应当在充分考虑实现罪刑相适应原则的基础上,结合具体犯罪构成要件,在不违背"禁止重复评价"原则的前提下,结合"危险结果发生的具体性、迫切性""对法益的排他性支配地位"等因素进行综合评定。具体来说,首先,在"故意作为+故意不作为,所侵害的法益相同"的场合,如行为人具有杀人的故意,

---

① 黄荣坚:《基础刑法学》(第3版)(下),中国人民大学出版社2009年版,第480页。

② 参见于改之:《不作为犯罪中"先行行为"的本质及其产生作为义务的条件——兼论刑法第133条"因逃逸致人死亡"的立法意蕴》,载《中国刑事法杂志》2000年第5期。

③ 蔡圣伟:《论故意不法前行为所建构之保证人义务》,载蔡圣伟:《刑法问题研究(一)》,台北,元照出版公司2008年版,第235页。

④ [德]克劳斯·罗克辛:《德国刑法学总论》(第2卷 犯罪行为的特别表现形式),王世洲等译,法律出版社2013年版,第572页。

在实施了杀人行为后,如果被害人得到及时的救助仍然能够存活,但行为人故意不予救助的,就不成立不作为的故意杀人罪。其次,在“故意作为+故意不作为,所侵害的法益不同”的场合,尤其是后者所侵害的法益价值高于前者所侵害的法益价值的情况下,尽管司法实践中往往以故意犯罪的结果加重犯论处,但不排除构成不作为的故意犯罪的可能性。至于过失犯罪的场合,虽然发生危害结果并非是行为人所希望的,但是期待过失犯罪行为人采取积极救助措施并不会在逻辑上否定过失犯罪本身,因此,过失犯罪行为可以成为先前行为。[①]

五、主张不法行为不能成为作为义务来源的观点可能导致不能有效惩罚犯罪,保护法益

(一)否定说在有些场合下不利于保护法益

根据否定说的观点,在有些场合下可能放纵犯罪人,不利于保护法益。例如,行为人在实施刑事不法行为时丧失责任能力,但是在实施先前行为之后又恢复责任能力的,根据否定说,因为行为人不具有保证人地位,只能以无罪论处。[②] 显然这将放纵犯罪,不利于保护法益。若要针对这种危险状态行使正当防卫,行为人就必须具有排除这种危险状态的法律义务,然后才能针对他的不作为实施正当防卫。

例如,蔡圣伟教授指出:“在行为人完成了他的攻击行为但仍属可以挽回时,因为行为人的积极攻击行为业已终结,所以被害人或第三人得否主张正当防卫,端视我们是否把后续的不作为看作是违反作为义务的不法而定。”[③]“如果行为人于随后的不作为阶段并没有额外的防果(作为)义务,那么在他的积极(作为)侵害行为终了后,应该就不再有成立正当防卫的可能,因为作为的侵害已属过去。”[④]

根据否定说的观点,在行为人实施先前行为后,帮助或者教唆其不对被害人进行救助的,根据共犯从属性说和否定说,因为缺乏正犯行为,对教唆行为和帮助行为只能以无罪论处。[⑤] 如果否定犯罪行为可以成为先前行为,就会导致共犯场合的刑事可罚性漏洞。例如,在他人实施了犯罪行为

---

① 参见许成磊:《不纯正不作为犯理论》,人民出版社 2009 年版,第 286－287 页。

② 参见王莹:《论犯罪行为人的先行行为保证人地位》,载《法学家》2013 年第 2 期。

③ 蔡圣伟:《论故意不法前行为所建构之保证人义务》,载蔡圣伟:《刑法问题研究(一)》,台北,元照出版公司 2008 年版,第 225 页。

④ 蔡圣伟:《论故意不法前行为所建构之保证人义务》,载蔡圣伟:《刑法问题研究(一)》,台北,元照出版公司 2008 年版,第 226 页。

⑤ 参见王莹:《论犯罪行为人的先行行为保证人地位》,载《法学家》2013 年第 2 期。

之后,第三人帮助或教唆该行为人不救助被害人,如果否定实施犯罪行为人因其犯罪行为产生保证人地位,则其不成立不作为犯罪。相应地,第三人的帮助行为或教唆行为也因正犯行为不可罚而无法受到追究。①

(二)否定说在有些场合下不利于采取有效措施阻止犯罪的发生

否定说的观点,在有些场合下可能不利于采取有效措施阻止犯罪的发生。例如,在行为人已经在飞机上安装了炸弹的场合,要想人员或者飞机免遭不法侵害,有必要对安装炸弹的人实施暴力或者胁迫手段,使其说出真相,解除炸弹。但是,如果认为故意不法行为不能成为作为义务的来源,因为不符合正当防卫的"不法侵害正在进行"这一要件,就无法为通过对行为人实施暴力迫使其拆除炸弹或者交代炸弹所在的位置提供正当化根据。② 这种结论显然是极为不妥当的。

本书认为,只有承认犯罪行为可以成为先前行为的前提,才不致得出对故意伤害他人后故意不救助致被害人死亡时的刑法评价(否定先前行为可为犯罪行为则仅成立故意伤害致人死亡罪)反而轻于行为人无罪责地意外引起他人伤害而故意不救助致被害人死亡的评价(成立不作为故意杀人罪)这样明显不合理的结论。③

第三节　过失不法先前行为作为义务来源说的基本观点及其展开

一、过失不法先前行为作为义务来源说的基本观点

(一)过失不法行为能否成为作为义务的来源?

关于过失不法行为能否成为作为义务的来源,存在不同观点。例如,黄荣坚教授认为,过失制造法益侵害风险的人,应当承担作为义务。但是,故意制造法益侵害风险的行为不属于先前行为,行为人不因此承担作为义务。具体理由如下所述。

第一,过失制造法益侵害风险的人,客观上制造了法益侵害风险,主观上具有预见可能性,符合先前行为的认定标准。黄荣坚教授认为:"因过失而制造风险,亦负保证责任。因为,过失而制造风险,也就是在有预见可能

① 对于将犯罪行为排除在先行行为之外可能导致的共犯场合的刑事可罚性漏洞问题,张明楷教授也表示赞同,参见张明楷:《刑法学》(第6版)(上),法律出版社2021年版,第201-202页。

② 参见王莹:《论犯罪行为人的先行行为保证人地位》,载《法学家》2013年第2期。

③ 参见张明楷:《不作为犯中的先前行为》,载《法学研究》2011年第6期。

性的情况下制造风险,基本上已经符合上述危险前行为的标准。”①

第二,基于直接故意实施的法益侵害行为,行为人积极追求危害结果的发生,不能期待行为人阻止发生危害结果;基于间接故意实施的法益侵害行为,行为人放任危害结果的发生,尽管期待行为人放弃犯罪的可能性很小,但也不能说没有一点期待可能性;出于过失,具有侵害法益危险的,完全可以期待行为人阻止危害结果的发生。②

第三,对于行为人的危险前行为和后来的不作为均构成犯罪的,应当认定为数罪,实行并罚。黄荣坚教授认为:“如果危险前行为和后来的不作为都构成犯罪……按照一般竞合法则做处理。不管前行为是故意犯罪还是过失犯罪……如果事后的不作为在犯罪检验上可以构成不作为犯……是一个新的行为决定,因此前行为犯罪和后来的不作为犯罪,基本上是数罪并罚的关系。”③

(二)过失不法行为产生作为义务是否要进行一定的限制?

有的学者认为,过失不法行为可以成为作为义务的来源,但要进一步进行合理限缩。例如,陈兴良教授认为过失不法行为能够成为作为义务的来源,但同时认为,并非只要有过失行为,行为人就产生相应的法益保护义务或者危险源监督义务。“只要某一结果是包含在过失犯罪的构成要件之内的,则该过失犯罪不能转化为同一行为的故意犯罪。除非这一结果是超出某一过失犯罪的,该过失行为才有可能成为不作为的先行行为。”④

(三)过失不法先前行为产生作为义务的类型

这里以交通肇事后逃逸致人死亡为例进行说明。行为人在交通肇事之后仅仅是逃逸的场合,即便因逃逸致人死亡的,也不能构成故意杀人罪,而只有在采取其他行为使得被害人的处境更加危险,如将被害人带离事故现场隐藏或者遗弃,致使被害人无法得到救助而死亡的场合,才能以故意杀人罪定罪处罚。⑤

二、过失不法先前行为作为义务来源说的主要理由及其简要评析

综上,过失不法先前行为作为义务来源说的主要理由是:第一,故意不法行为缺乏期待可能性,不能成为先前行为。对于积极希望结果发生的故

---

① 黄荣坚:《刑罚的极限》,台北,元照出版公司 1999 年版,第 42 页。
② 参见黄荣坚:《基础刑法学》(第 3 版)(下),中国人民大学出版社 2009 年版,第 480 页。
③ 黄荣坚:《基础刑法学》(第 3 版)(下),中国人民大学出版社 2009 年版,第 480 - 481 页。
④ 陈兴良:《教义刑法学》,中国人民大学出版社 2010 年版,第 253 页。
⑤ 参见黎宏:《一定条件下的见危不救入刑研究》,载《中外法学》2018 年第 3 期。

意行为而言,由于缺乏期待可能性,不能要求行为人在作为之后必须防止结果的发生。① 对于间接故意来说,侵害结果的发生本来就不是作为目的之所在,而是行为人追求其他目的的附带结果,因此对于事后防止结果发生的作为,也没有期待可能性。② 第二,主张故意刑事不法行为成为先前行为,可能导致对最初的刑事不法行为进行重复评价,违反"禁止重复评价"原则。③ 第三,主张故意刑事不法行为成为先前行为,难以处理犯罪竞合问题。在不作为的本身不构成犯罪的场合,单纯就先前行为以故意或过失的作为犯罪论处,不存在竞合问题;但是,如果先前行为和后来的不作为都构成犯罪,就面临竞合问题。不管先前行为是故意犯罪还是过失犯罪,如果事后的不作为可以构成不作为犯,先前行为犯罪和后来的不作为犯罪通常成立数罪,应当进行并罚。④

根据责任原理,只有当一个人本来能够以其他方式行动时,他才对所做的事情承担责任。当行为人具有责任能力,认识到或者可能认识到自己的行为会发生法益侵害结果,并能够认识到该行为被刑法所禁止时,就能够产生反对动机,不实施该行为。但是,"即使行为人认识到了犯罪事实,而且意识到行为是违法的,但当行为人不能根据这种判断抑制行为,即不能期待其实施其他行为时,就不能非难该行为,因此不能追究行为人的责任"⑤。对于黄荣坚教授提出的可能违反期待可能性原理的观点,许玉秀教授提出批判,按照期待可能性的说法,应该得出的不是过失行为之后的不作为应该受处罚,反而是过失行为之后的积极防止行为应该被奖励才是。⑥ 应当说,一个人的能力越强,责任就越大,而不能作相反的理解和处理,所以上述黄荣坚教授等的观点是不妥当的。

第四节 故意不法先前行为作为义务来源说

一、故意不法先前行为作为义务来源说的基本观点

故意不法先前行为作为义务来源说主张先前行为包括故意不法行为,

① 参见黄荣坚:《论保证人地位》,载黄荣坚:《刑罚的极限》,台北,元照出版公司1999年版,第42页;黄荣坚:《基础刑法学》(第3版)(下),中国人民大学出版社2009年版,第480页。

② 参见黄荣坚:《基础刑法学》(第3版)(下),中国人民大学出版社2009年版,第480页。

③ 参见徐跃飞:《论不作为犯罪中的先行行为》,载《时代法学》2006年第1期。

④ 参见黄荣坚:《基础刑法学》(第3版)(下),中国人民大学出版社2009年版,第480-481页。

⑤ [日]平野龙一:《刑法总论Ⅱ》,有斐阁1975年版,第154页。

⑥ 参见许玉秀:《保证人地位的法理依据——危险前行为是构成保证人地位的惟一理由》,载许玉秀:《当代刑法思潮》,中国民主法制出版社2005年版,第743页。

凡是通过自己的先前行为危及他人法益的，行为人对其行为所造成的法益侵害结果负有防止义务（防果义务）。这种情形是指，“犯罪行为人在一种罪过的支配下，通过积极作为的方式，造成了一种危害结果；紧接着又在另一种罪过（只能是间接故意）的支配下，实施一种消极行为（不作为），在前种结果的基础上出现更为严重的结果”①。

该说是德国刑法理论的通说，耶赛克、施特拉腾韦特、奥托等坚持此说。② 我国学者陈兴良、蔡圣伟、姚诗等也坚持该观点。③ 例如，蔡圣伟教授认为，只要承认不法先前行为这种保证人类型，就应该一并肯定故意的不法先前行为也会引起刑法上的作为义务；第三人仅参与行为人后半段的不作为的，构成不作为的共犯；不能确定先前行为究竟是故意还是过失，但可以确定行为人是故意不排除先前行为的危险的，行为人构成不作为的故意杀人等罪；故意的先前行为因为行为人缺乏责任能力等原因不成立犯罪，但行为人在不成立犯罪的原因消失后，故意不采取救助措施的，可以直接对后半段的不作为成立不作为的故意杀人罪。④

该说的主要理由是：

第一，刑法上认定是否构成犯罪的根据是所谓的“侵害原理”。犯罪的本质是具有法益侵害或者侵害法益的危险，无论是一般违法行为还是故意不法行为，都侵害了他人的法益或者有危害法益的危险，都是应当被禁止的。⑤ 例如，施特拉腾韦特指出，凡是实施危险行为者，都有义务消除自己造成的危险。这一原则的基础是，所有人都有控制自己的行为，不给他人造成损失的一般义务。如果事件可能会导致侵害法益，则不仅要求中断事件，还必须予以纠正。但这种义务的成立前提和存在范围并未因此得以精确的确定。⑥

---

① 李学同：《论不作为犯罪的特定义务》，载《法学评论》1991 年第 4 期。

② 参见［德］汉斯·海因里希·耶赛克、［德］托马斯·魏根特：《德国刑法教科书》（下），徐久生译，中国法制出版社 2017 年版，第 842 页；［德］冈特·施特拉腾韦特、［德］洛塔尔·库伦：《刑法总论Ⅰ——犯罪论》（第 5 版），杨萌译，法律出版社 2006 年版，第 366 页；Otto, Die strafrechtliche Haftung für die Auslieferung gefährlicher Produkte, Fs - Hirsch, 1999, S. 305。

③ 参见蔡圣伟：《论故意不法前行为所建构之保证人义务》，载蔡圣伟：《刑法问题研究（一）》，台北，元照出版公司 2008 年版，第 229 - 230 页。

④ 参见蔡圣伟：《论故意不法前行为所建构之保证人义务》，载蔡圣伟：《刑法问题研究（一）》，台北，元照出版公司 2008 年版，第 255 页。

⑤ 参见［德］汉斯·海因里希·耶赛克、［德］托马斯·魏根特：《德国刑法教科书》（下），徐久生译，中国法制出版社 2017 年版，第 841 - 842 页。

⑥ 参见［德］冈特·施特拉腾韦特、［德］洛塔尔·库伦：《刑法总论Ⅰ——犯罪论》（第 5 版），杨萌译，法律出版社 2006 年版，第 366 页。

第二,刑法理论的通说认为故意与过失是一种阶层关系或者包含关系。[①] 既然过失的刑事不法行为都能引起刑法上的作为义务,根据"举轻以明重"的理论逻辑,没有理由否认故意的刑事不法行为能够引起刑法上的作为义务。如果一方面肯定过失刑事不法行为这种保证人类型,另一方面又认为故意刑事不法行为不能引起刑法上的作为义务,必然导致将故意与过失的关系理解为互斥的异质关系。[②] 对此,高铭暄教授等指出,完全否定犯罪行为可以作为先前行为引起作为义务,是不恰当的。因为连一般违法行为都能引起作为义务,犯罪行为反而不能引起作为义务,于情理不合,也不利于司法实践。[③]

第三,即便承认后续的不实施救助行为另外成立不作为犯罪,其与前面的故意作为犯也属于"不真正竞合"关系,并没有双重评价或者过度评价的问题。[④]

由于故意不法先前行为作为义务来源说所主张的"只要行为人实施了对法益产生危险的行为,就具有作为义务,倘若不作为的,必然就后行为成立不真正不作为犯"的观点过于绝对,为了实现对犯罪的充分且不重复评价,刑法在构成要件的形式与选择上进行了多重设计。在有些情况下,即便先前行为使保护法益处于危险状态,也并不必然构成不真正不作为犯。具体如下:其一,行为人实施先前行为时对加重结果持故意态度的;其二,行为人实施先前行为时和后行为对于重结果的发生都是过失的;其三,刑法对先前行为所引起的重结果规定了结果加重犯的;其四,刑法对先前行为所引起的重结果规定了转化犯的。在上述四种情形下,因为刑法已经在犯罪构成要件的设计与法定刑的配置上,对事后不作为进行了充分评价,所以不需要对行为人就事后不作为以不真正不作为犯论处。[⑤]

二、是否存在对应的结果加重犯区别说

该说认为,如果针对先前犯罪行为规定了结果加重犯,或者因发生严

---

① 存在争议的是,这种阶层关系到底是一种概念逻辑上的包含关系,还是一种法律评价、规范上的阶层关系。后一种观点认为,故意与过失在概念上虽然是互斥关系,但在评价上是评价强与弱的阶层包含关系。

② 参见蔡圣伟:《论故意不法前行为所建构之保证人义务》,载蔡圣伟:《刑法问题研究(一)》,台北,元照出版公司 2008 年版,第 232 - 233 页。

③ 高铭暄主编:《新编中国刑法学》(上册),中国人民大学出版社 1998 年版,第 119 页;高铭暄、马克昌主编:《刑法学》(第 10 版),北京大学出版社、高等教育出版社 2022 年版,第 65 页。

④ 参见蔡圣伟:《论故意不法前行为所建构之保证人义务》,载蔡圣伟:《刑法问题研究(一)》,台北,元照出版公司 2008 年版,第 229 页。

⑤ 参见刘士心:《不纯正不作为犯罪中先行行为引起的义务研究》,载《北方法学》2007 年第 6 期。

重结果而成立重罪时，可将加重结果评价在相应的结果加重犯或者另一重罪中，先前的犯罪行为并不导致行为人具有防止严重结果发生的义务；在刑法针对该先前犯罪行为未规定相应的结果加重犯或发生某种严重结果而成立其他严重犯罪的情况下，如果先前的犯罪行为导致另一法益处于危险状态，则宜肯定先前犯罪行为人具有保证人地位。换言之，在行为人对于加重结果是故意的场合，仅仅论之以加重犯，可能存在评价不足，这就需要考虑到底是否成立数罪；在刑法并未规定结果加重犯的场合，则应当论之以数罪，实行并罚，以实现充分评价。

(一)是否存在对应的结果加重犯区别说论者的观点

1.张明楷教授的观点。我国多数学者主张此说。例如，张明楷教授曾经提出，先前行为原则上不应当包括犯罪行为。行为人实施犯罪后，有义务承担刑事责任，而没有义务防止危害结果发生。如果认为先前行为包括犯罪行为，则会使绝大多数犯罪由一罪变成数罪，这是不合适的。① 即使行为人不防止其危险结果的发生，以至于造成此种结果的，只成立原来犯罪行为的结果犯或结果加重犯，并不因而产生作为义务成立不真正不作为犯。行为人实施某一犯罪行为后，如果自动防止结果发生，则是减免刑罚的理由；如果行为人没有防止结果发生，则负既遂罪的刑事责任；如果没有防止更严重结果的发生，则负结果加重犯的刑事责任。②

具体来说，第一，在刑法就某种故意犯罪行为规定了结果加重犯(或因发生严重后果而成立重罪)时，由于可以将加重结果评价在相应的结果加重犯或者另一重罪中，先前的故意犯罪行为并不导致行为人具有防止发生严重结果的义务。在这种情况下，如果认为先前行为包括犯罪行为，则会使绝大多数的一罪变为数罪，因而并不合适。第二，在刑法没有就某种故意犯罪行为规定结果加重犯，也没有规定发生某种严重结果而成立其他严重犯罪的情况下，如果先前的犯罪行为导致另一法益处于危险状态，则宜认为该故意犯罪行为导致行为人具有防止另一法益受到侵害的义务。第三，既然刑法理论肯定过失违法行为可以成为作为义务的发生根据，就没有理由否认过失犯罪可以成为作为义务的发生根据。③ 但是，张明楷教授

① 参见张明楷:《刑法学》(第2版)，法律出版社2003年版，第154页。

② 参见张明楷:《刑法学》(上)，法律出版社1997年版，第133页。

③ 张明楷:《刑法学》(第3版)，法律出版社2007年版，第145－146页。陈兴良教授等也认为，虽然说犯罪行为可以成为先行行为产生作为义务，但仍然应当考虑其后实施的不作为是否具有同引起该加重结果的作为的等价性，否则仍然只能认定构成原罪的结果加重犯。参见陈兴良、周光权:《刑法学的现代展开》，中国人民大学出版社2006年版，第123页。

现在认为,无论是故意犯罪还是过失犯罪,都可以成为作为义务的发生根据。①“是否具有履行义务的期待可能性,不是取决于先行行为是否可罚,而是取决于履行义务时的附随情形。”②

张明楷教授认为:第一,承认故意的犯罪行为可以成为先前行为后,如果案件事实中的作为与不作为应当评价为两个行为,侵害了两个法益,而且行为人对两个法益侵害事实都具有责任,应当实行并罚。第二,在很多情况下,即便承认故意的犯罪行为可以成为先前行为,也可能只认定为一罪。例如,以作为形式故意杀人,在具有死亡危险的情况下不救助的,只成立一个故意杀人罪。主要理由是,在前阶段的作为与后阶段的不作为侵害的是同一法益时,应当以一罪论处;在后阶段的不作为侵害的法益包容了前阶段的作为所侵害的法益时,仅认定为一个重罪即可。第三,行为人以伤害故意实施伤害行为,在被害人具有生命危险时,能够救助而不救助,导致被害人死亡的,应当认定为故意杀人罪,而不是故意伤害(致死)罪。③

2. 其他学者的观点。我国学者赵秉志、周光权、冯卫国等也坚持该理论。例如,赵秉志教授认为,犯罪行为是否可以成为先前行为,应当以行为人所放任发生的危害结果能否为前罪的犯罪构成(包括加重构成)所包括作为区分标准:其一,能包括的,没有作为义务,依据前罪的法定刑幅度定罪处罚即可;其二,超出前罪犯罪构成范围而触犯更为严重犯罪的,则具有作为义务。④ 周光权教授指出,尽管在理论上有必要承认犯罪行为可以成为先前行为产生作为义务,但“应当考虑其后实施的不作为是否具有同引起该加重结果的作为的等价值性”,否则只能认定为原罪的结果加重犯。先行行为包括违法行为和犯罪行为。“虽然在理论上有必要承认犯罪行为可以成为先行行为产生作为义务,但仍然应当考虑其后实施的不作为是否具有同引起该加重结果的作为的等价值性,否则,仍然只能认定为原罪的结果加重犯。”⑤

(二)是否存在对应的结果加重犯区别说的主要理由

总体来看,是否存在对应的结果加重犯区别说的主要理由是:

1. 承认故意犯罪可以成为作为义务的来源,有利于对犯罪进行充分评

① 参见张明楷:《刑法学》(第6版)(上),法律出版社2021年版,第201-202页。

② 张明楷:《不作为犯中的先前行为》,载《法学研究》2011年第6期。

③ 参见张明楷:《不作为犯中的先前行为》,载《法学研究》2011年第6期。

④ 参见赵秉志:《不作为犯罪的作为义务应采四来源说——解析不作为犯罪的作为义务根据之争》,载《检察日报》2004年5月20日,第3版。

⑤ 周光权:《刑法总论》(第2版),中国人民大学出版社2011年版,第93页。

价。第一,如果行为人事前实施的行为已经构成某种犯罪,刑法对这种犯罪行为规定了结果加重犯,或者因为发生严重结果而成立重罪的,因为可以将加重结果评价在相应的结果加重犯或者另一重罪中,先前的犯罪行为并不导致行为人负有防止严重结果发生的义务,行为人有义务承担相应的刑事责任,但没有义务防止危害结果的发生,否则有可能导致对危害行为的重复评价,使一罪变为数罪。第二,如果刑法没有将某种犯罪行为规定为结果加重犯,而先前行为导致另一法益处于危险状态,则应认为该犯罪导致行为人具有防止另一法益受侵害的义务。①

2. 承认故意犯罪可以成为作为义务的来源,有利于实现罪刑均衡。例如,甲意外导致A重伤,明知不及时抢救将导致A死亡,但仍然不抢救,最终A死亡。甲的行为通常成立不作为的故意杀人罪。乙故意致B重伤,明知不及时抢救将导致B死亡,但不进行抢救,导致B死亡。如果否认故意犯罪可以成为先前行为,乙的行为就只能被认定为故意伤害罪。但是,与甲相比,乙的行为应当受到更为严重的否定评价和更为严厉的谴责。显然,只有主张故意犯罪能够成为先前行为,肯定乙的行为也成立不作为的故意杀人罪,才能使刑法对甲、乙的行为的评价保持协调。②

3. 承认故意犯罪可以成为作为义务的来源,有利于解决共同犯罪问题(教唆他人不作为、帮助他人不作为)。例如,甲故意伤害致乙重伤,看到乙倒在血泊之中,痛苦异常,甲顿生悔意,准备拨打救援电话。这时候无关的第三人丙极力劝阻,唆使甲放弃救助的念头,乙最终因为失血过多而死。如果认为故意犯罪不能成为作为义务的来源,丙将不能成立犯罪。只有认定甲的故意杀人行为引起了救助义务,其后的不作为也属于杀人行为的组成部分,才能将丙认定为故意杀人罪的教唆犯。③

(三)罪数问题的处理

当然,承认故意不法行为可以成为作为义务的来源,涉及如何处理面临罪数或者竞合的问题。

1. 如果在前阶段的作为与后阶段的不作为应当评价为两个行为,侵害了两个法益,行为人对两个法益侵害事实都具有责任,应当实行并罚。例如,行为人违反《森林法》的有关规定,非法采伐珍贵树木,造成他人重伤,

① 参见冯卫国:《刑法中不作为之作为义务来源再探讨》,载《法治研究》2011年第6期。

② 参见张明楷:《刑法学》(第6版)(上),法律出版社2021年版,第202页;张明楷:《刑法格言的展开》,北京大学出版社2013年版,第230页。

③ 参见张明楷:《刑法学》(第6版)(上),法律出版社2021年版,第202页;张明楷:《刑法格言的展开》,北京大学出版社2013年版,第230页。

行为人明知或者应知不立即救助将会导致被害人死亡，但未予救助，致其死亡的。因为《刑法》第344条规定的危害国家重点保护植物罪没有规定死亡结果，应当将非法采伐珍贵树木的行为视为导致行为人负有抢救义务的先前行为，将不救助行为认定为不作为的故意杀人罪或者过失致人死亡罪，与危害国家重点保护植物罪进行并罚。①

2. 如果前阶段的作为与后阶段的不作为侵害的是同一法益，或者后阶段的不作为侵害的法益包容了前阶段的作为所侵害的法益，则仅认定为一个重罪即可。例如，以作为形式故意杀人，在具有死亡危险的情况下不救助的，只成立一个故意杀人罪。以作为形式故意伤害他人，在具有死亡危险的情况下不救助的，因为生命法益包括身体健康法益，所以只成立故意杀人罪。②

3. 如果刑法就某种犯罪行为规定了结果加重犯或者因发生严重结果而成立重罪，由于可以将加重结果评价在相应的结果加重犯或者重罪中，先前的犯罪行为不会产生作为义务。如果刑法并未就某种犯罪行为规定结果加重犯或者成立其他重罪，且先前的犯罪行为导致另一法益处于危险状态，则认定该犯罪行为导致行为人具有防止另一法益侵害的义务。③

三、风险创设与风险关联标准说

（一）耶赛克、罗克辛等的观点

耶赛克等主张从以下几个方面限制先前行为的范围：首先，先前行为的实施造成了法益侵害或者侵害法益的危险；其次，先前行为在客观上是违法的；最后，违法性处于构成要件的规范保护目的之内。④

罗克辛也认为，之所以要求实施先前行为的人对与该行为有关系的后续行为承担责任，不是因为先前行为对后续损害结果具有自然意义上的因果关系，而是因为二者之间具有刑法意义上的归责关系，应当以客观归责标准审查先前行为。首先，先前行为必须具有引起损害结果的潜在风险。即便在先行为引起了结果的发生，但如果该风险对于结果来说并非升高的

---

① 参见张明楷：《不作为犯中的先前行为》，载《法学研究》2011年第6期；张明楷：《刑法格言的展开》，北京大学出版社2013年版，第230－231页。

② 参见张明楷：《不作为犯中的先前行为》，载《法学研究》2011年第6期；张明楷：《刑法学》（第6版）（上），法律出版社2021年版，第203页；张明楷：《刑法格言的展开》，北京大学出版社2013年版，第230－231页。

③ 参见张明楷：《刑法学》（第3版），法律出版社2007年版，第145页。

④ 参见［德］汉斯·海因里希·耶赛克、［德］托马斯·魏根特：《德国刑法教科书》（下），徐久生译，中国法制出版社2017年版，第842页。

风险或者在可容许的范围内，则该行为不构成先前行为。其次，这种潜在风险继续发展，在损害结果中实现，而没有介入其他异常因素。最后，不作为的风险实现必须在先前行为违反的规范保护范围之内。①

（二）王莹教授的观点

王莹教授主张以风险创设与风险关联标准对先前行为进行审查，故意犯罪能否成为先前行为，应当根据先前犯罪的基本犯能否实现风险的创设和实现作出充分评价来确定。行为人实施的故意犯罪创设了侵害法益的危险，在故意犯罪行为实施完毕后，行为人创设的危险有两种发展方向：第一种情形是，该危险所实现的损害后果可以涵盖在先前犯罪行为的故意之内，即先前犯罪的故意以后续损害为内容，先前犯罪故意的内容刚好是后续损害的结果。第二种情形是，该危险继续发展所实现的损害后果超出了先前故意犯罪的构成要件的范围，行为人放任该损害后果的发生，而不实施相应的作为。② 如果在先犯罪能够对风险的实现进行充分评价，则可以仅追究先前行为构成的作为犯，没有必要再将该犯罪行为视为先前行为以评价相应的不作为。③

但是，在特殊情况下，该风险实现可能无法为先前犯罪行为本身的行为不法与结果不法所涵盖，即该风险可能未被充分评价。针对参与到先前犯罪行为创设的风险实现的共犯来说，如果不对该不作为进行评价，该风险实现的不法将无法获得评价，此时存在追究该共犯人的不作为犯的必要。对于实施犯罪行为之后才恢复责任能力的人来说，先前犯罪行为所创设的风险实现因为缺乏责任有责性而无法被评价为犯罪，所以应当将其置于行为人恢复责任能力后的不作为中进行评价。④

具体又可以分为两种情况：第一，该损害后果可以为先前行为所构成犯罪的结果加重犯所包含。但是，如在行为人实施伤害行为后，对可能出现的死亡结果能够阻止而不加以阻止，对死亡结果持故意态度，则此时产生一个独立于先前的伤害行为的新的行为不法与结果不法，即针对死亡结果的不作为。如果仅以结果加重犯追究行为人的刑事责任，就无法完整地评价此种情形的行为不法与结果不法。如果简单地以数罪进行并罚，就可能导致对存在重叠的不法内容进行重复评价。可以将其视为法条竞合，即针对同一损害结果既存在作为的规定，又存在不作为的规定，可以将作为

① 参见王莹：《论犯罪行为人的先行行为保证人地位》，载《法学家》2013 年第 2 期。

② 参见王莹：《论犯罪行为人的先行行为保证人地位》，载《法学家》2013 年第 2 期。

③ 参见王莹：《论犯罪行为人的先行行为保证人地位》，载《法学家》2013 年第 2 期。

④ 参见王莹：《论犯罪行为人的先行行为保证人地位》，载《法学家》2013 年第 2 期。

犯视为特别法,按照“特别法优于一般法”或者“重法优于轻法”的规则进行处理,仅以相应的作为犯的加重犯进行处罚。第二,针对该损害结果不存在先前行为所构成犯罪的结果加重犯。如果行为人不阻止的损害后果属于其先前犯罪行为所违反的规范保护目的的范围,换言之,损害后果是先前的犯罪行为所创设的法益侵害风险进一步恶化的结果,二者是同一种风险或者同一类型的风险,则可以肯定犯罪行为与损害后果之间具有风险关联,行为人对后来的损害后果具有防止义务。也就是说,该犯罪行为可以成为先前行为,引发作为义务。[①]

第五节　本书的观点

一、故意不法先前行为原则上可以作为先前行为引起作为义务

本书认为,故意不法先前行为原则上可以作为先前行为引起作为义务。由于自己故意的不法先前行为引起刑法所保护的某种社会关系处于危险状态,因此行为人负有采取有效措施排除这种危险或者避免危害结果发生的特定义务,不履行这种义务,情节严重或者造成严重后果的,构成不作为犯罪。在刑法就某种犯罪行为规定了结果加重犯或者因为发生严重结果而成立重罪时,由于可以对加重结果作出充分评价,先前的犯罪行为并不导致行为人具有防止严重结果的发生的义务;但是,在刑法并未就某种犯罪行为规定结果加重犯,也没有规定发生某种严重结果而成立其他严重犯罪时,如果先前的犯罪行为导致另一法益处于危险状态,则应认为该犯罪行为导致行为人负有防止另一法益侵害的义务。

(一)从贯彻“充分且不重复评价”原则角度进行论证

故意不法先前行为人是否就其后的不作为承担刑事责任,关键在于是否贯彻“充分且不重复评价”原则。“禁止重复评价”原则是指“任何人不因同一犯罪行为再度受罚”,是指在定罪量刑时禁止对同一犯罪构成事实进行两次或者两次以上的法律评价。具体来说,在定罪时,对一个行为只能定一罪或者说一个行为只能在构成要件中评价一次,不能重复定罪;在量刑时,定罪情节不能在量刑时重复使用。倘若只有就其后的不作为承担刑事责任才能实现重复评价,则宜认为具有作为义务;否则,不宜认为具有作为义务。

原则上,在实施一个行为侵害一个法益的场合,通常能够贯彻“充分且

① 参见王莹:《论犯罪行为人的先行行为保证人地位》,载《法学家》2013 年第 2 期。

不重复评价"原则。但是,在一个行为侵害数个法益、数个行为侵害一个法益以及数个行为侵害数个法益的场合,要彻底贯彻"充分且不重复评价"原则,可能并不容易。[①] 因此,在贯彻"充分且不重复评价"原则时,需要注意以下几点:

第一,充分评价原则的贯彻。其中,"评价"是指在一个犯罪事件审理的过程中,对行为人的犯罪行为进行否定,宣告其构成犯罪并科处刑罚。"重复评价"是指对行为人的行为,宣告其构成多重犯罪,并科处多重刑罚。[②] 充分评价原则是评价行为的下限,"禁止重复评价"则是评价行为的上限;对犯罪行为进行评价,既要注意防止重复评价,也要注意防止评价不足。无论是定罪还是量刑,要全面贯彻"充分且不重复评价"原则,除了"禁止重复评价"原则之外,还要贯彻"充分评价"原则。如果主张先前行为不包括犯罪行为在内,尽管可能贯彻了"禁止重复评价"原则,但也有可能没有贯彻"充分评价"原则。

第二,"禁止重复评价"原则的贯彻。重复评价实质上是对存在论上的同一犯罪构成事实所反映出来的同一不法内涵和同一罪责内涵进行了重复考量。"禁止重复评价"是指在定罪量刑时不能对同一犯罪构成事实进行两次或者两次以上的法律评价。只有在评价对象为同一犯罪构成事实的场合,才存在重复评价;而且不得对同一行为在同一诉讼过程中进行重复定罪量刑。具体来说,在定罪时,一个行为原则上只能成立一罪或者说一个行为只能在某一具体构成要件中使用一次,不得在定罪时重复使用;在量刑时,不得在量刑过程中对定罪情节进行重复评价。因为定罪情节在确定某一行为是否构成犯罪时已经进行了评价,在量刑时再次使用就属于重复评价。[③]

第三,对重复评价采取有条件的禁止原则。从刑法规范是裁判规范的属性以及罪刑相适应原则的贯彻看,在对犯罪进行评价时,注重的是最终能否对犯罪人科处适当的罪名和刑罚。"禁止重复评价"并不是绝对禁止对存在论上的同一行为或同一情节要素进行重复使用,其所反对的只是对本质上反映同一不法内涵和同一罪责内涵的同一行为或者同一情节要素的重复考量。[④] 因此,行为人实施一个行为侵害一个法益而触犯数罪名的,

① 参见温登平:《论抢劫信用卡并使用行为的定性与处罚——兼论刑法上的"充分且不重复评价"原则》,载陈兴良主编:《刑事法评论》(第33卷),北京大学出版社2013年版,第606页。

② 参见黄荣坚:《刑法问题与利益思考》,中国人民大学出版社2009年版,第204页。

③ 参见陈兴良:《禁止重复评价研究》,载《现代法学》1994年第1期。

④ 参见王明辉、唐煜枫:《重复评价禁止与想象竞合犯》,载《中国刑事法杂志》2005年第2期。

不应进行双重甚至多重评价,否则属于重复评价、过度评价;相反,一个行为侵害数个法益,或是行为人实施数个行为的,原则上应当进行双重甚至多重评价,成立数罪,否则属于评价不足。尽管刑事立法可能会基于种种合理的或不合理的考量而就相同的法益侵害类型产生多数犯罪的规定,但是在刑事司法过程中,不得因为刑事立法的技术问题而使行为人必须受到多重的犯罪宣示及多重的刑罚。

就是否认为故意不法先前行为人对其后的不作为具有作为义务而言,也应当以是否贯彻"充分且不重复评价"原则作为衡量标准。对刑法上的数个行为(所谓行为复数)以吸收犯或共罚的事前(事后)行为论处,需要考虑是否实现了"充分评价",并且没有重复评价。

第一,肯定先前行为包括犯罪行为,不会违反"禁止重复评价"原则。"禁止重复评价"原则是指"任何人不因同一犯罪行为再度受罚",是指在定罪量刑时禁止对同一犯罪构成事实进行两次或者两次以上的法律评价。要实现充分且不重复评价,最为重要的衡量标准是,存在吸收关系或者共罚关系的前后两个行为,是否侵害了同一法益:倘若侵害的是同一法益,虽然并不意味着必然成立吸收犯或共罚的事前(事后)行为,但是存在成立吸收犯或共罚的事前(事后)行为的可能性;倘若侵害的是不同法益,则不存在成立吸收犯或共罚的事前(事后)行为的任何余地。具体来说,在定罪时,对一个行为只能定一罪或者说一个行为只能在构成要件中评价一次,不能重复定罪;在量刑时,定罪情节不能在量刑时重复使用。在先前行为是犯罪行为,行为人不履行作为义务引起法益侵害,构成不作为犯的场合,刑法第二次评价的对象是不履行作为义务引起的法益侵害或者更为严重的危害结果,不存在重复评价的问题。

第二,除了"禁止重复评价"原则之外,还要贯彻"充分评价"原则。如果主张先前行为不包括犯罪行为在内,尽管可能贯彻了"禁止重复评价"原则,却有可能没有贯彻"充分评价"原则。在不真正不作为犯的场合,存在先前行为和之后的不作为两个行为,先前行为与不作为侵害了不同的法益,只有根据刑法规定对后面的不作为进行否定评价,才能实现对犯罪的充分评价。

综上,在先前行为是犯罪行为,行为人不履行作为义务引起法益侵害,构成不作为犯的场合,刑法第二次评价的对象是不履行作为义务引起的法益侵害或者更为严重的危害结果,不存在重复评价的问题。行为人因为意外造成被害人重伤,在能够救助的情况下不予救助,导致被害人死亡的,一般认为行为人构成不作为的故意杀人罪。相对而言,在行为人故意伤害被害人致其重伤的场合,如果被害人有死亡的可能,行为人就当然有救助义务。如果否认故意犯罪也可以引起作为义务,行为人就没有救助义务,只能成立故意伤害罪,这种处理方法显然是不合理的,故意犯罪场合行为人的不救助行为应该受到更严厉的评价。[①]

(二)从结果加重犯的角度进行论证

从结果加重犯的角度看,行为人对先前行为引起的加重结果可能负有防止结果发生的义务。结果加重犯是指行为人实施基本犯罪的实行行为,但发生了超出基本犯的构成要件结果意外的加重结果,刑法就加重结果规定了加重的法定刑的情形。

要成立结果加重犯,除了刑法就加重结果在基本法定刑基础上明确规定了加重的法定刑外,还需要具备以下几个条件。

1.行为人实施的一个犯罪行为发生了超过基本结果的加重结果。关于如何理解"加重结果",存在不同的看法。一般认为,结果加重犯中的基本结果是行为在通常情况下应有的结果;而加重结果是行为通常不会产生的结果,且是与基本犯罪的行为性质不一致的结果。[②] 加重结果必须是对基本犯的结果的加重,具体分为四种情况:第一,基本犯为抽象危险犯,行为导致抽象的危险发展为侵害结果,该结果可能成为基本犯的加重结果的情形;第二,基本犯为具体危险犯,行为导致具体的危险发展为侵害结果时,该结果是基本犯的加重结果的情形;第三,基本犯是实害犯,行为导致性质相同但是更为严重的实害时,该严重实害结果是基本犯的加重结果的情形;第四,基本犯是实害犯,行为造成性质更为严重的结果或者对更加重要的法益造成了侵害时,该严重结果可能属于基本犯的加重结果的情形。[③] 这样看来,基本结果与加重结果大多存在"危险犯—实害犯"或者"实害犯—更严重的实害犯"等关系,尽管有些场合基本结果与加重结果侵害的法益是相同的,但有些场合基本结果侵害的法益与加重结果侵害的法益是不同的。

---

① 参见张明楷:《犯罪构成体系与构成要件要素》,北京大学出版社2010年版,第259页;王莹:《先行行为作为义务之理论谱系归整及其界定》,载《中外法学》2013年第2期。

② 参见王作富主编:《刑法》(第6版),中国人民大学出版社2016年版,第149页。

③ 参见张明楷:《严格限制结果加重犯的范围与刑罚》,载《法学研究》2005年第1期。

2. 要成立结果加重犯，基本行为与加重结果之间必须满足直接性要件。① 直接性关联是作为结果加重犯加重处罚根据的固有不法在构成要件上的具体体现，是指加重结果发生必须是立法预定的基本犯罪构成要件之典型类型危险的直接实现。② “由于行为本身所具有的危险性，行为本身就应当受处罚，如果与行为相关的典型的危险以侵害结果的方式实现，其处罚要远重于一般行为本身。”③根据直接性原则，只有当具有造成加重结果高度危险的基本行为直接造成了加重结果时，或者说，只有当基本犯与加重结果之间具有“直接性关联”时，才能认定为结果加重犯。就致死类型的结果加重犯而言，要以致命性的实现的有无为标准进行判断。④ 但是，在不法先前行为引起作为义务的场合，“判断某个行为是否是先前行为，不仅仅要从先前行为开启因果流程的角度去判断，还必须考虑先前行为所含的危险和最终的损害结果之间的关系，即先前行为中包含的危险必须与最终损害结果之间有直接关联性，该危险在损害结果中实现”⑤。只要能够将加重结果客观归责于先前行为就可以了，不要求先前行为与加重结果之间具有直接性关联。对于不具有直接性关联的情形，如果不承认行为人具有避免发生加重结果的义务，由于不能成立结果加重犯，将导致无法对犯罪进行充分评价。

3. 行为人对于加重结果的出现至少有过失。虽然结果加重犯的法定刑极为严厉，存在“结果责任”的嫌疑，但是刑法所规定的加重结果也是对于超出基本结果的加重结果的否定评价。基于责任主义的考虑，行为人对于加重结果的出现主观上至少具有过失（预见可能性）。⑥ 由于基本犯罪行为具有导致结果发生的现实的、具体的危险性，行为人实际上有义务阻止发生更为严重的危害结果。只是在过失的场合，行为人没有认识或者尽

---

① 我国刑法理论的通说认为，基本行为与加重结果之间必须具有因果关系，否则不构成结果加重犯。参见高铭暄、马克昌主编：《刑法学》（第10版），北京大学出版社、高等教育出版社2022年版，第188页。黎宏教授则认为：“作为基本犯罪构成意外的重结果，是对基本犯罪所导致的基本结果的延伸和发展，是基本行为所内在的危险的现实化的体现。”参见黎宏：《刑法学总论》（第2版），法律出版社2016年版，第320页。

② 参见李晓龙：《论结果加重犯的直接性关联》，载《法学》2014年第4期。

③ ［德］汉斯·海因里希·耶赛克、［德］托马斯·魏根特：《德国刑法教科书》（下），徐久生译，中国法制出版社2017年版，第355页。

④ 参见张明楷：《严格限制结果加重犯的范围与刑罚》，载《法学研究》2005年第1期。

⑤ 姚诗：《交通肇事“逃逸”的规范目的与内涵》，载《中国法学》2010年第3期。

⑥ 参见张明楷：《严格限制结果加重犯的范围与刑罚》，载《法学研究》2005年第1期。我国刑法理论的通说认为，行为人对重结果通常是过失，但也不排除存在故意的情形。参见高铭暄、马克昌主编：《刑法学》（第10版），北京大学出版社、高等教育出版社2022年版，第187页。

管最初有认识但过于自信进而否定了这种认识,导致没有阻止加重结果的出现。但是,在行为人对加重结果的出现主观上存在故意的场合,行为人完全应当而且实际上也能够实施避免加重结果的行为,如果一概以结果加重犯进行处理,有可能存在评价不足的问题。例如,在故意伤害致人死亡的场合,伤害行为具有致人死亡的危险,原本对被害人的身体健康的侵害已经升格为对生命的危险,在这个时候,仅仅以普通伤害论处,不能对犯罪行为的不法和责任进行充分评价,因而需要以故意伤害罪(致人死亡)论处。当然,如果行为人在实施重伤行为之后,预见到自己的行为很可能导致被害人死亡,及时救助被害人完全可以挽回其生命,却消极离去,以至于被害人因失血过多等死亡的,如果仅仅以故意伤害罪(致人死亡)论处,则难以实现对犯罪的充分评价。

4. 成立结果加重犯以刑法明文规定为限。对于刑法明文规定了结果加重犯,而且以结果加重犯完全能够实现对犯罪的充分评价的,以结果加重犯论处并非不可行。对于造成了加重结果,但刑法并未明文规定结果加重犯的情形,就需要考虑是否成立数罪,实行并罚,否则将难以实现对犯罪的充分评价。

刑法之所以认为行为人应当就先前行为以及后续的不作为成立不作为犯,主要是基于归责的需要。在刑法就某种犯罪行为规定了结果加重犯,或者因为发生严重结果从而成立重罪的场合,已经将加重结果评价在相应的结果加重犯或者另一重罪中,刑法已经对行为人先前的犯罪行为进行了归责或者否定评价,这与要求行为人具有防止严重结果的发生的义务的效果是一致的。如果先前的犯罪行为导致另一法益处于危险状态,但刑法既未就某种犯罪行为规定结果加重犯,也没有规定发生某种严重结果而成立其他严重犯罪,换言之,在刑法并未对行为人的行为所引起的法益侵害结果进行否定评价,或者说刑法并未将某种应当由行为人承担责任的法益侵害结果归责于行为人的场合,就应当认为行为人具有阻止该犯罪行为造成法益侵害的作为义务。行为人未履行该作为义务,造成法益侵害结果的,成立相应罪名的不作为犯。

(三)从期待可能性或者责任层面进行论证

从期待可能性或者责任层面看,行为人只能对可以期待他作为而行为人却不作为,最终造成危害结果的不真正不作为的场合承担刑事责任。在可能成立结果加重犯的场合,造成加重结果的基本行为本身必须具有发生加重结果的特别危险性。如果基本行为没有发生加重结果的特别危险,只是由于偶然原因导致所谓加重结果时，不能成立结果加重犯。[①] 由于先前行为存在侵害法益的危险，而且是行为人自己创设的具有侵害法益危险的行为，所以有必要使先前行为人承担作为义务，防止危害结果的发生。尽管故意犯罪行为人对其所实施的故意犯罪所可能产生的结果没有期待可能性，但对其犯罪行为所引发的超出其所欲犯罪的结果以外的危险，是有防止该危险的结果发生的作为义务的。[②]

(四)从共犯角度进行论证

关于共犯的处罚根据，因果共犯论认为，共犯是因为通过正犯引起了违法的法益侵害结果才受到处罚。因果共犯论植根于法益侵害说，认为刑法处罚的行为应当与法益侵害具有直接或间接的关系，被害法益对于共犯而言也必须属于应当予以保护的法益。由于因果共犯论的论据与刑法的机能和任务在于保护法益的旨趣吻合，故其获得了刑法学界的普通认同。

关于共犯对正犯有无从属性及其程度，特别是教唆犯的从属性问题，理论上主要存在教唆犯独立性说、教唆犯二重性说和教唆犯从属性说的争论。相对来说，教唆犯从属性说中的限制从属性说具有合理性。只要行为人故意地引起他人实施符合客观构成要件的违法行为，就能够成立教唆犯。[③]

从共犯角度看，根据因果共犯论和限制从属性理论，只有承认故意不法先前行为人具有作为义务，才能对教唆故意实行不法先前行为的人不对被害人进行救助的人，以不作为的故意杀人罪的共犯论处；否则，将导致因为没有正犯而无法处罚教唆犯。[④]

(五)从罪数形态的角度进行论证

注意故意先前行为与后行为侵害的法益的个数。在故意先前行为与后行为侵犯的是同一法益，只是对法益的侵害轻重程度不同时，对行为人择一重罪论处较为合理。具体来说，之前的故意犯罪侵犯法益程度重时，以故意犯罪的罪名定罪；之后的不作为犯罪侵犯法益程度重时，则以不作为犯罪定罪。如果刑法并未规定结果加重犯或者因为发生严重结果而成立重罪，而且先前的故意犯罪行为与后来的不作为分别侵犯不同的法益

---

① 参见张明楷：《严格限制结果加重犯的范围与刑罚》，载《法学研究》2005 年第 1 期。

② 参见谢绍华：《先行行为论》，中国人民公安大学出版社 2011 年版，第 153 - 154 页。

③ 参见张明楷：《共犯对正犯故意的从属性之否定》，载《政法论坛》2010 年第 5 期；钱叶六：《共犯的实行从属性说之提倡》，载《法学》2012 年第 11 期。

④ 参见姚诗：《先前行为问题研究》，清华大学 2010 年博士学位论文，第 126 页；王莹：《先行行为作为义务之理论谱系归整及其界定》，载《中外法学》2013 年第 2 期。

的，行为人原则上应构成数罪，实行并罚。

在先前行为构成犯罪时，如何处理先前行为犯罪和不作为犯罪之间的罪数关系呢？对此，陈兴良教授曾经指出："先行行为和不作为行为之间具有牵连关系，构成牵连犯。"[①]这种观点虽然不是专门针对上述这两种情况而言的，但是，由于论者一般性地认为先行行为包括犯罪行为，其中显然包括了上述情形。但是，应当认为上述情况难以成立牵连犯。牵连犯是为了实施一个犯罪，而其方法行为或结果行为又触犯另一个罪名的犯罪形态。牵连犯是本来的数罪，处断的一罪，牵连犯内部各个行为在实质上都独立地构成犯罪，并且牵连犯的数行为均是故意犯罪。在上述第一种情形中，最后的危害结果是由先前的过失作为和事后的故意不作为共同造成的。在形式上，这一结果既是过失犯罪的结果，又是不作为犯罪的结果。先前行为和事后不作为犯罪共用一个结果。由于过失犯罪以结果发生为成立要件，一旦离开了最后结果，先前行为的过失犯罪就无从成立。先前行为和不作为行为不具有"独立构成犯罪"的性质，不符合牵连犯的特征，因此不能以牵连犯处罚。在现有的罪数理论中，似乎还没有这种特殊犯罪形态的对应概念，不过可以肯定，最终只能对其以较重的不作为犯一罪处罚。第二种情形与第一种情形基本结构相同，都是先前的作为行为既是独立的作为犯罪的实行行为，又是其后不作为犯罪的先前行为，所不同者是第二种情形的先前行为拥有独立的犯罪结果，可以构成完整的犯罪。在这种情形中，如果事后不作为犯罪是故意犯罪，似乎可以成立牵连犯，最终"从一重处断"。如果事后不作为犯罪是过失犯罪，则无法成立牵连犯，最多只能认定为吸收犯。[②]

二、对故意不法行为的范围进行适度限制

某种故意不法行为能否作为先前行为，应当在充分考虑罪刑相适应原则，结合具体犯罪构成要件的特点，并且不违背"禁止重复评价"原则的基础上，结合侵害法益的状况、危险发生的具体性和迫切性、对法益的排他性支配地位、法律规定，以及结果加重犯的成立情形等因素进行综合评定。[③]既要避免重复评价，不适当地扩大不作为犯罪的处罚范围，又要避免评价不足，导致罪刑不均衡。以法益衡量为标准，在肯定犯罪行为可以作为先前行为的同时对其进行限制。这样不仅有利于避免刑法被过度使用，而且

---

① 陈兴良：《刑法适用总论》（上卷），法律出版社 1999 年版，第 272 页。

② 参见刘士心：《不纯正不作为犯罪中先行行为引起的义务研究》，载《北方法学》2007 年第 6 期。

③ 参见尹彦品：《不纯正不作为犯义务来源之界定》，载《河北法学》2009 年第 7 期。

可以避免刑法对犯罪行为评价不足的问题,更好地实现刑法保护法益的功能。[①]

(一)从客观方面限制故意不法行为的范围

从客观归责看,先前行为产生作为义务的前提是,先前实施的行为造成了损害发生的紧迫的(相当的)危险,[②]并且先前行为与后续的危险或者危害结果之间具有因果关系,[③]或者说"先前行为中包含的危险必须与最终损害结果之间有直接关联性,该危险在损害结果中实现"[④]。

法秩序要求法规范对象不得介入他人的法益领域对他人的法益创设风险,因而制造风险或升高风险的行为原则上也是违法行为。如果该制造风险的行为本身是刑法所禁止的构成要件行为,即先前行为客观上符合构成要件而且行为人对损害结果具有故意或过失的,则先前行为也构成作为犯。如果行为人在已构成作为犯的先前行为实施完毕后,对进一步发展的更重的损害后果能够阻止而故意或过失地不加阻止,则对于该加重的损害后果而言,行为人可能成立故意或过失的不作为犯。[⑤]

至于是否构成不作为犯罪,还需要考察该结果与先前行为之间是否存在风险关联。当先前行为使法益处于脆弱的需要保护状态时,不要求行为和法益侵害具有直接的、紧迫的、类型性的因果关系,只要行为使被害人处于需要保护的状态,被害人丧失自我保护功能,行为人就具有保护义务。但是,在先前行为作为危险源,开启了一个导向法益侵害的因果流程时,重点应当考察行为是否不被允许地制造或者升高了发生法益侵害的危险。如果结论是肯定的,行为人应当承担保护义务。[⑥]

(二)能否从主观方面限定先前行为的范围?

有的观点认为,先前实施的行为只应为它所产生的并可以预见的危险承担责任。先前行为产生了责任,而这些责任的范围只能涉及事先可以预

---

① 参见刘辰远:《不作为犯中先行行为的范围——论犯罪行为能否作为先行行为》,载《湖北警官学院学报》2012年第10期。

② 参见[德]汉斯·海因里希·耶赛克、[德]托马斯·魏根特:《德国刑法教科书》(下),徐久生译,中国法制出版社2017年版,第841页;[德]冈特·施特拉腾韦特、[德]洛塔尔·库伦:《刑法总论Ⅰ——犯罪论》(第5版),杨萌译,法律出版社2006年版,第367页。

③ 参见李学同:《论不作为犯罪的特定义务》,载《法学评论》1991年第4期;王莹:《先行行为作为义务之理论谱系归整及其界定》,载《中外法学》2013年第2期。

④ 姚诗:《交通肇事"逃逸"的规范目的与内涵》,载《中国法学》2010年第3期。

⑤ 参见王莹:《先行行为作为义务之理论谱系归整及其界定》,载《中外法学》2013年第2期。

⑥ 参见姚诗:《先前行为与实行过限下知情共犯人的刑事责任》,载《法学研究》2013年第5期。

见到,因此必须考虑到的结果。① 只有当犯罪行为引起更为严重的危险状态,且行为人对危害结果的发生持间接故意的态度,也就是明知危害结果会发生但消极放任不予防止的,才负有作为义务。也就是说,犯罪行为成立先前行为必须以行为人认识到其先前的犯罪行为会引起更为严重的危害后果的发生为必要。如果行为人能够认识到其先前的犯罪行为会引起更为严重的危害后果,行为人就应当负有防止发生更严重的危害后果的义务。②

本书不赞同这种观点,先前行为的行为人是否负有作为义务,行为人实施先前行为时主观上是故意还是过失,或者连过失都没有,并不重要。主要理由是,先前行为的主观状态是法律对行为的评价,而先前行为是否产生作为义务则是法律对危险结果的客观评价。因此,先前行为能否产生作为义务的关键在于该行为是否的确产生了危险状态,至于其应否承担刑事责任,则是接下来在有责性阶段考虑的问题。③

---

① 参见[德]冈特·施特拉腾韦特、[德]洛塔尔·库伦:《刑法总论Ⅰ——犯罪论》(第5版),杨萌译,法律出版社2006年版,第367页。

② 参见李晓龙:《论不纯正不作为犯作为义务之来源》,载高铭暄、赵秉志主编:《刑法论丛》(第5卷),法律出版社2002年版,第107页。

③ 参见陈兴良主编:《刑法学》(第2版),复旦大学出版社2009年版,第65页。

第八章 共同体关系及其产生作为义务的根据

第一节 问题的提出

近年来，一般救助义务问题引起我国法学、社会学等领域学者的重视，推出了丰富的理论研究成果，但对很多问题仍然存在分歧。司法实践中出现的争议问题也层出不穷。例如，对于行人路遇他人落水不施救、司机将因重病昏迷的乘客丢弃在马路上之类的案件，有的学者主张将见危不救行为纳入刑法调整范围，[①]但也有学者反对将这一行为认定为犯罪。[②]

对这类案件的处理，还涉及特殊关系人员不实施救助的处理，如妻子自杀而丈夫不积极施救的、对于女朋友自杀而男方不积极施救的，有的主张构成犯罪，有的认为不构成犯罪。[③] 在主张构成犯罪的学者中，进一步涉及构成故意杀人罪、过失致人死亡罪与遗弃罪、见危不救罪之争。[④] 例如，

---

① 参见黎宏：《“见死不救”行为定性的法律分析》，载《法商研究》2002 年第 6 期；陈世伟：《特定的道德义务能够成为作为义务的来源——基于形式合理性和实质合理性辩证关系的视角》，载《重庆社会科学》2005 年第 3 期；马荣春、张妹、张承先：《再论增设见危不救罪》，载《广西社会科学》2009 年第 1 期；谢望原、季理华：《见危不救入罪的期待可能性问题研究》，载《河南省政法管理干部学院学报》2009 年第 2 期；黎宏：《“见死不救”行为定性分析——兼论不真正不作为犯的作为义务的判断》，载《国家检察官学院学报》2011 年第 4 期；唐子艳、齐文远：《非传统安全视野中不予救助问题的刑法思考》，载《四川大学学报（哲学社会科学版）》2016 年第 4 期；黎宏：《一定条件下的见危不救入刑研究》，载《中外法学》2018 年第 3 期；方泉：《一般救助义务的刑事化问题》，载《中山大学学报（社会科学版）》2021 年第 4 期。

② 参见聂祥辉：《道德义务能否作为不作为犯罪之义务来源》，载《新疆社会科学》2005 年第 1 期；池应华：《“见死不救”行为的事实认定与法律评价——社会心理学关于亲社会行为理论的启示》，载《法商研究》2005 年第 6 期；杨兴培、李芬芳：《见死不救旁观者是否构成犯罪及救助义务探析——以一起“出租车司机弃置伤者致其死亡案”为切入点》，载《东方法学》2013 年第 3 期；刘仁文：《对“见危不救”要否入罪的思考》，载《法学杂志》2013 年第 4 期；陈伟、熊波：《“见危不救”刑法化与非刑法化的路径探究》，载《江西警察学院学报》2017 年第 1 期。

③ 参见陈法：《夫妻一方对他方自杀而“见死不救”之刑事责任新探——从“宋福祥故意杀人案”之判决理由谈起》，载《西南政法大学学报》2008 年第 2 期。

④ 参见黎宏：《“见死不救”行为定性的法律分析》，载《法商研究》2002 年第 6 期；刘瑞瑞、陆小平：《夫妻间见死不救应当认定不作为杀人行为》，载《人民检察》2006 年第 15 期；王振：《道德的救赎：“见危不救”现象的刑法学检视》，载《江西公安专科学校学报》2010 年第 2 期；闻志强：《刑法学视角下的夫妻扶养义务——从不作为犯罪义务来源的角度分析》，载《福建警察学院学报》2013 年第 5 期。

黎宏教授认为,医生单纯不履行“救死扶伤”义务致使病人死亡的场合,导致病人死亡的主要原因是病人自身的疾病,而不是医生的不作为,因此,医生的不作为可以构成见危不救罪,却不能构成故意杀人罪。但是,在医生已经开始接手救治病人的场合,就意味着排除了病人获得其他人救助的可能性,病人的生死已经现实地依赖具体接手的医生了。医生放弃或者中止治疗的行为,在排除了病人获得他人救助的可能性的具体条件下,比医生单纯地不接手治疗行为的危害性更大,足以被评价为剥夺病人生命的杀人行为。①

众所周知,“法律需禁止因积极行为而侵害他人,但原则上不能强迫应帮助他人,而使危难共济的善行成为法律上的义务”②。例如,刑法原则上仅要求公民承担消极的义务(作为犯)和有限的积极作为义务(真正不作为犯)。这些问题的核心是,对于未能防止他人遭受侵害的人能否施加刑事制裁?如果可以施加,其正当性根据是什么?能否要求公民对他人承担一般意义上的救助义务?

第二节　关于一般性救助义务的规定、理论研究和司法实务现状

一、外国刑法等关于一般性救助义务的规定

从刑事立法看,大多数国家就公民不履行一般性救助义务规定了见危不救罪,有部分国家还规定了不阻止犯罪罪,有部分国家将阻止他人提供救援纳入刑法调整范围。

第一种立法模式是,规定公民承担一般性的积极救助义务,不履行该义务,见危不救的,构成见危不救罪。多数国家刑法有此类规定。例如,《德国刑法典》第323c条第1款(见危不救)规定:“在面临意外事故、共同的危险或者困境而出现救助的必要,鉴于当时的状况救助是可能的,尤其是救助行为不会给自己带来重大的危险,也不会违背其他重大义务的情况下,未实施救助行为的,处1年以下自由刑或者罚金刑。”《意大利刑法典》第593条(不提供救助罪)规定:“发现不满10岁的儿童或者因精神疾病、身体疾病、年老或其他原因而不能生活自理的人被遗弃或者被丢失而不立

① 参见黎宏:《一定条件下的见危不救入刑研究》,载《中外法学》2018年第3期。

② 王泽鉴:《侵权行为法》(第1册　基本理论·一般侵权行为),中国政法大学出版社2001年版,第92页。

即向主管机关报告的，处以1年以下有期徒刑或者2000欧元以下罚金。”（第1款）“发现某人昏迷、受伤或者处于其他危险之中而不提供必要的救助，或者不立即向主管机关报告的，处以同样的刑罚。”（第2款）“如果因犯罪人的上述行为而导致人身伤害，刑罚予以增加；如果导致死亡，刑罚增加一倍。”（第3款）《丹麦刑法典》（2002年颁布）第253条也有类似规定。

第二种立法模式是，不仅规定见危不救罪，而且赋予公民阻止犯罪的义务，不履行该义务的，构成不阻止犯罪罪。这种立法模式较为少见。例如，《法国刑法典》（1994年颁布，2015年修订）第223条之6第1款（不阻止犯罪罪）规定：“在不危及自己或者第三人，而能够立即采取行动阻止侵害人身安全的重罪或者轻罪时而故意不实施救助行为者，处5年监禁，并处7万5千欧元罚金。”第2款（见危不救罪）规定：“在不危及自己或者第三人且有能力救助的情况下，不向直接面临危险的人提供帮助或者实施救援行为者，参照上款处罚。”第223条之7（不抗灾罪）规定：“在不危及自己或者第三人的情况下，故意不启动或者执行对危及人的安全的灾害所应采取的救援措施的，处2年以下的监禁，并处3万欧元罚金。”

第三种立法模式是，不仅规定见危不救罪，而且规定阻止他人救援的构成犯罪。例如，《瑞士刑法典》第128条（见危不救罪）规定：“在有可能救助受伤或者濒临直接的生命危险的人时未救助的，以及妨害或者阻止他人的紧急救助行为的，处监禁刑或者罚金刑。”《西班牙刑法典》第195条第1款规定：“未履行保护义务而造成应被保护人情况严重危险，且对保护人予以援助时对自己或第三者并无危险的，处三个月至十二个月罚金。”第2款规定：“阻止他人提供援助，或要求他人不提供紧急援助的，处相同刑罚。”第3款规定：“因为不作为而不提供必要的援助致使被害人发生意外事故的，处六个月至十八个月徒刑。因过失造成事故发生的，处六个月至四年徒刑。”

从各国刑法设立的见危不救罪的规定看，本罪主要有以下几个特点：第一，被救助的法益仅限于生命或者身体健康等重大法益。例如，《德国刑法典》第323c条第1款表述为“面临意外事故、共同的危险或者困境而出现救助的必要”，《瑞士刑法典》第128条表述为“受伤或者濒临直接的生命危险”，《芬兰刑法典》（1889年制定，2003年修订）第21章第15条表述为“处于致命的危险或者丧失健康的严重危险之中”。第二，行为人有能力对他人实施救助。例如，《德国刑法典》第323c条第1款表述为“鉴于当时的状况救助是可能的”，《芬兰刑法典》第21章第15条表述为“未实施与自己的能力和状况相当的可能被请求的救助措施”。第三，行为人对他人提供救助的行为不会严重危害自己的利益。例如,《德国刑法典》第323c条表述为“救助行为不会给自己带来重大的危险,也不会违背其他重大义务”,《法国刑法典》第223条之6表述为“不危及自己或者第三人”。第四,除了《西班牙刑法典》第195条认为见危不救罪可以是过失犯罪外,多数国家刑法规定见危不救罪属于故意犯罪。第五,成立见危不救罪,不要求发生严重危害结果;对于发生严重危害结果的,成立见危不救罪的结果加重犯,或者与故意杀人、故意伤害等罪等构成竞合关系。第六,即便行为人不履行对他人的救助义务,刑法规定的法定刑也比较低,例如,《德国刑法典》第323c条第1款规定的法定刑是“1年以下自由刑或者罚金刑”,《芬兰刑法典》第21章第15条规定的法定刑是“罚金或者6个月以下的监禁”,《瑞士刑法典》第128条规定的法定刑是“监禁刑或者罚金刑”。

有些国家未就公民不履行一般性救助义务规定见危不救罪,只能考虑能否认定为遗弃罪等。例如,《日本刑法典》第217条规定:“遗弃因年老、年幼、身体障碍或者疾病而需要救助的人的,处1年以下惩役。”第218条规定:“对于年老者、年幼者、身体障碍者或者病人负有保护责任而将其遗弃者,或者对其生存不提供必要的保护的,处3个月以上5年以下惩役。”其中,第217条规定的是遗弃罪,第218条规定的是保护责任者遗弃罪。通说认为,第218条的行为方式包括以作为形式出现的“移置”和以不作为形式出现的“放置不管”,而第217条只包括积极的“移置”。显而易见,如果不能将公民不履行一般性救助义务的行为认定为遗弃罪等罪,只能通过适用不真正不作为犯进行调整。我国刑法也是如此。

二、我国有关法律法规关于紧密的共同体关系和积极义务的规定

从历史考古的角度看,我国古代各个朝代大多将见危不救纳入刑律的调整范围。例如,《睡虎地秦墓竹简·法律问答》中记载了对见义不为的惩罚措施,规定:“贼入甲室,贼伤甲,甲号寇,其四邻、典、老皆出不存,不闻号寇,问当论不当?审不存,不当论;典、老虽不存,当论。”《唐律疏议·卷二十七》规定:“见火起,烧公私廨宇、舍宅、财物者,并须告见在邻近之人共救。若不告不救。减失火罪二等,合徒一年。”《宋刑统·卷二十八》规定:“诸邻里被强盗及杀人,告而不救者,杖一百,闻而不救助者,减一等。力势而不能救者,速告而随近官司,若不告者,亦以不救助者论。”《大清律例·卷二十四》规定:“强盗行劫,邻佑知而不协拿者,杖八十。”

我国现行法律法规也在一定范围内规定了公民的积极义务。例如,我国《宪法》关于公民受教育、服兵役、纳税义务等的规定。

(一)我国《刑法》关于真正不作为犯的规定与法益的重要性、法益侵害的严重危害性密切相关

我国刑法明文规定了部分真正不作为犯,这些罪名都可能侵害重要法益或者具有严重的法益侵害性。第一,侵犯公民生命、身体健康的遗弃罪。① 第二,危害公共安全的丢失枪支不报罪,不报、谎报安全事故罪。第三,妨害国家财政基础的逃税罪、抗税罪。第四,妨害社会管理秩序的非法集会、游行、示威罪,拒不执行判决、裁定罪,不解救被拐卖、绑架妇女、儿童罪。第五,危害国家政权存续的拒绝提供间谍犯罪、恐怖主义犯罪、极端主义犯罪证据罪。第六,军人违反职责犯罪。例如,战时拒绝、逃避征召、军事训练罪,战时拒绝、逃避服役罪,战时拒绝、故意延误军事订货罪,战时拒绝军事征收、征用罪,拒传、假传军令罪,违令作战消极罪,拒不救援友邻部队罪,遗弃伤病军人罪,战时拒不救治伤病军人罪;等等。通过上述罪名,实际上赋予行为人以积极的作为义务。其中,遗弃罪等涉及紧密的共同体关系。

如果在刑法上增设见危不救罪,可以进行如下设计:"行为人能够救助他人避免或者降低正在发生的生命危险,而且这种救助对行为人自身或者第三人没有现实危险,但不提供,导致他人死亡的,处拘役或者管制;基于特殊身份或者职务要求其提供救助而不救助,或者因为自己的原因致使被害人处于危险状态而不救助,导致他人死亡的,处3年以下有期徒刑或者拘役。"②

(二)我国《民法典》等关于"见义勇为"的规定

迄今为止,我国民事法律中涉及陌生人之间提供帮助的民事责任问题,主要有以下几个方面:

1. 行为人有权请求受益人支付帮助行为产生的必要费用。主要规定在《民法通则》(1987年1月1日生效,已失效)第93条、《民法总则》(2017年10月1日生效,已失效)第121条、《民法典》(2021年)第121条。例如,《民法典》第121条规定:"没有法定的或者约定的义务,为避免他人利益受损失而进行管理的人,有权请求受益人偿还由此支出的必要费用。"

2. 行为人有权请求补偿因为帮助他人所造成的损失。主要规定在《民法通则》(已失效)第109条、《民法总则》(已失效)第183条、《侵权责任法》(已失效)第23条、《民法典》第183条。例如,《民法典》第183条规定:"因保护他人民事权益使自己受到损害的,由侵权人承担民事责任,受益人可以给予适当补偿。没有侵权人、侵权人逃逸或者无力承担民事责

① 参见曲新久:《刑法学》(第4版),中国政法大学出版社2017年版,第93页。

② 参见黎宏:《一定条件下的见危不救入刑研究》,载《中外法学》2018年第3期。

任,受害人请求补偿的,受益人应当给予适当补偿。”按照这些规定,为他人提供帮助而受损的,该损失由侵权人承担,受益人可以给予适当补偿。

3. 帮助行为造成的受助人损害的,救助人不承担民事责任。主要规定在《民法总则》(已失效)第184条、《民法典》第184条。例如,《民法典》第184条规定:“因自愿实施紧急救助行为造成受助人损害的,救助人不承担民事责任。”

(三)我国有关法律法规关于一般性救助义务的规定

关于一般性救助义务的规定,主要集中于《刑法》(2023年)第133条规定的交通肇事者对事故被害人的救助义务、《人民警察法》(2012年)第21条关于警察的救助义务的规定,以及《医师法》(2021年)关于医生对病患者的救助义务的规定等。例如,《人民警察法》第21条第1款规定:“人民警察遇到公民人身、财产安全受到侵犯或者处于其他危难情形,应当立即救助;对公民提出解决纠纷的要求,应当给予帮助;对公民的报警案件,应当及时查处。”第2款规定:“人民警察应当积极参加抢险救灾和社会公益工作。”同时,对于行为人实施救助行为造成受助人损害的,有关法律法规还规定了免责条款。例如,《医师法》第27条第3款规定,国家鼓励医师积极参与公共交通工具等公共场所急救服务。医师在公共场所因自愿实施急救造成受助人损害的,不承担民事责任。

此外,我国部分地方党政机关制定的具有法律约束力的文件规定了公民的救助义务。深圳市2013年制定的《深圳经济特区救助人权益保护规定》,该规定共10条,分别从“免责原则”“举证规则”“人身损害待遇”“鼓励作证”“惩戒措施”等五个方面对救助人的权益保护作出规定,填补了我国公民救助行为立法的空白。2016年颁布、2020年修正的《上海市急救医疗服务条例》第42条规定,市民发现需要急救的患者,应当立即拨打“120”专线电话进行急救呼叫;也可以自行展开急救;紧急现场救护行为受法律保护,对患者造成损害的,依法不承担法律责任。

三、要求普通公民承担一般性救助义务的关键问题

我国学者冯军、周光权、黎宏、付立庆等明确主张在刑法上增设见危不救罪。[①] 本书认为,在刑法上增设见危不救罪,要求普通公民承担一般性救

① 参见冯军:《和谐社会与刑事立法》,载《南昌大学学报(人文社会科学版)》2007年第2期;周光权:《转型时期刑法立法的思路与方法》,载《中国社会科学》2016年第3期;黎宏:《一定条件下的见危不救入刑研究》,载《中外法学》2018年第3期;付立庆:《论积极主义刑法观》,载《政法论坛》2019年第1期;等等。

助义务，主要涉及以下两个问题。

（一）赋予普通公民以一般性救助义务的根据

是否赋予普通公民以一般性的救助义务？其根据是什么？比如说，在家庭等共同体内部是否承认一般性救助义务。对此，多数学者持肯定说。[①]例如，史密斯等指出，原则上，“任何人在对其没有任何人身危险的情况下，不采取措施救助其他人，使他人免予死亡或伤害，都构成犯罪”。但是，“有了坏撒玛利亚人法律，人们可能永远都无法知道什么时候一些新的、不可预测的义务就会落到自己头上。法律责任成为人们无法控制的东西，坏运气随时可能毁掉一切”[②]。

关键问题在于，承认一般性救助义务的根据是什么，以及将其控制在何种范围之内？阿什沃斯提出三个判断原则，即紧急性原则、生命优先原则以及机会和能力原则。[③] 具体来说，第一，紧急性原则。“施加积极作为义务的情况应是最为急迫或者最为紧急的情况。在极少数情况下，才需要立即采取措施，以保护某些基本价值。在这种情况下，允许背离赞赏个人自治权的正常法律秩序，并对在场的人施加一种义务。”[④]第二，生命优先原则。“每个个体的生命都具有最高位阶的价值……如果需要实施紧急救助行为以保护生命……行为人有进行救助的义务……这种义务应被分配给政府，但条件有二：(1)除非报警，否则不可能获得紧急救助；(2)在这种情况下，期望个人实施更多的救助行为而非仅仅是报警，具有充分的理由。”[⑤]“生命优先原则意味着，当牵涉到可能导致生命危险的情形时，就产生了一定的应作为的义务（或在条件允许的情况下，应实施一定的物理干预行为）。”[⑥]第三，机会和能力原则。行为人有机会与能力（身体上的能力和精神上的能力）对他人实施救助。[⑦]

（二）不履行一般性救助义务的刑事责任

对于不履行一般性救助义务的，承担何种责任？或者说犯罪化的强度是怎样的？从刑事立法角度看，大陆法系多数国家在刑法中规定了见危不

---

① ［英］J. C. 史密斯、［英］B. 霍根：《英国刑法》，李贵方等译，法律出版社 2000 年版，第 62 页。

② ［美］乔尔·范伯格：《刑法的道德界限》（第 1 卷　对他人的损害），方泉译，商务印书馆 2013 年版，第 183 页。

③ 参见［英］安德鲁·阿什沃斯：《刑法的积极义务》，姜敏译，中国法制出版社 2018 年版，第57－58 页。

④ ［英］安德鲁·阿什沃斯：《刑法的积极义务》，姜敏译，中国法制出版社 2018 年版，第 57 页。

⑤ ［英］安德鲁·阿什沃斯：《刑法的积极义务》，姜敏译，中国法制出版社 2018 年版，第 57 页。

⑥ ［英］安德鲁·阿什沃斯：《刑法的积极义务》，姜敏译，中国法制出版社 2018 年版，第113 页。

⑦ 参见［英］安德鲁·阿什沃斯：《刑法的积极义务》，姜敏译，中国法制出版社 2018 年版，第 58 页。

救罪,赋予公民一般救助性义务。例如,《瑞士刑法典》第128条(见危不救罪):“在有可能救助受伤或者濒临直接的生命危险的人时未救助的,以及妨害或者阻止他人的紧急救助行为的,处监禁刑或者罚金刑。”《法国刑法典》第223条之6第1款(不阻止犯罪罪)规定:“在不危及自己或者第三人,而能够立即采取行动阻止侵害人身安全的重罪或者轻罪时而故意不实施救助行为者,处5年监禁,并处7万5千欧元罚金。”第2款(见危不救罪)规定:“在不危及自己或者第三人且有能力救助的情况下,不向直接面临危险的人提供帮助或者实施救援行为者,参照上款处罚。”第223条之7(不抗灾罪)规定:“在不危及自己或者第三人的情况下,故意不启动或者执行对危及人的安全的灾害所应采取的救援措施的,处2年以下的监禁,并处3万欧元罚金。”《日本轻犯罪法》第1条第8号规定:“在风灾、水灾、地震、火灾、交通事故、犯罪发生或者其他紧急情况下,没有正当理由,不遵守公务员或者救助者关于进出事故现场的指示,或者受到公务员的救助请求而不予救助者,处以拘留或者科料。”

不过,在英美法系国家这种立法就较为罕见。例如,在英国,由于成文法并未将“不作为”等同于“作为”,行为人违反上述一般性救助义务,未阻止应当阻止的危害结果发生的,并不总是成立犯罪。即便被害人死亡,也不必然构成杀人罪。[①] 但是,也有国家确立了类似于见危不救的罪名。例如,《澳大利亚刑法典》第95条(救助的不作为):“(1)在面临事故或者共同的危险(第176条)时,对濒临死亡、重伤或者重大的健康隐患的人不实施必要的救助行为者,处6个月以下的自由刑或者360日以下的罚金刑。因不救助导致他人死亡的场合,处1年以下的自由刑或者360日以下的罚金刑。但是行为人缺乏实施救助行为的期待可能性时不在此例。(2)救助行为会给自身带来身体、生命的危险或者有可能侵害他人重大利益的场合,不具有期待可能性。”

一般认为,“自由以否定的方式被定义为摆脱强制的自由——自由是对每一个人能够自我做主的私人领域的保证”。[②] 无论是民法还是刑法,法律以保护自由和权利为出发点和归属,不能也不宜大量设立积极的义务条款,规定大量的不作为犯。“法律须禁止因积极行为而侵害他人,但原则

① 参见[英]J.C.史密斯、[英]B.霍根:《英国刑法》,李贵方等译,法律出版社2000年版,第62页。

② [法]雷蒙·阿隆:《论自由》,姜志辉译,上海译文出版社2009年版,第78页。

上不能强迫他人，从而使危难相济的善行成为法律上的义务。”[①]“从对预见程度的削弱和人们对自己生活的控制力方面来看，在同等情况下，即使与最具惩罚性的刑罚规范比较，坏撒玛利亚人法律的确是对自由的更大干涉。”[②]

或许是考虑到这些因素，相对于故意杀人等故意“引起”他人死亡的罪名，无论是见危不救罪还是遗弃罪等，这些不救助他人生命、不阻止重大危险等的罪名，成立条件更为苛刻，法定刑也低得多。例如，黎宏教授明确指出，夫妻之间、恋人之间、父母子女之间负有法益保护义务，彼此之间见危不救的，不能适用不真正不作为犯原理，认定其构成故意杀人罪，而只有在他人生命处于危险状态的时候，阻止他人救助，以致他人身亡的场合，或者在他人面临人身侵害而向行为人求助，行为人不仅不提供帮助，反而让被害人的处境处于更加不利的场合，才有可能构成故意杀人罪。[③]

第三节　见危不救案件的性质认定与共同体关系之间的联系

一、有关“见危不救”的典型判决及其存在的问题

（一）我国有关“见危不救”的典型判决和判旨

最高人民法院《刑事审判参考》曾刊载下列有关“见危不救”的典型判决：

1. 颜某于等故意杀人案——“见死不救”能否构成犯罪（刑事审判参考第475号案例）指出，通常情况下，“见死不救”只是道德谴责的对象，不属于刑法评价的范畴；但是在特殊情况下，“见死不救”也会成为刑法评价的对象，“见死不救”者也要承担刑事责任。所谓特殊情况，是指当“见死”者负有法律上防止他人死亡的义务，有能力防止他人死亡结果的发生，却不采取措施防止他人死亡结果的发生，以至于他人死亡的，应当承担刑事责任。

2. 陈某宏故意杀人案——船舶碰撞发生船只倾覆、船员落水的后果，肇事责任人能够救助而不救助，逃离现场致使落水船员死亡的能否认定为

① 王泽鉴：《侵权行为法》（第1册　基本理论·一般侵权行为），中国政法大学出版社2001年版，第92页。

② [美]乔尔·范伯格：《刑法的道德界限》（第1卷　对他人的损害），方泉译，商务印书馆2013年版，第183页。

③ 参见黎宏：《一定条件下的见危不救入刑研究》，载《中外法学》2018年第3期。

故意杀人罪(刑事审判参考第1285号案例)指出,船舶碰撞一旦造成船员落水,船员的生命当即处于现实危险境地,肇事方不予救助的“逃逸行为”使落水船员失去获救的机会,放任了落水船员死亡后果的发生,应当认定为故意杀人罪。

(二)以遗弃罪处理见危不救案件存在的问题

虽然我国《刑法》没有明文规定见危不救罪,但是第261条规定了遗弃罪。理论上一般认为遗弃罪是对生命、身体的危险犯。[①] 但是,与国外刑法规定的见危不救罪相比,以遗弃罪处理见危不救案件,存在一定的不足之处。

1. 关于遗弃罪的行为人和被害人是否限定为家庭成员之间,存在分歧。其中,持主观解释的观点主张对遗弃罪的理解和适用作限制解释,遗弃罪的适用范围仅限于家庭成员之间。[②] 对于无法认定为遗弃罪的案件,有些作无罪处理,也有些认定为故意杀人罪或者过失致人死亡罪。持客观解释的观点主张对遗弃罪的理解和适用作扩大解释,既适用于家庭成员之间的遗弃,也适用于非家庭成员之间的遗弃。[③] 但是,并未明确扩大适用的边界在何处,有可能导致处罚范围的不当扩大化。

2. 虽然遗弃罪是针对生命、身体健康的危险犯,但为了限制处罚范围,将遗弃罪规定为结果犯,配置了较重的法定刑。对于遗弃他人致其死亡或者重伤的,如《日本刑法典》第219条规定了遗弃致死伤罪(第219条遗弃致死伤罪的法定刑是“与伤害罪比较,依照较重的刑罚处断”,第204条普通伤害罪的法定刑是“15年以下惩役或者50万元以下的罚金”,第205条伤害致死罪的法定刑是“3年以上有期惩役”),或者如《德国刑法典》第221条第3款对遗弃致人死亡规定了加重的法定刑(遗弃罪加重犯的法定刑是1年以上10年以下自由刑,遗弃致人死亡的法定刑是3年以上自由刑)。相对而言,见危不救罪属于抽象危险犯,配置的法定刑较轻,属于轻罪。

3. 遗弃罪并未考虑行为人实施救助行为时自身是否面临外在危险,见危不救罪则需要考虑是否给行为人增加了过度的负担。法律规定是道德的最低限度,不可能也不应该指望依靠刑法来提高国民的道德素养,同时,

---

① 参见[日]西田典之:《日本刑法各论》,王昭武、刘明祥译,法律出版社2013年版,第30页;张明楷:《刑法学》(第6版)(下),法律出版社2021年版,第1129页。

② 参见高铭暄、马克昌主编:《刑法学》(第10版),北京大学出版社、高等教育出版社2022年版,第494页。

③ 参见张明楷:《刑法学》(第6版)(下),法律出版社2021年版,第1128－1129页。

也要考虑到相互协助是为了应对各种风险而不得已的选择。

二、探究共同体关系及其产生作为义务的机制的思路

(一)有关不作为的刑事立法和司法,都应当保持必要的审慎态度

处罚不作为的目的是保护法益,但过度处罚不作为可能非但无法有效地保护法益,反过来还侵害了公民的自由。对于刑罚的副作用,耶林早就提醒说,刑罚如一把"双刃剑","用之不得其当,则国家与社会两受其害。"帕多瓦尼强调说:"当一种制裁措施直接或潜在地涉及剥夺人身自由时,立法者是不能随心所欲的:只有在最适当,即'完全必要的'情况下,立法者才有权规定刑事制裁。"①

要使行为人对其不作为承担刑事责任,要求行为人具有保证人地位,形成刑法上的作为义务。针对传统的作为义务来源说存在概括不足的问题,一种做法是纳入"紧密的生活共同体"关系等新的作为义务来源形式。所谓紧密的共同体关系,是指不作为者与被害人之间通过共识形成的接受保护机能的关系,或者在企业、组织中负有这种保护机能。紧密共同体所引起的义务,是指"虽然不属于法律明文规定的范围,但基于一定的事实形成了社会上通常认为的对危险应当予以共同承担、相互照顾的关系,在对方发生危险时具有排除危险的义务"②。

在刑法领域中,不作为犯充分体现了法律与道德之间的张力关系,其原因就在于,在何种程度上有必要处罚不作为这种规范性评价,并不是通过理论或者逻辑的演绎就能得出的,即使某种不作为侵害了重大法益,是否以及在何种程度上被纳入刑法的规制范围,最终将由特定时空条件下的人文因素决定。正如前田雅英所指出的,在共同体意识强烈的地方,不作为犯的处罚范围就广泛,而在重视个人自由的社会,个人被赋予的作为义务范围就狭窄。③ 因此,关于不真正不作为犯的处罚范围,尤其是在刑法作为义务的确定上,必须关注一国的社会现实与国民意识,只有这样,才有可能跨越不作为犯理论与社会意识之间的鸿沟,使不作为犯的处罚范围获得社会的认可。④

---

① [意]杜里奥·帕多瓦尼:《意大利刑法学原理》,陈忠林译,法律出版社1998年版,第5-6页。

② 周光权:《论实质的作为义务》,载《中外法学》2005年第2期。

③ 参见[日]大谷实 Vs 前田雅英:《精彩刑法学(第3回):关于不作为犯》,载《法学教室》1996年第195号。

④ 参见李世阳:《实质的作为义务论——立足于德日学说史的考察》,载《北大法律评论》2012年第2期。

本书认为，可以从紧密的生活共同体和危险共同体等出发，探索建构一般社会成员之间对他人的救助义务。第一种情形是，对于夫妻之间、共居一室的父母子女之间，相互之间不履行救助义务的，由于违反法益保护义务，原则上成立不作为犯。第二种情形是，不具有上述特殊关系的陌生人之间见危不救的，由于我国并未规定一般意义上的见危不救罪，如果行为人既不是被害人所面临的法益侵害的危险创设者，与被害人也没有事实承担关系，原则上不成立犯罪。第三种情形是，在上述第一种情形的场合，行为人与被害人之间具备特殊关系，而第二种情形则不具备这种特殊关系，在两种情形之间还存在很多具体的共同体组织形式，其中有些彼此之间的组织关系较为紧密，有些组织关系则较为松散，如为节省房租而同居一室的房客、临时组合到野外探险的"驴友"等。探讨这些共同体成员之间的关系，有助于明确何种情况下成员之间负有救助义务等作为义务，不履行作为义务造成危害结果的，追究何种刑事责任。

（二）共同体关系产生作为义务的理论沿革

从刑法理论和司法实践看，早年间德国法院的判例将"紧密的生活共同体"视为作为义务的来源。德国联邦法院1935年的判决指出："在父亲没有照料的情况下，被告人自己必须尽量照料病人。相互保护对方，是伦理的命令；这种命令，在最广泛的范围内，基于基督教有关爱邻人的义务而产生；在最狭义的范围内，基于前线战士的战友精神、国民共同体内部要求献身的国家社会主义而产生。在极为紧密的生活共同体中，对于与外界隔离的人们而言，伦理的义务可能成为法的义务。家庭或者家庭共同体的情况正是如此。"[①]这是德国判例首次在紧密生活共同体概念中寻找作为义务的来源。

"二战"之后，虽然有人认为紧密的生活共同体这一概念明显扩大了不作为犯的处罚范围，但多数学者并没有将它排除在作为义务的来源之外，德国联邦法院也再次确认了紧密的生活共同体的概念。

英美法系国家也将紧密共同体关系视为作为义务的来源。例如，史密斯等认为，无论是合法行为还是违法行为（如共同滥用毒品），在危险共同体成员发现其他成员陷入危险时，都有义务予以救助。[②]

（三）关于共同体关系产生作为义务根据的争议问题

本书认为，探讨共同体关系产生作为义务的根据，主要涉及下列几个

---

① Vgl. Entscheidungen des Reichsgerichtsin Stragsachen 69, 321.

② 参见［英］J. C. 史密斯、［英］B. 霍根：《英国刑法》，李贵方等译，法律出版社2000年版，第58页。

问题：

第一，紧密共同体成员之间产生作为义务的根据是什么？一般认为，成为作为义务来源的紧密生活共同体的关键，不在于存在共同的生活空间，而在于共同体成员之间高度的相互信赖关系。但是，现有的理论研究较为薄弱，紧密共同体关系产生作为义务的根据也不明确。

第二，是否要扩大产生作为义务的共同体关系的范围？随着社会的发展，人与人的交往与合作形式出现新的变化，除了基于血亲、姻亲关系形成的紧密共同体关系之外，能否对紧密共同体关系的范围进行扩大理解？例如，基于同居关系形成的共同体关系，幼儿教师与幼儿、护工与病患者等基于教养、护理关系形成的事实共同体关系，基于从事危险活动形成的危险共同体关系，以及基于实施违法犯罪行为形成的不法共同体关系。

第三，如果前述问题的结论是肯定的，基于紧密共同体、事实共同体、危险共同体和不法共同体关系，相关成员之间负有何种作为义务？如果有能力但不履行作为义务的，是否以及成立何种犯罪？等等。

本书拟就上述问题进行研究，以就教于各位同仁。

第四节　不真正不作为犯的实质的作为义务的根据

一、刑法上作为义务的实质化与实质的作为义务理论

（一）刑法上作为义务的实质化

作为义务既是成立不真正不作为犯的根据，同时也发挥着限定不真正不作为犯的成立范围的作用。[①] 其中，形式的作为义务说认为作为义务来源包括法律规定、职务行为、合同行为、先前行为等（形式的四来源说）。但是，能否据此直接认定行为人具有刑法上的作为义务，存在疑问。这是因为，形式的作为义务说没有进一步解释为什么违反特定的作为义务就会产生与作为犯相同的可罚性。正如罗克辛所指出的，现在形式的作为义务说已经站不住脚了，其必须为司法判决所放弃，因为它不再能为司法实践提供坚实的理论基础。[②]

如前文所述，作为义务的学说发展史经历了一个从形式作为义务说到

① 参见［日］西田典之：《不作为犯论》，载芝原邦尔等编：《刑法理论的现代展开——总论Ⅰ》，日本评论社1988年版，第84页。

② 参见［德］克劳斯·罗克辛：《德国刑法学总论》（第2卷　犯罪行为的特别表现形式），王世洲等译，法律出版社2013年版，第537页。

实质作为义务说，再到形式与实质相结合的作为义务论的发展过程。① 刑法理论一方面要将作为义务实质化，明确作为义务的实质来源；另一方面又必须对作为义务进行形式侧面的限定，限制不真正不作为犯的处罚范围。② 其中，问题的关键在于如何确定作为义务的实质根据，判断行为人是否掌握导致结果发生的因果链条，从而具体地、事实地支配因果关系的发展经过。实质的作为义务论不仅考虑行为人和被害人之间是否根据法律或者合同等所确定的关系，而且是要实质地确定这种关系是否存在，同时要实质地确定不救助行为和法益侵害之间有何特别紧密的关联，如何产生这种关联，以及这种关联的社会意义。③

（二）实质的作为义务理论的类型

一般认为，实质的作为义务理论主要有下列几种类型。④

第一种类型是，从行为人与被害人之间的密切关系中寻找保证人类型，如家庭关系、血缘关系、共同生活关系等。属于这一类型的学说主要有佛格特主张的较密切的社会秩序说、安德鲁拉基斯主张的事先存在的密切关系说、沃尔夫和韦尔普主张的依赖关系和信赖关系说。

第二种类型是，将第一种类型的具体关系抽象化为功能地位，即对法益的保护功能决定保证人的地位。阿明·考夫曼、耶赛克、韦塞尔斯、施特拉腾韦特、金德霍伊泽尔、鲁道菲、山中敬一等主张的功能说（机能的二分说），许玉秀教授主张的开放与闭锁关系说、贝尔汶科主张的公共福祉与社会角色说属于此类。

第三种类型是，依据行为人和法益侵害因果流程的关系，即以行为人是否站在因果流程的起点、是否控制因果流程，决定行为人有无保证人地位。许乃曼、罗克辛和山口厚等主张的结果原因支配说（“非排他性＋支配”理论），西田典之、曾根威彦、伊东研佑等主张的因果过程支配说（“排他性＋支配”理论），佐伯仁志等主张的制造危险与排他的支配理论（“排他性＋支配”理论），张明楷、陈兴良、黎宏、周光权、林维等主张的排他性支配说（“排他性＋支配”理论），冯军主张的事实承担说（自愿的支配行为

① 参见张明楷：《不作为犯中的先前行为》，载《法学研究》2011 年第 6 期；黎宏：《论不真正不作为犯的处罚范围》，载赵秉志主编：《刑法论丛》（第 12 卷），法律出版社 2007 年版，第 78－79 页。

② 参见张明楷：《论不作为的杀人罪——兼论遗弃罪的本质》，载陈兴良主编：《刑事法评论》（第 3 卷），中国政法大学出版社 1999 年版，第 262 页；黎宏：《论不真正不作为犯的处罚范围》，载赵秉志主编：《刑法论丛》（第 12 卷），法律出版社 2007 年版，第 78－79 页。

③ 参见周光权：《论实质的作为义务》，载《中外法学》2005 年第 2 期。

④ 限于篇幅，关于论者各自主张的实质的作为义务理论的具体学说，不再一一注明文献来源。

说),沃尔夫等主张的依赖关系说,堀内捷三、野村稔、浅田和茂、西原春夫等主张的具体依存说(事实承担说),日高义博、黄荣坚等主张的先前行为说等属于此类。

其中,上述结果原因支配说、排他性支配说与先前行为说存在的差异在于:其一,结果原因支配说主张,只有在行为人以实际行动承担对正面临侵害危险的被害法益的保护,使之处于安定状态之后,又中止或者放弃该承担行为的场合,才能成立不真正不作为犯。其二,排他性支配说主张,只有一开始就排他地、具体地支配了引起法益侵害结果的因果关系的行为,才能成立不真正不作为犯。其三,先前行为说主张,将不真正不作为犯的认定中心,从后续的不履行作为义务行为转移到先前行为,将不真正不作为犯的成立范围限定在行为人亲自实施了具有法益侵害危险的先前行为,并对该先前行为所引起的危险具有支配的场合。①

第四种类型是,从规范的角度,将保证人地位简化为依据规范的要求,避免法益受侵害的义务,或者简化为行为人在自己的管辖范围内有责任保护法益。雅各布斯、雅各布等主张的组织管辖说属于此类。

二、不真正不作为犯的实质的作为义务

在判断共同体成员之间有无实质的作为义务时,应当注意下列几点:第一,研究作为义务的路径和方法,是侧重于行为人与被害人的人身关系,还是侧重于行为与结果之间的关系?第二,主要依据哪些要件或者要素得出有无实质的作为义务的结论?第三,研究不作为犯的作为义务的立场,是基于存在论,还是基于规范论?

(一)研究作为义务的路径和方法

研究作为义务的路径和方法,是侧重于行为人与被害人的人身关系,还是侧重于行为与结果之间的关系?对此,存在不同的路径和方法设计。

1. 研究不真正不作为犯的作为义务的主要路径。不真正不作为犯存在三大要素:行为人、被害人和被害法益,因此,研究不真正不作为犯的作为义务主要有以下两种路径。

第一种路径是从行为人和被害人之间的人身关系的角度进行探讨。一般认为,前述紧密的社会关系说、信赖关系说、平面的社会群体关系说、中心人物说、具体依存关系说(事实上的承担说、事实上的接受行为)、自愿的支配行为说等从行为人和被害人之间的人身关系的角度研究作为义

---

① 参见黎宏:《排他支配设定:不真正不作为犯论的困境与出路》,载《中外法学》2014 年第 6 期。

务。关于这种研究路径,以共同体关系产生作为义务的根据为例,许玉秀教授批评说:“所谓密切关系只是描述行为人和被害人之间的关系,并没有说明为何这种关系能够成为保证人地位的形成基础,亦即看不出来为何行为人因为与被害人具有密切关系,即必须保证被害人不受侵害。”①

第二种路径是从不作为和(法益侵害)结果的关系来研究作为义务的内容。“防止造成损害是刑法的法律功能,严格说来,禁止人们容忍损害的发生亦与之一致,也是为了防止损害的发生……正是这一共同目标形成了坏撒玛利亚人法律道德合法性的前提。”②即便是在被害人对行为人具有依存关系的场合,这种依存关系仍然建立在消除对被害人的法益侵害及其危险性,维持和发展这种法益的基础之上。③ 前述社会功能关系说、结果原因支配说(实际支配说)、组织管辖说、先前行为的原因设定说、事实承担说(具体依存说、保护接受说)、因果过程支配说(事实支配关系说)、危险前行为说、开放和闭锁的关系说等是从这个角度研究作为义务。本书主张以不作为和法益的关系为主,以行为人和被害人之间的人身关系为辅研究实质的作为义务。

2. 为什么要以不作为和法益的关系为主研究实质的作为义务? 主要理由有如下两点。

第一,犯罪的本质是侵害法益,刑法的功能和目的在于保护法益。判断作为义务的目的是进行客观归责,即能否将法益侵害结果归责于行为人的行为。“只要人们承认重要的是归属而不是自然,不作为的问题就会得到解决,人和事件的归属在不作为中也能进行……无论如何,重要的是人与结果经过的连接。”④不作为犯主要表现为,在合法权益面临危险时不提供保护(法益保护义务),或者对危险源没有尽到监管义务(危险源监督义务),导致法益遭受侵害。所以,应该从不作为人与法益的关系角度探讨作为义务的来源和根据。

第二,之所以不认为不作为与作为具有相同的法益侵害性或者等价性,是因为该不作为人与被害人和被害法益具有某种特别关系,从社会一

① 许玉秀:《保证人地位的法理依据——危险前行为是构成保证人地位的惟一理由》,载许玉秀:《当代刑法思潮》,中国民主法制出版社 2005 年版,第 723 页。

② [美]乔尔·范伯格:《刑法的道德界限》(第 1 卷　对他人的损害),方泉译,商务印书馆 2013 年版,第 141 页。

③ 参见[日]大谷实:《刑法讲义总论》(新版第 2 版),黎宏译,中国人民大学出版社 2008 年版,第 132 页。

④ [德]格吕恩特·雅科布斯:《行为 责任 刑法——机能性描述》,冯军译,中国政法大学出版社 1997 年版,第 85 – 86 页。

般观念上考察，被害人对于行为人具有依赖或者信赖关系，或者被害法益的存在或者维持有赖于行为人的作为；如果行为人全面、及时、积极地履行作为义务，消除已经存在的法益侵害危险，将不会发生法益侵害结果。所以，从不作为人与被害法益的具体关系出发进行研究，有助于准确得出不作为人有无作为义务的结论。①

3. 为什么要以行为人和被害人之间的人身关系为辅研究实质的作为义务？主要是考虑到以下两个方面。

第一，研究行为人和被害人之间的人身关系，能够为研究不作为和法益之间的关系提供参考资料或者契机。有观点认为，如果从不作为人和被害人之间的关系探讨作为义务的来源，容易将作为义务的判断和社会危害性的判断混为一谈，不仅存在倒果为因，循环论证的逻辑缺陷，而且混淆了刑法理论上的构成要件该当性判断与违法性判断。② 但是，成立不作为犯以违反某种义务为前提，在真正不作为犯的场合，刑法明文规定了作为义务；在不真正不作为犯的场合，虽然刑法没有明文规定作为义务，或者说行为人的行为没有违反刑法明文规定的作为义务（表面的义务），但行为人违反了隐含在刑法规范中的命令性规范和禁止性规范所规定的义务（真实的义务）。因此，在法律、合同等规定了行为人和被害人的人身关系的场合，不仅能够较为直观地提供行为人具有形式的作为义务的法律根据，而且能够为论证行为人负有实质的作为义务提供参考资料或者契机。

第二，研究行为人和被害人之间的人身关系，在多数场合与研究不作为和法益之间的关系得出的结论是一致的。有观点认为："从不作为人和被害人的关系中来探讨作为义务内容的方法，其根本目的在于维持和保护各种既定的社会关系，这种既定的关系又是建立在社会伦理、社会期待或者相互信赖这样一些带有评价性的一般规则之上的，因此，在这种规则上研究作为义务内容，必然要回到作为义务的发生根据是法令、合同、先前行为等定论中去，不能解决现行的不作为犯论中所存在的问题。"③这种观点也失之偏颇。义务是在社会资源有限的情况下为了解决社会成员的两种或者两种以上需要的冲突而形成的。义务设定的合理性在于，义务所指向

① 参见黎宏：《论不真正不作为犯的处罚范围》，载赵秉志主编：《刑法论丛》（第12卷），法律出版社2007年版，第80页。

② 参见黎宏：《论不真正不作为犯的处罚范围》，载赵秉志主编：《刑法论丛》（第12卷），法律出版社2007年版，第80页；［日］大谷实：《刑法讲义总论》（新版第2版），黎宏译，中国人民大学出版社2008年版，第132页。

③ 黎宏：《论不真正不作为犯的处罚范围》，载赵秉志主编：《刑法论丛》（第12卷），法律出版社2007年版，第80页。

的社会共同需要得以满足的必要性和适度性。[①] 虽然刑法的目的是保护法益,但是伦理规范、社会期待、公众信赖等与法益理论在绝大多数场合下不是相互背离的,而是从其他角度支持刑法上的禁止侵害(法益)义务和救助(法益)义务,尽管表述或多或少存在某种差异。

（二）判断实质的作为义务的要件或者要素

判断实质的作为义务,主要有哪些要件或者要素？谁制造了危险的前行为,谁就必须负责监控并消除这个危险。如果没有制造他人的危难,即便对于这个危难不伸出援手,刑法也不能过问。但是,对于紧密生活共同体关系的场合、公务人员不履行职责的场合等,该说不能作出合理说明。[②]

本书认为,在判断是否具有实质的作为义务时,应当注意考察下列三个方面。

第一,行为人是否存在对受害法益的事实承担。原则上,当不作为的行为人和某种受保护的法益之间存在具体的依赖关系时,行为人的不作为具有与作为相同的实行行为性(类型性)。判断是否属于事实承担行为,主要有两个方面的标准:首先,具有意图维持、继续法益的行为,也就是开始实施防止结果发生的条件行为;[③]其次,在保护法益方面,行为人将因果关系的发展进程控制在自己手中。[④]

当然,不作为的作为义务是"受到时代思想和历史背景所影响的不断变化的相对性概念",在不同的历史时代和不同地域,其内容也有所不同。[⑤] 日本学者强调事实承担,往往是以日本法院的判决结果作为依据的。因此,前述许乃曼、日高义博、堀内捷三等都主张,为了弥补不作为犯与作为犯在结构上的空缺,可以通过对受害法益的事实承担来实现。也就是说,只有开始实施意图保护法益并具有持续性的行为后,才进一步考虑有无作为义务的问题。冯军教授主张的自愿的支配行为说,也主张判断行为人有无"事先存在救助法益的行为"。

第二,行为人是否对受害法益或者相关空间等具有支配领域性。仅仅着眼于"行为人对受害法益具有事实承担"还是不够的。事实承担说只能

---

① 参见张恒山:《义务先定论》,山东人民出版社 1999 年版,第 194 页。

② 参见林东茂:《刑法综览》(第 6 版),台北,一品文化出版社 2009 年版,第 1 - 192 页。

③ 堀内捷三主张行为人必须客观上已经反复、继续实施事实承担行为,但西原春夫、西田典之等多数学者认为不需要满足这一要件。本书认为,堀内捷三的观点意在限定事实承担行为的范围,能够为认定后述的"排他性支配"要件至少起到提供线索或者论据的功能。因此,虽然不能作为认定作为义务的根据,但具有一定的价值。

④ 参见[日]堀内捷三:《不作为犯论》,青林书院新社 1978 年版,第 249 页以下。

⑤ 参见黎宏:《不作为犯研究》,武汉大学出版社 1997 年版,第 166 页。

说明不作为者对受害法益的保护义务,无法解释不作为者对他人的犯罪防止义务。中森喜彦曾经指出,将所有的不真正不作为犯仅限于事实承担的情况是很勉强的。关于决定是否成立不真正不作为犯,排除规范的判断是不可想象的。关于堀内捷三举出的第三要件是否存在法益保护的排他性地位这一问题,也同样无法以事实判断的方法得出结论。①

西田典之在堀内捷三的观点基础上增加了"支配领域性",②在存在支配领域性的场合,虽然不是基于支配的意思,但事实上支配指向结果的因果过程。虽然排他性支配状况不是自己有意创造的,但偶然处于这种状况之下,应重视是否存在社会持续性保护关系。在支配领域性的场合,可以将阻止犯罪的作为义务纳入考虑范围。当然,被暂时、偶然地置于这种支配领域性的状况而认定犯罪的成立,有损法的安定性,因此,必须进一步地限定,在这种类型的规范要素中应加入诸如亲子、建筑物所有者、管理者等因素,使其被限定在基于身份关系、社会地位,负有社会生活中继续的保护管理义务的情况。③

第三,行为人是否对法益具有(排他性)支配。"刑法之所以处罚一个人的行为,是因为行为人对行为当时所做的行为选择,对于法益侵害结果的发生与否具有影响的可能性(支配可能性)。"④作为和不作为的构造不同,前者是"行为人基于自己的意思,设定了指向法益侵害的结果的因果流程",而后者是"不介入已经发生的指向结果的因果流程,不防止结果这样的消极态度"。为实现作为与不作为的等价性,不作为人必须将正在发生的因果流程控制在自己手中,即基于自己的意思而获得排他性支配。⑤

但是,关于是否需要以及如何理解具有"排他性"支配,存在不同观点。西田典之提出,在行为人对被害人具有排他性支配的场合(在具有事实上的排他性支配的场合和具有支配领域性的场合),不作为人支配导致

---

① 参见[日]中森喜彦:《作为义务、保证人义务、保证人的地位》,载《法学 seminar》1982 年第 11 期。

② 参见[日]西田典之:《日本刑法总论》(第 2 版),王昭武、刘明祥译,法律出版社 2013 年版,第 106 页。

③ 参见[日]西田典之:《不作为犯论》,载芝原邦尔等编:《刑法理论的现代展开——总论Ⅰ》,日本评论社 1988 年版,第 91 页;[日]西田典之:《日本刑法总论》(第 2 版),王昭武、刘明祥译,法律出版社 2013 年版,第 106 页。

④ 蔡圣伟:《不作为犯:第一讲　论故意之不纯正不作为犯(一)》,载《月旦法学教室》第 51 期(2007 年)。

⑤ 参见[日]西田典之:《不作为的共犯》,载[日]西田典之:《共犯理论的展开》,成文堂 2010 年版,第 138 页;[日]西田典之:《日本刑法总论》(第 2 版),王昭武、刘明祥译,法律出版社 2013 年版,第 106 页。

结果发生的事态，与以作为的方式导致发生法益侵害结果具有等价性。①我国学者黎宏、周光权等也持此说。② 而山口厚认为，将行为人控制、掌握指向结果的因果过程作为判断是否具有保证人地位的标准是正确的。但是，即便是作为犯也只要求行为人起到设定因果流程的作用即可，不要求具有排他性，在不真正不作为犯的场合只要具有对结果原因的支配就够了，也不需要具有排他性。③

应当说，上述无论是西田典之还是山口厚的观点都属于支配理论的范畴。从理论上看，可以将许乃曼、山口厚的观点归纳为结果原因支配理论，这是一种“非排他性+支配”的理论；而西田典之、曾根威彦、伊东研佑等的观点可以归纳为因果过程支配理论，这是一种“排他性+支配”理论。但是，在具体案件中要说二者的观点有什么不同，实际上非常微妙。例如，除非“支配”本身就暗含了“排他性”的意思，否则就很难说行为人对法益具有支配性。除此之外，应当说西田典之与山口厚等的观点存在程度上的差异。相对而言，西田典之所倡导的因果过程支配理论是支配理论的极端形态，该理论认为只有行为人对整个因果过程具有排他性支配才可能产生作为义务，这个因果流程不仅包括处于流程终点的法益侵害，还包括前面整个危险制造、危险升高、危险实现的全过程。④

从具体的作为义务来源分类看，西田典之认为在具有事实上的排他性支配的场合和支配领域性的场合，可以说行为人支配了面向结果的因果经过，具有作为义务。⑤ 山口厚主张根据法益侵害的危险程度以及相对的法益方的防御程度来判断法益侵害的有无，将“对结果原因的支配”分为对法益脆弱性的支配与对危险源的支配。⑥ 但无论是西田典之还是山口厚，均认为先前行为不能成为不真正不作为犯的作为义务来源。本书对此不

---

① 参见[日]西田典之：《日本刑法总论》(第2版)，王昭武、刘明祥译，法律出版社2013年版，第106页。

② 例如，黎宏教授认为处罚不真正不作为犯的根据是“行为人主动设定了对法益的排他性支配的事实”。参见黎宏：《排他支配设定：不真正不作为犯论的困境与出路》，载《中外法学》2014年第6期。

③ 参见[日]山口厚：《出于不作为的杀人罪》，付立庆译，载陈兴良主编：《刑事法判解》(第10卷)，北京大学出版社2009年版，第394页；[日]山口厚：《刑法总论》(第2版)，付立庆译，中国人民大学出版社2011年版，第88－89页。

④ 参见姚诗：《先前行为问题研究》，清华大学2010年博士学位论文，第36页。

⑤ 参见[日]西田典之：《不作为犯论》，载[日]西田典之：《共犯理论的展开》，成文堂2010年版，第180页；[日]西田典之：《日本刑法总论》(第2版)，王昭武、刘明祥译，法律出版社2013年版，第106页。

⑥ 参见[日]山口厚：《刑法总论》(第2版)，付立庆译，中国人民大学出版社2011年版，第89页。

以为然。[①]

(三)研究不作为犯的作为义务的立场

研究不作为犯的作为义务的立场,是基于存在论(事实的支配),还是规范论(规范的支配)?关于这一问题,我国学者大多主张不作为中的支配主要是事实的支配,但论证思路各有不同。例如,张明楷教授指出,不作为犯中的支配既可以是事实的支配,也可以是规范的支配。在先前行为的场合,虽然行为人只是偶然地、临时地与脆弱法益或者危险源共存于同一空间,对后者没有事实支配,但在当时行为人最应当也最容易采取有效措施防止发生法益侵害结果,因此存在规范的支配。[②]

黎宏教授则认为,不作为犯中的支配都是事实的支配,除了纯粹的事实支配,还有需要借助事实支配加以实现的规范支配。只有在行为人主动设定了对法益的排他性支配,消除了不作为和作为之间的结构性差异时,才能按照作为犯的条款处罚。这种对法益排他性支配的设定,既可以通过行为人中途介入面向结果的因果进程的方式实现,也可以表现为行为人制造并支配面向结果的潜在危险的方式。[③]

本书认为,不作为的作为义务主要是事实支配。主要理由是:第一,从现实社会的角度看,现代社会中危险的发生具有突然性,"将作为义务的来源限定为对危险源或脆弱法益的事先的常态支配,既过于严格,也不符合社会现实"。因此,"不能单纯从客观事实上考察行为人是否支配了危险源或者脆弱的法益,还必须根据社会分工的原理,规范地考察行为人是否支配了危险源或者脆弱的法益"。[④] 第二,从不真正不作为犯的成立条件看,原则上需要进行规范价值判断的"违反作为义务"具体化为"支配行为""排他支配行为""先前行为"等事实因素,并在此基础上明确不真正不作为犯的成立条件和处罚范围。上述观点均将不履行作为义务的行为转化为"引起"或者"支配"侵害法益结果的客观事实,以消除作为是引起因果流向,而不作为只是放任因果流向的结构性差异,以实现二者之间的等价。[⑤] 第三,从实质的作为义务理论看,无论是结果原因支配说、排他性支配说还是先前行为说,均通过可视的、具体的事实因素来说明不真正不作

---

① 详细论述,请参见温登平:《先前行为作为义务来源否定说批判》,载陈兴良主编:《刑事法评论》(第38卷　刑法的工具论),北京大学出版社2016年版。

② 参见张明楷:《不作为犯中的先前行为》,载《法学研究》2011年第6期。

③ 参见黎宏:《刑法学总论》(第2版),法律出版社2016年版,第65页。

④ 张明楷:《不作为犯中的先前行为》,载《法学研究》2011年第6期。

⑤ 参见黎宏:《排他支配设定:不真正不作为犯论的困境与出路》,载《中外法学》2014年第6期。

为犯的成立条件和处罚范围，虽然名义上维持了不履行作为义务的外形和规范论的研究范畴，但实际上更看重不履行义务行为中所存在的引起与被引起的关系，采用的是存在论、因果论的研究方法。①

综上，在下列场合下行为人对因果过程具有排他性支配，负有作为义务。第一，存在事实上的排他性支配的场合，即在不作为者基于自己的意思，具有排他的支配或设定排他的支配的情况下，就具有作为义务。其不仅不要求维持法益行为的反复性、继续性，甚至也不要求具有基于保护、维持法益的目的性。第二，存在支配领域性的场合，虽然不是基于支配的意思，但事实上支配指向结果的因果过程。尽管排他性支配状况不是自己有意创造的，但偶然处于这种状况之下的，应当重视是否存在社会持续性保护关系。

第五节　紧密的共同体关系及其产生作为义务的根据

一、紧密生活共同体的提出和产生作为义务根据的一般理解

在刑法理论和实践中经常讨论幼儿园、养老院、保姆、警察、医生、同居者、登山队友等各种形式的共同体和保证人类型，这些“家庭之外的保证人类型，都是由于随着社会分工，由社会机构和个人分工协同，来补强家庭中的保证人功能”②。前述共同体大致可以分为诸如登山队员等危险共同体和共同生活家庭成员等日常生活中的紧密的生活共同体。这里先探讨紧密的生活共同体。

（一）紧密生活共同体概念的提出

在大陆法系国家，一般认为，夫妻之间的关系、类似婚姻的同居关系、父母亲及其子女之间的关系、③兄弟姐妹之间的关系，以及已经订婚的男女

① 参见黎宏：《排他支配设定：不真正不作为犯论的困境与出路》，载《中外法学》2014年第6期。

② 车浩：《法教义学与社会科学——以刑法学为例的展开》，载《中国法律评论》2021年第5期。

③ 德国的判例认为，一个在家与父母住在一起的18岁的儿子，对于父亲的生命有救助的义务。Vgl. BGHSt. 19,167. 在另外一个案件中，丈夫甲与妻子乙离婚，甲知道乙可能会因此而自杀，并且杀死小孩。但是，他依然与乙离婚。结果乙将小孩杀死，然后自杀。德国联邦最高法院认为，尽管甲没有义务去维护一个破碎的婚姻关系，对于乙的自杀，甲不承担刑事责任；但是，甲对小孩具有保证人地位。甲将小孩置于危险的境地而不顾，致使其遇害，甲的行为应当构成故意杀人罪。Vgl. BGHSt. 7, 268f.

之间的关系等,这些紧密共同体关系均可以产生作为义务。① 英美法系国家也往往将紧密共同体关系视为作为义务的来源。②

前已述及,将"紧密的生活共同体"视为作为义务的来源,最早起源于德国联邦法院于1932年作出的一份关于不给婴儿提供保护致其死亡的判决。该判决将"人性""生活习惯"等认定为作为义务的基础。前已述及,在1935年的另一个判决中,德国联邦法院基于伦理、宗教甚至当时盛行的国家社会主义的意识形态,认为家庭或者家庭共同体属于紧密的生活共同体,成员之间负有作为义务。③ 这是德国判例首次在紧密的生活共同体概念中寻找作为义务的来源。"二战"以后,德国联邦法院也再次确认了紧密的生活共同体的概念。

紧密的生活共同体的概念,不仅成为夫妻之间、父母与子女之间的作为义务的来源,而且成为祖父母与孙子女之间、婚约者之间以及其他共同从事危险活动的共同体(如探险队、登山队)成员之间的作为义务的来源。成为作为义务来源的紧密的生活共同体的关键,不在于存在共同的生活空间,而在于共同体成员之间高度的相互信赖关系。

(二)紧密生活共同体产生作为义务根据的一般理解

紧密的生活共同体关系之所以能够独立为一种义务来源,是因为这一义务来源不同于法律规定义务和道德义务来源,其义务并非由法律加以规定或者可以通过法律引申得出,所以无法纳入法律规定的义务范围内。同时,道德义务来源往往是一种空泛的抽象关系,义务人同被害人之间没有特定的、具体个别的社会交往关系,所以不存在现实的、具体的生活或者危险共同体关系。另外,这种义务来源与先前行为也有所不同,后者产生作为义务的原因在于先行实施的行为所造成的危险状态,而紧密生活共同体产生作为义务的原因在于共同的生活、危险承担关系。

---

① 紧密生活共同体所引起的义务,是指虽然不属于法律明文规定的范围,但是基于一定事实形成了社会上通常认为的对危险应当予以共同承担、相互照顾的关系,因而在对方发生危险时,应当具有排除危险的义务。例如,登山或者其他探险活动的共同体所属成员具有相互照顾的义务,虽然未必以夫妻名义同居但确实形成共同生活关系的同居的男女具有相互照顾的义务,雇主对保姆生病时具有临时加以合理照看的义务等。如果不承认这些义务,就无法处理实践当中出现的案件。例如,登山者对处于危险中的队员不进行抢救而加以遗弃导致后者死亡的案件,同居情人之间在对方重病在身时加以遗弃的案件,雇主遗弃生病的保姆导致后者死亡的案件。

② 例如,史密斯等认为,危险共同体的成员,无论其行为是合法(如共同登山),还是违法(如共同滥用毒品),在发现其他成员陷入危险时,都有义务予以救助。参见[英]J. C. 史密斯、[英]B. 霍根:《英国刑法》,李贵方等译,法律出版社2000年版,第58页。

③ Entscheidungen des Reichsgerichtsin Stragsachen 69, 321.

例如，车浩教授认为，家庭中的保证人是其他所有保证人的原型，其他类型的保证人都是其衍生物。① 主要理由是："家庭成员相互救助的保证人义务，是生育功能正常运转的必要条件……父母保护法益无助状态下的幼年子女，是通过生育制度使得社会得以更替和维持的必要条件。父母成为负有国家以刑罚手段威胁其履行的救助义务的保证人，这已经是关于保证人地位的终极根据。"②

但是，紧密共同体的概念过于模糊，根据这种关系所产生的作为义务来认定犯罪，可能导致处罚范围过大，刑法的适用也可能由此变得危险。在司法实践中，对于男方中断恋爱关系，导致女方自杀的情形，有的判决认定为具有作为义务，实际上就是考虑了当事人之间具有"与婚姻类似的共同生活关系"，这种做法是否妥当，还有待商榷。

二、紧密的共同体关系与自由

犯罪的本质是法益侵害，没有法益侵害就没有犯罪。就不作为犯而言，可以从自由主义、社会连带思想、利他主义、功利主义、伦理道德，以及认知心理学中的同情心、同理心等方面探究产生作为义务或者说处罚不作为犯的正当化的根据。

（一）作为刑法基础的自由和自由主义

对自由的渴望是人类根深蒂固的一种向往。③ 传统的刑法和刑法理论采取"理性人"的假设，④以自由主义为基础，以保障人权中心，围绕防范行为人积极实施某些侵害法益的行为而展开。主张区分法律与道德，"刑法只需要满足禁止人们作出积极的损害行为，而培养人们行善精神的事则交由公共舆论以及道德或者宗教导师们"⑤。所谓"没有行为就没有犯罪"是指"没有积极的作为就没有犯罪"，刑法惩罚的对象是"引起法益侵害的行为"。

以自由保障为核心的人权保障思想，是当代各国法治的基石。但是，

---

① 参见车浩：《法教义学与社会科学——以刑法学为例的展开》，载《中国法律评论》2021 年第 5 期。

② 车浩：《法教义学与社会科学——以刑法学为例的展开》，载《中国法律评论》2021 年第 5 期。

③ 参见［美］E. 博登海默：《法理学：法律哲学与法律方法》，邓正来译，中国政法大学出版社 1999 年版，第 278 页。

④ 例如，富勒认为："要开展使人的行为服从于规则之治的事业，必然需要信奉这样一种观念：人是或者能够变成一个负责的理性行动主体，能够理解和遵循规则，并且能够对自己的过错负责。"参见［美］富勒：《法律的道德性》，郑戈译，商务印书馆 2005 年版，第 188 页。

⑤ Lord Thomas Macaulay, *Notes on the Indian Penal Code*, Longmans, Green and Co., 1987, p. 497.

人既有个体性也有社会性,“必须同时满足人的这样两种基本的人类学需求——一种是人希望‘按照自己的心意处置一切’的非社会性倾向,另一种是进入社会中去与他人生活在一起的社会性倾向”①。作为社会的一员,如果每个人都仅仅考虑个人的自由与权利,而不适当加以限制,绝对是不行的。各国立法者显然都意识到了这一点。例如,《德国基本法》第2条第1款规定:“人人有自由发展其人格之权利,但以不侵害他人之权利或不违犯宪政秩序或道德规范者为限。”我国《宪法》第33条第3款明文规定:“国家尊重和保障人权。”同时,第51条也规定,公民在行使权利和自由时,“不得损害国家的、社会的、集体的利益和其他公民的合法的自由和权利”。

在法治社会中,自由与权利的行使不仅要受到上述“侵害原则”的限制,而且为了更好地实现自由和权利,要求公民履行一定的积极义务。“并不只是个人有更大权利和自由来享用社会财物的社会,另一方面,是一个要求更多个人责任的社会。一个真正结合个人自由和个人责任的社会才是公民社会。如果一个人只想享用自由和权利,甚至以各种机会主义方式试图获得更多的福利,不敢承担责任,那么他/她最终一定会以其他方式承担由此产生的后果。”②

(二)对自由的充分保障与对自由的适度限制

秩序是与自由相对但不完全对立的概念。人类社会的发展离不开对自由的保障,但也不能完全没有秩序。罗斯指出:“如果社会戒除所有对成员的控制,一种自然秩序便会出现。但是,这样的秩序同人工秩序比较,粗糙而不完善,而容忍这种自然秩序,其惩罚必定招致非常惨重、明显的普遍灾难。”③庞德强调,社会控制是“人们对内在本性的控制,使人们得以继承这个世界并保有和增加他们所继承的东西”④。

虽然分析实证法学派的核心观点是主张区分法律与道德,但是其代表人物哈特也认为,法律规则会纳入某种“最低限度的自然法”,从而为自愿遵守法律提供正当化根据,并借以“推动人类在群体生活中自我保存”。“如果没有这些内容,法和道德就不能推动人类在群体生活中自我保存这

① 吴彦:《法、自由与强制力——康德法哲学导论》,商务印书馆2016年版,第221页。

② 苏力:《医疗的知情同意与个人自由和责任——从肖志军拒签事件切入》,载《中国法学》2008年第2期。

③ [美]E. A. 罗斯:《社会控制》,秦志勇、毛永政译,华夏出版社1989年版,第44页。

④ [美]罗·庞德:《通过法律的社会控制　法律的任务》,沈宗灵、董世忠译,商务印书馆1984年版,第9页。

个最基本的内容。缺少了这个内容,人类事实上就没有理由自愿去遵守任何规定;如果没有基于共同利益而自愿维系的合作规则,也就不可能强迫那些不愿意遵守的人去服从。"①

与作为犯相比,不作为犯特别是不真正不作为犯,基于保护法益的需要赋予国民以各种保护法益的义务或者阻止犯罪的义务,刑法的惩罚对象进一步扩大到"不阻止法益侵害的行为"和"不救助被害法益的行为",导致刑法处罚范围的极度扩张,严重冲击了自由和人权保障理念。"与积极作为的刑事责任相比,不作为的刑事责任意味着更大程度地剥夺了人们的自由,因为一个被禁止实施某种积极行为的人与一个必须实施某种确定的积极行为的人相比,有着为数更多的允许选择的权利。自然自由是宝贵的,我们理应选择对自由程度限制最低的法律。"②

(三)消极义务和积极义务的区分

威尔逊提出区分两种义务,第一种义务是"来自人们共同生活在现代社会结构性需要的常规社会责任。这样的现代社会需要将其组织起来,从而既满足社会整体需要又满足个人需要。不加控制的个人主义与社会结构完整性是不一致的,而一个稳定的社会结构正是个人自我满足的需要"③。第二种义务是"不可预期的义务,并且这些义务可能因此而剥夺义务人意思自治生活的基本权利之一,即在特定的时间选择做什么的权利"④。

上述两种义务主要存在下列差别:第一,这种义务仅仅是利他的,还是同时也是利己的。后者主要是一种利他的义务。第二,这种义务是否具有可预期性或者(相对)确定性。前者具有可预期性或者确定性,后者的可预期性和确定性略差一些。第三,从履行义务的方式看,是以不作为的方式、消极地履行义务就可以了,还是需要以作为的方式、积极地履行义务。前者要求行为人消极地不作为,后者要求行为人积极地作为。

基于上述第一种义务的不作为犯具有正当性,因为这种义务不仅是基本上确定的,而且无论对于个人还是社会而言都是有必要的,也是有益的。德沃金指出:"社会是一个个体互补的世界观的共同体。所有的个人都拥

---

① [英]哈特:《法律的概念》(第3版),许家馨、李冠宜译,法律出版社2018年版,第260页。

② [美]道格拉斯·N.胡萨克:《刑法哲学》,谢望原等译,中国人民公安大学出版社2004年版,第237页。

③ [英]威廉姆·威尔逊:《刑法理论的核心问题》,谢望原、罗灿、王波译,中国人民大学出版社2015年版,第98页。

④ [英]威廉姆·威尔逊:《刑法理论的核心问题》,谢望原、罗灿、王波译,中国人民大学出版社2015年版,第99页。

有个体价值和善念。众生之所以能够生活在共同体之中，是因为秉持的重要利益和价值是相同的。但是，对这些利益或者价值达成共识时，他们倾向于通过抽象权利的方式来表达，然后寻求各种制度和实施程序来加以保护。"①相反，第二种义务非但具有不可预期性，而且仅仅是利他的，而不是利己的，甚至对个人的意志自由和权利行使构成了约束或者剥夺。因此，就需要明确在什么情况下、在多大范围可以赋予公民第二种义务。

威尔逊指出："有时候，意思自治并不是最重要的事情。有时候，责任比意思自治更重要。对于刑法来说，问题的关键乃是确定何时意思自治重要，何时责任更重要。"②要时刻牢记这一点，"强制推行救助义务容易使自由社会所珍爱的每个人被打上耻辱的印记——这些人四处奔波，专注于自己的事情，他们的命运不是要在社会上留下某种印记，更不用说留下犯罪的印记……强制推行不可预期的义务使得将不作为犯罪化成为要凭运气、选择机会或意向概率来决定的事情"③。"因为不作为犯罪化限制自由的风险很高，所以不作为犯罪化可能抵消其带来的好处证明，强制规定限制自由必须相应地有很高的回报。"④

（四）本书的观点

为了从实质上为处罚犯罪提供正当化根据，以及合理限制犯罪的处罚犯罪，法益侵害原则或者损害原则"总能为刑事立法提供很好的理由……并且，可能找不到其他同样有效且价值成本更低的方法"。⑤ 但是，为了更好地保障法益，有必要赋予公民一定的积极义务。范伯格提醒说："人生的变数和不可预测的紧急情况往往要求投入时间和精力甚于金钱，偶然路过的人并不会因国家福利系统的存在而免责。"⑥耶赛克也认为："从刑法的保护任务中推导避免结果发生的义务。所以，根据不作为行为人的社会义

① Jurisprudence, Cavendish Publishing Limited., 2000, p. 236.

② [英]威廉姆·威尔逊:《刑法理论的核心问题》，谢望原、罗灿、王波译，中国人民大学出版社2015年版，第99页。

③ [英]威廉姆·威尔逊:《刑法理论的核心问题》，谢望原、罗灿、王波译，中国人民大学出版社2015年版，第100页。

④ [英]威廉姆·威尔逊:《刑法理论的核心问题》，谢望原、罗灿、王波译，中国人民大学出版社2015年版，第101页。

⑤ 参见[美]乔尔·范伯格:《刑法的道德界限》(第4卷　无害的不法行为)，方泉译，商务印书馆2015年版，第15-16页。

⑥ [美]乔尔·范伯格:《刑法的道德界限》(第1卷　对他人的损害)，方泉译，商务印书馆2013年版，第176页。

务范围、根据健康的公民的感觉、社会共同体内在秩序的需要来决定之。”①

要求公民承担一般救助义务不可避免构成对公民自由和公民权利的限制，不过，只要在刑事立法上对不作为犯的成立范围和成立条件进行相对严格的限定，不会给公民自由和公民权利带来过重的负担。“如果要比较作为义务（如缴税或救助刑事被害人）与禁止性规定（如不许离开住宅或不许超速）的限制程度的话，就是要找出哪一个比另一个更限制自由，这并不取决于该规定是积极的还是禁止性的，而取决于它对个人选择的限制。”②

三、紧密的共同体关系与社会连带思想

在不作为犯中，不仅真正不作为犯基于社会团结义务而产生，③而且不真正不作为犯的产生也深受社会连带思想的影响。涂尔干在《社会分工论》中对社会团结（社会连带）思想作出了系统的阐述，将社会团结分为机械团结和有机团结，认为刑法是维系社会团结最为严厉的手段。具体来说，在机械团结的社会中，刑法维护集体意识；在有机团结的社会中，刑法维护社会分工及其实现条件，并对集体意识具有一定的维护作用。④ 社会团结思想对不真正不作为犯的理论根据具有很强的解释能力。

这一点得到了学者的普遍认同。例如，刘士心教授认为，处罚不真正不作为犯是迫使他人实施一定的行为，从而积极地保护法益免受侵害，因此，不真正不作为犯的直接价值与其说是保护法益，不如说是强化社会互助。⑤ 姚诗教授指出：“社群主义和不作为犯有天然的亲和性，它强调个人应负起自己的社会角色，履行其应该履行的义务，如此才能被视为特定社群的成员。在现代社会风险越来越多的情况下，更要求行为人积极履行义务，共同缔造美好社群。”⑥

本书将对涂尔干、狄骥的社会连带思想进行探讨，并进一步说明社会

① ［德］汉斯·海因里希·耶赛克、［德］托马斯·魏根特：《德国刑法教科书》（下），徐久生译，中国法制出版社2017年版，第808页。

② ［美］乔尔·范伯格：《刑法的道德界限》（第1卷　对他人的损害），方泉译，商务印书馆2013年版，第182页。

③ Vgl. Otto, Grundkurs Strafrecht Besonderer Teil, 7. Aufl. 2005, §67Rn. 1.

④ 参见焦旭鹏：《刑法在社会中的角色——埃米尔·涂尔干刑法思想的解读与反思》，载《中外法学》2009年第6期。

⑤ 参见刘士心：《不纯正不作为犯研究》，人民出版社2008年版，第2页。

⑥ 姚诗：《不真正不作为犯的边界》，载《法学研究》2018年第4期。

连带思想与处罚不作为的关系。

（一）涂尔干的社会分工论和社会连带思想

1. 机械团结与有机团结的区分。涂尔干认为，机械团结是基于个人意识相似性产生的法规压制性制裁，建立在人们共同的信仰和感情之上。有机团结是社会劳动分工使人们为了谋求合作而建立的恢复性制裁，包括民法、行政法等，是人们因为各自有差异为了寻求合作而建立起来的。无论是在机械团结的社会，还是在有机团结的社会，刑法都是维护社会团结的手段。[①] 涂尔干认为，社会团结是同一社会中所有成员共同意识的体现。刑法在本质上展现了这种团结，至少展现了这种团结最基本的要素。[②] 由团结产生的社会关系的紧密程度，主要取决于共同意识与个人意识的关系、集体意识的平均强度和集体意识的确定程度。其中，“明确而又强烈的共同意识才真正是刑法的基础所在”。[③]

2. 犯罪是对集体意识的侵犯。集体意识或者共同意识，是“社会成员平均具有的信仰和感情的总和，构成了他们自身明确的生活体系”[④]。“如果一种行为触犯了强烈而又明确的集体意识，那么这种行为就是犯罪。”[⑤]“我们不该说一种行为因为是犯罪的才会触犯集体意识，而应该说正因为它触犯了集体意识才是犯罪的。我们不能因为它是犯罪的就去谴责它，而是因为我们谴责了它，它才是犯罪的。”[⑥]涂尔干认为：“刑法……它的真正作用在于，通过维护一种充满活力的公共意识来极力维持社会的凝聚力。如果这种意识遭到了人们的彻底否定，它就必然丧失掉自己的权利，而无法在感情上唤起共同体的反抗作用，无法弥补自己的损失，因而，社会团结的纽带松懈了。”[⑦]

① 参见［法］埃米尔·涂尔干：《社会分工论》，渠东译，生活·读书·新知三联书店2000年版，第33页以下；焦旭鹏：《刑法在社会中的角色——埃米尔·涂尔干刑法思想的解读与反思》，载《中外法学》2009年第6期。

② 参见［法］埃米尔·涂尔干：《社会分工论》，渠东译，生活·读书·新知三联书店2000年版，第71页。

③ 参见［法］埃米尔·涂尔干：《社会分工论》，渠东译，生活·读书·新知三联书店2000年版，第113页。

④ ［法］埃米尔·涂尔干：《社会分工论》，渠东译，生活·读书·新知三联书店2000年版，第42页。

⑤ ［法］埃米尔·涂尔干：《社会分工论》，渠东译，生活·读书·新知三联书店2000年版，第43页。

⑥ ［法］埃米尔·涂尔干：《社会分工论》，渠东译，生活·读书·新知三联书店2000年版，第44页。

⑦ ［法］埃米尔·涂尔干：《社会分工论》，渠东译，生活·读书·新知三联书店2000年版，第70页。

3. 个人之间的契约与源于社会的契约。“契约，唯独指那些个人之间通过自由的行动意志达成的共识。与之相反，任何义务都不是双方的共识，也不是双方的契约。凡是契约存在的地方，都必须服从一种支配力量，这种力量只属于社会，绝不属于个人：它越来越变得强大而又繁复。”①究其原因，主要是因为“或者简单、或者复杂的劳动分工使他们彼此之间产生了需要”。② 不过，“仅仅有契约还不够，还必须有源于社会的契约规定”。主要有两个原因：第一，“契约的作用不在于创立某些新的规范，而在于把预先规定的规范转变为各种特殊的情形”。第二，“契约没有，而且也不能有约束当事人双方的能力，除非某种特定的条件得到确定”③。

关于利他主义在社会生活中的地位和作用，涂尔干认为：“利他主义注定不会成为我们社会生活的一种装饰，相反，它恰恰是社会生活的根本基础……人类如果不能谋求一致，就无法共同生活，人类如果不能相互作出牺牲，就无法求得一致，他们之间必须结成稳固而又持久的关系……任何个人都不能自给自足，他所需要的一切都来自于社会，他也必须为社会而劳动。”④

（二）狄骥的社会连带思想

狄骥主要提出了下列观点：

1. 人类为了生存就必须互相帮助，而社会连带关系是一切关于人类社会的事实，是社会中人们之间的相互作用、相互依赖的关系。“它（社会连带的事实）是一种不能成为争辩对象的由观察所得的事实。它随着国家情况的不同而具有不同的形态……无论如何，连带关系是一种永恒不变的事实，它本身往往是同一的并且是一切社会集团不可排斥的组成要素。”⑤“连带关系并不是行为规则，它是一个事实，一切人类社会的基本事实。”⑥

---

① ［法］埃米尔·涂尔干：《社会分工论》，渠东译，生活·读书·新知三联书店 2000 年版，第 169 页。
② 参见［法］埃米尔·涂尔干：《社会分工论》，渠东译，生活·读书·新知三联书店 2000 年版，第 171 页。
③ ［法］埃米尔·涂尔干：《社会分工论》，渠东译，生活·读书·新知三联书店 2000 年版，第 173 页。
④ ［法］埃米尔·涂尔干：《社会分工论》，渠东译，生活·读书·新知三联书店 2000 年版，第 185 页。
⑤ ［法］莱翁·狄骥：《宪法论》（第 1 卷　法律规则和国家问题），钱克新译，商务印书馆 1959 年版，第 64 页。
⑥ ［法］狄骥：《国家、客观法和实在法》（选录），载［美］美国法学院协会主编：《现代法国法律哲学》，1921 年版，第 259 页。转引自沈宗灵：《现代西方法理学》，北京大学出版社 1992 年版，第 252 页。

2. 社会就是以共同的目的而互相作用的各个人,各个人之间相互作用的生活呈现一种"联合—分工"关系。首先是"联合"。由于人们之间有共同的需要,而这种需要只能通过共同的生活来得到满足,人们为了实现这种共同需要而相互援助,这构成了社会生活的第一要素,形成"同求的连带关系"(涂尔干所说的机械的连带关系)。其次是"联合"基础上的"分工"。组成社会的各个人有不同的能力和不同的需要,为此他们通过交换来满足各自的需要,每个人贡献自己的能力来满足他人的需要,同时也从他人那里满足自己的需要。这样在人类社会产生了广泛的分工,即"分工的连带关系"(涂尔干所说的有机的连带关系)。①

连带关系包含了人类的社会性和个人性两种属性,这两种属性又决定了人类的两种"感觉",即合作的感觉与分工的感觉,社交的感觉与公平的感觉。其中,合作的感觉使人们相互援助,分工的感觉使人们各司其职;社交的感觉使人们组成社会或者社会集团,公平的感觉使人们保持某种个人的自由。"由于人们之间存在着差异,有不同的才能和需要,他们也就意识到必须相互服务,而且自己更多的活动,才能与人有更多的交换。这种分工的连带关系要比同求的连带关系更有力量……社会性和个性,集体利益和个人利益不仅不相互排斥,而且相互促进。"②

3. 社会与社会规范是不可分离的,社会规范的目的是维护社会连带关系。"社会规范不外乎是社会事实固有的规律,这种规律肯定集团中的全体成员所必需采取的积极的或消极的行为,以使集团和它所组成的个人得以生存和发展,而违反这种规律就要被迫引起一种反应,反应是与控制集团生活的规律有自然联系的一种集团行为。"③

社会规范可以分为经济准则、道德准则和法律准则(狄骥称之为"客观法")。其中,法律准则是最高的。在满足"社交的感觉(维护连带关系所必要的)和公平的感觉(个人主义的感觉)"④的前提下,经济准则和道德准则可以成为法律准则。"在整个社会团体之内人们势必要服从某种行为规则……这些规则的总体形成客观法,因此客观法是整个人类社会所固有的;只要人类社会存在,客观法就存在;而且同时这种客观法和社会内部所

① 参见孙文恺:《社会学法学》,法律出版社 2005 年版,第 99 页。

② 沈宗灵:《现代西方法理学》,北京大学出版社 1992 年版,第 254 页。

③ [法]莱翁·狄骥:《宪法论》(第 1 卷 法律规则和国家问题),钱克新译,商务印书馆 1959 年版,第 61 页。

④ 参见[法]莱翁·狄骥:《宪法论》(第 1 卷 法律规则和国家问题),钱克新译,商务印书馆 1959 年版,第 201 页。

发生的分化完全没有关系。”

4. 法律准则形成和发展的目的在于维护社会公平和社会连带关系。“集团中的个人群众认为这样的道德准则或经济准则是维持社会连带关系所必要的自我意识，以及认为对这种规则做制裁是公平的自我意识，那就是法律规则形成和发展的两种基本因素。”[①]“社会连带关系是一切人类社会的事实：人们为了生存，就必然要建立这种关系，因为他们有共同的需要，所以只能共同地加以满足；因为人们有不同的才能和需要，所以只有通过相互服务才能实现。”[②]

（三）其他学者的社会连带思想

作为正义理论和政治自由理论的集大成者，罗尔斯提出了“公平游戏”理论。该理论主张：“假如有一个互利且正义的事业，只有每个人，至少是几乎所有人都参与合作，它才能产生利益。进一步假设，合作要求每一个人都作出某些牺牲，或者至少要对个人自由加以某种限制。最后，假设合作产生的利益直到某一点上都免费，即这个合作事业并不稳定，如果每个人都知道所有人或者几乎所有人会继续付出，那么即使他不付出也依然能享受利益。在这些条件下，一个享受了该事业利益的人就会受到公平游戏责任的约束去付出自己的那一份，他不能在不付出合作的情况下分享免费的利益。”[③]显然，在这一理论背后，蕴含了深刻的公平原则和社会连带思想。

每个人不仅仅是作为一个个体而存在的，同时也是所处的各种共同体的一员。马克思等曾经指出：“只有在共同体中，个人才能获得全面发展其才能的手段，也就是说，只有在共同体中才可能有个人自由。”[④]为了维系家庭、社区、社会、国家等不同层次的共同体，每个人必须承担对他人的连带义务。刑法上的作为义务也是如此。尽管刑法上的义务通常是消极义务，但基于社会连带思想，公民在一定条件下负有协助他人的积极义务。这在一定程度上可以为处罚不真正不作为犯奠定思想基础，并对作为义务的范围作出一定的限制。

---

① [法]莱翁·狄骥：《宪法论》（第1卷　法律规则和国家问题），钱克新译，商务印书馆1959年版，第91页。

② 沈宗灵：《现代西方法理学》，北京大学出版社1992年版，第254页。

③ [英]莱斯利·格林：《法律与义务》，李立丰译，上海三联书店2017年版，第567页以下。

④ 韦建桦主编、中共中央马克思恩格斯列宁斯大林著作编译局编译：《马克思恩格斯文集》（第1卷），人民出版社2009年版，第571页。

四、紧密的共同体关系与利他主义

利他主义(altruism)是伦理思想中与利己主义相对立的一种道德理论。利他主义的核心思想是无私利他,目标在于增加个人或者多人的福祉。当个体基于利他动机,以牺牲自己的利益来增加、促进和提高另一个个体的利益时,就属于利他主义行为。

(一)利他主义的类型

根据不同的标准,可以对利他主义作出多种分类。例如,早期的研究曾经将利他主义分为神学利他主义和科学利他主义。①

1. 无条件的利他主义(纯粹利他主义)和有条件的利他主义(互惠利他主义)。根据受益者与利他者的关系,可以将利他主义分为无条件的利他主义和有条件的利他主义。无条件利他的对象主要是家庭成员和近亲属,利他主义可以提高家庭成员与近亲属抵御灾难和其他不测事件的能力,分散风险和损失。② 但是,利他在人类范围内是大量存在的,如慈善活动,不限于家庭成员和近亲属之间。

2. 紧急情况下的利他行为和非紧急情况下的利他行为。根据利他行为发生的情境不同,可以将利他行为分为紧急情况下的利他行为和非紧急情况下的利他行为。前者是指在具体危险下施行的利他行为,后者是在没有危险的情况下施行的利他行为。③

3. 同等利他主义和差等利他主义。根据利他是否存在差别,可以将利他主义分为同等利他主义与差等利他主义。同等利他主义主张对任何人都应该完全同等的无私利他,而差等利他主义则认为对他人应该因为其与自己有亲疏远近之别而相应不能同等的无私利他。我国传统的墨家思想和欧洲的基督教属于同等利他主义,而儒家思想和康德的思想则属于差等利他主义。④

(二)利他主义的理论基础

利他主义是一种将他人利益作为道德行为目标的伦理学的行为理论。关于利他主义的理论根据,可以从生物学、经济学、心理学、伦理学、社会学

---

① 参见王海明:《利他主义重估》,载《北京师范学院学报(社会科学版)》1990年第3期。

② 参见[美]加里·斯坦利·贝克尔:《家庭论》,王献生、王宇译,商务印书馆2014年版,第6页。

③ 参见彭茹静:《利他主义行为的理论发展研究》,载《江西社会科学》2003年第7期。

④ 参见王海明:《利他主义与利己主义辨析》,载《河南师范大学学报(哲学社会科学版)》2001年第1期;王海明:《利他主义新探》,载《齐鲁学刊》2004年第5期。

等角度进行阐释。[①] 具体来说:第一,生物论。这种理论认为利他主义是通过基因遗传获得的,是人类的本性,这种本性对于人类种族的生存和延续具有重要意义;人类天然是利己的,但是人不仅有自爱、利己的本性,而且有仁爱、利他的本性。冯友兰指出:“求自己的利,可以说是出于人的动物倾向,与人之所以为人者无干——为实现人之所谓为人者,我们可以说,人应该求别人的利。”[②]自爱的目标是个体的保存,而仁爱的目标是社会的生存和发展。第二,社会交换理论。这种理论认为,人与人之间的关系实际上是一种交换关系,通过交换各取所需,利他行为就是当前或者期待将来得到社会承认或者奖赏等利益的工具性行为,人际互动就是付出代价和取得奖赏的过程。第三,公平理论。这种理论认为,利他行为是一种权衡得失的产物,人们在权衡得失时,会受到与他人进行比较的影响。第四,社会规范理论。这种理论认为,人的行为是按照社会所赞许、提倡的准则进行的。每个人之所以帮助他人,只是因为他遵守了社会要求帮助别人的规范,而利他行为则是个体对这些规范学习并内化的结果。与利他行为有关的社会规范主要有社会责任规范、社会个人规范和人道主义规范等。

“每个人都是为自己的幸福以自己的方式而劳动的……承认了这一点,那么,绝没有哪个人可以够得上是无私心的人,这个名称只是给予我们不知他的动因或是我们赞许他的利益的那种人。”[③]但是,每个人不是一座孤岛,人与人之间是普遍联系的,不可能像萨特刻画的洛根丁一样的人:“我是孤零零地活着,完全孤零零一个人。我永远也不和任何人谈话。我不收受什么,也不给予什么。”[④]为了使自己幸福,就必须为自己的幸福所需要的别人的幸福而工作。正如克里希那穆提指出的:“我们的生活需要与他人有密切关系,不管作为妻子、丈夫、孩子、家庭、集体还是任何其他单位,这种生活是什么?考虑这个问题时我们不可能把它分割开来……如果我们能从整体上应对这个关系的问题而不是分割来看,也许我们就可以获得顿悟和不同的生活方式。这意味着我们不能把问题分为个人与集体的,或是个人与集体对立的、个人与社会的或者个人与宗教的,因为这些都是支离破碎的,是不完整的。”[⑤]

---

① 参见彭茹静:《利他主义行为的理论发展研究》,载《江西社会科学》2003 年第 7 期;任巧华:《有关利他主义理论的研究述评》,载《创新》2015 年第 3 期。

② 冯友兰:《三松堂全集》(第 1 卷),河南人民出版社 2001 年版,第 556 页。

③ [法]霍尔巴赫:《自然的体系》(上卷),管士滨译,商务印书馆 1964 年版,第 271 页。

④ [法]让 - 保罗 · 萨特:《厌恶及其他》,郑永慧译,上海译文出版社 1986 年版,第 13 页。

⑤ [印度]克里希那穆提:《关系之镜:两性的真爱》,常霜林译,九州出版社 2010 年版,第 203 页。

(三)对利他主义的倡导和对利他主义立法的支持

密尔(也译为穆勒)认为,一个健康的社会必然要求每个社会成员去关注、关心他人。他指出:"各种社会联系的加强和社会的健康发展,不仅会使每一个人更有兴趣在实际上顾及他人的福利,而且会使每一个人在感情上日益倾向于他人的福利,或者至少倾向于在更大的程度上实际考虑他人的福利。最后,他仿佛是本能地意识到,自己是一个当然要关心别人的人。"①

多数学者对利他主义的立法持肯定态度。例如,虽然博登海默主张"在那些已经成为法律一部分的道德原则与那些仍处于法律范围之外的道德原则之间有一条不易确定的分界线",但其也认为,"也许在将来的某个时候随着其他国家的发展,帮助处于严重危难中的人的义务,会在某些适当的限制范围内从普通的道德领域转入强制性的法律领域"②。范伯格明确指出:"如果遇险者正处于失去生命或者遭受严重身体创伤的极度险境下;如果因对危险者承担先在责任或者义务的人不愿且不能实施救助,或者即使做了也帮不上什么忙;如果这撒玛利亚人知道,自己有能力也有合理可能这样做,且这样做不会给自己或者他人带来不合理的风险,则道义上就要求一个基本正派的撒玛利亚人上前向对方提供帮助……如果撒玛利亚人不提供帮助,遇险者提出责难是可以理解的……如果所有这些条件均具备,而撒玛利亚人什么都没做,那么就是对救助行为的不作为……它既具有损害性,也具有不法性。"③

五、紧密的共同体关系与功利主义

功利主义以人的感觉所表现出来的快乐与痛苦,或者说是增加还是减少与其利益相关的当事人的幸福作为判断的基本出发点。作为功利主义思想的集大成者,边沁提出了这样一个问题:"在有人处于危险的境况下,为什么不应当使得既避不招祸害人又救人免受灾殃(如果能做到这一点而不殃及自身的话)成为每个人的义务呢?"④对这个问题的回答,与本书探讨的共同体关系产生作为义务的根据是一致的。此外,密尔、西季威克等

① [英]约翰·穆勒:《功利主义》,徐大建译,商务印书馆2017年版,第39页。

② [美]E. 博登海默:《法理学:法律哲学与法律方法》,邓正来译,中国政法大学出版社1999年版,第376页。

③ [美]乔尔·范伯格:《刑法的道德界限》(第1卷 对他人的损害),方泉译,商务印书馆2013年版,第181页。

④ [英]边沁:《道德与立法原理导论》,时殷弘译,商务印书馆2000年版,第359页。

也有经典的论述。

（一）边沁的功利主义思想

边沁认为人类受快乐和痛苦两种因素的支配。“自然把人类置于两种主公——快乐和痛苦——的主宰之下。只有它们才指示我们应当干什么，决定我们将要干什么。是非标准，因果联系，俱由其定夺。”[①]以此为基础，边沁主张功利主义。“功利原理……按照看来势必增大或减小利益有关者之幸福的倾向，亦即促进或妨碍此种幸福的倾向，来赞成或非难任何一项行动。”[②]

1. 边沁关于共同体最大幸福的论述。在边沁看来，“共同体是个虚构体，由那些被认为可以构成其成员的个人组成……共同体的利益……是组成共同体的若干成员的利益总和”[③]。“功利……倾向于给利益有关者带来实惠、好处、快乐、利益或幸福（所有这些在此含义相同），或者倾向于防止利益有关者遭受损害、痛苦、祸患或者不幸（这些也含义相同）；如果利益有关者是一般的共同体，那就是共同体的幸福，如果是一个具体的个人，那就是这个人的幸福”。[④] 显然，边沁没有区分功利主义和合理的利己主义的界限。

边沁功利主义思想的核心，是追求“最大多数人的最大幸福”。例如，“（就整个共同体而言）当一项行动增大共同体幸福的倾向大于它减小这一幸福的倾向时，它就可以说是符合功利原理，或简言之，符合功利。”[⑤]边沁认为，法律的创制和实施，也要服从和服务于这一点。“一切法律所具有或通常应具有的目的，是增长社会幸福的总和。”[⑥]虽然惩罚是一种损害，是一种恶害，但如果“有可能排除某种更大的恶”，就“应当被允许”，除非惩罚无理由、惩罚无效、惩罚的代价过高或者惩罚无必要。[⑦]

2. 边沁关于刑法能否将伦理调整的内容纳入调整范围的观点。边沁认为，伦理是“指导人们的行为，以产生利益相关者的最大可能量的幸福”，[⑧]可以分为私人伦理和一般伦理。在一般伦理中，“一个人的幸福将首先取决于它的行为当中仅与他人与之有厉害关系的部分，其次取决于其

① ［英］边沁：《道德与立法原理导论》，时殷弘译，商务印书馆2000年版，第57页。

② ［英］边沁：《道德与立法原理导论》，时殷弘译，商务印书馆2000年版，第58页。

③ ［英］边沁：《道德与立法原理导论》，时殷弘译，商务印书馆2000年版，第58页。

④ ［英］边沁：《道德与立法原理导论》，时殷弘译，商务印书馆2000年版，第58页。

⑤ ［英］边沁：《道德与立法原理导论》，时殷弘译，商务印书馆2000年版，第59页。

⑥ ［英］边沁：《道德与立法原理导论》，时殷弘译，商务印书馆2000年版，第216页。

⑦ 参见［英］边沁：《道德与立法原理导论》，时殷弘译，商务印书馆2000年版，第216－217页。

⑧ ［英］边沁：《道德与立法原理导论》，时殷弘译，商务印书馆2000年版，第348页。

中可能影响他身边人的幸福的部分”。[①] 前者取决于他对自己的义务，后者取决于他对别人的义务或者对邻人的义务。“伦理就它是知道一个人在这方面的行为的艺术而言，可以叫做履行一个人对其邻人的义务的艺术……一个人对其邻人的义务，部分是消极的，部分是积极的。履行其消极部分，是谓正直；履行其积极部分，是谓慈善。”[②]

边沁强调，伦理和立法“应当关注的行为虽然在很大程度上一样，但并非完全彻底相同”。具体来说，“一个私人无不应当以自己的行为来争取他本人及其同类的幸福，然而立法者有时却不应当（至少是直接的，并以直接对具体的个别行为实施惩罚为手段）试图指导共同体内若干其他成员的行为。每项可望有益于整个共同体（包括他本人在内）的事，每个人都应当去做，但并非每项这样的事立法者都应当强迫他做。每项可能有害于整个共同体（包括他本人在内）的事，每个人都应当避免去做，但并非每项这样的事立法者都应当强迫他不做”[③]。

3. 关于刑法中规定积极侵害（作为）和消极不保护（不作为）。边沁认为犯罪的通常形态是积极侵害行为（作为），没有积极的侵害就没有违法、犯罪。“法律力量介入的目的只是防止他们彼此相互伤害。只有在这种情况下，强制才是必须的；只有在这里，惩罚才是真正有用的。”[④]不过，边沁同样主张法律中应当增加对消极不保护（不作为）的规定，公民应当适度对他人履行积极的救助义务或者保护义务。“立法者……应该规定：当可以方便地提供人性的服务却拒绝或忽略这种服务，以及当这种拒绝明显地导致了某些确定的弊病，它就构成了犯罪的一部分；诸如将一个受伤的人扔在偏僻的路上而没有设法提供任何帮助；没有给予一个无知的乱动毒药的人以忠告；没有伸手帮助一个掉在沟里自己不能出来的人。”[⑤]“许多不作为犯罪案件，在完善的法律系统中，可以并且应当与作为犯等量观。”[⑥]

（二）密尔的功利主义思想

在《功利主义》一书中，密尔系统地阐述了其功利主义思想。[⑦]

1. 功利主义的基本原理。密尔指出：“把‘功利’或‘最大幸福原理’当

---

① ［英］边沁：《道德与立法原理导论》，时殷弘译，商务印书馆2000年版，第350页。

② ［英］边沁：《道德与立法原理导论》，时殷弘译，商务印书馆2000年版，第350页。

③ ［英］边沁：《道德与立法原理导论》，时殷弘译，商务印书馆2000年版，第351－352页。

④ ［英］吉米·边沁：《立法理论》，李贵方等译，中国人民公安大学出版社2004年版，第82页。

⑤ ［英］吉米·边沁：《立法理论》，李贵方等译，中国人民公安大学出版社2004年版，第84－85页。

⑥ ［英］吉米·边沁：《立法理论》，李贵方等译，中国人民公安大学出版社2004年版，第292页。

⑦ 参见［英］约翰·穆勒：《功利主义》，徐大建译，商务印书馆2019年版，第1页。

作道德基础的信条主张,行为的对错,与它们增进幸福或造成不幸的倾向成正比。所谓幸福,是指快乐和免除痛苦;所谓不幸,是指痛苦和丧失快乐……唯有快乐和免除痛苦是值得欲求的目的,所有值得欲求的东西之所以值得欲求,或者是因为内在于它们之中的快乐,或者是因为它们是增进快乐避免痛苦的手段。”①

2. 功利主义的判断标准是最大多数人的最大幸福,是所有相关人员的幸福。密尔认为,功利主义主张的幸福不是个体的幸福,而是所有相关人员的幸福。“功利主义的行为标准并不是行为者本人的最大幸福,而是全体相关人员的最大幸福。”②“构成功利主义的行为对错标准的幸福,不是行为者本人的幸福,而是所有相关人员的幸福……‘己所欲,施于人’,‘爱邻如爱己’,构成了功利主义道德的完美理想。”③

3. 消除不幸和“自我牺牲”。密尔认为,根据“最大幸福原理”,应当尽可能多地免除痛苦,“功利不仅仅包括对幸福的追求,而且包括防止和缓和不幸”④。密尔认为,功利主义并不反对自我牺牲,而是认为增进幸福的自我牺牲才是有价值和值得提倡的。“一种牺牲如果没有增进或不会增进幸福的总量,那么就是浪费。它唯一赞成的自我牺牲,是为了他人的幸福或有利于他人幸福的某些手段而做出的牺牲。”⑤这一思想,与不作为犯中对个人自由作出限制,要求个人承担保护法益义务具有契合性。

不仅如此,密尔认为,功利主义并不主张无条件地增进最大多数人的幸福,而是认为在确保不侵害他人的权利的前提下,原则上每个人只需要关注增进自己的利益就可以了。“大多数善的行为都不是为了世界利益,而是为了世界福利由之而构成的个人利益;在这些场合,最有道德的人也只需考虑有关的个人……任何人(百分之九十九点九的人)都只有在例外时,才有能力大规模的增加幸福,换言之,才有能力成为一个公众的施主;唯有在这样的时刻,才能要求他考虑公众的功利;而在任何其他的情况下,他必须加以考虑的只是私人的功利,只是少数几个人的利益或幸福。”⑥

4. 社会连带与功利主义的关系。密尔指出:“(每个人)他们也知道如何与他人合作,懂得如何建议大家把集体利益而非个人利益作为行动的目

---

① [英]约翰·穆勒:《功利主义》,徐大建译,商务印书馆2019年版,第8-9页。

② [英]约翰·穆勒:《功利主义》,徐大建译,商务印书馆2019年版,第14页。

③ [英]约翰·穆勒:《功利主义》,徐大建译,商务印书馆2019年版,第21页。

④ [英]约翰·穆勒:《功利主义》,徐大建译,商务印书馆2019年版,第15页。

⑤ [英]约翰·穆勒:《功利主义》,徐大建译,商务印书馆2019年版,第20-21页。

⑥ [英]约翰·穆勒:《功利主义》,徐大建译,商务印书馆2019年版,第22-23页。

标。当他们合作的时候,他们的个人目标与别人的目标是一致的……各种社会联系的加强和社会的健康发展,不仅会使每一个人更有兴趣在实际上顾及他人的福利,而且会使每一个人在感情上日益倾向于他人的福利,或者至少倾向于在更大程度上实际考虑他人的福利。最后,他们仿佛是本能地意识到,自己是一个当然要关心别人的人。"①

5. 正义与功利主义的关系。密尔认为,我们之所以需要正义,需要社会对权利的保护,是因为这涉及安全利益这种最为重要的利益。"对人类的福利来说,禁止人类相互伤害的道德规则最为至关重要,而其他任何行为准则无论多么重要,也只不过是向人们指出了如何处理某种人类事务的最好方式。"②但是,不同的人对于公平、正义可能有不同的看法,甚至同一人在不同场合、不同时期对于公平、正义的看法也有差异。"正如究竟什么对社会有用这个问题一样,究竟什么是正义的问题存在着同样多的意见分歧和争论。不仅不同的民族和个人对正义有着不同的理解,即便在同一个人的心中,正义也不是一个规则、原则或行为准则。"③

密尔结合刑罚的正当化根据、劳动报酬的分配原则和税收份额的分配等,提出只有根据功利主义原则,才能解决前述有关正义的难题。④"任何理论若试图确立一种想象出来的不是基于功利之上的正义标准,我都会表示质疑……基于功利之上的正义乃是一切道德的主要部分,而且绝对是最神圣、最具约束力的部分。"⑤

此外,在《论自由》一书中,密尔就"社会所能合法施用于个人的权利的性质和限度"进行了深入的阐释。⑥ 密尔提出了作为法律干预的正当化根据的"伤害原则"。"人类之所以有理有权可以个别的或者集体的对其中任何分子的行动自由进行干涉,唯一的目的只是自我防卫……对于文明群体中的任一成员,之所以能够施用一种权力以反其意志而不失为正当,唯一的目的只是要防止对他人的危害。"⑦"个人的行动只要不涉及自身以外什么人的利害,个人就不必向社会负责交代。"⑧

---

① [英]约翰·穆勒:《功利主义》,徐大建译,商务印书馆2019年版,第39页。
② [英]约翰·穆勒:《功利主义》,徐大建译,商务印书馆2019年版,第74页。
③ [英]约翰·穆勒:《功利主义》,徐大建译,商务印书馆2019年版,第68－69页。
④ 参见[英]约翰·穆勒:《功利主义》,徐大建译,商务印书馆2019年版,第71－74页。
⑤ [英]约翰·穆勒:《功利主义》,徐大建译,商务印书馆2019年版,第74页。
⑥ 参见[英]约翰·密尔:《论自由》,许宝骙译,商务印书馆2007年版,第1页。
⑦ [英]约翰·密尔:《论自由》,许宝骙译,商务印书馆2007年版,第10－11页。
⑧ [英]约翰·密尔:《论自由》,许宝骙译,商务印书馆2007年版,第112页。

(三)西季威克的功利主义思想

西季威克对密尔的功利主义思想提出了改进意见。前已述及,密尔强调的是“最大多数人的最大幸福”,这种幸福是“全体相关人员的最大幸福”,而不是“行为者本人的最大幸福”。[①] 简单来说,作为功利主义判断行为对错标准的幸福,就是“己所欲,施于人”“爱邻如爱己”。[②]

密尔是从每一个人事实上追求自己的幸福出发,来推导出每一个人应当追求“最大多数人的最大幸福”。这个推导过程是富有想象力和建设性的,但同时也明显存在逻辑上的瑕疵。西季威克指出:“即使每个人在实际上欲求的是公众幸福的各个不同部分,它们的加总也构不成一种存在于一个人身上的对公众幸福的欲求。”[③]西季威克提出,要运用对“合理仁爱”来填补“每个人追究自己的幸福”与“最大多数人的最大幸福”之间的逻辑漏洞。“穆勒的论证中存在着一个漏洞,这个漏洞在我看来只能靠某种命题来弥补……这种命题就是对‘合理仁爱’的直觉。”[④]

综上,功利主义论者对“幸福”的认识,有一个不断回到原点,重新加以界定的论证过程。最初,边沁提出“幸福”既可以是“共同体的幸福”,也可以是“具体的个人的幸福”。在此基础上,密尔主张“最大多数人的最大幸福”,是“所有相关人员的幸福”,而不是“行为者本人的幸福”。西季威克进一步提出“合理仁爱”的观点,填补了密尔在论证上存在的瑕疵。密尔对“自我牺牲”的倡导,与不真正不作为犯侧重于保护法益的理念具有契合性。

不过,正如罗尔斯等所批评的,功利主义总体上属于目的论,重视结果,用“善”“幸福”来定义“正当”。此外,也不关注分配的公平。[⑤]

六、紧密的共同体关系与伦理道德

伦理道德与法律具有相似之处,都是调整人的行为的社会规范。伦理道德在社会治理中的作用,也受到各个朝代统治阶层的重视。例如,我国自古以来就有“礼法并用”“德主刑辅”的传统。作为我国古代刑法思想集中体现的《唐律疏议》,强调“德礼为政教之本,刑罚为政教之用”。进入近

---

① [英]约翰·穆勒:《功利主义》,徐大建译,商务印书馆2019年版,第14页。

② [英]约翰·穆勒:《功利主义》,徐大建译,商务印书馆2019年版,第21页。

③ [英]亨利·西季威克:《伦理学方法》,廖申白译,中国社会科学出版社1993年版,第402页。

④ [英]亨利·西季威克:《伦理学方法》,廖申白译,中国社会科学出版社1993年版,第403页。

⑤ 参见[美]约翰·罗尔斯:《正义论》,何怀宏、何包钢、廖申白译,中国社会科学出版社1988年版,第20~25页。

代以来，自然法学派等非常关注对伦理道德研究，但是分析法学派等强调伦理道德与法律的区隔。

（一）伦理道德能否成为不作为犯的作为义务来源？

关于伦理道德能否成为不作为犯的作为义务来源，刑法理论上主要有肯定说与否定说的对立。

1. 肯定说。此说承认道德义务属于作为义务的根据之一。例如，日本学者牧野英一、江家义男等认为，紧急救助义务虽然属于道义上的救助义务，但其不实施救助的不作为，也具有违法性，原因在于，这种情形符合公序良俗的要求。所谓公序良俗的要求，是指尽管法律和合同没有规定该作为义务，但是根据习惯、条理以及公序良俗上的观念，认为应当负有一定的作为义务。行为人违反社会一般人的期待而不作为的，由于违反公共秩序或者善良风俗，被认为具有违法性。

我国学者陈世伟、刘艳红、梁雪彬等持肯定说。[①] 例如，陈世伟博士指出："道德义务完全可以成为作为义务的来源……但是并非所有的道德义务都能产生作为义务，而是必须符合实质合理性的道德义务即特定的道德义务才可能产生作为的义务……能产生作为义务的道德义务必须受到道德义务人与刑法保护的权益之间特定关系、道德义务人义务程度大小等实质要素的制约和限定。"[②]

2. 否定说。此说反对将伦理道德义务视为作为义务的根据。德国学者韦塞尔斯、施特拉腾韦特，日本学者大塚仁，俄罗斯学者库兹涅佐娃等坚持此说。例如，韦塞尔斯指出："阻止结果之义务的成立基础，只能是法律上的义务；纯粹伦理上的义务不足以。"[③]施特拉腾韦特认为，违背风俗和道德义务的行为不能构成犯罪。[④] 大塚仁等主张，作为义务必须是法律上的义务。以单纯道德上的义务为基础，尚不能立即论及作为义务。[⑤] 库兹涅佐娃等强调，道德不能成为不作为犯的义务来源。[⑥]

---

① 参见刘艳红主编：《刑法学总论》，北京大学出版社 2004 年版，第 85 - 86 页；梁雪彬：《重大道德义务应否成为不作为犯罪中作为义务来源》，载《新疆教育学院学报》2004 年第 2 期。

② 陈世伟：《特定的道德义务能够成为作为义务的来源——基于形式合理性和实质合理性辩证关系的视角》，载《重庆社会科学》2005 年第 3 期。

③ ［德］约翰内斯·韦塞尔斯：《德国刑法总论》，李昌珂译，法律出版社 2008 年版，第 433 页。

④ 参见［德］冈特·施特拉腾韦特、［德］洛塔尔·库伦：《刑法总论 I ——犯罪论》（第 5 版），杨萌译，法律出版社 2006 年版，第 370 页。

⑤ 参见［日］大塚仁：《刑法概说（总论）》（第 3 版），冯军译，中国人民大学出版社 2003 年版，第 140 页。

⑥ 参见［俄］Н. ф. 库兹涅佐娃、［俄］И. М. 佳日科娃主编：《俄罗斯刑法教程（总论）》（上卷 犯罪论），黄道秀译，中国法制出版社 2002 年版，第 226 页。

在国内,也有很多学者反对将伦理道德义务视为不作为犯的作为义务来源。[①] 例如,熊选国博士指出,作为义务以刑事处罚为特征,必须依存于一定的法律关系,否则最多也只能受到道德、伦理的谴责,所谓公序良俗所确认的义务不是指法律义务,在法律未予以认可时不具有法律效力。[②] 周光权教授强调:“实施特定行为的义务,必须是具有法律性质的义务而非单纯道义上的义务。”主要理由是:“将所谓的道德义务、公序良俗所产生的义务作为不作为犯中的作为义务,会明显扩大不作为犯的范围,抹杀作为义务的限定功能。”[③]

现代各国刑法注意区分伦理道德与刑法规定的界限,原则上不将那些仅违反伦理道德但并未侵害他人权益的行为规定到刑法中。但是,也存在例外的情况。例如,各国刑法广泛规定了有关赌博和博彩的犯罪、有关礼拜场所与坟墓的犯罪、有关组织和协助组织卖淫的犯罪。对于这些所谓的“无被害人的犯罪”,之所以刑法将其规定为犯罪,实际上是为了维持性生活、经济生活以及宗教生活中的社会风俗、习惯,具有维持一定社会伦理与道德的考虑。[④]

(二)本书的观点

关于紧密的共同体成员之间是否具有作为义务,必须探究作为义务的道德基础。诚如胡萨克所言:“道德与政治哲学乃是评价行为有无罪过的准绳……刑法理论如果不承认和发展同道德、政治哲学的密切关系,它就会可悲的残缺不全。”[⑤]

1. 传统观念主张“法律调整的范围是人的行为,而道德仅调整人的内心”,这种观点是不正确的。法律与道德都属于规范,调整范围既包括人的行为,也包括人的内心。但是,刑法属于“以恶制恶”,是一把“双刃剑”,“用之不得其当,则国家与个人两受其害”,所以必须采取谦抑性原则。例如,在行为人的行为危险性不大或者造成的侵害结果比较轻微的领域可以用道德进行调整,但不宜动用刑法手段进行干预。相对来说,道德调整的

① 参见齐文远、李晓龙:《论不作为犯中的先行行为》,载《法律科学(西北政法学院学报)》1999年第5期。

② 参见熊选国:《刑法中的行为论》,人民法院出版社1992年版,第173－174页。持这一见解的还有如下著作,杨春洗、杨敦先主编:《中国刑法论》,北京大学出版社1998年版,第79页;高铭暄主编:《刑法专论》(上编),高等教育出版社2002年版,第169页。

③ 周光权:《刑法总论》(第2版),中国人民大学出版社2011年版,第86页。

④ 参见[日]西田典之:《日本刑法各论》(第6版),王昭武、刘明祥译,法律出版社2013年版,第405页。

⑤ [美]道格拉斯·N.胡萨克:《刑法哲学》(第2版),谢望原等译,中国人民公安大学出版社2004年版,第351页。

范围更为广泛,几乎刑法调整的所有领域都会叠加道德的调整。“法律调整的是那些要求并可能由国家评价和保护的社会关系。而道德调整的却几乎囊括了一切社会关系。需要法律调整的社会关系,也大多需要道德来调整。”①从当代世界各国的刑法规定看,“刑法所禁止的行为与道德禁止的行为只具有交叉关系而不是完全重合的”。②

有的学者如小野清一郎主张,刑法保护的法益奠基于伦理基础:“刑法并不是一种单纯的利益保护体系。它有保护法益的目的,然而是站在伦理的立场上去保护法益的。它所考虑的,不是单纯的侵害法益的行为或有害于社会的行为,而是伦理性的非法行为的问题。”③这一学说由于过度强调犯罪行为的反伦理性而遭到了批判,但其中反映出来的问题仍然值得我们重视。

2. 一个国家和社会的公众的道德素养的提升,离不开法律对基本道德和公共道德的确认和支持。拉德布鲁赫指出:“法律不是针对善,而是针对恶制定的。一项法律越是在它的接受者那里以恶行为前提,那么它本身就越好……因为立法并不着眼于通常情况的人,而是最坏情况的人:人是如此自私,以至于假设对他没有限制,也就不会关心任何他人的利益,而且人是如此的聪明,以至于他可能会立刻认识到这种限制的每一漏洞。”④考夫曼也强调说:“相比于法律针对人们的外部行为,借助国家公权力为后盾,独特的权利义务调整机制实现其规范作用;道德则主要依靠社会舆论、内心信念以及风俗习惯来规范人们的行为。没有公权力做后盾,道德的约束力有赖于行为模式的适应性为前提以及有一项对长时间的内部化,如果此内部化与道德的真实性丧失时,道德也就丧失其社会作用。”⑤

根据不同标准,可以将道德分为不同的类别。例如,哈特主张区分基本道德与非基本道德,富勒主张区分义务的道德(morality of duty)与愿望的道德(morality of aspiration),博登海默主张区分第一类道德与第二类道德。⑥ 大致可以将基本的道德、义务的道德和第一类道德划分为一类,将非基本的道德、愿望的道德和第二类道德划分为另一类。以富勒对道德的分

① 沈宗灵主编:《法理学》,高等教育出版社2004年版,第230页。

② 张明楷:《法益初论》,中国政法大学出版社2000年版,第330页。

③ [日]小野清一郎:《犯罪构成要件理论》,王泰译,中国人民公安大学出版社2004年版,第83-84页。

④ [德]拉德布鲁赫:《法学导论》,米健、朱林译,中国大百科全书出版社1997年版,第70页。

⑤ [德]考夫曼:《法律哲学》,刘幸义等译,法律出版社2004年版,第313页。

⑥ [美]E.博登海默:《法理学:法律哲学与法律方法》,邓正来译,中国政法大学出版社1999年版,第373-375页。

类为例,“愿望的道德是善的生活的道德、卓越的道德以及充分实现人之力量的道德。如果说愿望的道德是以人类所能达致的最高境界作为出发点,那么义务的道德便是从最低点出发。它确立了使有序社会成为可能或使有序社会得以达致特定目标的那些基本规则”①。义务的道德与法律具有亲缘性,其所谴责的行为通常是法律所禁止或者应当禁止的行为,可以用于论证某一行为应否在法律上加以禁止。相对而言,愿望的道德虽然与法律目的的实现有一定的联系,但通常与法律没有直接联系,因为法律无法强迫一个人达到他能够达到的优良程度。② 简言之,不能幻想“用法律手段使每一个人成为雷锋”。但是,愿望的道德对法律的创制、理解和使用的间接影响是无处不在的。“我们的整个法律体系表现为一套规则的复杂组合,旨在将人们从盲目的随机行为中拯救出来,使它们安全地踏上从事有目的的创造性活动的道路。”③对于严重违反愿望的道德,具有侵害危险或者已经侵害了法益的行为,立法者也会谋求在刑法中将其规定为犯罪。特别是,“那些被视为是社会交往的基本而必要的道德正义原则,在一切社会中都被赋予了强大力量的强制性质。这些道德原则的约束力的增强是通过将它们转化为法律规则实现的”④。

3. 不作为犯所违反的义务只能是法律义务,基本道德义务“是构成人类社会秩序的最基本的条件。任何时代、任何社会的法律,如果不想给社会带来混乱,就不得不以这些最基本的道德义务作为自己的全部规范体系的基础”⑤。所以,违反基本道德义务的行为通常也是违反法律义务的行为,原则上违反基本道德义务的行为也能够满足不作为犯的成立条件。但是,由于这种道德义务并未上升为法义务,原则上不能将违反非基本道德义务的行为直接认定为不作为犯或者一概认定为不作为犯,否则容易导致不当地扩大处罚范围。

在日本,尽管要求不作为的义务来源必须是法定的义务,但在理解上却将一般日常生活习惯或者一般道义上的要求也包括在内。对此,中森喜彦指出,既然不作为的处罚是法律上的问题,那么作为其成立前提的作为义务必须是法律上的义务。但是,即便是道德上的义务不能成为不作为的

① ［美］富勒:《法律的道德性》,郑戈译,商务印书馆2005年版,第8页。
② 参见张文显:《二十世纪西方法哲学思潮研究》,法律出版社1996年版,第404－405页。
③ ［美］富勒:《法律的道德性》,郑戈译,商务印书馆2005年版,第11页。
④ ［美］E. 博登海默:《法理学:法律哲学与法律方法》,邓正来译,中国政法大学出版社1999年版,第374页。
⑤ 张恒山:《义务先定论》,山东人民出版社1999年版,第79页。

处罚根据，只要无法与法律上的义务作明确的区分，就可以说没有多大意义。法律上的义务并不意味着仅限于规定在法律中的义务，必须明确法律上的义务所确认的范围。①

虽然我国刑法并未明文规定见危不救罪，但是不仅规定了故意杀人罪和故意伤害罪等重罪，而且规定了遗弃罪和过失致人死亡罪等轻罪。如果对遗弃罪进行客观解释，将其法益理解为他人的生命和身体健康，而不是仅仅理解为家庭成员的生命和身体健康，完全可以考虑将有能力但不提供救助者认定为遗弃罪等。

七、紧密的共同体关系与同情心等情感

众所周知，人性是有弱点的，这种弱点在历史上也为统治者所利用。“只要感知命令来自合法权威，很多人就会‘遵命而为’，无论命令内容如何，也不受道德的约束。”②但是，这不是人性的全部，不能由此掩盖同情心、同理心闪耀的光辉。关于人性的本质，我国早在春秋战国时期就有“性善论”与“性恶论”的争论。但无论采取何种观点，“同情心毕竟是社会性本能的一个主要的组成部分，并且，说实在话是它的基石”③。

法学的基本思维方式更多是一种设身处地的体验和感悟式思维方式。④ 休谟指出，人性中最显著的两条原则之一是同情。⑤ 斯密在《道德情操论》第一章中指出，人生来就有同情心，就是“当我们看到或逼真地想到他人的不幸遭遇时所产生的感情……即使最大的恶棍，极其严重地违反社会法律的人，也不会全然丧失同情心”。不仅如此，“引起我们同情的不仅是那些产生痛苦和悲伤的情形。无论当事人对对象产生的激情是什么，每一个留意的旁观者一想到他的处境，就会在心中产生类似的激情”⑥。“善良的撒玛利亚人”理论的提出，在一定意义上是为基于同情心为他人提供救助导致发生损害者提供一套正当化事由。在他人的生命或者身体健康遇到危险的场合，行为人有救助的能力和条件，提供救助也不危及自身利益，却不提供救助的，显然缺乏作为社会成员的最起码的同情心。这种行为既不利于保护他人的生命和身体健康，也损害了社会秩序，有必要纳入

① 参见［日］中森喜彦：《作为义务、保障义务、保证人的地位》，载《法学 seminar》1982 年第11 期。

② ［美］斯坦利·米尔格拉姆：《对权威的服从：一次逼近人性真相的心理学实验》，赵萍萍、王利群译，新华出版社 2013 年版，第 213 页。

③ ［英］达尔文：《人类的由来》，潘光旦、胡寿文译，商务印书馆 1983 年版，第 150 页。

④ 参见姚建宗：《中国语境中的法律实践概念》，载《中国社会科学》2014 年第 6 期。

⑤ 参见［英］休谟：《人性论》，关文运译，商务印书馆 1980 年版，第 631 页。

⑥ ［英］亚当·斯密：《道德情操论》，蒋自强等译，商务印书馆 2015 年版。

刑法的调整范围。

第六节　密切共同体关系的具体类型、产生作为义务的根据及其限度

一般认为,基于血亲、姻亲关系能够形成密切的共同体关系,“关系密切的家庭成员之间通常互相承担消除危及对方身体和生命的危险义务”。[①] 我国《婚姻法》(已失效)等对此加以明确规定,从而将其作为独立的义务来源类型。实证研究表明,当前我国家庭结构呈现“家庭规模小型化与结构简化,人口老龄化成为现代社会的常态,家庭老龄化与少子化”的倾向。[②] 除此之外,随着各种社会保障机制的建立健全,家庭成员之间的相互救助功能相对弱化。但是,夫妻之间、父母与成年子女之间以及生活伴侣之间的相互扶养或者救助功能(法益保护义务),仍然是不可替代的。

就基于血亲、姻亲关系形成的密切共同体关系而言,主要有以下四个问题:第一,如何界定夫妻之间的作为义务的范围和限度?第二,分居且感情已经破裂的夫妻之间是否存在作为义务?第三,已经签订婚约但尚未办理法律上的结婚手续的,是否存在作为义务?第四,父母与成年子女之间有无法益保护义务和犯罪阻止义务?除了上述密切共同体关系之外,还有必要讨论基于同居关系、基于教养或者护理关系等能否形成准密切共同体关系。

一、夫妻之间的作为义务的范围和限度

紧密的共同体关系主要是指婚姻。[③] 婚姻的双方主体,彼此之间相互承担扶养义务。扶养是指在一定亲属间,有经济能力者基于身份关系,对于无力生活者提供经济上的支持。有扶养义务的人称为扶养义务人,享受受扶养权利者称为扶养权利人。我国民法规定了夫妻之间的扶养义务。例如,《民法典》第1059条规定:“夫妻有相互扶养的义务。需要扶养的一方,在另一方不履行扶养义务时,有要求其给付扶养费的权利。”从社会心理学的角度看,“婚姻关系绝非寻常的人事关系相比,其深刻处,可以穿透

---

① [德]汉斯·海因里希·耶赛克、[德]托马斯·魏根特:《德国刑法教科书》(下),徐久生译,中国法制出版社2017年版,第836页。

② 参见彭希哲、胡湛:《当代中国家庭变迁与家庭政策重构》,载《中国社会科学》2015年第12期。

③ 参见[德]乌尔斯·金德霍伊泽尔:《刑法总论教科书》(第6版),蔡桂生译,北京大学出版社2015年版,第382页。

两个人的人格,教他们发生最密切的精神上的接触以致混化"①。"夫妇之间需要高度的契合,是为了要经营全面合作的生活。"②从社会一般观念看,既然双方选择走入婚姻的"围城",就意味着"无论对方是年轻力壮还是年老体衰",都要互相承担进行照料和保护的义务。在对方因为疾病或者意外等而面临重伤甚至死亡危险的,应当进行救助。夫妻之间的扶养义务与救助义务包括哪些内容?如何合理界定夫妻之间的作为义务的范围?这是本部分将要讨论的问题。

(一)救助义务的概念、特点和类型

1. 救助义务的概念。一般认为,救助义务问题的提出始于美国学者埃姆斯1908年发表的论文《法律与道德》。他在文中提出:假设你过桥时,正好有人掉到河里并大声呼救,你有义务扔给他一条绳子来救助他们吗?答案是此事归良心管辖,法律规定人们无须承担这种救助义务。主要原因在于,法律不能强迫人们主动地行善。人们是否要当好的撒玛利亚人取决于他们的良知。这引发了关于是否要规定救助义务的争论。

2. 救助义务的特点。一般认为,救助义务具有以下几个特点:第一,存在特定的危难情形,即法律所保护的合法权益处于危险状态之中。从目前讨论的刑事案例看,原则上限于人的生命安全受到威胁的情形。第二,危难情形不限于因犯罪行为造成他人生命面临危险的状况,也可以是由其他不法行为或单纯的疏忽行为引发的,或是由意外事件、不可抗力造成的。第三,潜在救助人和被救助人之间存在某种特殊的关系。

3. 救助义务的类型。根据救助义务的产生原因,可以将救助义务分为道德上的救助义务和刑法上的救助义务。就前者而言,救助人和被救助人在法律上不存在特殊关系,即救助人不属于刑法作为义务的承担人,或者虽然是刑法作为义务的承担人,但不具备承担刑法作为义务的事实条件,只需对不救助行为承担道德上的谴责,不会受到法律上的制裁。相比之下,刑法上的救助义务因为要承担严厉的刑事责任后果,需要有严格的限制。

(二)夫妻扶养义务能否产生救助义务?

关于这一问题,各国立法与司法实践存在差异。

1. 德国刑法理论与判例的观点。在德国刑法理论中,对夫妻救助义务的考察是从实质法义务角度进行的,出现了诸如从行为人与受害人关系来

① [英]霭理士:《性心理学》,潘光旦译注,生活·读书·新知三联书店1987年版,第270页。

② 费孝通:《乡土中国 生育制度》,北京大学出版社1998年版,第146页。

论证夫妻救助义务的密切社会关系说、从法益保护功能的角度论证夫妻因为共同体的生活关系而有保证另一方不受侵害的义务的功能说,以及认为共同生活的伴侣之间存在依赖关系而产生作为义务的依赖关系说等学说。

德国法院曾作出判决,将不救助自杀配偶致其死亡的行为认定为故意杀人罪,①其判决从紧密的生活共同体的概念中认定夫妻间的保证人地位,认为在极为紧密的生活共同体中,对于与外界隔离的人们而言,伦理的义务可能成为法的义务。家庭或者家庭共同体的情况也正是如此,成为作为义务来源的紧密生活共同体的关键,不在于存在共同的生活空间,而在于共同体成员之间高度的相互信赖关系。这种实质的作为义务论使刑法中的作为义务脱离了民法的概念和思考形式,具有相对独立性。

2. 我国学者的观点。在我国,关于夫妻扶养义务是否包括救助义务,主要有肯定说和否定说两种观点。在肯定说中,有的学者认为夫妻之间的扶养义务属于法律明文规定的作为义务,是不真正不作为犯罪的作为义务来源。例如,有学者认为,我国民法所规定的"夫妻有相互扶养的义务"这一规定包含了夫妻双方相互救护生命的作为义务。有的学者则认为对夫妻之间的扶养义务应作强度上的区分。例如,张明楷教授认为,我国民法规定了夫妻之间具有相互扶养的义务,其中"扶养"既然包括一般生活上的相互照料,就更应包括在一方的生命处于危险状态时予以救助,并主张根据救助义务的强弱而将其区分为不作为的故意杀人罪的作为义务和遗弃罪的作为义务。

夫妻之间具有配偶权。配偶权是指夫妻之间互为配偶的基本身份权,表明夫妻之间互为配偶的身份利益由权利人专属支配。其中,相互扶养、扶助权是配偶权的重要权能之一。我国《民法典》第1059条第1款明文规定:"夫妻有相互扶养的义务。"夫妻间的扶养,是指夫妻在物质上和生活上互相扶助、互相供养。当配偶一方遭遇危急情况,对方配偶负有救助、援救的义务。②

(三)夫妻之间对一方自杀、自残等自陷风险行为是否具有救助义务?

在丈夫或者妻子一方因为患病或者意外事件等陷入重大危险的场合,

---

① 对于丈夫自杀,妻子不予以救助的案件,德国一审法院认定行为人构成见危不救罪,但是,二审法院认定行为人构成故意杀人罪,主要理由是:"丈夫的自杀一直不能排除被告人的防止义务……他的义务要求他反对自杀意志。他不允许放任它,更不能促进它……对故意正犯的罪责非难首先在于,违反义务促进了自杀或者因为希望死亡结果发生而什么都不做。"参见[德]克劳斯·罗克辛:《德国最高法院判例:刑法总论》,何庆仁、蔡桂生译,中国人民大学出版社2012年版,第233页。

② 参见王利明等:《民法学》(第5版),法律出版社2017年版,第787页。

另一方显然具有救助义务。但是,在丈夫或者妻子一方自杀等自陷风险的场合,关于另一方是否承担阻止自杀义务或者救助义务,存在争议。

1. 德国学者的观点。目前德国刑法理论上占据主流地位的是否定说,认为夫妻之间一方自杀的,即便另一方不救助自杀者,也不构成故意杀人罪。例如,罗克辛等指出,由于一方配偶不是另一方的监护人,配偶间的保证人地位只能保护彼此免受外部的风险,而不是自陷风险,只要自杀者没有精神错乱等因素,就应当对自己的行为负责。[①] 金德霍伊泽尔认为,在配偶一方实施自杀行为的场合,如果自杀者对自杀能够自我答责,则另一方没有阻止义务。[②]

2. 我国学者的观点。我国有学者认为不能一概而论,主要理由是:"刑法之外的其他法律、法规所明文规定的义务,通常具有较强的抽象性和一般性,需要与特定案件事实及其背景联系起来,以确定行为人是否具有实施特定的阻止危害结果或者危险结果发生的义务。"夫妻间的扶养义务这种"抽象型、一般性义务并不能等同于夫妻一方有阻止另一方死亡的义务,而是应当在具体案件中判断是否负有采取积极作为阻止特定之重伤、死亡等危害结果发生的义务"[③]。

这里以宋某祥杀人案为例进行讨论。本案的基本案情是:1994 年 6 月 30 日晚,被告人宋某祥酒后因为琐事与妻子李某发生争吵。后来在李某寻找准备自缢用的凳子时,宋某祥喊来邻居叶某生进行规劝。叶某生走后,二人又继续吵架。在李某寻找自缢用的绳索时,宋某祥不管不问不加劝阻,李某于当晚在自家门框上上吊自缢身亡。经法医鉴定,李某属于机械性窒息死亡。一审法院河南省南阳市人民法院经审理认为:"被告人宋某祥目睹其妻李某寻找工具准备自缢,应当预见李某会发生自缢的后果并放任这种后果的发生,在家中只有夫妻二人这样的特定环境中,被告人宋某祥负有特定义务,其放任李某自缢身亡的行为,已构成故意杀人罪(不作为),但情节较轻。"一审法院判决宋某祥犯故意杀人罪,判处有期徒刑 4 年。[④] 二审法院经审理认为:"被告人宋某祥与其妻李某关系不和,在争吵撕打中用语言刺激李某,致使其产生自缢轻生的决心。被告人宋某祥是负

---

① 参见[德]克劳斯·罗克辛:《德国最高法院判例:刑法总论》,何庆仁、蔡桂生译,中国人民大学出版社 2012 年版,第 233 页。

② 参见[德]乌尔斯·金德霍伊泽尔:《刑法总论教科书》(第 6 版),蔡桂生译,北京大学出版社 2015 年版,第 369 页。

③ 曲新久:《刑法学》(第 4 版),中国政法大学出版社 2017 年版,第 95 页。

④ 河南省南阳市人民法院一审裁定书,(1994)南刑初字第 264 号。

有特定义务的人,对李某自缢采取放任态度,致使李某在家中这种特定环境下自缢身亡,其行为已构成故意杀人罪(不作为)。原审判决定罪正确,量刑适当,审判程序合法,被告人宋某祥的上诉理由不能成立,不予以采纳。"[①]二审法院裁定驳回上诉,维持原判。[②]

对于本案,存在不同观点。第一种观点认为,应当根据行为人是否属于原因设定主体进行判断。例如,陈兴良教授认为:"不能以作为义务程度的高低,作为判断宋某祥是否构成不作为之故意杀人罪的依据。关键是要看其妻自杀死亡的原因是否宋某祥故意或过失设定的。夫妻吵架,不足以成为自杀死亡的原因,自杀死亡是李某本人行为的结果,因此宋某祥的不救助与故意杀人罪之间不具有等价值性。"[③]

第二种观点认为,应当根据自杀是否被害人自由意志的体现进行判断。例如,王莹教授指出:"如果行为人虽然创设了风险,但是该风险实现是被害人在完全的风险认识情况下由被害人自己行为导致的,在先行为所包含的风险为被害人自己创设的风险行为所阻断,那么在先行为不构成先行行为,在先行为人不具有保证人地位。"[④]周光权教授认为,配偶一方自杀,另一方不阻止或者不救助的,是否构成不作为的故意杀人罪,关键是要看"行为人是否处于保证人地位,是否具有保护特定法益的义务,是否由此制造并实现了死亡风险"。自杀属于被害人自陷风险的行为,不能将对他人的保护义务转化为对被保护者的约束和管制。按照法外空间说,自杀不是自杀者对自身生命的自由支配和处分,但也不是违法行为,因此不能成为作为义务的来源。[⑤]

第三种观点认为,应当根据法益侵害的危险程度、作为义务的强弱、社会期待与公众信赖等进行综合判断。例如,张明楷教授认为:"宋某祥听到了妻子上吊自杀时的凳子响声,这表明其妻子的生命面临危险;由于妻子是在自己家里上吊的,而家里又没有其他人,这说明妻子的生命完全依赖于宋某祥的救助行为;宋某祥确实可以轻易地救助妻子。这些都足以说明宋某祥的作为义务程度高,或者说负有不作为的故意杀人罪的成立要件的

---

① 河南省南阳市中级人民法院二审裁定书,(1995)南刑终字第002号。

② 参见张海燕、陈元舵:《宋福祥故意杀人案》,载中国高级法官培训中心、中国人民大学法学院:《中国审判案例要览(1996年)》(刑事审判卷),中国人民大学出版社1997年版,第34－37页。

③ 陈兴良:《论不作为犯罪之作为义务》,载陈兴良主编:《刑事法评论》(第3卷),中国政法大学出版社1999年版,第195页以下。

④ 王莹:《先行行为作为义务之理论谱系归整及其界定》,载《中外法学》2013年第2期。

⑤ 参见周光权:《刑法总论》(第4版),中国人民大学出版社2021年版,第108页。

作为义务。"[①]在妻子自杀的场合,尽管自杀决定是由妻子自己决定的,其应当对自己的行为负责(自我答责),但是,"刑法对生命实行绝对的保护,妻子的自我答责,并不免除丈夫的救助义务"[②]。因此,丈夫不救助妻子的,成立不作为的故意杀人罪。

本书认为,对于"丈夫或者妻子自杀,配偶不救助"等成年共同体成员自陷风险(自杀、自残),行为人不予以救助,最后被害人死亡的案件,行为人并非没有成立不作为的遗弃罪甚至故意杀人罪的余地。主要理由是:

第一,从自杀的性质角度进行考察。对自杀的性质的评判,与本国刑法如何看待教唆和帮助自杀有关。在德国,除非构成《德国刑法典》第216条规定的受嘱托杀人罪,自杀和自杀关联行为(教唆、帮助自杀)原则上不构成犯罪。[③] 罗克辛等也认为:"配偶之间的保证人地位只应当保护彼此免受外部的危险,而不是自我危险,因为一方配偶并非另一方的监护人。"[④]与德国等有所不同,我国刑法并未明文规定教唆、帮助自杀行为的性质。从司法实践看,对自杀关联行为通常以故意杀人罪论处。根据当然解释的原理,如果教唆或者帮助自杀行为不构成杀人罪,对自杀的不救助无论作为义务程度有多强,都不能以不真正不作为的杀人罪论处。[⑤] 但是,如果考虑到自杀者与救助者之间具有夫妻关系等密切关系这一点,不宜直接得出无罪的结论。

第二,从被害人意志自由和自我答责的角度进行考察。有观点认为,在被害人自杀的场合,自杀行为属于被害人的自己决定权的范围;除了逼迫自杀以及教唆、帮助自杀等典型的自杀参与行为之外,自杀应当由被害人自我答责。[⑥] "在考察行为人是否有责任防止结果发生的风险,保证人地位虽然是必要条件,但尚不是充分条件。所以,配偶之间(或者其他保证人之间)也没有义务阻止他们中的另一人自我答责地实施自杀。"[⑦]但是,我国夫妻之间发生的"自杀"事件往往是一种自相矛盾的"抗争"方式,而不是自杀者自主地行使权利的体现,特别是行为人与被害人之间先前的激

---

① 张明楷:《刑法格言的展开》(第3版),北京大学出版社2013年版,第240页。

② 张明楷:《刑法格言的展开》(第3版),北京大学出版社2013年版,第232页。

③ 参见王钢:《德国判例刑法(分则)》,北京大学出版社2016年版,第37页。

④ [德]克劳斯·罗克辛:《德国最高法院判例:刑法总论》,何庆仁、蔡桂生译,中国人民大学出版社2012年版,第233页。

⑤ 参见陈兴良:《不作为犯论的生成》,载《中外法学》2012年第4期。

⑥ 参见冯军:《刑法中的自我答责》,载《中国法学》2006年第3期。

⑦ [德]乌尔斯·金德霍伊泽尔:《刑法总论教科书》(第6版),蔡桂生译,北京大学出版社2015年版,第369页。

烈争吵是引起后续被害人自杀的重要诱因。所以,尽管被害人对自杀的危险性有认识,主动引起了发生死亡结果的危险,但是自杀既不是“基于意志自由的选择”,也不是“自我权利和价值的实现”,行为人具有阻止被害人死亡的义务。

第三,从保护被害人的生命和意志自由的角度进行考察。首先,现代法律以保障自由为己任,被害人对自身权益的处分原则上不容许受到他人的干预。作为义务的目的与意义在于防止或者减少对被害人的法益侵害,虽然可以说“为了自由,可以不惜生命”,但生命是自由等的基础,刑法对生命应当采取绝对保护的原则。在被害人的意志和行为陷入非理性的无限度自损的场合,为了最大限度地维护被害人的利益,被害人的自由应当受到国家和社会的合理限制(干涉)。其次,否定论者往往“将实施自杀行为的妻子或者丈夫视为危险源”,将作为配偶的丈夫或者妻子视为“对危险源负有监督或者管理义务的人”,进而主张丈夫或者妻子不具有保证人地位。这种论证逻辑是存在问题的。显然不能将夫妻双方互相视为“危险源”,进而主张另一方具有危险源监督义务或者管理义务。而是应当认为夫妻双方互相负有保护法益的义务,即便承认被害人有自杀的自由,但是在被害人实施自杀行为之后、发生死亡结果之前的时段,决定被害人生死的不是自杀行为,而在于作为丈夫或者妻子的行为人是否施救。特别是被害人自杀的场所往往是发生在自己家中这种较为封闭的场所,现场只有被害人和行为人两人在场。以宋某祥杀人案为例,被害人李某实施自缢行为后,无法通过自救方式中途放弃自杀,在被害人因为缺氧等失去知觉时,行为人就应该实施救助行为。行为人明明有可能而且很容易加以救助却置之不理,最终导致被害人死亡的,就应当认定为不作为的故意杀人罪。① 相反,如果对行为人不能以犯罪处理,将违背一般国民的朴素的法感情。最后,“家庭中的保证人具有保障生育、维系社会存续的基本作用,是人类社会所必需的、最低保留的保证人类型。这就是家庭内部保证人义务的实质根据,也是值得动用刑罚督促的终极理由”②。因此,行为人对被害法益具有排他性支配。

---

① 许乃曼认为:“因为自杀的被害人通过自己的行为陷入了丧失知觉的状态,而不是通过行为人的行为陷入这种状态,所以行为人对被害人陷入丧失知觉的状态是没有支配力的,所以不需要承担责任。”[德]班德·许乃曼:《不纯正不作为犯及以不作为实施犯罪之形式》,王莹译,载梁根林主编:《当代刑法思潮论坛》(第1卷 刑法体系与犯罪构造),北京大学出版社2016年版,第233页。本书不赞同上述观点。

② 车浩:《先救女友而未救母亲是否构成犯罪》,载《检察日报》2016年2月24日,第003版。

当然，"支配力必须是不作为的行为人对被害人的意志有支配力，具有一种意志支配力。一般来说，是不作为犯的被害人把自己置于他人的支配力范围之下，把自己法益的保护完全交付给他人，这时才形成不作为犯的行为人对被害人的支配力，才能够具有保证人地位"①。对于发生在住宅等封闭场所之外的公共场所的自杀、自残案件，由于被害人属于自杀、自残行为，而且行为人对被害人的生命缺乏支配，其不救助行为难以认定为不作为的故意杀人罪，但存在认定为遗弃罪的可能性。

（四）夫妻一方实施犯罪，另一方是否具有阻止犯罪的义务？

诸如在妻子发现丈夫正在制定抢劫银行的犯罪计划，是否存在阻止对方犯罪的义务？

对此，多数学者持否定说，认为对于丈夫或者妻子一方对他人实施不法侵害行为或者犯罪行为的，没有保证人义务。主要理由有两点：第一，自我答责的原理。成年人原则上对自己的行为和引发的法律后果独立承担责任，除非他人负有法定义务。例如，韦塞尔斯认为，婚姻上的生活共同体之间不能产生阻止夫妻的另一方实施犯罪行为的义务，成年人对他的作为和不作为通常是自我答责。② 第二，婚姻的宗旨是相互保护和照顾，而不是互相监督，"阻止犯罪"这一义务已经超越了婚姻的调整范围。③ 例如，罗克辛认为："婚姻的保护范围或者控制范围也扩展不到阻止伴侣的犯罪行为上去。婚姻配偶的控制性控制是为相互保护服务的，而不是为保护公众服务的。这个婚姻伴侣对于另一个来说是一个帮助人，但不是他的监护人。"④本书赞同否定说的观点。

从刑法的规定看，例外的场合下，夫妻双方即便不负有阻止对方犯罪的义务，但是负有如实报告义务，不履行义务的，也可能构成真正不作为犯。例如，我国《刑法》第311条规定了"拒绝提供间谍犯罪、恐怖主义犯罪、极端主义犯罪证据罪"，对于行为人"明知他人有间谍犯罪或者恐怖主义、极端主义犯罪行为，在司法机关向其调查有关情况、收集有关证据时，

① ［德］班德·许乃曼：《不纯正不作为犯及以不作为实施犯罪之形式》，王莹译，载梁根林主编：《当代刑法思潮论坛》（第1卷　刑法体系与犯罪构造），北京大学出版社2016年版，第234页。

② 参见［德］约翰内斯·韦塞尔斯：《德国刑法总论》，李昌珂译，法律出版社2008年版，第439页。

③ 参见［德］冈特·施特拉腾韦特、［德］洛塔尔·库伦：《刑法总论Ⅰ——犯罪论》（第5版），杨萌译，法律出版社2006年版，第372页；［韩］金日秀、［韩］徐辅鹤：《韩国刑法总论》（第11版），郑军男译，武汉大学出版社2008年版，第483页；林东茂：《刑法综览》（修订5版），中国人民大学出版社2009年版，第120页；冯军：《论配偶刑法上的作为义务》，载《政治与法律》2017年第5期。

④ ［德］克劳斯·罗克辛：《德国刑法学总论》（第2卷　犯罪行为的特别表现形式），王世洲等译，法律出版社2013年版，第547页。

拒绝提供,情节严重的",成立本罪。一般认为,该罪是真正不作为犯。例如,根据《国家安全法》第77条的规定,任何公民和组织均应当履行"及时报告危害国家安全的线索""如实提供所知悉的涉及危害国家安全活动的证据"等义务。因此,对于间谍犯罪、恐怖主义犯罪和极端主义犯罪,即便是夫妻之间也不享有免证特权,在有关部门向其了解前述犯罪情况时,负有如实报告的义务,不履行作证义务的构成本罪。

(五)分居或者感情已经破裂的夫妻之间是否存在作为义务?

关于分居或者感情已经破裂的夫妻之间是否存在作为义务,存在不同观点。

1. 否定说。有的学者持否定说,主要理由是婚姻关系已经破裂的夫妻之间,已经丧失了信赖关系,徒有生活共同体的外形,不能成为作为义务来源的密切的生活共同体。① 例如,冯军教授认为:"当婚姻已经破裂,导致夫妻分居生活时,就不再存在夫妻之间的互相保护义务。因为一个形式上的婚姻关系并不能给保证人地位提供充分的基础。然而,只要夫妻还共同生活在一起,婚姻的'破裂'也不能消除保护义务,因为依然经营着的共同生活本身就意味着不能在紧急状况中置对方于不顾。"②

2. 具体分析说。多数学者主张不能一概而论,应当具体分析。例如,韦塞尔斯指出,分居的夫妻之间是否有保护义务,通过要考察分居何时开始、夫妻之间是在友好还是敌对情绪中分居、分居后个人的生活状态如何等进行判断。③ 林东茂教授主张,夫妻分居后是否具有保证人地位,要考察分居时间长短,分居后是否还有来往,以何种方式来往。"分居后如果形同陌路,显示彼此无意祸福与共,保证人地位自然已经崩解。家庭成员、夫妻或同居者,之所以有保证人地位,是因为亲近的血缘关系或情感上的坚实承诺,彼此有默契排除对方的危难。"④

本书认为,虽然"感情已经破裂"但未离婚的夫妻之间原则上具有作为义务,主要理由如下:第一,根据《民法典》第1079条的规定,诉讼离婚的重要根据是夫妻之间"感情确已破裂"。但是,这是诉讼离婚的必要条件而不是充分条件。既然双方还存在法律上的夫妻关系,没有提出离婚,则

---

① 参见[韩]李在祥:《韩国刑法总论》,[韩]韩相敦译,中国人民大学出版社2005年版,第113页。

② 冯军:《论配偶刑法上的作为义务》,载《政治与法律》2017年第5期。

③ 参见[德]约翰内斯·韦塞尔斯:《德国刑法总论》,李昌珂译,法律出版社2008年版,第434页。

④ 林东茂:《刑法综览》(第6版),台北,一品文化出版社2009年版,第1-188页。

不宜认定为“感情确已破裂”。第二,对于“感情确已破裂”的,要区分是单方感情破裂还是双方感情破裂。前者是指丈夫对妻子或者妻子对丈夫的感情破裂,但相对方并不知情;后者是指丈夫与妻子之间的感情破裂,双方均知情。对于双方感情破裂的,不宜认定具有作为义务。但是,对于单方感情破裂的,被害人往往蒙在鼓里,如作为医生的丈夫利用妻子对自己的信赖,对患病的妻子隐瞒其身患重病的事实,并对治疗方法有意提供错误指导,致其延误治疗的案件,[①]应当认为丈夫对妻子负有作为义务。第三,分居是“感情确已破裂”的外在表现形式,能够为论证“感情确已破裂”提供客观论据。关于“感情确已破裂”并已分居的夫妻之间是否仍然负有作为义务,应当考察分居的时间长短、夫妻双方交往的密切程度等作出判断。对于长期分居、双方感情淡漠甚至形同陌路的,不宜认为具有作为义务。

二、父母与成年子女之间的作为义务?

(一)父母对未成年子女负有法益保护义务和犯罪阻止义务

1.根据有关法律法规的规定,父母对未成年子女负有法益保护义务。例如,我国《民法典》第26条、第27条、第31条和第32条,确立了对未成年人的家庭监护、社会监护与国家监护相结合的监护制度。父母与子女之间的权利义务和其他监护人与被监护人之间权利义务有所不同,前者属于亲权的内容。亲权是父母基于身份关系对未成年人子女进行教养、保护等权利义务的总和。亲权的存在意味着“父母作为亲权人可以自主决定、处理有关保护教养子女的事项”。[②] 换言之,父母对未成年子女具有一定的支配性。[③] 在刑法上,父母对子女不履行法益保护义务的,应当承担刑事责任。

在德国的一起案件中,丈夫甲与妻子乙离婚,甲知道乙可能会因此而自杀,并且杀死小孩。但是,他依然与乙离婚。结果乙将小孩杀死,然后自杀。德国联邦最高法院认为,尽管甲没有义务去维护一个破碎的婚姻关系,对于乙的自杀,甲不承担刑事责任,但是甲对小孩具有保证人地位。甲将小孩置于危险的境地而不顾,致使其遇害,应当构成故意杀人罪。[④] 在日

① 参见林东茂:《当爱已成往事——评台北地院1998年第1565号不纯正不作为犯判决》,载《月旦法学杂志》2000年第63期;林钰雄:《新刑法总则》,中国人民大学出版社2009年版,第502页以下。

② 参见黄薇主编:《中华人民共和国民法典总则编释义》,法律出版社2020年版,第72-73页。

③ 参见[意]桑德罗·斯奇巴尼选编:《婚姻·家庭和遗产继承》,费安玲译,中国政法大学出版社2001年版,第126页。

④ Vgl. BGHSt. 7, 268f.

本，母亲将幼儿摁在壁炉上加以杀害，父亲并未予以阻止的，判决认定该父亲构成杀人罪的共同正犯。[①]

2. 从实质上看，父母对未成年子女的法益负有保护义务。阿什沃斯认为，父母对未成年子女应当承担基本义务，"该基本义务源于赋予孩子生命或者收养孩子生命的优先权，机会和能力原则"。同时，"父母也应该要求政府履行适当的抚养义务，特别是当父母的责任身份宽泛时"。[②] 车浩教授指出，如果限缩所有的社会功能，那么在维持一个社会不至于解体的最低限度内，就只剩下父母和孩子这一核心家庭结构。因此，父母对未成年子女的保证人地位是基于维系社会最基本的延续功能之需要而来的，这一功能进而衍生出法益保护功能和对危险源的监督管理职能。[③] 张明楷教授强调："夫妻间没有阻止对方犯罪的义务。但是，在妻子杀子女时，丈夫有义务救助子女。这个时候制止妻子杀子女，就是在救助子女。"[④]

（二）父母与成年子女之间是否相互承担法益保护义务？

有争议的是，父母与成年子女之间是否相互承担法益保护义务。

1. 基于人格独立的考虑，身体健康的父母与成年子女之间互相没有保护义务。不过，身体健康的父母对共同居住的年幼的子女、身患重病的子女等，负有扶养义务。例如，德国的判例认为，一个在家与父母住在一起的18岁的儿子，对于父亲的生命有救助的义务。[⑤] 反之，成年子女对于父母负有赡养义务，在父母因为年龄、身体健康状况等不能独立生活下去的时候，应当履行赡养义务，否则可能构成遗弃罪等。我国《民法典》第1067条也明确规定了父母对未成年子女或者不能独立生活的成年子女，以及成年子女对缺乏劳动能力或者生活困难的父母的赡养义务。

对于此类非刑罚法规规定的特别义务，何庆仁教授指出："特别义务来自于一个形塑好的根据各种制度运作的社会领域，人们在其中承担自己的角色，履行各自的义务，该领域的机能才能有效的维持……因为其重要性，确立角色内容的制度被整体法秩序所吸收，并体现在各个部门法中。以父母子女关系中的制度为例……与其说刑法中的特别义务来源于家庭法中的义务，不如说二者其实都来自整体法秩序中的围绕父母子女关系的抽象

---

① ［日］大阪高等裁判所2001年6月21日判决，载《高等裁判所刑事判例集》第1085号，第292页。

② 参见［英］安德鲁·阿什沃斯：《刑法的积极义务》，姜敏译，中国法制出版社2018年版，第62页。

③ 参见车浩：《保证人地位的实质根据》，载公益信托东吴法学基金会主编：《不作为犯的现况与难题》，台北，元照出版公司2015年版，第259－287页。

④ 张明楷编著：《刑法的私塾（之二）》（上），北京大学出版社2017年版，第22页。

⑤ BGHSt. 19,167.

制度。”[①]

2. 并非只要父母不尽抚养子女的义务，或者成年子女不履行赡养父母的义务，因此导致子女或者父母重伤、死亡的，就必然成立故意伤害罪或者故意杀人罪。

在认定此类案件的性质时，首先要考察双方是否共同生活。家庭关系之所以能够成为作为义务的来源，是因为“父母和子女之间的血亲关系足以产生相互维持生命的法律义务；另一些情况下，义务应当来自共同生活和长期相互依赖的事实”。[②] 对于继父母子女关系和养父母子女关系，由于不存在血缘关系，非亲生父母与子女之间有无保护义务取决于是否与子女共同生活，并且形成“父母子女关系”。

亲生父母如果不与已经具备民事行为能力的子女共同生活，原则上没有保护义务。[③] 基于父母子女关系，如果父母或子女的生命、身体或者自由等重大法益处于危险状态，另一方就负有保护和援助的义务。[④]

三、基于事实婚姻关系、同居一室等形成的准密切共同体关系与作为义务

（一）事实婚姻关系者之间是否具有作为义务？

对于事实婚姻关系者而言，由于不存在法律上的婚姻关系的，是否存在作为义务，存在争议。例如，“肖某军拒不签字案”。2007 年 11 月 21 日，怀孕 9 个月的被害人李某云因为呼吸困难，在同居男子肖某军的陪同下到北京朝阳医院检查身体，医生检查发现孕妇及胎儿均生命垂危。由于肖某军多次拒绝在手术通知单上签字，医院未对被害人李某云做手术，导致孕妇及体内的胎儿均不治身亡。对此，周光权教授认为，不宜将事实婚姻关系等“与婚姻类似的共同生活关系”认定为密切的共同生活共同体关系。[⑤]

1. 国内外学者关于事实婚姻关系者之间是否具有作为义务的基本观点。对此类案件，国外多数学者持肯定说。例如，罗克辛指出，虽然没有缔结婚姻关系的生活伴侣之间“缺乏官方机构出具的结婚证，但不能改变双

---

① 何庆仁：《义务犯研究》，中国人民大学出版社 2010 年版，第 98 页。

② [美]乔治·弗莱彻：《反思刑法》，邓子滨译，华夏出版社 2008 年版，第 447 页。

③ 参见林东茂：《刑法综览》（第 6 版），台北，一品文化出版社 2009 年版，第 1－185 页。

④ 参见[德]约翰内斯·韦塞尔斯：《德国刑法总论》，李昌珂译，法律出版社 2008 年版，第 434 页。

⑤ 参见周光权：《论实质的作为义务》，载《中外法学》2005 年第 2 期。

方隶属于对方保护范围之内的事实”。[①] 弗莱彻强调,“来自共同生活和长期相互信赖的事实”,足以使同居伴侣之间相互承担扶养义务。当然,如果男女双方仅仅是“一夜情”之类的暧昧关系,“暧昧关系还没有发展到相互依赖的程度,尚不足以支持超出被告人已然所谓的法律义务。如果两人长期共同生活,可能形成相互照顾的义务”[②]。

我国学者也大多持肯定说。[③] 例如,黄仲夫教授认为:“至于非最近亲属的未婚同居男女、同寝室之室友,因具有密切的生活关系,彼此理应有默契排除对方的危难,而亦互具保证人的地位。”[④]冯军教授强调:“在虽不具有法定的夫妻关系却事实上以夫妻相互对待的生活伴侣之间,形成了一种类似于由婚姻所缔结的生活共同体,由于伴侣关系是完全私人性的,缺乏法律的认可,所以,就不存在与婚姻同样的规范效力。但是,伴侣在事实上经营着男女双方的共同生活……伴侣之间往往会更信任对方,自觉地在彼此之间承担保护功能……存在基于相互信赖的自愿承担行为而产生的作为义务。”[⑤]

此外,就恋人关系而言,张明楷教授认为一起生活的恋人属于生活共同体。[⑥] 李立众教授主张,尽管是恋人关系而不是事实婚姻关系,但考虑其共同生活的时间、交往的密切程度,也可以已经形成事实婚姻为由,比照《刑法》第 261 条规定的遗弃罪处罚。[⑦]

2. 本书对事实婚姻关系者之间有无作为义务的观点和理由。对此类案件的处理,本书坚持以下观点:

第一,民法与刑法的规范保护目的不同,对事实婚姻的定性不同。婚姻法的主要目的是保护合法的婚姻关系,是否进行了结婚登记是衡量婚姻关系是否合法的法定要件。相反,刑法规制婚姻关系不是为了确认婚姻的合法效力,而是为了保护法益、合理调控社会秩序。所以,除非认定是否构成重婚罪,是否存在婚姻登记在刑法上并不重要,刑法关注的是当事人是否以夫妻名义同居生活、具备夫妻之实,而不在于是否存在婚姻登记。[⑧]

---

① 参见[德]克劳斯·罗克辛:《德国刑法学总论》(第 2 卷　犯罪行为的特别表现形式),王世洲等译,法律出版社 2013 年版,第 548 页。
② [美]乔治·弗莱彻:《反思刑法》,邓子滨译,华夏出版社 2008 年版,第 447 页。
③ 参见林山田:《刑法通论》(增订 10 版)(下册),北京大学出版社 2012 年版,第 159 页。
④ 黄仲夫:《刑法精义》(第 26 版),台北,元照出版公司 2010 年版,第 64 页。
⑤ 冯军:《论配偶刑法上的作为义务》,载《政治与法律》2017 年第 5 期。
⑥ 参见张明楷编著:《刑法的私塾(之二)》(上),北京大学出版社 2017 年版,第 16 页。
⑦ 参见李立众:《事实婚姻中的遗弃行为能否认定遗弃罪》,载《人民检察》2008 年第 1 期。
⑧ 参见李立众:《事实婚姻中的遗弃行为能否认定遗弃罪》,载《人民检察》2008 年第 1 期。

第二,随着时代的发展,婚姻关系的形态发生了一定的变化。传统社会中男女双方以缔结婚姻为共同生活的前提,其间又经历了一个从事实婚姻到法律婚姻的变化,而在现阶段有很多人虽然共同生活,但不再缔结法律上的婚姻关系,而是维持事实上的婚姻关系。这在欧美发达国家较为普遍。近年来在我国也呈现上升趋势,某些事实重婚类型的重婚案件也证实了这一点。

第三,除了传统的异性之间的婚姻之外,还存在生活伴侣关系。对上述现实存在的共同生活关系,如果以是否存在法定婚姻关系为前提,对于被害人遭遇法益侵害或者法益侵害危险,行为人不及时提供救助也不会因此遭受刑法惩罚,被害人就将处于非常不利的境地。

第四,认定是否属于生活共同体,关键在于是否具有共同生活区域,而且在该区域内在生活上互相帮助、相互照顾。如果结论是肯定的,就可以认定为生活共同体。相反,对于那些虽然共同租房居住,但是并未在日常生活上相互帮助、相互照顾的,难以认定为生活共同体。

(二)合租住房、共居一室的人员之间是否具有作为义务?

在我国现阶段,一方面,学校、公司、企业等为学生、员工等提供集体宿舍、公寓等,很多人事实上会与他人共居一室;另一方面,出于节约住房成本等考虑,很多人主动选择与其他人合租住房。[①] 因此,合租住房、共居一室的情况具有普遍性。对于合租住房或者共居一室,被害人在居所内由于身患重病等急需救助的,其他共居一室者有无制止不法侵害和提供救助的义务?

例如,“江歌被害案”。2016 年 11 月 3 日,就读于东京法政大学的中国留学生江歌被闺蜜刘某的前男友陈某某用匕首杀害。2017 年 12 月 20 日,日本东京法院以故意杀人罪和恐吓罪判处被告人陈某某有期徒刑 20 年。主要是因为,在江歌被害时,其闺蜜刘某就躲在自己的宿舍里面,没有开门让江歌进入室内避险。之后,江歌的母亲江某某在国内向刘某围绕生命权、身体权、健康权纠纷提起民事诉讼。2022 年 1 月 10 日,青岛市城阳区人民法院作出一审判决,认定刘某为自保阻挡江歌于门外有明显过错,且事后言论有违伦常。判决被告刘某于判决生效之日起 10 日内赔偿原告江某某各项经济损失及精神损害抚慰金共计 69.6 万元,并承担全部案件受理费。2022 年 12 月 30 日,青岛市中级人民法院作出二审判决,维持原判。该案即涉及上述问题。

---

① 此外,部分老年公寓也存在两人以上同居一室的现象。

对于合租住房、共居一室的人员之间是否负有作为义务，国外学者大多持否定说。例如，耶赛克等认为，单纯的同居生活不能构成保证人地位。① 施特拉腾韦特指出："共同生活在一起的恋人，或者只是事实上生活在一起、相互之间没有亲戚关系……则很难成立保证人义务。"②不过，施特拉腾韦特也认为："要求双方负有相互救助的义务首先是合理的，因为双方同意建立这种社会联系，就应承担相应的义务，特别是因此而放弃了其他保护或者救助措施的情况下，尤应如此。"③

我国学者也大多主张否定说。例如，周光权教授认为，不宜将同居关系或者事实婚姻关系等"与婚姻类似的共同生活关系"认定为密切的共同体关系。④ 林东茂教授认为合租住房和同居一室的室友没有作为义务。"分租房子，可能为了分摊房租，为了彼此可以照应，为了排除孤单的恐惧，基本上都有利益的考量，与更深的同居关系不同，所以分租房子的朋友彼此没有保证人地位。宿舍的室友，可能基于学校或公司机关的安排，或基于自顾，但彼此也都没有保证人地位。教室内的同学或师生，彼此也没有保证人地位。"⑤

本书暂时持肯定说，主要理由是：第一，前已述及，由于各种原因，目前合租住房和共居一室的现象具有普遍性，被害人在居所内身处险境急需救助，其他共居一室人员却不积极救援，导致发生严重危害结果的案件，也屡见不鲜。刑法理论有必要提供一套具有可操作性的解决方案。第二，无论是分租房子还是共居一室，行为人对该场所具有支配领域性，对被害法益具有排他性支配。行为人已经确立了对因果进程具有现实性的、排他的具体支配、控制，并进而导致危害结果的，可以成立不真正不作为犯。第三，即便不存在事实上的自愿承担关系，相对社会上的陌生人而言，行为人与被害人关系比较紧密，社会期待其提供救助，被害人也信赖其提供救助，而且行为人实施救助不存在法律风险和难以克服的障碍。第四，与《德国刑法典》第 323c 条第 1 款规定见危不救罪有所不同，我国刑法并未规定一般救助义务，目前刑法理论的通说和司法实践倾向于对遗弃罪采用主观解释

① 参见[德]汉斯·海因里希·耶赛克、[德]托马斯·魏根特：《德国刑法教科书》(下)，徐久生译，中国法制出版社 2017 年版，第 838 页。

② [德]冈特·施特拉腾韦特、[德]洛塔尔·库伦：《刑法总论Ⅰ——犯罪论》(第 5 版)，杨萌译，法律出版社 2006 年版，第 371 页。

③ [德]冈特·施特拉腾韦特、[德]洛塔尔·库伦：《刑法总论Ⅰ——犯罪论》(第 5 版)，杨萌译，法律出版社 2006 年版，第 373 页。

④ 参见周光权：《论实质的作为义务》，载《中外法学》2005 年第 2 期。

⑤ 林东茂：《刑法综览》(第 6 版)，台北，一品文化出版社 2009 年版，第 1－188 页。

(立法解释)的立场,认为遗弃罪的成立范围局限于家庭成员之间,①这导致遗弃罪的适用范围非常狭窄。在这种情况下,对于行为人不积极救助被害人所导致的重伤、死亡案件,倘若以无罪论处,则不利于保护法益;倘若以故意杀人罪论处,不仅缺乏法律依据,而且对行为人过于严苛。在这种背景下,完全有必要认定行为人与被害人具有某种程度上的"准密切共同体关系",使之纳入遗弃罪的调整范围,或者说,对遗弃罪进行客观解释,扩大其调整范围。② 当然,相对于紧密共同体关系和基于事实婚姻形成的共同体关系,这种"共居一室"的共同体关系显然更为薄弱。

四、基于教养、护理关系形成的准密切共同体关系与作为义务

在基于教养、护理关系形成的准密切共同体关系的场合,教养人员、护理人员对于被教养、被护理人员是否承担作为义务?承担何种作为义务?例如,罗克辛认为,精神病人在精神病发作时会对周围的人造成危险,对其具有控制地位的人必须防止其违法行为,如精神病院的院长必须防止他的病人去犯罪。③

(一)刑法如何有效应对幼儿园等管理人员怠于履行管理责任的行为?

婴幼儿、老人、残疾人等由于年龄原因或者身体健康原因,没有自我保护能力或者该能力较弱,其生活起居严重依赖他人,理论上称为脆弱法益。对于脆弱法益,通常都有相关的法律规定提供特殊保护。例如,我国《婚姻法》(已失效)第 21 条曾规定,禁止溺婴、弃婴和其他残害婴儿的行为。《民法典》第 1042 条第 3 款规定:"……禁止家庭成员间的虐待和遗弃。"《老年人权益保障法》第 3 条规定,禁止歧视、侮辱、虐待或者遗弃老年人。《残疾人保障法》第 9 条规定,禁止对残疾人实施家庭暴力,禁止虐待、遗弃残疾人。前已述及,行为人不履行前述形式的作为义务的,并不当然构成犯罪。这里讨论的问题是,幼儿教师与幼儿、保姆与雇主及其子女、护工与病患者(包括居家养老人员在内)等能否基于教养、护理关系形成密切共

---

① 参见高铭暄、马克昌主编:《刑法学》(第 10 版),北京大学出版社、高等教育出版社 2022 年版,第 494 页;陈兴良:《非家庭成员间遗弃行为之定性研究——王益民等遗弃案之分析》,载《法学评论》2005 年第 4 期。

② 参见苏彩霞:《遗弃罪之新诠释》,载《法律科学(西北政法学院学报)》2001 年第 1 期;吴学斌:《现行刑法体系下遗弃罪内涵的重新建构》,载《河北法学》2006 年第 9 期;王志祥:《遗弃罪构成要件的新思考》,载《法治研究》2009 年第 7 期;张明楷:《刑法学》(第 6 版)(上),法律出版社 2021 年版,第 1128-1129 页。

③ 参见[德]克劳斯·罗克辛:《德国刑法学总论》(第 2 卷 犯罪行为的特别表现形式),王世洲等译,法律出版社 2013 年版,第 561 页。

同体关系，幼儿教师、护工等对幼儿、病患者、老人等承担何种作为义务？随着近年来幼儿教师虐童案件、保姆杀害雇主案件的频繁发生，更加凸显解决这一问题的迫切性。

在2017年，有两起幼儿教师虐童案引起国内轰动。第一起是“红黄蓝新天地幼儿园教师虐童案”。2017年11月22日，10余名幼儿家长反映北京市朝阳区管庄红黄蓝幼儿园（新天地分园）国际小二班的幼儿遭遇老师扎针、喂不明白色药片，并提供孩子身上多个针眼的照片。11月25日，涉事幼儿园教师刘某某（女）因涉嫌虐待被看护人罪被刑事拘留。第二起则是“上海携程亲子园员工虐童案”。2017年11月，上海携程托管亲子园教师虐待儿童。12月13日，上海市长宁区检察院依法对涉案的携程亲子园郑某、吴某等5名员工以虐待被看护人罪批准逮捕。①

为填补原有1997年《刑法》可能存在的法律漏洞，全国人大常委会于2015年8月29日通过《刑法修正案（九）》新增加了第260条之一。根据这一规定，对未成年人、老年人、患病的人、残疾人等负有监护、看护职责的人虐待被监护、看护的人，情节恶劣的，成立虐待被监护、看护人罪。但是，该罪在实践中暴露出下列几个问题：第一，幼儿教师与幼儿、保姆与雇主及其子女、护工与病患者（包括居家养老人员在内）等能否基于教养、护理关系形成密切的共同体关系？第二，从《刑法》第260条之一的表述看，是“虐待”而不是“遗弃”，虐待通常表现为作为，如果行为人是以消极不作为的方式遗弃被监护、看护人的，能否以虐待被监护、看护人罪论处？②

1. 从监督过失、管理过失的角度进行的考察。在上述虐童案中，也暴露出管理者怠于履行管理责任的行为。从刑法角度看，可以基于监督过失、管理过失理论，追究涉案幼儿园、养老院等管理人员的刑事责任。但是，不足之处是：第一，如果幼儿园、养老院的管理者疏于管理，对于幼儿、老人遭受的伤害、家长的举报等视而不见，不采取有效措施，至多构成过失犯罪，可能导致处罚过轻。第二，虐待被监护、看护人罪是故意犯罪，对其管理人员却只追究过失犯的责任，在仅造成幼儿、老人等轻伤的场合，由于刑法只处罚过失重伤，不处罚过失轻伤，将导致幼儿园、养老院的管理人员逃避刑事制裁。第三，从司法实践看，刑法“以处罚故意犯罪为原则，以处

① 参见《长宁区人民检察院依法批准逮捕携程亲子园虐童案五名犯罪嫌疑人》，载上海检察网2017年12月13日，https://weibo.com/ttarticle/p/show? id=2309404184532776565487。

② 张明楷教授认为，本罪行为既包括以积极的方式给被害人造成肉体或者精神痛苦的行为，也包括以消极的方式不满足被害人生活需要的行为。参见张明楷：《刑法学》（第6版）（上），法律出版社2021年版，第1191页。

罚过失犯罪”为例外,对过失犯的处罚采取“例外处罚”原则,导致此类案件往往并不追究管理人员的刑事责任。

2. 从不作为犯的角度进行的考察。这里仍然以“红黄蓝新天地幼儿园教师虐童案”为例进行讨论。主要问题是,与涉案犯罪嫌疑人刘某某共同带班的其他老师是否涉嫌构成不作为犯?对于一家较为规范的幼儿园而言,按照教育部颁发的《幼儿园工作规程》(2016 年)第 11 条的规定,小班(3 周岁至 4 周岁)25 人,中班(4 周岁至 5 周岁)30 人,大班(5 周岁至 6 周岁)35 人,混合班 30 人。每个班通常配备三位教师(包括教师和保育员,以下不再赘述)。如果其他两位老师发现犯罪嫌疑人刘某某针刺幼儿或者对幼儿实施其他侵害行为,既不加以制止,也没有及时向幼儿园园长等报告,那么是否涉嫌构成犯罪?如果幼儿园园长、副园长等管理人员知情后不制止刘某某进一步实施侵害行为,是否也构成不作为犯?这涉及行为人以不作为参与他人的法益侵害行为的性质。后文将详细讨论这一问题,这里仅作简要阐述。

本书持肯定说,认为其他带班教师也可以成立犯罪。主要理由如下:第一,犯罪的本质是法益侵害,因果关系是实行行为与法益侵害结果之间的引起与被引起的关系,其核心内容是实行行为的危险的现实化。能否处罚不作为以及能否将不作为视同作为进行处罚,关键在于行为人是否对“实行行为的危险的现实化”这个因果流程具有支配或者控制,如果其他带班教师具有这种地位,则可以进行客观归责。第二,判断不作为参与人是正犯还是共犯,应当以是否起到重要作用作为判断标准。在不作为行为者能够完全阻止、防止发生法益侵害结果的场合,成立不作为的正犯;在仅仅使法益侵害结果的发生变得困难的场合,成立不作为的帮助犯。具体来说,不仅实施符合构成要件的具有侵害法益的紧迫危险的实行行为的人是正犯,而且没有亲自实施符合构成要件的实行行为,但是参与了犯罪的实施并且对法益侵害(或者侵害法益的危险)起到了重要作用的人,也能构成不作为的正犯,以主犯论处。但是,形式上实施了符合构成要件的行为,实质上并未起到重要作用的人,则至多成立不作为的共犯(主要是帮助犯),以从犯论处。[①] 其他带班教师知情但不制止不法侵害的,至少构成有关犯罪的帮助犯。

(二)幼儿教师与幼儿等能否形成密切的共同体关系?

如前文所述,夫妻之间、生活伴侣之间能够形成密切的共同体关系,那

---

① 参见温登平:《以不作为参与他人的法益侵害行为的性质——兼及不作为的正犯与帮助犯的区分》,载《法学家》2016 年第 4 期。

么,幼儿教师与幼儿、保姆与老人、护工与患者之间能否形成这种密切的共同体关系?幼儿教师对他人(包括其他幼儿教师在内)虐待幼儿的行为,不去制止的,是否构成犯罪?

众所周知,无论是幼儿入学,还是雇佣保姆、护工等,均须签订书面合同或者至少有口头协议,从形式上看在合同约定或者幼儿园、家政公司、劳务派遣公司等承诺的范围内,前述幼儿教师、保姆、护工对幼儿、老人、患者等具有教养、照顾、护理等扶养义务。对此,我国《民法典》第1199条至第1201条作出了明确规定。具体来说,无民事行为能力人在幼儿园、学校或者其他教育机构学习、生活期间受到人身损害的,幼儿园、学校或者其他教育机构应当承担侵权责任;但是,能够证明尽到教育、管理职责的,不承担侵权责任。受到幼儿园、学校或者其他教育机构以外的第三人人身损害的,由第三人承担侵权责任;幼儿园、学校或者其他教育机构未尽到管理职责的,承担相应的补充责任。限制民事行为能力人受到人身损害,学校或者其他教育机构未尽到教育、管理职责的,应当承担侵权责任。从刑法理论看,按照传统的形式作为义务的"四分法",可以将幼儿教师与幼儿等之间的关系理解为"基于业务要求的义务"或者"法律行为(合同)引起的义务"。

从实质上看,幼儿教师等也能够与幼儿形成密切的共同体关系,幼儿教师、保姆、护工等对幼儿、老人、患者具有实质的作为义务(保护义务)。主要理由是:第一,虽然幼儿、老人、患者等情形各不相同,如幼儿年龄较小,涉世未深,欠缺独立的认识能力和判断能力;有些老人因为年老体衰,行动不便,生活不能自理;患者因为患有重病,生活不能自理等。但是共通之处在于,幼儿、老人、患者等缺乏独立生存能力,都需要专人进行精心照顾、扶养。在现代社会,由于社会分工的细化,幼儿的父母、老人的子女、患者的亲属等通常与幼儿园、养老院、家政公司等签订合同,由专业机构代为履行扶养义务。第二,护工照顾病患者可能存在周期长短问题,但是,幼儿园入学(入托、入园)通常以学期、学年计算,聘请保姆照顾老人的通常不会中途临时调换。长时间地接受服务和提供服务,使幼儿家长、老人的子女、患者的亲属等与幼儿园、幼儿教师、保姆等形成密切的信赖关系。第三,幼儿教师等对幼儿等被害人承担两种性质不同的义务。首先,承担保护其法益不受侵害的保护义务(法益保护义务),这种作为义务是一种全面的保护义务,行为人有义务防止一切可能侵害被害人法益的危险。其次,幼儿教师等还有义务监管幼儿等不对他人实施侵害(危险源监督义务)。这种义务仅仅围绕危险源对法益造成的危险指向,因此是一种特殊的作为义务。

不仅如此,幼儿园、家政服务、病患护理等都处于相对封闭的场所。例如,国内的幼儿园大多实行全天托管、封闭式管理,家长早上将幼儿送到幼儿园(刷卡或者登记),下午放学时接回(刷卡或者登记)。即便中间临时接回幼儿的,也需要提前与其班主任联系,并且进行登记。因此,幼儿在幼儿园期间基本上处于封闭管理状态,除了与幼儿教师、管理人员和其他幼儿接触外,无法接触到其他人员。因此,可以说幼儿教师等在这一时间段和场所内对幼儿具有排他性的支配地位。

(三)积极的虐待与消极的"虐待"(遗弃)

积极的虐待属于作为犯,根据情节轻重特别是手段是否残忍、危害后果是否严重,分别构成虐待被监护、看护人罪,以及故意伤害罪(轻伤、重伤)、故意杀人罪。但是,对于消极的"虐待",该如何处理呢?

应当认为,《刑法》第260条之一规定的"虐待"不仅仅包括行为人积极地实施虐待(禁止侵害义务),也包括保护幼儿、老人、患者等免受他人的虐待(救助义务)。第一,消极的"虐待"实际上是不作为的遗弃。第二,即便不增设《刑法》第260条之一,只要将第260条规定的虐待罪或者第261条规定的遗弃罪的法益进行客观解释,不再局限于家庭成员之间,同时将犯罪对象范围扩大到家庭成员之外,完全可以对虐待被监护、看护人的行为进行有效调整。第三,如果将虐待被监护、看护人行为局限于积极的作为,而将消极的不作为的虐待、遗弃排除在外,将无法实现对法益的有效保护。

因此,幼儿教师对幼儿在幼儿园期间主要有两种义务:第一,阻止其遭受不法侵害的义务。首先,不得侵害任何幼儿(禁止侵害义务);其次,阻止幼儿之间的相互侵害(法益保护义务或者阻止犯罪义务);最后,阻止其他幼儿教师和外来人员对幼儿的侵害(法益保护义务)。第二,对幼儿因各种原因遭受的侵害及时提供有效救助的义务。首先,对患病、遭遇食物中毒等幼儿负有救助义务;其次,对因为参与文体活动遭受伤害的幼儿负有救助义务;再次,对遭受他人侵害的幼儿负有救助义务;最后,对因地质灾害、天气灾害等非人为因素遭受危险、侵害的幼儿负有救助义务。

幼儿教师不履行阻止不法侵害义务、不履行救助义务,或者阻止他人实施救助义务,造成严重后果的,应当依法追究其刑事责任。具体来说,第一,造成被害人轻伤及以下的,以虐待被看管人员罪论处;第二,造成被害人重伤的,根据主观过错分别以故意伤害罪或者过失重伤罪论处;第三,造成被害人死亡的,分别以故意杀人罪、故意伤害致死罪和过失致死罪论处。

五、对(准)密切共同体成员之间的作为义务范围的限制

对密切共同体关系产生的作为义务的范围,大多主张进行一定的限制,将某些貌似关系密切但实际上不存在作为义务的情形排除在外。例如,冯军教授认为:“在重要的法益面临危险时,只有根据法律的规定和共同生活所形成的信赖关系,配偶之间才能产生互相保护和救助的作为义务。”[①]本书认为,原则上可以根据法益的重要程度对密切共同体关系产生的作为义务的范围进行限制,另外还可以根据是否属于被害人自陷风险进行合理限制。

(一)根据被害法益的重要程度对保护对方不受法益侵害的义务进行限制

一般认为,被害人的生命法益和身体健康法益原则上也处于行为人的保护范围内,其他的法益如财产等原则上由被害人自我保护。

多数学者肯定这一观点。例如,施特拉腾韦特认为,为了克服保护义务的泛化和法律的不确定性,应当将保护义务指向的法益限定为生命、健康等重要人身法益。[②] 林山田教授将夫妻救助义务作为一种与法令的规定、自愿承担的义务等义务来源相并列的独立的作为义务来源;将其概括为“最近亲属间”的作为义务来源,认为包括配偶、父母与子女、兄弟姐妹等相互间,对于生命法益与身体法益,相互居于保证人地位。[③]

本书认为,行为人在被害人的生命或者身体健康法益具有遭受不法侵害危险的场合,有提醒义务;在已经遭受不法侵害的场合,有及时救助,使其处境不至于更加恶化的义务。

(二)根据被害人是否自陷风险对保护对方不受法益侵害的义务进行限制

在非自陷风险的场合,行为人当然有救助义务。问题是,在被害人自陷风险的场合,是否具有作为义务。如果不履行救助义务,该承担何种责任?这里以前述“宋某祥杀人案”为例进行讨论。在本案中,被告人宋某祥在妻子自杀时未及时提供救助,法院认定成立故意杀人罪。

针对此类案件,冯军教授认为在属于“生活的通常情形”和“配偶的自我决定”的场合,应该免除配偶另一方的作为义务。主要理由是:“在重要

---

① 冯军:《论配偶刑法上的作为义务》,载《政治与法律》2017年第5期。

② 参见[德]冈特·施特拉腾韦特、[德]洛塔尔·库伦:《刑法总论Ⅰ——犯罪论》(第5版),杨萌译,法律出版社2006年版,第373页。

③ 参见林山田:《刑法通论》(增订10版)(下册),北京大学出版社2012年版,第159页。

的法益遭受危险时,只有根据法律规定和共同生活所形成的信赖关系,配偶之间才产生互相保护和救助的特别作为义务;配偶刑法上的作为义务并不是无限制的,生活的通常情形和配偶的自我决定都应该成为排除配偶另一方作为义务的正当事由。"①

本书坚持以下观点:第一,就生命法益而言,刑法对生命进行绝对保护,即便妻子是自杀,也不能免除丈夫的救助义务。丈夫不救助妻子的,根据具体情况分别成立故意杀人罪或者遗弃罪。第二,对于身体健康法益而言,不及时救助被害人具有致死危险的,与第一项相同,无论被害人是自陷风险还是非自陷风险,行为人均应承担救助义务。但是,不及时救助被害人没有致死危险的,只有在非自陷风险的场合,行为人才负有作为义务;反之,在自陷风险的场合,应当由被害人自我答责。

在前述宋某祥杀人案中,自陷风险、自我答责等不能成为丈夫免除救助生命义务的正当理由。主要理由是:第一,虽然"自杀是妻子自己决定的,在此意义上说,妻子应当自我答责。但是,刑法对生命实行绝对的保护,妻子的自我答责只是意味着妻子对自己的自杀行为不承担刑事责任,并不意味着免除了丈夫的救助义务"②。第二,在本案中,妻子李某已经上吊,生命面临非常紧迫的危险。妻子是在家中上吊,除了宋某祥外,别无他人,而且宋某祥知道妻子已经上吊,说明妻子的生命完全依赖于宋某祥的救助行为。第三,宋某祥可以轻易地救助妻子,而且实施这种救助行为对宋福祥而言没有什么危险。

六、(准)密切共同体成员不履行作为义务的刑事责任

(一)各国对不作为犯的处罚的差异

各国对于不作为犯的处罚,既有共性,又有差异性。从形式上看,这取决于一国的刑法规定和司法传统,从实质上则与该国理论界为本国刑事立法和司法提供的理论方案息息相关。例如,德国有判例认为,得到即将发生重大犯罪信息的警官,在紧急情况下即使付出生命也必须阻止犯罪行为,否则,他将被作为该犯罪行为的帮助犯受到处罚。交通事故的肇事司机应当将被害人送到医院进行抢救,否则可能被判处故意杀人罪。③ 但是,

---

① 冯军:《论配偶刑法上的作为义务》,载《政治与法律》2017 年第 5 期。

② 张明楷:《刑法学》(第 5 版)(上),法律出版社 2016 年版,第 158 页。

③ 参见[德]汉斯·海因里希·耶赛克、[德]托马斯·魏根特:《德国刑法教科书》(下),徐久生译,中国法制出版社 2017 年版,第 815 页。

在英国,“大部分以不作为方式实施的杀人案件,都定了过失杀人罪”①。就警察等公务人员渎职致人死亡案件而言,“警察没有正当理由或可宽恕时,不履行其责任,致使一个公民被踢死,没有维护好社会秩序,被认为构成普通法上的轻罪”②。

从我国司法实践中对共同体成员未履行作为义务导致他人重伤、死亡案件的定罪看,存在理论与实践的相互疏离。例如,我国学者认为下列场合行为人构成不作为的故意杀人罪:第一,母亲有意将婴儿生在厕所的便池内;第二,交通肇事者将被害人转移到杂草丛生的公路旁边;第三,家人将神志不清、行动不便的老人带到人迹罕至的荒郊野外。③ 究其原因,主要是我国刑法中遗弃罪的成立范围通常被限定于家庭成员之间,④难以涵盖家庭之外的其他共同体成员。此外,《日本刑法典》第 219 条规定了遗弃等致死伤罪、《德国刑法典》第 221 条第 2 款和第 3 款规定了遗弃罪的结果加重犯,比较妥当地解决了遗弃致死伤案件的量刑问题。但是,我国刑法没有规定“遗弃致死伤”等结果加重犯或者情节加重犯。所以,司法实践中对于遗弃他人致死伤的案件,往往以不提供救助的行为人(不)具有法定或者道义上的救助义务为由,判处故意杀人罪或者无罪。这些思考问题的方法和裁判结论都存在一定的问题。

要成立故意杀人罪,行为人必须认识到自己的不作为会发生被害人死亡的结果。遗弃罪是危险犯,行为人只需要认识到自己的不作为会使他人的生命、身体健康面临威胁就足够了。但是,难以判断行为人是认识到他人的死亡,还是认识到他人的生命、身体健康处于通常意义的危险。因此,还需要综合考虑生命面临的危险的紧迫程度、生命对作为义务的依赖程度、行为人履行作为义务的难易程度等区分不作为的故意杀人罪与遗弃罪。⑤

(二)(积极)作为义务的有无

刑法上的作为义务主要包括禁止侵害义务和保护法益义务。其中,禁止侵害义务具有全面性和一般性,保护法益义务则有一定的门槛和条件。“刑法上的消极义务是全面性的,并不限定行为人和被害人的资格,每一个

---

① [英]J. C. 史密斯、[英]B. 霍根:《英国刑法》,李贵方等译,法律出版社 2000 年版,第 56 页。

② [英]J. C. 史密斯、[英]B. 霍根:《英国刑法》,李贵方等译,法律出版社 2000 年版,第 54 页。

③ 参见黎宏:《排他支配设定:不真正不作为犯论的困境与出路》,载《中外法学》2014 年第 6 期。

④ 参见高铭暄、马克昌主编:《刑法学》(第 10 版),北京大学出版社、高等教育出版社 2022 年版,第 494 页。

⑤ 参见张明楷:《论不作为的杀人罪——兼论遗弃罪的本质》,载陈兴良主编:《刑事法评论》(第 3 卷),中国政法大学出版社 1999 年版,第 268 页;张明楷:《刑法学》(第 6 版)(下),法律出版社 2021 年版,第 1131 页。

人对于每一个人都负有不施加侵害的义务，所以不侵害他人的义务是一种一般法律义务……至于协助他人的积极义务，观察现行刑法理论及实证法的态度就可以知道，仅仅是在特定条件之下才会产生的特别法律义务。并不是每个没有消灭他人既存之生命风险的人都会触犯杀人罪，而只有在那些特定条件之下才会触犯杀人罪。”①

（积极）作为义务的有无，与被害人所面临危险的性质和程度息息相关。以一般性救助义务的设置为例，范伯格明确指出：“如果有一条撒玛利亚人式的道德义务要求提供扶助，我认为那应该仅指遇险者处于极危重的情况——生命或身体面临紧迫的危险——而不是较小的损害或不便。”②为了避免对自由的过度干涉，对于密切共同体成员之间的作为义务的设定，也应当作出类似的自我限定。

（三）（积极）作为义务的强弱

作为义务的强弱和重要性制约着不作为犯的成立范围。这一观点得到了多数学者的认同。例如，黎宏教授认为：“不是凡是和所发生的结果之间具有因果关系的不作为都能构成不真正不作为犯，而只有刑法上重要的不作为，即不作为所具有的侵害法益的危险，和作为犯的构成要件所预定的法益侵害性具有同等的危险或者说是等价值的行为，才能说是可以按照作为犯条款处罚的不真正不作为犯。”③一般来说，合法权益面临的危险越紧迫，作为义务强度越高；合法权益对作为义务依赖性越高，作为义务强度越高；履行作为义务越容易，作为义务强度越高。④ 从形式上看，共同体成员之间的作为义务（救助义务）逐步降低：紧密关系共同体—事实共同体—危险共同体—不法共同体—普通社会成员之间。对于行为人负有作为义务，有能力履行作为义务而不履行，造成法益侵害结果的，应当承担刑事责任。

关于不救助行为是构成不作为的故意杀人罪还是遗弃罪，张明楷教授提出：“从罪质区别来说，这是故意杀人罪与遗弃罪的区分问题；从不作为犯论来讲，是作为义务的程度问题……即使作为义务来源于相同的法律规

---

① 周漾沂：《重新建构刑法上保证人地位的法理基础》，载《台大法学论丛》第1期（2014年）。

② ［美］乔尔·范伯格：《刑法的道德界限》（第1卷　对他人的损害），方泉译，商务印书馆2013年版，第180页。

③ 黎宏：《论不真正不作为犯的处罚范围》，载赵秉志主编：《刑法论丛》（第12卷），法律出版社2007年版，第64页。

④ 参见张明楷：《论不作为的杀人罪——兼论遗弃罪的本质》，载陈兴良主编：《刑事法评论》（第3卷），中国政法大学出版社1999年版，第268页。

定或法律事实，但如果作为义务的程度不同，就可能构成不同的犯罪。"①平野龙一认为："不作为的杀人罪与不作为的遗弃致死罪的区别，不是取决于对死亡有无预见，而是取决于义务的程度。换言之，即使在有杀人故意，但没有成立杀人罪的足够的作为义务的情况下，要以保护责任者遗弃罪从轻处罚。这样，在不作为的场合，从重罪逐渐到轻罪的处罚，就分别由作为义务的强弱来决定。"②

例如，在前述毒杀母亲案中，应当考虑丈夫对母亲的保护义务与妻子对婆婆的保护义务之间的差异。当一个保护义务更高的人实施犯罪时，一个保护义务较低者的行为的违法程度与责任程度是否减弱。丈夫给母亲投毒，妻子不制止的，尽管说妻子（婆媳关系）也有保护母亲的法益保护义务，但是相对丈夫（母子关系）而言，其作为义务存在程度上的差异。特别是如果丈夫执意实施犯罪，妻子已经好言相劝，再进行劝阻的难度较大。所以，如果丈夫构成故意杀人罪，妻子仅构成遗弃罪，或者构成故意杀人罪的不作为的帮助犯（从犯）。

本书认为，共同体成员以不作为方式参与他人自杀的，原则上不宜认定为故意杀人罪。主要理由是：第一，自杀属于自杀者的自我加害行为，根据自我答责原理，自杀"在法规范上是完全自由的组织自己生命的行为"。"既然肯定自杀是自杀者对自身生命的自由支配和处分，就不应当再认为他人有义务对之加以阻止……患者的自主决定限制着医护人员对之加以救治的权利和义务……紧密的家庭关系也不能导致阻止自杀的作为义务……这种义务的成立范围同样应当受到对方自主决定权的限制。"③第二，对于以不作为参与共同体成员自杀行为的定性，可以借鉴自己危险化地参与的原理进行解读。张明楷教授指出："自己危险化的参与，虽然不是真正意义上的共同犯罪，但是……共同犯罪中关于正犯与共犯的区分，完全可以运用于自己危险化地参与的情形中。亦即，在自己危险化地参与的场合，被害人是正犯，被告人只是实施了教唆行为或者帮助行为的共犯……正犯自冒风险时，其行为既不符合构成要件，也不具有违法性……教唆行为与帮助行为都不可能成立犯罪。"④在行为人以不作为方式参与作为共同体成员的他人自杀的场合，可以借鉴前述自己危险化理论进行分析。陈兴良教

① 张明楷：《论不作为的杀人罪——兼论遗弃罪的本质》，载陈兴良主编：《刑事法评论》（第3卷），中国政法大学出版社1999年版，第264页。

② ［日］平野龙一：《刑法总论Ⅰ》，有斐阁1972年版，第159页。

③ 王钢：《自杀的认定及其相关行为的刑法评价》，载《法学研究》2012年第4期。

④ 张明楷：《刑法学中危险接受的法理》，载《法学研究》2012年第5期。

授指出,不救助他人是否构成不作为的故意杀人罪,问题不仅在于如何理解作为义务,而且也涉及如何认定自杀的性质。自杀行为是自杀者自己意志的选择,死亡结果也是自杀者的自杀行为造成的。如果教唆或者帮助自杀行为不构成故意杀人罪,则无论不救助自杀者的作为义务程度有多强,都不能认定为不真正不作为的故意杀人罪。①

当然,否定以不作为方式参与共同体成员的自杀行为成立故意杀人罪,并不意味着主张这种行为一概无罪。如果在刑法解释论中坚持客观解释的立场,行为人就有可能构成遗弃罪和虐待罪等罪名。第一,对于成年共同体成员自陷风险的行为,行为人不救助的,是否认定为故意杀人罪,需要格外谨慎。例如,丈夫或者妻子自杀,另一方不救助的,由于刑法对生命进行绝对保护,因此原则上至少成立遗弃罪。是否认定为不作为的故意杀人罪,需要综合考虑作出判断。第二,对于刑法明文规定的结果加重犯的情形,需要根据具体条文的规范保护目的和结果加重犯的成立条件进行认定。正如大塚仁所指出的:"将他人轧成濒临死亡的重伤,以未必地杀害故意逃走的犯人,在其场所是白天、行人很多的城市的医院门前等,被害人被救助的可能性很大时,不救助被害人的不作为很难说是杀人行为,相反,如果是在严冬的深夜,把被害人丢在没有行人的山路上时,就可能是杀人行为。"②我国《关于依法办理家庭暴力犯罪案件的意见》(2015 年)明确规定:"准确区分遗弃罪与故意杀人罪的界限,要根据被告人的主观故意、所实施行为的时间与地点、是否立即造成被害人死亡,以及被害人对被告人的依赖程度等进行综合判断……对于希望或者放任被害人死亡,不履行必要的扶养义务,致使被害人因缺乏生活照料而死亡……应当以故意杀人罪定罪处罚。"相反,"对于只是为了逃避扶养义务,并不希望或者放任被害人死亡,将生活不能自理的被害人弃置在福利院、医院、派出所等单位或者广场、车站等行人较多的场所,希望被害人得到他人救助的,一般以遗弃罪定罪处罚"。

(四)遗弃罪保护法益的变化与调整范围的扩张

遗弃罪的主体仅限于对被害人的生命、健康负有扶助义务、保护义务的保证人,而且传统理论将其限于家庭成员之间。依照这种观点,无法从客观上区分故意杀人罪与遗弃罪,只能从主观上进行区分。如果行为人具有杀人故意(实害故意),则成立不作为的故意杀人罪;相反,如果行为人

---

① 参见陈兴良:《不作为犯论的生成》,载《中外法学》2012 年第 4 期。

② [日]大塚仁:《刑法概说(总论)》(第 3 版),冯军译,中国人民大学出版社 2003 年版,第 141 页。

仅具有"危险故意"而没有杀人故意,则成立遗弃罪。这里的"遗弃故意",是指行为人虽然容忍一个危及被害人生命的紧急情况出现,但相信被害人并不会因此死亡。否则,如果行为人认识到被害人可能或必然死亡,并且希望或放任该结果发生,具有实害故意(杀人故意),认定为遗弃罪就无法实现对犯罪的充分评价。

可能有的学者认为,行为人不可能既认为被害人有可能死亡,同时又相信被害人不会死亡。但是,这样理解不可避免地造成许多刑事政策上所不能忍受的可罚性漏洞。不作为的故意杀人罪与遗弃罪都是侵害他人生命和身体健康的犯罪,在本质上不存在差异,但由于行为对生命的危险程度高低和法定刑幅度存在很大差异,导致二者相差悬殊。具体危险是达到实害的前一阶段,行为人主观上的不作为杀人故意应该也包含了危险故意(遗弃故意)在内。所以,故意杀人罪与遗弃罪是一种包含关系。① 行为人不实施救助行为除了构成不作为的故意杀人罪外,还构成遗弃罪。二者是通过一个不作为触犯两个罪名,而且所侵害的法益都是被害人的生命,所以属于法条竞合关系,应以故意杀人罪论处。

(五)见危不救罪与故意杀人罪、遗弃罪的关系

司法实践中,对遗弃他人致死伤案件的判决已经陷入"判处故意杀人罪,或者判处无罪"两个极端。这要求我们重新认识、界定见危不救行为与故意杀人罪(过失致人死亡罪)、遗弃罪的关系。基于对共同体关系的扩大理解或者广义的共同体关系的建构,应当对遗弃罪进行客观解释、扩大解释,在该罪中补充规定"遗弃致死伤"条款,同时增设"见危不救罪"。② 这样"多管齐下",既能使公民的生命、身体健康等重大法益在危难之际能够及时获得其他共同体成员的救助,又能使故意杀人罪、故意伤害罪与遗弃罪相互衔接。

由于我国刑法没有明文规定见危不救罪,虽然见危不救的场合原则上不构成故意杀人罪,但并不意味着不构成其他犯罪。一般认为,如果见危不救发生在夫妻之间、父母子女之间,情节恶劣的,可以构成《刑法》第261条规定的遗弃罪。如果见危不救发生在恋人等密切共同体成员之间,可以

---

① 参见蔡圣伟:《论故意不法前行为所建构之保证人义务》,载蔡圣伟:《刑法问题研究(一)》,台北,元照出版公司2008年版,第249－250页。

② 即便《德国刑法典》第323c条第1款规定了见危不救罪,许乃曼也抱怨该罪处罚力度不够,建议在刑法中增设加重犯的规定。"行为人引起危险或有特别的义务防止危险,但是不为第一项之救助义务者,处……(加重)……"参见[德]贝恩德·许乃曼:《德国不作为犯法理的现况》,陈志辉译,载许玉秀、陈志辉合编:《不移不惑献身法与正义——许乃曼教授刑事法论文选辑》,台北,新学林出版股份有限公司2006年版,第642页以下。

考虑其共同生活的时间、交往的密切程度,判断是否已经形成事实婚姻关系,比照《刑法》第261条的遗弃罪进行处罚。[①]

如果因为行为人的过错,导致被害人精神上受到刺激而采取自杀手段,尽管行为人有义务阻止被害人的自杀,但是倘若行为人与被害人的距离较远,不能对被害人的自杀的因果流程进行实质控制,就排除了行为人的实质作为义务,不能成立不真正不作为犯。但是,如果行为人与被害人处于同一居室等特定封闭的环境,能够排除他人对被害人进行救助的可能性,行为人已经具体的、现实的支配、掌握着发生危害结果的因果关系,因而具有实质的作为义务。[②]

第七节　危险共同体关系及其作为义务

近年来,"驴友"组队进行远足、登山、漂流、潜水等野外探险活动发生意外的事件频繁发生。[③] 对于部分"驴友"遇险,其他"驴友"见危不救的,该如何处理?对组织、招募"驴友"探险的,是否以及如何追究刑事责任?这涉及如何理解危险共同体,以及危险共同体产生作为义务的根据。

一、危险共同体的概念与类型

(一)危险共同体的概念

危险共同体是指诸如登山队或者探险队等由多人所组成的团体,并且这个团体是建立在团体成员相互帮助的基础上。在成员加入共同体时,无论是通过明示的方法还是默示的方法,至少已经让他人明确地知道,在出现危险的时候,具有相互帮助的意愿。

理论上大多认为危险共同体成员之间具有相互救助的义务。例如,施特拉腾韦特认为:"在登山旅游或者考察旅行这些自愿建立的危险共同体

---

① 参见黎宏:《排他支配设定:不真正不作为犯论的困境与出路》,载《中外法学》2014年第6期。

② 参见刘晓山、孙宝民:《不纯正不作为犯作为义务来源的反思与重构》,载《中国刑事法杂志》2008年第4期。

③ 何谓"驴友"?"360百科"给出的解释是:"旅友谐音驴友,是对户外运动,自助自主旅行爱好者的称呼,也是爱好者自称或尊称对方的一个名词,因为驴子能驮能背,吃苦耐劳,所以,也常被爱好者作为自豪的资本之一。""简单地说'驴友'就是户外运动的爱好者。在我国开展的主要户外运动包括远足、登山、攀岩、漂流、越野山地车等。这种属于驴友的运动中多数带有探险性,属于极限和亚极限运动,有很大的挑战性和刺激性。"载360百科网,https://baike.so.com/doc/1861463-1968768.html,最后访问时间:2017年12月2日。

里，成员之间也负有相互救助的义务。”[①]周光权教授认为，危险共同体关系引起的义务虽然不属于法律明文规定的范围，但是当事人之间基于一定事实形成了社会上通常认可的对危险应当予以共同承担、相互照顾的关系，因而在当事人之一发生危险时，共同体成员之间应当负有排除危险的义务。[②]

（二）危险共同体的类型

关于危险共同体的类型，大致可以分为下列几类：第一，专业进行登山、潜水等高度危险作业的登山队、潜水队等。这些队员受过职业训练，彼此之间往往具有长期的合作关系，有较强的自救意识和自救能力（救助他人的能力）。第二，消防队员、抓捕犯罪嫌疑人的警察之间存在危险共同体关系。例如，林东茂教授认为：“警方缉捕枪击要犯的攻坚小组，也是危险共同体。设若攻坚小组多人开溜，或可以不支援火力，落单的成员遭击杀，开溜者由于有保证人地位，应成立不作为杀人罪。”[③]上述两类危险共同体成员原则上相互承担作为义务。

存在争议的是下列类型：第一，工厂、矿山、工程队等从事具有一定危险作业的工人班组（车间班组）等，是否属于危险共同体？第二，临时组建、进行野外探险或者旅游的“驴友”群体（以下简称“驴友共同体”），其成员尽管也有一定的纪律约束，但属于临时组建，内部组织关系比较松散，成员缺乏专业训练，自救意识和自救能力（救助他人的能力）较低。上述组织体是否属于危险共同体，需要具体判断。

二、危险共同体的成立条件

成立危险共同体，需要具备下列条件。

（一）共同体成员之间关系的紧密性

多人之间具有一定的组织关系，每个人既是独立的个体，也是该组织的一员，彼此存在信赖关系。“法律上虽无明文规定，此一共同体每一份子相互间有其保护义务，但此一共同体在基于共同克服某项危险任务所形成之特别信赖关系，法律上应承认且课予此一相互之保护义务。因法律（精

---

① ［德］冈特·施特拉腾韦特、［德］洛塔尔·库伦：《刑法总论Ⅰ——犯罪论》（第5版），杨萌译，法律出版社2006年版，第372页。

② 参见周光权：《刑法总论》（第4版），中国人民大学出版社2021年版，第109页。

③ 林东茂：《刑法综览》（第6版），台北，一品文化出版社2009年版，第1－189页。

神)实为此一特别信赖关系而存在。”[①]

(二)危险共同体从事活动的适法性

危险共同体成员属于自陷风险,但该组织体旨在从事远足、登山、潜水、探险等合法的危险活动,而不是违法的危险活动。行为人在加入该共同体时,对存在(潜在)的危险具有一定的认知,也具有明示或者暗示(推定)的相互扶助的承诺。“危险的共同体之所以容易形成保证人地位,是因为此类性质的活动,由于加入者已经共同认知其特殊的危险性以及相互保护及扶助的必要性,所以透过其加入行为,同时也传达了相互保证的意愿,并因此形成相互信赖的关系以及行动的决定。”[②]对于从事吸毒甚至犯罪活动的,多数学者认为不成立危险共同体,[③]而是不法共同体。

三、危险共同体产生作为义务的根据

(一)事实承担义务说及其局限

关于危险共同体产生作为义务的根据,理论上除了少数学者从危险前行为角度进行论证外,[④]大多从事实承担保护义务的角度进行分析。[⑤] 事实承担保护义务是指行为人出于自愿,承诺对他人尽到安全照顾责任,这时候行为人由于已经被该受到保护的第三人所信赖,基于社会信赖原则,法律上期待行为人对于受保护者所可能面临的危险后果承担防止义务。

这种分析路径着眼于从形式上判断成员之间是否存在危险共同体关系。例如,韦塞尔斯指出:“这些共同体的产生是具有目的性的产生,人员之间由此构成的信赖关系,也包括在共同体生活中出现的典型性危险情况里提供相互的帮助和关心,比如是类似于夫妻关系的同居生活共同体,或者是登山、环海航行、深水下潜或者探险者团体。”[⑥]但是,这种事实承担义务说侧重于从形式上对作为义务的根据进行判断,容易导致作为义务的成立范围过于宽泛。

---

① 黄常仁:《刑法总论——逻辑分析与体系论证》(增订1版),台北,汉兴出版有限公司2001年版,第137页。

② 黄荣坚:《刑罚的极限》,台北,元照出版公司1999年版,第49-50页。

③ 参见黄荣坚:《刑罚的极限》,台北,元照出版公司1999年版,第26页;林东茂:《刑法综览》(第6版),台北,一品文化出版社2009年版,第1-189页。

④ 参见黄荣坚:《刑罚的极限》,台北,元照出版公司1999年版,第49-50页。

⑤ 参见[德]约翰内斯·韦塞尔斯:《德国刑法总论》,李昌珂译,法律出版社2008年版,第435页;[美]乔治·弗莱彻:《反思刑法》,邓子滨译,华夏出版社2008年版,第448页;林东茂:《刑法综览》(第6版),台北,一品文化出版社2009年版,第1-189页。

⑥ [德]约翰内斯·韦塞尔斯:《德国刑法总论》,李昌珂译,法律出版社2008年版,第435页。

(二)本书的观点

本书主张根据行为人对被害法益是否存在排他性支配,对是否构成危险共同体进行实质判断。

第一,基于共同体成员之间是否存在合理信赖关系作出判断。例如,施特拉腾韦特指出:“如果某人的行为让他人相信,在危难情况下会得到他的救助,否则就不会接受这样的危险,那么他就必须尽可能地制止这种危险。”①李在祥主张:“只要一起进行如探险或爬山等危险活动的人之间也存在特殊信赖关系,保证人地位就可以得到承认。因此,攀登队的负责人就处于必须保护因健康原因无法继续爬山的队员的保证人地位。但是这种保护义务限于消除参与人相互之间可以期待帮助范围内的危险。”②

从这个角度看,“驴友共同体”属于临时组建,内部组织关系比较松散,不存在对他人的合理信赖关系。但工厂、矿山、工程队等从事具有一定危险作业的工人班组(车间班组)等,虽然也可能是临时组建的,但由于是同一个公司、企业的成员,或者即便不是同一个工作单位,但在危险作业领域长期保持合作关系,组织较为严密,分工较为明确,彼此对他人存在合理信赖关系。

第二,基于共同体成员之间是否存在相互救助的承诺作出判断。例如,林东茂教授认为:“危险活动的团体成员,在参与之前,已有患难与共的认识和决心;危险活动的成败,以团体成员的同心协力为基础,这是危险共同体。”③

英美法系刑法理论往往将密切的共同体关系视为作为义务的来源,主要理由是危险共同体成员之间具有相互救助的承诺。但是,“不能说登山者对山上的每个处于危险境地的人都有救助义务,相互依赖的范围只局限在共同承担事业风险的人,他们之间存在隐含而固有的相互承诺”④。

从这个角度看,“驴友共同体”成员缺乏专业训练,自救意识和自救能力(救助他人的能力)较低,主观上没有相互救助的承诺(所签订的“生死文书”没有法律效力),客观上也没有自救和救助他人的能力。因此,所谓的“驴友共同体”不是危险共同体。相反,工厂、矿山、工程队等从事具有

① [德]冈特·施特拉腾韦特、[德]洛塔尔·库伦:《刑法总论Ⅰ——犯罪论》(第5版),杨萌译,法律出版社2006年版,第372页。

② [韩]李在祥:《韩国刑法总论》,[韩]韩相敦译,中国人民大学出版社2005年版,第114页。

③ 林东茂:《刑法综览》(第6版),台北,一品文化出版社2009年版,第1-189页。

④ [美]乔治·弗莱彻:《反思刑法》,邓子滨译,华夏出版社2008年版,第448页。

一定危险作业的工人班组(车间班组)等,以及近年来发生生产安全事故后从全国各地赶赴现场实施救援的救援人员,其成员受过专门的技能培训和安全培训,彼此之间具有信赖关系,存在相互救助的承诺,客观上也具有相互提供救助的能力,因此可以成立危险共同体,成员之间具有作为义务。

本书同时认为,尽管"驴友"等参加探险活动是自愿的,属于"自陷风险",但是"驴友共同体"的发起者或者领队基于其所实施的带领全体成员以身涉险的先前行为,原则上对于全体成员有事先进行充分提醒、告知危险的义务,并制定较为完备的应急方案。在"共同体"普通成员身处险境的场合,要组织人员积极施救,将危害降低到最小。如果不积极救助,造成严重后果的,应当依法追究其故意杀人、过失致人死亡或者遗弃等罪的刑事责任。

四、对危险共同体产生作为义务的范围的限制

(一)合理限定危险共同体产生作为义务的范围

对危险共同体产生作为义务的范围,应当进行合理限定。目前国内就危险共同体及其作为义务的研究比较薄弱。即便主张危险共同体成员相互负有作为义务的学者,也大多主张严格限制这种作为义务的范围。例如,周光权教授给出的理由是:"危险共同体的概念还是过于模糊,一般还是应当限定在登山或者其他探险活动这样的特殊场合,此时成员之间有相互照顾、救助的义务。"①

还有学者提出"危险共同体的解散"这一概念,以对作为义务进行限制。例如,吕翰岳博士以登山探险队员遇险为例,认为在继续向遇险者提供救助将导致自身生命安全得不到保障的情况下,"可以认为危险共同体赋予的作为义务已经到达极限,危险共同体由此解散",此时登山队员之间不再负担作为义务。② 实际上,运用免责的紧急避险的原理也能对这种场合进行很好的解读。

(二)本书的观点

本书认为,对于危险共同体产生作为义务的范围,可以从下列四个方面进行限定:

第一,根据法益的重要性程度认定作为义务的范围。对于他人的重大法益如生命、身体具有保护义务,但对他人的财产则没有保护义务。例如,

---

① 周光权:《刑法总论》(第4版),中国人民大学出版社2021年版,第111页。

② 参见吕翰岳:《作为与不作为之区分的目的理性思考——以德国判例与学说为借镜》,载《环球法律评论》2017年第4期。

施特拉腾韦特等认为，为了防止保护义务的泛化和法律的不确定性，应当将保护义务针对的法益限定为生命、健康或者其他人身法益。①

第二，根据从事合法危险行为还是非法危险行为认定作为义务的范围。前已述及，成立危险共同体关系，要求其实施的是合法的危险行为。因此，原则上犯罪集团的成员相互之间不存在保护义务。对于介乎于合法行为与非法行为之间的模糊地带，如果对行为性质作出准确的界定，应当根据具体情况适当降低成员的作为义务。

第三，根据行为人属于危险共同体的发起者、组织者与一般成员认定其作为义务。对于普通成员原则上不能赋予较高的义务，但“作为参与者的每个人也具有为他人的安全应该采取所期待的措施的保护责任”。② 危险共同体的发起者、组织者通常属于专业人士，具有相关专业知识和技能，对相关领域较为熟悉，自救和救助他人的能力较强，因此应当承担较高的义务。“登山或海底探险队的事实上的队长对所属队员在危险共同体生活中所遭受的生命或身体的危险承担保护责任。”③“登山时有人失足坠崖，或得高山症，其他成员，尤其专业技术较高、责任较重之领队或向导，即有‘危险共同体’之救援义务，应施以必要之急救，并通知最近之救灾单位。”④

第四，考虑被害人是否擅自行动、冒险作业等，判断是否属于自我答责的范围。在被害人自我答责的场合，危险共同体组织者和普通成员均没有作为义务，但是仍然负有一般救助义务，未能履行救助义务的，也可能成立遗弃等罪。

第八节　本书的观点

一、作为义务存在范围的适度扩张

当前我国社会之所以缺少“见危相助”，主要是因为很多时候施救者要对其行为支付高昂的成本。⑤ 除此之外，也要看到，“以团结互助为基本

① 参见[德]冈特·施特拉腾韦特、[德]洛塔尔·库伦：《刑法总论Ⅰ——犯罪论》（第5版），杨萌译，法律出版社2006年版，第372页。

② [韩]金日秀、[韩]徐辅鹤：《韩国刑法总论》（第11版），郑军男译，武汉大学出版社2008年版，第478页。

③ [韩]金日秀、[韩]徐辅鹤：《韩国刑法总论》（第11版），郑军男译，武汉大学出版社2008年版，第478页。

④ 高金桂：《不作为犯与保证人义务》，载《军法专刊》2012年第58卷第5期。

⑤ 参见黎宏：《一定条件下的见危不救入刑研究》，载《中外法学》2018年第3期。

原则的现代社会法制国家,要求社会成员间相互协作以实现法律目的"[①]。从刑法的角度看,"刑法不仅要求不实施损害行为,也要求防止损害的发生,不论采取何种方式,允许损害发生与造成损害发生都应当受到刑罚处罚……这取决于允许损害发生本身在某些情况下是否实施损害行为或造成损害发生的一种方式。"[②]本书认为,作为义务认定的范围应当随着社会和公民生活的需求而扩展,而不是仅仅拘泥于形式的框架。我们可以利用实质的判断在一定范围内增加或者补强形式上的作为义务。

二、共同体关系产生作为义务的根据

(一)共同体成员对其他成员的法益和其他成员前行为造成的侵害法益危险具有支配

刑法上广义的共同体关系包括密切共同体关系、危险共同体关系和不法共同体关系。[③] 共同体成员之间产生作为义务的根据,应当是基于社会连带关系的共同体成员,对其他成员的法益或者其他成员的前行为对法益造成的危险具有支配。

共同体成员之间具有相互提供帮助的义务,主要涉及法益保护义务和阻止犯罪义务。范伯格强调:"对坏撒玛利亚人法律推定其合法性源于在合理代价下避免个人利益损害的社会重要性,以及遇险者有权要求有能力者在无不合理风险、成本或障碍情况下施救这一道德要求的合理性。"[④]耶赛克指出:"从刑法的保护任务中推导避免结果发生的法义务。所以,根据不作为行为人的社会义务范围、根据健康的公民的感觉、社会共同体内在秩序的需要来决定之。"[⑤]相对而言,法益保护义务的范围要大于阻止犯罪的义务,阻止犯罪义务的成立门槛高于法益保护义务。

以法益保护义务为例,共同体成员之间所提供的救助,以行为人具有救助能力和其他救助条件为限。如果能够救助而不救助,根据具体情况,则分别成立不作为的故意杀人罪或者不作为的遗弃罪。

---

① [意]杜里奥·帕多瓦尼原著:《意大利刑法学原理》,陈忠林译,法律出版社1998年版,第114页。

② [美]乔尔·范伯格:《刑法的道德界限》(第1卷　对他人的损害),方泉译,商务印书馆2013年版,第141页。

③ 从最广义的角度看,整个社会就是一个共同体,为了维系社会的正常运转和公共福祉,每个社会成员对其他成员均具有一般的作为义务(救助义务)。

④ [美]乔尔·范伯格:《刑法的道德界限》(第1卷　对他人的损害),方泉译,商务印书馆2013年版,第207页。

⑤ [德]汉斯·海因里希·耶赛克、[德]托马斯·魏根特:《德国刑法教科书》(下),徐久生译,中国法制出版社2017年版,第808页。

(二)共同体关系的成因和对被害人的重要性

诚如阿什沃斯所指出的:“无论采用哪种自治理念,任何基于他人安全考量而通过不作为犯罪强加的责任都不应是‘无限制的’……在分配任何责任的时候,都(至少)应取决于我们的能力和代价,也取决于我们与他人关系的性质。”①为此,还应当考虑到共同体关系的成因和对被害人的重要性,行为人与被害人之间的作为义务的范围和强度存在差异。“即使作为义务来源于相同的法律规定或法律事实,由于作为义务程度的差异,也可能构成性质不同的犯罪。”②原则上,从基于血亲、姻亲关系形成的狭义的密切共同体关系,到同居关系形成的广义的密切共同体关系,到危险共同体,到不法共同体等逐级递减。不仅如此,正如前田雅英所指出的,在共同体意识强烈的地方,不作为犯的处罚范围较为广泛;而在重视个人自由的社会,个人被赋予的作为义务的范围较为狭窄。③

三、共同体关系产生的作为义务的类型

本书认为,共同体关系产生的作为义务的类型,主要有以下几种:

1. 对于未成年共同体成员,父母、监护人以及社会化的监护人负有法益保护义务和救助义务。对于父母和成年子女之间,原则上互相没有法益保护义务和阻止犯罪义务。但是在父母与成年子女同居一室的场合,如果由于疾病、天灾等非人为原因以及自陷风险导致面临生命危险的,相互之间负有救助义务(法益保护义务)。

2. 考虑到成年共同体成员具有完全的辨认控制能力,能够合理期待他不实施违法犯罪行为,即便实施了违法犯罪行为也应当对自己的行为负责(自我答责)。因此,他人对其没有法益保护义务和阻止犯罪义务。但是,在其面临法益侵害危险或者已经遭遇侵害的场合,共同体成员有义务提供救助,使其处境不至于进一步恶化。

3. 组织紧密的危险共同体成员之间具有救助义务。但是,对于临时组建的危险共同体,如在进行野外探险的场合,更多的是从法益保护的角度,强调“驴友”之间应相互扶助,避免发生危险;在不可避免地发生危险之后,在能够提供救助的情况下,应当尽可能地相互提供帮助。

4. 对于实施违法犯罪行为形成的不法共同体,因为自陷风险或者其他

---

① [英]安德鲁·阿什沃斯:《刑法的积极义务》,姜敏译,中国法制出版社2018年版,第49页。

② 张明楷:《刑法格言的展开》(第3版),北京大学出版社2013年版,第236页。

③ 参见[日]大谷实、[日]前田雅英:《精彩刑法(第3回):不作为犯》,载《法学教室》1996年第195号。

原因导致面临生命危险的，行为人对被害人负有救助义务。不过，相对于警察或者被害人等抓捕犯罪嫌疑人的行为，行为人的救助行为不具有优先性。同案犯之间原则上没有阻止他人犯罪的义务，但行为人不阻止同案犯实行过限行为，对被害人造成更为严重危害后果的，可能成立新的犯罪（数罪并罚）或者原罪的结果加重犯。

四、基于共同体关系产生作为义务的根据对我国刑事立法与司法的调整

针对当前司法实践中对于遗弃他人致死伤案件陷入“判处故意杀人罪，或者判处无罪”两个极端的问题，基于对共同体关系的扩大理解或者广义的共同体关系的建构，应当对遗弃罪进行客观解释、扩大解释，将该罪的适用范围扩大到包括非家庭成员。

从刑事立法的角度看，有必要在立法上为遗弃罪补充规定“遗弃致死伤”条款，提高遗弃行为的惩罚力度。同时，还有必要增设“见危不救罪”，赋予普通公民在一定条件下救助他人生命的积极义务。

第九章　缺陷产品供应商的安全义务与刑事责任的认定

第一节　问题的提出

尼古拉斯·巴特勒曾经说过："现代社会最伟大的发明就是有限责任公司！即使蒸汽机和电气的发明也略逊一筹。"公司、企业是当代世界各国最重要的经济组织形式，各种类型的公司、企业在科技创新、提供就业、增进福利等方面发挥着举足轻重的作用。但是，从新闻媒体的报道以及"3·15"打假情况看，也有部分公司、企业生产、销售的产品质量不佳。例如，部分品牌的汽车刹车装置失灵，致使发生严重交通事故；部分公司、企业生产、销售使用地沟油加工的食品，销售掺假三聚氰胺的婴幼儿配方奶粉等，①危害消费者的身体健康；甚至有的制药公司生产、销售假药、劣药，严重危害患者的生命。

早在1906年，美国作家厄普顿·辛克莱出版了《屠场》一书。该书描述了20世纪初美国食品加工厂的场景：食品加工车间里垃圾遍地，污水横流；彻底腐烂了的猪肉、发霉变色的香肠经过硼砂和甘油处理后再加上少量的鲜肉，和着被毒死的老鼠一同铲进香肠搅拌机……②"《屠场》一书即集中篇幅揭露美国屠宰业极不卫生的现象和工人的悲惨命运，在美国朝野

① "三鹿奶粉案"的基本案情是：自2007年12月起，三鹿集团陆续接到有关其生产、销售的部分婴幼儿系列奶粉存在产品质量问题的投诉。2008年6月28日，甘肃兰州解放军第一医院收到第一例婴儿患"肾结石"的病例。9月10日，三鹿集团股份有限公司称奶粉质量合格。9月11日，国家质检总局介入调查，卫生部高度怀疑奶粉受三聚氰胺污染。同日晚，三鹿集团发布产品召回声明称，经公司自检发现2008年8月6日前出厂的部分批次三鹿婴幼儿奶粉受到三聚氰胺的污染，市场上大约有700吨。三鹿集团决定立即全部召回于2008年8月6日以前生产的三鹿婴幼儿奶粉。9月18日，国家质检总局公布第109号总局令，决定自公布之日起，对《产品免于质量监督检查管理办法》（国家质量监督检验检疫总局令第9号）予以废止。本案中，涉案的三鹿集团负责人在最初知道其生产、销售的婴幼儿系列奶粉中含有三聚氰胺后，非但没有采取召回措施，而且继续生产、销售问题奶粉。但是，"因现有证据不足以证实被告单位及各被告人在2008年8月1日得知其产品中含有三聚氰胺以后，继续生产、销售的奶制品流入市场造成了危害后果"，无法认定为生产、销售有毒食品罪，而是认定为生产、销售伪劣产品罪。参见河北省高级人民法院刑事裁定书：《石家庄三鹿集团股份有限公司及相关责任人员生产、销售伪劣产品案》，载《最高人民检察院公报》2009年第4期。

② 参见[美]厄普顿·辛克莱：《屠场》，薄景山译，四川出版集团、四川文艺出版社2010年版，第136页。

上下引起震动,从而使《纯净食品及药物管理法》顺利出台。”[①]

诚如平山干子指出的:“关于流通的危险产品的安全性顾虑,不应当由消费者来承担。”[②]提高产品质量,保障消费者生命、身体健康和财产安全,既需要产品生产商、销售商提高管理水平,增强责任心,也需要加强对产品质量的监督管理,对生产、销售缺陷产品的不法人员采取行政、刑事制裁措施,以惩前毖后,以儆效尤。在公司、企业以作为方式实施上述违法行为,造成严重危害结果的场合,可以根据刑法、民法或者行政法的有关规定追究其法律责任。但是,诸如在将产品推向市场后才发现产品缺陷,却决定不召回缺陷产品,以致发生人员伤亡的场合,能否追究以及追究哪些人员的刑事责任,争议很大。在这方面,美国的“福特汽车案”、[③]德国的“皮革喷雾剂案”(Lederspray – Fall)、[④]日本的

① 肖华锋:《〈屠场〉与美国纯净食品运动》,载《江西财经大学学报》2003年第1期。

② [日]平山干子:《不作为犯与正犯原理》,成文堂2005年版,第181页。

③ 本案的基本案情是:1978年8月10日,三位中学生在美国印第安纳州驾驶一辆由福特公司生产的斑马牌汽车时,因为油箱盖脱落,将车停在公路中间后下车捡拾油箱盖。此时,一辆货车刹车不及,与斑马牌汽车发生追尾,发生火灾。事故中三位学生殒命,货车司机受轻伤。法院查明,货车司机酒后超速驾驶,福特公司明知其设计的斑马牌汽车的油箱存在安全隐患,却仍然生产、销售,导致他人死亡。法院最终判决货车司机成立过失杀人罪,福特公司无罪。福特斑马牌汽车油箱存在的缺陷是,位于车轴后面,如果被其他车辆以30英里/时的速度追尾,油箱会因为碰撞而扭曲破裂,造成大量漏油,进而引发火灾。如果修改油箱的设计,将油箱前置,或者安装一种橡皮囊,就可以避免火灾的发生。但是,这会给福特公司增加11美元/车的成本。福特公司基于经济成本等考虑,既没有修改设计,也没有召回缺陷汽车或者对消费者进行警示。

④ 本案的基本案情是:在德国,X公司生产皮革喷雾剂,子公司S和E负责产品的销售。公司收到了用户投诉,称他们使用该产品后受到了严重的健康损害,如咳嗽、寒战、发热、呼吸困难,甚至出现生命危险。在1981年5月,X公司主管人员召开特别会议商讨此事,与会人员有W、Sch博士、R、O、首席化学师B博士。B博士提出,现有的调查没有足够的证据证明皮革喷雾剂中含有有毒物质。由此,公司董事会决定,不召回产品亦不停止销售,只是完善产品包装上的警示说明。S公司的负责人W与E公司的负责人D分别在会后知晓了特别会议的内容,二人在各自主管范围内执行了决定。之后,大量该产品的消费者仍然不断受到身体伤害,政府部门介入并召回产品。后来查明,该产品中个别原料可能的毒理作用机制或者其与其他原料的结合,是出现伤害的可能原因。同时,滥用、过敏、散发均不会引起健康伤害。州法院一审判决被告人成立伤害罪,德国联邦最高法院基本支持了一审判决,并在学理上讨论了保证人地位的产生。州法院认为,由于先行行为对他人创设了危险的人,对将要发生的损害有义务予以避免。本案中被告人具有保证人地位,因为全部被告人实施了创设危险的先在行为,作为涉案公司的负责人,他们将皮革喷雾剂带进市场,消费者合规使用时会出现健康受损。法院谨慎地区分了被告人的负责范围及引申出的义务,W和D分别负有召回各自品牌喷雾剂的义务。州法院认为,在危机和例外情况下公司负责人具有一般责任,W和Sch博士作为公司负责人要对企业的整体行为负责。判决被告人就向消费者提供有缺陷的产品造成身体伤害,构成过失伤害罪;判决被告人集体决策不召回缺陷产品被消费者造成的身体伤害,构成危险的身体伤害罪。德国联邦最高法院认为,被告人创设了危险的先行行为在客观上也是违反义务的,对这一判决表示支持。参见[德]克劳斯·罗克辛:《德国最高法院判例:刑法总论》,何庆仁、蔡桂生译,中国人民大学出版社2012年版,第249页;[德]埃里克·希尔根多夫:《德国刑法学:从传统到现代》,江溯、黄笑岩等译,北京大学出版社2015年版,第252–253页。

“丰田汽车案”①以及我国的“三鹿奶粉案”等司法裁判和相关理论研究可作为前车之鉴。

根据我国《产品质量法》(2018 年修正)第 46 条的规定,缺陷产品中的缺陷,是指产品存在危及人身、他人财产安全的不合理的危险;产品有保障人体健康和人身、财产安全的国家标准、行业标准的,是指不符合该标准。本书讨论的缺陷产品的法律责任,是指生产者或者销售者等产品供应商因为其生产或者销售的产品存在缺陷,使产品的购买者、使用者和相关人员遭受人身伤亡或者财产损失而应当承担的法律责任。许乃曼指出:“在现代工业社会中站在刑法最前线的当然是刑法的产品责任,其最重要的部分乃是由最高法院所确认的生产者将已经贩卖给消费者的危险产品回收的责任。”②

但是,我国理论界大多从民法、行政法的角度进行研究,缺陷产品的法律责任是对已经生产或者销售的缺陷产品导致的危害追究民事层面的违约责任或者侵权责任,而刑法方面的研究则较为薄弱。对于产品缺陷,刑法上主要是以生产、销售伪劣产品等罪进行处理,存在诸多问题。例如,如果产品的生产工艺和过程等符合操作规程,产品本身也符合当时的国家标准、地方标准或者行业标准,制造商、销售商依据当时的认知水平,不能科学、有效地预防缺陷产品,或者不能发现是缺陷产品,但后来发现是缺陷产品,具有侵害消费者和公众的法益的危险,产品制造商、销售商是否负有告知公众、召回缺陷产品等安全义务?产品制造商、销售商等未履行告知义务和召回义务,导致发生人身伤亡或者财产损失的,是否因此承担相应的刑事责任?③“现代分工以及技术过程的复杂化,与针对特定生活范围能够单独掌控并应单独负责的自主性个人,所设计出来的刑事责任的概念并

---

① 本案的基本案情是:自 2009 年 11 月至 2010 年 2 月,日本丰田公司在全世界范围内累积召回 850 万辆汽车,其中在美国召回 600 万辆汽车。这些汽车存在的主要问题是油门踏板存在故障,脚垫滑动卡住油门、刹车失灵等,怀疑是车辆电子节流控制系统存在设计缺陷。2010 年 2 月,美国国会众议院先后举行了三场听证会,调查丰田汽车是否存在上述设计缺陷,以及丰田公司是否故意隐瞒产品缺陷。2011 年 2 月,美国交通部公布最终调查报告,认为丰田汽车不存在前述设计缺陷,在美国发生的涉丰田汽车致命性交通事故均为驾驶人操作不当所致,与丰田公司无关。

② [德]贝恩德·许乃曼:《过失犯在现代工业社会的捉襟见肘》,单丽玟译,载许玉秀、陈志辉合编:《不移不惑献身法与正义——许乃曼教授刑事法论文选辑》,台北,新学林出版股份有限公司 2006 年版,第 538 页。

③ 参见[日]吉田敏雄:《不真正不作为犯的体系与构造》,成文堂 2010 年版,第 85 - 86 页。

不相当。"①

本书尝试对缺陷产品供应商、销售商等的安全义务和刑事责任认定进行研究，以就教于各位同仁。

第二节 缺陷产品致害法律责任的处理模式

一、缺陷产品致害民事侵权责任模式及其不足

(一)关于产品侵权责任的法律规定

建立产品安全法律制度的根本宗旨在于保护不特定消费者的人身、财产安全和公共安全，体现了法律对公共利益的关注和社会化发展趋势。②但是，目前我国生产、销售伪劣商品犯罪的入罪门槛比较高，大量案件没有纳入刑法调整范围。此外，司法实践中也一定程度上存在"以罚(行政处罚)代刑"的现象。

1. 民法上的产品责任。我国民事法律明文规定的产品责任包括产品质量瑕疵担保责任和产品侵权责任。其中，产品质量瑕疵担保责任主要涉及产品故障、产品性能等问题，承担责任的方式主要是产品的修理、更换和退货。产品侵权责任主要涉及产品存在不合理危险导致人身伤害和财产损害的问题。就缺陷产品追究民事侵权责任，要求满足下列四个要件：第一，实施侵权行为；第二，发生危害结果；第三，在产品缺陷与危害后果之间具有因果关系；第四，行为人有主观过错(故意或者过失)。

我国《民法通则》(已失效)、《民法总则》(已失效)、《侵权责任法》(已失效)、《民法典》等对产品质量作出了一般性的规定。例如，我国《民法通则》(已失效)第122条规定："因产品质量不合格造成他人财产、人身损害的，产品制造者、销售者应当依法承担民事责任。运输者仓储者对此负有责任的，产品制造者、销售者有权要求赔偿损失。"③《民法典》第1202条规定："因产品存在缺陷造成他人损害的，生产者应当承担侵权责任。"第1206条第1款规定："产品投入流通后发现存在缺陷的，生产者、销售者应当及时采取停止销售、警示、召回等补救措施；未及时采取补救措施或者补

① [德]贝恩德·许乃曼：《过失犯在现代工业社会的捉襟见肘》，单丽玫译，载许玉秀、陈志辉合编：《不移不惑献身法与正义——许乃曼教授刑事法论文选辑》，台北，新学林出版股份有限公司2006年版，第519页。

② 参见王利明：《关于完善我国缺陷产品召回制度的若干问题》，载《法学家》2008年第2期。

③ 梁慧星教授认为本条规定了严格责任。参见梁慧星：《中国产品责任法——兼论假冒伪劣之根源和对策》，载《法学》2001年第6期。

救措施不力造成损害扩大的，对扩大的损害也应当承担侵权责任。”第1207条规定：“明知产品存在缺陷仍然生产、销售，或者没有依据前条规定采取有效补救措施，造成他人死亡或者健康严重损害的，被侵权人有权请求相应的惩罚性赔偿。”

相对来说，《产品质量法》等对产品质量、证明责任等作出了更为全面、系统的规定。例如，《产品质量法》（2018年修正）第26条规定：“生产者应当对其生产的产品质量负责。产品质量应当符合下列要求：（一）不存在危及人身、财产安全的不合理的危险，有保障人体健康和人身、财产安全的国家标准、行业标准的，应当符合该标准；（二）具备产品应当具备的使用性能，但是，对产品存在使用性能的瑕疵作出说明的除外；（三）符合在产品或者其包装上注明采用的产品标准，符合以产品说明、实用样品等方式表明的质量状况。”

2. 缺陷产品供应商的义务。一般认为，缺陷产品供应商主要承担安全警示义务、维修义务、召回义务和赔偿损失等义务。其中，召回义务是当前理论研究和司法实践的重点。关于召回义务，《消费者权益保护法》（2013年修正）第19条规定：“经营者发现其提供的商品或者服务存在缺陷，有危及人身、财产安全危险的，应当立即向有关行政部门报告和告知消费者，并采取停止销售、警示、召回、无害化处理、销毁、停止生产或者服务等措施。采取召回措施的，经营者应当承担消费者因商品被召回支出的必要费用。”第20条规定：“经营者向消费者提供有关商品或者服务的质量、性能、用途、有效期限等信息，应当真实、全面，不得作虚假或者引人误解的宣传。”《缺陷汽车产品召回管理条例》（2019年修订）第8条第1款规定：“对缺陷汽车产品，生产者应当依照本条例全部召回；生产者未实施召回的，国务院产品质量监督部门应当依照本条例责令其召回。”第11条第2款规定：“经营者获知汽车产品存在缺陷的，应当立即停止销售、租赁、使用缺陷汽车产品，并协助生产者实施召回。”第11条第3款规定：“经营者应当向国务院产品质量监督部门报告和向生产者通报所获知的汽车产品可能存在缺陷的相关信息。”第12条第2款规定：“生产者确认汽车产品存在缺陷的，应当立即停止生产、销售、进口缺陷汽车产品，并实施召回。”

3. 产品责任的归责。归责是指在行为人因其行为和物件致人损害的事实发生以后，应依何种根据使之负责。[①] 产品责任归责要解决的是被侵权人的损害由谁承担责任的问题，亦即生产者和销售者之间是否以及由谁

① 参见王利明：《侵权行为法研究》（上卷），中国人民大学出版社2004年版，第193页以下。

向被侵权人承担责任。“在法律规范原理上,使遭受损害的权益,与促使损害发生之原因者结合,将损害因而转嫁由原因者承担之法律价值判断因素,即为‘归责’意义之核心。”[①]因为销售者的过错导致产品存在缺陷造成损害的,由销售者承担责任;非因销售者的过错导致产品存在缺陷的,则由造成缺陷的生产者承担责任。

(二)缺陷产品生产商承担严格责任的理由

从各国法律规定和司法实践看,通常要求缺陷产品生产商承担严格责任,在证明责任分配上采取举证责任倒置的做法。我国也是如此。《产品质量法》(2018年修正)第42条第2款规定,如果销售者不能履行向受害人指明产品的生产者,或者指明产品的供货者的义务,则对缺陷产品给消费者造成的损害承担严格责任。[②] 究其原因,主要在于:

第一,基于实质公正的要求。生产者与消费者的能力和地位实质上是不平等的,要求消费者证明生产者存在过错是不公平的。“严格责任的目的是确保因缺陷产品所致损害的费用应当由将这些产品推向市场的制造商承担,而非由无力保护自己的受害人承担。”[③]

第二,基于生产者具有分摊损失的能力的考虑。“严格责任案件涉及的不再是过错的问题,而是社会如何分摊在这个复杂社会中由于产品的生产和销售带来一定损失的成本问题。”[④]“产品生产商被要求吸收损失并将其分配给它的股东,特别是通过长期运作分配给消费者。因此……生产商会把这些赔偿分配到产品的成本中,从而在产品价格中得到体现,即将损害产生的成本分摊到使用该产品的每一个消费者身上。”[⑤]

第三,基于提高产品安全性的考虑。“刺激安全是严格产品责任最重要的目标之一……生产产品的公司比潜在的牺牲者更清楚地了解缺陷的存在,因而更应该采取措施以使这种风险最小化。”[⑥]

第四,一个从它支配控制之下的某物或某项活动中获取利益的人,应当对该物或该项活动所致的损害负责;一个为自己利益而自愿经营某项事

① 参见邱聪智:《庞德民事归责理论之评介》,载邱聪智:《民法研究》(一),中国人民大学出版社2002年版,第84页。

② 参见梁慧星:《中国产品责任法——兼论假冒伪劣之根源和对策》,载《法学》2001年第6期。

③ 李俊主编:《美国产品责任法案例选评》,对外经济贸易大学出版社2007年版,第48页。

④ 李俊主编:《美国产品责任法案例选评》,对外经济贸易大学出版社2007年版,第75页。

⑤ 董春华:《中美产品缺陷法律制度比较研究》,法律出版社2010年版,第155-156页。

⑥ 董春华:《中美产品缺陷法律制度比较研究》,法律出版社2010年版,第178-180页。

业的人,应当承担该事业性质所生的或相关的致损风险。[①] 我国《侵权责任法》(已失效)第 41 条规定:“因产品存在缺陷造成他人损害的,生产者应当承担侵权责任。”论者认为,本条对缺陷产品生产者规定了严格责任或者无过错责任。[②]

(三)缺陷产品致害侵权责任模式的不足

1. 缺陷产品致害侵权责任模式的不足。通过追究涉案缺陷产品供应商的民事侵权责任,为消费者提供法律救济的模式有很多优点,但也存在下列不足之处。

第一,传统的民事侵权责任和违约责任是建立在已经发生损害后果之上的事后救济。要追究侵权责任,以发生危害结果为前提,但不能以他人产品缺陷发生危害为由,就同一类型的尚未发生实害的缺陷产品主张侵权责任。相关立法规定了诸多免责理由。例如,根据我国《产品质量法》(2018 年修正)第 41 条的规定,对于“产品投入流通时,引起损害的缺陷尚不存在的”,以及“将产品投入流通时的科学技术水平尚不能发现缺陷的存在的”,免除生产者的产品责任。但是,缺陷产品法律责任中的产品召回以存在质量缺陷为前提,不要求发生实际的损害后果。当然,通常是在消费者使用缺陷产品已经发生危害结果的事件达到一定规模的情况下,产品缺陷才会暴露出来。

例如,2000 年前后,很多用户反映,日本三菱汽车公司生产的“帕杰罗”V31、V33 系列越野汽车的后轴制动油管在设计上存在缺陷,导致制动液泄漏,紧急情况下无法有效制动。由于三菱公司对此持回避态度,而且采取的措施也很不得力。2001 年 2 月 9 日,《中华人民共和国国家出入境检验检疫局公告(2001 年第 3 号)》吊销了日本三菱 V31、V33 越野车的进口商品安全许可证,并暂停使用了该型号的车辆。同年 3 月 2 日,三菱公司作出承诺,对缺陷汽车实施召回。

第二,成立民事侵权责任,要求被害人证明产品缺陷与危害后果之间具有因果关系。在民事侵权责任案件中,为了节约成本、提高竞争力,生产、销售等分工日益加剧,原材料来源日益多元化,产品致害普遍存在“多因一果”现象;从技术上判断何种原因导致发生危害,具有较高的技术门

① 参见杨立新:《〈中华人民共和国侵权责任法〉条文释解与司法适用》,人民法院出版社 2010 年版,第 279 页。

② 参见王胜明主编,全国人大法工委民法室著:《〈中华人民共和国侵权责任法〉条文解释与立法背景》,人民法院出版社 2010 年版,第 173 页;王利明主编:《中华人民共和国侵权责任法释义》,中国法制出版社 2010 年版,第 195 页。

槛;即便可以委托专门机构出具鉴定意见,为此付出的经济成本也是普通人难以承受的。所以说,在缺乏公力救济的情况下,被害人难以证明产品缺陷与危害后果之间的因果关系。但是,在缺陷产品召回义务中,对于同一批次所有存在缺陷的产品,生产商、销售商应当主动召回,而不是仅召回已经发生危害的产品。

第三,成立民事侵权责任,要求产品供应商主观上有过错(故意或者过失)。但是,对于诸如事先由于技术障碍不可能发现产品缺陷的情形,产品供应商事先不可能存在故意,甚至连过失都没有,难以成立民事侵权责任。

第四,民事侵权责任重在经济赔偿这种补偿性责任,而不是惩罚性责任。[①] 对涉案企业而言只是增加了一笔额外的成本,甚至有的企业事先已经精心计算可能承担的赔偿数额,将其列为产品成本的一项。这一点在前述美国"福特汽车案"中表现得特别明显。由于这种责任方式无法对企业管理人员追究个人责任,难以发挥预防作用。

2. 追究缺陷产品刑事责任的相对优势。有学者对缺陷产品民事责任和缺陷产品刑事责任进行了比较研究,认为传统的产品民事责任以缺陷产品的损害为前提,以补偿受害人的损失为目的。而产品刑事责任的重点在于维护产品安全,只要产品的生产者、销售者实施了刑法规范所禁止的生产和销售行为,或者说应当履行《产品质量法》(2018 年修正)所要求的义务而不履行,使公众不能获得有权期望的安全产品,给社会秩序造成了较大的损害,就应当追究其刑事责任。[②] 虽说这种观点可能导致形式地认定生产、销售伪劣产品犯罪,导致处罚范围的不当扩大,但主张扩大刑法在缺陷产品致害案件中的适用,以更好地保护法益的思路,是妥当的。

本书认为,相对于缺陷产品民事责任,追究缺陷产品刑事责任具有下列优点:第一,对涉案企业科处罚金,特别是浮动的罚金刑,可以根据涉案企业的销售额(营业额)确定科处罚金的数额,企业获得的利润越高,罚金数额就越高,能够发挥对犯罪的制裁作用。第二,可以根据刑法规定和具体案件事实追究涉案企业管理人员的刑事责任,既可能成立故意犯罪,也可能是奠基于监督责任(监督过失)、管理责任(管理过失)基础上的过失犯罪。

有关法律法规也规定可以对不履行缺陷产品召回义务的单位或者人

---

① 王利明教授指出,惩罚性赔偿是指由法庭所作出的赔偿数额超出实际的损害数额的赔偿,它具有补偿被害人遭受的损失,遏制或惩罚不法行为等多重功能。参见王利明:《惩罚性赔偿研究》,载《中国社会科学》2000 年第 4 期。

② 参见焦占营:《论产品刑事责任》,载《法律科学(西北政法学院学报)》1995 年第 6 期。

员追究刑事责任。例如,《缺陷汽车产品召回管理条例》(2019 年修订)第 22 条至第 25 条规定,对涉案汽车生产商、销售商不依法履行召回义务的行为规定了行政处罚等措施。第 26 条规定:“违反本条例规定,构成犯罪的,依法追究刑事责任。”至于如何追究刑事责任,还需要进一步研究。

二、缺陷产品致害刑事法律责任模式之一:故意的作为犯模式

关于缺陷产品致害的刑事责任,大致可以分为故意的作为犯模式、过失犯模式、真正不作为犯模式和不真正不作为犯模式。[①] 本书将逐一展开论述。

(一)故意的作为犯模式的基本内容

关于缺陷产品生产商、供应商的刑事责任,主要有下列几种立法方式:第一种方式是,着眼于产品质量不符合有关法律法规规定的标准,认定为生产、销售伪劣商品罪或者更为具体的罪名诸如生产、销售有毒、有害食品罪,生产、销售、提供假药罪等。第二种方式是,着眼于缺陷产品对被害人造成的伤亡后果和财产损失,认定为故意杀人罪、故意伤害罪(致死)、过失致人死亡罪、过失致人重伤罪。第三种方式是,着眼于产品造成的公共危险。第四种方式是,规定业务过失犯罪。在德国、日本等国,虽然在刑法典中并未明文规定缺陷产品的刑事责任,但是对于故意提供缺陷产品致人死亡或者重伤的,按照故意杀人、故意伤害罪、过失伤害罪等论处;对于过失致人重伤或者死亡的,则以业务过失犯罪论处。

我国刑事立法采用的是上述第一种方式。早在 1993 年 7 月,第八届全国人大常委会就通过了《关于惩治生产、销售伪劣商品犯罪的决定》(已失效),第一次从产品刑事责任的角度规定了生产、销售伪劣产品罪和生产、销售假药罪等罪名。我国 1997 年《刑法》在“破坏社会主义市场经济秩序罪”一章中专设“生产、销售伪劣商品罪”一节,通过《刑法》第 140 条至第 148 条,设立 9 个罪名,涵盖普通缺陷产品和缺陷食品、药品、医用器材、化妆品、农药、兽药、化肥、种子等特殊产品。其中既有危险犯,也有实害犯;所有的犯罪都是故意犯罪。这种立法方式的优点是直截了当地规定缺陷产品类型。

以我国 1997 年《刑法》第 140 条规定的生产、销售伪劣产品罪为例,“以不合格产品冒充合格产品”是前三种行为方式的“法律”特征,而“掺

---

① 这里参考黎宏教授的观点。黎宏教授将缺陷产品刑事责任的处理模式分为故意的作为犯模式、过失犯模式和不作为犯模式。参见黎宏、常康爽:《缺陷产品不召回的刑事责任》,载《上海政法学院学报(法治论丛)》2018 年第 5 期。

杂、掺假,以假充真,以次充好”等三种行为方式则是“以不合格产品冒充合格产品”的“事实”意义上的表现形式。具体来说,“掺杂、掺假,以假充真,以次充好”等三种行为方式是生产、销售伪劣产品主要行为方式的列举,而“以不合格产品冒充合格产品”则是概括性规定,反映了生产、销售伪劣产品行为的本质特征。所以,1997 年《刑法》第 140 条中的“掺杂、掺假,以假充真,以次充好”与“以不合格产品冒充合格产品”之间的连词“或者”可以置换为“等”字。① 此外,只有“销售金额五万元以上不满二十万元”的,才能认定为生产、销售伪劣产品罪。该规定充分说明,本罪是实害犯而非危险犯,销售额未达到这一标准的行为至多属于行政违法案件。

如果抛开上述生产、销售伪劣产品等罪,几乎不可能认定缺陷产品生产商、销售商构成故意杀人、故意伤害等罪。要认定构成过失致人死亡、过失致人重伤等罪,不仅需要认定生产商、销售商以作为方式实施的生产、销售缺陷产品的行为与危害结果之间具有因果关系,而且需要认定行为人主观上至少具有过失。

(二)对故意的作为犯模式的评析

本书认为,缺陷产品致害刑事责任的故意的作为犯模式,主要存在下列缺陷:

1. 这种模式主要从作为犯的角度进行立法,几乎没有从不作为犯的角度进行制度设计。我国刑法分则规定的产品质量犯罪,基本上都是考虑生产商、销售商事先知道所生产、销售的产品质量不合格的情形。对于供应商事先由于技术原因等未发现产品存在设计缺陷,但之后随着技术进步发现产品存在设计缺陷,却不履行召回义务,导致发生人员伤亡或者重大财产损失的,难以追究法律责任。例如,根据《产品质量法》(2018 年修正)第 41 条第 2 款第 3 项的规定,如果供应商在“将产品投入流通时的科学技术水平尚不能发现缺陷的存在的”,免除赔偿责任。民事法律责任尚且无法追究,更不要奢谈刑事法律责任。这显然不利于保护消费者的合法权益。

2. 前述我国《产品质量法》《消费者权益保护法》《食品安全法》等法律法规规定了缺陷产品召回义务,有关部门还制定了实施细则。例如,交通运输部《铁路专用设备缺陷产品召回管理办法》(2018 年修正)第 31 条规定:“生产企业未按规定召回缺陷产品,未采取措施消除缺陷的,国家铁路局应当责令其改正,拒不改正的,按下列规定处罚……构成犯罪的,依法追究刑事责任。”但是,对不履行缺陷产品警示义务、召回义务、修补义务等,

---

① 参见曲新久:《论生产、销售伪劣产品罪的几个问题》,载《人民检察》2016 年第 3 期。

在何种情况下构成刑法上的不作为犯，目前刑法理论上并未进行全面、深入的研究。没有司法实务支持的刑法理论研究是缺乏生命力的，而没有刑法理论指导的司法实践必然是盲目的、机械的。

3. 刑法理论对不履行缺陷产品召回义务等是否构成不作为犯缺乏系统的研究。认定是否构成我国刑法分则规定的产品质量犯罪，要求满足违反"国家法律法规关于产品质量的规定"这一标准。前述我国《产品质量法》(2018 年修正)第 26 条对产品质量标准作出了较为明确的规定。从我国《刑法》规定来看，成立第 140 条规定的生产、销售伪劣产品罪，要求行为人的行为属于"掺杂、掺假"、"以假充真"、"以次充好"或者"以不合格产品冒充合格产品"四种类型之一，均涉及判断产品是否属于"真"、"好"或者"合格"的产品质量标准。其他涉及特殊种类产品质量的罪名，要求就更为具体。

为了进一步明确归责范围，有学者指出，要根据产品在生产或者销售时是否达到了当时的产品质量国家标准、地方标准或者行业标准，判断是否属于"缺陷产品"。除此之外，还需要判断消费者使用该缺陷产品所造成的损失等，是因为消费者使用不当造成的，还是因为产品本身存在缺陷造成的。[①] 但是，如果国家有关法律法规等对产品质量没有明文规定，即便涉案企业知悉存在产品缺陷却仍然将缺陷产品置于流通领域的，也无法追究其刑事责任。

4. 前述罪名对生产、销售缺陷产品的主体范围界定过于狭窄。例如，如果认为生产商、销售商负有安全义务，究竟哪些属于生产商、销售商？具体负有哪些安全义务？延伸开来说，原材料、配件的生产商、销售商是否属于缺陷产品生产商、销售商？除了生产商、销售商之外，诸如"京东""淘宝""拼多多"等电商平台，以及市场管理局等国家监管机构有无缺陷产品召回义务、警示义务或者相关职责？前述缺陷产品供应商、监管机构等怠于履行安全义务的，是否以及如何就因此发生的危害结果承担刑事责任？

5. 对犯罪人主观心态的设计不够细密。例如，行为人明知产品存在严重缺陷，存在安全隐患，却依然生产、销售该产品，致人死亡、重伤的，不但难以将生产、销售缺陷产品的行为认定为杀人、伤害行为，而且不太可能认定行为人主观上具有杀人、伤害故意。退一步说，即便能够认定为故意杀人、伤害罪，处罚也过于严苛。如果仅以过失致人死亡罪、过失致人重伤罪论处，不仅主观方面的认定存在困难，处罚也过于轻缓。又如，对于供应商

---

① 参见焦占营：《论产品刑事责任》，载《法律科学(西北政法学院学报)》1995 年第 6 期。

生产、销售缺陷产品存在过失的，由于我国刑法并未就产品刑事责任规定过失犯罪，只能考虑以过失致人死亡罪、过失致人重伤罪论处。对于行为人事先知道产品存在缺陷却执意将缺陷产品投入消费市场，或者在知悉产品存在缺陷却先后决定不召回的，认定为过失显然严重违反过失犯的理论逻辑，处罚也过于轻缓；对于仅导致财产损失的，只能追究民事侵权或者违约责任。

6. 前述罪名的数额起点高，犯罪门槛较高。根据缺陷产品造成的危害后果，对生产、销售的产品数量或者销售金额进行限制，如《刑法》第 140 条中规定“销售金额在五万元以上”，而没有考虑造成被害人伤残或者死亡的情形。销售金额没有达到法定标准，但是造成了消费者伤亡或者重大财产损失的，将无法按照本罪处理。

7. 法定刑的设置存在不足。对于行为人明知产品存在严重缺陷，存在安全隐患，却依然生产、销售该产品，致人死亡、重伤的，相关法条规定的法定刑比较低的，可能放纵犯罪人。例如，《刑法》第 148 条规定的生产、销售不符合卫生标准的化妆品罪，规定“造成严重后果的，处三年以下有期徒刑或者拘役，并处或者单处销售金额百分之五十以上二倍以下罚金”。如果供应商事先明知产品有缺陷，故意造成消费者死亡、重伤，以本条处罚将过于轻缓。

三、缺陷产品致害刑事法律责任模式之二：过失犯模式

（一）过失犯模式的基本内容

受德国联邦法院“皮革喷雾剂案”的判决以及刑法理论的影响，日本司法实务界主张对造成严重危害后果的缺陷产品致害案件以刑事犯罪进行处罚。但是，与后续德国以不作为犯论处不同，日本法院主要以过失犯加以解决。“至少最高裁判所还没有从正面展开不作为犯论，所被展开的还是‘纯粹的过失犯论’。”[①]就以过失犯模式处理产品缺陷案件而言，“追究刑事过失责任的场合，在与所发生的结果的关系上，以什么时点的过失进行追究是关键。通常，以法益侵害的结果发生为前提，回溯因果的历程，对客观预见可能性及结果回避可能性的存在阶段的行为进行锁定，再以在该阶段中采取什么样的行为才可以避免结果发生为问题”[②]。

---

① ［日］稻垣悠一：《刑事过失责任与不作为犯论——以刑法上的制造物过失相关事例为中心》，张光云译，载《四川师范大学学报（社会科学版）》2015 年第 2 期。

② ［日］稻垣悠一：《刑事过失责任与不作为犯论——以刑法上的制造物过失相关事例为中心》，张光云译，载《四川师范大学学报（社会科学版）》2015 年第 2 期。

对过失行为者的责任追究，通常区分为“制造销售阶段的过失”和“产品流通阶段的过失”两类。第一，“制造销售阶段的过失”。例如，在日本“森永奶粉事件”中，涉案行为人在奶粉生产阶段混入含有毒性的物质，导致食用奶粉的消费者死伤。对涉案的生产商和工作人员，法院判决承担过失犯的刑事责任。在认定涉案企业及其工作人员是否承担过失责任时，“作为这些事件的特质，行为者对具体产品的制造销售过程是否存在参与事实成为关键……在与所发生的结果的关系上锁定事故原因，在与该事故原因的关系上找出现实且具体的参与事实或者管理监督权限之后，进而断定结果回避措施，如果有疏忽这一措施的情形，则肯定过失责任。”①第二，“产品流通阶段的过失”。典型案例有日本“三菱货车轮胎脱落事件”②、“药害艾滋病，绿十字会渠道事件”、“药害艾滋病，厚生省渠道事件”和“Paroma 煤气热水器一氧化碳中毒事件”等。以“药害艾滋病，厚生省渠道事件”为例，关于是否以及如何追究厚生省的干部的刑事责任，过失犯理论主张：“过失犯的客观注意义务是无法漠视行为者的社会地位而进行设定的。从其所处的社会生活地位，如果可以导出作为行政管理机构的责任人所担负的对制造公司及医师的各种监督义务的话，那么把这作为刑法上的注意义务来予以认定就是可行的。”③

日本法院之所以未采取不作为犯模式，而是采取过失犯模式，有学者认为是因为新过失论在日本占有主流地位。根据新过失论的观点，在既有作为又有不作为的场合，以同时具备监督过失与管理过失为由，认定为作为犯。以前述“Paroma 煤气热水器一氧化碳中毒事件”为例，主张认定为过失犯、作为犯。主要理由是：第一，“过失犯的客观注意义务是无法漠视行为者的社会地位而进行设定的，从其所处的社会生活地位”，可以推导出各种监督义务；第二，过失犯中“致（人重伤、死亡）”这样的表述，说明其本身就包含了不作为的形式，不需要讨论作为与不作为等置的问题；第三，以逾越基准行为这一标准进行过失认定，“即使存在如何设定基准行为的问题，但也并无导入保证人理论来谋求筛选行为人的必要性”。④

---

① ［日］稻垣悠一：《刑事过失责任与不作为犯论——以刑法上的制造物过失相关事例为中心》，张光云译，载《四川师范大学学报（社会科学版）》2015 年第 2 期。

② ［日］日本最高裁判所 2012 年 2 月 8 日刑事判决，载《最高裁判所刑事判例集》第 66 卷，第 4 号，第 200 页。

③ ［日］稻垣悠一：《刑事过失责任与不作为犯论——以刑法上的制造物过失相关事例为中心》，张光云译，载《四川师范大学学报（社会科学版）》2015 年第 2 期。

④ ［日］稻垣悠一：《刑事过失责任与不作为犯论——以刑法上的制造物过失相关事例为中心》，张光云译，载《四川师范大学学报（社会科学版）》2015 年第 2 期。

对上述案件除了通过拓展保证人地位的范围加以解决外,完全可以通过发展监督过失、管理过失等理论扩大责任主体的范围,以过失犯进行处理。①

(二)我国不宜采取过失犯模式

本书认为,我国不宜借鉴上述日本的过失犯模式。主要理由有如下三点。

1. 日本刑法理论和司法实务之所以采取过失犯模式,与过失犯论中新过失论占通说地位。新过失论将过失犯的实行行为解读为"没有履行结果回避义务",消弭了作为和不作为的区别。但是,作为是引发因果流程,而不作为是不介入因果流程,这二者在违法性层面的区别,即便在过失犯中采取新过失论,也并未消失。②

2. 新过失论无法替代保证人地位的判断。以前述"Paroma 煤气热水器一氧化碳中毒事件"为例,日本最高裁判所将重点置于行政法规上的监督权、法益的需保护性、保护可能性这三个方面。但是,这对于确立保证人地位而言,是远远不够的。实际上,需要保护哪些利益、制止哪些危害,是由保证人义务和注意义务共同决定的,两者相互确定、互相约束。比如,具有危险性的企业的企业主的保证人地位决定了他需要采取必要的安全措施;而他是否允许容忍一定程度的危险,取决于一般的注意义务。③

3. 新过失论下的监督过失、管理过失,会导致过失犯由限制正犯概念向扩张正犯概念转变,导致处罚范围的不当扩大化。例如,稻垣悠一指出:"判例实务虽然在表面上展开的是纯粹的过失犯论,然而实际上却是在扩大不真正不作为犯的成立范围。"④黎宏教授也认为,过失犯模式的主要问题在于,"以注意义务的判断代替作为义务的判断,容易导致处罚范围过宽"。⑤ 为此,应当通过保证人地位的有关理论,对主体的范围进行限定。⑥

---

① 参见姚诗:《不真正不作为犯的边界》,载《法学研究》2018 年第 4 期。

② 参见吕英杰:《论客观归责与过失不法》,载《中国法学》2012 年第 5 期。

③ 参见[德]冈特·施特拉腾韦特、[德]洛塔尔·库伦:《刑法总论 I——犯罪论》(第 5 版),杨萌译,法律出版社 2006 年版,第 425 页。

④ [日]稻垣悠一:《刑事过失责任与不作为犯论——以刑法上的制造物过失相关事例为中心》,张光云译,载《四川师范大学学报(社会科学版)》2015 年第 2 期。

⑤ 黎宏、常康爽:《缺陷产品不召回的刑事责任》,载《上海政法学院学报(法治论丛)》2018 年第 5 期。

⑥ 参见姚诗:《不真正不作为犯的边界》,载《法学研究》2018 年第 4 期。

四、缺陷产品致害刑事法律责任模式之三:真正不作为犯模式

(一)真正不作为犯模式的基本内容

采取真正不作为犯模式,要求建立与其配套的两种制度:一是生产商、销售商的产品质量瑕疵担保责任,二是缺陷产品召回制度。其中,生产商、销售商的产品质量瑕疵担保责任主要涉及产品故障、产品性能等问题,承担责任的方式主要是产品的修理、更换和退货,主要是通过前述《民法通则》(已失效)第122条与《产品质量法》(2018年修正)第26条确立的。此处不再赘言。这里主要围绕缺陷产品召回制度进行探讨。

缺陷产品召回制度,是指产品的生产者或者销售者在知悉其生产或者销售的某类产品存在危及消费者人身、财产安全的缺陷时,依法将该类产品从市场回收,免费进行检测、修理或者更换,以及时消除或者减少缺陷产品危害的制度。① 各国都加大了对缺陷产品生产商的惩罚力度。例如,在"皮革喷雾剂案"中,德国联邦最高法院认为:"谁作为产品的制造者或者销售商使产品进入流通,如果按照规定使用产品会违反消费者合理期待的给消费者造成出现健康伤害的危险,谁就有义务避免该伤害(基于先前实施的危害行为而生的保证人地位)。"②"从制造商或者销售商的保证人地位中,可以推导出将已经进入交易的、有害健康的产品加以召回的义务。"③

我国有关行政法律法规和规章规定了缺陷产品召回制度。下面简要梳理一下该制度的设立过程。原国家质检总局于2002年7月首次宣布,对于当年第二季度产品质量国家监督抽查中存在严重质量问题的家庭用品,从当月起予以强制收回。同年10月通过的《上海市消费者权益保护条例》明确规定了对缺陷商品的召回制度,这是我国法律体系中第一次出现缺陷产品召回制度的规定。同年11月,原国家质检总局发布公告召回"美国惠氏奶粉",是我国首次对缺陷产品实施强制召回。2004年3月,原国家质检总局、国家发改委、商务部、海关总署联合出台了《缺陷汽车产品召回管理规定》(已失效)。至此,缺陷产品召回制度得以正式确立。2007年7月,国务院出台了《关于加强食品等产品安全监督管理的特别规定》。

---

① 参见王胜明主编,全国人大常委会法制工作委员会民法室编著:《中华人民共和国侵权责任法解读》,中国法制出版社2010年版,第230页。

② [德]克劳斯·罗克辛:《德国最高法院判例:刑法总论》,何庆仁、蔡桂生译,中国人民大学出版社2012年版,第248页。

③ [德]克劳斯·罗克辛:《德国最高法院判例:刑法总论》,何庆仁、蔡桂生译,中国人民大学出版社2012年版,第249页。

2007年8月,《食品召回管理规定》(已失效)公布并正式实施。原国家食药监局于2007年12月制定了《药品召回管理办法》(2022年修订)。2008年9月,原国家质检总局公布了《缺陷产品召回管理条例(征求意见稿)》向社会广泛征求意见,并就此召开了立法听证会。2009年2月28日颁布的《食品安全法》规定了"国家建立食品召回制度"。2010年7月1日施行的《侵权责任法》(已失效)第46条规定:"产品投入流通后发现存在缺陷的,生产者、销售者应当及时采取警示、召回等补救措施。未及时采取补救措施或者补救措施不力造成损害的,应当承担侵权责任。"这意味着我国建立了全面的缺陷产品召回制度。

我国《缺陷产品召回管理条例(征求意见稿)》中提高了对生产商及相关责任人的惩罚力度,生产者故意隐瞒产品缺陷危害信息的而没有构成违法的,将责令限期改正;逾期仍未改正的,将处以20万元以下罚款。承担缺陷检验工作的检验机构、专家伪造检验结论或者出具虚假证明的,对单位处5万元以上20万元以下罚款,对直接负责的主管人员和其他直接责任人员处1万元以上5万元以下罚款。构成犯罪的,将依法追究刑事责任。但是,从有关制度的运行看,仍然无法对涉案生产商、销售商起到足够的防范和惩戒效果。

根据我国《产品质量法》(2018年修正)第41条第2款第3项的规定,"将产品投入流通时的科学技术水平尚不能发现缺陷的存在的",生产者不承担产品赔偿责任。但是,这并不意味着可以免除生产者对缺陷产品的召回义务。"虽然《产品质量法》第41条规定了可以免责,并不等于说生产者就不负有召回义务。更何况该条规定针对的是瑕疵产品,而不是针对有缺陷的产品。即使依据现有的科学技术尚不能发现产品的缺陷,但是将来如果科学技术发展后能够检测出产品的缺陷,对公共安全会造成威胁,生产者也应当负有召回产品的义务。"①

(二)对真正不作为犯模式的评析

诚如王利明教授指出的,建立产品召回制度的目的在于保护不特定消费者的人身财产安全和公共安全。② 只要发现产品存在缺陷就可以启动召回程序,不要求发生实际损害结果。在个别缺陷产品造成损害或者其他某类产品可能存在潜在损害危险的情况下,当然应当召回全部同类产品,对其进行检测和修理。③

---

① 王利明:《关于完善我国缺陷产品召回制度的若干问题》,载《法学家》2008年第2期。

② 参见王利明:《关于完善我国缺陷产品召回制度的若干问题》,载《法学家》2008年第2期。

③ 参见王利明:《关于完善我国缺陷产品召回制度的若干问题》,载《法学家》2008年第2期。

但是,这种模式主要存在下列不足:

第一,目前关于缺陷产品召回制度缺乏较高位阶的立法。建立真正不作为犯模式,要求有关法律法规系统、全面地规定缺陷产品的供应商承担召回义务和赔偿责任。但是,从现有设置缺陷产品召回制度的法律文件的位阶看,《缺陷汽车产品召回管理条例》《食品召回管理办法》《缺陷产品召回管理条例(征求意见稿)》等属于国务院颁布的行政法规或者各部委颁布的部门规章,法律效力较低,无法树立缺陷产品召回制度的权威。

第二,目前各种法律法规中认定缺陷产品的范围过于狭窄。前已述及,根据《产品质量法》(2018 年修正)第 46 条的规定,缺陷产品中的缺陷,是指产品存在危及人身、他人财产安全的不合理的危险;产品有保障人体健康和人身、财产安全的国家标准、行业标准的,是指不符合该标准。召回制度不仅适用于汽车、食品等,而且应当适用于药品等一切可能给消费者人身和财产造成损害、危害公众安全的产品。

但是,《缺陷汽车产品召回管理条例》《食品召回管理办法》《缺陷产品召回管理条例(征求意见稿)》的适用范围仅限定于汽车或食品,其他缺陷产品则排除在外;后者则规定对药品、军工产品的召回及其监督管理不适用本条例,不能普遍性地解决所有缺陷产品的召回问题。同时,《产品质量法》(2018 年修正)和《消费者权益保护法》(2013 年修正)关于缺陷产品召回制度的规定比较笼统,缺乏可操作性,很难据此直接要求生产者召回缺陷产品。

五、缺陷产品致害刑事法律责任模式之四:不真正不作为犯模式

(一)德国刑法理论与司法实务的观点

早在 1981 年,德国学者毛拉赫等就率先提出了产品刑事责任这个概念。[①] 许多学者从不真正不作为犯的角度对产品刑事责任展开了较为深入的研究。例如,施特拉腾韦特指出,在产品责任领域,对危险源的控制也可以产生保证人义务。之所以在发现产品缺陷后生产商、销售商要承担召回缺陷产品等义务,主要是考虑到:“通常只有生产者才能充分了解危险,比如药品的副作用,是能够影响企业运作、召回产品的人……生产者的保证人地位决定了企业的具体个人可能为伤害或者杀人承担不作为犯罪的责任。”[②]

---

① Vgl, Maurach/Schroeder/Maiwald, StrafR BT, Bd. 2: Straftaten gegen Gemeinschaftwerte, 1981, S. 57.

② [德]冈特·施特拉腾韦特、[德]洛塔尔·库伦:《刑法总论 I——犯罪论》(第 5 版),杨萌译,法律出版社 2006 年版,第 374 – 375 页。

从司法实务看，在前述“皮革喷雾剂案”中，德国联邦最高法院认为，生产者将存在危险的缺陷产品置于流通领域的行为属于危险的前行为(先前行为)，由此有关人员具有保证人地位，对缺陷产品负有召回义务和其他义务。但是，公司董事等人员集体决策不召回缺陷产品，导致消费者身体健康遭受侵害的，构成伤害罪。①

(二)日本和我国刑法理论与司法实务的观点

1. 日本学者的观点。佐伯仁志、桥爪隆等也主张对缺陷产品致害问题采取不真正不作为犯模式。例如，佐伯仁志认为，在生产商、销售商生产、销售产品时，即便不知道产品存在缺陷，但在卖出后知道或者可能知道产品存在缺陷，就具有召回义务；如果没有召回，导致使用缺陷产品的消费者伤害或者死亡，生产商、销售商就此成立不真正不作为犯。② 桥爪隆指出：“——对于猛犬逃出咬死咬伤第三者的情形，即便在猛犬实际咬住第三人的阶段没有作为可能性，但仍应该以事前没有切实管理这种‘不作为’作为问题而追究刑事责任。为了切实解决此类案件，对于危险源的管理者、支配者，也应该认定作为义务……就制造物、药品等而言，对于那些掌握着有关其危险性的相关信息的人而言，就有从情报(信息)的视角，认定其存在针对危险源的支配、管理的余地。”③

2. 我国学者和司法实务的观点。在我国，黎宏、叶良芳、吕英杰、徐凌波、李波、毛乃纯等从不真正不作为犯的角度，对产品刑事责任涉及的不作为犯的保证人地位、不作为的因果关系、犯罪故意的认定等进行了研究，取得了较为丰硕的研究成果。④

从我国司法机关处理因产品缺陷致害追究刑事责任的部分案件来看，也反映出企业不履行缺陷产品召回义务的问题。例如，在前述 2008 年“三

① Vgl, BGHSt 37, 106ff.

② 参见[日]佐伯仁志：《刑法总论的思之道 · 乐之道》，于佳佳译，中国政法大学出版社 2017 年版，第 76 – 77 页。

③ [日]桥爪隆：《不作为犯的成立要件》，王昭武译，载《苏州大学学报(法学版)》2017 年第 4 期。

④ 参见吕英杰：《风险社会中的产品刑事责任》，载《法律科学(西北政法大学学报)》2011 年第 6 期；叶良芳：《产品缺陷隐瞒与法人犯意认定——从丰田“召回门”事件切入》，载《中国刑事法杂志》2012 年第 5 期；李波：《瑕疵产品生产、销售过程中不法集体决策问题的归因和归责——以德国“皮革喷雾剂案”为例》，载《中国刑事法杂志》2014 年第 1 期；徐凌波：《因果关系在产品刑事责任案件中的认定问题》，载《政治与法律》2014 年第 11 期；熊亚文：《产品刑事责任中的结果归责问题》，载《中南大学学报(社会科学版)》2017 年第 6 期；黎宏、常康爽：《缺陷产品不召回的刑事责任》，载《上海政法学院学报(法治论丛)》2018 年第 5 期；郭莉：《集体决定中的因果关系问题——以刑事产品责任案为例》，载《河南财经政法大学学报》2021 年第 2 期；毛乃纯：《集体决议中不作为竞合时因果关系的认定——以存在过剩投票的场合为中心》，载《法学》2022 年第 4 期；等等。

鹿奶粉事件”中，涉案的三鹿集团负责人在知道其生产、销售的婴幼儿系列奶粉中含有三聚氰胺后，非但没有采取召回措施，而且继续生产、销售问题奶粉。[①] 就生产、销售问题奶粉而言，可能构成作为方式的生产、销售伪劣产品罪；就没有召回问题奶粉而言，完全有可能构成不作为犯。

六、本书的观点

（一）不真正不作为犯模式具有妥当性

本书认为，不真正不作为犯模式具有妥当性。从缺陷产品致害的刑事责任追究来看，主要涉及下列三种情形：第一种情形是，生产者、销售者故意将缺陷产品置于流通领域的，可以将生产、销售行为认定为生产、销售伪劣产品等罪。第二种情形是，生产者、销售者故意将缺陷产品置于流通领域，并放任缺陷产品致害，导致消费者重伤或者死亡的，应当根据刑法规定和不作为犯的原理，认定不召回缺陷产品的行为构成过失致人重伤、过失致人死亡等罪，并与生产、销售伪劣产品罪进行并罚。第三种情形是，生产者、销售者过失将缺陷产品置于流通领域，难以将生产、销售行为认定为生产、销售伪劣产品罪。

生产者、销售者基于过失或者无过失将缺陷产品置于流通领域，事后知道产品存在缺陷，但没有履行召回义务的，如果缺陷产品致人重伤、死亡，且能够评价为侵害个人法益犯罪的，应当根据刑法规定和不作为犯的原理，认定不召回缺陷产品的行为构成过失致人重伤、过失致人死亡等罪。在满足一定条件下，生产者、销售者不召回缺陷产品的行为，完全有可能构成故意杀人、故意伤害等罪。

（二）缺陷产品致害刑事责任的不真正不作为犯模式需要研究的问题

关于生产者、销售者不履行缺陷产品召回义务，导致发生危害结果的，能否认定为不作为犯，主要涉及以下三个问题：第一，缺陷产品产生作为义务的根据；第二，缺陷产品安全义务的承担主体；第三，不履行缺陷产品安全义务是否以及承担何种刑事责任等。

由于现代工商业等领域中生产者、销售者大多是公司、企业，对这一问题的探讨还需要考察本国刑法是否以及如何规定单位犯罪或者法人犯罪。实际上，即便本国刑法并未规定单位犯罪或者法人犯罪，也要进一步考察

① 参见河北省高级人民法院刑事裁定书：《石家庄三鹿集团股份有限公司及相关责任人员生产、销售伪劣产品案》，载《最高人民检察院公报》2009 年第 4 期。

公司、企业内部的不法集体决策问题,以及司法机关对类似问题的处理方案。①

第三节　缺陷产品产生作为义务的根据

制造了缺陷产品的人,在事后知道产品的危险性之外,原则上具有结果原因的支配性,负有安全警告和召回缺陷产品等安全义务。② 例如,林山田教授认为:“商品制造者对于其所制造的足以危害消费者生命或身体健康的商品,因负有预防发生损害的法义务,而构成保证人地位。”③

关于缺陷产品安全义务的发生根据,主要有安全确保义务说、事实支配说(以及事实承担说)、社会期待说与先前行为说的争论。④

一、安全确保义务说及其评析

(一)安全确保义务说的主要内容

该说认为,生产者最先得知产品事后出现缺陷的完整信息,能够通过重新检测生产方法来找出缺陷的根源,而且基于对销售渠道的掌握立即停止这些产品的流通,能够最有效地找到作为潜在受害人的消费者,对其危险产品进行回收。由此,消费者必须信赖生产者居于优势的产品知识和信息,相应地,生产者必须接管属于自己的保护任务。也就是说,无论产品是否已经脱离了企业的管辖领域,只要企业知道商品存在哪些危险、商品的销售渠道,就应当停止缺陷产品的销售、召回已经销售的缺陷产品,向消费者履行警示义务,而不能将控制该商品危险的责任移转给零售业者和消费者。⑤

山中敬一在缺陷产品的作为义务问题上倡导危险源(制造物)安全义务说,认为安全义务有四个成立条件,分别是:第一,法律上的期待状况;第二,对发生具体危险状况的认识(收集产品缺陷或者事故信息);第三,所

---

① 例如,德国联邦法院于2009年在柏林城市清洁公司案判决的附随意见中指出,企业合规人员一般性地负有《德国刑法典》第13条第1款规定的保证人义务,对企业成员实施与企业活动有关的犯罪行为负有阻止义务。Vgl. BGH Neue Juristische Wochenschrift, 2009, S. 3173 ff. 转引自史蔚:《企业合规人员不作为刑事责任探析》,载《法学家》2022年第5期。

② 参见张明楷:《不作为犯中的先前行为》,载《法学研究》2011年第6期。

③ 林山田:《刑法通论》(增订10版)(下册),北京大学出版社2012年版,第163页。

④ 该部分内容参考了吕英杰教授的观点,参见吕英杰:《风险社会中的产品刑事责任》,载《法律科学(西北政法大学学报)》2011年第6期。

⑤ 参见[日]镇目征树:《刑法上有关产品责任的不作为犯理论的意义及其展开》,载《本乡法政纪要》1999年第8期。

负责机关的职责和事实上的管辖;第四,组织体机关内部的地位与职能的继承。①

(二)对安全确保义务说的评析

安全确保义务说源于民法上的产品"安全确保义务",生产商之所以负有这种保证人义务,不是由于先前行为产生的,而是因为生产者对那些依赖自己的消费者具有优势的保护功能。

该说的根本问题在于忽视了民法与刑法存在的差异,直接将民法上的义务作为刑法上的义务,存在扩大刑法处罚范围的危险。正如许乃曼所言,民法上的回收义务源于排除侵害请求权,门槛比较低,范围较为宽泛。如果"把刑法上的产品责任扩张为与民法责任一样宽广",则无异于从实质的作为义务理论退缩为形式的作为义务理论。② 吕英杰教授也认为,安全确保义务说以民法上的回收义务作为刑事义务的根据,不符合刑法原理。③

二、事实支配说和事实承担说及其评析

(一)许乃曼的事实支配说

基于事实承担,罗克辛认为缺陷产品供应商具有作为义务:"生产者作为第一个对事后出现的缺陷获知完整信息的人,通过重新涉及生产方法来找到错误的根源,并且由于自己对销售渠道的了解而立即对这些商品'踩刹车',同时有途径能够找到受威胁的购买者……客户必须信赖生产者居于优势的商品知识,并且,生产者必须相应地在可能的范围内接管自己的保护任务。"④

与此相反,许乃曼认为,基于事实支配说,供应商对于缺陷产品没有召回义务。主要理由是:作为义务的实质根据是对原因的事实支配,产品一旦被投放到流通领域,生产商和销售者就对产品丧失支配,因而召回义务也就无从谈起了。⑤ "销售物被置于流通领域之后,即使在其有害性逐渐

---

① 参见[日]山中敬一:《刑事制造物责任论中作为义务的根据》,载《关西大学法学论集》2011年第5号。

② 参见[德]贝恩德·许乃曼:《德国不作为犯法理的现况》,陈志辉译,载许玉秀、陈志辉合编:《不移不惑献身法与正义——许乃曼教授刑事法论文选辑》,台北,新学林出版股份有限公司2006年版,第650页。

③ 参见吕英杰:《风险社会中的产品刑事责任》,载《法律科学(西北政法大学学报)》2011年第6期。

④ [德]克劳斯·罗克辛:《德国刑法学总论》(第2卷 犯罪行为的特别表现形式),王世洲等译,法律出版社2013年版,第587页。

⑤ Vgl. Schünemann, Strafrechtsdogmatische und criminal politische Grundfragen der Unternehmenskriminalität, wistra 1982, 41 44f.

被认识的场合,也不能将民法上的回收义务与刑法上的保证人义务同等看待。因为对于已经投入流通的产品而言,已然失去了继续的事实上的支配。企业已不具有对已置于市场的产品施加影响的权限。”①“生产者事后对产品危险性的认识也不能补足其对产品事实支配上的缺陷,因为对该危险的认识在许多场合都存在,例如,原料检查部门、商品检查部门、相关行政部门等都可能获得对该产品危险的认识,但我们并不认为这些部门具有保证人地位。”②上述各个部门所承担的,不外乎是《德国刑法典》第323c条第1款确立的“救助义务”。黎宏教授等认为,在缺陷产品的生产商、销售商不履行召回义务的场合,其对产品处于流通领域并随时可能引发事故这一危险具有支配。③

尽管处于流通中的产品已不属于生产者的支配领域,但基于下列理由,生产者、销售者对缺陷产品存在事实支配:第一,生产者、销售者对产品的支配不限于空间的、物理的支配,而是一种社会性的支配。④ 第二,与无关的第三人不同,产品生产者、销售者具有专业技能,最了解产品具体存在哪些缺陷。⑤ 第三,生产者、销售者等仍然可以通过一定的技术手段掌握、追踪产品的销售路径以及消费者的资料,也就是说仍然可能对产品进行事实的支配。

例如,对于汽车的生产、销售而言,我国《缺陷汽车产品召回管理规定》(已失效)第16条第1款明确规定,制造商应按照国家标准《道路车辆识别代号》(GB/T 16735—16738)中的规定,在每辆出厂车辆上标注永久性车辆识别代码(VIN);应当建立、保存车辆及车主信息的有关记录档案。对上述资料应当随时在主管部门指定的机构备案。提交备案的材料主要包括车辆识别信息、技术资料、经销和售后服务渠道以及车主信息。其中,车主信息包括车主的姓名、身份证号、地址、邮政编码、电话和电子邮件,车

---

① [日]镇目征树:《刑法上有关产品责任的不作为犯理论的意义及其展开》,载《本乡法政纪要》1999年第8期。

② [日]镇目征树:《刑法上有关产品责任的不作为犯理论的意义及其展开》,载《本乡法政纪要》1999年第8期。

③ 参见黎宏、常康爽:《缺陷产品不召回的刑事责任》,载《上海政法学院学报(法治论丛)》2018年第5期。

④ Vgl. Lund, Mehraktige Delikte, 1993, S. 257.

⑤ 参见[德]克劳斯·罗克辛:《德国最高法院判例:刑法总论》,何庆仁、蔡桂生译,中国人民大学出版社2012年版,第251页。

辆识别代码，车辆购买时间。[①] 为此，吕英杰教授认为，就汽车生产商而言，即使产品脱离了厂家，生产者仍然具有对该产品进行事实支配的现实可能性。[②]

(二)堀内捷三的事实承担说

堀内捷三坚持事实承担说，与上述许乃曼所主张的事实支配理论有异曲同工之处。堀内捷三认为："生产商对于远离批发商而处于流通过程中的制造物，即使能够确保对该商品具有排他性，也不能说该危险物处于自己的支配领域。因此，无论是生产商还是批发商，对于已经流入市场的产品都不具有应予回收的作为义务，对于消费者健康受损这一点也不承担不作为伤害罪的刑事责任。"[③]

此外，神山敏雄以生产商等缺乏持续性保护地位为由，认为生产商等对缺陷产品没有召回义务。[④] 镇目征树认为，在下列场合行为人负有作为义务：第一，行为人属于能最有效率地采取结果避免措施的主体；第二，可以认定为行为人本人事先选择了处于这种地位。[⑤]

三、社会期待说及其评析

(一)社会期待说的主要观点

持该说的代表是布拉姆森，他首先对事实支配说进行了批判，认为事实支配说仅仅以"物理的""现实的"支配关系为依据确定保证人义务是不妥当的。社会期待说从社会秩序的现状出发，认为社会是高度复杂且持续变化的系统，社会秩序处于一系列连锁关系的影响之下，不能仅以事实支配关系为基础，还必须援用法的影响与处分关系才能得出合理结论。

社会期待说认为，是否具有缺陷产品回收义务，应该通过可预期的社会成员的"相互期待"来予以说明，而该期待是由现实存在的一般人所承认的某种被赋予的特殊社会地位所决定的，与产品是否尚在企业内部或已处于销售网络，抑或已经流入店铺或消费者手中没有关系。消费者与生产

---

① 根据我国《缺陷汽车产品召回管理规定》(已失效)第 26 条的规定，制造商确认其生产且已售出的汽车产品存在缺陷决定实施主动召回的，应当立即将其汽车产品存在的缺陷、可能造成的损害及其预防措施、召回计划等以有效方式通知有关进口商、销售商、租赁商、修理商和车主，并通知销售商停止销售有关汽车产品，进口商停止进口有关汽车产品。制造商须设置热线电话，解答各方询问，并在主管部门指定的网站上公布缺陷情况供公众查询。

② 参见吕英杰：《风险社会中的产品刑事责任》，载《法律科学(西北政法大学学报)》2011 年第 6 期。

③ [日]堀内捷三：《制造物的缺陷与刑事责任——序论的考察》，载《研修》总第 546 期。

④ 参见[日]神山敏雄：《保证人义务的类型》，载《冈山大学法学会杂志》1994 年第 1 期。

⑤ 参见[日]镇目征树：《刑法上有关产品责任的不作为犯理论的意义及其展开》，载《本乡法政纪要》1999 年第 8 期。

者之间的地位，决定了前者对于后者回避、消除危险具有社会性的期待，正是基于这种社会性期待，生产者对于其制造的产品具有“法律上”的支配权与处分权，也就是具有保证人地位与作为义务。①

松原芳博也提出了类似观点。对于日本“药害艾滋病，绿十字会渠道事件”，松原芳博认为，虽然血液制剂在物理上已经脱离了绿十字公司的掌握，但是制药公司对于供给医院使用的药剂仍然掌握着销售渠道。同时，由于医生对于药剂的危险性缺乏充分的了解和判断，也不能期待医师会停止使用该药剂。所以，能够认定被告人绿十字公司对于问题药剂存在支配。②

孙运梁教授主张采取接管保护功能来说明生产者的保证人地位。主要理由是：在现代社会中，消费者不可能自己去检验所购买产品的安全性，他必须信任生产者不仅按照安全标准生产，而且也会告知他事后出现的危险。不能从刑法之外的义务直接衍生出刑法上的保证人地位，但是它们确实表现出应当归责于生产者的保护功能所必需的各种要素。生产者最先得知产品事后出现缺陷的完整信息，能够通过重新检测生产方法来找出缺陷的根源，而且基于对销售渠道的掌握立即停止这些产品的流通，能最有效地找到作为潜在受害人的消费者。由此，消费者必须信赖生产者居于优势的产品知识和信息，相应地，生产者必须接管属于自己的保护任务。③

（二）对社会期待说的评价

本书认为，难以根据社会期待说主张生产者、销售者对缺陷产品承担安全义务。主要理由是：

1.“期待”不能产生保证人对缺陷产品的召回义务。“期待”反映的是社会交往关系，“期待”既有社会主体的期待，也有法规范的期待。但是，只有后者是法律义务的根据，前者只代表社会主体自身的主观任意，与法律义务无关。当然，当社会主体的期待与法规范的期待相一致时，被期待的对象也应该承担法律义务，只不过义务来源仍然是法规范。所以，即使社会公众具有合乎法规范的合理期待，该期待也不能成为缺陷产品召回义务的来源。④

---

① 参见［德］布拉姆森：《正式组织中的不作为责任》，载［德］克努特·阿梅隆：《监督组织内犯罪与个人责任》，［日］山中敬一译，成文堂2002年版，第137页。

② 参见［日］松原芳博：《刑法总论重要问题》，王昭武译，中国政法大学出版社2014年版，第77页。

③ 参见孙运梁：《以客观归责理论限定不作为犯的先行行为》，载《中外法学》2017年第5期。

④ 本部分内容参考了吕英杰教授的观点，参见吕英杰：《风险社会中的产品刑事责任》，载《法律科学（西北政法大学学报）》2011年第6期。

许乃曼认为,在许多地方都可以找到这种一般性的期待。例如,信赖政府会照顾普遍繁荣和国民生产所得持续增长。但充其量该期待只能产生《德国刑法典》第323c条第1款规定的一般救助义务,而不是保证人义务。[①] 监管部门显然不具有刑法上的保证人义务。

2. 难以认定生产商、销售商对消费者购入、持有的商品具有支配。在生产商、销售商将产品交付给消费者之后,产品已经处于消费者的事实支配之下,难以想象生产商、销售商对产品具有超越消费者的事实支配的其他支配。退一步说,如果认为生产商、销售商对其生产、销售的产品仍然具有某种"支配",这种"支配"恐怕已经与事实支配中的"支配"相去甚远。

3. 即便认为生产商、销售商对商品具有法律上的支配权、处分权,也不能由此产生保证人的回收义务。何为"法律上"的支配权、处分权,并不明确;对于已经处在消费者手中的缺陷产品,生产者如何能够支配和处分,布拉姆森也没有详细说明。退一步讲,即使生产商、销售对消费者购入、持有的商品有法律上的支配权、处分权,该民法、商法上的权能也不能成为刑法上保证人义务的根据,法律不能因为主体"能够这样做"而要求他"必须这样做",[②]不能因为民法、商法领域可以这样认定就想当然地在刑法上得出肯定性结论。

四、先前行为说及其评析

(一)先前行为否定说

1. 罗克辛的观点。罗克辛认为,行为的主观不法与客观不法是不能分开的,对于先前行为而言,违反客观义务与违反注意义务是一致的,不存在没有违反注意义务但违反客观义务的情形。应当从事前而不是事后从损害结果中判断有无义务违反,不可能在创设不被容许的危险时认定没有违反注意义务。[③] 罗克辛认为,基于先前行为产生召回义务的前提是该先前行为违反了义务,由于"皮革喷雾剂案"公司负责人在生产、销售皮革喷雾剂时履行了客观上必要的注意义务,不可能预见到危险,也就不存在违反

---

① 参见[德]贝恩德·许乃曼:《德国不作为犯法理的现况》,陈志辉译,载许玉秀、陈志辉编:《不移不惑献身法与正义——许乃曼教授刑事法论文选辑》,台北,新学林出版股份有限公司2006年版,第655页。

② 本部分内容参考了吕英杰教授的观点,参见吕英杰:《风险社会中的产品刑事责任》,载《法律科学(西北政法大学学报)》2011年第6期。

③ Vgl. Roxin, Strafrecht, Allgemeiner Teil, Bd. Ⅱ, Besondere Erscheinungsformen der Straftat, 2003, S.779 ff. 转引自孙运梁:《以客观归责理论限定不作为犯的先行行为》,载《中外法学》2017年第5期。

义务的问题。①

2. 许乃曼的观点。许乃曼曾经指出，进行刑法上的归责的关键在于行为人对结果原因是否具有支配，在生产者将生产时符合质量标准的缺陷产品投入市场之后，对产品没有实质支配。即便事后知道产品具有危险性也是如此。② “因为生产者通常在事后汇报后才得知已经流入市场的产品具有危险，这些产品原来是没有违反注意义务而被评估为没有危险的；而且因为在分工合作的经济中，个人行为的因果性是很少可以被确认的。”③至于为何德国联邦最高法院会判决生产企业具有回收义务，许乃曼认为主要是出于刑事政策上的考虑，并对此提出了批判。④

卢恩特认为许乃曼的观点过于狭隘，主要理由是“对产品的支配不是空间的、实物的支配，而是一种社会性的支配”。⑤ 为此，许乃曼在之后的文献中修改了否定保证人义务的观点。“当涉及商标商品(Markenware)时，制造者对于商标商品的无危险性，依照当今普遍的交易习惯明显应该负起事实承担保证人地位(Übernahmegarantenstellung)。”⑥

(二)先前行为肯定说

针对生产企业是否对缺陷产品具有回收义务的“皮革喷雾剂案”，德国联邦最高法院判决企业承担保证人义务，主要理由是：“谁作为产品的制造者或者销售商使产品进入流通，如果按照规定使用产品会违反其合理期待的给消费者造成健康伤害的危险，谁就有义务避免该伤害(基于先前实施的危害行为而生的保证人地位)。”⑦“全部四位被告人制造了危险的前

---

① 参见[德]克劳斯·罗克辛：《德国最高法院判例：刑法总论》，何庆仁、蔡桂生译，中国人民大学出版社2012年版，第253页。

② 参见[德]贝恩德·许乃曼：《德国不作为犯法理的现况》，陈志辉译，载许玉秀、陈志辉合编：《不移不惑献身法与正义——许乃曼教授刑事法论文选辑》，台北，新学林出版股份有限公司2006年版，第651页。

③ [德]贝恩德·许乃曼：《德国不作为犯法理的现况》，陈志辉译，载许玉秀、陈志辉合编：《不移不惑献身法与正义——许乃曼教授刑事法论文选辑》，台北，新学林出版股份有限公司2006年版，第652页。

④ 参见[德]贝恩德·许乃曼：《德国不作为犯法理的现况》，陈志辉译，载许玉秀、陈志辉合编：《不移不惑献身法与正义——许乃曼教授刑事法论文选辑》，台北，新学林出版股份有限公司2006年版，第655页。

⑤ Vgl. Lund, Mehraktige Delikte, 1993, S. 257. 转引自孙运梁：《以客观归责理论限定不作为犯的先行行为》，载《中外法学》2017年第5期。

⑥ [德]贝恩德·许乃曼：《过失犯在现代工业社会的捉襟见肘》，单丽玫译，载许玉秀、陈志辉合编：《不移不惑献身法与正义——许乃曼教授刑事法论文选辑》，台北，新学林出版股份有限公司2006年版，第538页。

⑦ [德]克劳斯·罗克辛：《德国最高法院判例：刑法总论》，何庆仁、蔡桂生译，中国人民大学出版社2012年版，第249页。

行为在于，他们作为涉案公司的经理，将皮革喷雾剂带入市场，当使用者符合规定地使用它时将会受到健康伤害。”①

由于被告在产品投入流通之时无法认识到产品存在缺陷，因此学者就判决的合理性产生了分歧。主要分歧是，作为回收义务根据的先前行为，是否必须违反客观的注意义务？对此，存在义务违反必要说与义务违反不要说的对立。

1. 义务违反必要说。该说主张，如果以先前行为为根据，该先前行为就必须具有义务违反性。在“皮革喷雾剂案”中，被告在收到被害报告之前，根据当时一般的认知水平与检测手段，无法查明究竟是何物质导致了损害的发生，更无法排除所属产品之外的其他物质导致损害发生的可能性，因此生产者无法具体认识到产品存在危险性。被告在接到被害报告之后，在本公司内部进行了充分的调查与讨论，结果是仍然不能确定其产品存在致人损害的缺陷。所以，持义务违反必要说立场的观点认为，“皮革喷雾剂案”的被告人已经尽到了注意义务，不存在义务的违反。换言之，尽管被告人在客观上销售的是有缺陷的皮革喷雾剂，但不能认定为“先前行为”。

对于判决放弃客观的注意义务违反性的做法，哈斯默尔从法治国的观点批判其将导致刑罚介入的预测可能性的丧失。② 布拉姆森也论述道：“以先前行为为根据的（保证人）义务的发生至少要限于基于客观过失的违法的先前行为，即先行作为所引起的对于法益的升高的具体危险通常是不被允许的，是客观上预见可能的，且必须是如果采取了注意态度就能回避的”，“如果不遵守刑法上义务违反性这一最低条件，必然导致刑法上的行为秩序转化为状态保全秩序，导致责任的扩大”，并且“与作为规范对象的人的意思决定的自由与影响相背离”。③

诚如吕英杰教授所指出的，义务违反必要说以行为人在缺陷产品生产、销售环节没有违反注意义务为由，否定先前行为可以成为产生缺陷产品回收义务的根据。该说存在的问题在于混淆了过失犯的客观注意义务与先前行为。先前行为不是实行行为，而只是事后不回收行为的根据。只

---

① ［德］克劳斯·罗克辛：《德国最高法院判例：刑法总论》，何庆仁、蔡桂生译，中国人民大学出版社2012年版，第250页。

② Vgl. Hassemer, Produktverantwortung im modern Strafrecht, 2. Aufl. ,1996, S. 59. 转引自［日］镇目征树：《刑法上有关产品责任的不作为犯理论的意义及其展开》，载《本乡法政纪要》1999年第8期。

③ Vgl. Brammsen, a. a, O. (Kap. 1, Anm. 1), GA 1993, S. 105 ff. 转引自［日］北川佳世子：《刑法上产品责任的问题点》，载《早稻田法学》第71卷第2号，第228页，注1。

要实行行为本身违反注意义务且行为人主观上有过错,就不违反责任主义,不会导致刑事责任的无端扩大。[①]

2. 义务违反不要说。该说支持德国联邦法院的判决结论,主张即使缺陷产品在生产阶段没有违反注意义务,先前行为也可以成为缺陷产品回收义务的根据。该说并非对先前行为毫无限定,而是以"升高的危险"代替"义务违反性"。例如,库伦提出:"无论产品的制造者、销售者在销售该产品时是否已经认识到存在与该产品的安全标准不相称的危险,都可以从该危险行为中看出回收义务的发生根据。"[②]雅各布斯也认为,作为保证人地位基础的先前行为,只要是不可回避的日常性行为(交通、狩猎、制造业、危险物质的使用、医药品的临床试验等)所产生的伴有高度危险的行为即为已足。[③]

根据这一观点,即使是合法的先前行为,只要事后证明其制造了对于法益的高度危险,就可以由该先前行为导出消除危险的作为义务。显然,该说重视的不是先前行为对注意义务违反本身,而是该行为客观上具有侵害法益的危险。

该说同样受到很多学者的批判:第一,该说违背了先前行为的基本性质,即先前行为必须以一种事先违反义务的方式制造了一个危险源。第二,缺乏一个确定的标准用来区分普通风险与升高的可允许的风险。风险的升高是在一个连续的标尺上移动的,无法找到一个可以确定的具有重要法律意义的风险升高的点。[④] 第三,该说的逻辑是以(无过错的)先前行为加上"事后的故意"为根据,[⑤]来追究行为人故意犯的责任,违反了"行为与责任同时存在"的原理。[⑥] 而且,如果行为人事前对产品缺陷只有过失,但对事后的侵害结果存在故意,也会被追究故意犯的刑事责任,导致本来的

---

① 本部分内容参考了吕英杰教授的观点,参见吕英杰:《风险社会中的产品刑事责任》,载《法律科学(西北政法大学学报)》2011 年第 6 期。

② Vgl. Kuhlen, a. a, O. (Kap. 1, Anm. 1), NJW 1990, S. 568f. 转引自[日]北川佳世子:《刑法上产品责任的问题点》,载《早稻田法学》第 71 卷第 2 号,第 228 页,注 1。

③ Vgl. Jakobs, AT, 2. Aufl. ,29/42, S. 812. 转引自[日]镇目征树:《刑法上有关产品责任的不作为犯理论的意义及其展开》,载《本乡法政纪要》1999 年第 8 期。

④ Vgl. Hoyer, Die traditionelle Strafrechtsdogmatik vor neuen Herausforderungen – Probleme der strafrechtlichen Produkthaftung, GA(1996), 160(175). 转引自孙运梁:《以客观归责理论限定不作为犯的先行行为》,载《中外法学》2017 年第 5 期。

⑤ 当然也可能是过失,如果生产者事后对产品致人损害存在过失,则成立过失犯。

⑥ 参见[日]山口厚:《特写刑法总论》,成文堂 2003 年版,第 64 页。

过失作为犯转化为故意的不作为犯。[①]

3. 对上述观点的分析。在先前行为说中,如果根据义务违反必要说,只有具有违法性的先前行为才能成为回收义务的根据,因此该说也导不出回收义务;如果根据义务违反不要说,则可以要求生产者承担回避其所制造的升高的危险的义务,即使该危险不是由于违法行为造成的。[②]

本书认为:第一,先前行为说没有违反"同时存在"原理。因为"同时存在"原理要求的是"实行行为"与责任同时存在,而不是先前行为与责任同时存在。虽然先前行为与"事后故意"的存在时点不一致,但作为实行行为的不采取回收措施行为是与"事后故意"同时存在的。第二,过失实施先前行为但事后故意不作为而转化为故意犯的情形并不少见。例如,行为人过失引起自己家里失火,在能够扑灭的情况下不去救火,为了诈骗保险金而任由房子烧毁的行为,如果引起了公共危险,就转化为不作为的放火罪。[③] 在先前行为只制造了法益侵害的抽象危险时,该先前行为对于法规范评价而言没有决定性意义,值得重视的是后续引起法益侵害的不作为。所以,在"皮革喷雾剂案"中,根据后续不召回缺陷产品的行为追究被告故意犯罪的刑事责任,是没有什么问题的。

五、本书的观点

总体来看,先前行为说中的义务违反不要说具有妥当性。

(一)义务违反不要说实质上是考夫曼所提出的"危险源监督义务"理论

先前行为说中的义务违反不要说的理论逻辑是,行为人的先前行为制造了侵害法益的危险,负有监督该危险源不要转化为现实侵害的义务,否则就应该承担不真正不作为犯的责任。对德国产品责任法上的危险责任,王泽鉴教授概括为:"某特定企业物品或装置的所有人在一定条件下,不问其有无过失,对于此特定企业、物品或装置本身所具有的危险性所负担的责任。"[④]1994 年颁布实施的《日本制造物责任法》第 3 条规定的损害赔偿责任,以危险责任原理为基础。该原理认为,"危险源的制造者"和"危险

---

① 参见[德]奥托:《刑法上关于危险产品交付的归责(二)》,[日]甲斐克则等译,载《广岛法学》第 23 卷第 2 期。

② 本部分内容参考了吕英杰教授的观点,参见吕英杰:《风险社会中的产品刑事责任》,载《法律科学(西北政法大学学报)》2011 年第 6 期。

③ 参见日本大审院 1938 年 3 月 11 日判决,载《大审院刑事判例集》第 17 卷,第 237 页;[日]大塚仁:《刑法概说(各论)》(第 3 版),冯军译,中国人民大学出版社 2003 年版,第 370 页。

④ 王泽鉴:《民法学说与判例研究》(第 5 册),中国政法大学出版社 1998 年版,第 262 页。

源的管理者”应当对该危险源产生的有关损害承担责任。

在法治国的条件下，基于互相尊重行动自由的必要，创设危险的人必须承担回避危险的义务，这与故意地直接侵犯他人法益的行为没有什么区别。正如奥托所说，“立法者为了保障相互的行动自由，禁止一定的过失或故意的法益侵害以限制个人的行动自由。无论是谁都必须首先互相尊重对方受保障的行动自由……法规范所保护的个人地位划定了法所认可的个人行动领域的界限，如果违反义务对他人创出了危险造成了他人的牺牲，那么行为人就超越了自己的行动领域”①，因此必须为自己的行动承担责任。“与意识到他人的法益且意欲侵害他人法益的行为人一样，直接导致法益侵害现实化的危险从而扩大法所保护的自己行动可能性的人也基于其先行的危险作为而负有保证人的责任。”②

（二）义务违反不要说符合风险社会、风险刑法的要求

现代科技导致风险的发生具有不确定性、不可预测性，即使是日常行为也可能伴随高度的危险，如果要求先前行为必须违背客观注意义务、要求行为人对先前行为所伴随的风险具有客观预见可能性，必然导致新型风险的制造者可以不必为其制造的风险负责，从而将风险及其危害转嫁给一般国民。这显然是不公平的。③

关于缺陷产品供应商、销售商的责任，德国联邦最高法院认为，缺陷产品引起损害的报告都汇集到生产者与销售组织那里，他们掌握的情况是最全面的。要求他们对瑕疵产品予以召回，能够比第三人采取干预措施发挥更好的作用，零售商和消费者可以立即根据瑕疵产品召回说明，对产品的缺陷情况作出判断，对危险范围作出评估，从而正确选择排除危险的必要措施。④

本书认为，由于各种各样的原因，我国产品安全问题比较突出，许多产品生产领域没有制定明确的安全标准。如果企业生产的缺陷产品对消费者的人身安全等造成了损害，由于不能判断企业的生产行为违反了义务标准而成立过失，那么即使企业不回收瑕疵产品也不会为此承担不作为刑事责任，这将形成不合理的处罚漏洞。为此，应当肯定对缺陷产品的制造商

---

① ［德］奥托：《刑法上关于危险产品交付的归责（二）》，［日］甲斐克则等译，载《广岛法学》第23卷第2期。

② ［德］奥托：《刑法上关于危险产品交付的归责（二）》，［日］甲斐克则等译，载《广岛法学》第23卷第2期。

③ 参见吕英杰：《风险社会中的产品刑事责任》，载《法律科学（西北政法大学学报）》2011年第6期。

④ Vgl. BGHSt 37,121. 转引自孙运梁：《以客观归责理论限定不作为犯的先行行为》，载《中外法学》2017年第5期。

等基于先前行为具有作为义务。[①]

第四节　缺陷产品安全义务的承担主体

对缺陷产品履行安全义务的主体首先是产品供应商，包括产品的生产者和销售者。其中，“生产者”是指产品成品或产品零部件的制造商，还包括在产品上标出自己的名称、商标或其他标志，以表明自己是该产品的生产者的自然人或法人。[②] 关于产品责任或者缺陷产品的法律责任，我国《民法典》规定了6个条文，[③]其中第1203条第1款规定：“因产品存在缺陷造成他人损害的，被侵权人可以向产品的生产者请求赔偿，也可以向产品的销售者请求赔偿。”除了缺陷产品的生产商、销售商之外，还应当考虑电商平台以及产品质量、市场秩序等监管机构的安全义务与刑事责任。

判断上述主体是否承担作为义务和进一步追究不作为犯的刑事责任，需要考虑以下几点：第一，上述行为人构成不作为的单独犯还是不作为的共犯？在单位犯罪的框架下，也涉及这一问题。与德国、日本不同，我国《刑法》第30条明文规定了单位犯罪，刑法分则关于生产、销售伪劣产品等罪基本上也规定了单位犯罪，“在法人系统内部对那些在法人犯罪中起重要作用和负有重大责任的法人成员，也要追究其刑事责任”，[④]从而可以进一步在单位犯罪的框架下探讨不作为的单独犯与不作为的共犯问题。第二，无论上述哪一种情况，如何确定考察行为人是否参与缺陷产品（包括原材料、零部件的生产、供应）的设计、生产、装配、销售，或者对前述活动负有监督、管理职责（保证人地位和不作为的实行行为）？第三，行为人在上述缺陷产品的设计、生产、装配、销售等过程中是否以及如何参与决策（作为义务、不作为的因果关系和犯意）？第四，行为人是否从缺陷产品的设计、

① 参见姚诗：《先前行为与实行过限下知情共犯人的刑事责任》，载《法学研究》2013年第5期。

② 参见梁慧星：《中国产品责任法——兼论假冒伪劣之根源和对策》，载《法学》2001年第6期。

③ 具体来说，《民法典》第1202条规定，因产品存在缺陷造成他人损害的，生产者应当承担侵权责任。第1204条规定：“因运输者、仓储者等第三人的过错使产品存在缺陷，造成他人损害的，产品的生产者、销售者赔偿后，有权向第三人追偿。”第1205条规定：“因产品缺陷危及他人人身、财产安全的，被侵权人有权请求生产者、销售者承担停止侵害、排除妨碍、消除危险等侵权责任。”第1206条第1款规定：“产品投入流通后发现存在缺陷的，生产者、销售者应当及时采取停止销售、警示、召回等补救措施；未及时采取补救措施或者补救措施不力造成损害扩大的，对扩大的损害也应当承担侵权责任。”第1207条规定：“明知产品存在缺陷仍然生产、销售，或者没有依据前条规定采取有效补救措施，造成他人死亡或者健康严重损害的，被侵权人有权请求相应的惩罚性赔偿。”

④ 参见何秉松主编：《法人犯罪与刑事责任》，中国法制出版社1991年版，第485页。

生产、装配、销售等过程中获利?

一、缺陷产品生产商不法集体决策的刑事责任

(一)缺陷产品生产商的不法集体决策

本书首先以缺陷产品生产商为例论述其法律责任。缺陷产品生产商在决定是否销售缺陷产品,以及在发现产品存在缺陷后决定不召回的,采取的决策方式是集体决策。关于集体决策或者不法集体决策,学者大多将其界定为"组织中具有同等投票权的多人集体决定从事某种在刑法上被认为属于不法的行为"。①

1. 集体决策的机构和参与集体决策的成员的范围。关于决策机构和参与集体决策的成员,我国《公司法》(2023 年修订)分别就有限责任公司和股份有限公司作出了规定。就有限责任公司而言,有限责任公司的股东会是决策机构,全体股东有权参与集体决策(第 58 条);有限责任公司设立董事会的,由董事会召集股东会会议(第 63 条);股东会会议原则上由股东按照出资比例行使表决权(第 65 条);董事会决议的表决,实行一人一票(第 73 条)。就股份有限公司来说,股东大会是公司的权力机构(第 111 条);股东出席股东大会会议原则上所持每一股份有一表决权,股东大会作出决议原则上必须经出席会议的股东所持表决权过半数通过(第 116 条)。显然,虽然形式上出席有关会议、参与决策的是股东或者董事,但最终起决定作用的是股东或者董事甚至实际控制人持有的表决权的份额。

2. 公司、企业集体决策机制与自然人犯意形成机制的差异。对于股东或者董事会成员等所有决策成员一致作出决议的,毫无疑问能够追究所有参与决策者的法律责任。存在争议的是,虽然只有部分成员投赞成票,但这部分赞成票达到了集体决策的最低要求,最终成为集体决策的意见的场合,如何进行追责?这涉及公司、企业集体决策机制与自然人犯意形成机制的差异。

公司内部采取的集体决策机制,不仅与自然人的犯罪故意、犯罪过失的形成不同,而且是否将其纳入单位犯罪框架进行讨论,也存在很大差异。就德国"皮革喷雾剂案"而言,州法院之所以按照传统的考察方法对具体被告人进行归责,即"从自然意义上着眼,首先判定具体行为的实施者是否

① 李波:《瑕疵产品生产、销售过程中不法集体决策问题的归因和归责——以德国"皮革喷雾剂案"为例》,载《中国刑事法杂志》2014 年第 1 期。事实上,不仅公司、企业可能存在对缺陷产品的不法集体决策,在"塌方式"职务犯罪、有组织犯罪中也可能存在不法集体决策问题。

违反了注意义务,其次再判断远离行为的参与者在刑法上的责任",[①]主要是因为以下两点:第一,从理论逻辑看,"——刑法上的传统行为人概念乃是行为与认知合一的,然而在现代分工企业下,都是划分甚至孤立成直接的身体行为、经理的决定以及资讯的储存,以致在极端情形根本没有可对企业过程完整认知之个人存在,归责的问题也因此而生"。[②] 换言之,传统刑法学理论难以解决不法集体决策这一新问题。第二,从集体决策机制和刑法规范发挥效应的方式看,刑法应该惩罚的是作出决策的公司和董事会、股东大会等决策机构,但是《德国刑法典》中没有单位犯罪的规定,公司和作出决策的董事会、股东大会等决策机构等不属于犯罪主体,只能追究董事、经理等公司成员不法决策的刑事责任。为此,许乃曼明确指出:"禁止规范在相对自主的次级体系中,只能在它被次级体系吸收并适应次级体系本身之需求时,才能发挥禁止规范的作用。"[③]

或许考虑到上述原因,德国联邦最高法院承认公司在生产、销售缺陷产品过程中的决策机制和行为方式与自然人存在差异,采取了"结合公司的考察方法",分两个阶段进行认定:第一步是确定公司本身的行为是作为还是不作为,该行为是否违反了某种义务,以及(在结果犯的场合)这种义务违反是否导致了损害的发生;第二步是基于公司成员在公司内的地位而将特定的结果归属于该公司成员,这个人的刑事负责性产生于其在公司中的地位。[④]

我国《刑法》第 30 条、第 31 条明文规定了单位犯罪,只有单位组成人员在单位业务活动中实施了违法犯罪行为,并且具有单位犯罪的故意或者过失的,才能认定为单位犯罪。在下列几种情况下,可以认定具有单位犯罪的故意或者过失:第一,单位决策人员或者经其授权的人,在其职务范围内,决定实施某种违法行为的,推定单位具有故意。第二,在单位的营业目

---

① 参见[德]洛塔尔·库伦:《公司产品生产中的注意义务违反责任》,徐凌波译,载梁根林、[德]埃里克·希尔根多夫主编:《刑法体系与客观归责:中德刑法学者的对话(二)》,北京大学出版社 2015 年版。

② 参见[德]贝恩德·许乃曼:《德国不作为犯法理的现况》,陈志辉译,载许玉秀、陈志辉合编:《不移不惑献身法与正义——许乃曼教授刑事法论文选辑》,台北,新学林出版股份有限公司 2006 年版,第 524 页。

③ [德]贝恩德·许乃曼:《德国不作为犯法理的现况》,陈志辉译,载许玉秀、陈志辉合编:《不移不惑献身法与正义——许乃曼教授刑事法论文选辑》,台北,新学林出版股份有限公司 2006 年版,第 525 页。

④ 参见冯圣晏:《犯罪之组织支配》,台湾政治大学 2010 年硕士学位论文,第 38 页。转引自李波:《瑕疵产品生产、销售过程中不法集体决策问题的归因和归责——以德国"皮革喷雾剂案"为例》,载《中国刑事法杂志》2014 年第 1 期。

标、政策方针、科层结构、处罚措施中,有鼓励、纵容或者默许其组成人员违法犯罪的内容时,推定单位具有故意。第三,单位选任不恰当的岗位人选,采用有缺陷的工艺操作流程,或者应当建立相关制度而没有建立,以及尽管建立了相关制度却疏于执行的,推定单位具有过失。①

(二)缺陷产品生产商不法集体决策的刑事责任

缺陷产品的生产商当然要对生产、销售缺陷产品承担民事法律责任。从各国法律规定和司法实践看,通常要求缺陷产品生产商承担严格责任。问题是,生产商故意或者过失生产并销售缺陷产品的,除了在侵权法上承担严格责任外,有无可能另外承担刑事责任?

1. 缺陷产品供应商的高级管理人员不法集体决策,故意生产、销售缺陷产品的,如何处理?通常认为,缺陷产品供应商的高级管理人员不法集体决策,事先明知产品存在缺陷,仍然实施生产、销售行为的,属于作为形式的生产、销售伪劣产品罪的共同犯罪。如果该产品具有严重缺陷,供应商不及时召回,致人重伤、死亡的,还有可能构成过失致人重伤、过失致人死亡等罪,应当实行数罪并罚。

但是,无论是采取部分犯罪共同说还是行为共同说,成立共同犯罪均要求行为人具有共同的犯罪故意。在不法集体决策的场合,能否认为参与不法集体决策的人员构成共同犯罪,还存在疑问。第一,在参与不法集体决策的人员均投出赞成票的场合,判断参与决策人员是否具有实施某一具体犯罪的共同犯罪的故意,不能仅以参与决策人员在决策过程中进行了沟通、交流、协商和投票作为充要条件,还要结合我国《刑法》第 14 条关于犯罪故意的规定以及故意犯罪的原理进行认定。第二,在参与不法集体决策的人员有的投了赞成票,有的投了反对票或者弃权票的场合,难以认为投下反对票、弃权票的人员与投下赞成票的人员形成了共同犯罪的故意。

本书认为,在参与不法集体决策,但无法认定为共同犯罪的场合,只能从单独犯的角度认定和追究有关人员的刑事责任。首先,相对于故意犯和作为犯而言,如果有可能成立过失犯或者不作为犯,因果关系的认定与客观归责的判断成为重要课题。其次,行为人的罪过形式是否与不法集体决策的罪过形式完全一致,也值得进一步研究。从司法实践看,完全有可能出现单位成员的罪过形式与单位犯罪的罪过形式不一致的情况。

2. 公司、企业的高级管理人员在销售伪劣产品后集体决策不实施召回的,能否认定为不作为形式的生产、销售伪劣产品罪,或者其他犯罪?对

---

① 参见黎宏:《组织体刑事责任论及其应用》,载《法学研究》2020 年第 2 期。

此,存在争议。许乃曼持否定观点,认为这实际上是将刑法上的产品责任等同于侵权法上的产品责任,不当地扩大了不作为犯的成立范围。[①] 主张根据《德国刑法典》第323c条第1款的规定,行为人对被害人承担一般的救助义务。[②] 主要原因在于:第一,"对于刑法上的归责而言……支配原则才具有关键性的地位……把产品已经带入市场内流通的生产者对产品丧失所有的实质支配。"[③]第二,"生产者通常在事后汇报后才得知已经流入市场的产品有危险,这些产品原来是没有违反注意义务而被评估为没有危险的;而且因为在分工合作的经济中,个人行为的因果性是很少可以被确认的。"[④]

但是,我国学者大多对此持肯定说。例如,林钰雄教授认为:"如果制造或上市当时,商品制造人已经遵循了当时所有相关的客观注意义务要求……商品制造人并未制造法所不容许的风险;但设若科学报告或实验室检测发现了某种先前并未发现,可能造成法益侵害风险的设计缺陷,便因此种保证人地位而产生回收义务……商品制造人若因未尽回收义务致损害他人法益者,可能构成不纯正不作为之犯罪。"[⑤]

本书认为,生产商在销售缺陷产品后知悉产品存在缺陷,而不召回的,其将缺陷产品投入市场流通中,属于创设危险的先前行为;如果缺陷产品对消费者的生命、身体或者财产等法益的侵害达到较高的程度,完全可以单独成立不作为形式的刑事犯罪。就公司、企业的高级管理人员而言,根据不作为犯的理论,只要认为管理者有回避结果发生的义务,即使其没有亲自操作,也应就其他执行者造成的侵害承担责任。

3. 公司、企业的中下级干部和工作人员故意或者过失生产、销售缺陷产品,上级领导知情但不阻止的,如何处理？本书认为,如果上级领导对下

① 参见[德]贝恩德·许乃曼:《德国不作为犯法理的现况》,陈志辉译,载许玉秀、陈志辉合编:《不移不惑献身法与正义——许乃曼教授刑事法论文选辑》,台北,新学林出版股份有限公司2006年版,第650页。

② 参见[德]贝恩德·许乃曼:《德国不作为犯法理的现况》,陈志辉译,载许玉秀、陈志辉合编:《不移不惑献身法与正义——许乃曼教授刑事法论文选辑》,台北,新学林出版股份有限公司2006年版,第651页。

③ [德]贝恩德·许乃曼:《德国不作为犯法理的现况》,陈志辉译,载许玉秀、陈志辉合编:《不移不惑献身法与正义——许乃曼教授刑事法论文选辑》,台北,新学林出版股份有限公司2006年版,第651页。

④ [德]贝恩德·许乃曼:《德国不作为犯法理的现况》,陈志辉译,载许玉秀、陈志辉合编:《不移不惑献身法与正义——许乃曼教授刑事法论文选辑》,台北,新学林出版股份有限公司2006年版,第652页。

⑤ 林钰雄:《新刑法总则》,中国人民大学出版社2009年版,第407页。

级设计、生产、销售缺陷产品知情但不阻止，按照生产、销售伪劣产品罪(或者伪劣产品领域的特殊法条)与过失伤害、过失致人死亡等罪的想象竞合犯，①从一重罪论处或者数罪并罚。如果上级领导对下级设计、生产、销售缺陷产品以及不履行安全义务有监督、管理上的过失，可以按照过失犯论处。

二、复数成员不阻止某一有害因果流程的归责

在全部或者部分决策集体的成员不阻止某一有害的因果流程时，如何认定各个成员的责任呢？在这类案件中，主要涉及下列三个问题：第一，在供应商制造、销售的缺陷产品与被害人遭受的损害结果之间有无因果关系？第二，涉案公司、企业中参与集体决策的人员，是否具有保证人地位？如果结论是肯定的，有哪些作为义务？第三，在参与集体决策人员的不作为与损害结果之间是否存在因果关系？参与集体决策人员是否就不召回缺陷产品导致的危害结果承担不作为犯的刑事责任，则取决于前述第二个问题和第三个问题得出何种结论。

(一)根据产品存在的缺陷类型和自然科学技术原理判断缺陷产品与损害结果之间有无因果关系

就上述第一个问题而言，应当根据产品存在的缺陷类型和自然科学技术原理(一般因果法则)，判断缺陷产品与损害结果之间有无因果关系(具体因果法则)。通常情况下，判断有无因果关系时采取条件说或者合法则条件说。“如果A行为与B结果之间在时间上具有连续性的先后关系，并且，由A产生B这一关系能够通过自然法则、经验法则，或者盖然性法则来说明，那么，就可认定A与B之间存在作为事实上的结合关系的条件关系。”②但是，有些产品存在的缺陷并不明确，比如说食品、药品等难以查明哪些成分具有毒害性，机电产品无法查明到底是设计存在缺陷还是零部件存在缺陷等，这导致在认定因果关系时存在一定的困难。在这种情况下，能否超越传统上基于自然科学规律或者因果法则认定因果关系的做法，出现了不同的声音。

1. 在追究缺陷产品致害案件的刑事责任时，能否采取“反向排除法”？例如，在前述“皮革喷雾剂案”中，就围绕能否采取“反向排除法”存在争论。

第一种观点认为，在无法确切地查明自然科学原因的情况下，可以运

---

① 除非出现非常极端的情况，否则原则上不太可能构成故意伤害罪、故意杀人罪。

② [日]西田典之：《日本刑法总论》(第2版)，王昭武、刘明祥译，法律出版社2013年版，第82页。

用"反向排除法"认定有无因果关系。例如,德国联邦法院主张可以反向排除其他可能导致身体遭受侵害的原因。就"皮革喷雾剂案"而言,即便无法从科学上查明究竟是喷雾剂中哪些成分侵害了消费者的身体健康,但只要消费者使用了涉案的皮革喷雾剂,就足以认为身体健康遭受的伤害是涉案皮革喷雾剂存在缺陷导致的结果,在皮革喷雾剂存在缺陷与消费者身体健康遭受侵害之间具有刑法上的因果关系。至于皮革喷雾剂中哪一种或者哪几种成分存在毒害性,则在所不问。① 罗克辛也认为,虽然在"皮革喷雾剂案"中既无法从科学上查明引起身体伤害的是何种物质,也无法查明内在的毒理,但是"归属的前提只是因果关系,而不是对因果关系作用方式的认识"②。"如果不清楚是哪些物质造成了伤害,但是造成伤害的其他可考虑的原因都排除了,那么也可以没有法律错误地确定产品制造和伤害消费者健康之间的因果关系。"③

第二种观点认为,在判断缺陷产品案件有无因果关系时,采取反向排除法不足以认定有无刑法上的因果关系。例如,普珀指出,法院采取的反向排除法不能穷尽地排除所有致害可能性,在不知道缺陷产品的何种成分对身体健康具有毒害性时,应当根据合法则条件说认定有无因果关系。合法则性的条件是条件说的前提,而确定合法则性则离不开自然科学知识。④ 劳东燕教授也认为:"在无法将相关行为与其他的作用因素相分离的场合,如择一因果关系、累积因果关系与经集体表决的产品责任案件等,不可能运用条件公式来判断事实因果关联的有无。"⑤

2. 在认定是否具有"条件关系"意义上的因果关系时,采取"等值理论"还是"合法则理论"? 众所周知,条件说是认定因果关系的基础和前提。围绕认定是否具有"条件关系"意义上的因果关系,存在"等值理论"与"合法则理论"等不同观点。其中,"等值理论"采取"反向排除法","如果没有 A 仍然有 B,则 A 不是 B 的原因;相反,如果有 A 就有 B,则 A 是 B 的原因"。这种"反向排除法"不去考察真实发生的因果流程,而是使用

---

① Vgl. BGHSt,37,112. 转引自江溯主编:《德国判例刑法(总则)》,北京大学出版社 2021 年版,第 446 页。

② [德]克劳斯·罗克辛:《德国最高法院判例:刑法总论》,何庆仁、蔡桂生译,中国人民大学出版社 2012 年版,第 252 页。

③ [德]克劳斯·罗克辛:《德国最高法院判例:刑法总论》,何庆仁、蔡桂生译,中国人民大学出版社 2012 年版,第 248 页。

④ Vgl. Puppe, Anmerkung zu BGH, Urt. v. 6. 7. 1990 – 2 StR 549/89 (BGHSt 37,107), JR 1992, S. 30. 转引自江溯主编:《德国判例刑法(总则)》,北京大学出版社 2021 年版,第 446 页。

⑤ 劳东燕:《事实因果与刑法中的结果归责》,载《中国法学》2015 年第 2 期。

"想象不存在"的方法来验证有无因果关系。"适用一个假定的剔除程序,在该程序中,人们考虑到涉及结果发生的原因行为,以便以此来确定是否存在结果。"①

但是,"等值理论"采取"反向排除法",运用"假定的因果过程"进行逻辑推导的做法,容易出现下列问题:第一,"反向排除法"仅仅从逻辑上将因果联系作为讨论的前提,而没有直接运用因果联系。众所周知,"条件公式不能作为因果关系理论,而往往只能作为(不确定的)判断因果关系是否存在的标准而被加以运用"②。只有当人们知道在原因和结果之间存在原因上的联系(一般的因果法则),才能就具体案件说"没有这一原因,该结果也就不会发生"(具体的因果法则)。如果并未查明原因行为的作用机理(一般的因果法则),就既不能假定,也不能当然地在具体案件中确定某一原因行为对于危害结果的出现是否具有原因力(具体的因果法则)。第二,假定的因果关系,是指一个其他的原因在稍后的时间内或者同时以同样的方式导致相同结果的,认为前者与后者之间具有因果关系;重叠的因果关系,是指在结果因数个同时且相互不关联的有效的条件造成的场合,认为前者与后者具有因果关系。③ 众所周知,即便存在假定的因果关系与重叠的因果关系,也不意味着必然存在刑法上的因果关系。"条件公式仅仅作为判断因果关系是否存在的标准而被加以使用……这一工具具有高度的不确定性,而在合法则性关系未被认识或存在替代原因的情况下无法适用。"④在并未确定原因行为的情况下,有可能误将存在假定因果关系或者重叠因果关系的情形认定为具有刑法上的因果关系,从而导致归责范围的不当扩大化。

从认定程序和证明责任分配上看,"反向排除法"不但存在"避实就虚"(证明标准的降低)的问题,还会进一步导致证明责任的倒置。例如,在"皮革喷雾剂案"中,德国联邦最高法院通过"反向排除法",未经充分的论证,就轻易地排除了其他可能导致身体损害结果的原因,对因果关系的存在与否没有尽到应有的证明责任(证明标准的降低),甚至进一步将对

① [德]汉斯·海因里希·耶赛克、[德]托马斯·魏根特:《德国刑法教科书》(下),徐久生译,中国法制出版社 2017 年版,第 380 页。

② [德]埃里克·希尔根多夫:《德国刑法学:从传统到现代》,江溯、黄笑岩等译,北京大学出版社 2015 年版,第 272 页。

③ 参见[德]汉斯·海因里希·耶赛克、[德]托马斯·魏根特:《德国刑法教科书》(下),徐久生译,中国法制出版社 2017 年版,第 381 - 382 页。

④ [德]埃里克·希尔根多夫:《德国刑法学:从传统到现代》,江溯、黄笑岩等译,北京大学出版社 2015 年版,第 263 页。

因果关系的证明责任转嫁给被告人(证明责任的倒置)。

相反,"合法则理论"则认为,"对条件论意义上的因果关系而言仅仅取决于,在紧接着行为之后是否产生对外界的改变,而且这种改变依据我们所知晓的自然法则与行为是否存在必然的联系的,并作为符合构成要件的结果"。与"等值理论"相比,"合法则理论"以自然科学的因果法则为根据,使因果关系的认定具有坚实的自然科学基础。为此,耶赛克提出,在认定因果关系时应当采取"合法则性公式",而不是"反向排除法"。"不要问根据当时的情况即使没有因果关系的行为是否也会发生那种结果,因为对一行为的条件质量而言仅仅取决于,根据我们的经验知识,依据因果法则,行为是否确实导致了结果的产生。因此,根据符合法则的联系来研究具体案件是必要的。"①

至于"合法则理论"是仅限于自然科学意义上的法则,还是可以进一步扩大为包括经济学、社会学、统计学意义上的法则,也存在不同观点。大致来说,考夫曼持否定说,主张将法则限定为自然科学意义上的法则;②希尔根多夫则持肯定说,认为符合经济与社会的法则,如供需法则,也可以认定存在因果关系。③ 由于篇幅所限,本书不再赘言。

(二)根据决策者的职责权限考察其是否具有保证人地位和作为义务

就上述第二个问题而言,首先应当考察涉案公司、企业有无建立内部治理结构,区分个人决策事项与集体决策事项,根据决策者的职责权限考察其是否具有保证人地位和作为义务。

1. 对于建立了现代企业制度的公司而言,根据内部治理结构实行职权和责任的分工,原则上要求决策者在各自职权范围内承担刑事责任。主要理由是:第一,在已经建立较为完善的内部治理结构的公司、企业内部,董事、经理等管理人员按照分工分管不同的领域,这种责任分工对其所承担的义务不仅是构建性的,而且是限制性的。董事、经理等个人无权单独决定采取措施履行公司的义务,与之相对,公司董事、经理等的义务也就限定在"尽到其可能与可期待的全部共同作用权限",以促成董事会等决策机

---

① [德]汉斯·海因里希·耶赛克、[德]托马斯·魏根特:《德国刑法教科书》(下),徐久生译,中国法制出版社2017年版,第384页。

② Vgl. Kaufmann, Tatbestandsmäßigkeit und Verursachung im Contergan - Verfahren, JZ 1971, S. 575. 转引自江溯主编:《德国判例刑法(总则)》,北京大学出版社2021年版,第453页。

③ 参见[德]埃里克·希尔根多夫:《德国刑法学:从传统到现代》,江溯、黄笑岩等译,北京大学出版社2015年版,第267页。

构作出必要的决定。[1] 第二，根据信赖原则，在公司、企业各位董事、经理之间，可以相互信赖对方对各自负责的领域是依法依规实施管理活动的，不必为他人负责领域所造成的危害结果承担责任。

2. 如果某一事件属于公司、企业决策机构集体决策的范围，需要全体董事、经理等高级管理人员共同作出决策，[2]则任一董事、经理等均负有阻止发生危害结果的义务，均应当尽可能在公司董事会等会议上尽一切可能阻止危害结果的发生。[3] 罗克辛明确指出："倘若在一家有限责任公司中，多个公司经理共同决定召回事宜，那么每个公司经理都有义务竭尽一切可能作出该决定。""如果一家有限责任公司的经理们一致决定，不实施被要求的召回，那么他们就应作为共同行为人对不作为所生之伤害结果负责。"[4]"当出于特别的原因整个企业作为整体被牵涉时，整体责任和对业务指导的全部管辖就出现了；然后公司领导层整体就有职责采取行动。"[5]

（三）根据集体决策的特点对不作为的因果关系的认定标准进行调整

就上述第三个问题来说，应当根据集体决策的特点，对不作为的因果关系的认定标准进行调整。在不法集体决策的场合，主要有三种因果关系：第一，每一个参与集体决策的成员个人的决定与全体成员集体决定的因果关系；第二，不法集体决策形成的决定与法益侵害结果之间的因果关系；第三，参与不法集体决策的成员个人的决定与法益侵害结果之间的因果关系。[6] 其中，围绕前两种因果关系的认定存在的争议较大。

要将危害结果归责于每一个公司董事、经理等高级管理人员，通常情况下需要确定每一个参与决策的公司董事、经理的不作为与结果之间的因果关系。无论行为人在决策前的商讨阶段表态赞成、反对召回缺陷产品还是未表明态度，无论行为人在决策过程中投的是赞成票、弃权票还是反对票，如果集体决策作出的结论是召回缺陷产品，由于公司后续实施的召回行为消除了消费者遭受缺陷产品侵害的危险，均可以视为已经履行了作为

---

① Vgl. Kuhlen, Grundfragen der Strafrechtlichen Produkthaftung, JZ 1994, S. 1142. 转引自江溯主编：《德国判例刑法（总则）》，北京大学出版社 2021 年版，第 445 – 446 页。

② 根据决策事项不同，有些要求达到一定比例的人员参加决策就有效，有些甚至要求持股达到一定比例的人员参加决策，并且达到一定比例赞成才是有效的。

③ 参见江溯主编：《德国判例刑法（总则）》，北京大学出版社 2021 年版，第 446 页。

④ ［德］克劳斯·罗克辛：《德国最高法院判例：刑法总论》，何庆仁、蔡桂生译，中国人民大学出版社 2012 年版，第 249 页。

⑤ ［德］克劳斯·罗克辛：《德国最高法院判例：刑法总论》，何庆仁、蔡桂生译，中国人民大学出版社 2012 年版，第 251 页。

⑥ 参见郭莉：《集体决定中的因果关系问题——以刑事产品责任案为例》，载《河南财经政法大学学报》2021 年第 2 期。

义务。换言之，在集体决策的场合，“对于因果关系问题而言，关键在于，负责人个人履行其义务是否能够促使公司作出召回存在危险的喷雾剂的决定”①。

1. 累积的因果关系与替代的因果关系。在不法集体决策的场合，往往表现为累积的因果关系和替代的因果关系，这两种情况欠缺因果关系这种“引起与被引起”关系中的必要性条件或者充分性条件，都难以直接评价为具有刑法上的因果关系。

第一，累积的因果关系是指两个以上的行为在单独的情况下都不足以引起损害结果的发生，但聚合在一起之后能够引起构成要件结果的发生。②在这种场合，由于难以分别认定具有刑法上的因果关系，除非能够证明两个以上行为人之间存在犯意沟通和联络，将其认定为共犯，否则将难以进行刑事追责。

第二，替代的因果关系是指两个以上行为共同导致损害结果的发生，但即便缺乏其中任何一个行为，该结果仍然会因为其他原因而发生。在涉及不法集体决策案件中，争议最大的就是替代的因果关系的情况。正如金德霍伊泽尔所指出的：“是否即便采取了所应为的行为，当时还是会通过决议？因此，集体的个别成员当时实际上是否可能履行其义务，也就根本影响不到因果关系的成立。”③

2. 德国法院关于“皮革喷雾剂案”的观点。在前述“皮革喷雾剂案”中，州法院判决被告人构成危险伤害罪和过失伤害罪两个罪名。德国联邦最高法院认为均能认定行为人的行为与危害结果之间具有因果关系。

第一，就危险伤害罪而言，全体负责人成立共同正犯关系。在不真正不作为犯中，成立共同正犯的条件在于，多名保证人共同决定不遵守只能由他们共同履行的义务，而放任危险伤害的发生。每位被告人都必须对他人的不作为负责，从而共同承担未召回缺陷产品的责任。④

第二，就过失伤害罪来说，法院不但考虑了作为犯中的累积的因果关系，而且强调只有肯定因果关系才能与各位负责人共同且同等的责任相符。否则，就会出现这样一种不公正的局面：一个有限责任公司的负责人，

---

① ［德］埃里克·希尔根多夫：《德国刑法学：从传统到现代》，江溯、黄笑岩等译，北京大学出版社2015年版，第258页。

② 参见许玉秀：《累积的因果关系与风险升高理论》，载《台湾本土法学杂志》2002年第32期。

③ ［德］乌尔斯·金德霍伊泽尔：《刑法总论教科书》（第6版），蔡桂生译，北京大学出版社2015年版，第368页。

④ 参见［德］埃里克·希尔根多夫：《德国刑法学：从传统到现代》，江溯、黄笑岩等译，北京大学出版社2015年版，第258页。

只要提出其他董事也可能实施同样的、违反义务的不作为，就可以免予追究刑事责任。这显然是非常错误的。①

3. 德国学者关于“皮革喷雾剂案”的观点。对于德国联邦最高法院在前述“皮革喷雾剂”判决中有关不作为的因果关系的观点，理论上可谓众说纷纭。罗克辛的基本观点是：“每个虽然有共同职责却没有为达成被要求的召回决定作出贡献的公司经理，都因此设定了一个措施没有发生的原因。如果他要求召回，却因为其他经理的反对而失败了，那么这也决定了他的刑事责任。”②“如果多个参加者相互独立地通过他们行为贡献之整体才引起了符合构成要件的结果，那么每个具体的行为贡献在决定责任的意义上都是原因。”③对于本案，多数学者对案件分阶段进行了讨论。

(1)就危险伤害案而言，库伦等赞同德国联邦最高法院的观点，认为参与集体决策者的决策行为与危害结果之间具有因果关系。④希尔根多夫也认为，虽然在共同正犯中要求每一个参与者的行为与危害结果之间存在因果关系，但是这仅仅涉及共同正犯共同实施的行为整体与危害结果之间的因果关系，不要求证明共同正犯的个别原因力与整体结果之间的关系。在不真正不作为犯的场合，如果违反多人共同承担的法律义务而没有阻止法益侵害结果的发生，就可以认定不作为者之间构成共同正犯关系。⑤

相反，萨姆松主张不作为者之间不存在共同正犯关系。主要理由是，共同正犯必须能够对“是否以及怎样实施犯罪行为”作出决定，但是在“皮革喷雾剂案”中并不存在这一点。这是因为，在“皮革喷雾剂案”这种需要复数成员集体决策的场合，即便其中一人决定实施召回措施，也就是采取所要求的行为，如果得不到半数以上成员的支持，也无法产生任何结果。是否以及如何实施犯罪行为，并不取决于该名负责人。虽然要求公司负责人共同采取救助行动，但反过来，没有采取此种行动的，不能成立不作为的

---

① 参见［德］埃里克·希尔根多夫：《德国刑法学：从传统到现代》，江溯、黄笑岩等译，北京大学出版社2015年版，第258–259页。

② ［德］克劳斯·罗克辛：《德国最高法院判例：刑法总论》，何庆仁、蔡桂生译，中国人民大学出版社2012年版，第249页。

③ ［德］克劳斯·罗克辛：《德国最高法院判例：刑法总论》，何庆仁、蔡桂生译，中国人民大学出版社2012年版，第252页。

④ Vgl. Kulen, Strafhaftung bei unterlassenem Rückruf gesundheitsgefährdender Produckte, NStZ (1990), 566, 570. 转引自［德］埃里克·希尔根多夫：《德国刑法学：从传统到现代》，江溯、黄笑岩等译，北京大学出版社2015年版，第260页。

⑤ 参见［德］埃里克·希尔根多夫：《德国刑法学：从传统到现代》，江溯、黄笑岩等译，北京大学出版社2015年版，第263–264页。

共同正犯。此外，即便是共同的行为决意，也不能替代不作为的因果关系。①

普珀也认为，德国联邦最高法院类比适用作为犯中的累积的因果关系是错误的，而应当适用“多重因果关系”。普珀将“多重因果关系”界定为“事实上导致结果发生的因果流程的必要条件可以重复的被满足”。普珀进一步提出“最低限度的充分条件”(Mindestbedingung)理论，主张在具有重叠出现的原因和结果之间的因果关系，必须描述出数个充分条件，各个重叠出现的原因在每个充分条件中只能出现一次。在最低限度的充分条件内，每个条件都是造成结果的必要条件，无须再考量多余的条件。判断标准是，导致一个结果发生的多个完全或者部分不同的充分条件同时被满足了。“如果要避免对结果发生的多重充分条件都作出了必要贡献的多个行为人以‘即便没有自己的因果贡献，结果也会发生’为由互相免除责任，则人们必须不能再仅将这些导致结果出现的必要条件视为单一原因。只要根据一般的规则，一个行为是导致结果发生的充分条件的必要组成部分，该行为便足以被认为是结果发生的单一原因。”②换言之，在集体投票是否召回缺陷产品的场合，即便投赞成票的只是公司部分负责人而非所有负责人，只要投票结果达到集体决策的最低标准，形成的决议是不召回缺陷产品，仍然可以认为投赞成票的部分负责人的行为与不召回缺陷产品，以及最终造成侵害结果之间具有因果关系。

(2)在过失伤害案中，德国联邦最高法院回避了单一公司负责人的行为与没有作出实施召回行为的决定之间是否存在因果关系的问题。③ 对于德国联邦最高法院的处理结论，多数学者如库伦、萨姆松、普珀等均持否定观点。例如，库伦指出：“对于一个无偏见的对因果关系的理解而言……当他们虽然有行为的可能性却没有人采取行动推动决定作出从而导致这一决定‘流产’时，这一因果关系就以每个有权作决定的个人的不作为为基

---

① Vgl. Samson, Probleme strafrechtlicher Produkthatfung, StV(1991), 182ff. 转引自[德]埃里克·希尔根多夫:《德国刑法学:从传统到现代》,江溯、黄笑岩等译,北京大学出版社 2015 年版,第 260 页。

② Puppe, Anmerkung zum Urteil des BGH, Urteil v. 6. 7. 1990 2 StR 549/89 (BGHSt 37, 107), JR (1992), 30ff. 转引自[德]埃里克·希尔根多夫:《德国刑法学:从传统到现代》,江溯、黄笑岩等译,北京大学出版社 2015 年版,第 261－262 页。

③ 参见[德]埃里克·希尔根多夫:《德国刑法学:从传统到现代》,江溯、黄笑岩等译,北京大学出版社 2015 年版,第 263 页。

础。”[①]萨姆松的主要理由是，法院并未查明发生法益侵害的真正原因到底是什么（“事实存疑”），以致于无法判断行为人履行何种义务才能阻止法益侵害结果的发生。萨姆松强调，应当考虑的是，负责人个人是否以放弃的形式致使无法达成召回决定。“如果负责人中可确认的多数引发了不明智的感觉，则该多数负责人应当承担责任，而不是其他放弃的负责人。相反，如果某人向他人传递了这种感觉，则他通过这一行为不仅使他人也使自己丧失了救助能力。”[②]普珀认为，共同正犯关系本身已经预设了每一位共同正犯人对结果均具有因果力，在过失犯罪中显然不存在“共同正犯”。[③]

但是，希尔根多夫提出，尽管过失犯中不存在共同的行为决意，但是在“皮革喷雾剂案”中，不能套用前述原理。主要是因为，对于不对缺陷产品实施召回后发生的身体伤害而言，公司负责人共同作出决定不召回缺陷产品，在各个负责人之间进行了意思沟通，存在共同的行为决意。所以，各个行为人之间成立过失的共同正犯。[④]

4. 本书的观点。对于这一问题，本书持以下观点：

第一，公司、企业的集体决策通常采取“与会董事少数服从多数”或者“持股半数以上董事有权决策”规则。因此，既要考察行为人在不法集体决策过程中投的是赞成票、弃权票还是反对票，也要考察不法集体决策的结果，对判断行为人是否以及如何履行作为义务的标准进行适度调整。

第二，对于负有决策权的公司、企业董事、经理而言，他（她）首先要为基于自由意志实施的投票行为负责。如果集体决策作出的结论是不召回缺陷产品，而且行为人投票主张不实施召回，可以得出行为人未履行作为义务的结论。在此基础上，倘若因为未及时召回缺陷产品而对消费者造成法益侵害，就可以对行为人追究不作为犯的刑事责任。

第三，在因果关系的认定上，既要考察董事、经理个人投票不赞同召回缺陷产品而造成危害结果的关系，也要考察集体不法决策不召回缺陷产品导致发生危害结果的关系。德国联邦最高法院通过共同正犯和累积的因

① Kulen, Strafhaftung bei unterlassenem Rückruf gesundheitsgefährdender Produkte, NStZ (1990), 566, 570. 转引自［德］埃里克·希尔根多夫：《德国刑法学：从传统到现代》，江溯、黄笑岩等译，北京大学出版社 2015 年版，第 260 页。

② Samson, Probleme strafrechtlicher Produkthatfung, StV (1991), 182ff. 转引自［德］埃里克·希尔根多夫：《德国刑法学：从传统到现代》，江溯、黄笑岩等译，北京大学出版社 2015 年版，第 261 页。

③ Vgl. Puppe, Anmerkung zum Urteil des BGH, Urteil v. 6. 7. 1990 2 StR 549/89 (BGHSt 37, 107), JR (1992), 30ff. 转引自［德］埃里克·希尔根多夫：《德国刑法学：从传统到现代》，江溯、黄笑岩等译，北京大学出版社 2015 年版，第 260 页。

④ 参见［德］埃里克·希尔根多夫：《德国刑法学：从传统到现代》，江溯、黄笑岩等译，北京大学出版社 2015 年版，第 264 页。

果关系的原理进行说明,认为如果其他人均投票反对召回,即便行为人本人投票支持召回缺陷产品也不能改变集体决策结果,而行为人对召回缺陷产品投了弃权票或者也投了反对票的,“公司董事共同违反了阻止结果发生,作出召回决定的义务,因而成立共同正犯。在共同正犯的框架下,因果关系应当就整体进行判断,只要每个董事都在事实上投票赞成了不召回决定,其行为就是导致损害结果的原因”①。

第四,对于行为人投票主张召回缺陷产品,但不法集体决策作出的决定是不召回缺陷产品的,如果因产品缺陷导致发生严重危害结果,原则上不能就这一危害结果追究行为人的刑事责任。

三、公司、企业内部人事调整对归责的影响

(一)公司、企业内部发生人事变更的,继任者是否为前任的先前行为负责?

1. 德国、日本等刑法未规定法人犯罪背景下的案件处理。在不承认法人犯罪的国家,解决这一问题存在一定的困难。例如,许乃曼就曾提出:“刚进入企业之人不会因为欠缺违反义务的前行为而须负责,相反,离开企业的退休之人仍居于保证人地位……德国联邦最高法院相反地指出,刚进入企业之人通常经由承担任务而接替前手的保证人地位……但是对于新进入企业的人员而言,对于已经流入市场的产品并不具备此种因果关系。”②

在日本“药害艾滋病,厚生省渠道事件”中,在追究厚生省生物制剂科长的责任时,也遇到了同样的问题。历经数年,最初允许缺陷血液制剂进口并使用的官员早已为后继者所代替,日本裁判所不是以先前行为为根据追究了现任生物制剂科科长的责任。③

2. 我国等规定法人犯罪(单位犯罪)立法模式下的案件处理。我国《刑法》第30条和第31条明文规定了单位犯罪,刑法学理论基本上认为生产、销售缺陷产品的公司的继任者要对前任生产、销售的缺陷产品履行安全义务。例如,黎宏教授指出:“缺陷产品不召回的情形中,支配的存在与否,是与其在企业中的地位和权限密切相关的……继任者在接管职位的同时,也接管了该职位所享有的信息优势地位和决策权、执行权等权限,并且

---

① 江溯主编:《德国判例刑法(总则)》,北京大学出版社2021年版,第446页。

② [德]贝恩德·许乃曼:《德国不作为犯法理的现况》,陈志辉译,载许玉秀、陈志辉合编:《不移不惑献身法与正义——许乃曼教授刑事法论文选辑》,台北,新学林出版股份有限公司2006年版,第653页。

③ 参见[日]东京地方裁判所2001年9月28日判决。

据此支配着产品流通和被使用的状态……可以说继任者是主动介入并设定了对因果进程的排他性支配。”①吕英杰教授也认为:“后继者承担回收义务不是在为前任的先行行为负责,而是为其所代表的企业的危险的先行行为负责。”②本书认同前述有关继任者对前任的行为负责的研究结论,同时认为有关论证仍然有待商榷。

(二)本书的观点

探讨生产、销售缺陷产品公司中的离任者与继任者是否具有保证人地位,需要将其置于单位犯罪或者法人犯罪这一背景下。离任者与继任者虽然是具有辨认、控制能力的自然人,但他们同时也是单位的成员甚至是高级管理人员。在一国刑法明文规定了单位犯罪或者法人犯罪的情况下,关于缺陷产品的生产、销售以及是否召回缺陷产品等,应当在单位犯罪的语境下,考察行为人的行为是纯粹的自然人犯罪行为还是单位犯罪行为。即便一国刑法没有规定单位犯罪,也要考察行为人的行为到底是以自然人身份实施的个人行为,还是以单位成员的身份实施生产、销售缺陷产品或者不召回缺陷产品的行为。

本书认为,公司中的离任者和继任者作出的生产、销售缺陷产品或者不召回缺陷产品的行为,如果是单位集体决策的产物,是为了所任职公司的利益着想,由公司工作人员实施,公司减少了召回缺陷产品带来的直接经济损失的,应当认定为职务行为。即便行为人已经离职,也应当由行为人当时任职的公司等承担相应的责任。即便行为人是在生产、销售缺陷产品后才到公司任职,也应当对前任的职务行为作出妥善处理,对缺陷产品履行召回义务。

具体来说,第一,在单位犯罪或者法人犯罪的语境下,公司的继任者原则上要对前任生产、销售的缺陷产品履行安全义务。第二,对于已经离休、退休的前任生产者、销售者而言,原则上对该单位生产、销售的缺陷产品不承担安全义务,但是如果在其参与该单位生产、销售缺陷产品的决策过程,或者生产、销售之时就对产品缺陷知情的,由于其先前行为制造、增加了危险,主观上也至少有过失,除非已经将有关义务转交给继任者,否则仍然应当承担保证人地位。

---

① 黎宏、常康爽:《缺陷产品不召回的刑事责任》,载《上海政法学院学报(法治论丛)》2018 年第 5 期。

② 吕英杰:《风险社会中的产品刑事责任》,载《法律科学(西北政法大学学报)》2011 年第 6 期。

四、生产、销售缺陷产品的公司兼并重组或分立后，是否要就之前生产、销售的缺陷产品承担安全义务？

（一）有关资产收购后原先卖方的产品责任是否由买方承担的立法例

关于企业兼并重组后产品责任是否由新组建的公司、企业承担，主要有以下三种立法例：

1. 自由协商模式（原则上采取债务不承担理论）。债权债务的转让与承担必须由买卖双方作出约定，若未约定，视为不随资产一并转让，由卖方继续承担原债务。美国采取此立法例。

2. 商号使用决定模式（符合一定条件时承担债务）。以公司商号是否为卖方继续使用来决定债权债务是否移转给买方。例如，《德国商法典》第31条和第25条规定，若收购公司续用被收购公司的商号，必须进行商业登记。但无论是否完成登记，收购公司都必须对债务承担清偿责任，除非买卖双方约定排除收购公司的连带责任，并对该等约定进行登记。

3. 概括转移（概括承担）模式。公司资产的转让必然包括其构成要素的转让，在没有特别声明的情况下，债权债务一并转移给买方。例如，我国《澳门商法典》第113条规定，对于公司转让前因经营而发生的债务，收购公司必须承担责任。

（二）本书的观点

从履行安全义务的主体看，在生产、销售缺陷产品的公司兼并重组或者分立的场合，继受公司原则上应当在公司兼并或者分立协议约定的范围内承担相应的安全义务。在我国规定了单位犯罪的情况下，这一问题并不难解决。虽然刑法最终惩罚的是个人，但个人的危险行为、法益侵害行为都是与公司紧密相关的，只要把个人行为与公司联系在一起考虑，就能得出后继者承担作为义务的结论。事实上，后继者承担安全义务不是在为前任的先前行为负责，而是在为其所代表的公司的危险的先前行为负责；其所承继的不仅仅是作为公司、企业管理者的权力，也承继了职务所赋予他的维护本公司产品安全的义务。

但是，从形式上看，公司的兼并与分立是不同的。在公司兼并的场合，被兼并公司的民事权利由兼并后的公司享有，民事义务则由兼并后的公司在一定限度内承担。对于公司、企业分立而言，如果公司分立协议存在以合法形式掩盖非法目的等问题，有关协议或者具体条款无效。通过公司分立逃避履行缺陷产品召回义务的，即为此列。由此可见，无论是公司兼并还是分立，并不意味着原有的义务一概由兼并或者分立后的公司全部承受。

具体来说,第一,如果是公司兼并重组或者公司分立,则新组建的公司、新设立的公司应当为前公司生产、销售的缺陷产品承担安全义务。第二,如果继受公司仅购买前公司的资产,通常不需要为前公司生产、出售的缺陷产品承担安全义务。但是,如果在购买协议中约定承担该责任,或者该转让是为了逃避该责任,则应当对之前生产、销售的缺陷产品承担安全义务。第三,当继受公司发现前手的产品具有危险性产品缺陷时,由于继受公司通常对于"获悉前手产品使用中产生的问题并阻止给人身或者财产造成伤害"问题处于更为有利的地位,原则上负有向前手的消费者进行安全警示的义务。①

五、产品缺陷属于多家配件(原材料)供应商过失的竞合的场合,如何处理?

(一)多家配件(原材料)供应商过失竞合场合的归责

在产品缺陷属于多家配件(原材料)供应商存在过失的竞合的场合,是否承认过失的共犯?在现代工农业生产中,分工越来越细致,高科技领域更是如此。例如,美国波音公司生产的民航客机,有几百万个零部件,由全球数千家公司合作完成。类似这样的在生产环节有多家生产商共同(先后)完成,产品缺陷涉及多个生产商,或者说造成重大事故的灾难性后果是由多个生产商所导致的,该如何处理呢?

从民事法律责任的层面看,产品侵权法律关系的主体包括生产者和销售者。其中,生产者主要包括成品制造者、零部件制造者、原材料生产者和准制造者。"产品缺陷由零部件制造者、原材料生产者造成的,受害人向其请求损害赔偿时,应承担侵权责任。"②

从刑事法律责任的角度看,本书主张以下观点:第一,在产品缺陷属于多家配件(原材料)供应商过失的竞合的场合,无论认定为过失的共犯,还是监督过失、管理过失,本质上都是过失的竞合。第二,我国《刑法》第25条中明文规定"共同犯罪是指二人以上共同故意犯罪",这是共同犯罪的成立条件,不能将其作为过失共犯的处罚阻却事由。第三,由于我国《刑法》第25条不承认过失的共犯,同时分则规定的过失犯罪又都是实害犯,在对产品责任案件进行因果关系判断时,存在一定的困难。在"多因一

---

① 参见[美]戴维·G.欧文:《产品责任法》,董春华译,中国政法大学出版社2012年版,第317-319页。

② 王利明等:《民法学》(第5版),法律出版社2017年版,第930页。

果”的场合，如果参与者主观上均为过失，或者既有故意又有过失，可以着眼于各个参与者与危害后果之间的引起与被引起的关系，首先讨论能否进行客观归责，然后根据各个参与者的罪过心理分别处罚。

（二）无法查明缺陷产品生产商、销售商场合的归责

在缺陷产品生产商、销售商为多家，无法确定缺陷产品是哪一家生产、销售的场合，以及不能查明到底是生产环节导致产品缺陷，还是销售环节导致产品缺陷的，如何进行归责？

1. 缺陷产品侵权或者违约责任的归责原则。对于缺陷产品侵权或者违约责任，采取过错责任原则或者过错推定责任原则，由侵权行为人或者违约行为人承担责任，无论是单一主体还是复数主体，皆是如此。例如，根据我国《产品质量法》（2018 年修正）第 42 条的规定，由于销售者的过错使产品存在缺陷，造成人身、他人财产损害的，销售者应当承担赔偿责任。销售者不能指明缺陷产品的生产者和供货者的，销售者应当承担赔偿责任。又如，《民法典》第 1202 条规定，因产品存在缺陷造成他人损害的，原则上由生产者承担侵权责任。第 1203 条规定，因产品存在缺陷造成他人损害的，被侵权人可以向产品的生产者或者销售者请求赔偿。如果产品缺陷是由生产者或者销售者一方造成的，销售者或者生产者有权在赔偿后向另一方追偿。

根据罪刑法定原则、责任主义原则等刑法基本原则，除非能证明缺陷产品生产商、销售商的行为与危害结果之间具有因果关系，同时主观上具有过错，否则不能追究其刑事责任。当然，不排除有少数国家对产品缺陷致害刑事案件采取严格责任原则。

2. 特殊侵权责任的归责方法对刑事案件归责的借鉴。在无法准确查明因果关系的场合，如何处理则存在争议。例如，在产品民事责任领域，美国司法实践中采取“市场份额责任理论”，如果不能确定具体的生产者，但是可以确定生产同类产品的生产者，那么这些生产者都要承担赔偿责任。具体赔偿数额，则按照各个生产商生产、销售的缺陷产品所占有的市场份额进行确定。根据我国《民法总则》（已失效）第 177 条的规定，二人以上侵权的，原则上各自承担按份责任；能够确定责任大小的，各自承担相应的责任；难以确定责任大小的，平均承担责任。

由于环境侵权往往也是“多因一果”，加上存在潜伏期长、因果链条复杂等原因，环境侵权案件的因果关系认定具有复杂性、专业性。关于环境侵权责任，根据《民法典》第 1231 条的规定，两个以上侵权人污染环境或者破坏生态的，根据污染物的种类、浓度、排放量，破坏生态的方式、范围、程

度,以及行为对损害后果所起的作用等因素确定承担责任的大小。

能否在刑事责任领域套用上述"市场份额责任理论"和环境侵权责任追责方法,还需要进一步研究。本书初步认为,考虑到民事责任原则上是补偿性责任,环境侵权责任尽管有惩罚性但程度比较低,而刑事责任往往是严重超越法益侵害后果本身的惩罚性责任,不能借鉴前述"市场份额责任理论"和环境侵权责任追责方法追究缺陷产品生产商、销售商的刑事责任。

六、缺陷产品销售商及其他非生产性销售者的刑事责任

(一)商品销售商(批发商)的民事责任

商品销售商(批发商)明知产品存在缺陷仍然销售的,应当依法承担民事责任。缺陷产品销售商是指以营利为目的专门从事缺陷产品销售活动的商业组织和个人。应当满足以下三个条件:第一,以经营该产品为业;第二,此种经营是长期的,而不是临时的或偶尔的;第三,不要求该致害产品是其主营业务或唯一的业务。[①] 据此,销售者主要包括产品批发商,零售商,以保留所有权、融资租赁或易货贸易等方式销售产品者等。[②]

本书认为,商品销售商(批发商)明知产品存在缺陷仍然销售的,不仅要承担侵权责任或者违约责任,有些国家和地区甚至规定了严格责任。主要理由是:

第一,要求商品销售商(批发商)承担严格责任,可以对制造商形成压力。例如,美国加利福尼亚州最高法院在范德马克诉福特汽车公司案中关于销售商的产品责任问题的判决书中指出:"零售商从事把货物销售给公众的经营,处于有利的地位来保证产品的安全或者对制造商施加压力,使后者只向市场投放安全可靠的货物,是整个生产和销售经营的组成部分,因而应承担由缺陷产品造成伤害的费用。"[③]"严格责任鼓励供应商只从有责任感的生产商那里购买产品,他们设计安全的产品,承担他们的缺陷产品带来的损失。"[④]

第二,对于中间渠道销售商和终端零售商而言,与势力弱小的单个受害人相比,渠道商和零售商往往更有能力对生产厂家施加正面的影响,更

---

① 参见杨立新:《〈中华人民共和国侵权责任法〉条文释解与司法适用》,人民法院出版社 2010 年版,第 280 页。

② 参见张新宝:《侵权责任法原理》,中国人民大学出版社 2005 年版,第 390 页。

③ 靳文静主编:《产品缺陷侵权责任例解与法律适用》,人民出版社 2010 年版,第 41 - 42 页。

④ 董春华:《中美产品缺陷法律制度比较研究》,法律出版社 2010 年版,第 176 页。

有技术检出产品隐藏的缺陷，以及更有办法分摊诉讼带来的损失。[①] 不过，零售商处于产品营销链条的末端，多数零售商对于所出售的产品存在的缺陷不知情或者没有控制力。除非零售商明确地准备、装配、安装、维修、检测或者检查一项产品，原则上零售商不对将缺陷产品销售给被害人具有过失。[②]

相对于生产者而言，销售者承担产品责任应当具有补充性，即在受害人无法或者很难从生产者那里获得赔偿时，为保护受害人的利益，由销售者承担产品责任。例如，我国《产品质量法》（2018 年修正）第 42 条第 2 款的规定就体现了这种补充性，即销售者无法提供缺陷产品的生产者或者供货者时，应当由销售者承担产品责任。但这是远远不够的。欧盟《产品责任指令》第 3 条规定："在无法确认生产者的情况下，产品的每一个供应者都被视为生产者并承担相应责任，除非他在合理的期限内告知受害人生产者或者供货者。"这一规定赋予缺陷产品供应者较高的责任，具有一定的借鉴意义。

本书认为，当销售者能够指明生产者或者供货者，由于生产者"关停并转"，找不到承继者或者供货者下落不明的，既不能认为销售者不能指明生产者或供货者，也不能认为销售者具有过错。因产品缺陷进行赔偿时，可先由销售者进行赔偿。在销售者找到生产者或者供货者之后，再进行追偿。[③]

（二）在合理范围内追究缺陷产品销售商的刑事责任

本书认为，无论产品缺陷是否由销售者造成，也不管销售者是否能够指明产品的来源，对于因产品缺陷而造成的损害，销售者应当对受害人承担赔偿责任。在生产者无法确定或者生产者无法、无力承担产品责任时，由销售者承担产品责任。主要理由是：

第一，从主观方面看，应当合理限制缺陷产品销售商的刑事责任范围。在缺陷产品致害刑事案件中，销售者的角色与生产者不同：产品的设计、生产、包装和营销通常是由生产者负责的，大多数销售者无法控制、无从知晓而且也没有理由知晓产品缺陷。在这种情况之下，销售者仅仅只是将产品从生产者交付给消费者，并不导致其承担过错责任。

---

① 参见李响：《美国产品责任法精义》，湖南人民出版社 2009 年版，第 58－59 页。

② 参见［美］戴维·G. 欧文：《产品责任法》，董春华译，中国政法大学出版社 2012 年版，第 310 页。

③ 参见最高人民法院侵权责任法研究小组编著：《〈中华人民共和国侵权责任法〉条文理解与适用》，人民法院出版社 2010 年版，第 310 页。

第二,从民事诉讼角度看,应当合理限制缺陷产品销售商的刑事责任范围。附带民事诉讼本质上属于民事诉讼,履行的法律责任属于民事法律责任。假如在生产者已经破产的情况下,让销售者承担民事赔偿责任,就意味着存在其承担了本应由生产者承担责任的情形,由于销售者无法向生产者追偿,结果是销售者承担了与其对产品的控制力和收益不相称的风险。当然,如果销售者知道或有理由知道其所销售的产品存在缺陷,其有合理的注意义务去测试、检验或者对此作出警告(警示义务)。

当然,追究销售者的产品责任,原则上应当弱于生产者。如果产品缺陷是生产者造成,生产者应当承担无过错责任,销售者在先行赔偿受害人后可以向生产者追偿;如果产品缺陷由销售者造成,销售者应当承担过错责任,在生产者先行赔付之后,向销售者追偿时必须证明销售者存在过错。

七、其他间接参与生产、经营或者销售者的安全义务与刑事责任

(一)缺陷产品原材料和零部件供应商的安全义务与刑事责任

关于缺陷产品原材料和零部件的供应商能否成为独立的产品责任主体,存在不同观点。其中,有的学者持肯定说,认为应当参照前述欧盟《产品责任指令》第3条的规定,将原材料、零部件和半成品的生产者也作为产品责任的责任主体。[①] 但也有学者持否定说,认为欧盟《产品责任指令》中的"用于销售的产品"应作限制性解释,仅包括销售给最终消费者的产品,而不包括原材料、零部件或半成品的生产者。[②]

本书持肯定说,认为缺陷产品原材料和零部件的供应商能够成为独立的产品责任主体,对消费者负有安全义务,在满足其他条件的情况下可以追究其刑事责任。主要理由是:

第一,从我国《产品质量法》的角度进行考察,该法的目的在于分配生产者、销售者和产品买受者之间因产品缺陷而产生的风险及损失。当前产品责任立法的趋势是,基于保护处于弱势消费者的原则,尽可能加大生产者责任,减小消费者风险,以最大可能填补受害人之损失。[③] 根据我国《产品质量法》(2018年修正)第2条第2款和第3款的规定,除了建筑工程外,只要是经过加工、制作,用于销售的产品都属于产品责任法上的产品,

---

① 参见刘静:《产品责任论》,中国政法大学出版社2000年版,第174页。

② 参见高圣平:《论产品责任的责任主体及归责事由——以〈侵权责任法〉"产品责任"章的解释论为视角》,载《政治与法律》2010年第5期。

③ 参见董春华:《再论产品责任的责任主体及归责原则——兼与高圣平教授商榷》,载《法学论坛》2011年第5期。

无论是成品还是零部件、半成品。

第二,从《侵权责任法》(已失效)的角度进行考察。有学者认为,我国《侵权责任法》(已失效)第44条规定:“因运输者、仓储者等第三人的过错使产品存在缺陷,造成他人损害的,产品的生产者、销售者赔偿后,有权向第三人追偿。”其中的“等第三人”包括原材料提供者、零部件提供者。“本条明确规定的有运输者和仓储者,在其后规定的‘等’字中包含的,还有原材料提供者、零部件提供者,以及进口商等。凡属于生产者、销售者之外的其他对缺陷产品具有过错的人,都是第三人。”[①]《侵权责任法》(已失效)的有关规定,已经被《民法典》所吸收。

第三,王利明教授主持完成的《中国民法典学者建议稿》第1954条曾经提出,缺陷产品原材料和零部件供应商向生产者提供有缺陷的原材料、辅材料或者有缺陷的零部件的,生产者用该材料、零部件制造的产品存在缺陷致人损害的,由生产者承担民事责任。生产者有权分别向缺陷原材料、辅材料和零部件的提供者追偿。

第四,国外产品责任法律法规将缺陷产品原材料和零部件供应商纳入归责范围。例如,美国《产品责任法》将零部件等产品列入产品之列,零部件生产者也属于产品责任法意义上的生产者。生产者包括“在产品出售给使用者或消费者之前,设计、生产、制作、组装、建造或者加工相关产品”的人。欧盟《产品责任指令》第3条第1款规定,生产者是指成品的制造者、原材料的生产者或者零部件的制造者以及任何以生产者名义出现,并将自己的姓名、商标或识别性标记记注于产品上的人。[②] 日本《产品责任法》第2条第3款规定,该法律中的“生产者等”是指符合以下任一条件的人员:(1)从事产品制造、加工或者进口的人员。(2)擅自把自己当作该产品的生产者,在该产品上标示其姓名、商号、商品及其他标志的人员或者标示让人误认为是该产品生产者的姓名等的人员。(3)除以上人员外,从该产品的制造、加工、进口货销售有关的形态以及其他相关情况看,标示了姓名等并能够认定是该产品实质性的生产者的人员。[③]

第五,由于产品的设计和装配一般由生产商、装配商独立进行,而原材

① 杨立新:《〈中华人民共和国侵权责任法〉条文释解与司法适用》,人民法院出版社2010年版,第285-286页。

② 参见郑卫华、汪立昕等编译:《国外产品担保与产品责任法律制度》,中国标准出版社2009年版,第3页。

③ 参见郑卫华、汪立昕等编译:《国外产品担保与产品责任法律制度》,中国标准出版社2009年版,第197页。

料和零部件的供应商处于产品生产经营链条的顶端，通常对其生产的零部件加入的最后成品的安全性缺乏任何控制力。如果产品缺陷是由成品生产商、装配商将零部件装进成品的方式所致，则零部件生产商原则上不需要对缺陷产品导致的危害后果承担责任；反之，如果危险性缺陷存在于零部件或者原材料本身，则零部件供应商应当为缺陷产品导致的危害后果承担责任。①

（二）缺陷产品母公司、表见生产商（商标所有人）以及特殊人的安全义务与刑事责任

“把自己置于生产者地位的人”，又称准生产者，是指虽未从事生产活动，但在产品上标明自己的姓名、商号，或在产品上使用自己的商标或其他显著标志而表明自己是该产品的生产者的人。虽然这些人不是真正的产品生产者，但各国立法均视其为生产者，使其承担产品责任。

我国司法实践也对此予以确认。例如，最高人民法院《关于产品侵权案件的受害人能否以产品的商标所有人为被告提起民事诉讼的批复》（法释〔2002〕22号）指出，任何将自己的姓名、名称、商标或者可资识别的其他标识体现在产品上，表示其为产品制造者的企业或个人，均属于《民法典》和《产品质量法》规定的“生产者”。

在认定上述具有特殊性的“生产者”时，应当满足下列条件：首先，母公司和商标所有人完全获得或者实质性地获得其子公司、商标被特许人所设计、生产以及销售的产品的商业利益。② 其次，表见生产商通过标签或者广告对外公开自己为产品生产商。“一个人如果将他人生产的动产当作自己的产品公开，就应该如同该产品生产商一样承担相同的责任。”最后，在涉及商标和特许生产经营的案件中，“如果特许人对产品安全实施实质性控制，他应该为特许经营人分销的产品中的缺陷导致的伤害负责任”。反之，“如果商标所有人或者特许人对产品安全没有实质性控制，他们不需要负责”③。

（三）缺陷产品的运输者、仓储者的安全义务与刑事责任

我国《民法典》第1204条明确规定：“因运输者、仓储者等第三人的过错使产品存在缺陷，造成他人损害的，产品的生产者、销售者赔偿后，有权向第三人追偿。”可见，该法并未将运输者、仓储者作为产品责任的责任主体。

① 参见［美］戴维·G.欧文：《产品责任法》，董春华译，中国政法大学出版社2012年版，第313－314页。

② 参见［美］戴维·G.欧文：《产品责任法》，董春华译，中国政法大学出版社2012年版，第314页。

③ ［美］戴维·G.欧文：《产品责任法》，董春华译，中国政法大学出版社2012年版，第316页。

从合同法的角度看,运输者、仓储者与消费者之间没有合同关系,如果运输者、仓储者在运输、仓储过程中致使产品出现缺陷,应认定其违反运输合同或仓储合同义务,对托运人、存货人承担违约责任。在产品责任的承担上,被侵权人不能直接向运输者、仓储者主张侵权责任,产品生产者、销售者也不因运输者、仓储者的过错而免责。因为产品生产者、销售者对被侵权人承担无过错产品责任,而运输者、仓储者对托运人、存货人(通常为产品的生产者、销售者,但也不排除被侵权人委托的情形)承担过错责任,所以运输者、仓储者不是产品责任的责任主体。在产品的生产者、销售者向被侵权人承担赔偿责任后,根据与产品的运输者、仓储者之间的运输合同、仓储合同,向运输者、仓储者追偿其已承担的赔偿责任,这里的归责事由是运输者、仓储者对产品存在缺陷具有过错。

第五节　不履行缺陷产品安全义务的刑事责任

一、产品缺陷的类型区分与安全义务

对于缺陷产品的消费者等群体,生产商、销售商应当遵守哪些安全义务(注意义务)呢? 本书认为,应当从产品缺陷的类型出发,探索生产商、销售商的安全义务的内容和(不)履行安全义务的方式。

(一)产品缺陷的类型区分

1. 界分产品缺陷的主要方法。缺陷产品安全义务的内容,与对产品缺陷范围的界定有关。第一,注意区分产品的自然风险和产品危险,对于过度的风险,不能要求消费者或者产品的使用者承担,而应要求产品的生产商或者销售商承担。第二,通常将产品缺陷分为制造缺陷、设计缺陷和警告缺陷(未尽到警示义务或者对安全使用说明不够充分)。[①] 原则上,如果产品偏离既定设计,即便在准备和出售产品中尽到所有可能的合理注意,产品也具有制造缺陷;如果产品潜在的危险能够通过合理替代设计而减少,产品就具有设计缺陷;如果对可预见的产品危险未提供充分的警告或者对如何避免未提供充分的指示,产品就具有警告或者指示缺陷。[②]

2. 本书对产品缺陷的类型区分。本书主张将产品缺陷分为如下几类:[③]

---

① 参见[美]戴维·G. 欧文:《产品责任法》,董春华译,中国政法大学出版社 2012 年版,第 15 页。
② 参见[美]戴维·G. 欧文:《产品责任法》,董春华译,中国政法大学出版社 2012 年版,第 17 页。
③ 参见王利明等:《民法学》(第 5 版),法律出版社 2017 年版,第 929 页。

第一，设计缺陷。设计缺陷是指产品的设计存在不合理的危险，是导致产品存在潜在危险的根本因素。例如，根据《缺陷汽车产品召回管理条例》第3条第1款的规定，汽车“缺陷”是指由于设计、制造、标识等原因导致的在同一批次、型号或者类别的汽车产品中普遍存在的不符合保障人身、财产安全的国家标准、行业标准的情形或者其他危及人身、财产安全的不合理的危险。多数产品责任案件涉及设计缺陷问题，通常是因为缺少某种足够安全的装置。

第二，制造缺陷。制造缺陷是指产品在生产制造过程中产生的不安全因素。例如，原材料或者配件具有瑕疵，或者产品在制造过程中被污染或者毁坏，或者零部件在装配件到成品过程中发生错误。

第三，警示缺陷。警示缺陷是指产品的提供者没有对产品的危险性作出必要的说明、警告或指导，从而对使用者构成不合理的危险。例如，《消费者权益保护法》(2013年修正)第19条规定：“经营者发现其提供的商品或者服务存在缺陷，有危及人身、财产安全危险的，应当立即向有关行政部门报告和告知消费者，并采取停止销售、警示、召回、无害化处理、销毁、停止生产或者服务等措施。采取召回措施的，经营者应当承担消费者因商品被召回支出的必要费用。”第28条规定：“采用网络、电视、电话、邮购等方式提供商品或者服务的经营者，以及提供证券、保险、银行等金融服务的经营者，应当向消费者提供经营地址、联系方式、商品或者服务的数量和质量、价款或者费用、履行期限和方式、安全注意事项和风险警示、售后服务、民事责任等信息。”

第四，发展缺陷。发展缺陷，又称开发缺陷、跟踪观察缺陷，是指产品投入流通时的科技水平尚不能发现，而后又被证明确实存在的缺陷。例如，根据《民法典》第1206条第1款的规定，产品投入流通后发现存在缺陷的，生产者、销售者应当及时采取停止销售、警示、召回等补救措施；未及时采取补救措施或者补救措施不力造成损害扩大的，对扩大的损害也应当承担侵权责任。这里所规定的“产品投入流通后发现存在缺陷”就是发展缺陷。

上述四种缺陷大体上存在先后位序关系，相对于位序在后的制造缺陷和警示缺陷来说，位序在前的设计缺陷是产品缺陷的源头。产品制造商等在平衡与设计缺陷有关的风险因素时，应该考虑设计危险是否明显、通过警告是否可排除或者被通常知晓。应该看到，上述各种缺陷分别产生独立的安全义务，履行上述一种义务可能有助于减缓甚至满足其他义务，满足位序在前的一项义务可能有助于缓解甚至消除后一项义务，但并不意味着满足其中一项义务就同时满足了其他义务,特别是满足后一项义务通常难以消除前一项义务,如不能认为只要尽到其中的产品危险警示义务,就必然免除因设计缺陷、制造缺陷产生的责任。①

(二)制造缺陷(发展缺陷)及其安全义务

对于“将产品投入流通时的科学技术水平尚不能发现缺陷的存在”的缺陷产品,生产商是否负有安全义务?如果生产产品的工艺和过程等符合操作规程,产品本身也符合当时的国家标准、地方标准或者行业标准,制造商、销售商依据当时的认知水平,不能科学、有效地预防缺陷产品或者不能发现是缺陷产品,但后来发现是缺陷产品,具有侵害消费者和公众法益危险的,生产商、销售商是否负有告知公众、召回缺陷产品等安全义务?

1. 各国关于制造缺陷(发展缺陷)的产品责任立法。从立法方面看,欧盟《产品责任指令》第7条明确规定,生产者对“产品投入流通当时的科技水平不足以发现的产品缺陷,不承担责任”。日本1995年制定的《产品责任法》也规定,制造、加工、进口或者标示实际生产商的产品因缺陷造成侵害他人生命、身体或财产时,生产者承担因此而产生的损害赔偿责任。但是,当生产者能够证明其在交付产品时,基于当时的科学或技术知识,无法认识到产品存在缺陷的,则可以免责。② 在美国,发展风险抗辩仅适用于产品设计缺陷和警示缺陷。

我国《消费者权益保护法》(2013年修正)第20条确立了经营者信息披露制度,该条第1款规定:“经营者向消费者提供有关商品或者服务的质量、性能、用途、有效期限等信息,应当真实、全面,不得作虚假或者引人误解的宣传。”《产品质量法》(2018年修正)第41条第2款中也明确规定,“将产品投入流通时的科学技术水平尚不能发现缺陷的存在的”,生产者不承担赔偿责任。判断产品是否能为投入流通时的科技水平所发现,是依据当时整个社会所具有的科学技术水平来认定,而非生产者自身所掌握的科学技术。

对于上述规定,存在不同理解。例如,杨立新教授认为,我国产品责任制度对产品缺陷采取了双重判定标准,即在界定其内涵为具有不合理危险之基础上,以消费者合理期待为一般标准,同时以国家和行业针对某些产品所制定的旨在保障人体健康和人身财产安全的强制性技术标准为法定标准。在判定产品缺陷时原则上适用法定标准,无法定标准时则适用一般

---

① 参见[美]戴维·G.欧文:《产品责任法》,董春华译,中国政法大学出版社2012年版,第128－129页。

② 参见于敏:《日本侵权行为法》,法律出版社2015年版,第528－532页。

标准。[①] 王利明教授等不但主张产品缺陷包括跟踪观察缺陷，而且认为生产者对产品负有“跟踪观察缺陷产品责任”，适用过错推定原则。具体来说，“考虑到消费者和制造商之间的实力对比，以及生产者在跟踪观察义务履行中的积极地位，应该实行过错推定责任，先推定其存在过错，然后由其反证其没有过错”[②]。

但是，梁慧星教授则认为，由于我国《产品质量法》(2018 年修正)第 41 条第 2 款已经规定了对发展风险的抗辩理由，“依本法应当承担严格责任的缺陷，仅指设计缺陷、制造缺陷和警告缺陷，不包括开发缺陷”[③]。贺琛认为：“在采用消费者合理期待标准时，应依据整个使用者群体对该产品特性所具有的一般性常识构建理性消费者模型并加以判断……某产品行业的科技发展现状与最高工艺水平决定了理性消费者对该产品相关风险的认识能力。由此，发展风险抗辩中的科技水平证据可为消费者合理期待之界定提供硬性准据。”[④]

2. 本书的观点。本书认为，原则上不能就新出现的风险苛责生产者。“若依据当时最新的科技水平都无法认识到该风险的存在，则自然意味着被告尽应有的注意也无法规避该风险。换言之，生产者的合理注意义务并不要求生产者超越现有的科技水平而制造出更为安全可靠的产品。”[⑤]但是，“产品制造者的注意义务并不随着产品交付流通而终结”[⑥]。在特殊情况下，生产者应当对新出现的风险承担安全义务。

主要理由如下：

第一，缺陷产品生产者不能对发展缺陷免责，否则不利于产品召回制度目的的实现。设立缺陷产品召回制度的目的是消除缺陷产品可能对消费者及公众人身、财产安全造成的危险，维护公共安全、公众利益和社会经济秩序。将发展缺陷作为生产者的免责事由对于消费者是不公正的，既可能使消费者因产品缺陷而造成的损害无法得到赔偿，也可能导致生产者在

① 参见杨立新：《侵权法论》，人民法院出版社 2005 年版，第 478 页。

② 王利明等：《民法学》(第 5 版)，法律出版社 2017 年版，第 931 页。

③ 梁慧星：《中国产品责任法——兼论假冒伪劣之根源和对策》，载《法学》2001 年第 6 期。

④ 贺琛：《我国产品责任法中发展风险抗辩制度的反思与重构》，载《法律科学(西北政法大学学报)》2016 年第 3 期。

⑤ 贺琛：《我国产品责任法中发展风险抗辩制度的反思与重构》，载《法律科学(西北政法大学学报)》2016 年第 3 期。

⑥ [德]克雷斯蒂安・冯・巴尔：《欧洲比较侵权行为法》(下卷)，焦美华译，法律出版社 2004 年版，第 364 页。

开发研制高科技新产品时缺乏审慎的态度。①

第二,对于《产品质量法》(2018 年修正)第 41 条的规定,只能理解为生产者对于发现缺陷之前生产或者投入流通领域的产品不承担责任。如果发现产品存在缺陷并具有侵害法益的危险,对于不及时采取告知公众、召回缺陷产品等导致损害扩大的,应当承担刑事责任。

第三,我国现有立法明文规定了生产者、销售者的安全保障义务,以及缺陷产品召回制度。相对而言,原有的法律法规对安全保障义务的规定不够明确。例如,《产品质量法》(2018 年修正)第 26 条中规定,生产者应当保障其产品质量“不存在危及人身、财产安全的不合理的危险,有保障人体健康和人身、财产安全的国家标准、行业标准的,应当符合该标准”。

但是,近年来出台的部分法律明确将发展缺陷纳入调整范围,并规定了生产者、销售者的召回义务。例如,《民法典》第 1206 条第 1 款规定:“产品投入流通后发现存在缺陷的,生产者、销售者应当及时采取停止销售、警示、召回等补救措施;未及时采取补救措施或者补救措施不力造成损害扩大的,对扩大的损害也应当承担侵权责任。”

(三)警示缺陷及其安全义务

关于警示缺陷及其安全义务,本书主要探讨下列三个问题:第一,警示缺陷是否属于产品缺陷?第二,对于存在警示缺陷的产品,是否一概召回?第三,警示义务至少应当包括哪些内容?

1. 警示缺陷是否属于产品缺陷?多数民法学者主张警示缺陷属于产品缺陷。根据消费者“知情同意”原则的要求,“如果潜在危险是生产商可预见的,如果它对消费者是实质性而又隐藏的,如果存在合理手段告知使用者和消费者产品风险,但生产商并未提供该种信息,那么产品就具有缺陷”②。例如,我国《产品质量法》(2018 年修正)第 27 条第 1 款第 4 项规定:“限期使用的产品,应当在显著位置清晰地标明生产日期和安全使用期或者失效日期。”第 5 项规定:“使用不当,容易造成产品本身损坏或者可能危及人身、财产安全的产品,应当有警示标志或者中文警示说明。”第 28 条规定:“易碎、易燃、易爆、有毒、有腐蚀性、有放射性等危险物品以及储运中不能倒置和其他有特殊要求的产品,其包装质量必须符合相应要求,依照国家有关规定作出警示标志或者中文警示说明,标明储运注意事项。”

2. 对于存在警示缺陷的产品,生产商、销售商要承担的是产品召回义

① 参见杨慧:《论缺陷产品召回制度对消费者权益的保护》,载《安徽大学学报(哲学社会科学版)》2007 年第 4 期。

② [美]戴维·G. 欧文:《产品责任法》,董春华译,中国政法大学出版社 2012 年版,第 190 页。

务，还是警告义务？我国有学者认为存在警示缺陷的产品不属于缺陷产品召回制度的范围，应当由生产者和销售者通过在电视、报纸、因特网上发布紧急公告等形式来对产品作出补充说明，而不需要对产品本身实施召回。[①]许乃曼也强调，对于产品在销售给消费者之后才发现有损消费者的质量问题的情形，“产品厂商由于对消费者的无知具有支配力而承担向其告知事后发现的风险的义务。他承担的并非所谓召回义务，而是警告义务”[②]。

本书不赞同这种观点。警示缺陷也会形成不合理的风险，同样会对消费者及公共安全构成危险，所以对于同时存在设计缺陷和警示缺陷的产品应属于被召回产品的范围，除此之外，则没有必要悉数进行召回。以药品为例，多数药品的危险是固有和不可避免的，原因在于，“药品中导致巨大伤害的性能，通常就是用于治疗功效的性能”。[③] 例如，青霉素容易引起具有高度死亡危险的过敏反应；爱优痛（accutane）和反应停（thalidomide）容易导致新生儿出现畸形。因此，必须在处方药的包装中清楚、完整履行警示义务，或者说至少要向医生履行全面、清晰和准确的安全警示义务。

3. 警示义务的内容。生产商和其他销售者有义务提醒消费者其产品存在哪些危险，以及就如何合理使用其产品作出明确的说明或者指导。具体来说，生产商的警示义务包括两个方面：第一，警告义务。明确告知购买人和使用者其产品中存在哪些危险。第二，指示义务。明确告知购买人或者使用者如何避免那些危险以安全地使用产品。对于理性的消费者而言，在被告知产品存在的危险后，通常会利用这一信息进行自我保护。当然，被告知的消费者有可能因此而不再购买或使用该产品。[④]

警示义务的具体内容与产品面向的消费者群体有关。例如，处方药不直接销售给患者，所以警示义务的对象首先是医生等医务人员。[⑤] 患者在医生具体指导下，结合药品使用说明，施用该处方药。但是，因为处方药之外的药品直接销售给患者，生产商必须对患者履行警告义务。

警示义务的关键在于全面、充分、及时告知。判断是否全面、充分、及时告知的标准，必须是“对所涉及的风险的存在和程度提供完全、及时的披

---

① 参见吴冬晖：《建立我国缺陷产品召回制度之立法探讨》，载《武汉理工大学学报（社会科学版）》2002年第6期。

② ［德］班德·许乃曼：《不纯正不作为犯及以不作为实施犯罪之形式》，王莹译，载梁根林主编：《当代刑法思潮论坛：刑法体系与犯罪构造》，北京大学出版社2016年版，第231页。

③ 参见［美］戴维·G. 欧文：《产品责任法》，董春华译，中国政法大学出版社2012年版，第181页。

④ 参见［美］戴维·G. 欧文：《产品责任法》，董春华译，中国政法大学出版社2012年版，第186－187页。

⑤ 参见［美］戴维·G. 欧文：《产品责任法》，董春华译，中国政法大学出版社2012年版，第204页。

露”。第一，披露的警示信息充分地揭示产品的特定风险，对可能导致的伤害机制和方式作出解释。第二，披露警示信息的方式方法能够引起消费者的注意。例如，字体大小、字号、颜色，是否醒目；位置是否突出；是否标注各国的语言特别是外国语言；等等。第三，披露的警示信息对相应的消费者群体来说具有可理解性，不能过于笼统和模糊。第四，警告的强度与产品的风险大小（毒副作用的可能性与严重性）相适应。

二、不履行缺陷产品安全义务的刑事责任

（一）不履行召回义务的情形

关于生产商等对缺陷产品的召回义务，已经得到了学界的普遍认同。例如，罗克辛指出：“从制造者或者销售商的保证人地位中，可以推导出将已经进入交易的、有害健康的产品加以召回的义务。”[①]许乃曼认为，生产者对于产品的检验具有技术、信息、知识上的优势，消费者对于生产者也有相应的信赖，所以生产者对于消费者具有事实上的保护义务，由此产生了危险产品的召回义务。[②] 在不履行召回义务的场合，生产商等有可能要为此承担民事责任、行政责任甚至刑事责任。

1. 不履行缺陷产品召回义务的民事、刑事责任。关于不履行召回义务的类型，可以分为不及时履行召回义务和不全面履行召回义务。我国有关法律法规对缺陷产品供应商的义务作出了明文规定。例如，《消费者权益保护法》（2013 年修正）第 52 条规定：“经营者提供商品或者服务，造成消费者财产损害的，应当依照法律规定或者当事人约定承担修理、重作、更换、退货、补足商品数量、退还货款和服务费用或者赔偿损失等民事责任。”《产品质量法》（2018 年修正）第 41 条第 1 款规定，因产品存在缺陷造成人身、缺陷产品以外的其他财产损害的，生产者应当承担赔偿责任。

下面，本书以缺陷药品的召回为例加以说明。《药品管理法》（2019 年修订）第 82 条中规定，药品存在质量问题或者其他安全隐患的，药品上市许可持有人应当立即停止销售，告知相关药品经营企业和医疗机构停止销售和使用，召回已销售的药品，及时公开召回信息，必要时应当立即停止生产，并将药品召回和处理情况向省级人民政府药品监督管理部门和卫生健

---

① ［德］克劳斯·罗克辛：《德国最高法院判例：刑法总论》，何庆仁、蔡桂生译，中国人民大学出版社 2012 年版，第 249 页。

② 参见［德］贝恩德·许乃曼：《德国不作为犯法理的现况》，陈志辉译，载许玉秀、陈志辉合编：《不移不惑献身法与正义——许乃曼教授刑事法论文选辑》，台北，新学林出版股份有限公司 2006 年版，第 645 页。

康主管部门报告。第135条规定,监管部门责令生产商、销售商召回而拒不召回的,可以采取罚款、吊销药品批准证明文件、药品生产许可证、药品经营许可证等处罚措施。关于缺陷疫苗的召回,《疫苗管理法》第72条第1款和第73条也作出了明确规定。

就目前的制度设计来看,相关药企拒不召回有缺陷的药品时,仅可能负担行政责任,而无承担刑事责任之虑。本书认为,相关药企应当履行召回义务而不召回,导致缺陷药品存在的危险进一步现实化的,应当追究其刑事责任。主要理由是:第一,当药品存在质量缺陷或其他安全隐患时,对公众的生命和身体健康具有较高的危险。第二,相关药企的缺陷药品制造了法律不容许的风险,负有召回义务,以避免危险的进一步现实化。第三,如果仅仅对涉案药企科处行政罚款,吊销药品批准证明文件、药品生产或经营许可,惩罚力度不够。[①]

2. 缺陷产品刑事责任的免责事由。缺陷产品供应商应当及时履行产品召回义务,否则可能涉嫌产品侵权责任甚至刑事责任。但是,并非只要缺陷产品供应商不履行有关义务,就构成不作为犯。本书认为,具有下列情形之一的,原则上不宜追究刑事责任:第一,早期发现产品存在缺陷,但由于数量太少,样本不全,无法形成缺陷产品报告。当然,刻意隐瞒者除外。第二,监督管理机构对产品进行评估鉴定,意见分歧较大,是否存在产品缺陷难以形成确定性的结论。当然,在这种情况下,即便涉案公司不召回产品,也应当考虑限制产量和销售范围,避免损害的进一步扩大化。

(二)根据缺陷产品供应商等(不)履行安全义务的时间进行分类

1. 供应商事前知悉产品缺陷,仍然将缺陷产品投放社会的案件。在事先故意或者过失地生产、销售缺陷产品,或者在生产时不知情但在销售之前知情,仍然将缺陷产品销售给消费者,以致侵害消费者的人身和财产权益的场合,如果能查明消费者遭受的侵害与产品缺陷存在因果关系,应当追究生产商、销售商的刑事责任。

前述美国"福特汽车案"就属于此类。在1980年的印第安纳州诉福特公司杀人案(State of Indiana v. Ford Motor Co.)中,三名被害人出行时因为其驾驶的福特汽车油箱漏油而被烧死,虽然最后认定被告公司无罪,但

① 参见杜宇:《〈刑法修正案(十一)〉中药品犯罪修订之得失》,载《法学》2021年第3期。

之后联邦与州层面有关法人产品刑事责任的立法逐渐增多。①

日本发生的“药害艾滋”事件则追究了涉案人员的刑事责任。在“药害艾滋”事件中，因被告人使用带有艾滋病毒的血液制剂致数名患者感染艾滋病而死亡。由于本案涉及日本帝京大学、绿十字会和厚生省三方的刑事责任，分别称为“帝京大学渠道事件”“绿十字会渠道事件”“厚生省渠道事件”。关于“绿十字会渠道事件”，出售带有艾滋病毒的血液制剂的制药公司的高管，负有停止相关血液制剂的销售和召回已经销售的血液制剂的义务。关于“厚生省渠道事件”，厚生省的干部负有通过制药公司回收带有艾滋病毒的血液制剂的义务（监督责任）。最终，日本法院判决帝京大学医院决定对患者使用缺陷血液制剂的内科医生无罪（一审判决，该医生在控诉审中死亡），②出售缺陷血液制剂的绿十字会的三名干部被判决构成业务上过失致死罪，③厚生省生物制剂科科长也被追究了业务上过失致死罪的刑事责任。④

我国有关法律明确规定行为人应当承担侵权责任。例如，《侵权责任法》（已失效）第 47 条规定：“明知产品存在缺陷仍然生产、销售，造成他人死亡或者健康严重损害的，被侵权人有权请求相应的惩罚性赔偿。”《民法典》第 1207 条规定：“明知产品存在缺陷仍然生产、销售，或者没有依据前条规定采取有效补救措施，造成他人死亡或者健康严重损害的，被侵权人有权请求相应的惩罚性赔偿。”

2. 供应商事后发现产品缺陷，怠于履行安全义务的案件。由于技术原因等，生产商等供应商事先并未发现产品缺陷，但随着技术进步等，事后发现产品存在缺陷的，供应商是否应当承担安全义务？早期国外相关法律认为这不属于产品缺陷，生产商没有安全义务。例如，根据欧盟《产品责任指令》第 7 条的规定，生产者能证明“缺陷是产品投入流通后形成的”，不承担本指令规定的责任。⑤ 我国《产品质量法》（2018 年修正）第 41 条第 2 款

---

① See California Penal Code, Section 387; Transportation Recall Enhancement, Accountability and Documentation Act, Section 5; Consumer Product Safety Act, Section 2068 – 2070; Consumer Product Safety Improvement Act, Section 217. See Frank J. Vandall, *The Criminalization of Products Liability: An Invitation to Political Abuse, Preemption, and Non – enforcement*, Catholic University Law Review, p. 341 (2008).

② [日]东京地方裁判所 2001 年 3 月 28 日判决。

③ [日]大阪高等裁判所 2002 年 8 月 21 日判决。

④ [日]东京高等裁判所 2005 年 3 月 25 日判决；[日]日本最高裁判所 2008 年 3 月 3 日判决，载《最高裁判所刑事判例集》第 62 卷，第 4 号，第 567 页。

⑤ 国家技术监督局政策法规司编：《国外产品质量与产品责任法规选编》，中国计量出版社 1992 年版，第 30 页。

也规定,生产者能证明“将产品投入流通时的科学技术水平尚不能发现缺陷的存在的”,不承担责任。

许乃曼等认为,制造、销售缺陷产品致人死亡的,认定为过失致人死亡罪即可。[①] 本书认为,事先由于技术水平不够,虽然存在未知缺陷但根据当时的一般认知水平与检验手段无从发现缺陷,但在生产出来之后或者销售之后发现产品缺陷,而且可以将侵害归责于产品缺陷的,供应商负有安全警示义务和召回义务。对生产商、销售商未履行相关安全义务,导致发生人身伤亡等危害后果的,应当追究其刑事责任。

以“Paroma 煤气热水器一氧化碳中毒事件”为例,Paroma 煤气热水器最初并不存在产品缺陷,但是安装维修人员对燃气热水器进行了不当改造,导致消费者一氧化碳中毒死亡。法院认为:“本件事故,并不是烧水器自身的缺陷,而是由于维修人员的不当改造而引起的……这样的事故第一责任应归咎于实施了直接的原因设定(不当改造)的维修人员。”但是,法院仍然“对于与该原因设定本身无关的人,以事后的情况为理由来认定不作为过失责任”。主要理由如下:第一,“被不当改造的机型处于全国随处都有的状态,其所引发的危险状态是重大的”。第二,“公司方面已经取得和汇集了起因于不当改造的事故相关信息”。第三,“对于实施了不当改造的经营者,制造销售公司被认定为对其具有指挥监督权”。[②]

在“三菱货车轮胎脱落事件”[③]中,日本法院之所以判决涉案人员构成过失犯罪,主要是考虑到:第一,该款货车的车轴强度不足,涉案企业工作人员通过对已经发生的事件的统计分析,事先认识到可能发生严重危害。第二,涉案企业工作人员对事故相关信息的垄断性控制。具体来说,涉案公司因为制造销售强度不足的中轴而设定了法益侵害的原因;在产品存在的危险得到确认后,涉案公司负责人未采取必要措施[④],所以应当追究涉案公司负责人的责任。

(三)根据缺陷产品供应商等(不)履行安全义务的主观心态进行分类

根据缺陷产品供应商不履行安全义务的主观心态,本书将缺陷产品供应商不履行安全义务的情形分为以下两类。

---

① 参见[日]岩间康夫:《产品责任与不作为犯论》,成文堂2010年版,第90页以下。

② 参见[日]稻垣悠一:《刑事过失责任与不作为犯论——以刑法上的制造物过失相关事例为中心》,张光云译,载《四川师范大学学报(社会科学版)》2015年第2期。

③ [日]日本最高裁判所2012年2月8日刑事判决,载《最高裁判所刑事判例集》第66卷,第4号,第200页。

④ 参见[日]稻垣悠一:《刑事过失责任与不作为犯论——以刑法上的制造物过失相关事例为中心》,张光云译,载《四川师范大学学报(社会科学版)》2015年第2期。

1. 滥用职权型,供应商故意不履行安全义务。这种类型的不履行召回义务,主观心态是故意,客观行为是滥用职权,不履行安全义务。其中主要涉及下列几个问题:第一,在共谋共同正犯的场合,如何认定和追究刑事责任?第二,在片面的共犯的场合,如何认定和追究刑事责任?第三,在"多因一果"的情况下,如何分担刑事责任?第四,如何确定罪名?由于篇幅所限,这里不再展开论述。

2. 玩忽职守型,尽管供应商履行安全义务,但是不及时履行或者不全面履行安全义务。这种类型的不履行召回义务行为,从主观心态看属于过失,从客观行为考察则属于玩忽职守行为,缺陷产品供应商等不全面、不及时履行安全义务。

(四)不履行缺陷产品安全义务仅导致财产损失案件的责任追究

根据我国刑法的有关规定,单纯的过失毁坏财物案件,不成立财产犯罪。是否成立其他犯罪,应当以缺陷产品对人身安全有无危害性、对公共安全有无危害性作为衡量标准进行判断。具体来说,需要考虑其用途是否与人身安全和公共安全相关、发生危险的程度、适用范围广泛与否,危险现实化为实害的程度等。

大致可以区分为以下四种类型:

第一,产品缺陷是否直接与人身安全有关,如医疗器械、人用药品、食品等直接用于人体的物品。

第二,产品缺陷是否与公共安全相关。公共安全是不特定或者多数人的生命、身体健康等的安全。涉及公共安全的缺陷产品,主要有民航客机(公务机)、高铁列车、地铁列车、公交车等公共交通工具,客用电梯等广泛适用的特种设备。

第三,缺陷产品存在的危险很高,足以对公众的生产、生活造成严重危害。如压力锅炉、输变电设备、广播电视电信网络等关系公众生产生活的领域。

第四,缺陷产品与居民生活密切相关,适用范围广泛与否。如居民民用的压力容器(压力锅)、洗衣机、电视机、空调器、电脑等电器。

第六节　本书的观点

"在现代化进程中,生产力的指数式增长,使危险和潜在威胁的释放达到了一个我们前所未知的程度。”①作为弱势一方的消费者没有能力对缺陷产品可能招致的危害进行提前预防，无力承担缺陷产品对生命、身体或者财产安全带来的危害，也不应当承受由此带来的不利后果。生产者、销售者等缺陷产品供应商应当对缺陷产品存在的安全隐患承担安全义务，在产品存在缺陷，供应商故意、过失不履行或者不及时、全面履行安全义务，导致发生人员伤亡或者财产损害后果的，应当追究刑事责任。

判断是否承担安全义务的法理根据在于产品供应商等对缺陷产品具有排他性的事实支配。从客观上看，需要判断不履行安全义务与产品致害存在因果关系，可以将结果客观归责于产品供应商等；从主观上看，产品供应商等至少有过失。缺陷产品供应商得知产品属于缺陷产品，不及时告知公众、召回缺陷产品等，导致消费者、公众的法益受到侵害的，可能成立过失致人重伤罪或者过失致人死亡罪，甚至有可能成立故意杀人罪或者故意伤害罪。

针对证据难以搜集、事实难以查清的问题，为落实缺陷产品安全义务，减少缺陷产品致害，并准确界定刑事责任，产品质量监管机构应当探索建立和完善产品质量安全记录和追溯机制。这不仅有助于在行政法领域加强对产品质量安全的监管，同时也有助于在缺陷产品造成的身体损害案件中及时有效地追溯到造成法益侵害结果的真正原因。同时，在电子商务平台迅速发展的背景下，也要进一步探索如何加强对电商平台的监管。

---

① [德]乌尔里希·贝克：《风险社会》，何博闻译，译林出版社2004年版，第15页。

第十章　以不作为参与他人的法益侵害行为的性质

——兼及不作为的正犯与帮助犯的区分

第一节　问题的提出

在司法实践中，在行为人甲以不作为参与乙以作为或者不作为方式实施的法益侵害行为的场合，如果二人存在共谋关系，能够认定甲、乙存在心理的因果关系，则甲构成乙实施的犯罪的共同正犯或者帮助犯。但是，如果甲、乙不存在共谋关系，又该如何处理？这就涉及不作为与共犯的关系问题。"就不作为犯论而言，主要是一个作为义务问题；就共犯论而言，主要是一个不作为的正犯与共犯的区分问题。"①

关于不作为与共犯，可以分为不作为的共犯与对不作为的共犯，②其实质是如何界定以不作为参与他人的法益侵害行为的性质。既存在以不作为参与他人的作为的情形，也存在以不作为参与他人的不作为的情形；如果着眼于对被害人的法益保护义务或者对行为人的危险源监督义务，还包括不阻止行为人的加害行为的情形。主要涉及三个问题：第一，是否承认对不作为犯的共犯？第二，如何处理两个以上不作为人之间的共犯关系？第三，以不作为加功于作为正犯者的，对不作为人如何处理？其中第三个问题最为重要。③

本书主要讨论的问题是：第一，以作为犯为基础发展出来的区分正犯与共犯的理论，能否直接适用于不作为犯？第二，如果认为某不作为的犯

---

① 陈兴良：《不作为的共犯：规则与教义》，载《法学》2022年第6期。

② 神山敏雄、山口厚等采用这种分类方法。参见[日]神山敏雄：《不作为的共犯论》，成文堂1994年版，第11页以下、第553页以下；[日]山口厚：《刑法总论》(第2版)，付立庆译，中国人民大学出版社2011年版，第364页。此外，前田雅英区分不作为的共犯、对不作为的共犯以及不作为的共同正犯。参见[日]前田雅英：《刑法总论讲义》(第5版)，东京大学出版社2011年版，第530页。曾根威彦区分对不作为的共犯与不作为的共犯，后者又可以分为不作为对作为的共犯与不作为对不作为的共犯。参见[日]曾根威彦：《刑法重要问题(总论)》(第2版)，成文堂2005年版，第323页。

③ 参见[日]今井猛嘉、[日]小林宪太郎、[日]岛田聪一郎、[日]桥爪隆：《刑法总论》，有斐阁2009年版，第388－389页。陈兴良教授也认为，不作为的共犯的核心问题是不作为犯的正犯性问题。参见陈兴良：《不作为的共犯：规则与教义》，载《法学》2022年第6期。

罪参与人负有作为义务,该参与人构成不作为的共同正犯还是帮助犯?如果认为其构成正犯,是共同正犯还是同时正犯?本书首先讨论不作为的正犯与不作为的帮助犯的区分标准;然后讨论不作为的犯罪参与人的作为义务,以不作为参与不作为犯的行为性质;接下来讨论行为人不阻止同案犯实行过限行为的性质;最后讨论以不作为参与作为犯的行为性质。

本书将结合下列事例展开讨论。

事例1:公司负责人甲尽管知道该公司生产的产品存在严重的质量缺陷,仍然放任销售人员乙将该产品投放市场,导致消费者丙受到伤害的,对甲如何处理?

事例2:父亲甲不阻止第三人乙针对自己12周岁的儿子丙实施伤害行为的,对甲如何处理?

事例3:父亲甲不阻止自己12周岁的儿子丙对第三人乙实施伤害行为的,对甲如何处理?

事例4:房东甲尽管发现房客乙利用所租住的院落生产、制造假冒伪劣产品,但仍然继续向其出租的,对甲如何处理?

事例5:某安监局工作人员甲发现乙工厂不具备安全生产条件,未要求其进行整改,最终该工厂发生重大责任事故。对甲应当怎么处理?

事例6:网络服务商甲发现乙利用网络散布虚假信息诽谤他人,仍然向其提供网络服务的,对甲如何处理?

事例7:甲与乙对被害人丙实施绑架行为,在绑架丙之后,乙流露出杀人灭口的想法,甲断然拒绝。甲认为,只要自己不离开丙,乙不会动手杀人;如果乙单独看管丙,乙可能会实施杀人行为。尽管想到了这些,但甲为了购买食物和饮用水,还是选择外出半个小时。在此期间,乙将丙杀死。对甲如何处理?

事例8:甲、乙二人共谋强奸丙,强奸完毕后,乙临时起意杀人灭口,在没有与甲商量的情况下,当着甲的面实施杀人行为,甲未加制止,丙被杀死。对甲应当怎样处理?

事例9:职员丙在公司加班,忘记公司大门已经上锁。大楼管理员甲与乙各自持有一把钥匙,但只有两把钥匙同时使用,才能打开大门。如果甲与乙共同决定不开门,对甲、乙如何处理?如果分别起意,即便其中一个人履行义务,也无法打开大门,改变丙被拘禁的状态,又该如何处理?

事例10:患有不治之症的婴儿丙嗷嗷待哺,虽然父亲甲和母亲乙没有进行意思联络,但都打算饿死丙,不给其喂食,致其饿死的,对甲、乙如何处理?

第二节　区分不作为的正犯与帮助犯的标准

关于不作为的正犯与共犯特别是帮助犯的区分,理论上主要有两种立场:第一种立场以作为为解决共犯问题的基准,主要包括主观理论、犯罪事实支配理论、修正的实质的客观的共犯理论等;第二种立场以不作为为解决共犯问题的基准,通常主张以有无保证人地位或者作为义务作为区分标准,具有保证人地位、违反作为义务的是正犯,其他缺乏正犯要素的是共犯。①

本书主要讨论犯罪事实支配理论和结果原因支配理论、社会功能关系理论、义务犯理论、重要作用理论与因果过程支配理论等,不严格按照上述单一立场进行讨论。

一、犯罪事实支配理论和结果原因支配理论

(一)犯罪事实支配理论和结果原因支配理论的观点

1. 犯罪事实支配理论的基本观点。犯罪事实支配理论认为,正犯是犯罪事实的"核心角色"或者"关键人物",能够引领、支配整个犯罪事实的进程,而共犯只是"边缘角色"或者"次要人物",不能支配犯罪过程。犯罪事实支配又可以分为行为支配、意志支配和功能支配。②

根据犯罪事实支配理论,在多数人共同作用于某一犯罪行为时,判断行为人是正犯还是帮助犯,既要审查行为人在客观上对该当构成要件的事实是否具有支配力,又要审查行为人在主观上是否具有支配意思。当刑法上的结果完全依赖于保证人的时候,可以认定其掌握、控制了因果进程,对该犯罪事实具有支配力,行为人成立正犯;反之,如果行为人对该犯罪事实没有支配,则成立帮助犯。

德国学者基尔维因、耶赛克、威尔纳、罗克辛等主张该理论。

2. 结果原因支配理论的基本观点。与前述犯罪事实支配理论相对应的是,关于区分作为犯与不作为犯的正犯的标准,德国学者许乃曼提倡结果原因支配理论。他认为,在作为犯的场合,正犯在犯罪时通过"行为支配"获得对结果的支配性;在不作为犯的场合,行为人通过"保证人支配"获得对结果的支配性。具体来说,"是在犯罪发生前,行为人是否控制某一

---

① 参见[日]神山敏雄:《不作为的共犯》,载《刑法理论探究——中义胜先生古稀祝贺》,成文堂1992年版,第396页。

② 参见[德]克劳斯·罗克辛:《正犯与犯罪事实支配理论》,劳东燕译,载陈兴良主编:《刑事法评论》(第25卷),北京大学出版社2009年版,第9页以下。

社会领域(危险源或无助的法益客体)来决定是否成立正犯”[①]。

作为犯的“行为支配”与罗克辛的犯罪事实支配理论相同,但是,在不作为犯的场合,罗克辛采用义务犯理论,而许乃曼仍然坚持结果原因支配理论,认为“保证人支配”包括保护支配和监督支配两类:前者是行为人对法益无助性的支配,包括基于生活共同体、危险共同体和对无助法益的照顾承担所产生的保证人支配;后者是对一项重要的结果起因的支配,包括对危险物的支配、对危险人的支配和对危险工作的支配。[②]

日本学者山口厚赞同许乃曼的结果原因支配理论。他认为,在作为犯的场合,正犯性的标准在于支配了引起构成要件结果的原因,如果行为人在充分认识、预见构成要件结果的同时直接引起了该结果,那么行为人是正犯,位于正犯背后的对于引起构成要件结果仅具有间接的原因性、因果性的人则是共犯。[③] 同样,在不作为犯的场合,正犯性的根据也在于“对结果原因的支配”,这种“对结果原因的支配”可以进一步分为对危险源的支配以及对法益脆弱性的支配。[④]

3. 结果原因支配理论的具体适用。根据结果原因支配理论的观点,在事例 1 的场合,作为公司的负责人,甲在产品投放市场之前完全可以阻断其导致消费者丙受伤的因果流程,因此甲对于丙的伤害具有原因上的支配,成立销售伪劣产品罪的正犯与故意伤害罪(或者过失致人重伤罪)的正犯的想象竞合犯。但是,如果甲是在产品已经投放市场后才得知产品存在质量缺陷,其不及时对缺陷产品实施召回,致使消费者丙受伤的(需要判断丙的伤害与产品缺陷之间有无因果关系),根据该理论,由于甲对于消费者所受的伤害缺乏支配,甲只能成立销售伪劣产品罪与故意伤害罪(或者过失致人重伤罪)的共犯的想象竞合犯。在过失致人重伤的场合,由于我国刑法和刑法理论不承认过失的共犯,公司负责人甲成立过失致人重伤罪,若乙明知是伪劣产品而销售,成立销售伪劣产品罪,否则无罪。在事例 2 的场合,甲对犯罪没有支配,至多成立故意伤害罪的(片面)帮助犯。在事例 3 的场合,甲对犯罪具有支配,成立故意伤害罪的正犯。

(二)对犯罪事实支配理论和结果原因支配理论的评析

犯罪事实支配理论和结果原因支配理论本质上是一种主客观混合理

---

① 陈志辉:《身份犯之正犯的认定——德国义务犯理论为中心》,载《政大法学评论》第 130 期(2012 年)。

② 参见[德]贝恩德·许内曼:《论不真正作为犯的保证人地位》,陈晰译,载李晓明主编:《刑法与刑事司法》(第 1 卷),法律出版社 2013 年版,第 69 页。

③ 参见[日]山口厚:《刑法总论》(第 3 版),付立庆译,中国人民大学出版社 2018 年版,第 67 页。

④ 参见[日]山口厚:《刑法总论》(第 3 版),付立庆译,中国人民大学出版社 2018 年版,第 90 页。

论,如果从客观上难以识别何人支配犯罪,则从主观上考察行为人对犯罪是否具有支配、控制,以及支配、控制犯罪的程度。

但是,该理论存在以下问题:第一,“犯罪事实支配”本身存在概念不清的问题,其概念过于抽象性、规范性和多义性,欠缺具体的明确性。[①] 第二,犯罪事实支配理论和结果原因支配理论原本是将以作为为前提的现实行为的支配作为核心构建的理论,但是,鉴于不作为与作为在实体构造上存在很大差异,排他性支配不仅意味着不作为使被害法益无法得到他人的救助,也意味着该不作为在客观上起到了阻止、切断他人获得救助的作用。[②] 因此,在不作为领域适用犯罪事实支配理论存在一定的难度。第三,虽然作为人在实施行为以后没有防止结果发生的意思,但是却支配着结果的发生,发挥作用的主要是作为人的积极的作为。在以不作为参与他人的作为犯的场合,如果认为只有不作为人具有防止结果的可能性或者潜在的可能性,具有潜在的行为支配,进而将不作为人认定为正犯,而作为人既没有防止结果的可能性,更没有行为支配,却只能成立共犯,也是不合理的。

不过,既然不作为犯特别是不真正不作为犯是因为与作为犯具有同等价值(等价性)从而成为刑法处罚的对象,那么其原则上应当采用与作为相同的区分正犯与共犯的标准。“对故意实现构成要件该当事实的直接行为人能够肯定对结果原因的支配;与之相反,就不作为中的参与者而言,原则上要否定其对结果原因的支配,所以就不能肯定不作为正犯,而仅止于成立出于作为形式的正犯的共犯而已。”[③]就此而言,犯罪事实支配理论和结果原因支配理论具有一定的合理之处。

二、社会功能关系理论

(一)社会功能关系理论的观点

该理论主张将不作为犯的作为义务的内容与实质作为区分不作为的正犯与帮助犯的标准。具有法益保护义务的人不履行该义务而未防止该法益受侵害的,成立不作为的正犯;具有危险源监督义务的人不履行该义务而未防止根据该危险源所形成的危险的,成立不作为的帮助犯。[④]

1. 德国学者的观点。例如,施罗德主张根据被侵害的作为义务的性质和内容,将侵害保证人义务分为侵害法益保护义务的情形、侵害危险源监

① 参见陈子平:《刑法总论》(2008 年增修版),中国人民大学出版社 2009 年版,第 317 页。
② 参见孙立红:《论共同犯罪中的不作为参与》,载《法学家》2013 年第 1 期。
③ [日]山口厚:《刑法总论》(第 3 版),付立庆译,中国人民大学出版社 2018 年版,第 386 页。
④ 参见[日]神山敏雄:《不作为的共犯论》,成文堂 1994 年版,第 175 - 176 页。

督义务或者犯罪阻止义务的情形，以及侵害基于先前行为的作为义务的情形。首先，在侵害法益保护义务的场合，当不作为人基于特别的关系，对于应该给予保护的法益的存续必须承担责任时违反该义务，没有阻止第三人对该法益的侵害行为的，该不作为人就是正犯。其次，在侵害危险源监督义务或者犯罪阻止义务的场合，当不作为人不是对于一定的法益，而是对一定的人的犯罪行为负有阻止义务却没有阻止的，成立帮助犯。最后，在侵害基于先前行为的作为义务的场合，当不作为人因先前行为使第三人的犯罪成为可能，从制造侵害法益的危险的先前行为中产生义务的，需要特殊对待。①

赫兹伯格也认为，行为人在具有法益保护义务的场合，不防止侵害法益的危险，导致结果发生的，原则上成立正犯；行为人在具有危险源监督义务的场合，不阻止被监督者的犯罪行为的，原则上成立帮助犯。②

2. 日本学者的观点。在日本，也有多位学者主张此观点。例如，中义胜主张区分为直接的回避结果发生的义务和直接的回避结果发生以前的安全监护义务或者安全管理义务，认为前者是成立不作为的正犯的基础，后者是成立不作为的共犯的基础。③ 这里的“直接的回避结果发生的义务”大致相当于法益保护义务，“直接的回避结果义务以前的安全监护义务或者安全管理义务”大致相当于危险源监督义务或者犯罪阻止义务。

山中敬一认为，危险源监督义务与法益保护义务的不同之处在于，在前者的场合，实行行为一旦终了，作为义务也随之消灭；相反，在后者的场合，只要未能确保不发生法益侵害，则作为义务继续存在。④ 在具有法益保护义务的场合，作为人与不作为人成立共同正犯。但是，在具有管理、监督危险源义务的场合，原则上不作为人成立不作为的帮助犯。例如，饲养危险动物的人，看到他人驱赶该动物去侵害被害人，饲养者能够很容易地阻止这种侵害却置之不理的，构成故意伤害罪的不作为的帮助犯。但是，如果关押危险动物的铁笼子已经被打开，饲养者在现场可以阻止该动物对被

---

① Vgl. Schönke/Schrönder, Strafgesetzbuch, Kommentar, 22. Aufl. 1985, S. 344 – 345. 转引自[日]神山敏雄：《不作为的共犯论》，成文堂 1994 年版，第 86 – 88 页。

② Vgl. Rolf Dietrich Herzberg, Die Unterlassung im Strafrecht und Garantenprinzip, 1972, S. 260 ff. 转引自[日]神山敏雄：《不作为的共犯论》，成文堂 1994 年版，第 94 – 95 页。

③ 参见[日]中义胜：《不作为的共犯》（中），载[日]中义胜：《刑法上的诸问题》，关西大学出版部 1991 年版，第 330 页以下。

④ 参见[日]山中敬一：《不作为的帮助》，载《齐藤诚二先生古稀纪念：刑事法学的现实与展开》，信山社 2003 年版，第 348 页。

害人实施侵害而不阻止,是故意伤害罪的正犯。[①]

此外,日本也有判例赞同此种观点。[②]

3. 社会功能关系理论的具体适用。根据社会功能关系理论的观点,在事例1的场合,公司负责人甲对销售人员乙具有危险源监督义务或者犯罪阻止义务,只能成立销售伪劣产品罪的共犯和故意伤害罪(或者过失致人重伤罪)的共犯的想象竞合犯。在事例2的场合,因为甲未履行法益保护义务,所以成立故意伤害罪的正犯。相反,在事例3的场合,因为甲未履行危险源监督义务,所以成立故意伤害罪的共犯。

但是,在诸如事例1的场合,可以说主张甲成立正犯的观点更为妥当。这就需要将甲对消费者丙的作为义务认定为法益保护义务,但这与社会功能关系理论对作为义务的分类是不一致的。在事例2的场合,将会得出甲、乙二人分别基于犯罪行为支配理论和社会功能关系理论,成立故意伤害罪的(同时)正犯的结论。在事例3的场合,根据犯罪行为支配理论和结果原因支配说,父亲甲对未成年的儿子丙的行为具有支配,认定为故意伤害罪的(间接)正犯更为妥当。

(二)对社会功能关系理论的评析

1. 社会功能关系理论的优点。社会功能关系理论认为行为人违反法益保护义务的成立不作为的正犯,违反危险源监督义务的成立不作为的共犯(帮助犯),这一区分不作为的正犯与共犯的标准是非常简明的。不仅如此,在面对他人的犯罪行为时,该理论也促使我们思考,法律首先要求的是行为人为了保护被害人而阻止犯罪(法益保护义务),还是行为人监督危险源,阻止犯罪以保护被害人(危险源监督义务)。

2. 社会功能关系理论的不足。本书认为,社会功能关系理论主要存在以下不足之处:

第一,尽管社会功能关系理论主张对作为义务进行分类,但是与传统的形式的作为义务理论具有相似之处,并未揭示区分法益保护义务与危险源监督义务的内在根据。如果说社会功能关系理论的内在根基是法益保护义务的价值高于危险源监督义务,那也就意味着违反法益保护义务的可罚性大于违反危险源监督义务。实际上,该理论的目的在于从社会功能的角度解释作为义务产生的实质根据,并没有评价义务价值的意义。即便将刑法上的作为义务区分为法益保护义务和危险源监督义务,归根结底也都

① 参见[日]山中敬一:《刑法总论》(第2版),成文堂2008年版,第907页以下。

② 参见[日]东京地方裁判所1999年1月29日判决,载《判例时报》第1683号,第153页。

要求行为人有义务阻止发生法益侵害结果。从这个角度看,区分法益保护义务与危险源监督义务这种形式上的差异并不重要,更不能认为法益保护义务比危险源监督义务优越。

第二,根据作为义务来源的不同,试图从违反作为义务的行为中寻找法律上的差异来区分作为义务的程度的观点,是没有合理根据的。[①] 能否依据不同的作为义务得出不同的不作为程度,并将其作为区分不作为正犯与帮助犯的标准,也存在疑问。[②] 将不作为义务分为不同类型,并据此区分正犯与共犯,也缺乏合理性根据。

第三,没有证据表明哪个国家的刑法会根据违反的是法益保护义务还是危险源监督义务来区分不作为的正犯与共犯。从司法实务上看,对于不作为正犯与共犯的认定存在过于形式化的问题。

第四,在数人以不作为参与作为犯的场合,如何根据事先确定的保证人义务的种类区分不作为的正犯与共犯,难以得出合理的结论。[③]

第五,司法实践中存在法益保护义务与危险源监督义务竞合的情形。例如,未成年的长子正要举刀杀死次子,就阻止长子的犯罪而言,可以说父亲具有危险源监督义务或者犯罪阻止义务,但是就面临生命威胁的次子而言,又可以说父亲具有法益保护义务。[④] 对于父亲的行为,是不作为的故意杀人罪的正犯,还是成立故意杀人罪的帮助犯,社会功能关系理论无法给出明确的结论。因此,应当认为,不作为的正犯与不作为的共犯的作为义务的根据是相同的,只要行为人对法益具有支配领域性或者社会持续性保护关系,就至少可以成立不作为的共犯。

三、义务犯理论

(一)义务犯理论的观点

虽然罗克辛与雅各布斯均主张义务犯理论,但二者的观点存在显著差异。

1. 罗克辛的观点。罗克辛认为不作为犯的本质是违反或者侵害义务。对于作为犯,罗克辛主张根据有无犯罪支配区分正犯与共犯,但是,不能用犯罪支配解释所有的正犯类型。根据构成要件的不同表现形式,罗克辛将犯罪分为支配犯、义务犯(Pflichtdelikt)和亲手犯,分别采用不同的区分正

---

① 参见[日]神山敏雄:《不作为的共犯论》,成文堂1994年版,第177页。

② 参见孙立红:《论共同犯罪中的不作为参与》,载《法学家》2013年第1期。

③ 参见[日]神山敏雄:《不作为的共犯论》,成文堂1994年版,第177页。

④ 参见杜文俊、陈洪兵:《不作为共犯与犯罪阻止义务》,载赵秉志主编:《刑法论丛》第19卷,法律出版社2009年版,第247页。

犯与共犯的标准。义务犯是指违反构成要件所规定的、刑法以外的特别义务的行为人，成立义务犯不需要对构成要件具有实际支配，只要违反特别义务，就可以满足构成要件，成立正犯。不作为犯是义务犯，负有作为义务的人原则上只能成立正犯，不能成立教唆犯或者帮助犯。[①] 作为人与不作为人只有在义务犯的场合才能成立共同正犯，其他场合则成立不作为的帮助犯。虽然以不作为形式参与他人作为犯成立不作为的正犯，但是按照帮助犯的刑罚处罚。在身份犯、目的犯、自手犯的场合，成立正犯需要具备身份、目的、亲自实行等要件，如果不作为人缺乏相关要件，成立不作为的帮助犯。[②]

根据这种观点，如果父亲没有阻止儿子对女儿实施近亲相奸行为，构成《德国刑法典》第 173 条规定的亲属间的性交罪（或者近亲相奸罪）的不作为的帮助犯；如果仓库管理员没有阻止他人到仓库内盗窃财物，构成不作为的盗窃罪的帮助犯。

根据罗克辛的观点，在前述事例 1 的场合，甲成立销售伪劣产品罪的正犯和故意伤害罪（或者过失致人重伤罪）的正犯的想象竞合犯；在前述事例 2 和事例 3 的场合，甲均成立故意伤害罪的正犯。但是，在事例 2 的场合，如果甲在乙伤害丙的时候提供物质帮助或者精神帮助，则只能成立故意伤害罪的帮助犯。亦即，在行为人以作为的方式参与犯罪时，只能成立共犯；在行为人以不作为的方式参与犯罪时，却一概成立正犯。这将导致对积极促进危害结果实现的人的处罚比虽然有义务但没有积极促进危害结果实现的人的处罚还要轻，这种处理结论是不公正的，从法感情上讲也是难以让人接受的。

2. 雅各布斯的观点：管辖理论。雅各布斯主张根据行为人对犯罪事实是具有基于“组织管辖”的支配还是“制度管辖”，判断行为人成立正犯还是帮助犯。如果不作为的参与人属于基于“组织管辖”的支配犯，则要根据其对犯罪事实的支配程度，确定其是正犯还是帮助犯；如果属于“制度管辖”的义务犯，则只能成立正犯。[③] 在我国，何庆仁教授也主张采取管辖理论。[④]

雅各布斯主张根据行为人具有“组织管辖”的支配还是“制度管辖”区

---

① 参见［德］克劳斯·罗克辛：《德国刑法学总论》（第 2 卷　犯罪行为的特别表现形式），王世洲等译，法律出版社 2013 年版，第 11 页。

② 参见［德］克劳斯·罗克辛：《德国刑法学总论》（第 2 卷　犯罪行为的特别表现形式），王世洲等译，法律出版社 2013 年版，第 505 – 506 页。

③ Vgl. Jakobs, Strafrecht Allgemeiner Teil, 2. Aufl. 1993, 28/16. 转引自［日］平山干子：《不作为犯与正犯原理》，成文堂 2005 年版，第 132 – 133、135 页。

④ 参见何庆仁：《义务犯研究》，中国人民大学出版社 2010 年版，第 284 页。

分支配犯与义务犯。具体来说，首先，因为“组织管辖”而产生的义务，是指基于对特定组织领域的管辖，在自己能安排、掌握的范围内，每个人都有防止法益受侵害的义务。① 支配犯是对组织领域具有管辖的所有人，组织了一个犯罪；在一个组织领域内，基本的组织行为就是犯罪支配，称为支配犯。犯罪支配之所以能够表现出正犯性质，是因为行为人借着正犯的行为侵害被害人，而架构起自己的组织领域。换言之，必须负责使自己的组织领域不受损害，是支配犯的归责基础。其次，因为“制度管辖”而产生的义务。制度或者体制是指为维系某一社会所存在的制度。因为“制度管辖”而产生的义务是指为了维护社会制度的正常运行，刑法赋予特定主体的义务，主要是积极义务，即要与他人“建设一个共同的世界”的义务。“体制管辖在于解决违反特别在体制身份上所确保的团结的照顾法益的义务，而且是透过行为人的法律地位和法益之间的关系来确定体制管辖，行为人的法律地位受到事先形成以及同样在狭隘范围内可加支配的规定文义（父母、监护人、公务员）的限制，亦即受限于体制上的身份。”②

雅各布斯认为，义务犯具有特定的身份，对法益具有制度管辖，因此所有因制度管辖而成立的正犯都是义务犯。在不作为犯中，如果是因组织管辖而应该使组织领域内的法益不受侵害，则属于支配犯，如监督危险源的保证人、前行为的保证人、因承担而产生的保证人以及因组织管辖而应防止他人自残的保证人等。至于因为制度管辖而产生的保证人，如亲子关系、收养及监护关系、夫妻间的特别信赖关系，以及国家的强制关系（如教育和服兵役义务），都是义务犯。③

雅各布斯认为管辖（包括组织管辖和制度管辖）是作为和不作为的上位概念，要根据是基于组织管辖还是制度管辖，判断不作为犯是支配犯还是义务犯。如果不作为犯是义务犯，则只能认定为正犯；如果不作为犯属于支配犯，则需要进一步判断是正犯还是共犯。第一，在支配犯的场合，被评价为正犯的根据是行为人对自己行为领域的组织现实地支配了某一构成要件结果的发生，这意味着组织行为不一定被评价为正犯行为，还需要考察其对整个犯罪的因果进程是否具有支配性。第二，在义务犯的场合，

---

① 参见许玉秀：《保证人地位的法理依据——危险前行为是构成保证人地位的惟一理由》，载许玉秀：《当代刑法思潮》，中国民主法制出版社 2005 年版，第 729 页。

② ［德］贝恩德·许乃曼：《德国不作为犯法理的现况》，陈志辉译，载许玉秀、陈志辉合编：《不移不惑献身法与正义——许乃曼教授刑事法论文选辑》，台北，新学林出版股份有限公司 2006 年版，第 643 页。

③ 参见许玉秀：《实质的正犯概念》，载许玉秀：《当代刑法思潮》，中国民主法制出版社 2005 年版，第 592 页。

因为行为人已经从自己的领域进入他人的领域，并且在这个与他人共有的领域内被体制赋予了一定的角色，因此对该角色的义务的违反被评价为正犯行为，而且只能作出这样的评价。①

根据雅各布斯的观点，在前述事例 1 的场合，甲成立销售伪劣产品罪的正犯和故意伤害罪（或者过失致人重伤罪）的正犯的想象竞合犯；在前述事例 2 和事例 3 的场合，甲成立故意伤害罪的正犯。在事例 2 中，如果甲在乙伤害丙的时候未向丙提供物质帮助或者精神帮助，由于甲与丙之间具有亲子关系，甲对丙具有法益保护义务，甲同样成立故意伤害罪的正犯。就此而言，与罗克辛的义务犯理论的观点是不同的。

（二）对义务犯理论的评析

1. 义务犯理论的基本特点及其与犯罪事实支配理论存在的差异。义务犯理论的特点是，无论是以作为的方式还是以不作为的方式实现法益侵害，实际上都是对行为人的个人社会角色的违反。通过义务违反，作为与不作为在结构上的差异被消解。② 根据前述犯罪事实支配理论的观点，不作为人因为对法益侵害结果或者危险结果的发生具有支配而成立正犯；但是，根据义务犯理论，不作为人因为未履行保护法益的义务而成立正犯或者共犯。犯罪事实支配理论的理论基础是自由主义所坚持的危害原理，而义务犯理论的理论基础是社会连带主义。

当然，罗克辛与雅各布斯的观点也有所不同。按照罗克辛等倡导的义务犯理论，不作为人都是义务犯，构成正犯，例外情况按照帮助犯处罚。而雅各布斯区分制度管辖与组织管辖，认为制度管辖与法益保护义务具有对应关系，违反制度管辖的不作为犯属于义务犯，均构成正犯；违反组织管辖的不作为犯属于支配犯，既可能成立正犯，也可能成立共犯。

2. 罗克辛义务犯理论的具体适用及其评析。在罗克辛看来，决定构成支配犯的关键在于行为支配了以构成要件描述的犯罪行为的因果流程，支配犯是具有犯罪支配的人；成立义务犯的核心在于有意识地支配了特定身份背后的义务，无论是身份犯还是不作为犯，都是因为违反了其身份背后的特定义务才构成正犯。因为罗克辛所说的义务犯可以排除支配犯的适用，所以，从逻辑上看，义务犯的成立基础优于支配犯。某个拥有特定身份的行为人，即便没有支配因果流程，根据义务犯理论，也构成正犯；相反，在

---

① Vgl. Jakobs, Strafrecht Allgemeiner Teil, 2. Aufl. 1993, 21/1 ff. 转引自耿佳宁：《不作为参与行为的评价与犯罪论根基的改变》，载《当代法学》2015 年第 2 期。

② 参见何庆仁：《德国刑法学中的义务犯理论》，载陈兴良主编：《刑事法评论》（第 24 卷），北京大学出版社 2009 年版，第 249 页。

有义务犯参与的情况下,不具有特定义务的人,即便支配了因果流程,也不能构成正犯。

根据这种理论逻辑,不真正不作为犯因为违反特定义务而构成正犯;但是,与不真正不作为犯具有等价性的作为犯却因为缺乏违反义务所必需的身份而不能构成正犯,只能成立帮助犯。[①] 根据《德国刑法典》第13条第2款和第27条第2款的规定,对不作为只是"可以"依据第49条第1款减轻处罚,而对帮助犯则"应当"依据第49条第1款减轻处罚。一方面,这种观点有助于解决或者回避量刑上的矛盾,却导致作为和不作为出现在价值上等值(等置)而在当罚性上不等值的现象;另一方面,既然将不作为的参与评价为正犯,在处罚上却按照帮助犯量刑,也无法做到自圆其说。[②]

四.重要作用理论和因果过程支配理论

(一)重要作用理论和因果过程支配理论的观点

1.重要作用理论的基本观点及其适用。重要作用理论认为,只能将不作为在共同犯罪中对结果所引发的因果关系作为区分不作为的正犯与共犯的标准。从实质上看,对结果的发生起重要作用的是正犯,反之则是共犯。关于是否起到重要作用,则以共同犯罪人内部的地位,对实行行为有无加功及其样态、程度等为判断标准。[③]

在不作为犯的场合,如果不作为人履行义务,只能使作为人的行为变得更为困难,就是帮助犯;如果不作为人履行义务,能够完全阻止作为人的行为,就是正犯。例如,西田典之认为,如果以不作为的正犯与不作为的共犯具有共通的作为义务为前提来区分二者,那么,应当着眼于因果关系的质的差异。关于帮助犯的因果关系,应当采取正犯结果促进理论,不需要帮助行为与正犯结果具有条件关系,只要促进了正犯结果,使其容易发生即可。在不作为的帮助的场合,不需要具有如果实施作为行为就可以确定地避免结果的发生这一事实,只要处于"具有使结果发生更为困难的可能性"就足够了。换言之,如果不作为人实施作为能够确定地避免结果发生,则属于不作为的同时正犯;如果是"有可能使结果的发生更为困难",则属于不作为的帮助犯。[④]

---

① 参见孙立红:《论共同犯罪中的不作为参与》,载《法学家》2013年第1期。

② 参见[日]平山干子:《不作为犯与正犯原理》,成文堂2005年版,第177页。

③ 参见[日]平野龙一:《刑法总论Ⅱ》,有斐阁1975年版,第398页。

④ 参见[日]西田典之:《日本刑法总论》(第2版),王昭武、刘明祥译,法律出版社2013年版,第326页。

张明楷教授也认为，在只要履行作为义务就“确实”能够避免发生法益侵害结果的场合，可以认为该不作为对于结果的发生起到了实质作用，不履行作为义务的保证人成立不作为的共同正犯。“保证人的不作为是成立帮助犯还是正犯或者共同正犯，取决于该不作为在共同犯罪中所起的作用大小；反过来说，取决于履行作为义务对防止结果发生所起的作用大小。所以，在只要履行作为义务就‘确实’能够避免结果发生的场合，应认为该不作为对结果的发生起到了重要作用，不履行义务的保证人成立不作为的正犯或者共同正犯。一般来说，在保证人不履行阻止犯罪的义务时，实际上只是使正犯或共同正犯的行为更为容易，因而认定为帮助犯较为合适。但是，如果公安人员对他人的犯罪不予阻止，则应认定为正犯或者共同正犯。基于同样的理由，没有履行法益保护义务的行为人，既可能成立正犯或者共同正犯，也可能成立帮助犯。”①

关于不作为的共犯（帮助犯）与正犯的因果关系是否相同，存在争议。一般认为，帮助犯与正犯的因果关系有所不同。主要理由是，根据因果共犯论，行为人对与自己的行为具有因果性的结果承担责任，即便是通过他人的行为而与犯罪结果之间产生因果关系，也应对该结果承担罪责。但是，也有观点认为二者是相同的。因果关系是对作为犯进行结果归责的基本前提。帮助行为和正犯行为的因果关系标准是相同的，不同的只是具体实现形态，帮助犯的实害结果是通过对于他人不法行为的加工而实现的。尽管刑法将犯罪的参与角色区分为正犯与共犯，但不能根据形式上的名称区分对因果关系提出不同标准。② 本书也认为，帮助犯与正犯在因果关系上的差异并不重要，对客观归责没有影响，可以忽略不计。

根据重要作用理论的观点，在事例 1 的场合，甲是公司负责人，只要其履行义务，伪劣产品不可能推向市场，完全可以避免消费者丙遭受伤害，因此甲成立正犯。在事例 2 的场合，只要父亲甲履行自己对 12 周岁的儿子丙的监护义务，对乙的伤害行为实施正当防卫，至少能够使乙的伤害行为面临阻碍，因此甲至少成立故意伤害罪的共犯；在倘若实施作为完全能够阻止不法侵害进行的场合，甲可以成立不作为的故意伤害罪的正犯。在事例 3 的场合，父亲甲完全能够控制 12 周岁的儿子丙的伤害行为，因此成立故意伤害罪的正犯。

2. 因果过程支配理论的基本观点。因果过程支配理论认为，在行为人

---

① 张明楷：《刑法学》（第 6 版）（上），法律出版社 2021 年版，第 592 页。

② 参见黄荣坚：《基础刑法学》（第 3 版）（下），中国人民大学出版社 2009 年版，第 558 页；蔡圣伟：《论帮助行为之因果关系》，载《政大法学评论》第 134 期（2013 年）。

对于正在发生的因果过程具有现实的、具体的支配的场合，行为人具有保证人地位，负有作为义务。不难发现，其与重要作用理论具有一致性。例如，西田典之认为，作为是“行为人基于自己的意思，设定了指向法益侵害的结果的因果流程”，而不作为是“不介入已经发生的指向结果的因果流程，不防止结果这样的消极态度”，二者的构造是不同的。为了实现作为与不作为的等价性，不作为人必须将正在发生的因果流程控制在自己手中，即基于自己的意思获得排他性支配。①

西田典之认为，下列两种情形可以说行为人支配了面向结果的因果经过：第一种情形是具有事实上的排他性支配的场合，即不作为人根据自己的意思，在具有排他性支配或设定排他性支配的情况下，对因果流程具有支配地位，具有作为义务。② 在西田典之看来，不仅不要求客观上具有反复性、继续性的维持或保护法益行为，甚至也不要求主观上具有维持或保护法益的目的性。第二种情形是具有支配领域性的场合，虽然行为人不是基于自己的支配意思，但事实上处于支配因果流程的地位即支配领域性的场合，尽管排他性支配状况不是行为人自己有意创造的，但偶然处于这种状况之下，应当考虑“只有行为人应当作为”这样的规范要素，重视是否存在社会持续性的保护关系，将承担作为义务的主体限定为具有某种规范要素的人，如父母子女，以及建筑物管理人、安保人员等以其身份或者社会地位在社会生活中负有继续保管、管理义务的人。③

(二)对重要作用理论和因果过程支配理论的分析

该理论主张以共犯理论中的分工方式对不作为的参与形式进行区分，“参照各个行为人在共同犯罪中是否具有主要地位，对结果的发生是起着重要作用还是辅助作用，是不是支配了结果的发生过程等，进行实质性的判断”④，应当说具有一定的合理性。但是，也存在以下问题：第一，不作为与作为存在结构上的差异，仅仅对结果的发生具有促进作用的不作为，由于没有对结果的发生发挥直接作用，可以认定为帮助犯。但是，对于以不作为方式直接参与作为人的作为的，能否构成不作为的正犯，并未给出明

① 参见［日］西田典之：《日本刑法总论》(第2版)，王昭武、刘明祥译，法律出版社2013年版，第106页。

② 参见［日］西田典之：《日本刑法总论》(第2版)，王昭武、刘明祥译，法律出版社2013年版，第106页。

③ 参见［日］西田典之：《日本刑法总论》(第2版)，王昭武、刘明祥译，法律出版社2013年版，第106页。

④ 黎宏：《日本刑法精义》(第2版)，法律出版社2008年版，第255页。

确的解答。[①] 第二,作为犯的因果关系与不作为犯的因果关系不完全相同,前者是事实上存在因果关系与经过评价之后的评价上存在因果关系的统一;而后者从自然科学的角度看不存在因果关系,但是从法律的角度看,如果行为人实施所期待的某种行为,就不会发生法益侵害结果,则评价上存在因果关系。因此,不作为犯的因果关系只是假定的因果关系或者拟制的因果关系。[②] 如果行为人实施了期待的行为,从经验上判断具有高度盖然性、极有可能不会发生法益侵害结果,就认为不作为与法益侵害结果之间具有因果关系。[③] 日本有判例指出,对于帮助犯的因果关系,只要行为使正犯的行为容易发生危害结果,就足以成立不作为的帮助犯。[④] 关于"觉醒剂注射事件"的判例也认为,如果行为人已经尽到不作为犯的作为义务,则极有可能救助被害人,成立不作为的正犯。[⑤]

一般认为,共犯论的核心是能否认定共犯行为直接或者间接引起了法益侵害、危险的共犯的因果关系,以及在具有因果关系的前提下,将共犯构成要件限定于何种范围的共犯的限定关系问题。[⑥] 根据因果共犯论的观点,之所以处罚共犯,是因为共犯与实行行为所引起的法益侵害或法益侵害的危险之间具有因果性。成立共犯不需要如同单独犯那样必须具有"若无共犯行为,则无正犯结果"这种条件关系,只要共犯行为在客观上、心理上促使正犯结果容易发生即可。因果关系理论将作为犯的因果关系置换到不作为犯中,维护了不作为犯与作为犯理论本质上的一致性,具有一定的合理性。但是,这种观点简单地根据"如果履行作为义务,能否有效阻止作为行为的实施或防止危害结果的发生"来区分帮助犯和正犯,是不妥当的。所有的不作为犯都是以不履行作为义务为内容的,在已经发生危害结果的情况下,事后判断"如果履行义务,能否阻止他人作

---

① 参见孙立红:《论共同犯罪中的不作为参与》,载《法学家》2013 年第 1 期。

② 参见[日]神山敏雄:《不作为的共犯论》,成文堂 1994 年版,第 12 页。在不作为参与人是数人的场合,"如果数个行为人均实施所期待的某种行为,就不会发生法益侵害结果"就可以认为存在因果关系。

③ 参见[德]冈特·施特拉腾韦特、[德]洛塔尔·库伦:《刑法总论Ⅰ——犯罪论》(第 5 版),杨萌译,法律出版社 2006 年版,第 375 页;[德]克劳斯·罗克辛:《德国刑法学总论》(第 2 卷犯罪行为的特别表现形式),王世洲等译,法律出版社 2013 年版,第 483－485 页;[日]西田典之:《日本刑法总论》(第 2 版),王昭武、刘明祥译,法律出版社 2013 年版,第 198 页;周光权:《刑法总论》(第 4 版),中国人民大学出版社 2021 年版,第 127 页。

④ 参见[日]日本名古屋高等裁判所 2005 年 11 月 7 日判决。

⑤ 参见[日]日本最高裁判所 1989 年 12 月 15 日判决,载《最高裁判所刑事判例集》第 43 卷,第 13 号,第 879 页。

⑥ 参见[日]佐伯仁志:《刑法总论的思之道·乐之道》,于佳佳译,中国政法大学出版社 2017 年版,第 309 页。

为行为的实施和犯罪结果的发生”就只能是一种推断。很多时候这种以假设的材料为基础的推断不符合客观事实,导致帮助犯与正犯的区分丧失实际标准。

五、对上述诸学说的简要分析及本书的观点

本书赞同西田典之倡导的重要作用理论和因果过程支配理论。下面阐述主要理由,并对上述各学说进行评析。

(一)社会功能关系理论不可取

社会功能关系理论认为行为人违反法益保护义务的成立不作为的正犯,违反危险源监督义务的成立不作为的共犯(帮助犯),这一区分不作为的正犯与共犯的标准是非常简明的,但并未明确提出作出这种区分的实质标准,存在过于形式化的问题。在司法实践中,以此作为区分不作为的正犯与共犯的标准,缺乏可操作性。在法益保护义务与危险源监督义务存在竞合的场合,也难以得出妥当的结论。

(二)犯罪事实支配理论和结果原因支配理论不可取

不可否认的是,不作为犯与作为犯的存在论结构存在很大差异。与行为人以积极的行为支配法益侵害过程的作为犯相比,即便认为不作为犯对犯罪过程具有支配或者排他性支配,也应当认识到这两种支配存在很大的差异。虽然犯罪事实支配理论能够很好地说明作为犯的正犯与共犯的界限,进而作为区分二者的标准,但是,在区分不作为犯的正犯与共犯问题上,也如同社会功能关系理论一样,存在先天不足。再者,“犯罪事实支配”本身也存在概念不清等问题。如果认为不作为人具有防止结果的可能性或者潜在的可能性,具有潜在的支配,进而成立正犯,而作为犯既没有防止结果的可能性,更没有行为支配,却只能成立共犯,也是不合理的。或许正是基于上述原因,罗克辛在区分不作为犯的正犯与共犯时放弃了犯罪事实支配理论,转而采用义务犯理论。

(三)义务犯理论也不可取

1.罗克辛的义务犯理论及其存在的不足之处。关于正犯与共犯的区分,罗克辛主张需要区分作为犯与不作为犯,对于作为犯的正犯与共犯,可以采用犯罪事实支配理论;但是,在不作为犯或者义务犯的场合,则主张行为人不需要对构成要件具有实际支配,只要违反特别义务即可满足构成要件,成立正犯。根据罗克辛的观点,在行为人以作为的方式参与犯罪时,只能成立共犯;在行为人以不作为的方式参与犯罪时,却一概成立正犯。但是,如前所述,这种理论将导致对积极促进危害结果实现的人的处罚要比

虽然有义务但没有积极促进危害结果实现的人的处罚还要轻,从结论上看是不公正的,也是难以让人接受的。这充分反映出,如果只根据有无作为义务判断是成立正犯还是共犯,可能导致不当扩大正犯的成立范围的问题。因此,罗克辛又进一步主张在量刑时要按照帮助犯进行处罚,以实现罪刑均衡。这充分说明,如果仅考虑有无作为义务这种形式化的标准,容易出现扩大处罚范围或者导致处罚严厉化的问题。

2. 雅各布斯的义务犯理论及其存在的不足之处。雅各布斯主张“管辖”是作为与不作为的上位概念,根据是基于组织管辖还是制度管辖,判断不作为犯是支配犯还是义务犯。具体来说,根据行为人对犯罪事实是具有基于组织管辖的支配还是制度管辖,判断行为人成立正犯还是帮助犯。如果不作为的参与人属于基于组织管辖的支配犯,则要根据其对犯罪事实的支配程度,确定其是正犯还是帮助犯;如果属于制度管辖的义务犯,则只能成立正犯。同时,为了避免处罚范围的扩大化,还引入了因果支配等标准。例如,在支配犯的场合,判断是否成立正犯需要考察行为人对于整个犯罪的因果过程是否具有支配。有所不同的是,雅各布斯认为还需要考察行为人是否存在组织管辖。

在义务犯的场合,雅各布斯认为,义务犯都是正犯,不可能存在共犯。这与罗克辛的观点不同。前已述及,罗克辛认为有些义务犯需要以帮助犯论处,虽然这与义务犯理论所主张的“义务犯只能成立正犯”的观点相矛盾,但罗克辛的这种区别对待是有合理之处的。换言之,即便是保证人,在没有履行义务而导致法益侵害结果发生的场合,也不能一概而论地认为都成立正犯,还是有必要考虑应当对犯罪人作出什么样的处罚,这就需要判断是成立正犯还是共犯更为妥当。

3. 义务犯理论的根基存在的不足。义务犯理论还存在理论根基上的不足。不作为犯从形式上看是违反或者侵害义务的行为,从实质上看则是侵害法益的行为。与以往仅仅强调自由主义相比,尽管现代社会越来越强调人与人之间的互助与协作,但刑法理论的基础仍然是自由主义所坚持的危害原理,而不是社会连带主义。因此,义务犯理论不可取。

4. 犯罪事实支配理论与义务犯并合说及其分析。由于上述理论仅仅着眼于有无行为支配或者有无作为义务,皆有不足之处。为此,有的学者诸如松宫孝明主张区分支配犯与义务犯,认为支配犯与义务犯的正犯与共犯的区分标准不同:在作为犯的场合,根据有无行为支配区分正犯与共犯;在义务犯的场合,根据违反的作为义务是法益保护义务还是危险源监督义务,区分正犯与共犯。①

该说认识到前述理论存在的不足,试图将各种理论结合起来以弥合前述矛盾与缺陷,具有一定的价值。但是,由于该说简单地对犯罪事实支配理论与义务犯理论进行折中,既存在上述犯罪事实支配理论的不足,也存在义务犯理论的弊端,并不可取。

(四)重要作用理论和因果过程支配理论具有妥当性

1. 重要作用理论和因果过程支配理论的相对妥当性。重要作用理论和因果过程支配理论并不主张区分支配犯与义务犯,而是认为如果能够规范地判断只有行为人可以阻止犯罪(具有排他性支配),并且对于被害法益具有社会持续性保护关系,就能肯定其具有作为义务,成立不作为的正犯。②

重要作用理论和因果过程支配理论,与许乃曼和山口厚等主张的犯罪事实支配理论和结果原因支配理论基本上是一致的。前者强调以行为在共同犯罪中对结果所引发的因果关系作为区分正犯与共犯的标准,后者认为应当根据行为人对于犯罪过程是否具有支配判断成立正犯还是共犯。特别是,重要作用理论则以是否“在实质上起到必要或者重要的作用”作为判断标准,而犯罪事实支配理论中的功能支配理论通过“重要任务”“重大贡献”等来判断是否达到了功能性的支配,二者的判断标准具有相当性。关于不作为犯领域区分正犯与共犯的标准,山口厚明确指出:“既然原本不真正不作为犯是由于其能够和作为犯同等对待而成为处罚对象的,那么在不作为犯场合的正犯与共犯的区别,就必须和作为的场合两者的区别是一致的。”③

2. 重要作用理论和因果过程支配理论的进一步完善。犯罪事实支配理论和结果原因支配理论还需要进一步明确化、具体化、规范化。

第一,犯罪事实支配理论和结果原因支配理论需要明确化、具体化。“对犯罪事实的支配”是犯罪事实支配理论和结果原因支配理论的核心思想。“对犯罪事实的支配”应当理解为对构成要件事实的支配,尤其应当理解为对法益侵害、危险结果的支配。所以,从实质上看,对侵害结果或者

① 参见[日]松宫孝明:《刑法总论讲义》(第4版补正版),钱叶六译,中国人民大学出版社2013年版,第206页。

② 参见[日]西田典之:《不作为的共犯》,载[日]西田典之:《共犯理论的展开》,成文堂2010年版,第142页。

③ [日]山口厚:《刑法总论》(第3版),付立庆译,中国人民大学出版社2018年版,第386页。

危险结果的发生起支配作用的就是正犯;反之,则是共犯。①

第二,犯罪事实支配理论和结果原因支配理论需要规范化。"对犯罪事实的支配"中的支配,虽然主要是事实性的支配,但是也包括规范意义上的支配。"不能单纯从客观事实上考察行为人事先是否支配了危险源或者脆弱的法益,还必须根据社会分工的原理,规范地考察行为人是否支配了危险源或者脆弱的法益。"②换言之,有必要将西田典之所说的支配领域性的场合视为存在支配。

第三,尽管不作为犯与作为犯在存在结构上存在差异,但是从规范评价的角度看,依然可以认为不作为的正犯对于结果原因具有支配,共犯则仅与结果原因之间存在因果关系,缺乏支配。

第三节　以不作为参与作为犯的行为性质

关于不作为与共犯的关系,可以分为两类:第一类是以不作为方式实施的共犯,根据行为的样态,可以分为不作为的共同正犯、教唆犯和帮助犯。第二类是对不作为的共犯,根据行为的对象,可以分为对不作为的共同正犯、教唆犯和帮助犯。以不作为参与作为犯是典型的不作为的共犯。

一、以不作为参与作为犯的,成立正犯还是帮助犯?

一般认为,不作为人与作为人事前进行犯意联络,在这种共同的犯罪意思之下,具有作为义务的一方以不作为方式参与他人以作为方式实施的犯罪的,成立共同正犯。但是,在不作为人与作为人之间没有犯意联络的场合,从理论上看,主要有原则正犯理论、原则帮助犯理论和作为义务二分说等的对立。

(一)原则正犯理论

原则正犯理论认为,行为人以不作为参与故意的作为犯的,其不作为违反了结果回避义务,原则上只能成立正犯。该理论又可以分为(片面)共同正犯理论和同时正犯理论。

1.(片面)共同正犯理论。该理论认为,即便是无作为义务者与有作为义务者共同实施违反作为义务的不作为,也可以成立不作为犯的共同正

① 参见张明楷:《刑法学》(第6版)(上),法律出版社2021年版,第512页。刘艳红教授也主张根据对结果的发生是否起到重要作用来区分正犯与共犯。参见刘艳红:《论正犯理论的客观实质化》,载《中国法学》2011年第4期。

② 张明楷:《不作为犯中的先前行为》,载《法学研究》2011年第6期。

犯。日本学者平野龙一、前田雅英、山口厚、大谷实等主张该理论。例如，大谷实认为，有作为义务的人可以和没有作为义务的人一起共同实施违反作为义务的不作为。对于母亲甲与第三人乙在共谋的基础上，不给婴儿喂奶，致其饿死的，成立不作为的共同正犯。① 山口厚也认为，不作为犯是违法身份犯，即便行为人缺乏属于构成要件要素的身份，也能够通过参与到具有该身份的人引起的符合构成要件的事实，成立不作为的共犯（包括共同正犯）。②

根据该理论的观点，在前述事例2的场合，第三人乙成立故意伤害罪的正犯，父亲甲成立故意伤害罪的（片面）共同正犯；在事例3的场合，父亲甲也是如此；在事例4的场合，房东甲成立生产伪劣产品罪的（片面）共同正犯；在事例5的场合，安监局工作人员甲成立玩忽职守罪的单独正犯或者重大责任事故罪的（片面）共同正犯；在事例6的场合，网络服务商甲成立诽谤罪或者寻衅滋事罪的（片面）共同正犯。

将以不作为参与他人的犯罪认定为共同正犯，与日本司法刑法理论和实务上承认并大量认定共谋共同正犯密切相关。诚如平山干子所指出的："在我国的法律实务中，很多情况下，不作为的参与也会以现场共谋的形式来解决，只有在不能认定为共谋，考虑其参与的重要性应该被评价为值得处罚的时候，才会按不作为的帮助犯来处理。"③

一般认为，要成立共同正犯，除了要求客观上对法益侵害结果具有重要的因果性贡献，还要求犯罪人主观上具有一体性或者共同性。④ 如果犯罪人之间缺乏必要的犯意沟通和联络，则难以认定为共同正犯。日本的判例和理论的通说也是以此为由否定片面的共同正犯。

2. 同时正犯理论。该理论认为，不作为的参与的可罚性问题仅限于片面的参与，具有可罚性的不作为的参与只能是同时正犯。此外，主张不真正不作为犯是义务犯，认为"是否存在作为义务原则上应当是正犯性的基准"的义务犯理论也坚持同样的观点。

---

① 参见［日］大谷实：《刑法讲义总论》（新版第2版），黎宏译，中国人民大学出版社2008年版，第418页。

② 参见［日］山口厚：《刑法总论》（第3版），付立庆译，中国人民大学出版社2018年版，第386页。

③ ［日］平山干子：《关于"义务犯"》（二·完），载《立命馆法学》2007年第5号（总第273号）。

④ 参见［日］桥爪隆：《共谋的意义》，王昭武译，载《苏州大学学报（法学版）》2016年第3期。

德国学者韦尔策尔、考夫曼①、施特拉腾韦特等坚持该理论。② 例如，施特拉腾韦特主张根据介入侵害法益的他人的行为的可能性，将具有作为义务者认定为不作为的正犯。根据行为作用力的轻重，区分不作为的正犯和共犯。不过，在特别需要主观目的、特别义务和行为实行的亲手犯中，在没有这些要素时，将共犯规定视为应急的适用时，也可以成立不作为的共犯。例如，警察没有阻止入户盗窃，因为缺乏占有目的，而不是因为侵入者对犯罪具有行为支配，所以构成帮助犯。如果保证人没有阻止他人作为正犯实施的犯罪行为，原则上只能认定为不作为的正犯。③

根据同时正犯理论的观点，在前述事例2的场合，第三人乙成立故意伤害罪的正犯，父亲甲成立故意伤害罪的同时正犯；在事例3的场合，父亲甲也是如此；在事例4的场合，房东甲成立生产伪劣产品罪的同时正犯；在事例5的场合，安监局工作人员甲成立玩忽职守罪的正犯或者重大责任事故罪的正犯（想象竞合犯）；在事例6的场合，网络服务商甲成立诽谤罪或者寻衅滋事罪的正犯。

3. 对原则正犯理论的分析。保证人地位是担保作为和不作为等价值性的要件，而不是担保正犯性的要件。④ 违反保证人义务而没有避免结果的发生，并不当然地意味着具有正犯的当罚性，也不意味着排除了共犯（帮助犯）的当罚性。按照原则正犯理论的观点，参与人以作为的方式参与犯罪的，只能构成共犯；如果以不作为的方式参与犯罪，却构成正犯。正如合法持有枪支的人不阻止他人取走其枪支杀人的（不作为）构成正犯，但主动将枪支递给他人的（作为）却只构成不作为的帮助犯，这种处理结论是不合理的。⑤ 在前述事例2、事例3的场合，完全可以追究行为人甲的同时正犯或者（片面）共同正犯的责任。但是，就前述事例10而言，如果甲、乙二人存在共谋，也不过成立共谋共同正犯，但在没有共谋的场合，却成立实行共同正犯，显然不合理。在前述事例2、事例4和事例6的场合，对行为人甲以相关犯罪的共犯（帮助犯）论处，而不是以正犯论处，似乎更为妥当。

---

① Vgl. Armin Kaufmann, Die Dogmatic der Unterlassungsdelikte, Schwartz, 1959, S. 291, 296 ff. 转引自［日］神山敏雄：《不作为的共犯论》，成文堂1994年版，第424页。

② 尽管罗克辛、雅各布斯等也主张保证人原则上成立正犯，但是，因为其理论基础是义务犯理论，与韦尔策尔、考夫曼等的观点存在很大差异，因此本书对其单独进行讨论。

③ 参见［德］冈特·施特拉腾韦特、［德］洛塔尔·库伦：《刑法总论Ⅰ——犯罪论》（第5版），杨萌译，法律出版社2006年版，第393页。

④ 参见［日］佐伯仁志：《刑法总论的思之道·乐之道》，于佳佳译，中国政法大学出版社2017年版，第364页。

⑤ 参见［日］西田典之：《不作为的共犯》，王昭武译，载《江海学刊》2006年第3期；［日］佐伯仁志：《刑法总论的思之道·乐之道》，于佳佳译，中国政法大学出版社2017年版，第364页。

(二)原则帮助犯理论

该理论认为,对于以作为参与不作为,没有阻止正犯行为的,作为人是正犯,不作为参与人原则上是帮助犯(从犯)。主要理由是,在共同犯罪中,只有作为犯才能通过自己的行为直接导致法益侵害结果的发生,而不作为仅仅是通过依附于作为犯的方式参与了犯罪事实,只能使作为的实行更为容易,因此,不作为是依附于作为正犯存在的。①

1. 原则帮助犯理论的基本观点。耶赛克等德国学者主张该理论。例如,耶赛克认为,与作为犯的积极作为相比,消极不作为退居次要地位,尽管可以成立共同正犯,但是,在这种场合下,将不作为人认定为帮助犯更符合行为支配理论。②"除那个以作为的控制行为的正犯者以外,未组织犯罪的保证人的行为原则上只具有帮助犯的意义。只有当行为人不再控制行为过程时,行为控制才会转到不作为者那里。"③金德霍伊泽尔指出:"在实行行为发生时,如果保证人能够采取干预措施,从而阻止、妨碍、减弱实行行为或者使该行为的风险更大,却放弃进行干预,则原则上有可能成立不作为的帮助。"④

该理论也是日本刑法理论的通说。内藤谦、山口厚、曾根威彦、佐伯仁志、岛田聪一郎等坚持此说。⑤ 例如,山口厚认为,正因为正犯性是通过对引起构成要件结果的支配来判断的,以不作为方式参与他人故意实现构成要件该当事实的行为的情形缺乏对引起构成要件的结果的支配,所以原则上只成立帮助犯。⑥ 曾根威彦也坚持这种观点,主要理由是:首先,排他性支配可以分为广义的排他性支配和狭义的排他性支配,虽然不作为人是唯一可能制止正犯的犯罪行为的人,具有广义的排他性支配,但这只能决定不真正不作为犯是否具有可罚性,不能决定其是正犯还是共犯。由于存在他人的正犯行为,不作为人不具有狭义的排他性支配,所以不能成立正犯,

---

① 参见[日]松原芳博:《刑法总论重要问题》,王昭武译,中国政法大学出版社2014年版,第364页。

② 参见[德]汉斯·海因里希·耶赛克、[德]托马斯·魏根特:《德国刑法教科书》(下),徐久生译,中国法制出版社2017年版,第866页。

③ [德]汉斯·海因里希·耶赛克、[德]托马斯·魏根特:《德国刑法教科书》(下),徐久生译,中国法制出版社2017年版,第946-947页。

④ [德]乌尔斯·金德霍伊泽尔:《刑法总论教科书》(第6版),蔡桂生译,北京大学出版社2015年版,第456页。

⑤ 参见[日]内藤谦:《刑法讲义总论》(下)Ⅱ,有斐阁2002年版,第1433页;[日]今井猛嘉、小林宪太郎、岛田聪一郎、桥爪隆:《刑法总论》,有斐阁2009年版,第389-390页;[日]佐伯仁志:《刑法总论的思之道·乐之道》,于佳佳译,中国政法大学出版社2017年版,第364-365页。

⑥ 参见[日]山口厚:《刑法总论》(第3版),付立庆译,中国人民大学出版社2018年版,第386页。

只能成立帮助犯。[①] 其次,不作为的参与人与法益侵害结果之间只具有间接的因果关系,而非直接的因果关系。最后,不作为的参与人无法将因果过程置于自己的控制之下,对法益侵害结果缺乏支配。[②] 综合上述几位学者的论述,之所以主张原则帮助犯理论,主要是因为不作为犯罪人对于整个犯罪缺乏(排他性)支配,或者说对于犯罪结果的作用力不是特别大。

该理论也是我国刑法学界的多数说。黎宏、周光权、陈家林等采取此说。[③] 例如,黎宏教授认为,不阻止他人犯罪包括"不阻止与自己有关的他人面临的犯罪侵害"和"不阻止与自己有关的他人实施犯罪"两种类型。之所以将不阻止他人犯罪理解为不作为参与,是因为不阻止他人犯罪者与实施犯罪的他人共同引起了作为犯的犯罪结果。判断不阻止他人犯罪者成立正犯还是共犯,需要考察不阻止他人犯罪者与实施犯罪的他人之间的作用大小。其中,未被阻止的实施犯罪的他人在犯罪中起主导支配作用的,成立主犯即正犯;而不阻止他人犯罪者基于其义务性质以及实际所起的作用,原则上只能评价为共犯即帮助犯。但是,在未成年人或者精神病人等对他人实施犯罪行为,而前述人员的监护人不予以阻止的场合(不履行危险源监督义务),可以成立间接正犯或者(片面)共同正犯。[④]

关于行为人是否成立帮助犯,从客观上看,需要判断行为人的不作为与正犯的法益侵害结果之间是否具有假定的因果关系,对正犯的法益侵害结果是否具有促进作用;从主观上看,需要判断不作为行为人是否具有帮助他人实施犯罪的故意。

根据原则帮助犯理论,在前述事例 2 的场合,第三人乙成立故意伤害罪的正犯,父亲甲原则上成立故意伤害罪的帮助犯;在事例 3 的场合,父亲甲也是如此;在事例 4 的场合,房东甲成立生产伪劣产品罪的帮助犯;在事例 5 的场合,安监局工作人员甲成立滥用职权罪或者玩忽职守罪的单独正犯,与重大责任事故罪的(片面)帮助犯的想象竞合犯;在事例 6 的场合,网络服务商甲成立诽谤罪的帮助犯。

2. 对原则帮助犯理论的评析。该理论主张不作为参与人原则上成立帮助犯,在例外的情况下成立同时正犯、(片面)共同正犯或者间接正犯。该理论主要存在以下问题:第一,既然认为不作为与作为具有等价性,却又

---

① 参见[日]曾根威彦:《不作为犯与共同正犯》,载《神山敏雄先生古稀祝贺论文集》(第 1 卷),成文堂 2006 年版,第 407 - 408 页。

② 参见[日]曾根威彦:《刑法重要问题(总论)》(第 2 版),成文堂 2005 年版,第 332 - 333 页。

③ 参见陈家林:《共同正犯研究》,武汉大学出版社 2004 年版,第 271 页。

④ 参见黎宏:《不阻止他人犯罪的刑事责任》,载《中国法学》2020 年第 4 期。

要区分这两种行为方式的重要性,认为不作为在共同犯罪中仅仅具有潜在的支配,作为行为人对犯罪的现实的支配优于不作为行为人对犯罪的潜在的支配,在逻辑上前后不一,难以自圆其说。第二,关于在何种情况下例外地构成同时正犯、(片面)共同正犯或者间接正犯,原则帮助犯理论并未提出明确的标准。[①] 例如,内田文昭认为,在某些场合下,作为的正犯与不作为的正犯也有可能并存。同时,还应该考虑实施不作为的保证人的强力程度。但是,这一标准与前述内容并不一致。[②] 岛田聪一郎认为,在不作为人对作为人是否实施犯罪行为提供"决定性的心理影响"时,应当认为不作为人是共同正犯。但是,在提供"决定性的心理影响"的场合,可以认为行为人之间已经达成了共谋,应当成立共谋共同正犯,而不是不作为的帮助犯。[③]

为此,对于部分学者主张的"根据违反作为义务的类型区分正犯与共犯,违反结果防止义务的成立正犯,违反正犯阻止义务的成立共犯即帮助犯"的观点,井田良提出批评。他认为,从保护法益的角度看,是无法区分阻止义务和防止义务的。不仅如此,按照原则帮助犯理论,在不阻止自然现象或者被害人自身原因而引起危险的场合成立正犯,在不阻止第三人引起危险的场合成立帮助犯,这样区分会导致判断上的失衡。[④]

如果行为人对于他人的犯罪只是单纯地容忍或者默认,并未以有形的方式为他人的犯罪提供帮助,是否可以认定为作为的共犯?对此,存在肯定说与否定说的对立。第一,肯定说。此说以精神支持说为根据,认为无论行为人表面上是以积极参与等作为方式还是不予制止、袖手旁观等不作为方式,只要行为人具有"在场"这种事实,对于行为人就具有精神或者心理支持,而对被害人造成心理压力或者恐惧的效果,从而与行为人构成共同犯罪。[⑤] 第二,否定说。此说认为,在实行犯实施超出谋划的行为时,在场的共犯人如果没有通过言语、动作、眼神等对实行犯提供心理支持,仅凭借其"在场"的事实,无法构成共犯。[⑥]

① 参见[日]西田典之:《不作为的共犯》,载[日]西田典之:《共犯理论的展开》,成文堂 2010 年版,第 153 页。

② 参见[日]内田文昭:《刑法概要》(中卷),青林书院 1999 年版,第 506 页以下。

③ 参见[日]今井猛嘉、小林宪太郎、岛田聪一郎、桥爪隆:《刑法总论》,有斐阁 2009 年版,第 201 页以下。

④ 参见[日]井田良:《讲义刑法学总论》(第 2 版),有斐阁 2018 年版,第 548 页;[日]井田良:《刑法总论的理论构造》,秦一禾译,中国政法大学出版社 2021 年版,第 369－370 页。

⑤ 参见陈兴良:《刑法适用总论》(上卷),法律出版社 1999 年版,第 503－504 页。

⑥ 参见黎宏:《不阻止他人犯罪的刑事责任》,载《中国法学》2020 年第 4 期。

例如,在日本"保镖案件"中,被告人是某暴力团的干部,明知负责保护自己的暴力团成员(保镖)随身携带枪支而未予以制止,虽然双方并未就携带枪支进行商量,但法院考虑到被告人与保镖之间存在默示的意思联络,以及被告人具有指挥、命令保镖的权限,认定被告人构成共谋共同正犯。[①]

(三)作为义务二分说

该说认为,根据作为义务的来源和内容,判断不阻止他人故意犯罪行为成立正犯还是共犯。该说最早起源于德国学者施罗德,并得到赫兹伯格等的赞同。[②] 在日本,得到中义胜、平山干子[③]等人的支持。例如,中义胜认为,可以将作为义务分为法益保护义务和危险源监督义务。第一,从行为人与被害法益的关系看,要求行为人履行法益保护义务;第二,从行为人与危险源的关系看,要求行为人对该危险源履行危险源管理、监督义务。按照该观点,行为人违反法益保护义务不阻止犯罪的,由于与结果存在直接关系,构成正犯;行为人违反危险源监督义务不阻止犯罪的,由于与结果之间是间接关系,仅构成从犯。[④]

对于该说的批评意见是:

第一,将作为义务分为法益保护义务和危险源监督义务是不合理的。法益保护义务和危险源监督义务是同一义务的不同侧面,同样的义务从不同的角度进行观察,可以分别得出属于法益保护义务和危险源监督义务的结论。桥爪隆认为,在Y男侵害X女的小孩B,X女未予以制止的场合,既可以从X女对小孩B负有法益保护义务的角度进行论证,也可以从X女对Y男具有犯罪阻止义务的角度进行探讨。X女的作为义务的内容是"通过言语或者行动实际作用于正犯Y,进而通过阻止Y的暴力而保护B的法益,在此意义上,作为义务的具体内容是,基于'阻止犯罪'的'保护法益'"。区分X女负担的到底是法益保护义务还是犯罪阻止义务的意义在于,"明确作为义务的产生根据究竟是求之于X与B的关系,还是基于X

① [日]日本最高裁判所2003年5月1日刑事判决,载《最高裁判所刑事判例集》第57卷,第5号,第507页。

② Vgl. Herzberg, Die Unterlasung im Strafrecht und das Garantenprinzip, 1972, S. 268 f; Schönke/Schröder, Strafgesetzbuch, Kommentar, 28. Aufl. 2010, Vor § 25 Rn. 103. 关于施罗德与赫兹伯格等的观点,参见[德]克劳斯·罗克辛:《德国刑法学总论》(第2卷 犯罪行为的特别表现形式),王世洲等译,法律出版社2013年版,第509-510页。

③ 参见[日]平山干子:《不作为犯与正犯理论》,成文堂2005年版,第171页以下。

④ 参见[日]中义胜:《刑法上的诸问题》,关西大学出版部1991年版,第356页以下。转引自[日]松原芳博:《刑法总论重要问题》,王昭武译,中国政法大学出版社2014年版,第363页。

与Y之间的关系"[1]。松原芳博指出,如果认为处罚不作为犯的目的在于保护法益,对危险源进行监督、管理职责产生的监督义务最终也应当还原为具体状况下的法益保护义务,从形式上区分法益保护义务与危险源监督义务是没有道理可言的。[2]

第二,有些场合同时存在法益保护义务与危险源监督义务,如游泳池的工作人员的义务,既来源于对入场游泳者的保护义务,也来源于对于游泳池这一危险源的监督、管理义务;[3]又如,在幼童遭受自家饲养的猛犬攻击的场合,家长对幼童基于监护关系具有法益保护义务,同时对自己饲养的猛犬具有危险源监督、管理义务。行为人同时违反两种义务,根据上述二分说的观点,既可以成立不作为的正犯,也可以成立不作为的共犯,导致定性存在困难。

第三,在精神病人或者饲养的猛犬攻击无辜的他人时,作为危险源的监督者是唯一能够对此后果承担责任者,应当认定为引起结果的唯一正犯。但是,按照上述二分说的观点,在监护人看到精神病人杀人却不予制止的场合,只能认定其为杀人罪的帮助犯。这样的结论显然是不合理的。[4]

二、本书的观点

关于不作为参与人成立作为犯还是不作为犯、不作为与作为是否具有等价性,以及成立正犯还是共犯,本书主张采取以下规则:第一,关于不作为参与人成立作为犯还是不作为犯,应当采取"原则上认定为作为犯,例外情况下认定是否构成不作为犯"的顺序;第二,判断不作为与作为是否具有等价性,应当在事实性因素基础上进行功能性、价值性判断;第三,判断不作为参与人成立正犯还是共犯,应当以行为人是否起到重要作用或者对犯罪进程具有控制作为判断标准;第四,判断不作为参与人是正犯还是共犯,与不作为犯的立法、定罪和量刑等存在一定的关联。

(一)原则上认定为作为犯,例外情况下认定是否构成不作为犯

本书认为,关于不作为参与人成立作为犯还是不作为犯,应当采取"原

---

① [日]桥爪隆:《有关不作为与共犯的几个问题》,王昭武译,载《苏州大学学报(法学版)》2018年第1期。

② 参见[日]松原芳博:《刑法总论重要问题》,王昭武译,中国政法大学出版社2014年版,第363-364页。

③ 参见[日]松原芳博:《刑法总论重要问题》,王昭武译,中国政法大学出版社2014年版,第363页。

④ 参见黎宏:《不阻止他人犯罪的刑事责任》,载《中国法学》2020年第4期;何庆仁:《义务犯研究》,中国人民大学出版社2010年版,第276页。

则上认定为作为犯,例外情况下认定是否构成不作为犯”的顺序。这是因为,相对来说,不作为犯特别是真正不作为犯的成立门槛较高,要成立不作为犯,需要具备保证人地位、作为义务,判断不作为与作为是否具有等价性等。在发生危害结果的场合,认定因果关系也存在很多困难。相对来说,认定为作为犯的门槛较低。此外,处罚不真正不作为犯的目的是保护法益,在很大程度上降低了入罪门槛。因此,关于作为犯与不真正不作为犯的认定顺序,应当优先认定为作为犯,在难以认定为作为犯的场合,再考虑通过赋予行为人一定的作为义务,完全可以更好地保护法益的情形,认定为不真正不作为犯。

以不阻止他人犯罪为例,黎宏教授指出,即便案件整体上呈现不履行特定义务的不作为的特点,只要不会导致量刑上的偏差,原则上也以作为犯处理。至于其他案件,“对不能以作为共犯解决的不阻止行为,可以不作为参与的形式,按照不作为犯的共犯处理”①。

(二)判断不作为与作为有无等价性,应当在事实性因素基础上进行功能性、价值性判断

关于判断不作为与作为是否在行为结构上具有等价性,主要存在重视事实性要素的事实论和重视规范性要素的规范论两种观点。第一种观点认为,判断作为与不作为是否具有等价性,应当考察不作为人对因果进程有无具体、现实的支配。例如,西田典之认为,不作为要与作为具有构成要件等价性,不作为人就必须将正在发生的因果流程控制在自己手中,即获得基于意思的排他性支配。在非基于自己的意思取得排他性支配的场合,要求存在诸如亲子关系或社会持续性保护关系。② 但是,也有学者如山口厚认为,不作为的正犯性不能完全由排他性支配所决定,主要是因为,即便是作为犯也明确不要求完全地支配因果经过,因此与其将因果经过的支配作为判断的关键,倒不如将有无结果原因的支配作为判断的关键更合适,因为在判断保证人的地位时,排他性并不是必需的要求。③ 第二种观点则认为,判断作为与不作为是否具有等价性,需要从规范的期待角度对评价标准进行把握。例如,大谷实认为,只有在作为与不作为具有相同程度的社会危害性的场合,二者才具有等价性。首先,行为人同被害人或者被害

---

① 黎宏:《不阻止他人犯罪的刑事责任》,载《中国法学》2020 年第 4 期。

② 参见[日]西田典之:《日本刑法总论》(第 2 版),王昭武、刘明祥译,法律出版社 2013 年版,第 106 页。

③ 参见[日]山口厚:《从新判例看刑法》(第 2 版),付立庆、刘隽译,中国人民大学出版社 2009 年版,第 38 页。

法益之间具有特别关系，在社会生活中对于某种法益的保护依存于该行为人。其次，行为人对于发生构成要件结果处于一种能够支配的地位。最后，在具有发生犯罪结果的现实危险的场合，行为人不实施防止结果的作为。①

本书认为上述第一种观点较为妥当，判断作为与不作为是否具有等价性，应当在事实性因素基础上进行功能性、价值性判断。主要理由是：

第一，犯罪的本质是法益侵害，因果关系是实行行为与法益侵害结果之间的引起与被引起的关系，其核心内容是实行行为的危险的现实化。在实行行为与结果之间有无因果关系，是能否进行客观归责的前提和基础。能否处罚不作为以及能否将不作为视同作为进行处罚，关键在于行为人是否对"实行行为的危险的现实化"这个因果流程具有支配或者控制，如果结论是肯定的，则可以进行客观归责。至于这种支配或者控制是否具有排他性，或者说"支配""控制"是否包含非排他性的支配、控制，则是另外的问题。

第二，关于判断作为与不作为是否在行为结构上具有等价性，西田典之、山口厚等主张的事实论观点并非不考虑规范性要素，只不过相对而言更为重视事实性要素而已。在并非基于行为人本意而取得排他性支配的场合，倘若不要求具有亲子关系或社会持续性保护关系，可能存在广泛认定不作为犯，从而导致处罚范围的不当扩大化的问题。在这种情况下，为了合理地限制处罚范围，进行规范的判断，无论是要求具有前述西田典之所说的社会持续性保护关系，还是大谷实所说的具体的依存关系，应当说二者并没有本质上的差别。相对而言，本书更倾向于基于结果无价值论的立场的事实论的观点。

（三）判断不作为参与人成立正犯还是共犯，应当以行为人是否起到重要作用或者对犯罪进程具有控制为标准

保证人地位仅仅是关于不作为的实质作为义务的学说之一，而不是区分不作为的正犯与共犯的标准。对此，佐伯仁志明确指出："保障人地位是担保作为和不作为等价值性的要件，不是担保正犯的要件。例如，出借手枪是作为，成为帮助；而不拿回借出的手枪是不作为，成立正犯，上述这样的认定不均衡。"②因此，在保证人地位问题上无论是采取排他性支配说还是其他学说，都不能逾越该理论的界限，径直得出行为人构成不作为的正

① 参见［日］大谷实：《刑法讲义总论》（新版第2版），黎宏译，中国人民大学出版社2008年版，第132页。

② ［日］佐伯仁志：《刑法总论的思之道·乐之道》，于佳佳译，中国政法大学出版社2017年版，第364页。

犯或者共犯的结论。

本书认为,对于以不作为参与他人的作为,没有阻止正犯行为的,不作为参与人原则上是帮助犯(从犯)。在不作为行为者能够完全阻止、防止发生法益侵害结果的场合,成立不作为的正犯;在仅仅使法益侵害结果的发生变得困难的场合,成立不作为的帮助犯。具体来说,不仅实施符合构成要件的具有侵害法益的紧迫危险的实行行为的人是正犯,没有亲自实施符合构成要件的实行行为,但是参与了犯罪的实施并且对于法益侵害(或者侵害法益的危险)起到了重要作用的人,也是不作为的正犯,以主犯论处。但是,形式上实施了符合构成要件的行为,实质上并未起到重要作用的人,则至多成立不作为的共犯(主要是帮助犯),以从犯论处。

例如,黎宏教授认为,对于不阻止他人犯罪的案件,“在保护义务的场合……由于支配犯罪过程、主导侵害法益的是作为犯,不阻止者的不作为只是使作为犯的犯行变得容易而已,因此,不阻止者当然只是成立(片面)帮助犯……在监督义务的场合,不阻止者本来就不承担有保护第三者生命的义务,因此,对于受到犯罪侵害的第三者,其不具有成立正犯的可能性。该不作为人所承担的,仅仅是阻止自己孩子实施犯罪的义务。违反这种义务,让正犯……的犯行变得容易的场合,由于不是自己亲自实施了……实行行为,因此只能成立……(片面)帮助犯。但在……(行为人)属于未成年人或者精神病人的场合,可以考虑成立间接正犯或者(片面)共同正犯”①。

对此,可以从下列几个方面进行论证。

1. 从刑法规定看,德国、日本刑法理论之所以在不阻止他人犯罪的人是成立正犯还是帮助犯这个问题上争论不休,很大程度上是因为其刑法是根据行为方式区分实行犯、教唆犯和帮助犯(分工分类法)。我国刑法并未采取分工分类法,而是按照参与人作用的大小区分主犯与从犯(作用分类法)。② 从形式上看,分工分类法与作用分类法是迥然不同的。但是,无论是德国、日本刑法中的正犯,还是我国刑法上的主犯,都有“犯罪的核心人物”或者“犯罪的主导人物”之类的含义,在这一点上二者具有相当性。无论是采用何种分类方法,最终都要解决定罪和量刑两大问题。在德国和

---

① 黎宏:《不阻止他人犯罪的刑事责任》,载《中国法学》2020 年第 4 期。

② 通说认为我国刑法采用了区分制犯罪参与体系。参见陈兴良:《共犯论:二元制与单一制的比较》,载中国人民大学刑事法律科学研究中心编:《刑事法热点问题的国际视野》,北京大学出版社 2010 年版,第 155 页;张明楷:《刑法学》(第 6 版)(上),法律出版社 2021 年版,第 508 - 509 页。少数学者主张单一制。参见刘明祥:《论中国特色的犯罪参与体系》,载《中国法学》2013 年第 6 期。

日本等国,为了寻求处罚的合理性,也不得不重视参与者在共同犯罪中的作用大小,并以此为根据,将正犯概念主犯化,即“将起主要作用的犯罪人认定为正犯,从而使正犯这种按照分工标准所划分的犯罪类型在事实上变成了按照作用分类法所确定的‘主犯’”①。

在我国,多数学者主张可以将我国刑法中的主犯解释为正犯,将从犯解释为帮助犯。②“基于实现刑事处罚的合理性的需要,在正犯和共犯的判断上……纵使没有参与构成要件行为的实行,但如果对共同犯罪的不法事实具有支配力或者发挥了重要作用,亦能成为正犯;相反,即便直接参与了构成要件行为的实行,但倘若对不法事实缺乏支配力或者对结果的发生所起的作用较小,亦可成立共犯(主要是指帮助犯)。”③归根到底,只能根据在犯罪中发挥的作用来判断是成立共同正犯还是狭义共犯。④

上述我国学者的有关论述具有合理之处。除了上述理由外,本书特别强调下列几点:第一,正犯从形式上说是符合《刑法》分则具体犯罪构成要件的行为或者实施了符合构成要件行为的人,从实质上看则是共同犯罪中的核心角色或者在整个共同犯罪中起到举足轻重的作用的人,尽管我国《刑法》总则并未如同德国、日本刑法那样明文规定正犯是“自己实行犯罪,或者通过他人实行犯罪”(《德国刑法典》第25条)、“实行犯罪”(《日本刑法典》第60条),但并不意味着我国刑法中并未规定正犯。第二,主犯与正犯,从犯与帮助犯通常具有对应性。但是,认定行为人是正犯还是共犯,主要是为了解决定罪依据问题,接下来还需要考虑如何量刑的问题。具体来说,对于教唆犯,《德国刑法典》第26条规定“教唆犯的处罚与正犯相同”,《日本刑法典》第61条规定教唆犯“判处正犯的刑罚”。根据我国《刑法》第29条的规定,对于被教唆者未接受教唆的教唆未遂,从轻或者减轻处罚;对于教唆未成年人犯罪的,“应当从重处罚”;对于教唆未遂的,“可以从轻或者减轻处罚”。对于帮助犯,《德国刑法典》第27条规定“对帮助犯的处罚参照正犯的处罚,并依第49条第1款减轻其刑罚”;《日本刑法典》第63条规定“按照正犯的刑罚予以减轻”。根据我国《刑法》第27

① 陈家林:《共同正犯研究》,武汉大学出版社2004年版,第24页。

② 参见张明楷:《刑法学》(第6版)(上),法律出版社2021年版,第523页;金光旭:《日本刑法中的实行行为》,载《中外法学》2008年第2期;杨金彪:《分工分类与作用分类的同一——重新划分共犯类型的尝试》,载《环球法律评论》2010年第4期;陈洪兵:《共犯论思考》,人民法院出版社2009年版,第248页。也有学者持反对观点。参见刘明祥:《主犯正犯化质疑》,载《法学研究》2013年第5期。

③ 钱叶六:《双层区分制下正犯与共犯的区分》,载《法学研究》2012年第1期。

④ 参见金光旭:《日本刑法中的实行行为》,载《中外法学》2008年第2期。

条的规定,对于从犯,“应当从轻、减轻处罚或者免除处罚”。不难看出,在德国、日本,需要根据行为人在共同犯罪中所起的作用进行定罪和量刑;在我国,由于刑法明文规定了主犯、从犯、胁从犯和教唆犯,同时采用分工分类法和作用分类法,相对而言,可以更好地采用重要作用说以区分正犯与共犯,并进行定罪和量刑。因此,在我国完全可将是否起到重要作用作为区分正犯与共犯的标准。

2. 从共犯的处罚根据看,帮助犯是因为通过正犯引起了违法结果(法益侵害)所以才受到处罚。正犯是直接侵害法益,而帮助犯对法益的侵害是通过实行犯的实行行为实现的,对法益的威胁和侵害是间接的,其是引起或促使实行犯实行犯罪的行为。[①] 之所以处罚帮助犯,是因为其通过正犯的行为,引起法益侵害或者构成要件该当事实。这样可以根据作为外部的、客观的对结果的原因支配力的大小来划分正犯与共犯。

对于不作为犯来说,虽然其构成犯罪的原因是没有履行相应的义务、阻止犯罪结果的发生,其与犯罪结果的发生并不存在直接的、物理的、自然的因果关联,但是,由于其没有中断或阻止事物向坏的方向发展的因果进程,因此只要其没有履行犯罪阻止义务而导致结果现实发生,就必然构成犯罪。只不过,也不能说凡是不积极作为与法益侵害结果的发生具有因果关系的,就成立正犯,仍然需要判断行为人不积极作为对法益侵害结果的发生的作用力的大小。在不作为的场合,如果要求行为人能够完全阻止、防止发生法益侵害结果,是极为困难的。如果不作为人实施作为,能够“确实的”或者说“十之八九的”避免危害结果的发生,成立不作为的同时正犯;如果只是“有可能使得结果的发生更为困难”,属于不作为的帮助犯。[②] 山口厚明确指出“排他性”纯属多余,“即便作为犯也不要求直到最后结果发生都一直支配因果经过,因此,比起像排他的支配说那样将‘对因果经过的支配’作为保障人地位的条件,倒不如从有无引起结果的支配这一观点出发,将对有无‘对结果原因的支配’作为问题更为合适”[③]。

3. 从司法实践看,关于不阻止他人犯罪的人是成立正犯还是帮助犯,还与各国处理正犯(主犯)与共犯(从犯)的司法实践有关。“正犯与共犯的区别,实际上是判断谁是对犯罪结果应该首先承担责任的主犯(核心人

---

① 参见马克昌主编:《犯罪通论》,武汉大学出版社 2000 年版,第 181－182 页。

② 参见[日]西田典之:《日本刑法总论》(第 2 版),王昭武、刘明祥译,法律出版社 2013 年版,第 326 页。

③ [日]山口厚:《刑法总论》(第 3 版),付立庆译,中国人民大学出版社 2018 年版,第 89 页。

物)的问题。"[①]以日本为例,从1952年到1998年,在一审法院审理的共犯案件中,有97.9%的被告人被认定为共同正犯,而教唆犯仅占0.2%,帮助犯仅占1.9%。[②] 日本法院之所以大量认定共同正犯,一个很重要的原因在于,实行犯原则上被作为共同正犯处理,即便是没有实行行为的教唆犯、帮助犯等参与者,也大多按照共谋共同正犯加以处理。[③] 但是,"有关共谋共同正犯之问题核心,应是在于参与共谋者必须达到何种参与程度(从共谋者之客观、主观面综合考量)始可视为正犯,即可视为与自己亲自施行并无二致"[④]。此外,在行为人以不作为参与他人作为犯罪的场合,由于行为人事先不存在共谋关系,只能判断是否成立实行共同正犯或者帮助犯。考虑到大量认定正犯可能导致处罚范围的不当扩大化,所以有必要从理论上倡导原则帮助犯理论,以限制处罚范围。

我国刑法明文规定了对主犯与从犯的处罚,二者在量刑时差别较大。例如,对于主犯,《刑法》第26条第3款和第4款规定"按照集团所犯的全部罪行处罚",或者"按照其所参与的或者组织、指挥的全部犯罪处罚";对于从犯,《刑法》第27条第2款规定"应当从轻、减轻处罚或者免除处罚"。刑法理论通说也认为:"对于实行犯可以根据其在共同犯罪中的作用和地位,分别按主犯和从犯处理,个别情况下也可以按胁从犯处理。"[⑤]但是,"正犯概念以构成要件为基点,它客观定型容易把握,有利于充分实现罪刑法定原则的人权保障机能;主犯概念以作用大小为核心,它主观抽象流于随性,不利于定罪,只利于量刑"[⑥]。由于我国刑法不是首先从行为方式上来区分正犯与共犯,法官在判断行为人到底是主犯还是从犯时,认定犯罪的标准主观性较强,认定过程较为模糊,法官自由裁量权较大,可能会简单地以"行为人具有严重的社会危害性"为由大量认定主犯,导致处罚范围的过度扩大化。例如,有学者通过对山东省某市两级法院审结的一审共同犯罪案件的调查发现,由于无法确定犯罪参与人到底是主犯还是从犯,明确区分主犯与从犯的判决书仅占全部判决的14.1%。[⑦] 所以,我国刑法理论通说强调对主犯与从犯"区别的根据是在共同犯罪中所起的作用是主要

① 金光旭:《日本刑法中的实行行为》,载《中外法学》2008年第2期。

② 参见[日]亀井源太郎:《正犯与共犯的区别》,弘文堂2005年版,第6页以下。

③ 参见[日]松宫孝明:《刑法总论讲义》(第4版补正版),钱叶六译,中国人民大学出版社2013年版,第276页。

④ 陈子平:《刑法总论》(2008年增修版),中国人民大学出版社2009年版,第380页。

⑤ 高铭暄、马克昌主编:《刑法学》(第2版),中国法制出版社2007年版,第196页。

⑥ 刘艳红:《共谋共同正犯论》,载《中国法学》2012年第6期。

⑦ 参见吴光侠:《主犯论》,中国人民公安大学出版社2007年版,第307页。

作用还是次要或辅助作用”，同时也主张“应考虑其在共同犯罪中所处的地位、参与程度、犯罪情节以及对造成危害结果所起作用的大小等各方面的因素来确定”。[①] 在以不作为参与他人的作为犯的场合，首先需要判断不作为行为能否轻易地阻止作为犯的实行行为，然后还要考察不作为人与作为人的关系如何、不作为对于结果的发生能够起到多大作用，实际上是尽量提高判断标准的客观化程度，以防范法官滥用裁量权。

（四）判断不作为参与人是正犯还是共犯，与不作为犯的立法、定罪和量刑等存在关联

1. 判断不作为参与人是正犯还是共犯，与不作为犯的立法存在关联。[②] 由于《德国刑法典》第 13 条对不作为犯作出明文规定，为不真正不作为犯规定了兜底性罪名。即便未将不作为者认定为故意杀人罪、故意伤害罪等罪，也可以根据《德国刑法典》第 13 条和第 323c 条第 1 款认定为见危不救罪。但是，日本和我国均未在刑法总则中对不作为犯作出一般性规定，如果认定为无罪，不利于法益保护；如果一概认定为故意杀人罪、故意伤害罪等罪而不根据具体案情从宽处罚，也不利于人权保障。为了兼顾法益保护和人权保障，只能考虑在定罪基础上引入从宽处罚情节。从这个角度看，原则上认定为帮助犯具有妥当性。

对不真正不作为犯的处罚，既要遵守罪刑法定原则和法益保护原则，也要受到罪刑相适应原则的约束。如果不作为行为人在犯罪中居于支配地位，起到重要作用，仅认定为不作为的帮助犯，将难以实现罪刑相适应。例如，根据我国《刑法》第 261 条的规定，成立遗弃罪只要求“情节恶劣”，不要求发生“严重后果”，而且本罪的法定刑为 5 年以下有期徒刑、拘役或者管制。因此，在遗弃行为导致被害人重伤、死亡时，仅认定为遗弃罪无法实现罪刑相适应。为此，司法实践中对于遗弃致被害人重伤、死亡的，需要根据行为人实施遗弃行为的时间、地点、被害人重伤或者死亡的原因、被害人对被告人的依赖程度，以及行为人主观过错的形式和内容等，分别认定为故意杀人罪、故意伤害罪或者遗弃罪，如果行为人主观上出于过失，还有可能构成过失致人死亡罪或者过失致人重伤罪。在滥用职权、玩忽职守等

---

① 参见高铭暄、马克昌主编：《刑法学》（第 10 版），北京大学出版社、高等教育出版社 2022 年版，第 173 - 174 页。

② 除了原则正犯说和原则帮助犯说之外，还有可能成立真正不作为犯的正犯。例如，根据松宫孝明的观点，对于财产管理人看到盗窃犯偷走财物而不制止，或者父母放任幼儿被他人绑架的，分别成立背信罪和保护责任者遗弃罪的正犯。因为这些规定旨在规范被害法益与不作为人之间存在的特别保护关系。参见［日］松宫孝明：《刑法总论讲义》（第 4 版补正版），钱叶六译，中国人民大学出版社 2013 年版，第 273 页。

致人重伤、死亡的情况下,也是如此。

2. 判断不作为参与人是正犯还是共犯,与不作为犯的定罪存在关联。由于运用想象竞合犯处理,从一重罪处断,关于不作为的参与行为到底成立正犯还是共犯,变得不再重要。主要是因为,虽然想象竞合犯是以一罪论处,但想象竞合犯理论具有对犯罪的充分评价机制,有助于最大限度地实现对犯罪的充分且不重复评价。

在前述事例4的场合,如果房东甲同时也是当地市场监督管理局的工作人员,对甲应当如何定罪呢?对此,有的学者如周光权教授主张相关国家工作人员应当以职务犯罪论处,主要理由是,在国家工作人员参与他人犯罪的场合,如果认定为他人犯罪的共犯,将导致滥用职权罪等形同虚设。①

本书认为,甲应当成立生产销售伪劣产品罪与滥用职权罪、玩忽职守罪的想象竞合犯,从一重罪处断。"负有阻止他人犯罪义务的国家工作人员,倘若只是消极地不阻止他人犯罪,如警察不阻止他人杀人,食品监管机关人员放纵制售伪劣食品,海关人员放纵走私,则其不作为既是滥用职权型渎职罪的实行行为,又是使他人犯罪更为容易的帮助行为,因而行为人既成立滥用职权罪的单独正犯,又成立他人犯罪的共犯(片面的帮助犯),由于只有一个行为(不作为),故成立想象竞合犯而从一重罪处罚。"②

3. 判断不作为参与人是正犯还是共犯,与不作为犯的量刑存在关联。《德国刑法典》不仅在第13条对不作为犯作出明文规定,而且第49条第1款明文规定予以从宽处罚。相反,我国和日本等均未在刑法总则中对不作为犯作出从宽处罚的规定。因此,在德国,即便将不作为者认定为正犯,也可以根据《德国刑法典》第13条和第49条第1款"可以"减轻处罚;而在我国《刑法》(第27条)和《日本刑法典》(第63条),只有认定为帮助犯,才能予以从宽处罚。

从德国刑法等部分规定了见危不救罪的规定看,该罪的法定刑普遍较轻,例如,《德国刑法典》第323c条第1款规定的见危不救罪的法定刑是"1年以下自由刑或者罚金刑",《瑞士刑法典》第128条规定的"紧急救助的不作为"的法定刑是"监禁刑或者罚金刑",《法国刑法典》第223条之6规定的"不阻止犯罪罪"和"见危不救罪"的法定刑是"5年监禁,并处75,000欧元罚金"。

4. 判断不作为参与人是正犯还是共犯,与行为人以不作为参与的具体

① 参见周光权:《渎职犯罪疑难问题研究》,载《人民检察》2011年第19期。
② 陈洪兵:《共犯论的分则思考——以贪污贿赂罪及渎职罪为例》,载《法学家》2015年第2期。

犯罪是否属于身份犯有关。例如，在行为人甲、乙二人对被害人丙女实施抢劫行为后，甲又对丙女实施强奸行为，乙虽然没有参与实施强奸行为，但也没有制止甲的强奸行为，主要有两个问题：第一，乙除了构成抢劫罪之外，是否另外构成强奸罪？第二，如果结论是肯定的，乙构成强奸罪的正犯，还是帮助犯？

就上述第一个问题而言，本书认为甲与乙对丙女使用暴力、胁迫等强制方法，实施抢劫行为，达到了足以压制被害人丙女反抗的程度。在甲对丙女实施奸淫行为时，显然利用了之前的抢劫行为对被害人意志自由形成的压制，此时也只有乙有能力制止甲的奸淫行为。所以，乙先前实施的抢劫行为使其对丙女的性的自己决定权处于排他性支配地位，乙有能力也有义务保护丙女的生命和身体健康等不再遭受甲的侵害。而乙不制止甲实施奸淫行为的，构成强奸罪。

就上述第二个问题而言，众所周知，强奸罪是复行为犯，无论行为人实施暴力、胁迫等方法行为还是奸淫行为（目的行为），均能构成本罪。但是，在强奸罪中，实施暴力、胁迫等行为，并且与被害人发生性关系的都是男子，尽管妇女也可以实施暴力、胁迫或者其他手段的方法行为，但在妇女实施的情况下，该行为的性质就不是正犯行为，而是帮助行为。对于身份犯的加功行为，即便形式上符合某一犯罪构成要件，也不能与具有身份的人构成身份犯的共同正犯，而只能构成身份犯的帮助犯。[①]

第四节　行为人不阻止同案犯实行过限行为的性质

与前述行为人以不作为方式参与他人作为犯罪相关的问题是，如果同案犯中的部分共犯人实行过限，其他共犯人既不参与也不制止其他共犯人的过限行为，导致被害人遭受更为严重的法益侵害的，该如何处理呢？实行过限是指在共同犯罪中，部分实行犯故意或者过失地实施了超出共同犯罪故意或者共谋的范围的犯罪行为。我国刑法理论认为，一方超出共同故意范围或者超出共谋的范围，单独实施的所谓实行过限行为，另一方不对过限行为承担刑事责任。[②] 但是，如果另一方对此知情，但既不积极参与，也不加以阻止，该如何处理呢？就此，存在容认说与义务说的对立，在义务说中又存在否定说与折中说的对立。

---

① 参见陈兴良：《不作为的共犯：规则与教义》，载《法学》2022年第6期。

② 参见高铭暄、马克昌主编：《刑法学》（第10版），北京大学出版社、高等教育出版社2022年版，第165页。

一、容认说

(一)容认说的主要观点

该说主张根据共犯人与实行犯是否成立作为犯的共同犯罪,来判断共犯人是否对实行过限行为承担刑事责任。如果共犯人对于实行犯所实施的超出谋议的行为是知情的,表明其主观上对于该犯罪行为持容认态度,行为人的行为并不违背其意志;尽管其并未亲手实施,也应该承担刑事责任。例如,山中敬一认为,尽管发生了超出共谋范围的结果,但是该结果是非实行过限行为人能够预见的,非实行过限行为人也应当对此承担刑事责任。[①] 英国学者史密斯等认为:"在某甲有权控制另一个人的行为的情况下,如果他故意地放弃这种权利的行使,其不作为可以看作是对另一个人的违法行为的怂恿,并因而构成帮助和唆使。"[②]

我国学者陈兴良教授也主张此说。在"甲、乙二人强奸杀人案"中,陈教授指出:"如果其他共同犯罪人对超出共同犯罪故意的行为采取容认态度,可以认为对超出共同犯罪故意的行为达成了新的共同犯罪故意,不存在实行过限。"[③]在"郑某、李某抢劫、强奸陈某案"[④]中,陈教授认为,虽然李某未对陈某实施强奸行为,在郑某对陈某实施强奸时,李某也未对陈某实施恐吓,但"郑某对陈某的强奸利用了其与李某共同对陈某实施的劫持行为。在这个意义上说,李某参与的暴力手段属于郑某强奸罪的构成要件要素……基于李某为郑某的强奸在客观上提供了便利这一先行行为……李某对郑某的强奸行为具有制止义务"[⑤]。不过,陈教授认为本案中李某仅构成强奸罪的帮助犯,而不是强奸罪的共同正犯,主要理由是:"李某由该先行行为产生了制止义务,但李某没有进行制止,因而李某在客观上以不作为的形式参与了郑某的强奸罪。至于其参与形式……是帮助,也就是未能制止郑某利用先前为抢劫而对被害妇女实施的劫持并非法控制状态,导致郑某得以遂行其强奸行为。"[⑥]

按照这种观点,在事例 8 中,既然乙存在实行过限,则未实行行为的甲也要对实行行为造成的结果承担刑事责任。

---

① 参见[日]山中敬一:《刑法总论》(第 2 版),成文堂 2008 年版,第 836 页。

② [英]J. C. 史密斯、[英]B. 霍根:《英国刑法》,李贵方等译,法律出版社 2000 年版,第 153 页。

③ 陈兴良、陈子平:《两岸刑法案例比较研究》,北京大学出版社 2010 年版,第 49 页。

④ 江苏省南京市建邺区人民法院刑事判决书,(2011)建刑初字第 184 号。

⑤ 陈兴良:《不作为的共犯:规则与教义》,载《法学》2022 年第 6 期。

⑥ 陈兴良:《不作为的共犯:规则与教义》,载《法学》2022 年第 6 期。

(二)对容认说的评析

本书认为,容认说主要存在以下问题:第一,从主观上看,成立共犯,要求犯罪人相互就拟实施的犯罪行为进行沟通和联络,如果共犯对实行犯的过限行为仅仅是知情或者预见,而不具有希望或者放任等意志要素,还不能说存在共犯的故意。第二,由于共犯只是处于犯罪现场,并未实施望风行为、言语激励行为等帮助行为,也不能说对实行犯具有精神帮助或者物质帮助。仅以共犯对实行犯的过限行为知情,还无法为处罚共犯提供正当性根据。因此,容认说的观点是不妥当的。

二、义务说

该说主张根据共犯人是否具有避免发生实行过限行为的义务,判断是否成立不作为犯,进而判断共犯人是否要承担刑事责任。在义务说中,又有否定说、行为促进说和义务违反说等的对立。

(一)否定说

该说认为,追究共犯人的刑事责任以具有作为义务为前提;从主观上看,即便共犯人对过限行为具有认识或者说对过限行为是知情的,也不能简单地认为其与实行犯之间具有共同的故意。共犯人并未与实行犯就过限行为成立共同犯罪,因而不承担刑事责任。

陈家林教授持否定说,主要理由是:首先,从主观上看,一部分人超出共同故意实施另一行为时,其他人只有单纯的认识,不存在共同的故意。其次,从作为义务看,各共同正犯者共同实施某一犯罪行为,但不能以此推断行为人具有制止其他行为人实施另一起犯罪行为的义务;行为人制止其他行为人实施超出共同故意的犯罪行为,属于立功。最后,按照第一种观点,如果行为人不制止其他人的犯罪行为,就成立后一行为的共同正犯;如果加以制止,则属于行为人阻止自己成立犯罪。这种理解难以为社会一般人所接受。所以,在其他行为人认识到超出共同故意的实行者的行为而不加制止时,实行者属于实行过限,并对过限行为承担责任,其他人则不对此过限行为负责。①

根据该说的观点,无论是前述事例7,还是事例8,对于乙的过限行为,甲均不承担刑事责任。

(二)行为促进说

该说主张根据共犯对实行犯的过限行为有无促进作用判断有无阻止

---

① 参见陈家林:《共同正犯研究》,武汉大学出版社2004年版,第318页。

犯罪的义务。如果具有促进作用,则共犯对所谓的过限行为承担刑事责任;反之,则不承担刑事责任。

吉田敏雄坚持此说。他认为,在共同正犯共同对被害人实施抢劫和伤害行为后,其中一人基于自己的决意对被害人实施强奸行为或者杀害行为,其他正犯者不加以阻止的场合,如果抢劫行为和伤害行为对强奸行为和杀害行为具有促进作用,行为人对此具有认识可能性,不作为人具有保证人地位;否则,如果行为人对此没有认识可能性,不作为人没有保证人地位。① 在与前述事例7类似的日本判例中,裁判所认为:"负有作为义务者本有可能通过一定的作为而防止正犯的犯罪,虽然存在认识,却并不实施这一作为,由此使得正犯容易实施犯罪行为的,成立(不作为的帮助)。"②

我国学者陈洪兵、姚诗等也坚持此说。③ 例如,陈洪兵教授认为,原则上共犯之间没有犯罪阻止义务,不能将部分共犯人的过限行为归责于其他所有共犯人。但是,若共同犯罪行为使得被害法益陷入危险状态,被害法益的保护完全依赖其他同伙,而且同伙所实施的犯罪也与共谋实施的犯罪密切相关,通常应能肯定犯罪阻止义务的成立。④

根据该说的观点,在事例7中,甲与乙共同实施的绑架行为对于后来乙对丙实施的杀人行为具有促进作用,根据我国《刑法》第239条第2款的规定,甲属于"杀害被绑架人",成立绑架罪。在事例8的场合,甲成立故意杀人罪。

(三)义务违反说

该说将作为义务分为法益保护义务和危险源监督义务,在违反法益保护义务不阻止犯罪的场合,由于行为人与法益侵害结果具有直接关系,构成不作为的正犯;在违反危险源监督义务不阻止犯罪的场合,由于行为人与法益侵害结果之间是间接关系,构成不作为的共犯。

中义胜、松宫孝明等坚持此说。⑤ 例如,松宫孝明指出,违反危险源监督义务的不阻止犯罪,构成不作为的共犯。但是,违反法益保护义务的不阻止犯罪,由于设立法益保护义务的刑法条文"旨在规制被害法益与不作

① 参见[日]吉田敏雄:《不真正不作为犯的体系与构造》,成文堂2010年版,第73页。
② [日]日本札幌高等裁判所2000年3月16日判决,载《判例时报》第1711号,第170页。
③ 参见姚诗:《先前行为与实行过限下知情共犯人的刑事责任》,载《法学研究》2013年第5期。
④ 参见杜文俊、陈洪兵:《不作为共犯与犯罪阻止义务》,载赵秉志主编:《刑法论丛》第19卷,法律出版社2009年版,第260页。
⑤ 参见[日]中义胜:《刑法上的诸问题》,关西大学出版部1991年版,第356页以下;[日]松宫孝明:《刑法总论讲义》(第4版补正版),钱叶六译,中国人民大学出版社2013年版,第206页。

为之间所存在的特别保护关系”，构成不作为的正犯。①

此外，平山干子基于义务犯理论提出，违反了源于制度的一身专属性的义务的，成立正犯；相反，违反了作为自己的行动自由的代价而应承担的关心、照顾的义务的，有可能构成共犯（帮助犯）。②

三、对上述观点的评析

上述争论的实质在于：第一，是否承认共犯之间就实行过限行为具有犯罪阻止义务？第二，如果前一问题的结论是肯定的，行为人就不阻止他人犯罪成立不作为的共同正犯还是共犯？

（一）共犯人之间就其他共犯人实行过限行为具有阻止义务

如果主张共犯之间一概存在犯罪阻止义务，认为行为人就不阻止他人实行的犯罪成立不作为的共同正犯或者共犯，不仅存在难以克服的理论难题，从司法实务看显然也缺乏合理性。反之，如果彻底否定共犯人之间的犯罪阻止义务，在共同犯罪行为使被害法益陷入危险状态，被害法益的保护完全依赖于其他同案犯，而且同案犯所实施的犯罪也与共谋实施的犯罪密切相关的场合，可能导致对被害法益保护的不力。

本书认为，虽然刑事责任是个人责任，由犯罪人本人对自己的罪行独立承担刑事责任，普通公民没有阻止他人犯罪的义务，但是，在例外情况下，为了更好地保护法益，普通公民也负有阻止他人犯罪的义务。例如，第一，行为人对脆弱法益或者危险源设定了排他性支配的场合；第二，基于行为人的社会地位，能够认定其对脆弱法益处于恒久性的保护、监视关系的场合。③

在共同犯罪的场合，与同案犯后续的过限行为相对应，行为人与同案犯先前的行为属于创设危险的先前行为，因此行为人对于同案犯后续的过限行为具有危险源监督义务。④ 因此，同案犯实施的某种行为具有导致法益遭受侵害的危险，行为人在具有认识或认识可能性且能够加以阻止的情况下不履行义务，未能避免发生危害社会的结果的，至少成立不作为的共犯（帮助犯）。就此而言，前述义务违反说具有合理性。

---

① 参见［日］松宫孝明：《刑法总论讲义》（第4版补正版），钱叶六译，中国人民大学出版社2013年版，第206页。

② 参见［日］平山干子：《不作为与正犯理论》，成文堂2005年版，第171页以下。

③ 参见［日］松原芳博：《刑法总论重要问题》，王昭武译，中国政法大学出版社2014年版，第363页。

④ 但是，在行为人对被害人和被害法益具有法益保护义务的场合，松宫孝明主张构成不作为的共同正犯。参见［日］松宫孝明：《刑法总论讲义》（第4版补正版），钱叶六译，中国人民大学出版社2013年版，第206页。

（二）行为人原则上就不阻止同案犯实行过限行为成立不作为的共犯

在与正犯引起的构成要件结果的因果关系上，共同正犯与帮助犯存在差异，前者原则上要求具有非常高的结果避免可能性，后者只需要具有一定的结果避免可能性。例如，桥爪隆指出："对于作为的帮助犯中的因果性要件，不需要与由正犯引起的构成要件的结果之间存在结果避免可能性，只要存在强化正犯的犯意，促进、强化了该构成要件的实现即可。"①

不作为的共同正犯与帮助犯也是如此。行为人不阻止同案犯实行过限行为的，原则上成立不作为的共犯。例如，在事例 7 中，甲和乙对被害人丙实施了绑架行为，使其丧失基本的生存能力，甲和乙有义务向其提供食物和水等，否则可能成立不作为的杀人罪。如果乙在此基础上单独产生杀人故意，实施杀人行为，甲具有保护被害人的生命的义务；如果甲不履行义务，成立不作为的故意杀人罪的共犯。当然，也不排除存在就被害人的死亡成立过失致人死亡罪等情形。

第五节　以不作为参与不作为犯的行为性质

一、以不作为参与不作为能否构成不作为的（共同）正犯？

（一）不作为的狭义共犯的成立条件

对于以不作为参与不作为犯，通常将其归为不作为的共犯。实际上，以不作为参与不作为犯是一种非典型的不作为的共犯。成立不作为的共犯，原则上只要该不作为对于实行行为及其引起的法益侵害结果具有促进作用即可。"帮助（不同于共同正犯时的相同问题）乃是促进他人的犯罪行为，这时，只要帮助者在个别方面支持了他所正确认识到的整体行为，即为已足。"②以不作为参与不作为，既可以与不作为同步实施，也可以是承继实施（承继的共犯）。

不过，也有学者如韦尔策尔等从目的行为论出发，认为在不作为的场合不存在以作为为前提的故意行为，所以没有适用刑法总则共犯规定的余地。但是，如果在行为论上不是采用目的行为论的立场，不是单纯从存在论的物理意义上来理解不作为犯，而是采取社会行为论的立场，对行为采取规范的、价值的考察，完全可以认为不作为属于刑法上的行为类型。

---

① ［日］桥爪隆：《有关不作为与共犯的几个问题》，王昭武译，载《苏州大学学报（法学版）》2018 年第 1 期。

② ［德］乌尔斯·金德霍伊泽尔：《刑法总论教科书》（第 6 版），蔡桂生译，北京大学出版社 2015 年版，第 457 页。

(二)以不作为参与他人的不作为能否构成不作为的(共同)正犯?

从保证人履行作为义务的可能性或者作为可能性的形态角度看,可以分为两种情形:第一种情形是复数不作为人必须协力才能履行其义务,以避免结果的发生。前述事例 9 是其典型。第二种情形是复数不作为人的作为义务可以只依靠其中任意一人来履行,只要其中一人履行了作为义务,就可以防止结果发生。前述事例 10 是其典型。

因为第一种情形中双方主观上至少存在默示的意思联络,与结果的发生之间具有共同的因果关系,可以肯定成立不作为的共同正犯。对于上述第二种情形能否构成不作为的共同正犯,则存在争议。第一,否定说(不作为的同时正犯说)。松宫孝明认为,在前述事例 10 的场合,由于两个以上行为人单独均可以避免发生危害结果,因而两个以上行为人均成立不作为的同时正犯,而不是不作为的共同正犯。① 第二,肯定说(不作为的共同正犯说)。山中敬一持肯定说,认为虽然行为人各自具备了充分必要条件,但相互之间具有物理的、心理的因果关系,也应当认为是不作为的共同正犯。② 佐伯仁志也认为,在以不作为参与不作为的场合,难以比较参与者因果上的贡献大小,所以原则上任何一方均具有正犯性。如果参与者之间具有意思联络,成立不作为的共同正犯,反之则构成不作为的同时正犯。③

本书赞同肯定说的观点。在针对结果的因果关系问题上,虽然不作为的同时正犯说与共同正犯说是相同的,但是二者在诉讼法意义上存在差异。

当然,要成立以不作为方式参与的共犯,共犯行为人必须具有保证人义务;换言之,只有具有作为义务者,才能构成不作为犯的共同正犯。④

① 参见[日]松宫孝明:《刑法总论讲义》(第 4 版补正版),钱叶六译,中国人民大学出版社 2013 年版,第 206 页。

② 参见[日]山中敬一:《刑法总论》(第 2 版),成文堂 2008 年版,第 860 页。

③ 参见[日]佐伯仁志:《刑法总论的思之道 · 乐之道》,于佳佳译,中国政法大学出版社 2017 年版,第 366 页。

④ 参见[日]大塚仁:《犯罪论的基本问题》,冯军译,中国政法大学出版社 1993 年版,第 257 页;[日]佐伯仁志:《刑法总论的思之道 · 乐之道》,于佳佳译,中国政法大学出版社 2017 年版,第 363 页。

二、成立不作为的共犯，是否要求数个行为人具有共同的作为义务？

（一）主要争议

一般认为，成立不作为的共犯，以参与者存在作为义务为必要。[①] 从保证人履行作为义务的形态看，可以分为两种类型：第一种类型是，两个以上行为人的作为义务完全可以由其中一人来履行。换言之，任一作为义务者都可以独立履行作为义务，阻止危害结果的发生。第二种类型是，两个以上的行为人必须相互协作才能履行作为义务，部分作为义务者无法独立履行作为义务以阻止危害结果的发生。

这里的问题是，成立不作为的共犯，是否要求数个行为人具有共同的作为义务？对于这个问题，存在两种观点：

1. 肯定说。该说认为，数个行为人不作为，他们应当具有共同的作为义务。例如，林山田教授认为，在真正不作为犯的场合，原则上也可以对个别不作为行为人以平行正犯的直接正犯（同时正犯）论处。但是如果只有两人以上彼此合作，才能履行共同作为义务，则应当成立共同正犯。

就前述事例9而言，如果甲、乙二人共同决定不作为，将构成非法拘禁罪的不作为共同正犯。但是如果二人分别起意，即便其中一个人履行义务，也无法打开大门，改变丙的被拘禁状态，所以甲、乙只能分别成立非法拘禁罪的未遂犯。[②]

2. 否定说。该说认为，对于数个行为人的不作为不要求他们具有共同的作为义务。耶赛克、大谷实、川端博等主张此说。

众所周知，不作为犯属于身份犯，没有作为义务的人，不属于保证人，不能单独构成不作为犯。但是，在以不作为参与保证人的不作为的场合，能否构成不作为的共犯？耶赛克等认为："如果共同的义务只能共同履行的，始为共同正犯的本来的情况。缺乏共同的义务的，如果在同一个构成要件该当的情形下数个行为义务人共同决定不作为的，例如，将受伤者送往医院的数名交通肇事人约定不报警的（《德国刑法典》第142条'擅自离开肇事现场罪'第2款——引者注），同样成立共同正犯。"[③]

---

① 参见［日］林干人：《不作为的共犯》，载《齐藤诚二先生古稀纪念·刑事法学的现实与展开》，信山社2003年版，第318页。

② 参见林山田：《刑法通论》（增订10版）（下册），北京大学出版社2012年版，第178页。

③ ［德］汉斯·海因里希·耶赛克、［德］托马斯·魏根特：《德国刑法教科书》（下），徐久生译，中国法制出版社2017年版，第927页。

在日本，这涉及《日本刑法典》第65条第1款的理解和适用。《日本刑法典》第65条第1款规定："对于因犯罪人身份而构成的犯罪行为进行加功的人，虽不具有这种身份的，也是共犯。"大塚仁指出，《日本刑法典》第65条第1款的意思是，在身份犯的场合，非身份者单独不成立身份犯，但是，在加功于身份者的犯罪行为时，能够成立身份犯的共犯。① 大谷实也认为，有作为义务的人（有身份者）与没有身份的人（无身份者）共同实行不作为犯时，应当适用第65条第1款的规定，②可以构成不作为的共犯。

（二）本书的观点

本书持否定说，成立不作为的共犯，不要求数个行为人具有共同的作为义务。主要理由是：

第一，不真正不作为犯以具有保证人地位为成立要件，因此不作为犯是一种身份犯，更进一步说是违法身份犯。在缺乏保证人地位这种构成要件要素的身份的人，参与到具有身份者的犯罪中，引起构成要件事实的场合，能够成立不作为的共犯（包括不作为的共同正犯）。③

第二，是否成立不作为的共犯，从成立不作为犯的角度看行为人必须均具有作为义务，从成立共犯的角度看行为人之间必须具有意思联络。共同犯罪是不法形态，强调的是各行为人之间相互进行犯意沟通和联络，共同实施或者分工实施犯罪行为，而不要求其具有共同的作为义务。因此，只要各行为人基于共同的意思违反各自的义务就可以了，不要求各行为人具有共同的作为义务。退一步说，即便有共同的作为义务，也不必强调义务来源具有同一性。

三、任一不作为人均可单独履行防果作为义务的，如何处理？

任意一个不作为人都可以单独履行作为义务，防止发生危害结果，但行为人均不履行防果作为义务，导致结果发生的，该如何处理？对此，存在同时正犯说与共同正犯说的对立。

（一）同时正犯说

该说认为，以不作为参与不作为犯罪的，成立同时正犯。德国学者考

---

① 参见［日］大塚仁：《刑法概说（总论）》（第3版），冯军译，中国人民大学出版社2003年版，第283页。

② 参见［日］大谷实：《刑法讲义总论》（新版第2版），黎宏译，中国人民大学出版社2008年版，第419页。

③ 参见［日］山口厚：《刑法总论》（第3版），付立庆译，中国人民大学出版社2018年版，第386页。

夫曼、日本学者神山敏雄等坚持此说。例如,考夫曼不承认存在不作为对不作为的参与,主要理由是,不作为与不作为之间"既不存在共同实行的意思,也不存在共同实行的事实",所以不能承认其共同正犯,各个不作为犯是同时正犯。① 神山敏雄认为,复数的保证人共同决定不防止一定结果发生时,如果个人能够单独阻止结果的发生,即使有精神的共同也不是与"部分实行全部责任"等价的行为形态。个人根据"部分实行全部责任"而取得正犯性,所以没有必要认为是共同正犯。② 根据此说,前述事例 10 中父亲甲和母亲乙成立故意杀人罪的同时正犯。

(二)共同正犯说

该说认为,共同实行既可以由作为实施,也可以由不作为实施。以不作为参与不作为犯罪的,成立共同正犯。德国学者毛拉赫,日本学者大塚仁、香川达夫③、大谷实等坚持此说。例如,毛拉赫指出,在两个以上不作为者之间及不作为者对其他人作为所引起的危险状态可能处于具有防止义务的保证人地位时,均可能成立共同正犯。对于前者,负有义务的两个或者两个以上行为人,作出共同不履行义务的决心时,两个以上不作为者成立共同正犯。在后者的场合,不作为行为人是由不作为而构成的承继的共同正犯。例如,未制止未成年儿子实施犯罪行为的父亲可以构成共同正犯。④

就前述事例 10 来说,父亲甲和母亲乙以共同杀人的意思不给小孩喂奶,导致其饿死的,作为应该防止某种犯罪结果的保证人,具有共同的作为义务,其以共同实行的意思实施违反该义务的共同不作为,导致出现死亡结果的,应该成立故意杀人罪的共同正犯。⑤

我国学者如陈兴良、周光权坚持此说。例如,陈兴良教授指出:"二人以上都负有实施某种行为的义务,能够履行而消极地不履行这种义务,以致发生法益侵害结果的,是由共同不作为构成的共同正犯。"⑥周光权教授也认为:"负有作为义务的行为人同时不履行作为义务的,可以成立不作为的共同正犯。例如,女婴处于极度饥饿状态时,母亲 A 不予喂奶,父亲 B

---

① Vgl. Armin kaufmann, Die Dogmatik der Unter lassssungsdelikte, 1959, S. 189. 转引自[日]大塚仁:《犯罪论的基本问题》,冯军译,中国政法大学出版社 1993 年版,第 270 页。
② 参见[日]神山敏雄:《不作为的共犯论》,成文堂 1994 年版,第 327 页。
③ 参见[日]香川达夫:《刑法讲义(总论)》(第 2 版),成文堂 1995 年版,第 412 页。
④ 参见[日]神山敏雄:《不作为的共犯论》,成文堂 1994 年版,第 311 - 312 页。
⑤ 参见[日]大塚仁:《刑法概说(总论)》(第 3 版),冯军译,中国人民大学出版社 2003 年版,第 257 页。
⑥ 陈兴良:《不作为的共犯:规则与教义》,载《法学》2022 年第 6 期。

也不提供其他任何食品，导致女婴被饿死。A、B构成不作为的故意杀人罪。”[①]

（三）本书的观点：共同正犯说

在以不作为参与不作为犯罪的场合，即便认为各个行为人分别成立单独正犯，也不会因为缺乏针对结果的因果性而无法追责。从这个角度看，无论是以同时正犯论处，还是以共同正犯论处，结论是相同的，就事例10而言，都成立故意杀人罪。

但是，相对而言，共同正犯说具有妥当性。主要理由是：第一，成立共同正犯，要求两个以上行为人以共同实行的意思（共谋或者意思联络）共同实施实行行为。在以不作为参与不作为犯罪的场合，行为人与第三人在共谋基础上不履行法益保护义务，致使发生法益侵害结果，属于“能够通过相互利用、相互补充来引起结果的发生”，[②]因此成立不作为的共同正犯。因为任何一人履行义务都可以防止发生法益侵害结果，所以“每个人的不作为要达到犯罪目的，都必须以另一方的不作为为条件，否则，一方放弃作为义务，另一方履行作为义务，便不会有最终结果的发生。这便是双方的相互配合”[③]。第二，是否认定成立共同正犯，在诉讼法上也存在差异。在诸如X以不作为参与Y的不作为犯的场合，“若认为构成共同正犯，X的量刑情节中会考虑Y的行为以及与Y之间的意思联络等事实；除此之外，针对Y的起诉会中断X的公诉时效，或者针对Y的告诉的效力也会及于X”[④]。就事例4而言，如果认为成立不作为的共同正犯，则无论是对甲提起公诉还是对乙提起公诉，都会中断对其他犯罪人的追诉时效，也同时会在定罪量刑时考虑其他犯罪人的情节。

当然，在各个行为人之间缺乏犯意联络的场合，由于缺乏共同性，难以成立不作为的共同正犯，只能以不作为的同时正犯论处。

---

① 周光权：《刑法总论》（第4版），中国人民大学出版社2021年版，第386页。

② 参见［日］大谷实：《刑法讲义总论》（新版第2版），黎宏译，中国人民大学出版社2008年版，第418页。

③ 刘士心：《不纯正不作为犯的共犯》，载《国家检察官学院学报》2009年第4期。

④ ［日］松原芳博：《刑法总论重要问题》，王昭武译，中国政法大学出版社2014年版，第362页。

第十一章　不作为的诈骗

第一节　问题的提出

以作为方式实施欺骗行为是诈骗罪的常态，对此没有疑问。存在争议的是，能否以不作为方式实施欺骗行为。[①] 一般认为，作为诈骗罪的构成要件要素的欺骗行为，必须是使对方陷入认识错误或者继续维持认识错误进而处分财产的行为，如果交易对方知道真实情况就不会实施该财产处分行为。因此，可以将不作为的诈骗界定为"明知对方将要陷入认识错误或者已经陷入认识错误，具有告知相对人真相的法律义务却不告知真实情况以阻止或者消除错误认识，使被害人基于错误认识处分财物，造成财产损失的行为"。[②]

由于各国在刑法中几乎都没有明文规定不作为的诈骗，[③]关于能否承认以及在多大范围内承认不作为的诈骗罪，只能诉诸刑法理论和司法实践。关于"无钱食宿""找钱诈骗"等是否构成不作为的诈骗，历来是德国、日本刑法理论和司法实务讨论的重点。尽管我国学者也有讨论，[④]但相关

---

① 需要明确的是，不作为能否构成诈骗罪，不是指诈骗罪本身能否由不作为构成，而是指诈骗罪中的欺骗行为能否表现为不作为。参见张明楷：《诈骗罪与金融诈骗罪研究》，清华大学出版社2006年版，第71页。

② 参见［日］山口厚：《刑法各论》（第2版），王昭武译，中国人民大学出版社2011年版，第294页。

③ 部分国家刑法规定了不作为的诈骗。例如，《丹麦刑法典》（2002年颁布）第279条规定："以自己或者他人非法获得占有为目的，非法引起他人错觉、强化他人错觉或者利用他人错觉，诱使他人作出或者不作出涉及被欺骗或者受其作为、不作为影响之其他人财产损失的行为的，构成诈骗罪。"其中的"受其作为、不作为影响"，足以表明该条规定了不作为的诈骗。

④ 参见张明楷：《论诈骗罪的欺骗行为》，载《甘肃政法学院学报》2005年第3期；常磊：《不作为的诈骗罪与不当得利的界分》，载《时代法学》2009年第3期；张小旭：《论不作为诈骗行为的界限》，载《西南科技大学学报（哲学社会科学版）》2013年第2期；宋军强：《论不作为诈骗行为的认定》，载《安徽农业大学学报（社会科学版）》2013年第4期；冯玉情、孙毅恒：《论不作为诈骗罪的成立——由一则案例引出》，载《西部学刊》2013年第6期；赵希：《"举动诈骗"概念质疑——兼论刑法中作为与不作为的区分》，载《西部法学评论》2014年第1期；王钢：《德国刑法诈骗罪的客观构成要件——以德国司法判例为中心》，载《政治与法律》2014年第10期；武良军：《古玩交易中诈骗罪认定的难题与破解》，载《海南大学学报（人文社会科学版）》2015年第1期；王刚：《论不作为的诈骗罪》，载《政治与法律》2015年第2期；胡学相、吴柯：《论募捐诈骗不作为犯的构成要素》，载《华南理工大学学报（社会科学版）》2017年第3期；蔡桂生：《缄默形式诈骗罪的表现及其本质》，载《政治与法律》2018年第2期；张正宇：《论不作为诈骗刑事处罚范围的认定》，载《法学杂志》2020年第6期；等等。

研究还不够深入。本书意在对此进行研究,希望对理论与司法实务有所裨益。

本书主要围绕下列问题展开研究:第一,行为人能否以不作为方式实施欺骗行为?第二,若存在不作为的诈骗,如何界定其作为义务来源或者说限定不作为诈骗的处罚范围?第三,对于司法实践中争议较大的“无钱食宿”“找钱诈骗”等,是否成立不作为的诈骗?等等。

第二节　诈骗罪中的欺骗行为能否表现为不作为

关于诈骗罪中的欺骗行为能否表现为不作为,存在否定说与肯定说的对立。下面分别展开讨论。

一、否定说

(一)否定说的基本观点

此说认为不能采用不作为方式实施欺骗行为,迈尔、瑙克、格伦瓦尔德等主张此说。主要理由是:

第一,若将具有说明义务的人因为保持沉默而使他人陷入错误认定为诈骗罪,属于将道德义务视为不作为犯的义务来源,将破坏构成要件的类型性机能,存在使诈骗罪的构成要件无限扩大的危险。①

第二,刑法解释不能背离立法者意思或者规范保护目的。例如,德国刑法对欺骗行为的描述表明,对于单纯利用他人的错误的行为,既然行为人的行为没有作用于被欺骗者,不应当认为存在欺骗行为;若是将不作为解释为欺骗行为,属于类推解释。②

第三,成立刑法上的故意,要求行为人具有目的性地操纵因果经过的意志要素,在不作为的场合并不存在这种意志要素;不仅如此,诈骗罪还属于目的犯,要求具有非法占有目的,而不作为的领域不可能存在这种目的;换言之,在构成要件要求具有目的这种主观的超过要素时,不可能以不作为方式实现该构成要件。③

(二)对否定说的分析

本书认为,否定说的观点不能成立。主要理由如下:

---

① 参见林东茂:《刑法综览》(第6版),台北,一品文化出版社2009年版,“分则”第162页。

② 参见[日]岩间康夫:《关于不作为的诈欺罪》,载《爱媛法学会杂志》1996年第3、4合并号(总第32卷)。

③ 参见林东茂:《刑法综览》(第6版),台北,一品文化出版社2009年版,“分则”第161－162页。

1. 肯定说不会导致诈骗罪处罚范围无限扩大化。关于不作为与作为是否具有等价性,主要取决于行为人是否负有法律性质的作为义务;如果行为人负有作为义务并且有履行该义务的能力,其不作为通常与作为具有等价性。即便认为诈骗罪可以由不作为构成,由于不是任何人都具有法律性质的说明义务,也不会导致诈骗罪的构成要件界限和处罚范围被无限扩张。

2. 否定说的观点与刑事立法不相契合。《德国刑法典》第 13 条的规定表明,所有的结果犯都可能表现为不真正不作为犯。就此而言,否定说的观点与《德国刑法典》的规定不符。虽然我国和日本等多数国家的刑法并未在刑法总则中明文规定不真正不作为犯,也不能想当然地对不作为的诈骗持否定观点。

3. 如果对刑法采取客观解释论,可以得出肯定性结论。在德国,客观解释论是刑法理论与判例的通说①,那种探求立法原意的主观解释论并未得到普遍认可。立法者使用抽象性、概括性的用语,以使法律适用于未能预测的事例,根据刑法用语可能具有的含义进行客观解释,反而是尊重立法者意思的表现。如果对刑法采取客观解释的方法和立场,可以在不作为的诈骗问题上得出肯定性结论。

4. 认为不作为的故意中不存在意欲、目的等的观点也不能成立。从理论构造上说,不作为犯完全可能具有意欲与目的。从客观事实来看,行为人以不作为方式实施欺骗行为时,完全可能具有故意与非法占有目的。例如,在他人即将处分财产时,行为人负有说明义务却违反该义务,旨在使自己非法获得他人处分的财产的,就表明行为人具有诈骗罪的故意与非法占有目的。②

二、肯定说

(一)肯定说的基本观点

此说认为,诈骗罪中的欺骗行为既可以是作为,也可以是不作为。该说是德国、日本和我国刑法理论的通说与司法实践的通说。

1. 德国刑法理论的通说与判例采取肯定说。当负有说明真相义务的

---

① 参见[德]卡尔·恩吉施:《法律思维导论》,郑永流译,法律出版社 2004 年版,第 108 页;[德]伯恩·魏德士:《法理学》,丁小春、吴越译,法律出版社 2003 年版,第 346 页;[德]汉斯·海因里希·耶赛克、[德]托马斯·魏根特:《德国刑法教科书(总论)》,徐久生译,中国法制出版社 2001 年版,第 217 - 218 页。

② Vgl. Lackner, Strafgesetzbuch (Leipziger Kommentar), 10. Aufl. 1988, § 263 Rn. 52.

行为人违反作为义务，导致被害人陷入认识错误造成财产损失的，如果以不作为与作为方式实施的欺骗行为具有等价性，可以构成不作为的诈骗。[①]一般认为下列场合可以成立不作为的诈骗：第一，相对人（被骗者）明显缺乏经验；第二，若行为人不告知相对人（被骗者）真相，将引起重大财产损失；第三，未告知的事实对于相对人来说非常重要，如果相对人知道真相，很可能不进行交易；[②]等等。特别是在行为人领取失业保险、育儿补助、教育补助等享受社会福利待遇的场合，根据相关法律法规的规定，行为人必须如实陈述并且在客观事实关系发生变化时及时通知相关的政府部门。行为人违反这些法律所规定的作为义务领取或者继续领取社会福利的，成立不作为的诈骗罪。

2. 肯定说也是日本、韩国刑法理论和判例的通说。例如，西田典之认为，欺骗行为可以不作为方式实施。不作为的诈骗是指行为人明知对方已陷入认识错误却仍不告知真实情况。要成立不作为的诈骗，原则上以行为人存在法律上的告知义务为必要。例如，行为人在签订生命保险合同时没有向保险公司告知自己的既往病史。[③] 山口厚也认为，行为人明知对方就要陷入错误，或者已经陷入错误，却不告知事实以消除错误的，属于不作为的诈骗。要成立不真正不作为犯的诈骗罪，行为人必须有告知真实的作为义务（告知义务），具有作为这种作为义务的根据的保证人地位。[④]

日本的判例认为，当行为人具有告知事实的法律上的义务时，单纯对事实的沉默也成立欺骗。例如，行为人隐瞒或者不说明自己的既往病史而签订生命保险合同的，成立不作为的诈骗。其他诸如行为人隐瞒或者不说明自己的准禁治产者身份而借款、隐瞒或者不说明已经在不动产上设立了抵押这一事实而出售该不动产、隐瞒或者不说明是他人基于错误的汇款这一事实而提取存款、隐瞒疾病签订保险合同等，判例也认为行为人具有告

---

① 参见王钢：《德国刑法诈骗罪的客观构成要件——以德国司法判例为中心》，载《政治与法律》2014 年第 10 期。

② 参见林东茂：《不作为诈欺——评最高法院 2004 年台上字第 5678 号判决》，载《台湾本土法学杂志》第 69 期（2005 年）；林东茂：《刑法综览》（第 6 版），台北，一品文化出版社 2009 年版，“分则”第 2－161 页。

③ 参见［日］西田典之：《日本刑法各论》（第 6 版），王昭武、刘明祥译，法律出版社 2013 年版，第 201－202 页。

④ 参见［日］山口厚：《刑法各论》（第 2 版），王昭武译，中国人民大学出版社 2011 年版，第 294 页。

知义务,成立不作为的诈骗罪。[①] 韩国的判例主张:"属于消极行为的不作为欺诈,是指法律上负有告知义务的人,明知相对方陷入错误状态而不告知的行为;从一般交易的经验来看,如果相对方知道事实真相,就不会做出该法律行为时,就能认定行为人有告知事实真相的法律义务。"[②]

3. 我国也有学者主张肯定说。尽管目前我国大陆对不作为诈骗的讨论并不多见,但也有学者明确主张不作为可以成立诈骗罪。例如,王作富教授等认为,虚构事实通常是指行为人捏造客观上并不存在的事实或者刻意夸大事实情况的行为,大多属于作为;而"隐瞒真相,则是指掩盖客观存在的事实,使人产生错觉。——隐瞒真相既可以是作为的形式,也可以是不作为的形式"[③]。隐瞒真相是指行为人负有告知真相或者提供真实信息的义务却不告知对方,显然是一种不作为。

张明楷教授的表述则更为准确:"从欺骗行为的实质考察,如果相对方知道真相将不处分财产,而行为人具有告知义务却不告知,使相对方不能知道真相时,当然属于欺骗行为。从现实上考察,不告知真相的不作为,的确能够使他人陷入或者继续维持认识错误。"[④]

(二)对肯定说的合理限制

由于担心承认不作为的诈骗罪可能导致处罚范围的不当扩大化,肯定说论者大多主张对不作为的诈骗罪的成立范围进行适当限制。关于如何限制其成立范围,主要存在法益侵害结果说与欺诈行为说的争论。

1. 法益侵害结果说。该说认为,只有在可以将法益侵害结果归责于行为人的场合才能成立不作为犯。在他人已经陷入认识错误时单纯不履行说明义务,使其继续维持认识错误的,或者说,单纯地利用他人错误,进而取得财物或者财产性利益的,不成立不作为的诈骗罪。

博克尔曼坚持这种观点,主要理由是,在行为人以其态度引起某种属于刑法特别规定的构成要件的结果时,只有能够将结果的发生归属于行为人时,才能认定构成要件符合性。不阻止他人陷入认识错误的,成立不作为的欺骗。在他人已经陷入认识错误而单纯不履行说明义务,使其继续维持认识错误的场合,如果以不作为的欺骗论处,就会导致不当处罚对他人

---

① 参见[日]日本大审院 1918 年 7 月 17 日判决,载《大审院刑事判决录》第 24 辑,第 939 页;[日]日本大审院 1929 年 3 月 7 日判决,载《大审院刑事判例集》第 8 卷,第 107 页;[日]日本大审院 1932 年 2 月 19 日判决,载《大审院刑事判例集》第 11 卷,第 85 页。

② [韩]吴昌植编译:《韩国侵犯财产罪判例》,清华大学出版社 2004 年版,第 102 页。

③ 王作富主编:《刑法分则实务研究(中)》(第 5 版),中国方正出版社 2013 年版,第 957 页。

④ 张明楷:《论诈骗罪的欺骗行为》,载《甘肃政法学院学报》2005 年第 3 期。

错误进行经济利用的一切行为。换言之，在他人已经陷入认识错误的场合，具有说明义务的人不履行说明义务，使其维持认识错误的，不成立诈骗罪。①

林东茂教授也坚持这种观点，主要理由是，行为人属于利用他人的错误，“根本未曾传递不实的资讯，自始没有行使诈术”②。至于在何种情况下认为单纯的沉默与积极地实行欺骗行为具有等价性，还需要根据具体案情进行判断。“主张严格限定不作为诈欺的人认为，单纯的静默必须具有积极欺骗等同的社会意义，才可能成立不作为诈欺。何种情形下，静默与积极欺骗同义，还得依靠个案判断……静默何以具有积极的欺骗意义，行为人何以非说出真相不可，常常与其特殊境地有关。正由于行为人具有特殊身份，方需告知真相。所以，评价不作为诈欺是否成立，关键在于保证人地位。”③

2. 欺诈行为说。该说认为，只有当行为人的不告知行为传递出欺骗性信息时，才能成立不作为的诈骗。

赫兹伯格主张这种观点，主要理由是，诈骗行为的核心是使他人陷入认识错误，这种行为必须是透露一定信息的意思表示。仅仅存在保证人地位还不能成立不作为的诈骗，只有当行为人的不告知行为传递出欺骗性信息，才能成立不作为的诈骗。例如，合同双方当事人约定以银行转账的方式支付，并约定双方有义务在一定期间内相互告知详细转账情形，如果甲方知道乙方多为给付，为贪图利益而不告知，此不告知行为就传递了乙的给付是正确的错误信息，甲成立不作为的诈骗。④

赫兹伯格设定了以下案例展开说明：在某公司，每天早晨秘书 B 都将需要付款的账单放在公司经理 C 的桌上。某天早晨与付款事项无关的高级职员 A 偶然发现了 C 桌上的账单，并认识到是已经付款的账单。但是由于 A 与收款方的债权人相识，他便退出了 C 的办公室。稍后 C 进入办公室，依据账单再度付款给对方。在这种场合，A 虽然具有保证人义务，但他只是一位旁观者，至多成立背信罪，不成立诈骗罪。所以，在保证人义务以外，除非实施其他类似于制造假象或者隐瞒真相的行为，否则不能认定

① 参见［日］岩间康夫：《关于不作为的诈欺罪》，载《爱媛法学会杂志》1996 年第 3、4 合并号（总第 32 卷）。

② 林东茂：《不作为诈欺——评最高法院 2004 年台上字第 5678 号判决》，载《台湾本土法学杂志》第 69 期（2005 年）。

③ 林东茂：《刑法综览》（第 6 版），台北，一品文化出版社 2009 年版，“分则”第 163 - 164 页。

④ 参见林东茂：《刑法综览》（第 6 版），台北，一品文化出版社 2009 年版，“分则”第 162 页。

为欺骗行为。[1]

雅各布斯也认为,只有当不作为具有传递资讯的同等意义时,才能成立诈欺罪。例如,当查票员经过并询问:"谁刚刚上车?"新登上火车的无票乘客沉默不语的,成立不作为的诈欺。[2]

三、本书的观点

本书主张肯定说。通常情况下,行为人是通过积极的身体动作来侵害法益,但是也存在以消极的不作为来实现的情形。欺骗行为可以分为两种情形:第一,自己引起法益侵害结果的作为;第二,不切断、放任不管正在发生的指向结果的因果关系的作为。[3] 不作为的诈骗,大多表现为他人在事前已经陷入认识错误,或者由于欺骗行为以外的事实陷入认识错误,但行为人没有履行说明真相的义务,导致他人继续维持或强化认识错误。[4]

主要理由是:

第一,从欺骗行为的本质看,行为人具有告知对方真相的义务却不告知,使他人陷入认识错误或者维持认识错误,并在此基础上作出财产处分行为,而对方如果知道真相将不会处分财产,因此行为人的不告知行为具有欺骗性。

第二,从对构成要件的理解看,"构成要件明确性的要求,不在钳制解释者依照生活经验与合理人情世故的评价,而是要求立法者尽其职责,尽可能以社会人可得理解的语意脉络描述行为类型"[5]。主张诈骗罪的欺骗行为仅限于作为方式的观点,是对有限生活事实的归纳,是对诈骗罪的构成要件的内涵的固定化。[6] 承认不作为诈骗,不是对诈骗罪中欺骗行为的类推解释,而是对诈骗罪中的欺骗行为的内涵的合理界定,不会无限扩张诈骗罪的构成要件,并不违反罪刑法定原则。

---

① 参见[日]岩间康夫:《关于不作为的诈欺罪》,载《爱媛法学会杂志》1996 年第 3、4 合并号(总第 32 卷)。

② Vgl. Klawitter, Die Grenzen des Betrugs durch Unterlassen, 1993, S. 25. 转引自林东茂:《刑法综览》(第 6 版),台北,一品文化出版社 2009 年版,"分则"第 162 页。

③ 参见[日]西田典之:《日本刑法总论》(第 2 版),王昭武、刘明祥译,法律出版社 2013 年版,第 96 页。

④ 参见张明楷:《诈骗罪与金融诈骗罪研究》,清华大学出版社 2006 年版,第 75 页。

⑤ 林东茂:《刑法综览》(第 6 版),台北,一品文化出版社 2009 年版,"分则"第 163 页。

⑥ 参见陈洪兵:《财产犯罪之间的界限与竞合研究》,中国政法大学出版社 2014 年版,第 194 页。

第三，从刑法解释方法看，刑法适用应当采取客观解释方法，[①]而不是主观解释方法。因为"'法律意义'并非固定不变的事物，它随着生活事实而变化——尽管法律文字始终不变——也就是随着生活本身而变化"[②]。关于诈骗罪的欺骗行为的理解，也应当采取客观解释方法，而不能拘泥于所谓的"立法原意"。

第四，从保护法益的角度看，无论是作为形式的诈骗，还是不作为形式的诈骗，无论是使他人陷入错误认识，还是不履行说明义务使他人继续维持错误认识，在本质上没有差异，最终都侵害了被害人的财产法益。司法实践中也大量存在以不作为方式进行诈骗的案件。倘若认为任何情况下的静默、沉默都不成立欺骗行为，反而会使诈骗罪的构成要件逐渐萎缩，不能有效地保护法益。

第三节　不作为诈骗的作为义务来源

承认诈骗罪中的欺骗行为可以由不作为构成，并不代表任何不符合作为形态的欺骗行为都可以评价为诈骗罪。一般认为，诈骗罪的行为构造是：行为人实施欺骗行为—对方（受骗者）陷入认识错误或者继续维持认识错误—对方基于认识错误处分财产—行为人或者第三人取得财产—被害人遭受财产损失。[③] 诈骗罪的这一行为构造，要求诈骗罪的不法构成要件的各个构成要素之间，必须存在接续性的原因与结果的关系。[④] 对照诈骗罪的行为构造，可以将不作为诈骗罪的行为构造表述为：相对人陷入错误认识—行为人应告知而不告知—相对人维持或强化错误认识进而处分（或交付）财产—行为人或者第三人取得财产—被害人遭受财产损失。不难发现，不作为诈骗的核心问题是，行为人是否具有基于保证人地位的作为义务，[⑤]以及如何认定作为义务的来源与范围。

---

① 参见［德］卡尔·恩吉施：《法律思维导论》，郑永流译，法律出版社2004年版，第108页；［德］伯恩·魏德士：《法理学》，丁小春、吴越译，法律出版社2003年版，第346页；张明楷：《罪刑法定与刑法解释》，北京大学出版社2009年版，第91页。

② ［德］亚图·考夫曼：《类推与"事物本质"——兼论类型理论》，吴从周译，台北，学林文化事业有限公司1999年版，第89页。

③ 参见［日］山口厚：《刑法各论》（第2版），王昭武译，中国人民大学出版社2011年版，第292－311页；张明楷：《刑法学》（第6版）（下），法律出版社2021年版，第1303页。

④ 参见林山田：《刑法各罪论》（修订5版）（上册），北京大学出版社2012年版，第314页。

⑤ 参见［日］大谷实：《刑法讲义各论》（新版第2版），黎宏译，中国人民大学出版社2008年版，第237页；林东茂：《刑法综览》（第6版），台北，一品文化出版社2009年版，"分则"第163－164页。

一、形式的作为义务来源理论无法解决不作为诈骗的作为义务来源问题

(一)不作为的诈骗与形式的作为义务来源理论

日本刑法理论与判例认为,不作为诈骗的告知义务来源包括基于法律、法规等明文规定产生的告知义务,以及基于合同、交易习惯、“条理”特别是诚实信用原则引起的义务。①

韩国的判例主张:“不作为欺诈,是指法律上负有告知义务的人,明知相对方陷入错误状态而不告知的行为;从一般交易的经验来看,如果相对方知道事实真相,就不会作出该法律行为,则能认定行为人有告知事实真相的法律义务。”②

在我国,一般认为,不作为的诈骗的义务来源主要是法律明文规定的义务、职务或者职业要求的义务、基于合同产生的义务、基于先前行为产生的义务以及基于诚实信用原则产生的义务。③

(二)能否直接将基于诚实信用原则产生的义务视为诈骗罪的作为义务

就不作为的诈骗而言,在前述形式的作为义务中,争议最大的是能否直接将基于诚实信用原则产生的义务视为诈骗罪的作为义务。能否直接根据《民法典》等的规定认为行为人具有告知义务,在其不履行告知义务的情况下认定为不作为的诈骗呢?直接将基于诚实信用原则产生的义务视为诈骗罪的作为义务,是否会导致民事交易主体承担过重的责任进而导致处罚范围的不当扩大化?这些问题都需要认真研究。

1. 我国民商法关于诚实信用原则的规定。众所周知,诚实信用原则是各国民法、商法等明文规定的基本原则。例如,我国《民法通则》(已失效)第 4 条规定:“民事活动应当遵循自愿、公平、等价有偿、诚实信用的原则。”《合同法》(已失效)第 6 条规定:“当事人行使权利、履行义务应当遵循诚实信用原则。”可见,一切民事主体的行为都应遵循诚实信用原则,否则便是无效或效力瑕疵的行为。

我国《合同法》(已失效)、《民法典》、《保险法》(2015 年修正)等也规

---

① 参见[日]大谷实:《刑法讲义各论》(新版第 2 版),黎宏译,中国人民大学出版社 2008 年版,第 237 页。

② [韩]吴昌植编译:《韩国侵犯财产罪判例》,清华大学出版社 2004 年版,第 102 页。

③ 张明楷教授指出,不作为欺骗中的告知义务的来源,似乎应当与刑法总论所讨论的作为义务的来源一致;但是,刑法总论应当通过归纳具体个罪的不作为犯的作为义务确定不作为犯的一般义务来源。参见张明楷:《诈骗罪与金融诈骗罪研究》,清华大学出版社 2006 年版,第 77 页。

定了合同当事人负有告知义务。例如,《合同法》(已失效)第 60 条第 2 款规定:"当事人应当遵循诚实信用原则,根据合同的性质、目的和交易习惯履行通知、协助、保密等义务。"第 92 条规定:"合同的权利义务终止后,当事人应当遵循诚实信用原则,根据交易习惯履行通知、协助、保密等义务。"《民法典》第 500 条规定:"当事人在订立合同过程中有下列情形之一,造成对方损失的,应当承担赔偿责任:(一)假借订立合同,恶意进行磋商;(二)故意隐瞒与订立合同有关的重要事实或者提供虚假情况;(三)有其他违背诚信原则的行为。"《保险法》(2015 年修正)第 16 条第 1 款规定:"订立保险合同,保险人就保险标的或者被保险人的有关情况提出询问的,投保人应当如实告知。"

2. 国内外刑法理论与实务关于诚实信用原则能否成为作为义务来源的解读。实际上,无论是在德国还是日本,对于诚实信用原则能否成为作为义务来源的问题均存在争议。德国早期的判例曾经坚持肯定说,认为行为人基于诚实信用原则负有告知真相的义务。但是,现在德国刑法理论的通说和判例认为,诚实信用原则过于模糊,一概以此为标准会造成行为人不当的负担过重的义务,而且有违反罪刑法定原则之嫌。只有在具有明确的合同约定,或者在行为人与被害人之间具有特殊的信赖关系或者持续的经济往来时,才能肯定行为人基于合同关系负有告知义务。① 在日本,行为人购买 500 日元的商品,卖方误以为收到的是 1 万日元的纸币,而找零钱 9500 日元,行为人虽然意识到这一点,仍然收下零钱。对此,日本刑法理论的通说认为,行为人已经意识到卖方找回的是 9500 日元,基于诚实信用原则,此时行为人有告知对方多找了钱这一事实的义务,因此行为人的行为构成不作为的诈骗。② 但是,也有学者如中森喜彦认为,只有在肯定行为人对于对方的财物具有保护义务的前提下,才能认定成立不作为的诈骗罪。但是,在通常的交易活动中,不能认定行为人负有这种保护义务。所以,前述案件不能认定为诈骗罪,应当认定为(脱离占有物)侵占罪。③

作为是以积极方式引起对法益侵害的结果,不作为是不履行特定的义务而导致对法益侵害的结果。"为了把不作为与作为同视,就必须考虑其

---

① Vgl. BGH NJW 2000, 3013 (2014); BGH St 39, 392(399). 转引自王钢:《德国刑法诈骗罪的客观构成要件——以德国司法判例为中心》,载《政治与法律》2014 年第 10 期。

② 参见[日]西田典之:《日本刑法各论》(第 6 版),王昭武、刘明祥译,法律出版社 2013 年版,第 202 页;[日]山口厚:《刑法各论》(第 2 版),王昭武译,中国人民大学出版社 2011 年版,第 297 页。

③ 参见[日]中森喜彦:《刑法各论》(第 3 版),有斐阁 2011 年版,第 145 页。转引自[日]西田典之:《日本刑法各论》(第 6 版),王昭武、刘明祥译,法律出版社 2013 年版,第 202 页。

不作为中是否包含着实现某种犯罪的现实危险性。”[①]因此,在判断有无保证人地位和保证人义务时,仅仅列举作为义务的形式根据是不够的。[②] 如果行为人仅仅违反民法上的诚实信用原则,不能直接认定构成不作为的诈骗,还需要进一步判断行为人不告知真相的行为与作为的诈骗是否具有等价性,或者说行为人的行为对于被害人的法益是否具有排他性支配。例如,黄荣坚教授认为,店员多找零钱,顾客拿了多找的钱离去,找错钱的事实并非顾客传递不真实的信息所引起的,顾客也没有通过欺骗行为使错误得以继续维持和强化,其只是利用了店员的错误而取得不法利益。此外,店员基于错误认识多找钱给顾客,顾客收下,由于顾客没有以作为制造老板的错误认知,不符合作为意义的“诈术”要件的要求,也不用考虑顾客是否负有告知义务。[③]

3. 本书的观点。本书认为,如果他人陷入错误并不是行为人的行为所引起,而且行为人对于他人的认识错误没有说明义务,只是单纯利用他人的认识错误取得财物的,不宜认定为诈骗罪。[④] 主要理由是:

第一,能否说只要行为人违反诚实信用原则就承担不作为犯的刑事责任,其内在的理论逻辑并不明确。刑法的目的是通过对犯罪人施加刑罚来预防犯罪,刑罚的内容是剥夺犯罪人的生命、自由和财产等权利和利益;为了预防刑法被滥用,刑法强调“无法无罪,无法无刑”。但是,诚实信用原则的功能主要是法律判断、补充法律漏洞和修正制定法,罪刑法定原则的主要功能在于合理限制刑罚权的适用,保障人权。诚实信用原则与罪刑法定原则存在显著差异。

第二,诚实信用原则非常抽象,内容涵盖范围非常广泛,能否作为判断行为人是否具有作为义务的标准,有待进一步研究。经济活动中并非所有违反诚实信用原则的情形都一概成立不作为犯,哪些不履行告知义务的情形有可能成立不作为犯,还需要进一步明确。直接将诚实信用原则作为认定不作为诈骗罪的作为义务来源,容易不当地扩张诈骗罪的成立范围,有违反罪刑法定原则的嫌疑。[⑤]

第三,如果认定只要违反诚实信用原则就成立不作为的诈骗,无疑是

---

① [日]大塚仁:《犯罪论的基本问题》,冯军译,中国政法大学出版社1993年版,第85页。

② 参见[日]佐伯仁志:《刑法总论的思之道·乐之道》,于佳佳译,中国政法大学出版社2017年版,第70页。

③ 参见黄荣坚:《基础刑法学》(第3版)(下),中国人民大学出版社2009年版,第457页。

④ 参见张明楷:《诈骗罪与金融诈骗罪研究》,清华大学出版社2006年版,第81页。

⑤ 参见王钢:《德国刑法诈骗罪的客观构成要件——以德国司法判例为中心》,载《政治与法律》2014年第10期。

肯定行为人对于对方的财物具有保护义务。但是,刑法具有谦抑性或者最后手段性,如果能够通过民法等调整利益关系,原则上不宜采用刑罚手段。在通常的交易关系中,不可能认为存在如此广泛的保护义务。对于是否承认基于诚实信用原则产生的告知义务,西田典之指出:"应该考察该事实是否是有关个别交易的重要事实,还应在考虑到对方的知识水平、经验、调查能力等诸多事项之后,再来判断是否存在告知义务。"①山口厚也认为,对于一般的经营状况、信用状况,属于交易双方应当自行调查的事项,行为人没有告知义务。②

本书认为,对于前述行为人不履行告知义务的情形,不能认定成立诈骗罪,③而应当成立(脱离占有物)侵占罪。

二、对不作为诈骗的作为义务来源进行实质判断

关于不真正不作为犯的实质的理论根据,目前主要有许乃曼和山口厚的结果原因支配理论、西田典之的因果过程支配理论,以及佐伯仁志等的"排他性支配+危险创设或增加"理论等。本书简要对前两种观点进行评析,并阐明本书的观点。

(一)结果原因支配理论及其评析

支配理论认为,要使不作为与作为具有等价性,关键是不作为必须如同作为一样支配了犯罪。根据支配对象和支配程度的不同,支配理论可以分为结果原因支配理论和因果经过支配理论。④ 前者以许乃曼和山口厚等为代表,后者以西田典之为代表。

1. 结果原因支配理论的基本观点。结果原因支配理论由许乃曼提出。许乃曼通过采用与作为犯进行类比的方法为不真正不作为犯提供处罚根据,并将这一法理根据称为"对造成结果的原因有支配"。许乃曼认为,不作为犯的不法必须来自对结果原因的支配或者"对结果根据的控制",这种控制以对事件具有一种现实的支配、控制为前提,具体表现为基于对脆弱法益(法益的无助状态)或者危险源(造成结果的原因)的事实支配。这种支配是在开启侵害法益的结果流程之前就已经存在的控制支

---

① [日]西田典之:《日本刑法各论》(第6版),王昭武、刘明祥译,法律出版社2013年版,第202页。

② 参见[日]山口厚:《刑法各论》(第2版),王昭武译,中国人民大学出版社2011年版,第295页。

③ 参见[日]中森喜彦:《刑法各论》(第3版),有斐阁2011年版,第145页。

④ 支配理论存在多种样态和观点,如后文所述,支配行为理论(冯军教授)、排他性支配理论(张明楷教授)、排他性支配设定理论(黎宏教授)等也属于支配理论。

配，即事先的常态的支配。[1] 这种支配或者控制可以分为“控制性控制”与“安全的控制”，与功能理论中的法益保护义务和危险源监督义务是对应的。[2]

结果原因支配理论的主要观点是：第一，作为犯的归责基础在于行为人在具有认识、意志以及可操控情况下作出足以侵害法益的身体动作，行为人具有犯罪支配，因此可将法益侵害结果归责于行为人。要如同处罚作为犯那样处罚不真正不作为犯，就必须找出一个足以类比上述作为犯归责基础的关系。[3] 许乃曼认为，作为与不作为的归责基础都是行为人与结果之间存在某种特定的关系，即行为人对结果发生的原因或根据具有现实的支配。对结果发生的原因进程具有现实支配，是作为与不作为具有等价性的物本逻辑基础。[4] 无论是作为还是不作为，都必须能够支配或控制造成结果的原因，正是这种对原因的支配关系使得作为与不作为之间具有等价性。第二，只有当不作为人对造成法益侵害结果具有决定性，达到可以与作为行为人的法律地位进行比较的程度时，才能以作为犯的构成要件处罚不作为。[5] 与作为对等的不作为的前提要件是对于事件有实际的控制。尽管不真正不作为犯在不作为时缺乏通过积极操控因果流程所展现的现实的犯罪支配，但是在不作为前已经存在所谓的“控制支配”，例如对应于法益保护型保证人地位的保护支配和对应于危险源监督型保证人地位的监督支配。第三，对事件的控制形式可以分为两种：一是在发生法益侵害结果前，对于重要的结果原因有支配；二是对结果具有决定性地位的法益的无助状态或法益的脆弱性有支配。[6]

---

① 参见[德]贝恩德·许乃曼：《德国不作为犯法理的现况》，陈志辉译，载许玉秀、陈志辉合编：《不移不惑献身法与正义——许乃曼教授刑事法论文选辑》，台北，新学林出版股份有限公司2006年版，第640页。

② 国内有的学者译为照料性保证人与监护性保证人。参见[德]克劳斯·罗克辛：《德国刑法学总论》（第2卷　犯罪行为的特别表现形式），王世洲等译，法律出版社2013年版，第540页。

③ 参见[德]贝恩德·许乃曼：《德国不作为犯法理的现况》，陈志辉译，载许玉秀、陈志辉合编：《不移不惑献身法与正义——许乃曼教授刑事法论文选辑》，台北，新学林出版股份有限公司2006年版，第656页。

④ 参见[德]贝恩德·许乃曼：《德国不作为犯法理的现况》，陈志辉译，载许玉秀、陈志辉合编：《不移不惑献身法与正义——许乃曼教授刑事法论文选辑》，台北，新学林出版股份有限公司2006年版，第659页。

⑤ 参见[德]贝恩德·许乃曼：《德国不作为犯法理的现况》，陈志辉译，载许玉秀、陈志辉合编：《不移不惑献身法与正义——许乃曼教授刑事法论文选辑》，台北，新学林出版股份有限公司2006年版，第656页。

⑥ 参见[德]贝恩德·许乃曼：《德国不作为犯法理的现况》，陈志辉译，载许玉秀、陈志辉合编：《不移不惑献身法与正义——许乃曼教授刑事法论文选辑》，台北，新学林出版股份有限公司2006年版，第657页。

许乃曼认为,只有在这种支配关系基础上形成的保证人地位,才可能使违背保证人义务的不作为与作为具有等价性。如果前行为人对于脆弱法益或者危险来源不存在这种事先的控制支配,其对于法益侵害结果只有一种纯粹的避免可能性,不能成立与作为相当的不作为犯。① 在先前行为足以导致发生危害结果的场合,如果先前行为人对于被害法益的无助状态或者造成结果的原因没有现实的支配,对于法益侵害结果只有潜在的支配可能性,这种不作为与作为不具有等价性,因而不能承认先前行为保证人类型。② 行为人制造危险后不阻止法益侵害结果发生的,行为人的不作为不符合《德国刑法典》第 13 条第 1 款所要求的"对等原则",最多只能以第 323c 条第 1 款规定的见危不救罪论处。③

山口厚支持许乃曼的结果原因支配理论。他认为,只有当行为人支配了结果发生的原因时,行为人才具有作为义务。对结果原因的支配意味着行为人支配了有可能导致结果的危险的原因。山口厚主张在与不作为的关系上理解法益侵害的过程,具体分为两种情况:第一种情况是,由于不适当的措施而导致潜在的危险源制造或者增加了危险,并且危险向结果现实地转化;第二种情况是,使容易受侵害的法益的脆弱性表面化,使侵害的危险增大,该危险现实化为结果。所谓对结果原因的支配,意味着行为人支配了有可能导致结果的危险的原因。

山口厚认为,法益侵害的有无,应该根据法益侵害的危险程度以及相对的法益方的防御程度来判断,主张将对结果原因的支配分为对法益脆弱性的支配与对危险源的支配。④ 要使不作为犯符合作为犯的构成要件,只有行为人处于阻止危险的地位,应当阻止危险但未排除危险或者控制既存的危险时,才可能与作为具有相当性,从而符合作为犯的构成要件。⑤ 具体来说,首先,关于对法益的脆弱性的支配,以是否存在保护法益的责任承担

---

① 参见[德]贝恩德·许乃曼:《德国不作为犯法理的现况》,陈志辉译,载许玉秀、陈志辉合编:《不移不惑献身法与正义——许乃曼教授刑事法论文选辑》,台北,新学林出版股份有限公司 2006 年版,第 640 页。

② 参见许玉秀:《前行为保证人类型的生存权?——与结果加重犯的比较》,载许玉秀:《当代刑法思潮》,中国民主法制出版社 2005 年版,第 690 页。

③ 参见[德]贝恩德·许乃曼:《德国不作为犯法理的现况》,陈志辉译,载许玉秀、陈志辉合编:《不移不惑献身法与正义——许乃曼教授刑事法论文选辑》,台北,新学林出版股份有限公司 2006 年版,第 640 页。

④ 参见[日]山口厚:《刑法总论》(第 3 版),付立庆译,中国人民大学出版社 2018 年版,第 89 页。

⑤ 山口厚认为,即便认为行为人在先前行为阶段具有保证人地位和作为义务,但是如果行为人对于先前行为之后的阶段对导致结果的原因没有支配,则缺乏保证人地位的实质根据。参见[日]山口厚:《刑法总论》(第 3 版),付立庆译,中国人民大学出版社 2018 年版,第 93 页。

为重要判断基准。例如，在交通肇事后逃逸的场合，如果行为人将被害人放到自己的汽车上，因为存在保护的承担，能够认定行为人具有保证人地位和作为义务；如果行为人最初并没有进行救助的意思，却将被害人放到自己的汽车上，将剥夺被害人获得其他人救助的可能性，增加其生命法益被侵害的危险，有可能成立犯罪。对于行为人明知被害人生命法益的保护依存于自己却制造这种状态，可以行为人对于法益的脆弱性有支配为根据，肯定行为人具有保证人地位和作为义务。① 其次，关于对危险源的支配，无论是使用危险装置、从事危险的业务，还是在监督过失、管理过失的场合，都可能具有保证人地位和作为义务。②

2. 对结果原因支配理论的评析。本书认为，结果原因支配理论主要存在以下不足：

第一，在作为犯的场合可以将支配因果流程作为归责的基础，但是在不作为犯的场合则不具有可行性。无论是对自己身体的直接控制或是通过与他人的合作而操纵因果流程，作为犯都是开启法益受害这个结果的原因。但是在不作为犯的场合，真正操纵因果流程的人是第三人或是被害人而不是不作为人，不作为人至多是可能干扰因果流程的人。不作为犯没有实施行为，即使他可能干扰因果流程，在他未采取任何行动的情况下，是否他一旦介入，就会干扰或者切断因果流程，也无法进行物理上的认定。因此，不作为犯对因果流程没有现实操纵或者支配，只是有规范意义上的操纵或者支配的可能性（支配可能性），不能作为解释保证人地位存在的理由。③

第二，利用“支配”概念解释义务，在逻辑上说不通。一方面，支配表明主体具有如何行使权力、是否行使权力的自由；从权力本身只能引申出自由、引申出可能性，而不能引申出不自由、引申出必然性。因此，权力与义务是相对立的，利用“支配”概念解释义务，在逻辑上是说不通的。④ 作为犯中对于结果原因的支配之所以能够成为归责的理由，是因为作为犯中的支配构成了不作为义务的违反，而不作为义务的来源并不是通过个人意志对身体动作的支配。换言之，支配在观念上位于义务之后，是判断是否

① 参见［日］山口厚：《刑法总论》（第3版），付立庆译，中国人民大学出版社2018年版，第90－91页。

② 参见［日］山口厚：《刑法总论》（第3版），付立庆译，中国人民大学出版社2018年版，第92页。

③ 参见许玉秀：《保证人地位的法理依据——危险前行为是构成保证人地位的惟一理由》，载许玉秀：《当代刑法思潮》，中国民主法制出版社2005年版，第727页。

④ 参见许玉秀：《保证人地位的法理依据——危险前行为是构成保证人地位的惟一理由》，载许玉秀：《当代刑法思潮》，中国民主法制出版社2005年版，第728页。

违反义务的标准。在不真正不作为犯中,因为不是“没有支配就没有破坏义务”,而是“没有支配就没有义务”,倘若仍然运用支配理论,将使得支配概念从作为义务违反要件层面跨越到作为义务的证立层面。① 另一方面,结果原因支配理论中的“支配”是指以因果自然力为核心的现实性支配,而不作为犯中的支配是一种保护性支配,尽管二者均以存在论意义上的事实因素为根据,但是犯罪支配是行为人支配自己的身体去作为,而保护性支配则只是一种假设,是指避免某种法益侵害结果的可能性。② 二者显然是不同的。

(二)因果过程支配理论及其评析

1. 因果过程支配理论的基本观点。因果过程支配理论,又称支配领域性理论,认为在行为人对于正在发生的因果过程具有现实的、具体的支配的场合,行为人具有保证人地位,负有作为义务。西田典之、曾根威彦、伊东研佑等主张该理论。例如,西田典之认为,作为和不作为的构造是不同的,作为是“行为人基于自己的意思,设定了指向法益侵害的结果的因果流程”,而不作为是“不介入已经发生的指向结果的因果流程,不防止结果这样的消极态度”。为了实现作为与不作为的等价性,不作为人必须将正在发生的因果流程控制在自己手中,即基于自己的意思获得排他性支配。③ 在并非基于自己意思取得排他性支配的支配领域性的场合,必须存在亲子关系或社会持续性保护关系,才能考虑规范性要素。④

在西田典之有关学说的基础上,曾根威彦提出三种作为义务根据,即事实承担、支配性领域和排他的支配关系。⑤ 曾根威彦认为,在和不作为人之间具有防止结果的紧密关系或者排他性支配的场合,“不作为人将面向结果的因果过程掌握在自己手中,即具体地、现实地支配了因果过程”。⑥ 伊东研佑也赞同因果过程的排他的支配理论。他认为,在行为人具体地、现实地支配了发生结果的因果过程,也就是存在因果过程的排他性支配的

---

① 参见周漾沂:《重新建构刑法上保证人地位的法理基础》,载《台大法学论丛》第1期(2014年)。

② 参见何庆仁:《义务犯研究》,中国人民大学出版社2010年版,第67页;劳东燕:《事实因果与刑法中的结果归责》,载《中国法学》2015年第2期。

③ 参见[日]西田典之:《不作为的共犯》,载[日]西田典之:《共犯理论的展开》,成文堂2010年版,第138页;[日]西田典之:《日本刑法总论》(第2版),王昭武、刘明祥译,法律出版社2013年版,第106页。

④ 参见[日]西田典之:《日本刑法总论》(第2版),王昭武、刘明祥译,法律出版社2013年版,第106页。

⑤ 参见[日]曾根威彦:《刑法重要问题(总论)》(第2版),成文堂2005年版,第240页。

⑥ 参见[日]曾根威彦:《刑法学基础》,黎宏译,法律出版社2005年版,第124页。

场合,行为人具有保证人地位,负有作为义务。①

关于在什么场合可以说行为人支配了面向结果的因果过程,西田典之认为主要有两种情形。第一种情形是具有事实上的排他性支配的场合,即不作为人根据自己的意思,在具有排他性支配或设定了排他性支配的情况下,对因果流程具有支配地位,具有作为义务。② 在西田典之看来,不仅不要求客观上具有反复性、继续性的维持或保护法益行为,甚至也不要求主观上具有维持、保护法益的目的性。第二种情形是具有支配领域性的场合,虽然行为人不是基于自己的支配意思,但事实上处于支配因果流程的地位即支配领域性的场合。尽管排他性支配状况不是行为人自己有意创造的,但偶然处于这种状况之下,应当考虑"只有行为人应当作为"这样的规范要素,重视是否存在社会持续性的保护关系,将作为义务的承担主体限定为具有某种规范要素的人,如父母子女,以及建筑物所有人或管理人、安保人员等以其身份或者社会地位在社会生活中负有继续保管、管理义务的人。③ 前述无论是基于行为人自己意思的支配还是基于社会持续性保护关系的支配,都表明这样一种立场:行为人必须通过自己主动取得或者通过社会的制度安排,事先对法益具有控制。④

2. 对因果过程支配理论的评析。本书认为,因果过程支配理论具有妥当性。主要理由如下:第一,因果过程支配理论基于结果无价值论的立场,主张不作为所具有的侵害法益的危险和作为犯的构成要件所本来预定的侵害法益的危险之间必须具有同等价值,要成立不真正不作为犯,和作为犯的行为人根据自己的意思设定面向侵害法益的因果发展过程一样,不作为人必须将面向结果的因果进程把握在自己手中,具体、现实地支配、控制

① 参见[日]伊东研佑:《刑法总论》,新世社 2008 年版,第 76 页。

② 在要求排他性支配的根据或者理由上,存在不同理解。西田典之从行为人与被害人的关系角度出发,认为在行为人对被害人具有排他性支配的场合,因为不作为人支配导致结果发生的事态,与以作为的方式导致发生法益侵害结果具有等价性。参见[日]西田典之:《日本刑法总论》(第 2 版),王昭武、刘明祥译,法律出版社 2013 年版,第 106 页。山口厚则从行为人的行为与法益侵害结果的关系角度出发,认为在存在排他性支配的场合,其他人的行为都不可能避免危害结果的发生,只有行为人的行为能够阻止法益侵害结果的出现,因此行为人具有作为义务。但是,山口厚认为行为人对法益侵害结果的支配不需要具有排他性,只要能够肯定不作为人对于不法生结果是有责任的,有依存关系的就可以了。参见[日]山口厚:《刑法总论》(第 3 版),付立庆译,中国人民大学出版社 2018 年版,第 89 页。

③ 参见[日]西田典之:《日本刑法总论》(第 2 版),王昭武、刘明祥译,法律出版社 2013 年版,第 106 页。

④ 参见姚诗:《先前行为问题研究》,清华大学 2010 年博士学位论文,第 53 页。

面向结果的整个因果过程。[①] 第二，因果过程支配理论通过实质地判断行为人是否对危害结果发生的因果关系具有具体的事实支配，来认定行为人是否具有作为义务。当该法益面临紧迫危险时，刑法可以基于保护法益的考虑，要求行为人履行作为的保护法益义务或监督义务。该观点避开了传统理论形式地看待作为义务的不足，完全从实质的立场来判断作为义务的发生根据，是值得肯定的。

（三）本书的观点

本书认为，只有行为人对于被害人的财产法益具有支配，才能成立不作为的诈骗。"在由不作为实现构成要件的场合，是以没有通过积极的行为回避构成要件的实现（法益侵害的引起）作为处罚理由的。"[②]

1. 合理限缩不作为的诈骗的成立范围。不作为的诈骗属于不真正不作为犯，并不是只要行为人的不作为与结果之间具有引起与被引起的因果关系就具有构成要件符合性。不作为的欺骗要达到值得科处刑罚的程度，必须与作为具有等价性。第一，从形式上看，要求行为人具有保证人地位。只有处于保证人地位的人的不作为引起的法益侵害结果，才能与作为引起的法益侵害结果具有等价性。第二，从实质上看，要求行为人对于法益侵害具有支配。就不作为的诈骗而言，要求行为人所隐瞒的信息具有重大性，被害人对行为人提供的信息具有依赖性。在某些场合，尽管行为人负有特定的告知义务，但根据法律等要求，在被害人负有自行查明真相义务的场合，即便行为人未履行告知义务，也不宜认定构成诈骗罪。

从欺骗行为的实质看，如果行为人明知被害人由于欠缺某种知识或者经验而陷于无助状态，不告知其某种信息将导致其法益遭受重大损害，则负有告知义务的行为人未向被害人提供重要信息的行为，与虚构事实、隐瞒真相的积极欺骗行为具有相当性。为此，应当对欺骗行为进行合理限制。例如，中森喜彦指出，如果主张成立不作为诈骗，则是肯定对于对方财物的保护义务，但在通常的交易关系中却并不应该认定这一点，因而这种情况并不成立诈骗罪。[③] 西田典之认为，应该考察该事实是否与个别交易的重要事实有关，并在考虑对方的知识水平、经验、调查能力等的基础上判

① 参见黎宏：《不真正不作为犯》，载黎宏：《刑法总论问题思考》，中国人民大学出版社 2007 年版，第 143 页；黎宏：《论不真正不作为犯的处罚范围》，载赵秉志主编：《刑法论丛》（第 12 卷），法律出版社 2007 年版，第 77 页。

② 张明楷编著：《外国刑法纲要》（第 2 版），清华大学出版社 2007 年版，第 92 页。

③ 参见［日］中森喜彦：《刑法各论》（第 3 版），有斐阁 2011 年版，第 145 页。

断其是否存在告知义务;对于一般的营业状况、信用状况,则没有告知义务。[①] 在特殊交易领域中,要适当提高被害人的信息查明义务。

2. 区分不作为诈骗的不同类型。不作为诈骗罪的行为构造包括不作为使他人陷入错误认识和维持(强化)错误认识两种情形,两种情形下等价性的判断有所不同。

第一,不作为使他人陷入错误认识。根据形式的法义务来源,当行为人负有告知真相义务,而且被害人对真相的认识依赖于行为人的告知时,如果行为人隐瞒不告,则被害人无法获知真相,必然会陷入错误认识而处分财产;如果行为人告知真相,则被害人不会陷入错误认识,也就不会处分财产。

第二,不作为使他人维持(强化)错误认识。这种类型的不作为需要分三种情况区别看待。

首先,当被害人因行为人以外的因素陷入错误认识,且行为人负有形式的告知义务时,如果行为人履行告知义务,被害人就会认识真相,不再维持错误认识并处分财产;如果行为人不履行告知义务,被害人就会维持错误认识并处分财产。这种隐瞒真相的不作为与虚构事实的作为具有同等的作用力,可以构成不作为的诈骗罪。

其次,当被害人因行为人以外的因素陷入错误认识,行为人不负有形式的告知义务时,如果行为人没有实施其他可能对被害人的错误认识产生影响的行为,仅仅是消极地接受财产,不构成不作为的诈骗罪。

最后,当被害人因行为人以外的因素陷入错误认识,行为人的告知义务是否具有刑法意义尚存在争议时,如果行为人实施了其他可能对被害人的错误认识产生维持或强化作用的行为,将会对此告知义务性质的认定产生影响。具体可以分为三种情况。其一,如果被害人的错误认识将无可挽回地继续下去,行为人实施了非虚构事实的辅助行为,维持了被害人的错误认识,加快了被害人处分财产的进度,一般不成立诈骗罪。因为行为人的辅助行为对于因果流程的发展不起作用或者作用甚微,不具有等价性。其二,如果被害人的错误认识尚未定型,还可能会采取其他举措来确认事实真相,行为人实施了非虚构事实的辅助行为,强化了被害人的错误认识,导致被害人处分财产,可以成立不作为的诈骗罪。因为行为人的辅助行为对因果流程的发展已经产生了实质的影响甚至起到决定作用,在被害人已经陷入错误认识的情况下,与虚构事实的作为具有等价的作用力。这反过

① 参见[日]西田典之:《日本刑法各论》(第6版),王昭武、刘明祥译,法律出版社2013年版,第202页。

来对告知义务的判断又会产生作用,促使其具有刑法上的意义。其三,在上述情形下,如果行为人实施了虚构事实的行为,致使被害人维持或强化错误认识,则属于不作为和作为的结合体,构成诈骗罪没有疑问。[①]

第四节　“无钱食宿”与不作为的诈骗

所谓“无钱食宿”,一般是指行为人在饭店、旅馆等有偿提供食宿的场所饮食、住宿之后,逃避支付食宿费的行为。由于行为人自始就没有付钱的意思,消费完后打算悄悄溜走,行为人是否具有法律上的告知义务?如果回答是肯定的,那么行为人在有能力履行但并未履行其告知义务,导致相对人陷入或强化了错误认识进而遭受了财产损失,成立不作为的诈骗罪是理所当然的。如果回答是否定的,行为人没有法律上的告知义务,不作为犯也就无从谈起。

在法国、瑞士、加拿大等国,由于刑法将“无钱食宿”规定为特殊类型的诈骗罪,围绕其定性问题几无争议。但是,在我国和德国、日本等国,由于刑法并未明文规定无钱食宿类型的诈骗罪,关于无钱食宿是否成立诈骗罪,以及如果成立诈骗罪,究竟属于作为还是不作为的诈骗,均存在较大争议。在无钱食宿中,不支付费用的意思既可以在消费前产生,也可以在消费后产生。为便于讨论,本书将行为人没有付账的意思仍然点菜或者住宿的称为“犯意先行”类型无钱食宿;将行为人最初具有付账的意思而点菜或者住宿,之后产生了不付账的想法而欺骗对方使自己免除债务,或者乘机溜走的,称为“食宿先行”类型无钱食宿。[②]

一、“犯意先行”类型的无钱食宿行为的性质

(一)关于“犯意先行”类型的无钱食宿行为的性质的基本观点

围绕“犯意先行”类型的无钱食宿行为的性质,主要存在不作为的诈骗罪说与作为的诈骗罪说的对立。作为的诈骗罪说是日本和我国刑法理论上的通说。[③] 例如,张明楷教授认为:“当根据社会的一般观念,行为人

---

① 参见王刚:《论不作为的诈骗罪》,载《政治与法律》2015 年第 2 期。

② 参见[日]大谷实:《刑法讲义各论》(新版第 2 版),黎宏译,中国人民大学出版社 2008 年版,第 251 – 252 页。

③ 参见[日]西田典之:《日本刑法各论》(第 6 版),王昭武、刘明祥译,法律出版社 2013 年版,第 202 页;[日]山口厚:《刑法各论》(第 2 版),王昭武译,中国人民大学出版社 2011 年版,第 296 页;林东茂:《刑法综览》(第 6 版),台北,一品文化出版社 2009 年版,“分则”第 2 – 159 页;黄仲夫编著:《刑法精义》(第 26 版),台北,元照出版公司 2010 年版,第 736 页。

要求他人提供需要代价的某种商品或者服务,就意味着行为人具有支付代价的意思与能力时,行为人虽然没有支付的意思与能力,却仍然要求他人提供某种商品或者服务的,就应认定为举动的作为诈骗,而非不作为欺骗。”①

(二)默示的举动诈骗与不作为的诈骗的区分

诈骗行为的方式多种多样,既可能是言词表示的(书面或者口头),也可能是通过行为表达的;既可能是明示的,也可能是默示的。② 默示的举动诈骗,是指行为人并未明确地表达,但通过自己的行为举止隐含地虚构或者歪曲了事实。③ 默示的举动诈骗通常出现在先消费后付款的场合,无钱食宿被认为是默示的举动诈骗的典型例。尽管通常认为举动诈骗“实际上属于以作为方式实施的诈骗,无须探讨有无告知义务(保障人地位)问题,然而,——它与不作为的诈骗之间的区别是流动的(相对的),视角不同,有时候也可谓是当然能认定具有告知义务”④。

关于如何区分不作为的诈骗与默示的举动诈骗,本书主张下列判断标准:

1. 不作为的诈骗和默示的举动诈骗导致被害人陷入错误的原因不同。在不作为诈骗的场合,行为人具有保证人地位,具有在交易过程中告知相对人真相的义务,以使相对人对交易标的形成合理分析和判断,进而作出是否实现交易的决定。但是,行为人利用自身优势和相对人所获信息不对称等不告知与相对人有重要关联的真相,使其陷入认识错误,作出错误判断。

在默示的举动诈骗的场合,行为人往往是利用社会上既存的交易习惯或者约定俗成的交易规则,通过客观外在的行为表征出行为人作为交易一方意在顺利实现交易目的。但是在进行交易前,行为人已经丧失了交易能力,而交易相对方只能根据交易习惯和行为表征进行判断,在行为人尚未支付对价的情况下与其进行了交易。导致相对人陷入认识错误的原因是既存的交易习惯、交易规则和行为人的虚假交易行为。“当根据社会的一般观念,行为人要求他人提供需要代价的某种商品或服务就意味着行为人

---

① 张明楷:《诈骗罪与金融诈骗罪研究》,清华大学出版社 2006 年版,第 78 页。

② 参见[英]J. W. 塞西尔·特纳:《肯尼刑法原理》,王国庆等译,华夏出版社 1989 年版,第 384 页;[英]J. C. 史密斯、[英]B. 霍根:《英国刑法》,李贵方等译,法律出版社 2000 年版,第 637 页;储槐植、江溯:《美国刑法》(第 4 版),北京大学出版社 2012 年版,第 203 页;王钢:《德国判例刑法(分则)》,北京大学出版社 2016 年版,第 197－201 页。

③ 参见王钢:《德国判例刑法(分则)》,北京大学出版社 2016 年版,第 197 页。

④ [日]山口厚:《刑法各论》(第 2 版),王昭武译,中国人民大学出版社 2011 年版,第 296 页。

具有支付对价的意思与能力时,行为人虽然没有支付的意思与能力,却仍然要求他人提供某种商品或者服务的,就应当认定为举动的作为诈骗。"[①]当然,何种行为可称得上是默示的举动,需要结合被害人的交易目的与具体的交易内容进行判断。

2. 不作为的诈骗和默示的举动诈骗的行为方式和所违反的刑法规范的性质不同。不作为的诈骗是"应为而不为之",违反的是命令规范,属于不作为犯罪,该行为并未消减法律所期待消减的既有风险;默示的举动诈骗则是"不应为而为之",违反的是禁止规范,属于作为犯罪,该行为制造了法律所不允许的新风险。[②]

3. 判断诈骗行为是成立不作为的诈骗还是默示的举动诈骗,应当坚持一定的审查顺序。成立不作为的诈骗,必须从一般经验上来看,使对方不知道某种事实而陷入错误的行为具有能够获取某种财物的性质。[③] 单纯的隐瞒事实是否构成不作为的诈骗,要看该不作为在骗取财物的过程中是否起到了关键作用。

与单纯对真实信息保持沉默的不作为不同,举动诈骗特别是默示的举动诈骗是通过一定身体上的动作,致使被害人陷入或维持认识错误。作为的诈骗不需要存在告知义务,但在不作为的诈骗中,以行为人居于保证人的地位而对他人的处分财产的错误认识负有防止或消除的义务为限,即行为人必须是负有告知义务而不告知,使被害人陷入错误或是负有更正义务而不排除被害人已形成的错误,致其发生财产损失。[④] 因此,在判断欺骗行为性质时,应当首先考察行为是否符合作为的诈骗,如果结论是否定的,再考察是否成立不作为的诈骗。[⑤]

(三)本书的观点

本书认为,"犯意先行"类型的无钱食宿行为成立作为的诈骗罪。例如,进餐馆的人通常被认定有给付意愿与给付能力,店家不再细问。在无钱食宿的场合,行为人不想付钱但仍然进入饭店点餐,就是对店家实施欺诈。搭乘出租车的人通常也被认为具有给付意愿与给付能力,司机也不再事先过问。在无钱搭乘出租车的场合,行为人不想付钱但仍然搭乘出租

---

① 张明楷:《诈骗罪与金融诈骗罪研究》,清华大学出版社 2006 年版,第 78 页。

② 参见宋军强:《论不作为诈骗行为的认定》,载《安徽农业大学学报(社会科学版)》2013 年第 4 期。

③ 参见[日]大谷实:《刑法讲义各论》(新版第 2 版),黎宏译,中国人民大学出版社 2008 年版,第 237 页。

④ 参见林山田:《刑法各罪论》(修订 5 版)(上册),北京大学出版社 2012 年版,第 319 页。

⑤ 参见林钰雄:《论诈欺罪之施用诈术》,载《台大法学论丛》第 3 期(2003 年)。

车,就是对出租车司机的诈骗。到加油站加油的人通常也被认为具有给付意愿与给付能力,工作人员也不事先过问,行为人事先就打算不付款,在加油后不付款开车逃走的,构成诈骗罪(汽油)。[①] 主要理由是:

第一,不作为的诈骗以行为人负有作为义务为前提,这种告知义务形式上是由法令、契约、习惯、条理等确定的。一般来说,如果根据日常生活经验判断,行为人不告知某种事实就会取得财物或者财产上的利益,那么行为人对这种事实就具有刑法上的告知义务。在德国、日本等,通常是以行为人是积极地虚构事实,还是消极地不告知某种应当告知的事实为标准,认为前者是作为形式实施的欺骗行为,后者是不作为形式实施的欺骗行为。

第二,按照一般人的社会观念及交易习惯,行为人到饭店、宾馆食宿时,没有告知饭店、宾馆业主自己的经济状况或者消费能力的义务,顾客也不是必须得到店主或服务人员对支付对价意思与能力的确认之后才能享受酒店的服务。如果强制要求顾客具有告知义务,难免脱离社会现实,违背交易习惯。但是,诈骗的本质是就某种事实作虚假的意思表示,既可以采取明示的方法也可以采取默示的方法,不能认为在诈骗案件中只要行为人没有告知某种实情,就成立不作为的诈骗。

在"犯意先行"类型的无钱食宿的场合,除非是特别要求先付费后吃饭、住宿的情形,根据社会的一般观念,行为人要求他人提供需要代价的某种商品或者服务就意味着行为人具有支付对价的意思与能力,[②]行为人没有付款意思,甚至也没有付款能力,却仍然要求他人提供餐饮服务,尽管行为人没有如同一般诈骗罪实施积极的欺骗行为,但是,行为人的这种交易行为属于以一定的举动欺骗对方,其默示的内容与事实相反,具有瑕疵或者欺骗性,属于默示的举动诈骗,[③]应当认定为作为的诈骗。无论用餐后行为人趁店员不备逃走,还是使用诡计使饭店免除其餐费,其先行的行为符合诈骗罪的构成要件,应当以诈骗罪论处。

二、"食宿先行""诡计逃走型"无钱食宿行为的性质

众所周知,在餐馆或者旅馆点餐、住宿的行为人,默示地表达了自己有

---

① 当然,行为人在加油后产生不付款的意思,开车逃走的,如果具有致人伤亡的可能性,构成抢夺罪;否则,构成盗窃罪(债权)。

② 通俗地说,行为人到饭店、宾馆点菜、开房,就意味着具有吃饭、住宿后付款的意思和相应的支付能力。

③ 参见张明楷:《刑法学》(第6版)(上),法律出版社2021年版,第1304页;王钢:《德国刑法诈骗罪的客观构成要件——以德国司法判例为中心》,载《政治与法律》2014年第10期。

支付餐饮、住宿费用的能力与意愿。[①]“进入餐馆并点了菜的人,是在暗示地声称他意图在离开之前买单,并且可能同时宣称,因不存在借贷协议,他带有现金予以支付。一个在饭店作为客人进行了登记的人,声称他在结束停留前支付账单。”[②]所谓“食宿先行”类型的无钱食宿,是指行为人最初有付款的意思,但是在点菜之后或者用餐之后才产生不支付餐费的意思,然后逃走的。这种行为能否也按照诈骗罪定罪处罚呢?有无可能成立其他犯罪?

根据“食宿先行”类型的无钱食宿的行为人逃避付款行为的方式,可以分为“诡计逃走型”无钱食宿行为和“单纯逃走型”无钱食宿行为两种类型。后者显然不能成立诈骗罪(财产性利益),因此这里只讨论前者。对于行为人“食宿先行”,然后实施诡计逃走的,大多主张以诈骗罪论处,少数观点主张成立侵占罪。

(一)“食宿先行”“诡计逃走型”无钱食宿行为不成立侵占罪

本书认为,“食宿先行”“诡计逃走型”无钱食宿行为不成立侵占罪。主要理由是:

1.“食宿先行”“诡计逃走型”无钱食宿行为侵害的对象与侵占罪不同。侵占罪的对象是代为保管的他人财物或他人的遗忘物、埋藏物,并不包括财产性利益。在无钱食宿的场合,行为人非法占有的表现是餐费的免除,即消极利益的减少。当行为人点菜并消费食物时,与餐厅之间形成一种债权债务关系。也就是说,行为人欲非法占有或说行为人应当返还的并非已经消费的食物,而是食物的对价。受骗者享有一种货款请求权,并不是食物本身的返还请求权。这种货款请求权属于一种财产性利益。侵占罪的对象只是狭义的财物,并不包含财产性利益,这一行为对象不符合侵占罪对象的构成。

2.“食宿先行”“诡计逃走型”无钱食宿行为不符合侵占罪的行为构造。德国、日本刑法理论与审判实践的通说均认为,侵占是指将占有变为所有的一种“取得行为”,侵害了他人的财产所有权,往往表现为“以所有人自居”。在无钱食宿的场合,所占有的对象是食物的对价,即取得免除餐费这一利益,是一种债务的免除,并不符合侵占行为“变占有为不法所有”这一要件,而且这一行为侵害的是他人的债权而非他人的财产所有权,更

① 参见王钢:《德国判例刑法(分则)》,北京大学出版社2016年版,第197页。

② [英]J. C. 史密斯、[英]B. 霍根:《英国刑法》,李贵方等译,法律出版社2000年版,第638页。当然,现阶段大多数旅馆会在客人办理入住手续时要求客人支付住宿保证金(押金)或者提供预付款的授信。

谈不上以所有人自居。所以，无钱食宿这一行为并不符合侵占罪的构成要件。

(二)“食宿先行”“诡计逃走型”无钱食宿行为可以成立诈骗罪

在“食宿先行”“诡计逃走型”无钱食宿的场合，认定其成立诈骗罪与否的关键在于，其是否实施了具有使他人产生错误而导致其实施处分财产的行为，被害人是否基于认识错误，作出处分财产(财产性利益)的行为。这涉及成立诈骗罪是否要具有处分行为和处分意思，以及如何理解处分意思的内容等问题。

1. 日本的判例和刑法理论的立场。日本的判例和刑法理论坚持处分意思必要说。下面区分具体类型展开讨论。

第一，在行为人无钱食宿之后，谎称送朋友而走出店门逃走的案件中，日本的判例认为不成立诈骗罪，主要理由是，要认定属于诈骗罪所取得的财产性利益——逃避支付债务，就必须使对方作出免除债务的意思表示，本案行为人仅仅是因为逃走而事实上没有支付，所以不成立诈骗罪。①

日本刑法理论也持否定说。② 例如，大谷实认为，仅仅假装“送人”而从大门口逃走的，由于被害人仅仅认可其出大门，行为人不是基于被害人的认可而外出的，而是基于自己的意思脱离了宾馆主人的控制，取得了免交费用的利益，属于盗窃财产性利益，③而非不作为的诈骗。

第二，对于旅馆客人谎称晚上一定回来但一走了之的案件，日本的判例认为存在受骗者同意行为人暂缓付账这种意思的默示的意思表示，成立诈骗罪。④ 山口厚认为，本案中受骗者明知诈骗行为人是否付账完全取决于诈骗行为人的意思，却仍然同意其离开了旅馆，存在利益的“转移”，应该成立诈骗罪。⑤

第三，对于旅馆客人无钱付账，谎称去看电影而逃走的案件，判例认为

---

① 参见[日]日本最高裁判所1955年7月7日判决，载《最高裁判所刑事判例集》，第9卷，第9号，第1856页。

② 参见[日]山口厚：《刑法各论》(第2版)，王昭武译，中国人民大学出版社2011年版，第301页。

③ 参见[日]大谷实：《刑法讲义各论》(新版第2版)，黎宏译，中国人民大学出版社2008年版，第252页。

④ 参见[日]东京高等裁判所1958年7月7日判决，载《高等裁判所刑事裁判特报》，第5卷，第8号，第313页。

⑤ 参见[日]山口厚：《刑法各论》(第2版)，王昭武译，中国人民大学出版社2011年版，第301页。

构成诈骗罪。[①] 山口厚也认为,本案中受骗者明知诈骗行为人是否会回来付账完全取决于诈骗行为人的意思,却仍然同意其离开旅馆,应该成立诈骗罪。[②]

2. 我国刑法理论的立场。我国刑法理论的通说持处分意思必要说的观点,并认为这种处分意思只要求行为人对于处分财物行为以及所处分的财物的性质、种类等具有认识即可,不要求对所处分的财产的数量、价格等具有认识。[③]

在"诡计逃走型"无钱食宿案件中,行为人实施欺诈行为,使被害人陷入错误认识,并基于错误认识作出事实上免除债务的行为,应当认为具有处分行为和处分意思,行为人构成诈骗罪(财产性利益)。

第五节　"找钱诈骗"与不作为的诈骗

"找钱诈骗"是指行为人明知被害人由于错误多找了钱,却不告知被害人进而占有该款项的行为。广义的"找钱诈骗"包括下列几种情形:第一种情形是,在对方就要递过来零钱的时候,行为人虽然意识到对方找错了钱,但仍然照收不误;或者是,行为人收受零钱之后,当场就意识到对方找错了钱,但仍然离开现场。[④] 第二种情形是,在对方找了零钱之后,询问是否多找了钱,但行为人对此予以否认。第三种情形是,行为人收受零钱之后,意识到对方找错了钱,被害人要求返还时拒不返还。对于"行为人使用大面额的钞票购物,假借找钱之机趁机偷偷地将钞票与零钱从柜台拿走的"的案件,虽然也可以概括为"找钱诈骗",但显然与本书所讨论的"找钱诈骗"是不同的。

在我国,由于《刑法》第266条规定成立诈骗罪必须达到"数额较大"的标准,有关司法解释规定"诈骗公私财物价值三千元至一万元以上"为"数额较大"的认定标准,[⑤]目前司法实践中难以出现能够达到该标准的

---

① 参见[日]东京高等裁判所1956年12月5日判决,载《东京高等裁判所(刑事)判决时报》,第7卷,第12号,第460页。

② 参见[日]山口厚:《刑法各论》(第2版),王昭武译,中国人民大学出版社2011年版,第301页。

③ 参见张明楷:《刑法学》(第6版)(上),法律出版社2021年版,第1308页;黎宏:《刑法学总论》(第2版),法律出版社2016年版,第329页。

④ 从银行柜台取款,工作人员多找了钱的情况也是如此。

⑤ 参见最高人民法院、最高人民检察院2011年3月1日《关于办理诈骗刑事案件具体应用法律若干问题的解释》第1条。

“找钱诈骗”案件，可能会有人得出探讨“找钱诈骗”价值不大的结论。本书对此不以为然。主要理由是：第一，近年来我国刑法中“唯数额论”的状况正在逐渐发生改变，正如在盗窃罪中增设“多次盗窃”“入户盗窃”，在抢夺罪中规定“多次抢夺”等一样，不排除未来通过刑法修正案将“多次诈骗”确立为成立诈骗罪的类型，也不排除增设其他某些不要求“数额较大”的诈骗类型。第二，尽管刑法理论的研究不能脱离一国的立法和司法实践，但应当具有一定的前瞻性，不应当完全拘泥或者依赖于该国现有的立法和司法。第三，对“找钱诈骗”的研究，有助于探讨是否承认针对财产性利益的诈骗罪等，特别是目前国内刑法学界对于“找钱诈骗”的讨论还比较薄弱，有必要对此展开研究。

由于上述第三种情形毫无疑问成立（脱离占有物）侵占罪，本书主要围绕前两种情形展开论述。

一、第一种情形的“找钱诈骗”的性质

（一）关于第一种情形的“找钱诈骗”的基本观点

就该情形而言，刑法理论与司法实务中主要存在诈骗（财物）罪说、（脱离占有物）侵占罪说与无罪说的对立。

1. 诈骗（财物）罪说。该说认为，行为人发现被害人多找了钱，但未告知被害人并将钱还给对方的，构成诈骗罪。主要理由是，根据社会生活的条理或者诚实信用原则，行为人负有将多找钱的事实告知对方的义务，以及将多找的钱返还对方的义务，但行为人没有履行该义务，属于利用对方的错误获得财物，因此应当成立不作为的诈骗罪。①

该说是日本刑法理论的多数说。例如，大塚仁认为，知道对方由于错误多找了钱，却不告知而接受的，基于社会生活上的条理，行为人有把多找了钱的事实告知对方的义务，因此属于不作为的诈骗罪（财物）。② 伊藤真认为，行为人在接受多找的钱之前已经发现但仍然接受该款项的，成立不作为的诈骗罪。主要理由是，顾客与商家之间具有契约关系，基于契约关系能够产生诚实信用原则上的告知义务。既然不知多找了钱而接受的，可

---

① 大谷实认为，如果行为人是将多找的钱拿回家之后才意识到多拿了人家的钱，但是不返还，构成侵占罪。主要理由是，它不是利用对方的错误而取得财物，只是取得了自己偶然占有的财物而已。参见［日］大谷实：《刑法讲义各论》（新版第 2 版），黎宏译，中国人民大学出版社 2008 年版，第 237－238 页。

② 参见［日］大塚仁：《刑法概说（各论）》（第 3 版），冯军译，中国人民大学出版社 2003 年版，第 240－241 页。

以成立侵占罪,就说明顾客接受多找的零钱没有法律上的根据,故其具有避免交易对方遭受财产损失的义务。因而,在接受零钱时能够很容易履行说明义务以避免对方遭受财产损失而不履行的,应当成立不作为诈骗罪。[①]

我国也有学者主张此说。例如,陈洪兵教授认为,无论是找钱诈骗,还是重复清偿债务,行为人具有告知真相的义务,其明知被害人多付了钱而接受,或者明知债务人已经清偿债务但仍然重复接受债务人的债款的,成立不作为的诈骗罪。[②] 在我国司法实践中,也有人主张该观点。例如,李某将自己的一只普通手表以500元的价格典当给当铺。同年,李某前往当铺将其手表赎回,由于事情较多,店员错将他人典当的一只名贵手表取出并打算交给李某。李某见状并未提醒,并佯装说道:"快点给我,我还有事情要办。"店员遂将该手表交给李某,李某取过表后随即离开。次日,李某将该表以人民币3万元的价格卖给他人。经鉴定,该名牌手表价值人民币5万元。对于该案,虞臣肖检察官认为李某构成不作为的诈骗罪。主要理由是:"李某的催促语言其实质是暗示店员该表就是李某典当的手表,该语言肯定和强化了店员的错误认识,导致其将手表错误地交付给李某。此时,李某的言行属于为进一步欺诈实施的积极行为。李某的行为可以视为以隐瞒真相的手段使店员错误地将名贵手表交付。李某在交易中为进一步欺诈实施的积极行为对店员最终作出错误的处分决定具有刑法上的因果关系。"[③]

2.(脱离占有物)侵占罪说。该说认为,对于上述第一种情形的"找钱诈骗"行为,肯定顾客具有告知义务,意味着行为人具有保护交易对方财产的义务,认定为诈骗罪存在疑问,宜认定为(脱离占有物)侵占罪。[④]

该说是日本刑法理论的少数说。[⑤] 例如,山口厚认为,在卖方(被害人)就要递过来零钱的时候,虽然意识到对方找错了钱,但仍然照收不误的,尽管存在告知义务,但并不是行为人对于交易对方的财物的保护义务,因此应当成立脱离占有物侵占罪。[⑥]

---

① 参见[日]伊藤真:《刑法各论》,弘文堂2012年版,第194页。

② 参见陈洪兵:《财产犯罪之间的界限与竞合研究》,中国政法大学出版社2014年版,第198－199页。

③ 虞臣肖:《利用他人错误行为取得财物的刑法分析》,载《中国检察官》2012年第2期。

④ 参见[日]山口厚:《刑法各论》(第2版),王昭武译,中国人民大学出版社2011年版,第297页;[日]大塚仁:《刑法概说(各论)》(第3版),冯军译,中国人民大学出版社2003年版,第240－241页。

⑤ 参见[日]中森喜彦:《刑法各论》(第3版),有斐阁2011年版,第145页。

⑥ 参见[日]山口厚:《刑法各论》(第2版),王昭武译,中国人民大学出版社2011年版,第296－297页。

该说也是我国刑法理论的有力说。[①] 例如,张明楷教授曾经认为,对于客户在柜台办理取款业务的事例,即使银行职员在交付时要求取款人确认,取款人明知多付了现金而不说明的,因为行为人没有作为义务,不成立诈骗罪。[②] 黄荣坚教授认为,在店员多找零钱,顾客拿了多找的钱离去的场合,由于找错钱的事实并非顾客传递不真实的信息所致,顾客也没有通过欺骗行为使错误得以继续维持和强化,其只是利用了店员的错误而取得不法利益,缺乏成立不作为的诈骗所需要的欺诈行为和因果关系链条。[③]

3. 无罪说。该说认为顾客的行为既不构成诈骗罪,也不构成侵占罪,而是民法上的不当得利。

该说是德国判例的通说。在德国,对于知道收银员多找了钱,发现银行职员在兑现支票时支付了超出支票金额的现金,或者在兑换外币时发现银行职员多给了钱却不动声色地接受等单纯利用他人的错误获得财物的情形,判例认为均不成立诈骗罪。[④]

我国学者黎宏、王刚等主张此说,认为在交易中明知对方错误地多找了钱但不告诉对方的,虽然这种获利行为具有不法性,但只是民法上的不当得利,不构成犯罪。[⑤] "如果不是因为自己的因素而制造了风险,则不承担责任,而顾客不告知多余款项的行为没有制造任何风险;义务的分配必须合理,店员负有数清款项的义务,但顾客没有促使店员数清款项的义务。"[⑥]

(二)本书的观点

本书认为,上述案例中顾客单纯沉默取得多找的现金或者取得名贵手表的行为不成立诈骗罪,但可能成立(脱离占有物)侵占罪。主要理由是:

1. 单纯接受他人错误交付的财物与利用他人已经陷入的错误认识取得财物存在差异。利用他人已经陷入的错误认识取得财物,是指在他人已经陷入错误认识的前提下,行为人不履行特定的告知义务,使他人的错误得以维持或者强化,进而骗取财物。但是,在诸如上述第一种情形的"找钱

---

① 参见林东茂:《一个知识论上的刑法学思考》(增订3版),中国人民大学出版社2009年版,第146页。

② 参见张明楷:《刑法学》(第5版),法律出版社2016年版,第1014页。

③ 参见黄荣坚:《基础刑法学》(第3版)(下),中国人民大学出版社2009年版,第457页。

④ 参见王钢:《德国刑法诈骗罪的客观构成要件——以德国司法判例为中心》,载《政治与法律》2014年第10期。

⑤ 参见黎宏:《刑法学各论》(第2版),法律出版社2016年版,第327页;王刚:《论不作为的诈骗罪》,载《政治与法律》2015年第2期。

⑥ 蔡律师:《刑法分则》,台北,高点文化事业有限公司2001年版,第362页。

诈骗”这种单纯接受他人错误交付的财物的场合，行为人先前并未主动实施欺骗行为，店员并非基于行为人的欺骗行为而做出财产处分行为，店员多找钱是由于自己没有尽到必要的谨慎义务。此外，行为人不具有刑法意义上的告知义务，至多具有基于诚实信用原则的民法上的告知义务。当今时代的刑法是自由主义刑法，而不是权威主义刑法，原则上只有当行为人实施了积极的法益侵害行为才应受刑罚处罚，以刑罚手段强制国民实施一定的积极行为，只能限于特别情形。所以，不能过于扩大不真正不作为犯的作为义务来源。

2. 从诈骗罪的行为构造看，上述“找钱诈骗”案件不符合不作为的诈骗的行为构造。要成立不作为的诈骗罪，在行为人以不履行告知义务方式实施的欺骗行为与被骗者陷入或者维持或者强化错误认识以及处分财产、取得财物之间必须具有引起与被引起的因果关系，否则，不符合诈骗罪的构成要件。在“找钱诈骗”的场合，因为店员已经将现金处分给顾客，顾客已经取得了店员错误支付的款项。在被害人转移对财物的占有或者说处分财物的行为与行为人不告知行为之间显然缺乏因果关系。众所周知，刑法上的因果关系是实行行为与法益侵害结果之间的引起与被引起的关系，具有客观性和先后顺序性。如果将顾客的行为认定为诈骗罪，则意味着顾客在被害人处分财产后实施了不作为的诈骗行为，导致不作为的诈骗行为产生于被害人的财产处分行为之后，这是自相矛盾的。

3. 从义务分配角度考虑，要结合双方的民事权利、义务作出判断。对于是否要承认基于诚实信用原则产生的告知义务，“应该考察该事实是否是有关个别交易的重要事实，还应在考虑到对方的知识水平、经验、调查能力等诸多事项之后，再来判断是否存在告知义务”①。在通常的交易关系中，交易主体对自己的财物具有必要的保护义务，负有数清款项、谨慎找钱的义务，行为人对于对方的财物原则上没有保护义务，也没有促使对方数清钱款的义务。②

在诸如买卖古董车、房屋等场合，之所以认为“中古车商不告知买主，汽车曾经遭水灭顶，或曾经发生重大事故，买主以市场价格购入”属于不作为的诈骗，③主要是因为车辆、房屋的真实状况对于相对方的购买意愿、交

---

① [日]西田典之：《日本刑法各论》（第6版），王昭武、刘明祥译，法律出版社2013年版，第202页。

② 参见[日]中森喜彦：《刑法各论》（第3版），有斐阁2011年版，第145页；张明楷：《诈骗罪与金融诈骗罪研究》，清华大学出版社2006年版，第82页。

③ 参见林东茂：《刑法综览》（第6版），台北，一品文化出版社2009年版，“分则”第159页。

易价格等具有重大影响,从而“多认为卖方或者中介负有对屋况及重要事项之据实相告义务,若有隐瞒,则可成立不作为诈欺”①。因此,上述事例中顾客的行为不成立诈骗罪。如果顾客拒不退还该款项,应当以(脱离占有物)侵占罪论处。

二、第二种情形的“找钱诈骗”的性质

(一)关于第二种情形的“找钱诈骗”的基本观点

就该情形而言,刑法理论与司法实务中主要存在诈骗(财产性利益)罪说与(脱离占有物)侵占罪说的对立。

1. 诈骗(财产性利益)罪说。在日本,前田雅英认为,对于找了零钱之后,卖方询问是否多找了钱,行为人对此予以否认的,成立诈骗罪(财产性利益)。② 大塚仁认为,对于多找了钱的人其后发现多找了钱,向收钱的人索要,而收钱的人否认多找了钱的事实的,成立诈骗罪(财产性利益)。③

在我国,张明楷教授曾经主张,在行为人采取欺诈手段免除返还义务的场合,成立诈骗罪(对债权);在拒不退还的场合,成立侵占罪(对现金)。④ 周光权教授也坚持这种观点,认为“所谓不作为的诈骗就是在行为人具有告知真相的义务的场合,不告知真相,使对方陷入错误认识进而处分财产,不告知属于对方陷入错误的原因”,从而得出成立不作为的诈骗的结论。⑤

2.(脱离占有物)侵占罪说。在日本,山口厚认为,找了零钱之后,卖方询问是否多找了钱,行为人对此予以否认的,由于欺骗只是成立侵占罪的手段,因此应当成立脱离占有物侵占罪,而不是诈骗罪(财产性利益)。⑥

本书认为,如果顾客最初并未针对店员实施欺骗行为,而是在店员交付后以欺骗行为不法取得了财产性利益,即在取得财物后采用欺骗手段使店员免除自己的返还义务的,当然成立诈骗罪(财产性利益)。但是,在被害人向行为人询问“钱数是否准确”之类的问题,而行为人作了误导性的回答的场合,能否认定为行为人实施了欺骗行为(欺骗作为的诈骗或者不

---

① 卢映洁:《刑法分则新论》,台北,新学林出版股份有限公司2008年版,第658页。
② 参见[日]前田雅英:《刑法各论讲义》(第4版),东京大学出版会2007年版,第270页。
③ 参见[日]大塚仁:《刑法概说(各论)》(第3版),冯军译,中国人民大学出版社2003年版,第240-241页。
④ 参见张明楷:《刑法学》(第5版),法律出版社2016年版,第1014页。
⑤ 参见周光权:《刑法各论》(第4版),中国人民大学出版社2021年版,第148页。
⑥ 参见[日]山口厚:《刑法各论》(第2版),王昭武译,中国人民大学出版社2011年版,第296-297页。

作为的诈骗),还需要具体分析。

(二)本书的观点

本书认为,如果行为人的不作为能够对被害人的财产形成法益侵害的支配,可以构成不作为的诈骗罪。主要理由是:

第一,诈骗罪中的欺骗行为,是指行为人基于非法占有目的,虚构事实或者隐瞒真相,骗取对方财物的行为。欺骗行为主要表现为虚构事实,同时也包括隐瞒真相的情形。但是,不能说"只要行为人的行为具有欺骗性,就成立欺骗行为"。刑法的任务是保护法益,犯罪的本质是法益侵害。刑法分则中的构成要件的行为是类型化的法益侵害行为,必须具有一定程度的侵害法益的危险。换言之,诈骗罪中的欺骗行为不仅是使人陷入错误,而且是"具有仍然陷入错误,并基于该错误处分财物的具体危险的行为"。①

第二,犯罪的本质是法益侵害,成立不真正不作为犯的作为义务的根据在于行为人对于法益保护具有支配。这种法益支配地位或状态的设定,既包括行为人通过中途介入而掌握因果关系的发展进程的场合,也包括行为人亲自设定面向结果的危险,并对该危险的流向进行支配的场合。② 行为人不告知对方找错钱的事实,并故意隐瞒错误找钱的真相,对造成被害人的财产损失具有支配。

第三,在市场经济条件下,交易双方应当遵守诚实信用的基本原则进行交易,接受错误找钱的一方负有告知真相的民事义务。行为人不仅不履行该告知义务,而且故意隐瞒事实真相,使被害人基于错误认识或者维持原有的错误认识,作出财产处分行为,遭受财产损失。

第四,区分罪与非罪的标准是该行为是否符合刑法规定的构成要件,是否侵害法益,不能仅仅以某些行为属于民法上的不当得利行为或者侵权行为为据,否认其可能成立财产犯罪。在错误找钱的场合,也应当根据这一标准进行处理。

当然,如果行为人的行为并未形成对被害人的财产的法益侵害的支配,则不能认定为不作为的诈骗罪。在被害人提出返还请求时,拒不返还或者拒不交出财物的,构成(脱离占有物)侵占罪。

---

① 参见黎宏:《刑法学各论》(第2版),法律出版社2016年版,第327页。

② 参见黎宏:《刑法学总论》(第2版),法律出版社2016年版,第85-86页。

主要参考文献

一、国外文献

1. [德]埃里克·希尔根多夫:《德国刑法学:从传统到现代》,江溯等译,北京大学出版社2015年版。
2. [德]埃里克·希尔根多夫:《因果关系与客观归责——原理与问题》,徐凌波译,载陈泽宪主编:《刑事法前沿》(第7卷),中国人民公安大学出版社2013年版。
3. [德]Bernd Schunemann:《传统过失刑事责任观念在当代社会中的弊病——新的趋势与展望》,王秀梅译,载《法学家》2001年第3期。
4. [德]贝恩德·许内曼:《论不真正作为犯的保证人地位》,陈晰译,载李晓明主编:《刑法与刑事司法》(第1卷),法律出版社2013年版。
5. [德]贝恩德·许乃曼:《所谓不纯正不作为犯或者以不作为实施之犯罪》,王莹译,载陈泽宪主编:《刑事法前沿》,中国人民公安大学出版社2012年版。
6. [德]冈特·施特拉腾韦特、[德]洛塔尔·库伦:《刑法总论Ⅰ——犯罪论》(第5版),杨萌译,法律出版社2006年版。
7. [德]汉斯·海因里希·耶赛克、[德]托马斯·魏根特:《德国刑法教科书》(上)(下),徐久生译,中国法制出版社2017年版。
8. [德]克劳斯·罗克辛:《德国最高法院判例:刑法总论》,何庆仁、蔡桂生译,中国人民大学出版社2012年版。
9. [德]克劳斯·罗克辛:《德国刑法学总论》(第1卷　犯罪原理的基础构造),王世洲译,法律出版社2005年版。
10. [德]克劳斯·罗克辛:《德国刑法学总论》(第2卷　犯罪行为的特别表现形式),王世洲等译,法律出版社2013年版。
11. [德]克劳斯·罗克辛:《客观归责理论》,许玉秀译,载《政大法学评论》第50期(1994年)。
12. [德]克劳斯·罗克辛:《正犯与犯罪事实支配理论》,劳东燕译,载陈兴良主编:《刑事法评论》(第25卷),北京大学出版社2009年版。
13. [德]洛特尔·库伦:《全球风险社会中的食品安全刑法》,许恒达译,载陈兴良主编:《刑事法评论》(第37卷),北京大学出版社2015年版。
14. [德]沃尔夫冈·弗里希:《客观之结果归责——结果归责理论的发展、基本路线与未决之问题》,蔡圣伟译,载陈兴良主编:《刑事法评论》(第30卷),北京大学出版社2012年版。
15. [德]沃斯·金德霍伊泽尔:《故意犯的客观和主观归责》,樊文译,载《清华法律评论》2008年第3卷第1辑。

16. [德]乌尔斯·金德霍伊泽尔:《风险升高与风险降低》,陈璇译,载《法律科学(西北政法大学学报)》2013 年第 4 期。

17. [德]乌尔斯·金德霍伊泽尔:《刑法总论教科书》(第 6 版),蔡桂生译,北京大学出版社 2015 年版。

18. [德]约翰内斯·韦塞尔斯:《德国刑法总论》,李昌珂译,法律出版社 2008 年版。

19. [法]埃米尔·涂尔干:《社会分工论》,渠东译,生活·读书·新知三联书店 2000 年版。

20. [美]道格拉斯·胡萨克:《刑法哲学》,姜敏译,中国法制出版社 2015 年版。

21. [美]乔尔·范伯格:《刑法的道德界限》(第 1 卷　对他人的损害),方泉译,商务印书馆 2013 年版。

22. [美]乔尔·范伯格:《刑法的道德界限》(第 3 卷　对自己的损害),方泉译,商务印书馆 2015 年版。

23. [美]乔治·弗莱彻:《反思刑法》,邓子斌译,华夏出版社 2008 年版。

24. [美]约书亚·德雷斯勒:《美国刑法纲要》,姜敏译,中国法制出版社 2016 年版。

25. [美]H. L. A. 哈特、[美]托尼·奥诺尔:《法律中的因果关系》,张绍谦、孙战国译,中国政法大学出版社 2005 年版。

26. [日]曾根威彦:《不作为犯与共同正犯》,载《神山敏雄先生古稀祝贺论文集》(第 1 卷),成文堂 2006 年版。

27. [日]曾根威彦:《刑法学基础》,黎宏译,法律出版社 2005 年版。

28. [日]大谷实:《日本刑法中正犯与共犯的区别——与中国刑法中的"共同犯罪"相比照》,王昭武译,载《法学评论》2002 年第 6 期。

29. [日]大谷实:《刑法讲义总论》(新版第 2 版),黎宏译,中国人民大学出版社 2008 年版。

30. [日]大山徹:《论监管过失中的作为与不作为——围绕德国火灾事故判例展开的研讨》,余秋莉译,载《中国刑事法杂志》2015 年第 1 期。

31. [日]岛田聪一郎:《不作为的共犯(二·完)》,载《立教法学》2004 年第 65 号。

32. [日]岛田聪一郎:《不作为犯》,载《法学教室》2002 年第 8 号(总第 263 号)。

33. [日]岛田聪一郎:《正犯与共犯论的基础理论》,东京大学出版会 2002 年版。

34. [日]稻垣悠一:《刑事过失责任与不作为犯论——以刑法上的制造物过失相关事例为中心》,张光云译,载《四川师范大学学报(社会科学版)》2015 年第 2 期。

35. [日]福田平:《不真正不作为犯中保证人的义务的错误》,载《团藤重光博士古稀祝贺论文集》(第 1 卷),有斐阁 1983 年版。

36. [日]吉田敏雄:《不真正不作为犯的体系与构造》,成文堂 2010 年版。

37. [日]井田良:《刑法总论的理论构造》,秦一禾译,中国政法大学出版社 2021 年版。

38. [日]堀内捷三:《不作为犯论》,载[日]中山研一主编:《现代刑法讲座:刑法的基础理论》(第 1 卷),成文堂 1977 年版。

39. [日]堀内捷三:《不作为犯论——作为义务的再构成》,青林书院新社 1978 年版。

40. [日]平山干子:《不作为犯与正犯原理》,成文堂2005年版。
41. [日]平山干子:《论保证人的地位》,载[日]川端博、浅田和茂、山口厚、井田良编:《理论刑法学的探究》(5),成文堂2012年版。
42. [日]前田雅英:《刑法总论讲义》(第6版),曾文科译,北京大学出版社2017年版。
43. [日]浅田和茂:《刑法总论》(补正版),成文堂2007年版。
44. [日]桥爪隆:《不作为犯的成立要件》,王昭武译,载《苏州大学学报(法学版)》2017年第4期。
45. [日]桥爪隆:《过失犯的构造》,王昭武译,载《苏州大学学报(法学版)》2016年第1期。
46. [日]曲田统:《作为义务论》,黎宏译,载《日中刑事法学术研讨会论文集》,日本中央大学、日本比较法研究所2011年印刷。
47. [日]日高义博:《不真正不作为犯的理论》(第2版),庆应义塾大学出版会1996年版。
48. [日]日高义博:《不作为犯的理论》,王树平译,中国人民公安大学出版社1992年版。
49. [日]山口厚:《出于不作为的杀人罪》,付立庆译,载陈兴良主编:《刑事法判解》(第10卷),北京大学出版社2009年版。
50. [日]山口厚:《刑法总论》(第2版),付立庆译,中国人民大学出版社2011年版。
51. [日]山中敬一:《不作为的帮助》,载《齐藤诚二先生古稀纪念:刑事法学的现实与展开》,信山社2003年版。
52. [日]山中敬一:《不作为与作为之共犯关系》,余振华译,载《刑与思——林山田教授纪念论文集》,台北,元照出版公司2008年版。
53. [日]山中敬一:《刑法总论》(第2版),成文堂2008年版。
54. [日]神山敏雄:《不作为的共犯论》,成文堂1994年版。
55. [日]松宫孝明:《不真正不作为犯》,载《西原春夫先生古稀祝贺论文集》(第1卷),成文堂1998年版。
56. [日]松宫孝明:《刑法总论讲义》(第4版补正版),钱叶六译,中国人民大学出版社2013年版。
57. [日]松原芳博:《刑法总论重要问题》,王昭武译,中国政法大学出版社2014年版。
58. [日]西田典之:《共犯理论的展开》,江溯、李世阳译,中国法制出版社2017年版。
59. [日]西田典之:《日本刑法总论》(第2版),王昭武、刘明祥译,法律出版社2013年版。
60. [日]小名木明宏:《作为不真正不作为犯的制约根据的真正不作为犯》,载[日]川端博、浅田和茂、山口厚、井田良编:《理论刑法学的探究》(5),成文堂2012年版。
61. [日]岩间康夫:《关于不作为的诈欺罪》,载《爱媛法学会杂志》1996年第3、4合并号(总第32卷)。
62. [日]岩间康夫:《产品责任与不作为犯论》,成文堂2010年版。

63. [日]岩间康夫:《基于先行行为的保证人义务的成立范围》,载《犯罪与刑罚》1988年第4号。
64. [日]镇目征树:《刑法上公务员的作为义务》,载《研修》2009年第730号。
65. [日]镇目征树:《刑法上有关产品责任的不作为犯理论的意义及其展开》,载《本乡法政纪要》1999年第8号。
66. [日]中义胜:《不作为的共犯(中)》,载[日]中义胜:《刑法上的诸问题》,关西大学出版部1991年版。
67. [日]佐伯仁志:《不作为犯论》,载《法学教室》2004年第288号。
68. [日]佐伯仁志:《论保证人地位的产生根据》,载《刑事法学的课题与展望香川达夫博士古稀祝贺》,成文堂1996年版。
69. [日]佐伯仁志:《刑法总论的思之道·乐之道》,于佳佳译,中国政法大学出版社2017年版。
70. [意]杜里奥·帕多瓦尼:《意大利刑法学原理》,陈忠林译,法律出版社1998年版。
71. [英]J. C. 史密斯、[英]B. 霍根:《英国刑法》,李贵方等译,法律出版社2000年版。
72. [英]埃利斯代尔·克拉克:《产品责任》,黄列等译,社会科学文献出版社1992年版。
73. [英]安德鲁·阿什沃斯:《刑法的积极义务》,姜敏译,中国法制出版社2018年版。
74. [英]吉米·边沁:《立法理论》,李贵方等译,中国人民公安大学出版社2004年版。
75. [英]边沁:《道德与立法原理导论》,时殷弘译,商务印书馆2000年版。
76. [英]杰瑞米·侯德:《阿什沃斯刑法原理》(第8版),时延安、史蔚译,中国法制出版社2019年版。
77. [英]J. W. 塞西尔·特纳:《肯尼刑法原理》,王国庆等译,华夏出版社1989年版。
78. [英]威廉姆·威尔逊:《刑法理论的核心问题》,谢望原、罗灿、王波译,中国人民大学出版社2015年版。
79. [英]维克托·塔德洛斯:《刑事责任论》,谭淦译,中国人民大学出版社2009年版。

二、国内文献

80. 白建军:《论不作为犯的法定性与相似性》,载《中国法学》2012年第2期。
81. 蔡桑:《不作为犯中先行行为认定理论之质疑》,载《河南财经政法大学学报》2020年第3期。
82. 蔡圣伟:《刑法问题研究(二)》,台北,元照出版公司2013年版。
83. 蔡圣伟:《刑法问题研究(一)》,台北,元照出版公司2008年版。
84. 曾文科:《不作为犯的归因与归责》,载陈兴良主编:《刑事法评论》(第28卷),北京大学出版社2011年版。
85. 曾文科:《论不作为的参与——以“管辖”为轴展开》,载《研究生法学》2011年第6期。
86. 车浩:《假定因果关系、结果避免可能性与客观归责》,载《法学研究》2009年第5期。

87. 陈洪兵:《作为犯与不作为犯的区分——以交通肇事逃逸为例》,载《法治研究》2017年第1期。
88. 陈家林:《不作为的共同正犯问题研究》,载《暨南学报(哲学社会科学版)》2007年第5期。
89. 陈可倩、陈忠林:《论不纯正不作为犯故意中的意志因素及其特殊性》,载《贵州社会科学》2017年第12期。
90. 陈冉:《缺陷产品事故中消费者刑事归责问题探究》,载《法律适用(司法案例)》2017年第10期。
91. 陈荣飞、肖敏:《不真正不作为犯之等价性理论否定》,载《政治与法律》2013年第2期。
92. 陈荣飞:《不纯正不作为犯的基本问题研究》,法律出版社2010年版。
93. 陈荣飞:《作为义务实质根据理论否定论》,载《研究生法学》2011年第3期。
94. 陈伟:《二阶段归因论——关于事实因果关系的一般理论》,载《政治与法律》2021年第9期。
95. 陈兴良:《不作为犯论的生成》,载《中外法学》2012年第4期。
96. 陈兴良:《犯罪不作为研究》,载《法制与社会发展》1999年第5期。
97. 陈兴良:《非家庭成员间遗弃行为之定性研究——王益民等遗弃案之分析》,载《法学评论》2005年第4期。
98. 陈兴良:《教义刑法学》(第2版),中国人民大学出版社2014年版。
99. 陈兴良:《客观归责的体系性地位》,载《法学研究》2009年第6期。
100. 陈兴良:《论不作为犯罪之作为义务》,载陈兴良主编:《刑事法评论》(第3卷),中国政法大学出版社1999年版。
101. 陈兴良:《在技术与法律之间:评快播案一审判决》,载《人民法院报》2016年9月14日,第3版。
102. 陈兴良:《作为义务:从形式的义务论到实质的义务论》,载《国家检察官学院学报》2010年第3期。
103. 陈璇:《论过失犯的注意义务违反与结果之间的规范关联》,载《中外法学》2012年第4期。
104. 陈璇:《论客观归责中危险的判断方法——以"行为时全体客观事实为基础的一般人预测"之提倡》,载《中国法学》2011年第3期。
105. 陈志辉:《身分犯之正犯的认定——德国义务犯理论为中心》,载《政大法学评论》第130期(2012年)。
106. 邓毅丞:《不真正不作为犯的排他性要件:理论勘误与功能重塑》,载《政治与法律》2022年第7期。
107. 邓毅丞:《不真正不作为犯中的事实支配原理》,载《湖湘法学评论》2022年第2期。
108. 董玉庭:《从客观因果流程到刑法因果关系》,载《中国法学》2019年第5期。
109. 杜文俊、陈洪兵:《不作为共犯与犯罪阻止义务》,载赵秉志主编:《刑法论丛》(第19

卷),法律出版社2009年版。

110. 方鹏:《论出租车载乘行为成立不作为犯和帮助犯的条件——“冷漠的哥案”中的法与理》,载陈兴良主编:《刑事法判解》,北京大学出版社2009年版。

111. 方泉:《一般救助义务的刑事化问题》,载《中山大学学报(社会科学版)》2021年第4期。

112. 冯军:《论配偶刑法上的作为义务》,载《政治与法律》2017年第5期。

113. 冯军:《刑法中的自我答责》,载《中国法学》2006年第3期。

114. 冯卫国:《刑法中不作为之作为义务来源再探讨》,载《法治研究》2011年第6期。

115. 高铭暄、马克昌主编:《刑法学》(第10版),北京大学出版社、高等教育出版社2022年版。

116. 高圣平:《论产品责任的责任主体及归责事由——以〈侵权责任法〉“产品责任”章的解释论为视角》,载《政治与法律》2010年第5期。

117. 高艳东:《不纯正不作为犯的中国命运:从快播案说起》,载《中外法学》2017年第1期。

118. 高艳东:《肖志军案中的刑法难题和价值取向——不作为、因果关系与间接故意之新界》,载《西南政法大学学报》2008年第4期。

119. 耿佳宁:《不作为参与行为的评价与犯罪论根基的改变》,载《当代法学》2015年第2期。

120. 郭春镇:《论法律父爱主义的正当性》,载《浙江社会科学》2013年第6期。

121. 郭莉:《集体决定中的因果关系问题——以刑事产品责任案为例》,载《河南财经政法大学学报》2021年第2期。

122. 何龙:《不阻止他人故意犯罪的行为性质认定》,载《中外法学》2017年第6期。

123. 何庆仁:《德国刑法学中的义务犯理论》,载陈兴良主编:《刑事法评论》(第24卷),北京大学出版社2009年版。

124. 何庆仁:《溯责禁止理论的源流与发展》,载《环球法律评论》2012年第2期。

125. 何庆仁:《义务犯研究》,中国人民大学出版社2010年版。

126. 何荣功:《不真正不作为犯的构造与等价值的判断》,载《法学评论》2010年第1期。

127. 贺光辉:《论我国缺陷产品召回制度的具体构建》,载《社会科学辑刊》2007年第1期。

128. 洪求华:《论不作为正犯与共犯之区分》,载赵秉志主编:《刑法论丛》(第24卷),法律出版社2010年版。

129. 黄常仁:《刑法总论——逻辑分析与体系论证》(增订1版),台北,汉兴出版有限公司2001年版。

130. 黄荣坚:《基础刑法学》(第3版)(下),中国人民大学出版社2009年版。

131. 黄荣坚:《刑罚问题与利益思考》,中国人民大学出版社2009年版。

132. 江溯:《不作为的故意杀人罪司法认定实证研究》,载《国家检察官学院学报》2020年第4期。

133. 江溯主编:《德国判例刑法(总则)》,北京大学出版社 2021 年版。
134. 姜涛:《渎职犯罪因果关系的判断方法》,载《河北法学》2021 年第 10 期。
135. 姜涛:《刑法如何面对家庭秩序》,载《政法论坛》2017 年第 3 期。
136. 蒋辰昕:《试论缺陷产品召回制度》,载《广西政法管理干部学院学报》2004 年第 1 期。
137. 蒋晗华:《浅析犯罪行为可否成为先行行为》,载《当代法学》2002 年第 2 期。
138. 焦占营:《论产品刑事责任》,载《法律科学(西北政法学院学报)》1995 年第 6 期。
139. 劳东燕:《风险分配与刑法归责:因果关系理论的反思》,载《政法论坛》2010 年第 6 期。
140. 劳东燕:《风险社会中的刑法:社会转型与刑法理论的变迁》,北京大学出版社 2015 年版。
141. 劳东燕:《事实因果与刑法中的结果归责》,载《中国法学》2015 年第 2 期。
142. 劳东燕:《刑法中的客观不法与主观不法——由故意的体系地位说起》,载《比较法研究》2014 年第 4 期。
143. 黎宏、常康爽:《缺陷产品不召回的刑事责任》,载《上海政法学院学报(法治论丛)》2018 年第 5 期。
144. 黎宏:《"见死不救"行为定性的法律分析》,载《法商研究》2002 年第 6 期。
145. 黎宏:《"见死不救"行为定性分析——兼论不真正不作为犯的作为义务的判断》,载《国家检察官学院学报》2011 年第 4 期。
146. 黎宏:《不作为犯研究》,武汉大学出版社 1997 年版。
147. 黎宏:《论不真正不作为犯的处罚范围》,载赵秉志主编:《刑法论丛》(第 12 卷),法律出版社 2007 年版。
148. 黎宏:《排他支配设定:不真正不作为犯论的困境与出路》,载《中外法学》2014 年第 6 期。
149. 黎宏:《刑法学总论》(第 2 版),法律出版社 2016 年版。
150. 黎宏:《刑法总论问题思考》(第 2 版),中国人民大学出版社 2016 年版。
151. 李本灿:《合规官的保证人义务来源及其履行》,载《法学》2020 年第 6 期。
152. 李波:《瑕疵产品生产、销售过程中不法集体决策问题的归因和归责——以德国"皮革喷雾剂案"为例》,载《中国刑事法杂志》2014 年第 1 期。
153. 李川:《不作为因果关系的理论流变与研究进路》,载《法律科学(西北政法大学学报)》2016 年第 1 期。
154. 李会彬:《刑法因果关系中事实判断与规范评价的区分》,载《政治与法律》2022 年第 4 期。
155. 李金明:《不真正不作为犯研究》,中国人民公安大学出版社 2008 年版。
156. 李立众:《作为与不作为的区别》,载东吴法学基金会主编:《不作为犯的现况与难题》,台北,元照出版公司 2015 年版。
157. 李世阳:《实质的作为义务论——立足于德日学说史的考察》,载《北大法律评论》

2012 年第 2 期。

158. 李晓龙、李成:《不纯正不作为犯作为义务来源研究》,载《北京市政法管理干部学院学报》1999 年第 2 期。

159. 李晓龙:《论不纯正不作为犯的等价性》,载《法律科学(西北政法学院学报)》2002 年第 2 期。

160. 李晓龙:《论不纯正不作为犯作为义务之来源》,载高铭暄、赵秉志主编:《刑法论丛》(第 5 卷),法律出版社 2002 年版。

161. 李学同:《论不作为与共同犯罪》,载《法律科学(西北政法学院学报)》1996 年第 6 期。

162. 梁根林主编:《当代刑法思潮论坛》(第 2 卷　刑法教义与价值判断),北京大学出版社 2016 年版。

163. 梁根林主编:《当代刑法思潮论坛》(第 1 卷　刑法体系与犯罪构造),北京大学出版社 2016 年版。

164. 梁云宝:《积极的限缩:我国刑法因果关系发展之要义》,载《政法论坛》2019 年第 4 期。

165. 林东茂:《刑法综览》(修订 5 版),中国人民大学出版社 2009 年版。

166. 林东茂:《一个知识论上的刑法学思考》(增订 3 版),中国人民大学出版社 2009 年版。

167. 林山田:《刑法通论》(增订 10 版)(上册)(下册),北京大学出版社 2012 年版。

168. 林维:《不真正不作为犯的量刑问题研究——以交通肇事中的故意杀人罪为切入点》,载《法商研究》2005 年第 3 期。

169. 林雪:《先行行为引起不作为犯罪的认定》,载《中国检察官·经典案例》2017 年第 16 期。

170. 刘辰远:《不作为犯中先行行为的范围——论犯罪行为能否作为先行行为》,载《湖北警官学院学报》2012 年第 10 期。

171. 刘瑞瑞:《不真正不作为犯中的正犯与共犯探析》,载《河北法学》2010 年第 10 期。

172. 刘士心:《不纯正不作为犯的共犯》,载《国家检察官学院学报》2009 年第 4 期。

173. 刘士心:《不纯正不作为犯研究》,人民出版社 2008 年版。

174. 刘士心:《不纯正不作为犯罪中先行行为引起的义务研究》,载《北方法学》2007 年第 6 期。

175. 刘斯凡:《论作为犯与不作为犯区分的两重性——以真正不作为犯与不真正不作为犯的不对应性为切入点》,载《复旦学报(社会科学版)》2014 年第 1 期。

176. 刘晓山、孙宝民:《不纯正不作为犯作为义务来源的反思与重构》,载《中国刑事法杂志》2008 年第 4 期。

177. 刘艳红:《共谋共同正犯论》,载《中国法学》2012 年第 6 期。

178. 刘艳红:《客观归责理论:质疑与反思》,载《中外法学》2011 年第 6 期。

179. 刘艳红:《论不真正不作为犯的构成要件类型及其适用》,载《法商研究(中南政法学院学报)》2002 年第 3 期。
180. 刘艳红:《论正犯理论的客观实质化》,载《中国法学》2011 年第 4 期。
181. 陆凌、黄文君:《不真正不作为犯处罚范围实证研究——以 100 份判决书为样本》,载《广西警察学院学报》2021 年第 5 期。
182. 吕翰岳:《作为与不作为之区分的目的理性思考——以德国判例与学说为借镜》,载《环球法律评论》2017 年第 4 期。
183. 吕英杰:《风险社会中的产品刑事责任》,载《法律科学(西北政法大学学报)》2011 年第 6 期。
184. 马荣春:《刑法学中作为与不作为竞合之辨——兼与张明楷教授商榷》,载《东方法学》2014 年第 2 期。
185. 马卫军:《被害人自我答责与过失犯》,载《法学家》2013 年第 4 期。
186. 毛乃纯:《集体决议中不作为竞合时因果关系的认定——以存在过剩投票的场合为中心》,载《法学》2022 年第 4 期。
187. 毛乃纯:《论集体研究型犯罪中表决者的刑事归责——以反对者、弃权者以及匿名表决的场合为中心》,载《法学家》2021 年第 4 期。
188. 聂立泽、肖鹏:《法益状态说——作为犯与不作为犯的区别标准新探》,载《学术研究》2003 年第 10 期。
189. 欧阳本祺:《论不作为正犯与共犯的区分》,载《中外法学》2015 年第 3 期。
190. 齐文远、李晓龙:《论不作为犯中的先行行为》,载《法律科学(西北政法学院学报)》1999 年第 5 期。
191. 钱叶六:《不作为犯的实行行为及其着手之认定》,载《法学评论》2009 年第 1 期。
192. 桑本谦:《利他主义救助的法律干预》,载《中国社会科学》2012 年第 10 期。
193. 史令珊:《不作为犯新形态与公民积极义务的限制》,载《法学》2022 年第 5 期。
194. 苏彩霞、肖晶:《作为义务的实质来源:规范支配论之确立与展开》,载《浙江大学学报(人文社会科学版)》2015 年第 4 期。
195. 孙立红:《规范性的事实支配与不真正不作为犯——基于对三种不作为犯理论的批判性思考》,载陈兴良主编:《刑事法评论》(第 35 卷 规范论的犯罪论),北京大学出版社 2015 年版。
196. 孙立红:《论共同犯罪中的不作为参与》,载《法学家》2013 年第 1 期。
197. 孙笑侠、郭春镇:《法律父爱主义在中国的适用》,载《中国社会科学》2006 年第 1 期。
198. 孙运梁:《客观归责论在我国的本土化:立场选择与规则适用》,载《法学》2019 年第 5 期。
199. 孙运梁:《论不作为犯的因果关系——以条件关系的适用为中心》,载赵秉志主编:《刑法论丛》(第 44 卷),法律出版社 2015 年版。
200. 孙运梁:《事实判断与规范归责:因果关系与客观归责的功能界分》,载《法学论坛》2013 年第 1 期。

201. 孙运梁:《危险的现实化理论在我国的司法运用》,载《国家检察官学院学报》2020年第1期。
202. 孙运梁:《致特殊体质被害人死亡案件中的刑事归责问题》,载《法学》2012年第12期。
203. 王钢:《德国判例刑法(分则)》,北京大学出版社2016年版。
204. 王钢:《紧急避险中无辜第三人的容忍义务及其限度——兼论紧急避险的正当化根据》,载《中外法学》2011年第3期。
205. 王钢:《美国刑事立法与司法中的紧急避险——对功利主义模式的反思》,载《清华法学》2016年第2期。
206. 王光明:《故意犯罪前行为建构作为义务问题探究》,载《法治研究》2015年第5期。
207. 王利明:《关于完善我国缺陷产品召回制度的若干问题》,载《法学家》2008年第2期。
208. 王莹:《论犯罪行为人的先行行为保证人地位》,载《法学家》2013年第2期。
209. 王莹:《先行行为作为义务之理论谱系归整及其界定》,载《中外法学》2013年第2期。
210. 王作富主编:《刑法》(第6版),中国人民大学出版社2016年版。
211. 魏东、王德政:《论我国作为义务根据理论的缺陷与完善》,载《四川师范大学学报(社会科学版)》2015年第1期。
212. 温登平:《论故意不法先前行为人的作为义务》,载赵秉志主编:《刑法论丛》(第47卷),法律出版社2016年版。
213. 温登平:《论刑法上作为义务的体系性地位》,载赵秉志主编:《刑法评论》(第31卷),法律出版社2018年版。
214. 温登平:《先前行为作为义务来源否定说批判》,载陈兴良主编:《刑事法评论》(第38卷 刑法的工具论),北京大学出版社2017年版。
215. 温登平:《以不作为参与他人的法益侵害行为的性质——兼及不作为的正犯与帮助犯的区分》,载《法学家》2016年第4期。
216. 吴雨豪:《论先行行为不作为犯的边界》,载陈兴良主编:《刑事法评论》(第34卷),北京大学出版社2014年版。
217. 谢绍华:《先行行为论》,中国人民公安大学出版社2011年版。
218. 谢绍华:《作为义务来源的实质化》,载《政法论坛》2008年第2期。
219. 熊选国:《刑法中行为论》,人民法院出版社1992年版。
220. 熊亚文:《产品刑事责任中的结果归责问题》,载《中南大学学报(社会科学版)》2017年第6期。
221. 徐凌波:《义务违反的竞合与结果可避免性》,载《南京大学学报(哲学·人文科学·社会科学)》2018年第2期。
222. 徐凌波:《因果关系在产品刑事责任案件中的认定问题》,载《政治与法律》2014年第11期。

223. 徐万龙:《不作为犯中支配理论的法教义学批判》,载《现代法学》2019 年第 3 期。
224. 徐万龙:《实质不作为概念研究——以法益为核心的架构》,载《汕头大学学报(人文社会科学版)》2014 年第 6 期。
225. 徐万龙:《实质法义务论的检视与构架》,载陈兴良主编:《刑事法评论》(第 34 卷),北京大学出版社 2014 年版。
226. 徐跃飞:《论不作为犯罪中的先行行为》,载《时代法学》2006 年第 1 期。
227. 许成磊、高晓莹:《论刑法中不作为与作为的区分》,载《中国刑事法杂志》2006 年第 5 期。
228. 许成磊:《不纯正不作为犯理论》,人民出版社 2009 年版。
229. 许成磊:《论罪刑法定主义视域中的不纯正不作为犯》,载赵秉志主编:《刑法论丛》(第 14 卷),法律出版社 2008 年版。
230. 许成磊:《先行行为可以为犯罪行为》,载《法商研究》2005 年第 4 期。
231. 许成磊:《刑法中作为义务来源演变的法哲学背景分析》,载《中国人民公安大学学报》2004 年第 5 期。
232. 许玉秀、陈志辉合编:《不移不惑献身法与正义——许乃曼教授刑事法论文选辑》,台北,新学林出版股份有限公司 2006 年版。
233. 许玉秀:《当代刑法思潮》,中国民主法制出版社 2005 年版。
234. 许玉秀:《主观与客观之间——主观理论与客观归责》,法律出版社 2008 年版。
235. 杨兴培、李芬芳:《见死不救旁观者是否构成犯罪及救助义务探析——以一起"出租车司机弃置伤者致其死亡案"为切入点》,载《东方法学》2013 年第 3 期。
236. 杨兴培:《一起夫妻争吵引起自杀案的刑法思考和伦理思考》,载《华东政法学院学报》2004 年第 6 期。
237. 杨绪峰:《条件说的困境与结果归责的类型化》,载《中国刑事法杂志》2015 年第 4 期。
238. 姚诗:《不真正不作为犯　德日的差异演进及中国的后发式研究》,载《中外法学》2021 年第 3 期。
239. 姚诗:《不真正不作为犯的边界》,载《法学研究》2018 年第 4 期。
240. 姚诗:《先前行为保证人地位的理论根据》,载《清华法学》2014 年第 5 期。
241. 姚诗:《先前行为归责模式述评》,载陈兴良主编:《刑事法评论》(第 28 卷),北京大学出版社 2011 年版。
242. 姚诗:《先前行为与实行过限下知情共犯人的刑事责任》,载《法学研究》2013 年第 5 期。
243. 姚诗:《真正不作为犯:义务困境与解释出路》,载《政治与法律》2019 年第 6 期。
244. 叶良芳:《产品缺陷隐瞒与法人犯意认定——从丰田"召回门"事件切入》,载《中国刑事法杂志》2012 年第 5 期。
245. 尹彦品:《不纯正不作为犯义务来源之界定》,载《河北法学》2009 年第 7 期。
246. 于改之、吴玉萍:《刑法中的客观归责理论》,载《法律科学(西北政法学院学报)》

2007 年第 3 期。

247. 于改之:《不作为犯罪中"先行行为"的本质及其产生作为义务的条件——兼论刑法第 133 条"因逃逸致人死亡"的立法意蕴》,载《中国刑事法杂志》2000 年第 5 期。

248. 于改之:《也论先行行为的范围》,载《湖南省政法管理干部学院学报》2001 年第 5 期。

249. 喻浩东:《不作为因果关系判断中的自由意志与规范假设》,载《政治与法律》2022 年第 4 期。

250. 张明楷:《不作为犯中的先前行为》,载《法学研究》2011 年第 6 期。

251. 张明楷:《共同犯罪的认定方法》,载《法学研究》2014 年第 3 期。

252. 张明楷:《快播案定罪量刑的简要分析》,载《人民法院报》2016 年 9 月 14 日,第 3 版。

253. 张明楷:《论不作为杀人罪——兼论遗弃罪的本质》,载陈兴良主编:《刑事法评论》(第 3 卷),中国政法大学出版社 1999 年版。

254. 张明楷:《刑法学》(第 6 版)(上),法律出版社 2021 年版。

255. 张明楷:《也谈客观归责理论　兼与周光权、刘艳红教授商榷》,载《中外法学》2013 年第 2 期。

256. 张婷:《产品刑事责任案件中因果关系认定的司法难点——基于刑事司法判例样本的实证研究》,载《广东开放大学学报》2017 年第 5 期。

257. 张伟:《不作为帮助犯研究》,载《法学论坛》2013 年第 2 期。

258. 张小虎:《不纯正不作为犯先行行为犯罪及其处置的法理分析——兼论交通肇事逃逸致人死亡》,载《河南省政法管理干部学院学报》2007 年第 1 期。

259. 张小宁:《不真正不作为犯的二难推理及破除路径》,载《政治与法律》2022 年第 10 期。

260. 张小宁:《论合规负责人的保证人义务——以证券犯罪为示例》,载《东方法学》2021 年第 5 期。

261. 张召怀:《介入因素的判断与因果关系的本质——从考察因果关系理论的流变切入》,载《时代法学》2017 年第 5 期。

262. 张梓弦:《不作为犯等价性要件的学理检视》,载《中外法学》2022 年第 5 期。

263. 赵秉志、许成磊:《不作为共犯问题研究》,载《中国刑事法杂志》2008 年第 5 期。

264. 赵赤:《英美刑法中不作为犯罪化规制的最新发展及我国借鉴》,载《中国政法大学学报》2019 年第 5 期。

265. 赵金伟:《论作为与不作为的区分》,载《华北电力大学学报(社会科学版)》2017 年第 1 期。

266. 周光权:《客观归责论与实务上的规范判断》,载《国家检察官学院学报》2020 年第 1 期。

267. 周光权:《论实质的作为义务》,载《中外法学》2005 年第 2 期。

268. 周光权:《刑法总论》(第 4 版),中国人民大学出版社 2021 年版。

269. 周啸天:《保证人地位事实论的重构与应用》,载《中外法学》2021 年第 2 期。
270. 周啸天:《义务犯理论的反思与批判》,载《法学家》2016 年第 1 期。
271. 周漾沂:《刑法上作为与不作为之区分》,载东吴法学基金会主编:《不作为犯的现况与难题》,台北,元照出版公司 2015 年版。
272. 周漾沂:《重新建构刑法上保证人地位的法理基础》,载《台大法学论丛》第 1 期(2014 年)。
273. 邹兵:《论"委员会犯罪"——以德国"皮革喷雾剂案"为例》,载《人民论坛》2011 年第 29 期。